COURS COMPLET D'HISTOIRE
A L'USAGE DES LYCÉES ET DES COLLÈGES

HISTOIRE
DE L'EUROPE
ET PARTICULIÈREMENT
DE LA FRANCE
DE 1610 A 1789

contenant les matières indiquées par les programmes officiels
du 22 janvier 1885

POUR LA CLASSE DE RHÉTORIQUE

PAR

VICTOR DURUY

NOUVELLE ÉDITION
ENTIÈREMENT REFONDUE
CONTENANT DES CARTES ET DES GRAVURES D'APRÈS LES MONUMENTS

PARIS
LIBRAIRIE HACHETTE ET Cie
79, BOULEVARD SAINT-GERMAIN, 79

1886

8° G
2227

HISTOIRE
DE L'EUROPE
ET PARTICULIÈREMENT
DE LA FRANCE
DE 1610 A 1789

CLASSE DE RHÉTORIQUE

Louis XIV (d'après Rigault).

HISTOIRE
DE L'EUROPE
ET PARTICULIÈREMENT
DE LA FRANCE
DE 1610 A 1789

contenant les matières indiquées par les programmes officiels
du 22 janvier 1885

POUR LA CLASSE DE RHÉTORIQUE

PAR

VICTOR DURUY

NOUVELLE ÉDITION
ENTIÈREMENT REFONDUE
CONTENANT DES CARTES ET DES GRAVURES D'APRÈS LES MONUMENTS

PARIS
LIBRAIRIE HACHETTE ET Cie
79, BOULEVARD SAINT-GERMAIN, 79

1886

PROGRAMME OFFICIEL DU 22 JANVIER 1885

CLASSE DE RHÉTORIQUE

Histoire de l'Europe, et particulièrement de la France, depuis 1610 jusqu'en 1789.

Louis XIII. — Troubles de la Régence. — États généraux de 1614.
Louis XIII et Richelieu. — Lutte contre les protestants. — Intrigues et complots dans la noblesse et la famille royale.
Accroissement de l'autorité monarchique. — Marine et colonies.
Guerre de Trente ans. — Gustave-Adolphe. — Paix de Westphalie. Traité d'Oliva.
Les Stuarts en Angleterre. — Révolution de 1648. — Olivier Cromwell. — L'acte de navigation. — Restauration des Stuarts.
Minorité de Louis XIV. — La Fronde parlementaire. La Fronde des princes. — Guerre contre l'Espagne. — Traité des Pyrénées. — Toute-puissance de Mazarin.
Gouvernement personnel de Louis XIV. — Procès de Fouquet. Les Conseils. — Les Secrétaires d'État.
Organisation financière. — Agriculture. — Commerce. — Industrie. — Marine. — Colonies. — Réformes et travaux de Colbert. — Institutions et fondations; les Ordonnances. — Organisation militaire. — Réformes de Le Tellier et de Louvois. — Vauban.
Politique extérieure. — Lyonne et Pomponne. — Guerre de dévolution. — Guerre de Hollande. — Paix de Nimègue. — Chambres de réunion (Strasbourg). — Trêve de Ratisbonne.
Affaires religieuses. — Déclaration de 1682. — Révocation de l'édit de Nantes. — Port-Royal.
Révolution de 1688 en Angleterre. — Guillaume III. Déclaration des droits.
Guerre de la ligue d'Augsbourg. — Traité de Ryswyk.

Guerre de la succession d'Espagne. — Traités d'Utrecht et de Rastadt.

Fin du règne de Louis XIV. — Détresse financière. — Testament et mort du roi.

Tableau des lettres, des arts et des sciences sous Richelieu et Louis XIV.

Lutte de la Suède et de la Russie. — Charles XII et Pierre le Grand. — État de l'Europe orientale après les traités de Carlowitz, de Passarowitz et de Nystadt.

Louis XV. — Régence du duc d'Orléans. — Système de Law. — Ministère du cardinal Fleury. — Guerre de la succession de Pologne.

Progrès de l'État prussien. — Frédéric II. — Guerre de la succession d'Autriche; Marie-Thérèse. — Guerre de Sept ans.

Rivalité maritime et coloniale de la France et de l'Angleterre. — Perte des colonies françaises. — Traité de Paris.

Gouvernement de Louis XV; le Parlement, le Clergé. — D'Argenson, Machault. — Choiseul. — Le Triumvirat; réforme judiciaire du chancelier Maupeou.

Tableau des lettres, des arts et des sciences au XVIIIe siècle. — Économistes et philosophes. — Influence des idées françaises en Europe.

Mouvement de réforme en Europe. — Charles III d'Espagne. — Pombal en Portugal. Joseph II en Autriche. — Frédéric II en Prusse. — Gustave III en Suède. — Beccaria. — Léopold de Toscane.

La Russie au XVIIIe siècle. — Catherine II. — Démembrement de la Pologne. — Guerre de la Russie contre la Suède et la Turquie.

L'Angleterre au XVIIIe siècle. — Gouvernement parlementaire. — Conquêtes des Anglais dans l'Inde. — Voyages et découvertes.

Progrès et soulèvement des colonies d'Amérique. — Guerre de l'indépendance des États-Unis. — Traité de Versailles. — Constitution américaine de 1787.

Louis XVI. — Turgot et Malesherbes, réformes. — Necker. — Politique extérieure, Vergennes. — Calonne et Brienne. — Assemblées des Notables. — Convocation des États généraux.

Situation politique de l'Europe en 1789.

GRAVURES ET CARTES

GRAVURES

	Pages
Louis XIV	Frontispice
Louis XIII à seize ans et Albert de Luynes	11
Les Ponts-de-Cé	14
Château de Luynes	15
Richelieu	19
Port de la Rochelle	21
Place Royale	25
Louis XIII avec Richelieu	27
Paris sous Louis XIII	37
Gustave-Adolphe	50
Condé	57
Turenne	59
Jacques Ier	76
Charles Ier	82
Henriette de France, reine d'Angleterre	83
Olivier Cromwell	94
George Monk	106
Mazarin	110
Mathieu Molé	116
Cardinal de Retz	118
Gaston d'Orléans	126
Le Château de Vincennes au xviie siècle	127
Colbert	141
Louvois	157
Vauban	159
Charles II	171
Henriette d'Angleterre, duchesse d'Orléans	173
Chantilly	181
Hôtel de ville et beffroi de Douai	183
La ville de Luxembourg	187
Bossuet	195
L'Abbaye de Port-Royal	209
Le duc de Monmouth	218
Jacques II	220
Château de Saint-Germain	223
Guillaume III, prince d'Orange	224
Canon espagnol	251
Landrecies	253
La duchesse de la Vallière	269

GRAVURES ET CARTES

	Pages
La marquise de Montespan	270
La marquise de Maintenon	271
La Bruyère	282
P. Corneille	295
Racine, lisant *Sophocle*	296
J. Racine	299
Maison de Boileau, à Auteuil	300
Molière	301
Pascal	303
Newton	306
Lesueur	309
Lebrun	311
Tombeau de Richelieu	314
Versailles	317
Colonnade du Louvre	319
Le Grand Trianon	321
Moscou	325
Saint-Paul, à l'île Bourbon	351
Philippe, duc d'Orléans, régent de France	355
Louis XV	369
Frédéric II le Grand	385
Maurice de Saxe	393
Toulon	397
W. Pitt (lord Chatham)	407
Québec	413
Gorée	415
Place Stanislas, à Nancy	437
Voltaire	465
Montesquieu	467
Ermitage de Rousseau, à Montmorency	469
Le Panthéon	474
La reine Anne	515
George Ier	519
George II	521
George III	525
W. Pitt (fils de lord Chatham)	530
Madras	540
Tombeau de Rousseau, à Ermenonville	579
Beaumarchais	581
Marie-Antoinette	583
Village suisse du Petit Trianon	585
Cap de Bonne-Espérance	597

CARTES

Il nous a paru plus commode pour l'élève de réunir les cartes à la fin du volume, en les disposant de manière que, le livre étant ouvert à un endroit quelconque, la carte consultée puisse être développée tout entière sous les yeux du lecteur.

Europe en 1648.
France à la mort de Louis XIV.
Allemagne.
Pays riverains de la Baltique.
Inde.
Amérique.
Europe en 1789.
Possessions coloniales de l'Angleterre.

INTRODUCTION.

RÉVISION DE L'HISTOIRE DE FRANCE ANTÉRIEURE À 1610.

1. La Gaule libre et romaine. — 2. Les Francs mérovingiens (481-687). — 3. Les Francs carlovingiens (687-987). — 4. La féodalité, les communes, premier réveil littéraire. — 5. Les Capétiens directs (987-1328). — 6. Les Valois (1328-1589). — 7. Valois-Orléans et Valois-Angoulême (1498-1589). — 8. Les Bourbons (1589-1793).

1. La Gaule libre et romaine. — Dans l'antiquité, et jusqu'au traité de Verdun, conclu en 843 après J. C., la Gaule a été considérée comme ayant pour limite orientale les Alpes, le Jura et le Rhin. Les Pyrénées et la mer la bornaient au nord, au sud et à l'est.

Dans cette vaste contrée arrivèrent à une époque inconnue les Celtes, avant-garde, à l'occident, des races indo-européennes. Ils paraissent cependant avoir été précédés en Gaule par un peuple venu peut-être d'Afrique, les Ibères, dont nos Basques sont aujourd'hui les représentants, et qu'ils refoulèrent des bords de la Loire derrière ceux de la Garonne, plus tard jusque dans les Pyrénées, où ils sont encore.

Avant d'être saisis par la civilisation romaine, les Gaulois avaient déjà une culture indigène avancée ; des croyances religieuses plus pures, à certains égards, que celles du paganisme ; un clergé très-puissant, les druides ; un culte où les sacrifices humains tenaient malheureusement une grande place, et des monuments étranges, formés de pierres gigantesques : dolmens, menhirs, cromlechs, qui, du reste, n'étaient point particuliers à la Gaule. L'industrie, le commerce, étaient actifs, et la monnaie, qu'ils savaient frapper, les routes, qu'ils savaient ouvrir, facilitaient les relations. Leurs villes étaient nombreuses, bien fortifiées, et certains peuples avaient des vaisseaux dont la grandeur et la force étonnèrent les Romains. Ces villes étaient gouvernées, les unes par des rois, les autres par un conseil de nobles; dans toutes l'influence des druides était considérable. Des Pyrénées aux bouches du Rhin on comptait trois ou quatre cents peuples ayant chacun leur cité particulière, mais sachant aussi se réunir en confédérations, de manière à former parfois des ligues puissantes.

Ces peuples étaient renommés pour leur bravoure. Des Gaulois avaient pris Rome, pillé Delphes et épouvanté l'Asie. Ils comptaient au nombre des plus vaillants mercenaires de Carthage, et ce fut leur sang qui paya toutes les victoires d'Annibal.

La Gaule renfermait donc de nombreux éléments de prospérité, et, bien qu'elle fût encore relativement à Rome dans l'âge de barbarie, l'on ne saurait dire ce que, livrée à elle-même, elle aurait pu devenir sous le seul rayonnement de la civilisation gréco-italique. Mais cette culture nationale fut étouffée sous les pieds des soldats de César.

Après les guerres puniques et la conquête de l'Espagne, les Romains avaient voulu s'assurer une route, des Alpes aux Pyrénées; et, cent vingt-cinq ans avant notre ère, ils avaient organisé une province en Gaule, la Narbonaise. De là ils regardèrent aux affaires des peuples voisins, se firent les alliés des uns, les adversaires des autres. Les Éduens, puissant peuple établi entre la Saône et la Loire, entrèrent des premiers dans l'alliance de Rome; et lorsqu'un chef suève, Arioviste, commençant l'invasion germanique, passa le Rhin, vainquit les Séquanes et menaça les Éduens, ceux-ci implorèrent la protection des légions.

César, qui sortait alors du consulat, obtint la conduite de cette guerre. Il arrêta d'abord les Helvètes qui voulaient quitter leurs montagnes et fuir le voisinage des Suèves, pour aller chercher sur les côtes du Grand Océan une existence moins troublée. Il les atteignit aux bords de la Saône, en extermina une partie et obligea le reste à regagner son pays. Alors il se trouva en face d'Arioviste et le rejeta par une grande victoire au-delà du Rhin (58). Mais, les légions ayant hiverné en Gaule, les peuples de la Belgique se crurent menacés et formèrent une ligue que César brisa par des coups rapides.

Après avoir défendu la Gaule contre des envahisseurs, il se vit amené à en faire lui-même la conquête (57). Dans la troisième campagne, il soumit l'Armorique et l'Aquitaine; dans la quatrième et la cinquième, il fit deux expéditions au-delà du Rhin et deux descentes en Bretagne, pour ne laisser aux Gaulois aucune espérance de secours extérieur. Il pouvait croire la Gaule résignée au joug, lorsqu'une révolte générale éclata, de la Garonne à la Seine, sous la conduite d'un jeune chef arverne, Vercingétorix (52). Les insurgés, rejetés, par une suite de marches habiles et de combats heureux, sur Alesia, y furent enfermés en quelques jours par des travaux formidables. La Gaule entière se brisa contre ces lignes, et Vercingétorix fut réduit à se livrer lui-même (52).

Après cette grande chute, la Gaule resta pour cinq siècles sous la domination romaine. Elle se couvrit de cités populeuses, de voies militaires, dont le commerc profita, de monuments qui sont encore l'objet de notre admiration, et donna à Rome des écrivains, des orateurs, des généraux, comme Agricola, des princes qui furent au nombre des meilleurs, comme Antonin, originaire de Nîmes. Elle partagea toutes les prospérités et toutes les misères de l'empire : d'abord une paix profonde qui favorisa le développement de la civilisation; puis des révoltes de légions, des invasions de Barbares qui la ruinèrent. Constantin partit de la Gaule pour faire triompher le christianisme, Julien pour tâcher de rendre la vie au paganisme expirant; et c'est par la Gaule que se fit la grande invasion : le 31 décembre 406 les Suèves, les Alains, les Vandales et les Burgundes franchirent le Rhin. Les trois premiers de ces peuples allèrent se perdre en Espagne et en Afrique; le quatrième se fixa dans la vallée de la Saône et du Rhône; un cinquième, les Visigoths, dans celle de la Garonne (419). C'est en Gaule qu'Attila et ses Huns furent vaincus dans les champs Catalauniques (450). Lorsqu'enfin s'éteignit l'empire d'Occident (476), il subsista en Gaule, entre la Loire et la Somme, un dernier reste de domination romaine que Clovis ne renversa que dix années plus tard (486).

2. Les Francs mérovingiens (481-687). — Au troisième siècle s'étaient formées sur la rive droite du Rhin deux confédérations : au sud, celle des tribus suéviques, qui s'appelèrent les Alamans (les hommes); au nord, celle des Saliens, des Sicambres, etc., qui se donna le nom de Francs (les braves). Ces Francs firent d'abord des courses de pillards, puis des établissements sur la rive gauche du fleuve. Après l'invasion de 406, ils entrèrent plus avant dans le pays, et l'on trouve des rois francs à Cologne, à Tournay, à Cambrai, à Thérouanne. Clodion, roi des Saliens du pays de Tongres (Limbourg), franchit la Somme; mais, vaincu près de Sens par le général romain Aétius (448), il ne survécut pas à sa défaite. Mérovée, son successeur, prit part à la bataille de Châlons contre les Huns d'Attila. Childéric, fils de Mérovée (458), fut chassé par les Francs, mécontents de ses excès, puis rappelé au bout de huit ans, ce qui montre la faible autorité de ces chefs. Son fils Chlodowigh ou Clovis est le vrai fondateur de la monarchie franque.

En 481 Clovis ne possédait que quelques districts de la Belgique; cinq ans après, la victoire de Soissons lui donna le pays jusqu'à la Loire, et celle de Tolbiac le dispensa de partager ses conquêtes avec les Barbares d'outre-Rhin. Il avait épousé Clotilde, fille d'un roi des Burgundes et chrétienne orthodoxe. Converti par elle, il se trouva le seul des rois barbares qui partageât la foi des populations gauloises : aussi Amiens, Beauvais, Paris, Rouen, lui ouvrirent leurs portes, grâce à l'influence de leurs évêques. Sa nouvelle religion ne diminua pas ses goûts de conquêtes et de rapines. En 500 il soumit le roi des Burgundes au tribut : sept ans après, il vainquit et tua le roi des Visigoths à Vouglé, près de Poitiers, ce qui lui assura la possession de l'Aquitaine. A sa mort, ses États comprenaient la Gaule entière, moins la Gascogne, la Bretagne et la Provence ; mais les Burgundes dans la vallée de la Saône et du Rhône comptaient bien refuser le tribut à ses successeurs.

Ses quatre fils firent quatre parts de son héritage et de ses leudes ou compagnons d'armes : Childebert fut roi de Paris avec Poitiers, Périgueux, Saintes et Bordeaux ; Clotaire, roi de Soissons avec Limoges ; Clodomir, roi d'Orléans avec Bourges ; Thierry, roi de Metz ou d'Austrasie avec Cahors et l'Auvergne.

Thierry fit la conquête de la Thuringe, tandis que Clotaire et Childebert faisaient celle de la Burgundie. En 533 les Austrasiens enlevèrent aux Ostrogoths d'Italie la Rouergue, le Gévaudan, puis la Provence, et, franchissant les Alpes, ravagèrent la péninsule jusqu'au détroit de Messine. De leur côté, les rois de Paris et de Soissons menèrent leurs leudes butiner en Espagne où ils occupèrent un moment Pampelune. Les Francs sortaient donc de la Gaule par toutes ses frontières. Au-delà du Rhin, les Alamans et les Bavarois avaient reconnu leur suprématie, les Saxons leur payaient tribut, et la Thuringe était une de leurs provinces.

Un des fils de Clovis, Clotaire, réunit (558) tout son héritage ; mais, à sa mort, la monarchie franque redevint une tétrarchie : Caribert fut roi de Paris, Gontran, d'Orléans et de Burgundie, Sigebert, d'Austrasie, et Chilpéric, de Soissons. Sigebert avait obtenu la main de Brunehaut, fille du roi des Visigoths espagnols, et Chilpéric, celle de sa sœur Galswinthe. Frédégonde fit étrangler cette rivale et prit sa place auprès de Chilpéric. Poussé par Brunehaut, Sigebert attaqua la Neustrie; déjà il était vainqueur, quand deux serviteurs de Frédégonde l'assassinèrent (575). Comme il ne laissait qu'un fils en bas âge, Childebert II, les Austrasiens furent gouvernés par un maire du palais.

Chilpéric tomba, à son tour, sous les coups d'un assassin, et la confusion devint extrême : invasion des Lombards en Provence, révolte de Gondowald soutenu par les leudes burgundes et austrasiens, traité d'Andelot (587), par lequel les leudes gagnent une première victoire, en se faisant reconnaître la possession viagère des terres ou bénéfices que jusque-là les rois ne leur avaient donnés que pour un certain temps.

Brunehaut avait ressaisi le pouvoir en Austrasie et en Bourgogne sous le nom de ses petits-fils. Amie de la civilisation romaine, elle aurait voulu reprendre la tradition d'un gouvernement ferme, corriger les mœurs licencieuses du clergé, où beaucoup de Barbares étaient entrés, surtout avoir raison de l'indiscipline des leudes. Ceux-ci se tournèrent vers le roi de Paris, Clotaire II, fils de Frédégonde, et lui offrirent de le reconnaître roi d'Austrasie et de Burgundie, s'il voulait les débarrasser de Brunehaut. Il envoya une armée contre elle, et la trahison lui livra la vieille reine qu'il fit attacher à la queue d'un cheval indompté (613).

Clotaire II rétablit une troisième fois l'unité de la monarchie, et son fils Dagobert (628) lui donna un grand éclat en assurant aux Francs la prépondérance dans l'Europe occidentale. Il arrêta les incursions des Barbares établis le long de ses frontières, délivra la Bavière des Bulgares et obtint la soumission des Vascons. Il avait le sentiment des devoirs d'un prince et des besoins d'un État civilisé. Le commerce, l'industrie, furent encouragés, et on lui doit une révision des différentes *lois* de ses peuples, ce qui était une œuvre méritoire de législation. Mais il emporta dans son tombeau la puissance des Mérovingiens. Après lui, l'on ne vit plus que

« des rois fainéants »; Ébroïn, maire du palais de Neustrie, essaya de reprendre contre les leudes, au profit de la royauté, la lutte de Brunehaut et de Dagobert; mais les leudes austrasiens déposèrent leur roi mérovingien (687) et conférèrent le pouvoir aux maires du palais, Martin et Pépin d'Héristal, avec le titre de princes des Francs. Ceux-ci gagnèrent la bataille de Testry qui leur livra la Neustrie, et Pépin d'Héristal régna véritablement, sans prendre le titre de roi.

3. Les Francs carlovingiens (687-987). — Après lui (715), son fils Charles s'empara de la mairie du palais. Vainqueur des Neustriens, il fit, par la bataille de Tours (732), rebrousser chemin à l'invasion arabe jusque derrière les Pyrénées, sauvant du même coup la chrétienté et les royaumes nés de l'invasion germanique. En 741 deux nonces du pape Grégoire III lui apportèrent les clefs du tombeau de saint Pierre avec une lettre suppliante où le pontife implorait son secours contre Luitprand, roi des Lombards. Ce Luitprand était catholique, mais voisin de Rome, et le pape voulait un protecteur plus éloigné, qui serait moins exigeant.

Charles alors se mourait; son fils Pépin se décida à prendre la couronne et à enfermer le dernier roi mérovingien dans un couvent. Le pape Zacharie, consulté à ce sujet, lui avait répondu que le titre devait appartenir à qui avait la puissance. Saint Boniface renouvela pour le nouveau roi la solennité hébraïque de la consécration par l'huile sainte (752), et Pépin récompensa le pape en lui donnant l'exarchat de Ravenne qu'il conquit sur les Lombards. Ce double événement est d'une grande importance historique. Par le sacre, l'Église établissait pour les royautés modernes la doctrine du droit divin dont elle était dispensatrice, et, en échange, Pépin prépara par ses donations la souveraineté temporelle du pape. Ces deux principes nouveaux ont dominé la société pendant dix siècles et sont tombés en même temps.

Pépin le Bref vainquit encore les Saxons, enleva aux Sarrasins la Septimanie et dompta les Aquitains après huit années de combats, de sorte que les Francs dominèrent alors depuis les Pyrénées jusqu'à l'Elbe.

La seconde monarchie franque, fondée par Pépin le Bref, parvint à son apogée sous Charlemagne (768). Appelé par le pape contre les Lombards, Charles vainquit ce peuple et confirma la donation faite par Pépin au saint-siége, mais garda pour lui le royaume qu'il venait de conquérir au sud des Alpes.

La guerre contre les Saxons, recommencée en 771, ne se termina qu'en 804. Il fallut à Charlemagne trente-trois ans d'une lutte formidable pour dompter ce peuple. La Saxe noyée dans le sang se soumit enfin aux dures lois du vainqueur et à la foi chrétienne.

La Bavière aussi perdit son duc qui fut enfermé au couvent de Jumiéges. Les Avares, nation hunnique établie en Pannonie, conservaient dans un immense camp retranché, le *Ring*, les dépouilles du monde; un fils de Charlemagne réussit à s'en emparer et imposa un tribut aux débris de ce peuple.

Au sud, les Francs étaient moins heureux. Le désastre de Roncevaux, la résistance des Vascons, celle des musulmans d'Espagne, ne leur laissèrent occuper que des avant-postes au-delà des Pyrénées.

Par ces guerres, toute la race germanique, sauf les Anglo-Saxons de la Grande-Bretagne et les Northmans de la Scandinavie, se trouva réunie en un seul faisceau.

En l'an 800, Charlemagne était à Rome; le pape Léon III posa sur sa tête la couronne des Césars. En prenant le titre d'empereur, il reprenait aussi les droits de ces princes sur Rome et sur son évêque, et il semblait que l'unité et la paix allaient être rétablies dans le monde occidental. Cette résurrection de l'empire fut au contraire un événement funeste pour tous les peuples compris dans la nouvelle domination.

Malgré son titre romain, Charlemagne resta le chef

de la race germanique, dont il continua de parler la langue, de porter le costume, d'habiter le pays. Deux fois chaque année l'assemblée générale des évêques, des comtes et des hommes libres, se réunissait autour de lui; on y rédigeait les *capitulaires* qui comprenaient toutes les matières du gouvernement civil et ecclésiastique.

Des envoyés impériaux, habituellement un comte et un évêque, parcouraient quatre fois l'an les provinces et rendaient compte de leur situation à l'empereur. Tout possesseur d'au moins douze arpents devait le service militaire. Les évêques et les abbés en furent exemptés à condition d'envoyer leurs hommes à l'armée. La justice se rendait dans les assemblées provinciales. Il n'y avait pas d'impôts publics. Le roi ne recevait que les revenus de ses nombreux domaines et les tributs des pays conquis. Les propriétaires riverains étaient chargés de l'entretien des routes, des ponts, etc. L'armée s'équipait elle-même et vivait à ses frais, sans solde; la terre que le soldat avait reçue en tenait lieu.

Toute la littérature s'était réfugiée dans les monastères, surtout chez les bénédictins. Pour faire sortir les lettres des couvents et les répandre dans le peuple, Charles fonda des écoles et obligea ses officiers d'y envoyer leurs enfants. Lui-même établit une académie dans son palais et composa des poésies latines. Alcuin et Éginhard sont les principaux écrivains de l'époque.

Après la mort de Charlemagne, en 814, les efforts des peuples tributaires pour s'affranchir, et les attaques des Northmans, des Slaves, des Bretons, montrèrent combien peu l'on redoutait son faible successeur, Louis le Débonnaire. En outre, ce prince troubla l'empire par de continuels partages, dont ses fils prirent prétexte pour se révolter contre lui, et il passa sa vie à les combattre. En 840 son fils aîné, Lothaire, lui succéda comme empereur, et réclama, dans les Etats mêmes de ses frères, le serment direct des hommes libres. Cette prétention amena la grande bataille de Fontanet, près d'Auxerre (841), où Lothaire fut vaincu, et le traité de Verdun (843) partagea définitivement l'empire carlovingien en trois États. Lothaire eut, avec le titre d'empereur, l'Italie jusqu'au duché de Bénévent et, depuis les Alpes jusqu'à la mer du Nord, une bande de terre séparant les domaines de ses deux frères. Ce qui était à l'ouest de cette *Lotharingie* resta à Charles le Chauve, tout ce qui était à l'est demeura à Louis le Germanique.

Ce Charles le Chauve fut un triste prince, à la fois avide et faible, incapable d'être maître chez lui, et qui pourtant voulut faire le conquérant. Il partagea la Lotharingie avec son frère Louis le Germanique; puis, à la mort de celui-ci, essaya de prendre encore l'Allemagne et de reconstituer l'empire de Charlemagne. Mais tout en entassant sur sa tête tant de couronnes, il ne savait défendre ni ses villes contre les Northmans ni son autorité contre les grands. Les possesseurs de bénéfices et les officiers gouvernant les provinces usurpaient l'hérédité pour leurs offices et pour leurs terres, usurpation que Charles consacra en 877. Quant aux Northmans, ils débarquaient impunément sur toutes les côtes de France, remontaient les cours des fleuves et dévastaient les provinces. Charles ne savait, pour les éloigner un moment, que leur donner de l'or; un seul homme leur résista, Robert le Fort, ancêtre des Capétiens, qui périt en les combattant (866).

Charles le Gros crut aussi reconstituer la monarchie carlovingienne (884) et ne sut pas davantage intimider les Northmans. Eudes, qu'on croit fils de Robert le Fort, sauva Paris abandonné de l'empereur, et les peuples, indignés de la lâcheté de leur prince, le déposèrent. Sept royaumes se formèrent des débris de l'empire : Italie, Germanie, Lorraine, France, Navarre, Provence et Bourgogne transjurane.

En France, les Carlovingiens vécurent un siècle encore, mais misérablement : Eudes prit d'abord la couronne aux dépens de Charles le Simple, qui la recouvra après la mort prématurée de ce valeureux prince. Charles ne trouva d'autre moyen d'arrêter les Northmans que de céder à Rollon, leur chef, avec la main de sa fille et le titre de duc, la Neustrie qui s'appela désormais Normandie (911). Les grands finirent par le déposer (922) et élurent à sa place Robert, duc de France, puis son gendre Raoul, duc de Bourgogne (923). En 936 Hugues le Grand fit roi Louis d'Outre-mer, un Carlovingien, puis le renversa et le rétablit. Pourtant Lothaire, fils de Louis, lui succéda (954), mais il était réduit à la possession de la seule ville de Laon: aussi ne put-il se maintenir qu'en faisant alliance avec Hugues Capet, nouveau duc de France, qui, à la mort de Louis V, se décida à prendre la couronne (987).

4. La féodalité, les communes, premier réveil littéraire. — Les officiers du roi, sous les derniers Carlovingiens, ayant usurpé l'hérédité de leur charge et celle de leur bénéfice ou terre concédée, il se forma successivement une hiérarchie de propriétaires souverains, mais souverains imparfaits, car il n'y eut point de terre, sauf quelques alleux, qui ne fût un *fief* (*point de terre sans seigneur*), point de seigneur, excepté le roi, qui ne fût aussi un *vassal* et ne reconnût un *suzerain*: ce régime s'appelle la *féodalité*. Il fut consacré en 877 par un édit de Charles le Chauve, qui reconnut au fils le droit d'hériter du *bénéfice* et du *comté* de son père.

Par la cérémonie de l'*hommage* et *de la foi*, le vassal se déclarait l'*homme* de son seigneur, qui en retour lui accordait le *fief* par *investiture*. Les *services* dus par le vassal étaient: 1° le service militaire, avec un nombre d'hommes et pour une durée qui variait suivant l'importance du fief; 2° la *fiance* ou obligation de se rendre aux *plaids* du suzerain pour l'aider à rendre justice; 3° les *aides*, les unes *légales* et obligatoires, les autres *gracieuses* ou volontaires. Les premières étaient dues quand le seigneur avait à payer une rançon pour sortir de captivité, quand il armait son fils chevalier, ou qu'il mariait sa fille. A ces services il faut ajouter certains *droits* : de reliefs, de déshérence, de confiscation, de garde, de mariage, etc. ; le vassal était autorisé à inféoder une partie de son fief à des vassaux d'un moindre rang, *vavasseurs*.

Le suzerain ne pouvait retirer arbitrairement le fief à son vassal ; il devait défendre celui-ci s'il était attaqué et lui rendre bonne justice. Le jugement par les *pairs* ou égaux de l'accusé était le principe de la justice féodale. Les vassaux d'un même suzerain étaient donc pairs entre eux. En cas de déni de justice ou de sentence inique, le vassal en appelait au suzerain de son seigneur, à moins qu'on ne préférât exercer contre lui le *droit de guerre privée*. La *trêve de Dieu* défendit ces guerres du mercredi soir au lundi matin.

Non-seulement les seigneurs jugeaient et légiféraient, mais encore ils battaient monnaie. A l'avénement de Hugues Capet, on n'en comptait pas moins de cent cinquante exerçant en France ce dernier droit, qui était ruineux pour le commerce : aussi l'Etat n'existait plus. De Charles le Chauve à Philippe Auguste il ne parut pas une seule loi générale.

Au-dessous de la société guerrière des seigneurs était la société travailleuse des *vilains* et des *serfs*. Le vilain, assujetti à des redevances fixes et à des corvées, avait le droit de posséder en propre. Quant aux serfs, « le sire peut prendre tout ce qu'ils ont, et tenir les corps en prison, soit à tort, soit à droit ; il n'est tenu d'en répondre qu'à Dieu. » Malgré tout, la condition du serf était meilleure que celle de l'esclave dans l'antiquité : il avait une famille ; l'Eglise le disait fils d'Adam et le faisait, au moins devant Dieu, l'égal des plus fiers seigneurs ; enfin il pouvait, s'il entrait dans l'Eglise, arriver à toutes les charges et à tous les honneurs ecclésiastiques.

Sous l'influence du christianisme, la famille acheva de se reconstituer et, par la nécessité de ne compter que sur soi, l'âme fut retrempée.

Une institution particulière à cette époque est la *chevalerie*. Les seigneurs confiaient à leurs vassaux, auprès de leur personne, des services considérés comme des marques de distinction : les fonctions de connétable, maréchal, sénéchal, etc. ; et le vassal, de son côté, amenait ses fils à la cour du suzerain pour s'y préparer, comme pages et écuyers, à devenir ce qu'il était lui-même, chevalier. Ce titre n'était décerné qu'après un long stage et des épreuves que terminait une cérémonie à la fois religieuse (jeûne, veille des armes, etc.) et militaire (accolade, éperon, épée). Prier, fuir le péché, défendre l'Eglise, la veuve et l'orphelin, faire la guerre loyalement, combattre pour sa dame, écouter les prud'hommes, tels étaient les devoirs que le nouveau chevalier jurait de remplir, et que plusieurs remplirent fidèlement.

La féodalité eut deux ennemis, le roi et le peuple. Avant de tomber sous les coups de la royauté, elle fut ébranlée par l'insurrection des villes. Dès l'année 1067, le Mans arracha à son seigneur une *charte de commune*, et beaucoup de cités dans le nord de la France suivirent cet exemple. Les priviléges obtenus dans les communes par la révolte furent gagnés dans les villes de *bourgeoisie* par concession du roi. Au sud de la Loire, beaucoup de cités firent revivre l'organisation municipale qu'elles avaient eue sous l'empire romain. Peu à peu, à l'abri de ces priviléges, il se forma une classe bourgeoise qui pénétrera dans les conseils de saint Louis, qui entrera aux états généraux de Philippe le Bel, qui enfin formera un ordre dans le royaume, le tiers état.

Le mouvement gagna aussi les esprits. Le douzième siècle entendit retentir les voix rivales d'Abélard, qui usait d'une certaine liberté, et de saint Bernard, l'apôtre de l'autorité dogmatique. En 1200 l'*Étude*, appelée plus tard (1250) l'*Université de Paris*, fut dotée par Philippe Auguste de ses premiers priviléges, qui servirent de modèle à ceux des universités de Montpellier, d'Orléans, d'Oxford, de Cambridge, de Salamanque, etc. Son opinion fit bien vite autorité dans les plus grands débats, et tout ce qu'il y eut dans la catholicité d'hommes éminents en sortit; mais combien d'erreurs régnaient! On croyait à l'astrologie, à l'influence des astres, à l'alchimie, qui faisait chercher la pierre philosophale, et les sorciers pullulaient.

Les langues vulgaires avaient pris place à côté du latin, la langue ecclésiastique et savante, et les troubadours, les trouvères, chantaient en de longs poëmes les aventures des pairs de Charlemagne et des chevaliers de la Table Ronde. La prose française naquit avec Villehardouin, qui raconta la quatrième croisade, et avec Joinville, dont les *Mémoires*, plus parfaits de style, font pressentir Froissart. L'architecture religieuse atteignit alors sa perfection dans les cathédrales de Paris, de Reims, de Chartres, d'Amiens, etc. La sculpture était grossière, mais on faisait des vitraux magnifiques, et les livres d'heures étaient ornés de délicieux dessins.

Ces trois siècles, durant lesquels la royauté est sans force devant une féodalité toute-puissante, où les libertés municipales et l'esprit littéraire se réveillent, où l'art élève pour la religion des montagnes de pierre ciselées à jour et orne les manuscrits de précieuses miniatures, forment l'époque organique du moyen âge. Ce temps vit aussi deux des plus grandes choses de l'histoire du monde : l'une, les croisades, faites surtout par la France, qui moissonnèrent des millions d'existences, mais développèrent l'industrie, le commerce et affaiblirent la féodalité par les vides qu'elles firent dans ses rangs; l'autre, la querelle du sacerdoce et de l'Empire, qui eut d'abord pour théâtre l'Italie et l'Allemagne, où le pouvoir temporel fut vaincu avec les Hohenstaufen, et qui recommença en France, où Philippe le Bel retint la papauté captive dans Avignon.

5. Les Capétiens directs (987-1328). — Au milieu

de ces grandes choses, les premiers Capétiens firent triste figure. Hugues Capet passa son règne de neuf années à lutter contre le dernier représentant de la famille carlovingienne. Son fils Robert, excommunié pour avoir épousé Berthe, sa parente, eut la sagesse de refuser la couronne d'Italie, mais recueillit le duché de Bourgogne par héritage (1002). Henri Ier (1031), Philippe Ier (1060), vécurent obscurs et se contentèrent de durer. Philippe ne prit même aucune part à la première croisade, qui se fit de son temps et eut pour conséquence la fondation d'un royaume français en Palestine.

Louis VI (1108), actif et résolu, triompha des seigneurs de Montmorency, du Puiset, de Corbeil, de Coucy; il favorisa l'établissement des communes sur les terres de ses vassaux, au Mans, à Noyon, à Amiens, etc., mais il n'en toléra pas sur ses domaines. Une guerre qu'il entreprit contre Henri Ier, roi d'Angleterre, tourna mal. Il fut plus heureux avec Guillaume IX, d'Aquitaine, qui donna l'héritière de ce grand duché au fils du roi.

Ce mariage doublait le domaine royal; mais, durant une guerre avec le comte de Champagne, Louis VII, ayant brûlé treize cents personnes dans l'église de Vitry, fut pris de remords et partit pour la seconde croisade, qui n'eut d'autre résultat que la mort de presque tous les croisés. A son retour, il divorça avec Éléonore, qui porta en dot son duché de Guyenne à Henri Plantagenet, comte d'Anjou, duc de Normandie et héritier de la couronne d'Angleterre. Quand Henri eut réuni toutes ces couronnes, il posséda une puissance formidable qui enveloppa et étreignit le petit domaine du roi de France. Louis s'allia avec les fils révoltés du Plantagenet et avec le clergé anglais qui était en désaccord avec son roi. Il donna même asile à l'archevêque de Cantorbéry, Thomas Becket, qui, de retour en Angleterre, fut assassiné dans sa cathédrale par des chevaliers de Henri II.

Philippe Auguste (1180) fut d'abord le meilleur ami de Richard, fils rebelle de Henri II et son successeur.

Ils commencèrent même ensemble la troisième croisade; mais, en Palestine, ils se brouillèrent, et Philippe, revenu dans ses États avant Richard, s'entendit avec Jean sans Terre, frère du monarque anglais, pour dépouiller celui-ci pendant qu'il était retenu en captivité par le duc d'Autriche. Une guerre violente éclata lorsque Richard fut sorti de prison. Le pape Innocent III parvint à faire signer aux deux rois une trêve de cinq ans. Deux mois plus tard, Richard, toujours bataillant, périssait au siége d'un château du Limousin (1199).

Jean sans Terre usurpa la couronne anglaise, après avoir égorgé à Rouen son neveu Arthur (1203), qui en était le légitime héritier. Philippe Auguste somma le meurtrier de paraître devant la cour des pairs, et, sur son refus, lui enleva la Normandie, qui entra alors dans le domaine royal. La Bretagne, qui relevait de cette province, devint fief immédiat de la couronne. Le Poitou, la Touraine et l'Anjou furent aussi facilement occupés. Jean sans Terre forma, pour se venger, une redoutable coalition avec son neveu, l'empereur d'Allemagne, Otton IV, et les seigneurs des Pays-Bas. Philippe gagna sur eux la bataille de Bouvines, notre premier trophée national (1214); avant de mourir, il reçut encore l'hommage du comte de Toulouse.

Sous Philippe Auguste, des chevaliers avaient fait deux croisades : la quatrième qui, au lieu de délivrer Jérusalem repris par les infidèles, fonda l'empire latin de Constantinople (1204), et l'expédition prêchée par l'Église contre les hérétiques albigeois; celle-ci dévasta le midi de la France, mais amena la réunion de ces belles provinces au domaine royal. Pendant que ces batailleurs guerroyaient sur les rives du Bosphore et de la Garonne, Philippe, tranquille dans son royaume, le conquérait une seconde fois par l'administration; il le divisa en bailliages et en prévôtés pour avoir l'œil et la main partout présents dans les provinces. Du neuvième au douzième siècle, les pouvoirs publics avaient été usurpés par les grands propriétaires. Philippe commençait une révolution qui allait faire du roi le seul juge, le seul administrateur, le seul législateur du pays.

Louis VIII fit dans le midi de la France, contre ce qui restait d'Albigeois, une campagne qui lui donna Avignon, Nîmes, Alby, Carcassone ; il mourut au retour. Son fils aîné, Louis IX, n'avait que neuf ans. Les barons se liguèrent pour enlever la régence à la reine mère, Blanche de Castille, et faire reculer la royauté qui venait de tant avancer sa fortune. La guerre se termina à l'avantage de la régente (1229). Le comte de Toulouse lui abandonna tout le bas Languedoc ; l'autre moitié devint la dot de sa fille, fiancée à Alphonse, second frère du roi. Une partie de la haute Provence fut donnée à l'Eglise ; c'est l'origine du droit des papes sur le comtat Venaissin qu'ils ont possédé jusqu'en 1789. Un autre frère du roi, Robert, était comte d'Artois (1237) ; le troisième, Charles, comte d'Anjou et du Maine, acquit par mariage le comté de Provence, et, par ses victoires sur la maison de Souabe, le royaume de Naples (1268). Les Capétiens prenaient ainsi peu à peu possession de la France entière.

Henri III d'Angleterre essaya encore d'arrêter ces progrès de la maison de France ; vaincu à Taillebourg (1242), il ne conserva, sous condition d'hommage-lige, que le duché de Guyenne. Louis IX était un saint, il refusa pourtant de s'associer à la politique d'Innocent IV contre Frédéric II, et sa réputation de justice était si bien établie qu'il fut pris pour arbitre entre le roi d'Angleterre et ses barons. S'il n'osa pas interdire les guerres privées, il institua du moins pour ses domaines une trêve de quarante jours qui devaient s'écouler entre l'offense reçue et la déclaration de guerre, et il abolit le duel judiciaire. Les légistes prirent sous lui une grande importance ; les *enquesteurs royaux*, qu'il établit, le tinrent au courant des abus à réformer, et, le premier de nos rois, il appela les bourgeois dans son conseil. Son règne fut la plus belle époque du moyen âge pour la science, l'art et la littérature. Malheureusement il fit deux croisades, les dernières qu'on ait exécutées, et toutes deux échouèrent misérablement : dans l'une, il fut pris par les Mameluks d'Egypte et mis à rançon; dans l'autre, il mourut de la peste sous les murs de Tunis (1270).

Le règne de Philippe III est obscur et vide : on n'y voit qu'une guerre inutile avec l'Aragon, provoquée par les Vêpres siciliennes (1282), et qui ne profita qu'au roi de Naples. Philippe IV le Bel est fameux au contraire par sa querelle avec le saint-siège et par la convocation des premiers états généraux. Pour faire face aux dépenses de ses guerres, il pilla les juifs et soumit le clergé à des taxes que le pape défendait de payer. Le légat, porteur des interdictions pontificales, ayant été arrêté, Boniface VIII lança une bulle menaçante(1301). Philippe ne se crut pas assez fort pour faire tête seul à l'orage : il convoqua la première assemblée des députés du clergé, des barons et des bourgeois, qui se prononcèrent pour lui. Le pape fut accusé de simonie et d'hérésie ; Nogaret, agent du roi, se rendit en Italie pour l'appréhender au corps, et l'Italien Colonna frappa le vieux pontife, qui en mourut de douleur (1303). Le roi fit élire une de ses créatures, Clément V, qui établit le saint-siége à Avignon et commença la série des papes demeurés pendant soixante-dix ans à la merci de la France (1308-1378).

Ce fut de ce pape que Philippe obtint la condamnation des Templiers, dont les biens immenses le tentaient. Il les fit arrêter le même jour par toute la France (1307); et, en 1309, cinquante-quatre furent brûlés.

Sous ce règne, guerres en Flandre marquées par la défaite des Français à Courtray et par la victoire de Philippe le Bel à Mons-en-Puelle (1304).

Sous Louis X le Hutin (1314), supplice des ministres Enguerrand de Marigny et Raoul de Presle. A la mort de Louis X, son frère Philippe V fit déclarer par les états généraux, au préjudice de sa nièce Jeanne, que la femme *ne succède pas au royaume des Francs* :

règle qu'on a appelée improprement loi salique. Philippe V mourut lui-même sans enfant mâle; son frère Charles IV le Bel lui succéda et à son tour ne laissa qu'une fille. La couronne revint alors à un neveu de Philippe IV qui commença la branche capétienne des Valois (1328). Mais Édouard III, roi d'Angleterre, petit-fils par sa mère de Philippe le Bel, prétendit être l'héritier légitime, et cette prétention fut la cause de la guerre de Cent ans.

6. Les Valois (1328-1589). — Édouard III reconnut cependant le nouveau roi de France et lui rendit hommage pour le duché de Guyenne. Il n'en gardait pas moins ses espérances, et fut encouragé dans ses desseins par les Flamands, qui, ayant besoin des laines anglaises pour alimenter leur industrie, chassèrent leur comte, ami de la France, et reconnurent Édouard III comme leur roi. La guerre, commencée en 1337, languit pendant plusieurs années. En 1346 Édouard pénétra au cœur de la Normandie. Le manque de vivres l'obligeant à se rapprocher de la Flandre, Philippe de Valois ne sut l'empêcher de passer ni la Seine ni la Somme, et perdit la bataille de Crécy, à la suite de laquelle Édouard prit Calais, que les Anglais ont conservé deux siècles. Jean le Bon, son successeur (1350), s'étant mis en désaccord avec une partie de sa noblesse, les Anglais jugèrent le moment favorable pour revenir. Édouard III envoya le duc de Lancastre en Normandie et le prince *Noir* en Guyenne. Celui-ci allait être enveloppé et pris, quand la témérité ordinaire de la noblesse française lui donna, près de Poitiers, une victoire inespérée (1356). Le roi de France lui-même fut au nombre des captifs.

Les états généraux, convoqués par le dauphin Charles, avant d'accorder aucun subside, exigèrent le renvoi des principaux officiers de finance et de justice; et un conseil fut choisi dans les trois ordres pour diriger le gouvernement. Le dauphin s'engagea même à laisser l'emploi des deniers publics aux délégués de l'assemblée. Ces concessions ne suffirent pas à Etienne Marcel, prévôt des marchands, qui fit égorger sous les yeux du dauphin deux de ses ministres, les maréchaux de Champagne et de Normandie. Marcel allait même livrer Paris au roi de Navarre, Charles le Mauvais, quand l'échevin Maillard le tua (1358). Les abominations commises par les *Jacques* achevèrent de déshonorer le parti populaire.

Le dauphin signa le traité de Brétigny (1360), par lequel Edouard renonçait à la couronne de France, mais recevait en toute souveraineté le duché d'Aquitaine, le Ponthieu, Calais, Guines et Ardres. Jean aliéna en outre le duché de Bourgogne en faveur de son quatrième fils, Philippe le Hardi, chef de cette seconde maison ducale qui faillit deux fois perdre le royaume.

Charles le Sage (1364) tira la France de cet abîme de misères. Duguesclin, qui devint plus tard connétable, la délivra d'abord de Charles le Mauvais par la victoire de Cocherel (1364), puis, des *grandes compagnies*, en les menant en Espagne, où il renversa le roi de Castille, don Pedro, ami des Anglais.

En 1369 les Gascons, mécontents du prince Noir, en appelèrent à Charles V, qui fit prononcer par la cour des pairs la confiscation du duché d'Aquitaine. Une puissante armée anglaise débarqua à Calais; mais on lui refusa partout la bataille, et elle ne put faire autre chose que ravager le pays, en laissant tout le long de sa route beaucoup de malades et de morts. Lorsqu'elle arriva à Bordeaux elle était réduite à 6000 hommes par cette tactique peu héroïque, mais sûre. A la mort du prince de Galles et d'Edouard III, en 1380, il ne restait aux Anglais, en France, que Bayonne, Bordeaux et Calais.

La minorité de Charles VI (1380) livra le gouvernement à ses oncles les ducs d'Anjou, de Berry, de Bourgogne et de Bourbon. Le peuple de Paris, soulevé par de nouveaux impôts, assomma à coups de maillet les percepteurs (révolte des Maillotins). Cette émeute étouffée, les princes conduisirent le roi contre la Flandre, foyer contagieux de l'esprit de révolte des petits contre les grands. L'armée fit essuyer aux Gantois la sanglante défaite de Rosebecque (1382). Mais le gaspillage des finances continua; les fêtes se multiplièrent, et le jeune roi y perdit la raison (1392). Le duc de Bourgogne, son oncle, et le duc d'Orléans, son frère, se disputèrent le gouvernement. Jean sans Peur finit par assassiner son rival (1407), et le beau-père de la victime, le comte d'Armagnac, devint le chef de la faction qui prit son nom; une partie de la noblesse s'y rattacha, tandis que le duc de Bourgogne s'appuyait sur la populace des villes, notamment à Paris, sur la faction des bouchers qui avait pour chef l'écorcheur Caboche. Paris fut inondé de sang (massacre des Armagnacs).

L'occasion parut bonne aux Anglais. Leur roi Henri V reparut sur le continent et gagna en 1415 la bataille d'Azincourt. Rouen tomba en son pouvoir. L'assassinat de Jean sans Peur, au pont de Montereau, par les conseillers du dauphin, jeta le nouveau duc de Bourgogne, Philippe le Bon, dans le parti de l'Angleterre, et Henri V, maître de Rouen, de Paris, et de la personne de Charles VI, se fit reconnaître par le traité de Troyes héritier du roi de France, dont il épousa la fille (1420).

Henri V et Charles VI moururent la même année (1422); il y eut alors deux rois de France : l'Anglais Henri VI à Paris, le Valois Charles VII au sud de la Loire. Les défaites de Crévant-sur-Yonne (1423) et de Verneuil (1424) chassèrent de la Bourgogne et de la Normandie les armées de Charles VII, qui, livré à ses plaisirs, oubliait Orléans assiégé par les Anglais (1428), quand parut Jeanne d'Arc.

Cette jeune fille, née à Domrémy en Lorraine, se présenta à la cour, ayant, disait-elle, mission de délivrer Orléans et de faire sacrer le roi. Les plus vaillants capitaines se jetèrent à sa suite dans la ville (1429); dix jours après les Anglais évacuaient leurs bastilles. Après la bataille de Patay, elle conduisit le roi à Reims et l'y fit sacrer. Mais, devant Compiègne, elle tomba entre les mains des Anglais, qui brûlèrent à Rouen, comme sorcière (30 mai 1431), cette héroïne du patriotisme.

Les Anglais n'éprouvèrent plus que des revers. En 1436 Paris ouvrit ses portes à Charles VII qui, secondé par le sénéchal Jean de Brézé, le chancelier Juvénal, le financier Jacques Cœur, les frères Bureau, organisateurs de l'artillerie, et par de vaillants capitaines, Dunois, la Hire, Xaintrailles, s'appliqua à remettre l'ordre partout. En 1444 les Anglais conclurent une trêve de deux ans, et Charles se trouva assez fort pour étouffer sans combat une révolte des seigneurs (la Praguerie). Il porta le coup le plus rude à la féodalité, en créant une armée permanente : aussi, quand les hostilités recommencèrent, les succès furent rapides. La victoire de Formigny chassa les Anglais de la Normandie, celle de Castillon (1453), de la Guyenne, Calais seul leur resta. Ce fut le terme de la guerre de Cent ans.

Charles VII avait reconquis la France sur les Anglais, il restait à la reconquérir sur les seigneurs. Le dauphin, celui qui allait être Louis XI et qui s'était mis de tous les complots contre son père, s'était réfugié chez le duc de Bourgogne ; il y était quand Charles VII mourut.

On crut que les bons jours de la féodalité allaient revenir avec le chef des mécontents, mais on fut vite désabusé. Louis s'y prit mal d'abord, et cinq cents princes ou seigneurs formèrent contre lui la *ligue du bien public*. Par la bataille de Montlhéry, il s'assura la possession de Paris et de là travailla à dissoudre la ligue. Il accorda aux seigneurs tout ce qu'ils voulurent : au duc de Berry, son frère, la Normandie ; au duc de Bourgogne, les villes de la Somme qu'il lui avait récemment achetées ; au comte de Charolais, le Ponthieu ; au duc de Bretagne, l'exemption de l'appel qu'on portait de ses tribunaux au parlement de Paris, et la nomination des évêques. Quant au bien public, personne n'en parla et n'y avait jamais songé.

Les princes une fois séparés, le roi les attaqua les uns après les autres. D'abord, pour occuper chez lui le duc de Bourgogne, Charles le Téméraire, Louis excita des soulèvements à Liége, à Dinant, à Gand, et en profita pour reprendre la Normandie au duc de Berry, en faisant déclarer par les états généraux que le frère du roi devait se contenter de 12 000 livres de rente pour apanage. Charles essaya alors de soulever de nouveau toute la féodalité et d'attirer à la suite le roi d'Angleterre. Louis tomba sur le duc de Bretagne avec des forces supérieures et le contraignit à se tenir en repos. Mais une armée anglaise s'apprêtait à débarquer en France ; il alla négocier à Péronne avec Charles le Téméraire : c'était encore une imprudence. Une insurrection, que le roi avait oublié de contremander, éclata à Liége ; Charles, irrité, ne le laissa partir qu'après lui avoir imposé de dures et honteuses concessions, entre autres, de céder la Champagne à son frère, et d'accompagner le duc contre Liége, qui fut mise à sac (1468).

Louis envoya son frère à l'autre bout de la France, en Guyenne, où une mort prématurée le débarrassa d'un prince si utile à ses ennemis (1472). Le Téméraire, furieux, entra en Picardie, y mit tout à feu et à sang, mais échoua devant Beauvais défendu par le courage de Jeanne Hachette, et se tourna vers de plus grands desseins qui n'étaient que de folles visées.

Il voulait réunir son duché de Bourgogne à son comté de Flandre en acquérant la Lorraine et l'Alsace, puis restaurer l'ancienne *Lotharingie* sous le nom de Gaule Belgique ; déjà il sollicitait de l'empereur Frédéric III le titre de roi : mais les Suisses, molestés par lui et excités par Louis XI, entrent en Franche-Comté et gagnent sur les Bourguignons la bataille de Héricourt ; le roi anglais Édouard IV, débarqué en France à la sollicitation du Téméraire, ne trouvant pas les secours promis, traite à Pecquigny avec Louis XI, qui le renvoie comblé d'argent.

Pendant ce temps-là, Charles s'emparait de la Lorraine et envahissait la Suisse. Battu à Granson et à Morat, il recula, crut se venger sur Nancy et y fut tué (1477).

Avec lui tombait la plus grande maison féodale d France. Louis XI s'occupa des autres. Le comte d'Armagnac, assiégé et pris dans Lectoure, fut poignardé (1473), le duc d'Alençon jeté en prison (1473), le duc de Nemours, le connétable de Saint-Pol, décapités (1475). Avec les têtes, Louis prenait les biens. Mais sa politique déloyale força l'héritière de Bourgogne, Marie, à épouser l'archiduc Maximilien; funeste mariage qui devint, pour les maisons de France et d'Autriche, la cause de luttes sanglantes et l'origine de la monstrueuse puissance de Charles-Quint. Louis réussit néanmoins à incorporer à la France la Bourgogne, la Picardie, l'Artois, la Franche-Comté et tout l'héritage de la maison d'Anjou. Quand il mourut (1483), la féodalité pouvait faire encore des complots, elle n'était plus capable de faire la guerre au roi.

Ce prince avait créé les parlements de Grenoble, de Bordeaux, de Dijon, et accordé l'inamovibilité à la magistrature; il organisa la poste royale, attira d'Italie des ouvriers qui fondèrent à Tours les premières manufactures de soieries, et il aurait voulu établir l'unité des poids et mesures. Il encouragea l'imprimerie, fonda les universités de Caen et de Besançon. Commines était un de ses conseillers.

Charles VIII, âgé de treize ans, faible de corps et d'esprit, eut pour tutrice sa sœur aînée, Anne de Beaujeu, digne fille de Louis XI par son caractère viril. Malgré les grands, elle se fit maintenir par les états généraux dans la plénitude du pouvoir; quand le duc d'Orléans, allié de l'archiduc Maximilien, essaya de la renverser, elle sut réunir promptement une armée qui mit fin « à la guerre folle »; enfin elle fit épouser à son frère l'héritière de la Bretagne, mariage qui préparait la réunion de cette province à la France. Malheureusement Charles VIII échappa à cette tutelle salutaire et rêva d'expéditions lointaines. Afin de n'être pas distrait dans la poursuite de ses chimères, il signa des traités désastreux avec tous ses voisins, leur abandonnant l'Artois, la Franche-Comté et le Roussillon.

Il se proposait de faire valoir les droits que la maison d'Anjou lui avait légués sur le royaume napolitain, puis d'aller de Naples à Constantinople et de Constantinople à Jérusalem. Il franchit les Alpes sans peine, fut bien accueilli à Turin, à Milan, et entra à Florence en conquérant. A Rome, les cardinaux et les seigneurs, maltraités par le pape Alexandre VI, lui ouvrirent les portes, et le roi de Naples, abandonné de ses soldats, ne put lui disputer les approches de sa capitale, où il entra sans combattre (1495). Charles s'y fit couronner roi de Naples, empereur d'Orient et roi de Jérusalem. Pendant qu'il s'oubliait dans les fêtes, derrière lui se formait une ligue qui comprenait Venise, Ludovic le More, Alexandre VI, Maximilien, Ferdinand le Catholique et Henri VIII. 40 000 hommes l'attendaient au pied de l'Apennin. La bataille de Fornoue lui rouvrit le chemin des Alpes; mais ses conquêtes étaient perdues. Quant à l'Italie, délivrée de l'étranger, elle retourna à ses querelles intestines.

7. Valois-Orléans et Valois-Angoulême (1498-1589). — Louis XII, petit-fils de Charles d'Orléans, succéda à son cousin (1498), dont il épousa la veuve, Anne de Bretagne. Il avait, par Charles VIII, des droits sur Naples, et par sa grand-mère, Valentine Visconti, des droits sur le Milanais. Il envoya Trivulce, Italien passé à son service, conquérir ce duché. Ludovic le More, battu près de Novare (1500), fut livré par ses mercenaires et enfermé au château de Loches.

Maître du Milanais, Louis s'allia avec Florence et Alexandre VI, et, pour prendre le royaume de Naples sans coup férir, il le partagea d'avance avec Ferdinand le Catholique (1500). Il se réservait le titre de roi, les Abruzzes et la Terre de Labour. Ferdinand se contentait de la Pouille et de la Calabre. Le malheureux roi de Naples, trahi par les Espagnols qu'il avait appelés, accepta une retraite sur les bords de la Loire. Mais des différends surgirent entre ceux qui avaient partagé la proie, et les Français furent de nouveau forcés d'évacuer le royaume (1504).

Le pape Jules II se proposait de faire du saint-siége la puissance prépondérante dans la péninsule, en abaissant Venise. Il sut réunir contre elle, par le traité de Cambrai (1508), Ferdinand le Catholique, l'empereur Maximilien et Louis XII, qui battit les Vénitiens à Agnadel. Les alliés du roi de France profitèrent de ses succès pour se garnir les mains, et le pape, retournant contre lui le traité de Cambrai, se mit à la tête d'une *sainte ligue* pour chasser les Français d'Italie. Il assiégeait les villes en personne et y entrait par la brèche. Louis XII convoqua un concile à Pise pour faire déposer ce belliqueux pontife. Jules excommunia le roi et entraîna dans l'alliance toutes les puissances catholiques, même les Suisses, qu'il prit à sa solde.

Nos armes furent d'abord heureuses avec Gaston de Foix, qui triompha à Brescia et à Ravenne (1512); mais ce vaillant chef fut tué au dernier de ces combats, et la Palisse recula jusqu'aux Alpes. La France fut alors envahie de trois côtés : au sud, Ferdinand le Catholique menaça la Navarre; dans le nord, les Anglais et les Allemands firent tourner bride à la chevalerie française à la journée des Eperons; à l'est, les Suisses ne furent éloignés de Dijon qu'à prix d'or. Le seul allié de la France, le roi d'Écosse, périt à Flowden. Louis, vaincu de tous les côtés, désavoua le concile de Pise et renvoya l'Anglais Henri VIII dans son île en lui promettant une pension de 100 000 écus pendant dix ans (1514). Tels furent les effets désastreux de la funeste politique de Charles VIII, continuée par son successeur. Louis XII mourut le 1er janvier 1515. Son administration, meilleure que sa politique, l'a fait surnommer le *Père du peuple*.

Le duc d'Angoulême, François Ier, qui descendait comme Louis XII du duc d'Orléans, frère de Charles VI, ouvrit son règne par une invasion dans le Milanais ; à Marignan, il vainquit 30 000 Suisses dans une *bataille de géants* (1515), et les Suisses signèrent la *paix perpétuelle*, qui assura à la France leur alliance jusqu'à la Révolution française. Mais, dans le même temps, l'héritier des Habsbourgs et de Charles le Téméraire recueillait dix couronnes. A la mort de Ferdinand le Catholique (1516), Charles-Quint en effet se trouva maître des Pays-Bas, de la Franche-Comté, de Naples, de la Sicile, de l'Espagne, de l'Amérique, et la mort de son grand-père, l'empereur Maximilien, lui livra en 1519 tous les duchés d'Autriche, avec le royaume de Bohême. Il lui manquait la couronne impériale. François Ier la lui disputa, et cette rivalité amena la guerre. Ils cherchèrent d'abord des alliés. François Ier échoua auprès de Henri VIII d'Angleterre, à l'entrevue du camp du Drap d'or ; grâce à Wolsey, le ministre anglais, qu'il acheta, l'Empereur gagna l'alliance de ce prince.

François Ier commença les hostilités et n'éprouva que des revers. Une armée envoyée en Navarre y fut battue ; les Impériaux auraient pris Mézières, sans Bayard ; Lautrec perdit, à la Bicoque (1522), le Milanais ; et le connétable de Bourbon, trahissant son prince pour se venger d'une injustice, vainquit Bonnivet à Biagrasso, où Bayard fut tué (1524). Les Impériaux entrèrent en Provence. Ils furent bientôt obligés d'en sortir ; mais les Français se précipitèrent à leur poursuite jusqu'à Pavie, et François Ier y fut pris (1525).

L'Europe s'émut. L'Italie et Henri VIII entrèrent dans une ligue contre le vainqueur. Cependant François, prisonnier, signait le désastreux traité de Madrid (1526), qu'il fit casser, une fois libre, par une assemblée des états, et la guerre recommença. Bourbon jeta sur l'Italie une armée de luthériens fanatiques ; il fut tué sous les murs de Rome, mais sa horde prit la ville et le vengea par d'abominables dévastations (1527).

Lautrec, après avoir conquis le Milanais, marchait sur Naples, quand il mourut de la peste, et la défaite de Landriano chassa encore une fois les Français de la péninsule. Charles-Quint força le pape Clément VII de le couronner roi d'Italie (1529); il avait obtenu par le traité de Cambrai, que François Ier renonçât à ses prétentions sur Naples et Milan (1529), de sorte que l'Italie perdue pour nous passait aux Espagnols.

La puissance de Charles-Quint devenait formidable; afin de l'entraver, François Ier sacrifia l'esprit religieux à l'esprit politique : il fit alliance avec les protestants d'Allemagne et avec Soliman, le sultan des Turcs, qui envahit plusieurs fois les Etats autrichiens et pénétra jusque sous les murs de Vienne. Un agent qu'il envoyait à Constantinople ayant été mis à mort par ordre de l'Empereur, la guerre éclata de nouveau. Une seconde invasion en Provence ne réussit pas mieux que la première aux Impériaux (1536), et François Ier, content d'avoir conquis le Piémont, signa avec son rival une trêve de dix ans; elle en dura quatre (1538). La flotte de France unie à Soliman enleva Nice, et le duc d'Enghien gagna la bataille de Cérisoles. Mais, au nord, Charles pénétra jusqu'à 15 lieues de Paris, où la disette et les maladies arrêtèrent les Impériaux. La paix de Crépy (1544) laissa les deux adversaires dans la même situation; Henri VIII, allié de l'Empereur, avait pris Boulogne; il la rendit pour 2 millions.

Le fils de François Ier, Henri II, profita des embarras que les protestants d'Allemagne causaient à l'Empereur pour renouveler les hostilités; il s'empara de Toul, de Verdun et de Metz, que Charles essaya vainement de reprendre. Fatigué, à la fin, de tant de luttes inutiles, le vieil Empereur renonça à ses couronnes d'Espagne, d'Italie et des Pays-Bas, en faveur de son fils Philippe II (1556). Le nouveau prince gagna la victoire de Saint-Quentin, mais ne sut pas en tirer parti; Guise, au contraire, enleva aux Anglais, ses alliés, la ville de Calais en huit jours. Pressés d'arrêter les progrès de l'hérésie dans leurs États, les deux rois de France et d'Espagne signèrent le traité de Cateau-Cambrésis, qui mit fin aux guerres d'Italie (1559).

Pendant que la France luttait sous Charles VIII et Louis XII pour la prépondérance en Italie, sous François Ier et Henri II, contre l'ambition de Charles-Quint, une triple révolution s'opérait dans les intérêts, dans les arts et dans les croyances : Christophe Colomb découvrait l'Amérique (1492), et Vasco de Gama, le passage aux Indes par le cap de Bonne-Espérance; l'imprimerie, inventée par Gutenberg (1454), multipliait les livres; Michel-Ange, Raphaël, le Vinci, le Titien, renouvelaient les arts; les architectes couvraient l'Italie et la France des palais et des châteaux de la Renaissance; Copernic trouvait le vrai système du monde; enfin Luther et Calvin enlevaient à la domination de Rome la moitié de la catholicité. Les rois d'Espagne et de France, arrivés à la possession d'un pouvoir sans limite, comprirent que la négation de l'autorité absolue du pape dans l'ordre spirituel aboutissait inévitablement à la négation de l'autorité absolue du roi dans l'ordre social. Aussi s'étaient-ils hâtés de conclure la paix de Cateau-Cambrésis pour être libres : Henri II, d'étouffer l'hérésie en France; Philippe II, d'en empêcher la naissance en Italie et en Espagne, et de l'écraser dans les Pays-Bas et en Angleterre. Mais Henri II mourut presque aussitôt; François II, son fils, régna moins d'un an et demi; Charles IX alla à peine jusqu'à vingt-quatre ans, et Henri III resta toujours dans une sorte de minorité d'où il ne sortait que par des emportements. Ces princes furent donc incapables de diriger, en France, la grande bataille des croyances. A côté d'eux se trouvaient Catherine de Médicis, leur mère, caractère sans scrupule, et les Guises, oncles de la reine d'Écosse, Marie Stuart, que François II avait épousée. Ceux-ci organisèrent les catholiques en parti, quand ils virent les protestants former une faction autour de Condé; et, pour combattre les réformés dont la cause était soutenue, aux Pays-Bas, par le Taciturne, en Angleterre, par Élisabeth, fille de Henri VIII, ils demandèrent au pape l'intervention active du clergé, au roi d'Espagne des secours en argent et en hommes. Philippe II accorda tout et se fit le chef armé du catholicisme, qui pouvait, en reconnaissance, lui donner plus d'États que son père n'en avait eu. Dans cette lutte, il dépensa de rares talents, ses forces militaires et tout son or, qu'il employa à soudoyer en Hollande l'assassinat, en Angleterre, la conspiration, en France, la guerre civile. Le but supérieur poursuivi dans l'Europe occidentale durant la seconde moitié du seizième siècle fut donc le triomphe de l'Église, telle que le concile de Trente venait de la constituer (1545-1563), et celui du roi d'Espagne, son chef militaire.

Le supplice du conseiller Dubourg et l'édit d'Écouen, qui menaça de mort les protestants, annoncèrent le combat sans merci que Henri II voulait livrer à l'hérésie. En Espagne, Philippe II fit célébrer des auto-da-fé en sa présence; à Naples, dans le Milanais, tous les réformés qu'on put trouver périrent, et des édits sanglants portèrent l'effroi dans les Pays-Bas. A cette déclaration de guerre, le parlement d'Angleterre répondit en reconnaissant Élisabeth chef suprême de l'Église anglicane; les protestants d'Allemagne, en sécularisant les évêchés du Brandebourg, de la Saxe, et l'ordre religieux des chevaliers porte-glaives de Livonie (1561). Ainsi la réforme s'affirmait depuis la mer d'Irlande jusqu'à la Baltique, malgré les menaces de Rome et de deux puissants rois.

Le complot d'Amboise (1560), déjoué par les Guises, ne fut qu'une échauffourée; mais le massacre des protestants à Vassy (1562) inaugura une guerre qui ne finit qu'en 1598. Philippe II envoya à Montluc, « le boucher catholique, » 3000 de ses meilleurs soldats, et en dirigea d'autres sur Paris. De leur côté, les princes d'Allemagne donnèrent 7000 hommes à Condé, et Élisabeth lui fit passer des secours. La France devenait le champ de bataille des deux religions. La défaite de

Condé à Dreux et la mort du duc de Guise, assassiné devant Orléans, décidèrent Catherine de Médicis à accorder aux protestants l'édit d'Amboise (1563), dont l'édit de Nantes reproduira plus tard les principales dispositions.

Le pape reprocha à Catherine sa faiblesse, et Philippe II lui envoya le duc d'Albe, qui jeta dans l'esprit de la reine le germe de la Saint-Barthélemy. En même temps les jésuites essayaient partout de reprendre les positions perdues par le catholicisme. Le feu éclata cette fois aux Pays-Bas, où le duc d'Albe institua le *tribunal de sang* : huit mille personnes périrent sur l'échafaud, trente mille furent dépouillées de leurs biens ; cent mille sortirent du pays.

Ces événements provoquèrent en France la deuxième guerre civile (bataille de Saint-Denis et mort de Montmorency) ; puis la troisième, marquée par les batailles de Jarnac (mort de Condé) et de Moncontour (défaite de Coligny).

Cependant le parti vaincu reparaissait le lendemain tout aussi fort. Catherine signa la paix de Saint-Germain, afin de se donner le temps de chercher *autre chose*. Cette paix parut d'abord profiter aux protestants. Coligny commençait à prendre une grande influence sur l'esprit de Charles IX, lorsqu'un assassin aux gages de la maison de Guise le blessa d'un coup de feu. On décida le roi à le laisser achever. Ce fut le début du massacre de la Saint-Barthélemy (1572).

Le parti calviniste, mutilé et sanglant, courut aux armes et, à la paix de la Rochelle, se fit reconnaître la liberté de conscience. Le crime de la Saint-Barthélemy avait donc été même inutile. Devenu roi en 1574, Henri III se trouva en face de trois partis, entre lesquels il essaya de louvoyer : les *politiques*, conduits par son frère François d'Alençon, les *calvinistes*, sous Henri de Bourbon, roi de Navarre ; enfin, la *Ligue* catholique, dirigée par Henri de Guise, aussi bien contre le roi que contre les huguenots. Le duc d'Alençon mourut en 1584, et

Henri III n'ayant point de fils, c'était le chef des protestants et de la maison de Bourbon qui devenait l'héritier présomptif de la couronne. La Ligue redoubla d'ardeur ; une nouvelle guerre éclata, et le Béarnais y consacra ses droits par la bataille de Coutras (1587).

Aux Pays-Bas, même succès. Le duc d'Albe avait dominé les Belges par la terreur ; mais les Bataves (Hollandais), soutenus par les protestants d'Allemagne, d'Angleterre et de France, et commandés par le prince d'Orange, Guillaume de Nassau, qu'on surnommait le Taciturne, avait résisté victorieusement. En 1579, ils se constituèrent en république. Philippe crut que cette résistance tenait au stathouder. Il le fit assassiner (1584), et les Hollandais continuèrent à défendre leur liberté.

L'Angleterre et l'Espagne ne s'étaient pas encore prises corps à corps, mais se blessaient partout où elles trouvaient un point vulnérable. Elisabeth envoyait des secours d'hommes et d'argent à tous les ennemis de Philippe II, et le roi fomentait contre elle des conspirations. Ces complots, qui avaient pour but la délivrance de la catholique Marie Stuart, prisonnière d'Elisabeth, firent tomber sur l'échafaud la tête de la royale captive (1587).

Pour la venger, pour ramener les Pays-Bas, l'Angleterre et ensuite la France sous la foi catholique, Philippe II fit, en 1588, d'immenses armements : l'*Invincible Armada* devait débarquer 50 000 hommes en Angleterre ; mais la tempête d'une part, de l'autre les marins anglais et flamands avec leurs brûlots, eurent raison de cette œuvre d'orgueil et d'ambition.

A ce moment, Guise triomphait dans Paris (mai 1588), d'où le roi s'échappait en fugitif ; mais Henri attira son rival à Blois et l'y fit tuer ; puis, assisté du roi de Navarre, il revint assiéger sa capitale. Un moine l'assassina dans son camp (1589) ; avec lui s'éteignit la race des Valois.

8. Les Bourbons (1589-1793). — Le Béarnais, proclamé roi sous le nom de Henri IV, consolida par les combats d'Arques et d'Ivry sa renommée et la fortune de la maison de Bourbon (1590). Son abjuration lui rallia, avec les *politiques*, tous les bons citoyens. Brissac lui vendit Paris (1594), et l'absolution pontificale légitima ses droits aux yeux mêmes des ligueurs. Une courte guerre avec l'Espagne, signalée par le combat de Fontaine-Française et le siége d'Amiens, amena la paix de Vervins, qui rétablit les limites des deux royaumes sur le pied du traité de Cateau-Cambrésis (1598). Peu de temps auparavant, Henri IV avait assuré la paix intérieure par l'édit de Nantes, qui donnait aux protestants la liberté de conscience.

Philippe II avait versé des flots de sang et d'or pour extirper l'hérésie et dominer l'Europe occidentale, et il se trouva que ce qu'il avait tué, ce n'était pas la liberté de conscience ni l'indépendance des nations, mais l'Espagne. Lorsqu'il mourut en 1598, il avait vu l'affermissement de ses deux grands adversaires, Henri IV et Élisabeth, sur leur trône glorieusement reconquis ou conservé, et les Bataves, maîtres de leur pays.

Vainqueur de la Ligue et de l'Espagne, le chef de la maison de Bourbon avait à conquérir son royaume sur la misère. Pour tirer le pays de la situation déplorable où trente-six années de guerre l'avaient réduit, il chargea Sully de réorganiser les finances, et l'habile ministre sut, en moins de douze ans, réduire la taille de 4 millions de livres, payer 174 millions de dettes, racheter pour 80 millions de domaines, et assurer au roi une épargne de 20 millions, avec une armée bien disciplinée et des arsenaux bien remplis. L'ordre étant rétabli en tout et partout, le pays se remit au travail et ferma ses plaies. Le roi fit planter 50 000 mûriers, releva les fabriques de Lyon, de Nîmes et de Tours, fonda des manufactures de verreries et de faïences à Nevers et à Paris, et fit bâtir par Champlain la ville de Québec au Canada (1608).

DE 1610 A 1789, cl. de rhét.

La France avait été par lui replacée à la tête des nations européennes; il n'entendait cependant pas user de sa force pour d'ambitieux desseins. Il avait, au contraire, conçu le plan d'une grande confédération des États européens, avec une diète qui aurait jugé les différends internationaux. Mais, avant d'exécuter ce projet, une guerre contre l'autre branche de la maison d'Autriche était encore nécessaire. Il allait l'entreprendre, quand le poignard de Ravaillac l'arrêta (1610).

HISTOIRE DE L'EUROPE
ET PARTICULIÈREMENT
DE LA FRANCE
DE 1610 A 1789

CHAPITRE PREMIER

LOUIS XIII; TROUBLES DE LA RÉGENCE;
ÉTATS GÉNÉRAUX.

1. Minorité de Louis XIII. Régence de Marie de Médicis. Concini. — 2. Avidité des grands. — 3. Première révolte des seigneurs (1614). — 4. États généraux de 1614. — 5. Nouvelle révolte des seigneurs; traité de Loudun (1615-1616). — 6. Premier ministère de Richelieu. Arrestation de Condé (1616). — 7. Mort de Concini (1617). — 8. Gouvernement d'Albert de Luynes (1617-1621). Nouvelles prises d'armes. — 9. Organisation républicaine des protestants. — 10. Guerre avec les protestants ; mort d'Albert de Luynes (1621). — 11. Désordre universel dans l'État.

1. Minorité de Louis XIII. Régence de Marie de Médicis. Concini. — Le vrai successeur de Henri IV fut Richelieu. Mais le ministère du cardinal fut précédé par quatorze années de troubles et de guerres civiles, qui mirent en péril l'œuvre du chef de la maison de Bourbon. Louis XIII, né le 27 septembre 1601, n'avait pas encore neuf ans accomplis. L'usage attribuait la régence à la mère du roi : Blanche de Castille avait gouverné pendant la minorité de saint Louis, Catherine de Médicis, pendant celle de Charles IX; Marie de Médicis, qui était toujours restée sans influence et comme une étrangère, crut nécessaire de donner à son autorité une sorte de sanction légale. Elle s'adressa au parlement de Paris qui, sur une sommation menaçante du duc d'Epernon, lui déféra aussitôt la régence (1610). Bornée de cœur et d'esprit, la veuve de Henri IV était complétement incapable de continuer l'œuvre que ce grand roi avait entreprise : au dehors, après quelques instants d'hésitation qui valurent aux protestants d'Allemagne le secours d'une armée française pour prendre Juliers, elle abandonna tous les projets de son mari; au dedans, elle renvoya l'intègre Sully dans ses terres, où il vécut encore trente années, et elle accorda toute sa faveur à un aventurier florentin, Concini, et à sa femme, Leonora Galigaï. Concini, qui puisait à pleines mains dans le trésor, acheta, en quelques mois, pour 330 000 livres le marquisat d'Ancre (près d'Amiens), pour 200 000 la charge de premier gentilhomme de la chambre, et quantité de gouvernements de villes; il mit le comble à cette fortune insolente en prenant le titre de maréchal, sans avoir jamais paru sur un champ de bataille. Leonora travaillait, de son côté, à la prospérité commune, en vendant des grâces, des absolutions. La cour des aides poursuivait des officiers de finances prévaricateurs, elle s'engagea par contrat public à les faire déclarer innocents, moyennant 300 000 livres.

2. Avidité des grands. — Henri IV avait ramené les grands à l'obéissance par son énergie et surtout par son habileté. Il s'était tenu au-dessus des partis pour les dominer. Lui mort, ils reparurent avec leurs intérêts et leurs passions, et ne voulurent pas laisser à un étranger les profits de ce pillage de la France. Le prince de Condé, le comte de Soissons, son oncle, le duc de Bouillon, le duc de Guise, une foule d'autres encore accoururent pour arracher des pensions[1] qui eurent

---

[1]. Le prince de Condé obtint d'abord une pension de 200 000 livres, avec un hôtel à Paris et le comté de Clermont; le comte de Soissons, 200 000 écus comptant et une pension de 50 000 livres; le duc de Bouillon, 200 000 livres; la

bien vite épuisé l'épargne amassée par Henri IV à la Bastille.

3. Première révolte des seigneurs (1614). — Les prétentions des seigneurs s'accrurent avec la faiblesse du gouvernement : « Les présents de la reine, dit Richelieu, étourdirent la grosse faim de leur avarice et de leur ambition; mais elle ne fut pas pour cela éteinte; l'épargne et les coffres de la Bastille étoient épuisés : alors ils aspirèrent à choses si grandes, que l'autorité royale ne pouvoit souffrir qu'on leur donnât le surcroît de puissance qu'ils demandoient. » Ce qu'ils vouloient, en effet, c'étaient des gouvernements pour eux et leurs familles, des places de sûreté et le démembrement de la France. D'Epernon était gouverneur de Metz; mais Henri, se défiant de cet orgueilleux seigneur, lui avait imposé un lieutenant qui occupait la citadelle et correspondait directement avec les ministres; le jour même de la mort du roi, d'Epernon dépêcha l'ordre de mettre la main sur le lieutenant et sur la citadelle. Il eut alors, à deux pas des Espagnols, une forte place qu'on appela « son royaume d'Austrasie. » Beaucoup de seigneurs, à la nouvelle de l'assassinat, s'étaient ainsi jetés dans les villes à leur convenance, et quelques-uns n'en avaient plus voulu sortir ou voulaient y rentrer. « Le temps des rois est passé, disaient-ils, celui des grands est venu. » Le premier refus de la régente amena une guerre civile. Condé prit les armes et publia un manifeste où il accusait la cour d'avoir abaissé la noblesse, dilapidé les finances, et grevé le pauvre peuple : reproches singuliers dans la bouche d'un prince qui avait reçu avec ses amis la plus belle part de cet argent du pauvre peuple. Il terminait, suivant l'usage, en demandant la convocation des états généraux, pour travailler à la réforme des abus.

Elevé dans la religion catholique, mais issu d'une

---

duc de Guise, 100 000 écus, etc.; mais ces sommes furent bien dépassées dans la suite. Concini ne fut jamais ministre.

famille protestante, Condé espérait rallier à sa cause l'un et l'autre parti. Un grand nombre de seigneurs vinrent se ranger sous ses drapeaux, et à leur tête les ducs de Vendôme, de Longueville, de Luxembourg, de Mayenne, de Nevers, de Retz, etc. Les calvinistes refusèrent de s'associer à cette levée de boucliers : « Nous avons pour notre conscience, disaient-ils, toute la liberté que nous pouvons désirer, et nous ne voulons pas, à l'appétit de quelques factieux, abandonner nos femmes et nos maisons. » Les catholiques ne prenaient pas feu davantage. Depuis les états de la Ligue, il s'était fait un grand apaisement dans les passions populaires. Le parti des politiques, né avec l'Hôpital, arrivé au pouvoir avec Henri IV, comptait presque tous les gens de robe et la bourgeoisie. L'expérience, si cruellement achetée par la guerre civile, n'était point perdue. La nation comparait à ces trente-huit années de massacres et de pillages, les douze ans de prospérité qu'elle avait eus, en se serrant autour du trône, et elle laissait les grands seigneurs agiter dans le vide leur stérile ambition. « Les peuples, écrivait en ce moment Malherbe, demeurent partout en obéissance, et de rien faire sans eux, il n'y a pas moyen. » Qu'une main ferme prenne le gouvernail, et même les plus turbulents rentreront dans le repos où Henri IV les avait tenus. Quelques-uns des vieux ministres de Henri IV, Villeroy, Jannin, conseillaient à la reine d'agir avec vigueur : elle aima mieux traiter à Sainte-Menehould (15 mai 1614). Le prince de Condé reçut 450 000 livres en argent comptant; le duc de Mayenne, 300 000 *pour se marier*; M. de Longueville, 100 000 livres de pension, etc. Mais la cour, voulant regagner d'un côté ce qu'elle perdait de l'autre, ne paya pas cette année les rentiers de l'Hôtel de Ville. Voilà ce qui fut fait pour le *pauvre peuple*.

4. États généraux de 1614. — Les princes firent alors dire secrètement à la régente que si elle désirait ajourner la convocation des états, ils y consentiraient volontiers. Marie de Médicis craignit un piége dans cette proposition qui aurait ménagé aux princes, pour l'avenir, un nouveau prétexte de révolte, et l'assemblée s'ouvrit à Paris le 14 octobre 1614. Ce fut la dernière réunion des états généraux avant 1789. Au nombre des députés était un jeune homme de vingt-neuf ans, qui avait déjà assez gagné d'estime dans son ordre pour que le clergé le nommât son orateur le jour de la présentation des cahiers, l'évêque de Luçon, Armand Du Plessis de Richelieu.

Les trois ordres ne s'entendirent pas; il y eut des paroles et des scènes déplorables. Un membre du tiers fut bâtonné par un député de la noblesse, et ne put obtenir justice. L'orateur de la bourgeoisie ayant osé dire que les Français ne formaient qu'une seule famille, dont les seigneurs étaient les aînés et les gens du tiers les cadets, la noblesse se plaignit au roi de ces mots comme d'un affront : « C'est grande insolence, disait son président, le baron de Sénecé, de vouloir établir quelque sorte d'égalité entre le tiers et la noblesse; car, ajoutaient derrière lui les députés nobles, il y a entre eux et nous autant de différence comme entre le maître et le valet[1]. » Le clergé de son côté, refusait de prendre aucune part des charges publiques : « Ce serait, disait-il, diminuer l'honneur dû à Dieu. »

L'accord ne se trouve pas mieux dans les vœux de l'assemblée. Le clergé réclamait l'introduction en France de tous les décrets du concile de Trente, que le parlement avait jusqu'alors repoussés. La noblesse, pour faire pièce au tiers, insistait sur la suppression de la *paulette*, qui, en établissant l'hérédité des offices, avait commencé la noblesse de robe[2]. Le tiers, de son côté,

1. Les nobles demandèrent dans leurs cahiers qu'il fût interdit à tout roturier de porter arquebuses ni pistolets, d'avoir chiens qui n'eussent les jarrets coupés, de se vêtir, eux ou leurs femmes, comme les nobles, de porter velours ou satin, etc., sous peine de 1000 écus d'amende.
2. Cependant, les nobles ne dédaignaient plus les places de magistrature et voulaient que le tiers des offices leur fût exclusivement affecté. Quant à la vénalité des charges, la question fut très sérieusement agitée. Un financier proposa

voulait qu'on réduisît les pensions payées aux grands, qui, doublées depuis Henri IV, dépassaient 5 millions et demi, et que l'on condamnât les maximes ultramontaines enseignées encore par quelques évêques, à savoir que le pape peut « priver de la royauté les personnes sacrées des rois et dispenser leurs sujets du serment de fidélité. »

Il ne fut pas difficile aux ministres de profiter de ces divisions : on ferma le lieu de réunion des états, sous prétexte qu'on avait besoin de la salle des séances pour donner un ballet (mars 1615). Singulier rapport avec les états de 1789, dont on ferma aussi la salle, mais dont les députés surent en trouver une autre, celle du Jeu de Paume. Les députés du tiers, en 1614, devançaient la nation, et, n'étant point compris d'elle, furent sans force; ceux de 1789 eurent derrière eux 25 millions d'hommes qui les écoutaient et les soutenaient.

L'assemblée de 1614 ne mérite pas le discrédit où elle est tombée; elle n'a rien fait, mais elle montra jusqu'où était arrivée déjà l'éducation politique de la haute bourgeoisie. Les discours de ses orateurs et surtout de son président, Robert Miron, prévôt des marchands de Paris, révèlent une intelligence pratique des affaires et un désir de sages innovations qui étonnent. A leurs yeux, la monarchie absolue est légitime, parce qu'elle est encore nécessaire ; le roi, souverain législateur, doit être obéi de tous, mais à la condition qu'il accomplira les réformes intérieures que la nation réclame : « Si Votre Majesté n'y pourvoit, disait Miron, il est à craindre que le désespoir ne fasse connaître au peuple que le soldat n'est autre chose qu'un paysan portant les armes, et que quand le vigneron aura pris

de racheter en douze années tous les offices de judicature et de finance, et de remettre ainsi la couronne en possession d'une de ses plus importantes prérogatives, qu'elle avait perdue depuis un siècle, celle de nommer aux fonctions publiques. (*Mercure françois*, ann. 1614 et 1615.) Le plan ne fut pas adopté. Mais la vénalité des charges resta jusqu'à Louis XIV sous la menace d'une suppression ; et cette menace ne fut pas sans quelque effet sur la conduite du parlement dans la Fronde.

l'arquebuse, d'enclume qu'il est, il ne devienne marteau. » Et ils demandent : la convocation périodique d'une assemblée générale du royaume au moins tous les dix ans, la liberté des élections urbaines, la garantie, l'extension des priviléges municipaux. Pour les finances, le tiers voulait une plus juste répartition des charges publiques entre les citoyens, l'obligation imposée aux clercs ou gentilshommes ayant maison dans les villes de contribuer aux charges municipales, et la suppression des offices inutiles [1]; pour la justice : l'égalité de tous devant la loi, l'affranchissement des serfs, l'abolition des tribunaux exceptionnels, une procédure plus rapide et moins coûteuse; pour le commerce et l'industrie : la suppression des douanes intérieures, des jurandes et des maîtrises, la liberté du trafic dans tout le royaume, et l'établissement des droits *protecteurs* à l'entrée des marchandises étrangères; pour la noblesse : la réduction du nombre des grandes charges militaires, l'abolition des récents anoblissements, la suppression des forteresses dans l'intérieur du royaume, celle des pensions inutiles ou excessives, et la répression sévère des duels, la punition, comme crime de lèse-majesté, de toutes assemblées et levées d'hommes sans congé du roi, enfin de bons règlements qui soustrairaient le pauvre peuple aux vexations des gouverneurs et gens de guerre; pour l'Église : une meilleure distribution de ses richesses, aux dépens

---

[1]. *Le budget de* 1614. — Suivant un état communiqué sous le sceau du secret aux députés, le peuple payait alors 35 millions d'impôts dont il arrivait seulement à l'épargne 16 200 000 livres, et le ministre estimait que le roi avait besoin, pour la conservation de son état et l'entretien de sa maison, de 19 millions, dont 100 000 livres pour son service personnel, 500 000 pour sa garde; autant pour ses bâtiments, 700 000 pour la maison de la reine-mère, du frère et de la sœur aînée du roi, 1 370 000 pour voyages; le reste, moins de 15 millions, pour la solde des garnisons, des gens de guerre, de l'artillerie, des fortifications, de la marine du levant et du ponant, les ponts et chaussées, les gouverneurs de province, les ambassadeurs, les pensions tant en France qu'à l'étranger, les dettes, etc. (Bazin, *Histoire de Louis XIII*, t. I, p. 176.) Ainsi les recettes se partageaient alors de cette sorte : un quart pour le prince et sa cour, trois quarts pour l'État. Mais si nous tenons compte des 5 060 000 livres de pensions payées à la noblesse, ce sera moitié des recettes que nous trouverons dépensées pour la cour et moitié seulement pour l'État. M. Bailly (*ibid.* t. I) donne des chiffres quelque peu différents.

des bénéfices trop opulents, au profit des cures trop pauvres; l'obligation à la résidence imposée aux évêques[1], leur nomination par le roi, mais après élection de trois candidats par les évêques de la province, le chapitre de la cathédrale et vingt-quatre notables du diocèse; l'ordre donné aux curés de faire viser chaque année les registres de l'état civil au greffe des juridictions ordinaires, l'interdiction faite aux communautés d'acquérir des immeubles, si ce n'est attenant à leurs maisons ou enclos, et toujours après vérification au parlement, etc. Tels furent les principaux projets de réforme mis en avant par le tiers, et, pour la plupart, bien des fois proposés déjà dans les assemblées précédentes. On ne leur donna nulle attention alors, parce qu'il ne suffit pas d'être la raison et la justice pour se faire aussitôt accepter de tous. C'est par le travail des siècles que descend dans la foule ce qui n'est longtemps que le rêve des hommes supérieurs. Mais, sans parler de l'assemblée révolutionnaire de 1356, on peut suivre de 1484 à 1614, à travers les vicissitudes les plus diverses, le progrès continu de la tradition nationale. Richelieu, Colbert, Turgot, ne la méconnaîtront pas et chercheront à satisfaire à quelques-unes de ces demandes répétées : le reste attendra le jour où la nation reprendra elle-même tous ces vœux de nos pères, pour y faire droit et à bien d'autres[2].

5. Nouvelle révolte des seigneurs; traité de Loudun (1615-1616). — Les mécontents avaient réclamé la convocation des états généraux pour colorer leur prise d'armes; quand ils eurent épuisé l'argent arraché par leur

---

[1]. On eut à faire, en 1640, une communication aux évêques : il s'en trouva dix-neuf qui suivaient la cour au lieu d'être dans leur diocèse.
[2]. A propos de l'opposition faite par la noblesse et le clergé à l'article du tiers, touchant l'indépendance absolue de la couronne vis-à-vis du saint-siège, on fit courir à Paris ce quatrain prophétique :

O noblesse, ô clergé, les aînés de la France,
Puisque l'honneur du roi si mal vous maintenez,
Puisque le tiers état en ce point vous devance,
Il faut que vos cadets deviennent vos aînés.
    (Aug. Thierry, *Essai sur l'histoire du tiers état*, p. 147.)

première révolte, ils en commencèrent une seconde, sous prétexte qu'on ne faisait pas droit aux demandes des états. Condé entraîna cette fois les protestants. Le duc de Rohan souleva les populations des Cévennes, et tout le parti prit les armes pour soutenir une noblesse factieuse. La cour était alors occupée des préparatifs d'un voyage à Bordeaux, où le roi devait recevoir sa fiancée, l'infante Anne d'Autriche, et conduire sa sœur qui épousait en même temps le prince d'Espagne. On ne pouvait retarder le départ, car les Espagnols étaient déjà en marche (octobre 1615). Il fallut une armée pour escorter le jeune roi et sa sœur jusqu'à la frontière et ramener l'infante à Paris. Durant tout ce voyage, qui ne ressemblait guère à celui d'un souverain[1], la cour avait été poursuivie et souvent harcelée par les soldats de Condé et de Rohan : elle acheta une nouvelle paix à Loudun (mai 1616). Louis XIII reconnut le prince et ses amis pour de bons et loyaux sujets, déclarant qu'ils n'avaient rien fait *qui ne lui fût très-agréable*, et il paya les troupes qu'on avait levées contre lui. Condé seul reçut 1 500 000 livres. Chaque révolte lui rapportait davantage. Celle-ci avait coûté à l'État plus de 20 millions.

6. Premier ministère de Richelieu. Arrestation de Condé (1616). — Le prince revint à Paris, et toute la cour s'empressa autour de lui : il sembla un instant le véritable roi de France. La reine, qui gouvernait toujours sous le nom de son fils, poussée à bout par une nouvelle prise d'armes du duc de Longueville, montra enfin plus de fermeté. Elle venait de renouveler le ministère; l'évêque de Luçon, que les états de 1614 avaient mis en vue, était devenu grand aumônier de

---

[1]. L'administration militaire était alors si défectueuse, l'imprévoyance si grande, que, dans le retour de Bordeaux à Tours, qui ne fut guère hâté, puisqu'il dura cinq semaines, un grand nombre d'hommes périrent de froid et de maladie, que les vivres et le fourrage manquèrent constamment, et que ce voyage du roi par les provinces les plus riches et les plus peuplées, à travers les villes soumises et rapprochées l'une de l'autre, présenta toutes les misères d'une déroute. (Bazin, *ibid.*, t. I, p. 235.)

sa maison, puis membre du conseil, où il se faisait fort écouter. Concini trouva que le jeune prélat « en savait plus que tous les barbons. » Il lui fit donner un « des quatre offices des maison et couronne de France, avec la charge des affaires étrangères [1]. Aussitôt les mesures de rigueurs sont adoptées : le 1er septembre 1616, le prince de Condé est arrêté en plein Louvre et jeté à la Bastille ; ses partisans, qui essayent de soulever Paris et les provinces voisines, « s'entendent parler d'un ton qui sentait plus sa majesté royale que la conduite passée. » Richelieu aimait à s'adresser à l'opinion publique : « Des esprits remuants, dit-il dans une sorte de manifeste, avoient troublé le repos établi par la prudence de la reine ; en vain avoit-elle tâché de les retenir par des chaînes d'or, ils s'étoient joués de sa clémence et de sa libéralité. » Et il montrait Condé extorquant en six années 3 millions et demi, Mayenne 2 millions, Nevers 1 600 000 livres, Longueville 1 200 000, Vendôme 600 000, Bouillon près d'un million, et chacun « cherchant à établir une tyrannie particulière dans chaque province. » Les princes et leurs adhérents furent déclarés criminels de lèse-majesté, déchus de leurs dignités ; et trois armées se dirigèrent vers la Picardie, la Champagne et le Berry pour étouffer la révolte. La cause royale aurait triomphé cette fois, si le roi lui-même ne s'était uni aux mécontents pour renverser les ministres et sortir de tutelle.

7. Mort de Concini (1617). — Concini n'avait qu'une ambition vulgaire. Il aimait la richesse, et le pouvoir l'effrayait, parce qu'il ne se sentait pas de force à le porter. Sans dévouement ni reconnaissance pour la reine, il eût quitté la France si sa femme eût consenti « à cette lâcheté et ingratitude ». Il comptait qu'avec ses 8 millions, il pourrait acheter le duché

---

[1]. La commission, datée du 1er novembre, est postérieure de deux mois à l'arrestation du prince de Condé ; mais Richelieu fut mêlé à cette affaire, et sa nomination fut la récompense du zèle qu'il y montra.

Louis XIII à seize ans et Albert de Luynes.

de Ferrare au pape, et que, parti de Florence n'ayant pas un sou vaillant, il y rentrerait prince, sans plus craindre les clameurs de tout un peuple contre l'étranger. Il se savait haï, menacé ; la populace avait déjà une fois pillé son hôtel de Paris ; mais c'était du côté où il ne soupçonnait rien que vînt le péril. Louis XIII avait alors seize ans. Ce prince, d'un caractère triste et morose, vivait dans l'isolement, éloigné des affaires par sa mère et par Concini, entouré seulement de quelques pages auxquels il s'attachait parce qu'il avait besoin d'affection. Il s'était épris d'amitié pour un cadet de province, qui lui apprenait à dresser des émerillons et des pies-grièches, Albert de Luynes, fils d'un officier de fortune et déjà âgé de trente-huit ans. Le favori du roi conçut l'espoir de remplacer le favori de la reine. Une conspiration secrète fut tramée entre Louis XIII, son fauconnier et son jardinier : le capitaine des gardes, Vitry, reçut l'ordre d'arrêter Concini et de le tuer s'il résistait. « Le 24 avril, le sieur Vitry, accompagné de quelque vingt gentilshommes qui le suivaient négligemment en apparence, aborda le maréchal d'Ancre, comme celui-ci entrait dans le Louvre et était encore sur le pont. Il lui dit qu'il le faisait prisonnier de la part du roi. Et, tout en même temps, l'autre n'ayant eu le loisir que de dire : *Moi, prisonnier !* ils lui tirèrent trois coups de pistolet, dont il tomba roide mort. Un des siens voulut mettre l'épée à la main : on cria que c'était la volonté du roi : il se retint. En même temps, le roi parut à la fenêtre, et tout le Louvre retentit du cri de : *Vive le roi !* »

Leonora Galigaï eut un plus triste sort. Elle fut accusée de malversations, de complot contre l'Etat, et surtout de sorcellerie. On lui demanda, dit-on, par quels sortilèges elle avait acquis tant d'empire sur la reine-mère : « Par l'ascendant, aurait-elle répondu, d'un esprit supérieur sur une âme faible. » Elle fut décapitée en place de Grève, et ses restes furent jetés dans les flammes. Marie de Médicis reçut l'ordre de quitter la cour et se retira à Blois ; Richelieu fut exilé dans son évêché (1617).

8. Gouvernement d'Albert de Luynes (1617-1621). Nouvelles prises d'armes. — Les grands avaient applaudi à la chute de Concini, dont ils espéraient profiter. Mais, quand ils virent de Luynes s'approprier les dépouilles du maréchal, devenir en moins de quinze mois, duc et pair et gouverneur de Picardie, épouser une Rohan, qui fut plus tard la trop célèbre duchesse de Chevreuse, et faire d'un de ses frères un duc de Chaulnes, du troisième un duc de Piney-Luxembourg, ils se révoltèrent encore, en changeant de drapeau : ils s'armèrent en faveur de la reine-mère, tout à l'heure leur ennemie. Le duc d'Epernon, à la tête de 300 gentilshommes, la tira de sa prison de Blois, et tenta de soulever avec elle le Midi. De Luynes ne fut pas plus habile à leur résister que le maréchal d'Ancre ; la paix d'Angoulême, ménagée par Richelieu, accorda à Marie de Médicis le gouvernement de l'Anjou et trois places de sûreté (1619). Bientôt Angers devint le foyer de nouvelles intrigues et le refuge de tous les mécontents. La reine-mère voulait ressaisir le pouvoir. Mais le roi s'amusait aux armes. Quand les troupes étaient aux champs, il retrouvait, au milieu des soldats, l'ardeur batailleuse de son père ; il marcha sur Angers, décidé à poursuivre sa mère jusqu'en Poitou, jusqu'en Guyenne, si elle s'y réfugiait, « en jetant le fourreau de son épée deçà la rivière de la Loire. » Il n'alla pas si loin : les partisans de la reine-mère furent défaits dans une escarmouche sanglante auprès des Ponts-de-Cé ; et la route du Midi lui étant coupée elle se trouva heureuse de faire demander par Richelieu la confirmation du premier traité (1620).

9. Organisation républicaine des protestants. — A cette époque un soulèvement plus redoutable éclata dans le Midi ; c'était une guerre religieuse. Marie de Médicis et Louis XIII, à sa majorité, avaient suivi la politique de Henri IV à l'égard des protestants, « se déclarant persuadés par l'expérience du passé que la violence n'avoit servi qu'à accroître le nombre de ceux qui étoient sortis de l'Eglise, au lieu de leur enseigner le moyen d'y rentrer. » Mais les réformés avaient eux-mêmes dépassé l'édit de Nantes. En voyant la reine-mère se lier à l'Espagne, ils étaient entrés en défiance, et, à l'assemblée de Saumur, en 1611, ils s'étaient donné une véritable organisation républicaine. Ils avaient formé de

Les Ponts-de-Cé[1].

leurs 806 églises 16 provinces partagées en districts. Un *consistoire*, réuni chaque semaine, gouvernait l'Eglise ; un *colloque*, assemblé tous les trois mois, gouvernait le district ; un *synode* annuel traitait des affaires de la province ; des *synodes nationaux* devaient s'assembler tous les trois ans sous un président élu. Pour la politique et la guerre, les provinces se groupaient en *cercles*, comme en Allemagne. Chaque cercle,

[1]. Les Ponts-de-Cé, qui ont été longtemps le seul passage sur la Loire entre Blois et Nantes, se composaient de 4 ponts ayant 109 arches et, les îles qu'ils traversent comprises, une longueur de 3 kilomètres.

ainsi que chaque province, avait son conseil dirigeant qui, au besoin, convoquait une *assemblée générale*. Enfin deux mandataires élus pour trois ans résidaient à la cour et servaient d'intermédiaires entre le parti et le roi. Tout se faisait par députés et par élection. C'était bien une république démocratique et représentative, au sein d'une monarchie absolue. Les *assemblées générales* n'étaient pas loin de se croire les droits et auraient volontiers joué le rôle des états généraux de Hollande. Ces prétentions alarmèrent la cour, et quel-

Château de Luynes (près de Tours).

ques catholiques en prenaient ombrage. Dans certaines villes, les haines se réveillèrent comme aux plus mauvais jours de la Ligue. La multitude n'y égorgeait pas encore les réformés, mais elle renversait leurs temples, déterrait leurs morts et chassait leurs pasteurs.

10. Guerre avec les protestants; mort d'Albert de Luynes (1621). — En 1617, un édit rétablit dans le Béarn la religion catholique, avec ordre aux protestants de restituer les biens ecclésiastiques qu'ils avaient sécularisés depuis un siècle. L'édit s'exécutant mal, le roi entra dans le Béarn avec une armée. Aussitôt tout le parti s'agita, malgré les conseils de Sully et de Duplessis-Mornay; une assemblée générale, tenue à la Rochelle, publia une déclaration d'indépendance, leva des troupes, et, sur le refus du vieux maréchal de Lesdiguières et du duc de Bouillon, on offrit le commandement au duc de Rohan (1621). De Luynes, que Louis XIII fit tout exprès connétable, marcha contre Montauban, menant avec lui 15 000 hommes, le roi et un carme déchaussé qui, l'année précédente, avait prophétisé, disait-on, la victoire des Autrichiens devant Prague. Le carme promit que la place se rendrait infailliblement un certain jour. Mais on devait au préalable recourir aux procédés de la sagesse ordinaire et tirer 400 coups de canon. On les tira gravement et bien d'autres. Les murailles hérétiques restèrent debout. On entama un siége en règle. La ville, forte d'assiette, se défendit héroïquement. L'attaque, commencée le 8 août, n'était guère avancée le 2 novembre; Rohan, qui était aux champs avec une armée, avait fait entrer des secours. Il fallut lever le siége. On voulut se dédommager sur la petite place de Monheurt, au bord de la Garonne. Le connétable y prit une fièvre qui l'emporta (15 décembre 1621)[1]. « Cet homme si grand, si puissant, dit un contemporain, se trouva tellement abandonné dans sa maladie, que, pendant deux jours qu'il fut à l'agonie, à peine y avait-il un de ses gens qui voulût demeurer dans sa chambre. Et quand on porta son corps pour être enterré dans son château de Luynes, au lieu de prêtres qui priassent pour lui, je vis deux de ses valets jouer au piquet pendant qu'ils faisaient repaître leurs chevaux. »

Louis XIII continua seul la guerre, et il fit l'année suivante une assez vive campagne où il y eut force pillages et exécutions sévères dans les places qu'il prit. Le duc de Rohan profita d'un moment de lassitude, pendant le siége de Montpellier, pour obtenir une paix qui

---

[1]. Richelieu faisait à de Luynes une sourde guerre de pamphlets qu'il écrivait lui-même (car il y eut toujours en lui l'homme de lettres, même aux temps les plus occupés de sa vie) ou qu'il faisait écrire (Voy. dans la Bibliothèque elzévirienne les *Caquets de l'accouchée*.)

renouvelait l'édit de Nantes, mais qui interdisait les assemblées politiques, et ne laissait aux réformés d'autres places fortes que Montauban et la Rochelle (octobre 1622).

11. Désordre universel dans l'État. — De Luynes laissait le royaume dans un état de faiblesse et de désordre qui rappelle les plus mauvais jours de notre histoire : l'autorité royale humiliée par des révoltes continuelles, la noblesse dictant des lois au souverain et maîtresse des provinces par les gouvernements dont elle disposait; les calvinistes prêts à se séparer du reste de la nation; la vieille politique de François Ier et de Henri IV abandonnée au dehors; le royaume sans alliances et sans considération; enfin la maison d'Autriche inaugurant la guerre de Trente ans par une suite de victoires, et paraissant préluder, par la ruine du protestantisme allemand, à l'asservissement de l'Europe. Il était temps que Richelieu arrivât aux affaires.

CHAPITRE II.

LOUIS XIII ET RICHELIEU.
LUTTE CONTRE LES PROTESTANTS. INTRIGUES
ET COMPLOTS DANS LA NOBLESSE ET LA FAMILLE ROYALE.
ACCROISSEMENT DE L'AUTORITÉ MONARCHIQUE.
MARINE ET COLONIES.

1. Ministère de Richelieu (1624-1642); ses projets. — 2. Premières opérations de Richelieu; nouvelle guerre contre les protestants (1625-1626). — 3. Abaissement des protestants (1627); paix de la Rochelle (1628); édit d'Alais (1629). — 4. Abaissement des grands : Chalais (1626); journée des Dupes (1630); exécution de Montmorency (1632); le comte de Soissons (1641); Cinq-Mars (1642). — 5. Soumission du parlement; assemblée des notables. Accroissement de l'autorité monarchique. — 6. Destruction des forteresses féodales; abolition des grandes charges militaires; les Grands Jours. — 7. Création des intendants. — 8. Marine et colonies (1641). — 9. Désordre dans les finances. — 10. Commerce et industrie. — 11. Politique étrangère; lutte contre la branche espagnole de la maison d'Autriche. — 12. Abaissement de la maison d'Autriche. — 13. L'Académie française, la Sorbonne, le Palais-Royal; le Jardin des Plantes. — 14. Mort de Louis XIII (1643). — 15. Louis XIII et Richelieu, d'après Saint-Simon.

1. Ministère de Richelieu (1624-1642); ses projets. — Marie de Médicis s'était réconciliée avec son fils après la mort du duc de Luynes, et elle avait obtenu le chapeau de cardinal pour son conseiller habituel, l'évêque de Luçon. Au commencement de 1624, elle le fit entrer au conseil. Au bout de quelques mois, Richelieu avait dominé ou renouvelé le ministère, expulsé un nouveau favori, subjugué Louis XIII par l'ascendant d'un génie supérieur, et dessiné la politique qui devait illustrer un règne si tristement commencé.

Il a expliqué lui-même tout le plan de cette politique :

« Lorsque Votre Majesté, disait-il plus tard à Louis XIII, se résolut de me donner entrée à ses conseils, je puis dire en vérité que les huguenots partageoient l'Etat avec elle, que les grands se conduisoient comme s'ils n'eussent pas été ses sujets, et les plus puissants gouverneurs des provinces comme s'ils eussent été souve-

Richelieu.

rains en leurs charges. Je puis dire encore que les alliances étrangères étoient méprisées.... Je promis à Votre Majesté d'employer toute mon industrie pour ruiner le parti huguenot, rabaisser l'orgueil des grands, et relever son nom dans les nations étrangères au point où il devoit être. » Il mit au service de cette politique un esprit vaste et fin qui embrassait l'ensemble et voyait les détails, une activité que rien ne lassait, et une volonté de fer.

2. Premières opérations de Richelieu ; nouvelle guerre contre les protestants (1625-1626). — Il voulut d'abord poursuivre ces trois buts à la fois. A peine entré au conseil, il conclut, tout cardinal qu'il était, le mariage d'une sœur de Louis XIII, avec le fils du roi d'Angleterre ; il signa une nouvelle alliance avec les Hollandais, fournit en secret de l'argent à Mansfeld, qui seul alors tenait tête en Allemagne à la maison d'Autriche, et envoya 10 000 hommes chasser de la Valteline les soldats du pape, pour la restituer aux Grisons. Toutes ces alliances étaient protestantes. L'Espagne, qu'elles menaçaient, n'avait guère de soldats, mais elle avait encore de l'or, et un peu de cet or répandu à propos parmi les réformés de France amena une nouvelle prise d'armes. Richelieu comprit qu'il n'était pas possible de mener de front tant et de si grandes affaires ; il ajourna les moins pressées et s'occupa des protestants. Tandis que le duc de Rohan ralliait ceux du Languedoc et des Cévennes, son frère Soubise, avait soulevé les Rochellois. La Rochelle était alors une véritable république, et comme la capitale du calvinisme français : sa flotte était supérieure à celle du roi (1625). Richelieu fut obligé de demander des vaisseaux à deux Etats protestants, l'Angleterre et la Hollande ; et il eut l'adresse de les obtenir, en promettant de son côté l'appui de la France contre la catholique Autriche. Son amiral, le duc de Montmorency, eut quelques succès sur les côtes de l'Aunis et du Poitou ; et Soubise se réfugia en Angleterre avec les débris de sa flotte. Richelieu offrit alors la paix aux rebelles, pour préparer à loisir les moyens de les écraser plus tard (février 1626).

3. Abaissement des protestants (1627) ; prise de la Rochelle (1628) ; édit d'Alais (1629). — Cependant, il remettait quelque ordre dans les finances ; il organisait l'armée ; il construisait ou achetait des vaisseaux, et signait avec l'Espagne le traité de Monçon qui lui lais-

Port de la Rochelle.

sait la libre disposition de toutes ses forces. Quand tout fut prêt, il entraîna le roi et la noblesse au siége de la Rochelle (août 1627).

L'entreprise, fort populaire en France, semblait difficile, car le roi d'Angleterre, Charles Ier, envoyait cette fois aux calvinistes français une flotte de 90 voiles. Les généraux et les courtisans montraient un mauvais vouloir qu'on retrouve jusque dans cette parole du brave et loyal Bassompierre : « Nous serons assez fous pour prendre la Rochelle. » Mais Richelieu pourvut à tout : il se fit à la fois général, ingénieur, amiral. Secondé de l'évêque de Maillezais, Sourdis, qu'il avait nommé chef d'escadre, et qu'il fit plus tard archevêque de Bordeaux, il chassa les Anglais de l'île de Ré, où ils s'étaient établis, et, pour les empêcher de ravitailler la Rochelle, il leur ferma les approches du port par une digue gigantesque de 740 toises, large de 12 à la base et de 4 au sommet, lequel s'élevait au-dessus des plus hautes marées. Deux forts en gardaient les extrémités ; 200 navires bordaient les rivages voisins et la digue pour la défendre. Les Anglais essayèrent en vain de forcer ce prodigieux ouvrage. Du côté de la terre, une contrevallation de 3 lieues, protégée par treize forts, enveloppait la ville d'un cercle de feux. Elle résista cependant, soutenue par le courage viril de la duchesse de Rohan qui s'y était enfermée, et par l'énergie de son maire, Guiton, qui avait menacé de poignarder quiconque parlerait de se rendre. Quand elle ouvrit enfin ses portes, de 30 000 habitants, il en restait 5000. « L'extrémité des Rochellois était en son dernier point, n'ayant plus d'herbes à manger sur leurs contrescarpes, de cuir de bœuf ni de cheval, de courroies, de bottes, de souliers, de ceintures, de pendants d'épée, de pochettes, dont ils faisaient des gelées avec de la cassonade et des bouillies sucrées qu'ils mangeaient pour se nourrir.... On trouva la ville toute pleine de morts, dans les chambres, dans les maisons, dans les rues et places publiques ; la faiblesse de ceux qui restaient était venue à tel point, et le nombre de ceux qui mouraient était si grand, qu'ils ne se pouvaient enterrer les uns les autres, et laissaient leurs morts gisants où ils avaient expiré, sans que pour cela l'infection en fût grande dans la ville, parce qu'ils étaient si atténués de jeûnes, qu'étant morts, ils achevaient plutôt de se dessécher qu'ils ne pourrissaient. » (*Mémoires de Richelieu*.)

La Rochelle fut traitée en place conquise : ses franchises municipales furent supprimées, sa mairie abolie, ses fortifications rasées. Montauban et les autres villes révoltées firent successivement leur soumission. Le duc de Rohan tint encore huit mois, grâce aux affaires d'Italie qui appelèrent du côté des Alpes le roi et le cardinal et aux subsides de l'Espagne avec laquelle il avait signé un traité secret qui lui assurait 300 000 ducats « pour conserver la guerre en France, tant qu'il plaira à Sa Majesté Catholique. » La paix d'Alais, ou *édit de grâce* (juin 1629), termina la dernière guerre religieuse. Les calvinistes cessèrent d'être un parti politique et de former un Etat dans l'Etat, mais Richelieu leur laissa la liberté du culte et le bienfait de l'égalité civile. Durant tout son ministère, il les employa, comme les autres citoyens, dans l'armée, la magistrature et les offices de finances; il les encouragea à se livrer à l'agriculture, au commerce, à l'industrie; cependant, il les exclut de la colonisation du Canada, à cause du voisinage des colonies anglaises et pour réserver la conversion des Indiens aux missionnaires catholiques. A part cette faute, il les protégea toujours dans leurs biens et dans leurs personnes : exemple remarquable de modération éclairée à une époque où personne en Europe, catholique ou protestant, ne connaissait la tolérance[1]. Ainsi,

---

[1]. Dans le manifeste de janvier 1617, au début de sa carrière ministérielle, il avait dit : « La diversité des religions pouvant bien créer de la division en l'autre monde, mais non dans celui-ci. » Dans un livre dogmatique publié quelques mois après sa disgrâce, il répudiait encore la contrainte : « Les remèdes violents ne faisoient qu'aigrir les maladies de l'esprit. » Cet aveu est remarquable dans la bouche d'un homme qui n'avait pas l'habitude de reculer devant les moyens extrêmes.

en 1630, un malheureux, devenu à peu près fou, fut exécuté à Genève comme parjure et blasphémateur : il s'était fait juif.

4. Abaissement des grands : Chalais (1626) ; journée des Dupes (1630) ; exécution de Montmorency (1632) ; le comte de Soissons (1641) ; Cinq-Mars (1642). — Richelieu voulait que la royauté fût, à l'intérieur, une suprême magistrature d'ordre public, n'ayant ni affection ni haine pour personne, et faisant justice à tous. La lutte contre la noblesse, commencée dès les premiers jours de son ministère, continua jusqu'à sa mort. Des intrigues, des conspirations, des révoltes, mirent sans cesse en péril sa vie, son autorité, celles du roi et le repos de la France. Il les réprima avec une sévérité impitoyable. « C'est chose inique, disait-il au roi, que de vouloir donner exemple par la punition des petits, qui sont arbres qui ne portent point d'ombre ; et ainsi qu'il faut bien traiter les grands faisant bien, c'est aussi eux qu'il faut plutôt tenir en discipline. » Mais si le cardinal avait le droit de punir les coupables, il faut regretter qu'il en ait usé avec tant de rigueur, surtout qu'il ait quelquefois, comme Louis XI, donné à la justice l'apparence de la vengeance et fait de l'échafaud un moyen de gouvernement.

Les premiers conspirateurs furent de jeunes seigneurs, amis de Gaston d'Orléans, frère du roi, qui semble avoir comploté avec eux. Richelieu avait intérêt à tourner de folles étourderies en crime ; il est cependant possible qu'il n'ait point calomnié ses adversaires en leur prêtant le projet de l'assassiner, celui de déposer Louis XIII et de mettre à sa place le duc d'Orléans, qui aurait épousé Anne d'Autriche[1]. Ces étourdis trouvèrent

---

[1]. Il convient, en effet, de ne pas oublier qu'en ce temps où vivaient encore les traditions de la politique italienne, se débarrasser d'un ennemi par un assassinat n'était pas une idée qui répugnât beaucoup. Un jour que le maréchal d'Ancre vint rendre visite au prince de Condé, il trouva l'hôtel plein de ses ennemis, qui délibérèrent s'il ne fallait pas l'y tuer sur l'heure. Bassompierre trouva lui-même que cette visite du maréchal « était un tour bien hardi » ; un guet-apens de la part des plus grands seigneurs de France ne l'eût pas étonné. Il n'est pas possible de regarder comme fausses toutes les accusations de ten-

de puissants complices, mais ne surent pas cacher leur dessein. Quand Richelieu l'eut découvert, la duchesse de Chevreuse fut exilée de la cour avec les Vendôme; le maréchal d'Ornano enfermé à la Bastille, où il mourut, « non sans soupçon de mort violente; » Chalais, décapité à Nantes par un bourreau si inhabile que sa tête, hachée de trente-quatre coups, ne tomba qu'au dernier. Au vingtième on entendait encore ses gémissements. Il y eut même comme un jugement de la reine. Louis lui cita,

Place Royale.

en présence du cardinal, les dépositions qui l'accusaient d'avoir songé à épouser son frère, à quoi elle répondit avec dédain, qu'elle ne gagnerait pas assez au change. C'était un pauvre prince, en effet, que ce Gaston. Il s'humilia devant Richelieu, et promit « d'aimer et affectionner ceux qu'aimeraient le roi et la reine-mère » (1626).

tatives d'assassinat contre Richelieu dont ses *Mémoires* sont remplis. Quelques uns de ceux qui formèrent ces projets s'en vantèrent plus tard. (Voy. Montrésor, collection Petitot, t. LIV, p. 296 et suiv.) Durant la Fronde, un maréchal propose d'assassiner Condé. Retz et Mazarin s'accusent réciproquement de s'être envoyé des assassins.

L'année suivante, une terrible leçon fut donnée à tous ces grands qui ne croyaient pas que la loi eût été faite pour eux. Les comtes de Bouteville et des Chapelles furent exécutés en place de Grève à la suite d'un duel (1627). Bouteville en était à sa vingt-deuxième affaire, et il était revenu tout exprès des Pays-Bas se battre en plein jour, au milieu de la place Royale, comme pour mieux braver le roi et ses édits. Au moins, cette fois, la rencontre avait été loyale. Il n'en était pas toujours ainsi, et bien de prétendus duels n'étaient que des assassinats, comme ce jour où le chevalier de Guise, rencontrant le vieux baron de Luz en carrosse, le força à mettre pied à terre et lui traversa la poitrine d'un coup d'épée, pendant qu'il cherchait un refuge dans une maison voisine. Le baron avait un fils, qui appela le chevalier. Guise tua le fils après le père et devint, par ce bel exploit, le héros de la cour. C'était avant Richelieu, et c'étaient ces exploits-là dont Richelieu ne voulait plus. On comptait, en 1609, que dans les dix-huit dernières années, 4000 gentilshommes avaient péri en combat singulier, et, Richelieu mort, les duels recommencèrent avec une telle fureur, que 940 gentilshommes furent encore tués de 1643 à 1654.

Marie de Médicis avait fait entrer le cardinal au conseil, où elle comptait qu'il lui servirait d'instrument. Quand elle vit le ministre résister à ses caprices, elle voulut perdre cet *ingrat serviteur*, et elle arracha à son fils, alors malade, une promesse de disgrâce. Richelieu allait s'éloigner. Déjà la cour encombrait au Luxembourg les antichambres de la reine-mère. Un honnête homme, nouveau favori de Louis XIII, Saint-Simon, le père du célèbre historien, montra au roi « un précipice dans l'humeur de sa mère et dans le nombre de gens qui, par elle, prétendaient tous à gouverner. » Averti par Saint-Simon, le cardinal accourt à Versailles : « Continuez à me servir comme vous avez fait, lui dit Louis XIII, et je vous maintiendrai contre tous ceux qui ont juré votre perte. » Marie de Médicis, qui recevait déjà les compliments de la cour, ne fut désabusée que par le désert qui se fit autour d'elle. Ce fut la *journée des Dupes* (oct. 1630) ; elle fit aussi des victimes.

Les deux frères Marillac, l'un garde des sceaux, l'autre maréchal de France, s'étaient trop hâtés de triompher avec la reine-mère : le premier fut destitué et mourut en prison ; l'autre, arrêté en Piémont au milieu de son armée, fut accusé de concussions et jugé par

Louis XIII avec Richelieu.

une commission extraordinaire, dans la maison même de Richelieu, à Rueil. « C'est une chose bien étrange, répétait-il, qu'on me poursuive comme on fait. Il ne s'agit dans mon procès que de foin, de paille, de bois, de pierre et de chaux. Il n'y a pas de quoi fouetter un laquais. » Il n'en fut pas moins condamné à mort et exécuté en 1632. Bassompierre, son ami, fut enfermé à la Bastille, où il resta douze ans, jusqu'à la mort du cardinal ; Marie de Médicis, reléguée à Compiègne, s'enfuit à Bruxelles où elle vécut, sous la protection équivoque des Espagnols, dans un état voisin de la misère (1631).

Le second fils de la reine, le frivole et incapable duc d'Orléans, avait aussi quitté la France. Réfugié auprès du duc de Lorraine, il épousa sa sœur malgré les ordres du roi, puis alla retrouver sa mère aux Pays-Bas d'où il trama une nouvelle conspiration qui aboutit à une révolte déclarée. Le gouverneur du Languedoc, Montmorency, se laissa prendre aux promesses de Gaston; tandis que le prince entrait dans le royaume avec quelques milliers d'aventuriers, il souleva les provinces du Midi, que Richelieu venait d'irriter en essayant d'introduire des officiers royaux dans l'administration intérieure de ces pays d'*états*. Quand ils eurent joint leurs forces, ils livrèrent bataille à l'armée royale, commandée par le maréchal de Schomberg, sous les murs de Castelnaudary (septembre 1632). Le duc d'Orléans s'enfuit au premier choc. Montmorency resté seul, fut pris, condamné par le parlement de Toulouse et exécuté, malgré les supplications de toute la noblesse.

Le duc de Lorraine paya les frais de la guerre. Louis XIII occupa militairement son duché (1634) qui resta aux mains de la France jusqu'à la fin de ce siècle. Quant à Gaston, il fut épargné, parce qu'il *était du sang de France qu'il faut respecter:* mais il reçut l'ordre de se retirer à Blois; quatre années plus tard, un événement inattendu lui enleva le rang d'héritier présomptif de la couronne: Anne d'Autriche donna le jour à Louis XIV (15 septembre 1638).

Une humiliation infligée au duc d'Épernon, le dernier représentant des prétentions féodales, et la condamnation à mort du duc de la Valette pour une faute militaire, montraient à tous que des temps nouveaux étaient venus, ceux de l'obéissance absolue. Pourtant le comte de Soissons, chef d'une branche de Condé, tenta encore une fois de renverser le terrible cardinal. Réfugié à Sedan, auprès du duc de Bouillon, il appela à lui tous les mécontents pour réveiller la guerre civile en France.

L'Espagne se hâta de lui donner 7000 hommes. Le maréchal de Châtillon surveillait Sedan avec une armée royale; attaqué à l'improviste dans les bois de la Marfée, à quelques lieues de la ville, il fut vaincu par la défection d'une partie de ses régiments, mais le comte périt, dans la poursuite, d'un coup de pistolet tiré au hasard (juillet 1641). La guerre finit avec lui; le duc de Bouillon s'empressa de faire porter au roi sa soumission.

La dernière conspiration fut celle de Cinq-Mars, ce favori du roi qui, élevé à la dignité de grand écuyer, rêva la fortune du connétable de Luynes. Il se perdit en signant un traité d'alliance avec les Espagnols. Richelieu, alors malade, presque mourant, se procura, à prix d'argent, une copie du traité et l'envoya à Louis XIII. Livré, suivant l'usage, à une commission extraordinaire, Cinq-Mars fut condamné, puis décapité à Lyon (septembre 1642). Ce hardi conspirateur n'avait pas vingt-deux ans. Avec lui périt de Thou, fils de l'historien, qui paya de sa tête le désir de vivre au milieu des grands et de leurs intrigues. Le duc de Bouillon ne se tira d'affaire qu'en livrant Sedan qui fut réuni alors à la France.

5. Soumission du parlement; assemblée de notables; accroissement de l'autorité monarchique. — La magistrature ne conspirait pas, mais quelquefois elle gênait. En 1617, Richelieu, alors en exil, écrivait : « Le parlement doit une entière obéissance aux volontés du roi, mais il la doit raisonnable. » En changeant de place il changea de point de vue. Il punit de la destitution, de l'emprisonnement ou de l'exil toute velléité d'opposition. Lorsqu'en 1641, au milieu de la guerre de Trente ans, les magistrats voulurent refuser l'enregistrement de nouvelles taxes, Louis XIII vint tenir un *lit de justice*, et fit de nouveau entendre les plus hautaines paroles. En vain l'avocat général Omer Talon supplia le roi de se laisser toucher par les prières, « à l'exemple du Dieu vivant dont il était l'image sur la terre; » il fallut obéir, « sans plus de raisons, et cesser de mettre la main au sceptre du souverain. » Défense expresse fut intimée au parlement de faire des remontrances sur les édits concernant le gouvernement et l'administration de l'Etat. On n'en admit que pour les édits bursaux, à charge d'enregistrer ceux-ci, « toute affaire cessante, si le roi jugeoit qu'ils devoient être vérifiés » nonobstant les remontrances.

Richelieu n'avait pourtant pas de dédain pour l'opinion publique. Comme tous ceux qui sont forts, il en appelait souvent à elle et s'en trouvait bien ; mais il aimait mieux dire ce qu'il avait fait que discuter ce qu'il avait à faire : aussi beaucoup de manifestes, d'exposés de sa conduite, même de ce que nous appelons aujourd'hui des articles, qu'il insérait dans le *Mercure de France*, le plus ancien de tous nos journaux, et point d'états généraux ; seulement quelques rares assemblées de *notables*, qui, choisis par le roi, avaient moins d'esprit d'indépendance et pouvaient avoir autant de lumières. Il y en eut une en 1625 au sujet de la Valteline et de la rupture avec le pape ; une autre à la fin de 1626. A celle-ci aucun prince ou duc ne fut appelé, mais des magistrats, des ecclésiastiques, des conseillers d'Etat et le prévôt des marchands de Paris. Le ministre leur développa ses projets pour créer une marine qui protégeât le trafic lointain, pour instituer une armée permanente où les grades seraient accessibles à tous, pour réorganiser les finances en dégrevant les classes laborieuses, pour encourager le commerce et l'industrie en y appelant la haute bourgeoisie et les nobles, enfin pour réformer l'administration intérieure[1].

---

[1]. Le chancelier de Marillac rédigea, sur le cahier de cette assemblée, un édit en 461 articles qui fut présenté au parlement, mais non enregistré, et qui, par conséquent, n'obtint pas force de loi. On y tenait compte de beaucoup de demandes faites par les états de 1614. Cet essai de réformation générale, qu'on appela par dérision le code Michau, blessait beaucoup d'intérêts et tomba par le mauvais vouloir des parlements. La disgrâce de son auteur acheva de le discréditer. Richelieu, occupé de graves questions politiques, n'eut pas le loisir de tenir la main aux réformes civiles. L'article 229 déclarait tous les grades de l'armée accessibles aux roturiers ; l'article 442 promettait au négociant qui avait en mer depuis cinq ans un navire de 200 tonneaux, la noblesse personnelle pour tout le temps qu'il continuait son trafic. Le même privilège était accordé au négociant en gros ; et il étoit dit que le gentilhomme qui s'adonnait au trafic par mer ne dérogeait pas.

6. Destruction des forteresses féodales; abolition des grandes charges militaires; les Grands Jours. — Dès l'année 1626, Richelieu avait ordonné la démolition des forteresses féodales inutiles pour la défense des frontières. La même année il abolit les charges de grand amiral et de connétable, qui donnaient à leurs titulaires une autorité presque royale sur la flotte et sur l'armée. Ils étaient trop maîtres, et Richelieu voulait l'être partout.

Les acquisitions de la France en Lorraine étaient bien loin de la main du roi; pour que ces pays sentissent l'action du gouvernement, le cardinal créa le parlement de Metz; et, pour avoir une justice plus expéditive, il renouvela l'institution des Grands Jours; ceux de Poitiers, 1634, condamnèrent, pour exactions et violences, plus de deux cents nobles.

7. Création des intendants. — Enfin il fit une véritable révolution dans l'administration provinciale par l'institution des *intendants*. Sous les derniers Valois, les gouverneurs, qui étaient tous de haute noblesse, s'étaient rendus à peu près indépendants dans leurs provinces. Henri IV avait été obligé d'acheter leur obéissance. Richelieu, qui, en toutes choses, reprit et continua l'œuvre du premier Bourbon en la poussant plus loin, créa des officiers supérieurs de justice, de police et de finances, appelés du nom modeste d'*intendants*[1] (1635). Choisis par le roi dans la roture, sans crédit personnel, à la discrétion du ministre, ces officiers exercèrent un contrôle jaloux sur les grands, les parlements, les villes, les états provinciaux; ils concentrèrent peu à peu entre leurs mains tous les pouvoirs civils, et finirent par ne laisser aux gouverneurs que la

---

[1]. L'institution des intendants de finance remonte à Henri II, mais fut régularisée et étendue par Richelieu. Il n'y eut pas un intendant par province ou circonscription militaire, mais par *généralité* ou circonscription financière. Supprimés durant la Fronde, ces officiers furent rétablis par Mazarin. Louis XIV les investit de toute l'autorité administrative dans les provinces, et même du pouvoir judiciaire; mais des mutations très-fréquentes ou des destitutions leur faisaient sentir la dépendance dans laquelle le maître voulait les tenir.

représentation et l'autorité militaire, laquelle était nulle dans les provinces intérieures.

La royauté gagna à cette institution, origine de nos préfectures, et l'unité nationale en fut fortifiée. Depuis la création d'une armée permanente, sous Charles VII, aucune mesure n'avait frappé plus fortement la nouvelle féodalité.

8. Marine et colonies (1641). — Une des suites du siége de la Rochelle fut un premier essai d'organisation pour notre marine. Après chaque expédition, les vaisseaux de l'État rentraient en un port où ils restaient sous la garde de leurs capitaines, qui ne les gardaient point. Les bâtiments se détérioraient, et on perdait un temps infini à les réparer, puis à les réunir pour les faire agir ensemble. En 1629, Richelieu chargea d'Infreville de visiter toutes les côtes de l'Océan et d'y choisir l'emplacement de trois arsenaux. Il désigna le Havre, Brest et Brouage. Des magasins y furent aussitôt construits, et, en 1631, trois commissaires généraux de la marine vinrent s'y installer. D'Infreville s'était trompé pour Brouage et le Havre, il avait deviné juste pour Brest, comme il devina Duquesne, qu'il recommanda à Richelieu. De nombreux vaisseaux furent armés, et dans la guerre de Trente ans les flottes de France dominèrent sur l'Océan et la Méditerranée.

Richelieu n'oublia pas nos naissantes colonies. Au Canada, Champlain avait fondé Québec en 1608 et nous avions quelques ports en Acadie, l'île du cap Breton et la Floride. Ces possessions s'appelaient la Nouvelle-France, nom qu'elles n'ont pas gardé, bien que leurs habitants parlent encore la langue de la vieille France et en aient conservé le souvenir affectueux. Une compagnie avait l'exploitation exclusive de ces contrées, mais n'en tirait rien. En 1627, le cardinal provoqua la formation d'une autre compagnie qui eut, à perpétuité, le monopole du commerce des pelleteries, la nomination de ses officiers et la juridiction sur tous ses employés. Ce monopole était alors nécessaire, sauf la clause de perpétuité qui, empêchant la concurrence, arrêta le développement progressif des colonies. Un autre article est à remarquer et à louer : le sauvage qui embrassait le christianisme jouissait de tous les droits des Français d'origine. Pour se dédommager de leurs échecs devant la Rochelle, les Anglais s'emparèrent en 1629 de la Nouvelle-France. Mais ils la rendirent trois ans plus tard, au traité de Saint-Germain. Ils avaient aussi menacé nos établissements des Antilles où des aventuriers français (les boucaniers) s'étaient établis, à la Barbade, Saint-Christophe, la Martinique, Saint-Domingue et la Guyane. Dix navires de guerre les en chassèrent. Richelieu, qui avait compris l'importance, pour de naissantes colonies, de la tutelle d'une compagnie commerciale, organisa, à l'exemple des Anglais et des Hollandais, la compagnie des *îles d'Amérique* (1635) qui fut florissante tant qu'il put veiller sur elle ; il soutint celle des *Indes occidentales*, qui eut une station à Madagascar et celle d'Afrique fondée au siècle précédent par des négociants de Marseille qui avaient construit, sur le littoral algérien, près de Bône, le Bastion de France et acquis le port de la Calle pour la protection de nos corailleurs.

9. Désordre dans les finances. — Pour les finances, Richelieu rentra dans les mauvaises voies d'où Sully était sorti. Il augmenta les impôts, ce qui était inévitable avec d'aussi grandes affaires que les siennes, mais il sut mal les ménager. La différence entre le revenu net et le revenu brut devint énorme. Sur 80 millions, que le pays donnait en 1643, le trésor n'en recevait que 33, et la dépense étant de 80, le déficit s'élevait à 56, sans compter que le revenu de trois années était mangé d'avance. Ainsi le trésor se trouvait dans la détresse, et pourtant les peuples étaient horriblement foulés. Des émeutes avaient éclaté à Paris et dans les provinces ; les *croquants* de Guyenne, les *va-nu-pieds* de Normandie, avaient égorgé les agents du fisc ; mais les troupes étouffèrent durement ces révoltes, et on était trop habitué aux désordres des finances et aux affreuses misères des campagnes pour s'inquiéter beaucoup des uns ni des autres.

10. Commerce et industrie. — Le grand ministre entendait que rien ne fût négligé de ce qui importait à la puissance ou à la richesse de la France. Il avait fait décider, pour la protection de nos négociants à l'étranger, l'envoi d'une ambassade jusqu'en Russie à l'effet d'obtenir du czar que nos négociants pussent commercer dans son pays en toute liberté de conscience, et avec juridiction consulaire pour vider les contestations qu'ils auraient entre eux. On a vu que, par son système de grandes compagnies commerciales, il voulait disputer aux marins d'Angleterre et de Hollande les divers marchés du monde. Un noble perdait sa noblesse en montant sur un vaisseau marchand : Richelieu fit décider que le commerce maritime ne dérogerait plus. Dès lors les navires des compagnies furent souvent commandés par de hardis gentilshommes qui donnèrent aux équipages des goûts de guerre autant que de trafic : bonne précaution en un temps où le commerce, dans les mers lointaines, se faisait encore l'épée à la main. A l'intérieur, Richelieu encouragea les industries naissantes des glaces et des tapis, et fit venir des ingénieurs des Pays-Bas pour dessécher les marais, continuant encore en cela Henri IV et préparant Colbert, qui fut son admirateur, parce qu'il retrouva, sur mille points, les traces de celui qu'il appelait toujours le grand cardinal.

Nous lui reprochions tout à l'heure d'avoir mal géré les finances; mais ces reproches s'effacent quand on songe aux services éclatants que cet argent paya. Dans sa politique étrangère, Richelieu mérite plus encore notre reconnaissance.

11. Politique étrangère; lutte contre la branche espagnole de la maison d'Autriche. — « Jusqu'où allait la Gaule, disait Richelieu, jusque-là doit aller la France. » Mais les Espagnols, maîtres des Pays-Bas, de la Franche-Comté et du Roussillon, enveloppaient encore de trois côtés la France amoindrie, et ils tenaient l'Italie par Naples et Milan. Il commença par eux. Dès les premiers jours de son ministère, il les chassa de la Valteline, petite vallée qui établissait la communication entre le Milanais, domaine de la branche espagnole, et le Tyrol, possession de la branche allemande de la maison d'Autriche. Les habitants, sujets de la république protestante des Grisons, mais catholiques, s'étaient révoltés à l'instigation de la cour de Madrid, qui fit bâtir chez eux plusieurs forts, afin de les protéger, disait-on, contre les hérétiques. Les Grisons réclamèrent, et le pape fut choisi pour médiateur. Il hésita longtemps et allait donner raison aux Espagnols, quand Richelieu arriva aux affaires. Celui-ci écrivit aussitôt à l'ambassadeur français à Rome : « Le roi a changé de ministère, et le ministère, de maxime ; on enverra une armée dans la Valteline, qui rendra le pape moins incertain et les Espagnols plus traitables. » En effet, le marquis de Cœuvre arriva avec 8000 hommes et restitua la Valteline aux Grisons (1624). En 1629, un prince français, le duc de Nevers, venait d'hériter du Mantouan et du Montferrat que les Espagnols et le duc de Savoie lui disputaient. Richelieu marcha lui-même vers les Alpes avec une armée de 36 000 hommes, et Louis XIII força le pas de Suze. Le duc de Savoie se hâta de signer un traité qui fit rentrer les Espagnols dans le Milanais. Mais l'année n'était pas écoulée que le cardinal était forcé de revenir sur les Alpes avec 40 000 hommes. Les Impériaux, victorieux en Allemagne, avaient pénétré chez les Grisons, les Espagnols dans le Montferrat, et le duc de Savoie négociait avec tout le monde. La Savoie fut conquise, Pignerol fut pris (mars 1629). La paix de Chérasco, dont Mazarin fut le négociateur, rétablit le duc de Mantoue dans ses États, et obligea Victor-Amédée à livrer à Louis XIII, avec Pignerol, le libre passage des Alpes (avril 1631).

12. Abaissement de la maison d'Autriche. — Ainsi, en 1631, Richelieu avait séparé en Italie les domaines des deux branches de la maison d'Autriche qui faisaient effort pour se rejoindre, et rouvert la péninsule à la France, mais sans l'y engager. Il fit bientôt à ces ennemis séparés une rude guerre : c'est la période française de la guerre de Trente ans que nous racontons plus loin. Elle commença en 1635. Richelieu conduisit les opérations avec un tel succès, que, lorsqu'il mourut, le 1er décembre 1642, à l'âge de cinquante-sept ans, il laissa le royaume agrandi de quatre provinces : Lorraine, Alsace, Artois et Roussillon; la Catalogne et le Portugal soulevés contre l'Espagne; les Suédois et nos soldats presque aux portes de Vienne.

Il avait donc tenu la promesse qu'il avait faite à Louis XIII, en entrant au ministère : il avait relevé le nom du roi au point où il devait être parmi les nations étrangères. « On commençoit à connoître, dit un contemporain, que la puissance du roi d'Espagne, jusquelà si formidable et qui devoit le porter à la monarchie universelle, n'étoit pas telle qu'elle paroissoit, et que la France avoit, tout au contraire, des ressources inépuisables et qu'on ne croyoit point, provenant de l'union de toutes ses parties, de sa grande fertilité et du nombre infini de soldats qui s'y trouvent toujours; de sorte qu'on peut dire sans exagération que la France, bien gouvernée, peut faire de plus grandes choses que tout autre royaume du monde. »

13. L'Académie française, la Sorbonne, le Palais-Royal; le Jardin des Plantes. — Le terrible ministre avait non-seulement le goût du pouvoir, mais aussi celui des lettres et des arts; plusieurs établissements utiles ou magnifiques datent de son ministère. Il institua l'Académie française en 1635, et la destina à gouverner la langue; il agrandit la Sorbonne et fonda l'Imprimerie royale; il construisit le Palais-Cardinal (Palais-Royal), le collége du Plessis, et créa le Jardin des Plantes, aujourd'hui le Muséum d'histoire naturelle. Il montra aux écrivains une déférence à laquelle ceux-ci n'étaient pas habitués; il pensionna des savants et

Paris sous Louis XIII.

des poëtes, entre autres Corneille; il encouragea le peintre Vouët, et il rappela de Rome le Poussin; enfin il vit naître le grand siècle littéraire de la France, comme il en a commencé le grand siècle politique, car *le Cid* est de l'année 1636, et le *Discours de la Méthode* de 1637. Il était lui-même un écrivain remarquable. S'il eut tort de vouloir faire des tragédies et de se croire l'égal de Corneille, il composa une foule d'ouvrages théologiques fort estimés de son temps et des *Mémoires*, un *Testament politique*, qui le sont beaucoup du nôtre. On y trouve souvent de l'emphase et le style prétentieux de l'époque, mais quelquefois aussi une énergie toute cornélienne.

14. Mort de Louis XIII (1643). — Louis XIII ne changea rien à la politique du cardinal et appela au conseil celui qui pouvait la continuer, Jules Mazarin, l'ami et le dépositaire des pensées du grand ministre. Louis ne survécut à Richelieu que six mois (14 mai 1643).

15. Louis XIII et Richelieu, d'après Saint-Simon. — La gloire du ministre a longtemps éclipsé celle du roi. Les nouveaux Mémoires de Saint-Simon font entre eux la juste part : « Je ne prétends pas luy vouloir contester d'avoir esté en ce genre le plus grand homme que les derniers siècles ayent produit; mais il n'est pas moins vray qu'aucune des grandes choses qui se sont exécutées de son temps ne l'ont esté qu'après avoir esté délibérées entre le roy et Richelieu dans le plus profond secret. Qui donc peut dire, puisqu'il n'y avait point de tiers, quelle part chacun d'eux a eue à les concevoir le premier, à les digérer, à décider sur la manière de diriger et d'exécuter; lequel des deux a ajouté, diminué, corrigé? Si on peut très-aisément penser que Richelieu y a eu la meilleure part et quelquefois toute entière, peut-on raisonnablement contester que Louis n'y en ait pas eu aussi? Et puisqu'elles n'ont pas eu leur exécution sans son approbation, sa volonté, son concours de roy et de maistre, il les a donc bien entendues et comprises, il en a senti tout le bon, tout le possible, tous les moyens, toutte la conduite[1]. »

[1]. *Écrits inédits de Saint-Simon*, publiés sur les manuscrits conservés au dépôt des Affaires étrangères, par M. P. Faugère, t. I, *Parallèle des Trois premiers Rois Bourbons*, p. 156 (Hachette, 1880).

CHAPITRE III.

GUERRE DE TRENTE ANS; PAIX DE WESTPHALIE [1].

1. Les pays du Nord à l'époque de la guerre de Trente ans. — — 2. L'Allemagne vers 1618; divisions dans le parti protestant; progrès du catholicisme. — 3. L'Union évangélique (1608) et la Ligue catholique (1609). — 4. Division dans la maison d'Autriche (1608-1619). — 5. Défénestration de Prague (1618). — 6. Période palatine (1618-1625) : soumission de la Bohême à l'Autriche. — 7. Mansfeld. — 8. Le haut Palatinat et la dignité électorale donnés à la Bavière. — 9. Période danoise (1625-1629) : Waldstein. — 10. Édit de restitution (1629); puissance de la maison d'Autriche. — 11. Intervention diplomatique de Richelieu; renvoi de Waldstein — 12. Richelieu attire Gustave-Adolphe en Allemagne. — 13. Période suédoise (1630-1635) : victoires de Breitenfeld (1631) et du Lech (1632). — 14. Rappel de Waldstein. Bataille de Lützen (1632). — 15. Meurtre de Waldstein; bataille de Nœrdlingen (1634) ; traité de Prague (1635). — 16. Première partie de la période française (1635-1643) : alliances et forces de la France. — 17. Campagnes de 1635 et 1636 ; une invasion en France repoussée. — 18. Campagnes de 1637-1639 ; acquisition de l'Alsace. — 19. Conquête de l'Artois (1640). — 20. Victoires en Italie : le Piémont rentre dans l'alliance française (1640-1642). — 21. Soulèvement de la Catalogne et du Portugal (1640) ; conquête du Roussillon (1642). — 22. Victoires en Allemagne de Banner, Torstenson et Guébriant (1636-1642). — 23. Rocroy (1643). — 24. Bataille de Fribourg (1644). — 25. Succès de Torstenson. — 26. Seconde bataille de Nœrdlingen (1645); victoire de Condé à Lens (1648). — 27. Succès de Turenne en Allemagne. — 28. Traités de Westphalie (1648). — 29. Indépendance religieuse et politique des États allemands. — 30. Acquisitions de la Suède et de la France.

1. Les pays du Nord à l'époque de la guerre de Trente ans. — Au moment où allait éclater cette terri-

---

1. Pfister, *Histoire d'Allemagne*; Geoffroy, *Histoire des États scandinaves*; Schiller, *Histoire de la guerre de Trente ans*; le P. Bougeant, *Histoire des guerres et des négociations qui précédèrent le traité de Westphalie*; Schœll, *Histoire des États européens*.

ble guerre au centre de l'Europe, les États du Nord et de l'Est semblaient incapables de pouvoir profiter de ces convulsions des peuples germaniques. La Turquie oscillait entre sa grandeur passée et sa décadence prochaine, tout en restant fortement établie dans la vallée du Danube; la Russie était en proie aux dissensions intestines, et la Suède aux prises avec la Pologne, dans une guerre de succession qui dura trente et un ans; le Danemark, enfin, était sans force, mais non pas sans ambition [1].

2. L'Allemagne vers 1618 : divisions dans le parti protestant; progrès du catholicisme. — La paix d'Augsbourg signée par Charles-Quint pour mettre un terme aux guerres de religion en Allemagne (1555) avait reconnu l'existence légale du protestantisme.

La réforme victorieuse perdit sa force dans des querelles subtiles sur la part que l'homme prend à la justification que le Saint-Esprit opère en lui, et elle eut ses hérésies que ceux qui se disaient orthodoxes persécutèrent. Il y eut des *synergistes*, des *accidentaires*, des *substantialistes*, qui assemblèrent tant de nuages sur la question, que bientôt personne ne put les comprendre. L'université d'Iéna incrimina celles de Wittenberg et de Leipzig, et les ducs de Saxe forcèrent leurs ministres à signer le formulaire d'Iéna sous peine de prison. Il fallut que l'empereur catholique Maximilien s'interposât pour les rappeler un moment à l'esprit de charité. On réunit un colloque à Weimar pour s'entendre. Les deux partis s'y excommunièrent, comme ils avaient excommunié les zwingliens et les anabaptistes. Le duc Guillaume de Saxe, fatigué de toutes ces clameurs, imposa silence à ses théologiens, leur retira toute juridiction, le droit d'excommunication, et les soumit à l'autorité suprême d'un consistoire composé de séculiers et organe de la volonté du prince Quelques-uns ayant refusé, le duc exila les récalcitrants.

---

1. Voyez, pour plus de détails, le Cours de seconde, dernier chapitre.

Brême suivit cet exemple. A quelque temps de là, un disciple de Mélanchthon écrivit sur la cène un livre qui fonda une secte nouvelle, le *crypto-calvinisme*. L'électeur de Saxe, ne partageant pas les vues du docteur, fit mettre à mort son chancelier qui avait embrassé la nouvelle doctrine, condamna à une prison perpétuelle le gendre de Mélanchthon, puis dressa lui-même un formulaire et chassa du pays quiconque refusa de l'adopter. Voilà où la Réforme en était venue. Elle avait brisé le joug de l'autorité spirituelle du pape pour remettre aux mains des princes le glaive de saint Pierre. On voit comment ils s'en servaient. Enfin le 25 juin 1580 une formule de concorde fut signée par 3 électeurs, 21 princes, 22 comtes, 4 dynastes, 35 villes impériales et 8000 pasteurs de la Saxe et du Brandebourg. Tous les ministres réfractaires durent sortir du territoire des princes et des villes signataires. Les théologiens de la Hesse, du Brunswick, de la Poméranie, du Holstein, du Mecklenbourg, de la Prusse, du Danemark, du Palatinat, de Bade et de Brême, refusèrent de se soumettre aux décisions des théologiens saxons et brandebourgeois. En outre, les uns et les autres repoussaient les calvinistes qui faisaient de grands progrès dans l'Empire et qui avaient déjà conquis l'électeur palatin et l'archevêque de Cologne.

Cependant, au milieu de ces dissensions intestines, le protestantisme cherchait à s'étendre par des *sécularisations*, malgré le *réservat ecclésiastique* qui interdisait aux bénéficiers catholiques de conserver, en passant à la Réforme, les biens attachés à leur église. Dans le nord de l'Allemagne, les protestants envahirent ainsi les archevêchés de Magdebourg et de Brême, les évêchés de Minden, d'Halberstadt, de Verden, de Lübeck, etc. Mais dans l'Ouest et le Sud, l'opposition catholique fut plus forte. En 1562, Gebhard Truchsess, archevêque de Cologne, et comme tel un des sept électeurs de l'Empire et duc de Westphalie, abjura le catholicisme, se maria et prétendit conserver l'électorat.

Le pape le déclara déchu et institua un nouvel archevêque qui fut mis en possession de Cologne par un corps de troupes espagnoles. Gebhard avait compté sur les protestants ; mais c'était le calvinisme qu'il avait embrassé, les luthériens l'abandonnèrent, et il perdit son duché (1584).

Ici les réformés étaient battus ; ils le furent encore en 1589 à Aix-la-Chapelle, d'où leurs ministres furent chassés ; à Strasbourg, où ils essayèrent inutilement de faire arriver un des leurs à l'évêché (1592) ; à Donauwerth (1607), d'où tous les protestants furent expulsés, et qui perdit son rang de ville libre.

3. L'Union évangélique (1608) et la Ligue catholique (1609). — Les protestants s'inquiétèrent de ces échecs et conclurent en 1608 l'*Union évangélique*. Leurs adversaires répondirent à cette menace, en formant, l'année suivante, la *Ligue catholique*, sous la direction du duc Maximilien de Bavière, qui avait montré de bonne heure une haine farouche contre la Réforme. Le membre le plus influent de la ligue après lui, l'archiduc Ferdinand de Styrie, plus tard empereur, faisait une guerre à mort à l'hérésie ; et les conseils du Vatican en augmentaient l'efficacité par l'unité de direction. L'union évangélique, au contraire, se divisait. Le duc de Neubourg s'était fait catholique pour acquérir Clèves et Juliers, après l'ouverture de cette riche succession (1609) ; l'électeur de Brandebourg se fit calviniste pour le même motif. L'un appela les Espagnols, l'autre les Hollandais. Henri IV allait intervenir, quand il fut assassiné.

4. Divisions dans la maison d'Autriche (1608-1619). — La maison d'Autriche n'était pas en état de profiter de ces divisions de l'Allemagne et de la Réforme. Sous prétexte que Rodolphe II mettait en péril la fortune de leur maison, son frère Mathias l'avait obligé, en 1608, à lui céder la Hongrie, l'Autriche et la Moravie, et trois ans plus tard la couronne de Bohême ; mais il ne se trouva ni plus habile ni plus fort. On fit contre lui ce qu'il avait fait contre Rodolphe. On lui imposa pour coadjuteur Ferdinand de Styrie, qui ferma en Autriche toutes les églises protestantes et annonça ouvertement le dessein d'anéantir les libertés religieuses de la Bohême.

5. Défénestration de Prague (1618). — En 1618, des utraquistes (ceux qui communient sous les deux espèces) voulurent bâtir des églises pour leur culte et en furent empêchés. Les *défenseurs*, ayant à leur tête le comte de Thurn, homme impétueux et violent, invoquèrent les *lettres de majesté*[1]. Sur une réponse dérisoire, l'émeute éclata. Ils se rendirent à l'hôtel de ville de Prague, et, « selon un vieil usage de Bohême, » jetèrent les gouverneurs par les fenêtres (23 mai 1618).

Cet événement marque le commencement de la guerre mémorable dite de Trente ans, qui étendit ses ravages du Danube à l'Escaut, des rives du Pô à celles de la Baltique, ruinant les villes, dévastant les campagnes, décimant la population, ramenant à sa suite la barbarie. Préparée par une foule d'accidents, elle commença par une question religieuse, la lutte des réformés et des catholiques, et elle finit par une question politique, l'abaissement de la maison d'Autriche, la grandeur de la maison de France. Cette guerre se divise en quatre périodes :

1° La période palatine, de 1618 à 1625 ;
2° La période danoise, de 1625 à 1629 ;
3° La période suédoise, de 1630 à 1635 ;
4° La période française, de 1635 à 1648.

6. Période palatine (1618-1625) : soumission de la Bohême à l'Autriche. — Les Bohémiens, après la défénestration de Prague, organisent la défense et élisent pour roi l'électeur palatin, chef de l'union évangélique, gendre du roi d'Angleterre, neveu du stathouder de Hollande (1619). Mais Frédéric V ne songe qu'aux fêtes, tandis que Ferdinand II, devenu empereur par la mort

---

[1] Sur les *lettres de majesté*, voyez le Cours de seconde, dernier chapitre.

de Mathias (1619), déploie la plus grande activité, traite avec le roi de Pologne, qui lui envoie des secours, avec l'électeur de Saxe, qui n'en donne pas aux Bohémiens, et obtient du pape des subsides, de la ligue catholique et du roi d'Espagne, chef de sa maison, des soldats. Assiégé dans Vienne par les Bohémiens du comte de Thurn et les Hongrois de Bethlen Gabor, menacé jusque dans son cabinet par les membres des États de l'Autriche qui veulent le forcer à capituler, il résiste à toutes les obsessions, et donne aux secours de la ligue le temps d'accourir. Leur arrivée change la face des choses : les bourgeois s'arment, la confiance renaît et le comte de Thurn, rappelé en Bohême par une défaite de son collègue, Ernest de Mansfeld, lève le siége de Vienne.

Une ambassade française envoyée par de Luynes avait, dans le même temps, décidé Gabor à signer une trêve ; elle rendait un autre service à l'Empereur en persuadant aux princes de l'union évangélique d'abandonner l'électeur palatin. Voilà comment de Luynes faisait au dehors les affaires de la France.

L'Empereur peut prendre alors l'offensive contre le seul ennemi qui lui reste. Tandis que les Espagnols entrent dans le bas Palatinat et les Saxons dans la Lusace, l'armée de la ligue triomphe des Bohémiens à la bataille de la Montagne-Blanche, près de Prague (1620). Réduite à demander grâce, dépouillée de ses priviléges, la Bohême assiste avec terreur au supplice des chefs de l'insurrection : 27 sont décapités, 29 n'échappent au même sort que par la fuite, 728 seigneurs sont dépouillés de leurs biens, 30 000 familles sortent du pays où la Réforme est proscrite. Deux siècles après, la Bohême se ressentait encore de cette cruelle restauration du catholicisme.

Cependant le malheureux électeur, mis au ban de l'Empire (1621), fuyait jusqu'en Hollande, n'osant défendre même son patrimoine héréditaire, où les Espagnols de Spinola s'établirent. Ce succès ranime l'ambition des cours de Vienne et de Madrid. On reprend les anciens projets de Charles-Quint et de Philippe II ; on rêve la réduction de la Hollande, celle du protestantisme ; bientôt on rêvera jusqu'à la ruine des libertés allemandes.

7. Mansfeld. — Mais un homme qui n'a pour lui que son épée relève la cause de Frédéric V. Les violences commises par Ferdinand en Bohême donnent au comte de Mansfeld une armée. Tant de gens se trouvent ruinés que la guerre leur paraît une ressource. A la tête de 20 000 aventuriers qui ont pour solde le pillage, Mansfeld échappe aux poursuites du général bavarois, Tilly, à travers la Bohême, le haut Palatinat et la Franconie ; il pénètre dans le Palatinat du Rhin, où l'électeur accourt le rejoindre, et il y bat les Espagnols, puis Tilly lui-même (1622). Mais Tilly et les Espagnols se réunissent, tandis que Mansfeld et le burgrave de Bade-Durlach se séparent. Le dernier est vaincu à Wimpfen, dans la Hesse. Christian de Brunswick, autre aventurier qui pille les églises et, avec les châsses des saints, fait frapper une monnaie où il grave ces mots pour légende : « Ami de Dieu, ennemi des prêtres », lève 20 000 hommes dans le nord de l'Allemagne. Il veut rejoindre Mansfeld ; l'armée combinée l'arrête et le bat à Hœchst, sur le Mein. Le Palatinat est de nouveau perdu, Mansfeld s'ouvre un passage jusqu'aux frontières de Champagne qu'il n'ose franchir, les protestants de France ne remuant qu'à l'autre bout du royaume, puis jusqu'aux Pays-Bas où il rejoint Brunswick. Celui-ci livre aux Espagnols le combat sanglant de Fleurus ; il y est grièvement blessé, et se fait couper un bras à la tête de son armée, au son des tambours et des trompettes. Unis aux Hollandais, les deux chefs forcent les Espagnols à lever le siége de Berg-op-Zoom. Mansfeld entre ensuite dans la Westphalie, qu'il ravage, et dans l'Ost-Frise, où il s'établit si fortement, que Tilly renonce à l'y forcer ; de là il passe, de sa personne, en France et en Angleterre, cherchant partout des ennemis à l'Autriche et les moyens de la combattre.

8. Le haut Palatinat et la dignité électorale donnés à la Bavière. — Cependant la diète de Ratisbonne sanctionnait la spoliation de Frédéric V. Le haut Palatinat, entre le Danube et les montagnes de Bohême, était transféré avec la dignité d'électeur à Maximilien de Bavière, et les troupes espagnoles restaient en possession du bas Palatinat sur le Rhin (1623). Christian de Brunswick, qui essaya de tenir la campagne, fut encore battu à Stadtlo, dans l'évêché de Münster, et rejeté en Hollande.

9. Période danoise (1625-1629) : Waldstein. — Grâce aux mésintelligences des princes allemands et aux hésitations des électeurs de Saxe et de Brandebourg, la Réforme était en péril. Les protestants, qui avaient abandonné l'électeur palatin, commençaient cependant à comprendre que sa cause était la leur et que leur ruine pourrait suivre la sienne. L'électeur de Brandebourg ouvrit des négociations avec la Suède; avant qu'elles eussent abouti, le roi de Danemark qui, comme duc de Holstein, était membre de l'Empire, répondit à l'appel des Etats de la basse Saxe, pour ne pas laisser à Gustave-Adolphe le grand rôle de protecteur de la Réforme allemande. La Hollande, l'Angleterre, lui promettaient l'appui de leurs flottes et des subsides. Richelieu lui envoya en secret quelque argent. Christian IV franchit l'Elbe à Stade (1625) et tint pendant une première campagne le pays entre ce fleuve et le Weser, sans que Tilly osât l'y attaquer. L'année suivante un autre ennemi se leva sur ses derrières.

Ferdinand n'avait jusqu'alors soutenu la guerre qu'avec les troupes de la ligue catholique : Tilly commandait au nom du duc de Bavière; les ordres émanaient de la cour de Munich, et la conduite des affaires était subordonnée aux intérêts de Maximilien et de ses alliés, non aux vues de la maison d'Autriche. Or la guerre, commencée pour des intérêts religieux, prenait maintenant un caractère politique. Ferdinand II songea à profiter des victoires gagnées au nom de la religion pour

reprendre dans l'Empire l'autorité que Charles-Qu
avait un moment saisie. Un noble de Bohême, Waldstein, lui en offrit le moyen. Perfectionnant le procédé imaginé par Mansfeld d'entretenir une armée sans solde, il donna à l'Empereur 50 000 hommes, qui rendirent sa politique indépendante de celle de la ligue.

Tandis que Tilly attaquait les Danois par l'ouest et détruisait en partie l'armée royale à Lutter, dans le duché de Brunswick, Waldstein battit Mansfeld à Dessau, près du confluent de la Mulde et de l'Elbe, le poursuivit à travers la Silésie et le rejeta brisé en Hongrie. Reçu froidement par Bethlen Gabor qu'il croyait trouver en armes prêt à se joindre à lui, l'héroïque aventurier voulait gagner Venise et revenir combattre encore. La fatigue et la maladie l'arrêtèrent dans un village de la Bosnie; il y mourut, mais voulut mourir debout, en soldat (1626). Waldstein revint alors contre les Danois; il battit le margrave de Bade-Durlach à Hilligenhagen, en Wagrie, et s'empara de presque tout le Holstein; mais il attaqua vainement la ville hanséatique de Stralsund, dont la prise lui eût livré la domination de la Baltique. Christian profita de quelques avantages partiels pour conclure la paix à Lübeck et conjurer sa ruine par l'abandon de ses alliés (22 mai 1629).

19. Édit de restitution (1629); puissance de la maison d'Autriche. — Jamais la puissance impériale n'avait été plus menaçante. Waldstein, investi du duché de Mecklenbourg et du titre d'amiral de la Baltique, occupait le nord de l'Allemagne avec 100 000 hommes, et faisait exécuter l'édit de *restitution* par la force. C'est le 6 mars 1629 que Ferdinand avait promulgué cet acte célèbre par lequel tous les couvents et tous les biens ecclésiastiques sécularisés depuis la paix d'Augsbourg, ou appropriés au culte protestant, devaient être rendus à leur destination primitive. Cet acte était une grande faute; en dévoilant trop vite les secrets desseins de la maison d'Autriche, il devint pour elle la cause de longs malheurs. Les catholiques, que cette mesure avait d'abord comblés de joie, ne tardèrent pas, en effet, à en comprendre la portée lorsqu'ils virent l'Empereur donner à un de ses fils quatre évêchés à la fois et livrer aux jésuites une grande partie des biens restitués, au lieu de les rendre à leurs anciens possesseurs. Waldstein disait tout haut « qu'il ne fallait plus d'électeurs et de princes, et que tout devait être soumis à un seul roi, comme en France et en Espagne ».

11. Intervention diplomatique de Richelieu ; renvoi de Waldstein. — Mais Richelieu veille sur un dessein qui l'alarme pour la France. Déjà il a fait échouer en Italie les prétentions de la maison d'Espagne sur la Valteline et sur Mantoue (voy. p. 14 et 21). Lors même qu'on croirait toute son attention absorbée par les affaires de l'intérieur, il ne cesse d'agir par la diplomatie ; il prodigue l'or de la France, en attendant qu'elle puisse donner son sang. A la diète de Ratisbonne (1630), il obtient, par l'habileté du père Joseph, son émissaire, le renvoi de Waldstein, contre lequel s'élèvent les clameurs de l'Allemagne entière, et n'en fait pas moins refuser au fils de l'Empereur le titre de roi des Romains, qui était le prix tacite de cette destitution. Il fait plus : au moment où Ferdinand se prive de son meilleur général et réduit son armée à moins de 400 000 hommes, le roi de Suède, appelé par Richelieu, débarque en Poméranie (21 juillet 1630).

12. Richelieu attire Gustave-Adolphe en Allemagne. — La guerre durait toujours entre la Pologne et la Suède Gustave-Adolphe avait conquis la Livonie en 1625, et une partie de la Prusse l'année suivante; mais, les Autrichiens étant venus aider les Polonais, Gustave fut battu, et en 1629 il se trouvait dans une position difficile, quand Richelieu, soutenu de l'Angleterre et du Brandebourg, lui persuada de renoncer à cette guerre stérile. Par la trêve d'Altmark qu'il ménagea, la Livonie et les côtes de la Prusse restèrent aux Suédois (sept. 1629).

Gustave-Adolphe était libre maintenant; Richelieu le jette sur l'Allemagne, en lui accordant un subside annuel de 1 200 000 livres, et lui montre, pour exciter son ardeur, d'immenses dépouilles à saisir, ses coreligionnaires à venger, et un grand rôle à jouer sur un théâtre retentissant (traité de Berwald, janvier 1631).

13. Période suédoise (1630-1635) : victoires de Breitenfeld et du Lech (1632). — Gustave-Adol-

Gustave-Adolphe.

phe apparaît dans l'Empire comme un foudre de guerre. Il invente une tactique nouvelle[1] qui décon-

1. Il distribua la cavalerie en escadrons, réforma l'ordre de bataille de l'infanterie, et donna à son artillerie une légèreté qui lui permit de suivre tous les mou-

certe ses adversaires et, en quelques mois, s'empare de toute la Poméranie (1630). Les électeurs protestants de Brandebourg et de Saxe voudraient arracher des concessions à Ferdinand II, sans les devoir à un prince étranger : ils refusent d'ouvrir à Gustave leurs forteresses, dont il a besoin pour appuyer ses opérations offensives et pour assurer ses communications avec la Suède. Magdebourg, que les Impériaux assiégent, est perdu par ces hésitations, car Gustave-Adolphe ne peut sauver cette ville que son commandant brûle, comme Rostopchine brûlera Moscou (mai 1631). Ce désastre décide enfin les électeurs; Gustave-Adolphe, libre de courir aux Impériaux, les bat à Breitenfeld, près de Leipzig (septembre). Tandis que les Saxons marchent sur Vienne par la Bohême, lui-même soulève ou soumet les provinces de l'Ouest, les électorats ecclésiastiques, la Franconie et le Palatinat. Quand il a ainsi séparé les Espagnols des Impériaux, il se retourne contre ceux-ci, pour les attaquer au cœur même de leur puissance. Il s'empare de Donauwœrth, qui lui ouvre l'entrée de la Bavière; il force le passage du Lech dans un combat d'artillerie où Tilly est blessé mortellement, et entre dans Munich (avril 1632). Le duc Maximilien, caché dans ses châteaux, attend, sans espérance, le sort qu'il a fait subir au comte palatin.

14. Rappel de Waldstein; bataille de Lützen (1632). — Ferdinand II, menacé de voir les Suédois et les Saxons se réunir sous les murs de Vienne, se soumet à l'humiliation de recourir au général qu'il a chassé; mais il ne triomphe des hésitations calculées de Waldstein qu'en lui cédant un commandement absolu. Grâce à sa réputation, qui a grandi encore dans la retraite, le célèbre général retrouve bientôt une armée : il expulse sans peine les Saxons de la Bohême, et marche ensuite à Gustave-Adolphe par Egra, où le duc Maximilien vient

vements des bataillons. Enfin il rédigea comme un code militaire pour apprendre aux chefs et aux soldats leurs devoirs, et les habitua tous à la plus sévère discipline. Il eut ainsi une armée forte et brave sur laquelle le froid, la faim, la fatigue, semblaient n'avoir point de prise.

lui amener les débris de son armée. Les deux adversaires, sur qui l'Europe entière a les yeux, se rencontrent enfin à Nürenberg; ils restent six semaines en présence. Waldstein se lasse le premier et se retire sur la Saxe; Gustave l'y suit. A Lützen ils en viennent aux mains. Dès le commencement de l'action, le roi est frappé à mort; son meilleur élève, le duc Bernard de Saxe-Weimar, achève cependant la victoire (novembre 1632).

15. Meurtre de Waldstein; bataille de Nœrdlingen (1634); traité de Prague (1635). — Les divisions qui éclatent entre les protestants et les Suédois rendent cette victoire inutile : les Impériaux reprennent partout l'offensive, et Ferdinand II croit n'avoir plus besoin du général auquel il doit son trône, mais dont il redoute l'ambition : Waldstein est assassiné à Egra au moment où son astrologue lui promettait la couronne de Bohème (fév. 1634). Ses successeurs, Piccolomini, Galas, Jean de Werth, triomphent avec son armée des Suédois et de Bernard à Nœrdlingen (sept.). Ils leur tuent 12 000 hommes, leur en prennent 6000 avec le comte de Horn, un de leurs meilleurs généraux, et les rejettent partie sur le Rhin, partie vers la Poméranie. Les princes allemands renoncent encore une fois à la lutte; le traité de Prague, accepté par l'électeur de Saxe, consacre, avec quelques réserves, l'*édit de restitution* (mai 1635).

16. Première partie de la période française (1635-1643) : alliances et forces de la France. — Alors la France intervint elle-même dans la guerre de Trente ans. « A d'autres le monde! » s'était écrié Gustave-Adolphe en tombant à Lützen. Richelieu ramasse l'espérance et la fortune du jeune héros. Libre maintenant de ses plus grands soucis à l'intérieur, il peut porter son attention et ses forces au dehors. Il substitue hardiment, dans la lutte contre la maison d'Autriche, au Danemark épuisé, à la Suède veuve de son roi, la France pleine de jeunesse et d'ardeur. Contre l'Autriche et l'Espagne plus étroitement unies, il noue d'abord un solide faisceau d'alliances. Par la convention de Paris, il promet 12 000 hommes aux confédérés allemands qui lui remettent l'Alsace en dépôt (nov. 1634); par celle de Saint-Germain, il achète Bernard de Saxe-Weimar et son armée (oct. 1635); il traite à Compiègne avec le chancelier de Suède, Oxenstiern, autre grand ministre (avril 1635); à Wesel, avec le landgrave de Hesse-Cassel, qui promet des troupes en retour d'un subside (oct. 1636); à Paris, avec les Hollandais (février 1635); à Rivoli, avec les Suisses et les ducs de Savoie, de Mantoue et de Parme (juillet).

Ces nombreux traités annoncent l'extension que la guerre va prendre. Richelieu la portera sur toutes nos frontières, aux Pays-Bas, pour les partager avec la Hollande; sur le Rhin, pour couvrir la Champagne et la Lorraine et saisir l'Alsace; en Allemagne, pour tendre la main aux Suédois et briser l'omnipotence de l'Autriche; en Italie, pour maintenir l'autorité des Grisons dans la Valteline et l'influence de la France dans le Piémont; vers les Pyrénées, pour y conquérir le Roussillon; sur l'Océan et la Méditerranée, pour y détruire les flottes espagnoles, soutenir les révoltes du Portugal et de la Catalogne et menacer les côtes d'Italie.

17. Campagnes de 1635 et 1636; une invasion en France repoussée. — Le prétexte de la rupture fut l'enlèvement par les Espagnols de l'archevêque de Trèves, qui s'était mis sous la protection de la France. La guerre commença heureusement. Châtillon et Brézé remportèrent dans les Pays-Bas la victoire d'Avein, près de Liège (mai 1635). Mais les Hollandais s'effarouchèrent de voir les Français si près d'eux; ils aimaient bien mieux pour voisine l'Espagne affaiblie que la France régénérée, et ils secondèrent mal nos opérations. Les Espagnols profitèrent de cette mésintelligence. Renforcés par 18 000 Impériaux et Piccolomini, ils pénétrèrent en Picardie pendant que notre armée était encore en Hollande, franchirent la Somme et s'emparèrent de Corbie (1636). Un instant la cour et Paris s'épouvantèrent; mais le cœur revint vite à la grande ville. Les ouvriers et les gens du peuple s'enrôlèrent en foule, les bourgeois donnèrent au roi les moyens de lever et d'entretenir durant trois mois 12 000 fantassins et 3000 chevaux. Louis XIII, plus hardi cette fois que Richelieu, avait refusé de se retirer sur la Loire ; à la tête de 40 000 hommes, il rejeta les Espagnols hors des frontières et reprit Corbie, où le cardinal n'échappa au plus grand péril qu'il ait couru de sa vie que parce qu'au moment de donner le signal de l'assassinat, le cœur manqua au frère du roi (1636). Une autre invasion, tentée en Bourgogne, tourna aussi mal. Galas et le duc de Lorraine s'étaient avancés jusqu'à Saint-Jean-de-Losne : le comte de Rantzau les força à la retraite, et le duc de Saxe-Weimar les repoussa en désordre dans la Comté.

18. Campagnes de 1637-1639 ; acquisition de l'Alsace. — L'année suivante, 1737, le cardinal de la Valette prit les villes de la haute Sambre, Cateau-Cambrésis, Landrecies et Maubeuge. Richelieu aimait à confier des commandements aux prêtres, plus habitués à l'obéissance. Son amiral ordinaire était Sourdis, archevêque de Bordeaux, qui détruisit, en 1638, une flotte espagnole, à la hauteur de Fontarabie, et ravagea plus d'une fois les côtes du royaume de Naples et de l'Espagne. Mais en cette année (1638) les grands succès furent sur le Rhin ; Bernard de Saxe-Weimar battit les Impériaux à Rhinfeld, prit leur général, Jean de Werth, et emporta d'assaut Vieux-Brisach après trois victoires. Il songeait à se faire souverain de l'Alsace et du Brisgau, quand il mourut fort à propos pour la France, qui hérita de sa conquête et de son armée (1639).

19. Conquête de l'Artois (1640). — L'Alsace était une province autrichienne : l'Artois, qui appartenait aux Espagnols, fut envahi dans la campagne suivante. Trois maréchaux la Meilleraye, Châtillon et Chaulnes, assiégèrent Arras. Une armée de 30 000 hommes, commandée par Beck et Lamboi, accourt pour la délivrer. Les maréchaux sont d'avis contraire : l'un veut se tenir dans les retranchements, l'autre sortir des lignes pour livrer bataille; on en réfère à Richelieu : « Lorsque le roi, leur répondit-il, vous a confié le commandement, il vous a crus capables; sortez ou ne sortez pas de vos lignes, mais vous répondez sur vos têtes de la prise de la ville. » Quelques jours après, les Espagnols sont battus, et Arras est forcé (août 1640) : c'était une seconde province enlevée à la maison d'Autriche.

20. Victoires en Italie; le Piémont rentre dans l'alliance française (1640-1642). — La France combattait en même temps dans le nord de l'Italie. Après la mort de Victor-Amédée (1637), ses frères, le prince Thomas de Carignan et le cardinal Maurice, avaient disputé la régence à sa veuve, Christine, fille de Henri IV, et avaient obtenu l'appui d'une armée espagnole. Richelieu envoya dans le Piémont le comte d'Harcourt, qui remporta trois brillantes victoires à Casal, à Turin et à Ivrée, rétablit l'autorité de la régente, et par un traité habile fit rentrer les princes de Savoie dans l'alliance française (1640-1642). Le duc de Rohan avait en 1635 chassé de nouveau les Espagnols de la Valteline.

21. Soulèvement de la Catalogne et du Portugal (1640); conquête du Roussillon (1642). — L'Espagne n'attaquait plus alors; elle avait assez à faire que de se défendre contre les Catalans et les Portugais qui venaient de se soulever (1640). Le cardinal n'était pas étranger à ces révoltes; il fournit des secours au nouveau roi de Portugal, Jean de Bragance, et il décida les Catalans à reconnaître Louis XIII comme comte de Barcelone et de Roussillon (1641). Une armée française, commandée par la Mothe-Houdancourt, entra dans la Catalogne et en chassa les Espagnols; une autre, que le roi conduisait en personne, prit Perpignan, et ajouta le Roussillon à la France, qui depuis ne l'a pas perdu (sept. 1642).

22. Victoires en Allemagne de Banner, Torstenson et Guébriant (1636-1642). — L'Espagne occupée chez elle, l'Autriche était plus facile à vaincre en Allemagne.

Après la défection de l'électeur de Saxe, en 1635, les Suédois avaient reculé jusqu'en Poméranie. Fortifié par quelques troupes que la diète de Stockholm retira de Pologne et dégagé par la puissante diversion de la France, Banner, le *second Gustave*, reprit l'offensive ; il battit les Impériaux à Wittstock dans le Brandebourg (1636), à Chemnitz en Saxe (1639), pénétra en Bohême et, aidé du comte de Guébriant, un des plus habiles tacticiens de cette époque, faillit enlever, en 1641, dans Ratisbonne, la diète de l'Empire et l'Empereur, après avoir passé le Danube sur la glace. Un brusque dégel sauva Ferdinand III, et une maladie le délivra, quelques mois plus tard, de son redoutable adversaire. Tandis que le successeur de Banner, le paralytique Torstenson, étonnait l'Europe par la rapidité de ses opérations et une suite de glorieuses victoires, à Glogau et Schweidnitz dans la Silésie, à Breitenfeld en Saxe (1642), Guébriant s'avançait audacieusement avec l'armée weimarienne dans l'ouest de l'Empire, que les Suédois attaquaient par le nord-est : il triomphait de Piccolomini à Wolfenbutel (1641), de Lamboi à Kempen, dans l'électorat de Cologne (1642), et il donnait la main à tous les mécontents de l'Allemagne.

23. Rocroy (1643). — La mort de Richelieu enhardit les Espagnols ; ils reprirent l'offensive du côté de la Champagne, et ils assiégèrent Rocroy, sous la conduite d'un vieux capitaine, don Francisco de Mellos, espérant, cette ville prise, arriver à Paris sans obstacle, car ils n'avaient devant eux qu'une armée inférieure en nombre, et un général de vingt et un ans, Louis de Bourbon, alors le duc d'Enghien, plus tard le grand Condé. Ce fut le 19 mai 1643 que les armées se rencontrèrent. Les deux ailes formées de cavalerie s'abordèrent bien avant que le centre pût combattre. Condé, à la tête de sa droite, renversa la cavalerie qui lui était opposée, et, apprenant que sa gauche était battue par Mellos, il passa audacieusement derrière la ligne espagnole, pour prendre à dos la droite de l'ennemi victorieuse, et la dispersa. L'infanterie espagnole restait immobile. Il revint sur elle, l'entoura, l'attaqua trois fois et la rompit. Le vieux comte de Fuentès, qui la commandait, fut jeté mort à terre. Condé reçut lui-même cinq coups de mousquet dans ses armes.

24. Bataille de Fribourg (1644). — Le duc d'En-

Condé

ghien poursuivit son succès avec cette fougue, cette audace heureuse qui était le caractère de cet autre Alexandre. Chaque année fut marquée par une victoire. Les Espagnols chassés de France, il s'empare en courant de Thionville (août 1643) et se tourne contre l'Autriche et ses alliés d'Allemagne. L'armée weimarienne venait de perdre devant Rottweil, qu'elle avait pourtant enlevé (12 nov. 1643), son habile général Guébriant, et, obéissant mal à plusieurs chefs, s'était laissé surprendre par les Impériaux à Tuttlingen, dans des cantonnements trop séparés (24 nov.). Turenne, nommé maréchal, assemble ses débris et la recompose. Condé lui amène 10000 hommes. Ils attaquent le général bavarois, Mercy, sous les murs de Fribourg, en Brisgau : le combat recommence deux fois, à deux journées différentes, et chaque fois Condé y montre la plus brillante valeur, entraînant à sa suite les Français électrisés (août 1644). Cependant ce fut plutôt un affreux carnage qu'une victoire. Mercy s'éloigna sans être inquiété, mais il s'avoua vaincu, en laissant les deux généraux enlever Philippsbourg, Worms et Mayence, et ainsi nettoyer d'ennemis les bords du Rhin.

25. Succès de Torstenson. — Tandis que Condé retournait à Paris pour jouir des acclamations populaires, Turenne se préparait à répondre à l'appel de Torstenson, qui lui avait donné rendez-vous sous les murs de Vienne. Ce hardi général venait de traverser toute l'Allemagne, du fond de la Moravie jusqu'à l'extrémité du Jutland, traînant après lui l'armée impériale de Galas, qui ne put rien prévoir ni rien empêcher. Le Danemark châtié, Torstenson s'était retourné contre Galas, qui avait espéré l'enfermer dans la presqu'île, l'avait battu à Jüterbogk, dans le Brandebourg (nov. 1644), avait ruiné ses troupes et détruit une autre armée impériale à Jankowitz, en Bohême (fév. 1645). C'est alors que, rentré en Moravie, il assiégeait Brünn, menaçait Vienne et invitait Turenne à venir le joindre par la vallée du Danube.

26. Seconde bataille de Nœrdlingen (1645); victoire de Condé à Lens (1648). — Turenne s'engage avec trop de confiance dans l'Empire et est vaincu à Marienthal par Mercy (mai 1645). Mais le duc d'Enghien accourt avec des renforts, fait reculer l'ennemi, pénètre jusqu'en Bavière et achève la déroute de l'armée impériale dans la sanglante affaire de Nœrdlingen, où Mercy est tué (août 1645). En 1646, il passe en Flandre, as-

siége Dunkerque à la vue des Espagnols, et donne cette
place à la France. L'année suivante il est en Catalogne,
où il y a des revers à réparer; il assiége Lerida, que
deux maréchaux avaient attaquée vainement; il est repoussé (1647). C'était sa première défaite : il la répare
sur un autre théâtre. Son absence avait rendu le courage
aux Espagnols dans le Nord, et l'archiduc Léopold, frère
de l'Empereur, s'était avancé jusqu'à Lens, en Artois.

Turenne.

Condé les y attaque avec sa vigueur ordinaire : en
deux heures la bataille était gagnée (10 août 1648). Ce
fut la dernière de la guerre de Trente ans, car Turenne
n'était pas moins heureux au-delà du Rhin.

27. Succès de Turenne en Allemagne. — Pendant
ces triomphes, en effet, il opérait en Allemagne, et, par
sa tactique à la fois savante et hardie, il jetait les fondements d'une réputation que le temps n'a fait qu'ac-

croître. Réuni au Suédois Wrangel, successeur de Torstenson, il gagna les batailles de Lavingen (nov. 1647) et de Susmarshausen, non loin d'Augsbourg (mai 1648), força le passage du Lech à Rain, et contraignit l'électeur de Bavière à sortir de ses États à l'âge de soixante-seize ans. Sans une pluie torrentielle qui grossit tout à coup les eaux de l'Inn, il marchait sur Vienne. On agita un instant, au conseil de l'Empereur, si Ferdinand III ne fuirait pas de sa capitale.

28. Traités de Westphalie (1648). — Il y avait longtemps que l'on négociait. Proposées dès 1641, les conférences s'étaient ouvertes, le 10 avril 1643, dans deux villes de la Westphalie : à Münster, entre les plénipotentiaires des princes catholiques; à Osnabrück, entre les plénipotentiaires des princes protestants et ceux de l'Empereur. Il s'agissait de remanier la carte de l'Europe après une guerre qui avait duré trente ans, de donner à l'Empire une constitution nouvelle, et de régler le droit public et religieux des nations chrétiennes. La France envoya à ce congrès d'habiles négociateurs, le comte d'Avaux et Abel Servien; mais ses meilleurs diplomates, c'étaient Condé et Turenne, dont l'épée avait simplifié les négociations en rendant la paix nécessaire; la surprise du château de Prague par les Suédois décida l'Empereur à la paix. Au dernier moment l'Espagne se retira, espérant profiter des troubles de la Fronde qui commençaient alors en France. Les autres États, pressés d'en finir, signèrent le traité (24 octobre 1648).

29. Indépendance religieuse et politique des États Allemands. — Dans la guerre de Trente ans, l'Autriche avait essayé d'étouffer les libertés religieuses et politiques de l'Allemagne; l'Autriche étant vaincue, ce qu'elle avait voulu abattre subsista et grandit. Les protestants eurent pleine liberté de conscience. La paix de religion, signée à Augsbourg en 1555, fut confirmée. Les trois religions, catholique, luthérienne et calviniste, obtinrent égalité de droits; et, pour la possession des biens ecclésiastiques, pour l'exercice du culte, tout fut ramené à l'état de l'Allemagne en 1624, excepté dans le Palatinat, pour lequel l'*année normale* fut l'an 1618. Beaucoup d'évêchés et d'abbayes furent sécularisés pour fournir des indemnités aux princes protestants. Ainsi l'électeur de Brandebourg eut les évêchés de Magdebourg, d'Halberstadt, de Camin et de Minden; le duc de Mecklenbourg, ceux de Schwerin et de Ratzbourg; le landgrave de Hesse-Cassel, l'abbaye de Hirchsfeld avec 600 000 écus; l'électeur de Saxe, la Lusace avec plusieurs domaines ecclésiastiques. Un huitième électorat fut créé en faveur de la maison palatine; mais la Bavière garda le haut Palatinat. L'autorité impériale, naguère menaçante, fut annulée; le droit de suffrage fut assuré, dans la diète, à tous les princes et Etats allemands, sur toutes les questions d'alliance, de guerre, de traité, de loi nouvelle; ils furent confirmés dans l'exercice plein et entier de la souveraineté sur leur territoire; et ils eurent le droit de s'allier à des puissances étrangères, pourvu que ce ne fût, disait une restriction vaine, « ni contre l'Empereur ni contre l'Empire. » Depuis bien longtemps la Suisse et la Hollande étaient étrangères à l'Allemagne; cette séparation de fait reçut la sanction du droit.

30. Acquisitions de la Suède et de la France. — Les deux puissances qui avaient amené cette défaite de l'Autriche avaient stipulé pour elles-mêmes d'importantes indemnités. La Suède eut les îles de Rügen, Wollin et Usedom, Wismar, la Poméranie occidentale avec Stettin, l'archevêché de Brême et l'évêché de Werden, c'est-à-dire les bouches de trois grands fleuves allemands, l'Oder, l'Elbe et le Weser, avec 5 millions d'écus et trois voix à la diète.

La France continua d'occuper la Lorraine tout en promettant de la restituer à son duc quand il aurait accepté nos conditions. Elle obtint la renonciation de l'Empire à tout droit sur les Trois-Évêchés, Metz, Toul et Verdun, qu'elle possédait depuis un siècle; sur la ville de Pignerol cédée par le duc de Savoie en 1631;

sur l'Alsace, qui lui fut abandonnée à l'exception de Strasbourg, ce qui portait sa frontière, en avant des Vosges, jusqu'au Rhin. Elle eut encore, sur la rive droite de ce fleuve, Vieux-Brisach, et se fit reconnaître le droit de mettre garnison dans Philippsbourg. La liberté de la navigation du Rhin fut garantie.

C'étaient de grands avantages, car, en conquérant l'Alsace, la France se plaçait, d'une part, entre la Lorraine et l'Allemagne, de l'autre, au nord de la Franche-Comté, que depuis Henri IV elle enveloppait par le sud; de sorte que ces deux provinces se trouveront désormais à notre discrétion et que leur réunion à la France ne sera plus qu'une question de temps.

Ainsi la France dessinait mieux ses frontières pour sa défense; elle prenait même une position offensive. Par Pignerol, elle avait un pied au-delà des Alpes, en Italie; par Vieux-Brisach et Philippsbourg, elle avait un pied au delà du Rhin, en Allemagne. De plus, en faisant reconnaître aux États allemands le droit de contracter alliance avec des puissances étrangères, elle eut le moyen d'acheter toujours quelques-uns de ces princes indigents; et, en garantissant l'exécution du traité, elle se donna le droit d'intervenir à toute occasion dans les affaires de l'Allemagne. L'Empire, n'étant plus qu'une sorte de confédération de 350 États luthériens et catholiques, monarchiques et républicains, laïques et ecclésiastiques, deviendra nécessairement le théâtre de toutes les intrigues, le champ de bataille de l'Europe, comme l'Italie l'avait été au commencement des temps modernes, et pour les mêmes raisons : les divisions et l'anarchie.

Les traités de Westphalie, qui sont la base de toutes les conventions diplomatiques depuis le milieu du dix-septième siècle jusqu'à la révolution française, mettaient fin à la suprématie de la maison d'Autriche en Europe et préparaient celle de la maison de Bourbon.

CHAPITRE IV.

SITUATION POLITIQUE DE L'EUROPE EN 1648 ; PROGRÈS DE LA HOLLANDE ET DE LA SUÈDE ; TRAITÉ D'OLIVA.

1. État de l'Europe en 1648 ; grandeur de la France. — 2. Angleterre. — 3. Richesse et puissance de la Hollande. — 4. Décadence de l'Espagne, de l'Italie et de l'Empire. — 5. Autriche. — 6. Progrès de la Prusse. — 7. Suisse. — 8. Progrès de la Suède ; traité d'Oliva. — 9. Décadence de la Pologne ; obscurité de la Russie — 10. Puissance des Turcs.

1. État de l'Europe en 1648 ; grandeur de la France. — Les traités de Westphalie donnaient à la France le premier rang parmi les nations européennes, car ils consacraient le triomphe de la maison de Bourbon sur la maison d'Autriche. Ils nous ouvraient l'Italie par Pignerol, l'Allemagne par Philippsbourg et Vieux-Brisach : avantages funestes, parce que ces possessions avancées sur les pays voisins nous donneront la tentation mauvaise d'y pénétrer ; mais ils nous faisaient toucher au Rhin par l'Alsace et nous permettaient d'envelopper la Lorraine qui nous restait de fait sinon de droit : acquisitions heureuses pour l'achèvement naturel de notre territoire. De plus nous retenions le Roussillon et l'Artois sur l'Espagne, qui n'avait pas voulu traiter en 1648 et qui sera forcée de céder ces provinces en 1659. Nous occupions donc toute la ligne des Pyrénées, celle des Alpes jusqu'à la Savoie, moins le comtat Venaissin laissé au pape, toute la rive droite du Rhône depuis le territoire genevois jusqu'à Lyon ; mais la Franche-Comté, entre la Saône et le Jura, restait à l'Espagne. Le Rhin couvrait l'Alsace, où Strasbourg, qui nous manquait, ne pouvait nous manquer longtemps. Les Trois-Évêchés, Metz, Toul et Verdun, formaient notre avant-garde dans le bassin de la Moselle et devaient servir d'entraves à la Lorraine, si ce pays voulait sortir un jour de nos mains ; Sedan nous donnait une forte position sur la Meuse ; l'acquisition de l'Artois nous mettait aux portes de la Flandre, où Louis XIV nous conduira. A l'intérieur, la noblesse, le parlement ont encore besoin d'une leçon. Ils feront la Fronde ; mais, au sortir de cette parodie de la Ligue, Louis XIV se trouvera avoir le royaume le plus docile de l'Europe, comme il en est le mieux situé, des finances, que Colbert mettra en bon ordre, une flotte, que Mazarin laisse périr et que son successeur reconstituera, une armée, que Louvois organisera sous les plus grands généraux du monde, et, derrière cette armée, une nation valeureuse de vingt millions d'âmes. Ainsi la France, réagissant sur le traité de Verdun qui, huit siècles auparavant, l'avait réduite d'un tiers, reprenait les provinces de langue française et se rapprochait peu à peu des limites de l'ancienne Gaule. C'était justice, car, au milieu du dix-septième siècle, elle représentait dans le monde l'art, les lettres, les sciences, la plus haute culture intellectuelle et le meilleur ordre politique que ce temps pût supporter. Moralement elle était en avant des autres nations, et, grâce à sa prépondérance, une influence heureuse, dont la civilisation générale profitera, allait rayonner sur l'Europe entière. Voilà le rachat de notre empire et des fautes que Louis XIV va commettre : toutes les dominations peuvent-elles offrir une pareille rançon ?

La force de la France était grande alors ; ce qui l'augmentait encore, c'était la faiblesse de ses voisins.

2. Angleterre. — En 1648 l'Angleterre était au plus fort de sa révolution : elle allait juger et condamner son roi. Elle formait, réunie à l'Ecosse, le royaume-uni de la Grande-Bretagne ; mais les Ecossais gardaient leur administration particulière, leur parlement, et croyaient bien avoir gardé leur indépendance : Cromwell leur montrera ce qui en est ; c'est aussi lui qui enserrera l'Irlande dans des liens sanglants. La révolution qui se préparait depuis la mort d'Élisabeth (1603) a tenu l'Angleterre à l'écart des grandes affaires de l'Europe. Ce pays y rentrera un instant avec Cromwell pour en sortir de nouveau avec Charles II. L'heure de sa puissance n'est donc pas encore venue, parce que le travail intérieur de son organisation n'est pas achevé. Ses colonies d'Amérique commencent, et elle a déjà une compagnie des Indes orientales.

3. Richesse et puissance de la Hollande. — Les sept *Provinces unies* (Hollande, Zélande, Utrecht, Gueldre, Over-Yssel, Frise et Groningue) étaient arrivées, sous leur gouvernement républicain, à l'apogée de leur grandeur. La maison d'Autriche avait solennellement, en 1648, reconnu leur indépendance, et l'Espagne leur avait cédé plusieurs cantons du Brabant, du Luxembourg et de la Flandre, de sorte que les Hollandais tenaient maintenant les bouches de l'Escaut, de la Meuse, du Rhin et de l'Ems, avec les importantes places de Maestricht, Grave, Bois-le-Duc, Berg-op-Zoom et Bréda. Aux Indes orientales, ils avaient presque partout supplanté les Portugais. Maîtres sans rivaux du commerce de ces régions, ils avaient divisé leurs domaines en cinq gouvernements : de *Java*, où ils avaient fondé, vers 1619, Batavia, la capitale de tous leurs établissements; d'*Amboine* et de *Ternate*, dans les Moluques; de *Ceylan*; de *Macassar*, dans l'île Célèbes. Leur colonie du cap de Bonne-Espérance les rendait maîtres de la route d'Europe aux Indes, et ils avaient encore des établissements aux Antilles.

Dominateurs des mers, ils en exploraient l'étendue : Lemaire reconnaissait le détroit qui porte son nom, et doublait le cap Horn, route plus sûre que le détroit de Magellan (1615). Plusieurs nations, même la France, se disputent la priorité de la découverte de la Nouvelle-Hollande, mais il est certain que les premières notions positives sur ce continent sont dues aux Hollandais, qui, de 1605 à 1642, dirigèrent le long de ses côtes plusieurs voyages de reconnaissance, dont les plus importants furent, en 1642 et 1643, ceux de Tasman, qui découvrit la première fois la terre de Van-Diémen, la Nouvelle-Zélande, les îles Viti et des Amis, et la seconde releva une grande étendue des côtes du nord-ouest de la Nouvelle-Hollande. Nulle puissance ne rivalisait encore avec les Hollandais dans l'art de la construction navale; nul peuple ne pouvait offrir le fret à plus bas prix, car nuls matelots ne se contentaient d'un plus mince salaire. Aux riches produits du commerce des Indes, il faut ajouter ceux de la pêche du hareng et, par-dessus tout, compter, comme les principaux éléments de leur prospérité, l'activité, le prodigieux esprit d'ordre et d'économie qui est un des traits distinctifs du génie hollandais. Mais les bases de cette grandeur si soudaine n'étaient pas assez larges pour qu'elle fût bien solide. La Hollande avait un trop petit territoire, une population trop peu nombreuse pour porter un si vaste empire. Affranchie par le concours de la France, elle commence à trouver que son alliée est devenue bien forte, et elle se rapprochera de l'Espagne affaiblie et humiliée, l'aimant mieux pour voisine que la France victorieuse. L'Angleterre, qui l'a aussi aidée, va lui disputer et lui prendre l'empire de l'Océan. Dans un demi-siècle, lorsque le stathouder de Hollande, Guillaume de Nassau, sera devenu roi d'Angleterre, la Hollande ne sera plus, comme on l'a dit, qu'une barque attachée aux flancs d'un vaisseau de ligne.

Mais cet avenir n'apparaissait pas en 1648, et la maison qui devait régner un jour sur la Hollande et l'Angleterre allait perdre même le stathoudérat. En ce moment, une grave question agitait la république batave. La souveraineté appartenait-elle aux États-Généraux des sept Provinces unies, ou chaque province était-elle maîtresse d'elle-même pour tout ce qui se passait sur son territoire. A cette question s'en rattachait une autre : Quel devait être, dans l'État, le rôle des princes d'Orange, qui avaient dirigé la guerre contre l'Espagne? La province de Hollande, fière de ses richesses et des services rendus par elle à la cause nationale, refusait de conserver, après la paix, pour la garde de ses forteresses, 29 compagnies de fantassins étrangers qu'elle avait à sa solde, et les Etats-Généraux, par l'inspiration du prince d'Orange, s'opposaient à ce désarmement. Les républicains d'Amsterdam comptaient sur leur flotte, qui ne pouvait menacer jamais leur liberté et se défiaient du zèle intéressé du stathouder à garder sur pied de grandes forces militaires. Guillaume de Nassau contraignit la Hollande à céder. La question de la souveraineté fut donc résolue en faveur des Etats-Généraux, et il semblait que l'autre question, celle des droits du stathouder, allât être tranchée en faveur du prince, lorsqu'en 1650 Guillaume II mourut ne laissant qu'un fils posthume. La dignité de capitaine général fut abolie, et la fortune de la maison d'Orange arrêtée pour vingt-quatre ans, jusqu'au jour où l'invasion de Louis XIV fera rétablir le stathoudérat (1674).

4. Décadence de l'Espagne, de l'Italie et de l'Empire. — La maison d'Autriche était abaissée dans ses deux branches, à Vienne comme à Madrid. L'*Espagne*, ruinée dans les sources mêmes de sa richesse par l'expulsion de 200 000 Maures en 1609, épuisée par des guerres longues et malheureuses, allait descendre au dernier rang de la décadence. Elle gardait encore, il est vrai, toutes ses annexes, la Franche-Comté, la moitié des Pays-Bas, le tiers de l'Italie, la Sicile, la Sardaigne; mais la possession de ces pays lui était onéreuse plutôt que profitable, car ils ne rapportaient pas ce qu'ils coûtaient à défendre. Elle avait récemment perdu le Roussillon, l'Artois, le Portugal, et les Catalans étaient encore révoltés. Ses immenses colonies d'Amérique continuaient de lui envoyer leurs galions; mais les trésors qu'elle recevait du Mexique et du Pérou ne faisaient que passer par ses mains. Elle était pauvre au milieu de tant de richesses, parce qu'elle ne connaissait pas la richesse la plus certaine, le travail; son agriculture était négligée, son industrie, son commerce, étaient morts, et les piastres d'Amérique ne lui servaient qu'à acheter ce qu'elle ne savait pas se donner elle-même. Philippe IV régnait encore : prince maladif et faible, qui était resté vingt ans sous la tutelle d'Olivarès. Il n'y avait de considérable à cette époque en Espagne que les poëtes et les artistes ; Lope de Véga (1635) venait de mourir, et Vélasquez allait le suivre (1660) ; mais Caldéron et Murillo étaient déjà célèbres. La France, qui commençait, avec Corneille, Descartes, Pascal et Poussin, son grand siècle des lettres et de arts, lui ravissait déjà cette gloire comme elle lui avait ravi la puissance.

L'Espagne avait entraîné le *Portugal* dans sa ruine. Dépouillé par les Hollandais de ses colonies et de son commerce, abandonné, au traité des Pyrénées, par la France, il commence à tourner ses regards vers l'Angleterre, dans les bras de laquelle il se jettera quand un Bourbon viendra s'asseoir sur le trône de Charles-Quint.

Dans l'*Italie*, que l'Espagne tenait par les deux bouts, Naples et Milan, et par les îles, même décadence. Le grand mouvement de restauration catholique qui, au siècle précédent, avait ranimé la péninsule, s'était arrêté. Les pontifes étaient retournés aux ambitions temporelles : ils avaient acquis *Ferrare* en 1592, le comté de *Montefeltro* et le duché d'*Urbin* en 1631 ; celui de *Castro* et de *Ronciglione* le sera en 1649. Mais ces papes, si habiles à agrandir les *États de l'Église*, ne savaient pas en garantir la tranquillité : depuis la mort de Sixte-Quint, les *bravi* y pullulaient. Ils n'avaient pas plus avancé la question de l'indépendance italienne, quoique Richelieu et Mazarin eussent essayé, à plusieurs reprises, de former, avec le concours du saint-siége, une ligue des princes italiens contre l'Espagne. Le pape était vacillant, le grand-duc de *Toscane* dévoué par crainte aux Espagnols, les ducs de *Parme* et de *Modène* trop faibles, celui de *Savoie* trop jeune et d'ailleurs poussé en sens contraire par sa mère et ses deux oncles; de sorte que l'Espagne, malgré sa faiblesse, venait de triompher du mauvais vouloir de quelques princes, d'une révolte en Sicile sous le batteur d'or Giuseppe d'Alesi (1647), et de deux mouvements plus importants qui, la même année, avaient éclaté à Naples sous Masaniello le pêcheur et Gennaro Annese l'armurier.

Le duc de Savoie, Charles-Emmanuel II, prenait cette année même possession du gouvernement et allait s'occuper d'organiser une forte armée, de jeter sur les Alpes la belle route de la Grotte qui mène de Lyon à Turin par les Echelles. A la cour savante de Ferdinand II, en Toscane[1], on s'occupait d'expériences et d'études qui firent de Florence un des foyers de la science au dix-septième siècle. Le disciple de Galilée, Torricelli, l'inventeur du baromètre, venait d'y mourir (1647); mais le géomètre Viviani y recevra bientôt les présents de Louis XIV, et l'Académie célèbre *del Cimento* était fondée.

Venise se tenait à l'écart des affaires d'Italie. Ses intérêts étaient ailleurs, dans l'Archipel, dans l'Adriatique. Les Turcs lui avaient pris Chypre en 1570 et voulaient lui prendre Candie. Cette guerre, commencée en 1644, donna occasion à Venise de montrer ce qu'elle gardait encore de patriotisme, de courage et de persévérance. *Gênes*, maîtresse de ses deux *rivières* et de la *Corse*, ne faisait plus parler d'elle. Comme Venise avait accaparé le commerce du Levant, Gênes cherchait à s'emparer de celui des côtes d'Espagne et d'Afrique. Aussi était-elle étroitement liée à l'Espagne : ce qui lui vaudra un bombardement et une humiliation.

Les chevaliers de Saint-Jean tenaient toujours *Malte* en fief du royaume de Naples.

L'Allemagne, depuis la fatale guerre de Trente ans, était condamnée à l'impuissance. La plupart des petits

---

1. En Toscane, il n'y avait plus d'États indépendants que la république de Lucques, la seigneurie de Piombino et la principauté de Massa et Carrare.

princes qui ont substitué leur pouvoir à l'autorité impériale veulent avoir une cour, des ambassadeurs ; et les peuples s'épuisent à entretenir le luxe exagéré de leurs maîtres[1]. Pauvres, malgré leurs exactions, ces souverains besoigneux font trafic de leur alliance et vendent leur armée. Les traités de Westphalie avaient assuré leur indépendance vis-à-vis de l'Empereur ; la ligue du Rhin (1658) en liera plusieurs à la France. En 1663 la diète de Ratisbonne deviendra perpétuelle : ce sera le coup de grâce pour l'autorité impériale.

5. Autriche. — L'Autriche, sortie épuisée de cette guerre, ne songeait qu'à réparer ses forces. Léopold Ier, qui succédera en 1658 à son père Ferdinand III, régnera jusqu'en 1705 sans éclat, mais à la fin, grâce à d'habiles généraux, avec profit pour sa maison. En 1673 il réunira tous les domaines des Habsbourgs allemands, qui, à partir de cette époque, ne seront plus séparés.

6. Progrès de la Prusse. — Une autre maison grandissait en Allemagne, celle de Brandebourg. Elle avait acquis en 1618 la Prusse, ce qui la portait au-devant des Russes, à Kœnigsberg, et en 1629, le duché de Clèves et les comtés de la Marck et de Ravensberg, qui la mettaient aux portes de la France, sur le Rhin. La Poméranie ultérieure, dont elle hérita en 1637, réunit déjà la Prusse à l'électorat de Brandebourg, et divers domaines cédés par le traité de Westphalie (Halberstadt, Minden, Magdebourg) rapprochaient le Brandebourg des possessions prussiennes sur le Rhin. Frédéric-Guillaume s'appelle déjà le grand électeur ; son fils s'appellera le roi de Prusse.

7. Suisse. — Aucun changement dans ses treize cantons confédérés ; on a vu Richelieu maintenir les Grisons en possession de la Valteline, pour tenir séparés les domaines italiens et allemands de la maison de Prusse.

8. Suède. — La Suède, qui, par les acquisitions faites

---

[1]. Pour les principaux États d'Allemagne, voyez p. 60.

dans la guerre de Trente ans, tenait les embouchures de trois grands fleuves allemands, le Weser, l'Elbe et l'Oder, par Brême, Verden et Stettin, était maîtresse de la Finlande, et occupait encore, à l'est et au sud du golfe de ce nom, la Carélie et l'Ingrie rendues par les Russes en 1617, la Livonie abandonnée par les Polonais au siècle précédent. Ainsi la Baltique était un lac suédois, et la suprématie dans le nord de l'Europe semblait pour longtemps attachée à la couronne de Gustave-Adolphe. Le Danemark avait cédé à la Suède, au traité de Bromsebro (1645), la province de Halland pour trente ans, les îles de Gottland et d'Œsel pour toujours, et accepté que les Alpes scandinaves servissent de limites dans la péninsule à son royaume de Norvége.

Le règne de Christine, fille et successeur de Gustave-Adolphe, avait été pour la Suède un brillant et ruineux intermède. Son cousin Charles-Gustave, à qui elle remit, en 1654, la couronne, réveilla l'esprit militaire de la Suède. En trois mois, il gagna sur les Polonais dix batailles, pénétra jusqu'à Cracovie. L'intervention des Russes, des Allemands et des Danois lui fit perdre les avantages de cette guerre; mais il se vengea sur le Danemark qui, à la paix de Roskild, céda définitivement le Halland, et les riches provinces de Scanie et de Blekinge, avec l'île de Bornholm et le district de Drontheim en Norvége. Il aurait voulu davantage: détruire Copenhague, supprimer le Danemark comme État indépendant; mais la Hollande, l'Angleterre et la France s'interposèrent pour maintenir l'équilibre dans le Nord; la flotte suédoise fut battue par celle de la Hollande, et la mort de Charles-Gustave, enlevé par une épidémie, força la Suède d'accepter les conditions des alliés. La paix d'Oliva (1660) mit un terme à ses ambitieux desseins, mais elle y gagna encore la Livonie que la Pologne lui céda. La Suède restait donc à cette date la puissance prépondérante dans le Nord.

9. Décadence de la Pologne; obscurité de la

Russie. — La Pologne aussi, qui jadis avait le premier rang dans le Nord, était descendue au second et était bien près de tomber au troisième. Elle s'étendait encore des monts Karpathes à la Baltique et de l'Oder aux sources du Dnieper et du Volga; mais sa constitution anarchique et sa royauté élective la livraient sans défense aux guerres extérieures. Ce que les Suédois vont faire sous Charles-Gustave, les Russes le feront un peu plus tard. Ceux-ci, à qui les Suédois, les Polonais et le duc de Courlande et de Semigalle interdisaient, au nord-ouest, l'approche de la Baltique, étaient, au sud-est, séparés de la mer Noire par la république guerrière des Cosaques, sujets indociles de la Pologne, et par les hordes tartares. Aucune porte ne leur était donc ouverte sur l'Europe, mais ils pouvaient s'étendre librement vers les régions désertes de la Sibérie et à travers les froides solitudes qui descendent à l'océan Glacial; depuis un siècle ils étaient arrivés sur la mer Caspienne. Le traité d'Andrussow (1667), qui enlèvera à la Pologne Smolensk, Tchernigow et l'Ukraine, sera le premier pas de la Russie du côté de l'Occident. La dynastie des Romanow fondée par Michel Fédorowitch y régnait depuis 1613 et ne s'éteindra qu'en 1762.

La Russie avait cependant déjà des éléments redoutables de puissance. Ivan III, dans la seconde moitié du quinzième siècle, avait aboli dans sa famille la loi des apanages, ce qui avait établi l'unité du pouvoir et de l'État ; mais cette même loi, il l'avait au contraire maintenue pour la noblesse, ce qui la tenait divisée et affaiblie. Un siècle après, Ivan IV avait passé quinze ans à assouplir ses boyards au joug, avec l'implacable cruauté qui lui a valu, même chez ce peuple habitué à voir jouer avec la vie, le surnom de *Terrible*. Enfin un ukase de 1592 avait réduit tous les paysans à la servitude de la glèbe, en leur interdisant de changer de maître et de commune.

10. Puissance des Turcs. — Les Turcs avaient perdu l'enthousiasme religieux et militaire de l'âge précédent ; pour eux la décadence commençait. Élisabeth avait invoqué contre la grande *Armada* de Philippe II l'assistance d'Amurath III, et, trente-cinq ans plus tard, l'ambassadeur de Jacques lui écrivait déjà que le moment était venu de dissoudre et de partager l'empire ottoman[1]. Cependant les Turcs tenaient toujours le premier rang dans l'Europe orientale. Le prince de Transylvanie était leur vassal ; le bannat de Temeswar et une partie considérable de la Hongrie étaient entre leurs mains ; le Dniester les séparait de la Pologne, et toutes les côtes de la mer Noire jusqu'au Kouban leur appartenaient. En Asie, leurs domaines s'étendaient d'Érivan à Baghdâd. Venise luttait péniblement contre eux. En 1663 Vienne se trouvera encore une fois découverte et menacée, et Louis XIV préludera à ses conquêtes en envoyant de fastueux secours aux Autrichiens pour la bataille de Saint-Gothard (1664), à Venise pour le siége de Candie (1667).

1. Correspondance de sir Thomas Roë, lettre de 1623, citée par Zenkeisen : *Geschichte des Osmanischen Reiches in Europa*, 3 volumes, 1855.

CHAPITRE V.

LES STUARTS EN ANGLETERRE; RÉVOLUTION DE 1648;
OLIVIER CROMWELL; L'ACTE DE NAVIGATION;
RESTAURATION DES STUARTS.

1. Avénement des Stuarts en Angleterre. Jacques Ier (1603-1625). — 2. Conspiration des poudres (1605). — 3. Aggravation des lois contre les catholiques — 4. Persécution contre les non-conformistes. — 5. Renaissance de l'esprit de liberté; opposition des Communes (1614). — 6. Les favoris du roi. — 7. Vénalité, confiscations. — 8. Opposition croissante du parlement (1622). — 9. Le droit divin des rois. — 10. Charles Ier (1625-1649). — 11. Opposition entre la cour et le pays. — 12. Puissance de la bourgeoisie. — 13. Force croissante des puritains. — 14. Charles essaye de gouverner avec le parlement (1625-1629). — 15. Assassinat de Buckingham (1628); Laud et Strafford. — 16. Charles Ier gouverne sans parlement (mars 1629, avril 1640). Abaissement extérieur de l'Angleterre. — 17. Intrigues de la cour. — 18. Violences contre les dissidents. — 19. Émigrations en Amérique. — 20. Le procès de Hampden (1636); le Covenant. — 21. Quatrième parlement. — 22. Commencement de la révolution anglaise; le parlement s'empare du pouvoir (1640). — 23. Procès et exécution de Strafford (1641). — 24. Massacre des protestants d'Irlande (1641). — 25. Guerre civile; commencements de Cromwell. — 26. Les parlementaires se divisent; revers des généraux presbytériens; succès de Cromwell. — 27. Les indépendants se rendent maîtres de l'armée; le roi se livre aux Écossais. — 28. Captivité, procès et mort de Charles Ier (1647-1649). — 29. République anglaise (1649-1660). — 30. Guerre d'extermination en Irlande, dirigée par Cromwell (1649-1650). — 31. Montrose en Écosse (1650). — 32. Victoire de Cromwell à Dunbar (1650). — 33. Charles III couronné roi d'Écosse (1651). — 34. Bataille de Worcester (1651). Fuite du prétendant. — 35. Acte de navigation (1651). Guerre avec la Hollande (1652). — 36. Dissolution du parlement par Cromwell (1653). — 37. Cromwell protecteur (1653-1658). — 38. Soumission de l'Irlande; extermination d'une partie du peuple (1654). — 39. Monk en Écosse. — 40. Politique extérieure de Cromwell; force de son gouvernement. — 41. Restauration des Stuarts (1660).

1. Avénement des Stuarts en Angleterre. Jacques

Iᵉʳ (1603-1625). — Tandis que la royauté terminait en France la guerre civile, elle la commençait en Angleterre[1].

Après la mort d'Elisabeth, le roi d'Écosse Jacques VI, fils de Marie Stuart et arrière-petit-fils, par les femmes, du roi anglais Henri VII, fut reconnu sans opposition en Angleterre et en Irlande sous le nom de Jacques Iᵉʳ. L'Ecosse était enfin réunie à l'Angleterre, mais elle garda son administration particulière; l'union politique n'aura lieu qu'en 1707. L'homme par qui ce grand acte fut accompli ne méritait pas une telle fortune. Le premier des Stuarts avait un air gauche et emprunté, une tournure ridicule. Il avait des vices et pas une vertu. Sa libéralité n'était que profusion, son savoir que pédanterie, son amour pour la paix que pusillanimité, sa politique qu'astuce, son amitié qu'un caprice. Henri IV l'appelait *maître Jacques*, et Sully disait de lui que c'était le plus sage fou qu'il eût jamais connu.

Les domaines de Jacques Iᵉʳ étaient doubles de ceux que la seconde fille de Henri VIII avait hérités, et son rôle en Europe fut aussi misérable que celui d'Elisabeth avait été glorieux. Il abandonna à la France le protectorat du protestantisme européen; il refusa de coopérer aux projets de Henri IV contre la maison d'Autriche; il rechercha l'amitié, l'alliance même de l'Espagne et resta presque indifférent à la ruine de son gendre, l'électeur palatin, Frédéric V.

Au dedans, il afficha tout haut la doctrine du droit divin des rois. Les catholiques, si cruellement persécutés par Elisabeth, comptaient sur un adoucissement à leur sort. Jacques Iᵉʳ maintint les *lois pénales*. Alors ils formèrent en 1603 deux complots, *the main and the bye*, qui coûtèrent la vie à deux prêtres et la liberté à plusieurs personnes de marque, entre autres à Walter

---

[1]. Voyez les histoires générales d'Angleterre, les trois ouvrages de M. Guizot sur cette période; Cromwell, par M. Villemain, l'*Histoire de la rébellion* (1641-1660), par Clarendon; Neale, *History of the puritans*; Hallam, *Constitutional History*, et le premier chapitre de Macaulay.

Raleigh, un des anciens favoris d'Élisabeth[1]. En 1605, de plus fougueux imaginèrent l'abominable *conspiration des poudres*.

Jacques Ier (d'après Crispin de Paz).

2. Conspiration des poudres (1605). — Quelque temps avant l'ouverture du parlement, un pair catho-

---

[1]. Raleigh resta treize ans en prison; il obtint sa mise en liberté en 1616 pour aller à la recherche du fabuleux Eldorado, ne trouva aucune mine d'or, mais saccagea quelques établissements espagnols. L'ambassadeur demanda réparation et l'obtint. On fit revivre l'accusation de trahison portée contre lui en 1603, et il fut décapité.

lique reçut une lettre anonyme, dans laquelle on lui disait : « Je vous conseille, si vous faites cas de la vie, de trouver quelque excuse pour différer votre présence au parlement; car Dieu et les hommes se disposent à punir la perversité du siècle. Le danger sera passé dès que vous aurez brûlé cette lettre. » Le billet fut porté aux ministres, qui voulaient mépriser cet avis anonyme. Le roi vit mieux cette fois que ses conseillers et devina qu'il s'agissait d'une explosion soudaine. On visita les caves placées au-dessous de la chambre haute, et on y trouva trente-six barils de poudre destinés à faire sauter du même coup le roi, sa famille, les Lords et les Communes, réunis pour la séance royale : un des conjurés se tenait auprès; il fut pris, mis à la torture, et nomma ses complices. Ils étaient tous catholiques. Ils périrent dans les supplices, et parmi eux un provincial des jésuites, le père Garnet, dont les uns affirmèrent, les autres nièrent la culpabilité.

3. Aggravation des lois contre les catholiques. — Aujourd'hui encore, l'Angleterre célèbre, le 5 novembre, l'anniversaire de la conspiration des poudres. La découverte de cette machination infernale amena une véritable persécution contre les catholiques. On leur interdit de paraître à la cour ou à Londres; ils durent habiter à 15 kilomètres au moins de la capitale, et défense leur fut faite d'aller à plus de 7 kilomètres de leur demeure, sans une permission spéciale signée de quatre magistrats. Les professions libérales ou les fonctions publiques leur furent interdites, comme Louis XIV les interdit en France aux protestants. Un catholique ne put être ni médecin, ni chirurgien, ni avocat, ni juge, ni officier municipal. Dans les mariages mixtes, celui des conjoints qui était de l'ancien culte n'avait rien à prétendre sur les biens de l'autre époux. Pour un domestique catholique on payait 10 livres sterling par mois; pour un convive catholique, l'amphitryon devait payer autant. On avait droit de visiter leurs maisons à toute heure, contrairement à la loi anglaise qui protége la liberté individuelle des citoyens et le sanctuaire du foyer domestique. Enfin on leur imposa en 1605 le serment d'allégeance, par lequel ils s'engageaient à défendre le roi contre tout complot et reconnaissaient, comme impie et damnable, la doctrine qu'un prince excommunié par le pape peut être déposé par ses sujets. Ce n'est que de nos jours que les catholiques anglais ont été formellement délivrés d'une législation qui les mettait en dehors du droit commun.

4. Persécution contre les non-conformistes. — Les non-conformistes avaient mieux à espérer d'un prince qui, en Ecosse, avait été nourri dans leurs doctrines; Jacques les poursuivit sans pitié. Le puritanisme lui était encore plus odieux que la religion romaine, car les puritains supprimaient la hiérarchie ecclésiastique, et Jacques I*er* disait avec raison : *Point d'évêques, point de roi*. Le premier des Stuarts se tint donc toute sa vie étroitement attaché à l'anglicanisme, persécutant les catholiques qui niaient sa suprématie religieuse, persécutant les non-conformistes, dont il redoutait les tendances républicaines. Il échoua dans sa tentative pour établir la religion anglicane en Ecosse (1617), et les puritains anglais, pour échapper à ses bourreaux, allèrent en 1618 chercher en Amérique, vers le cap Cod, dans le Massachusetts, une terre où ils pussent prier Dieu à leur guise. D'autres les y suivront. Les États-Unis d'Amérique sortiront de là. Voilà comme la persécution réussit.

5. Renaissance de l'esprit de liberté; opposition des Communes (1614). — L'esprit de liberté renaissait pourtant sous un prince faible et prodigue, qui usait comme un parvenu du riche héritage que lui avait valu sa naissance. Elisabeth, grâce à son économie, avait pu ne convoquer que rarement les députés du pays. Jacques I*er* se trouva, dès son avénement, obéré par ses profusions. Il réunit trois fois le parlement ; trois fois il le prorogea presque aussitôt. Les Chambres ne voulaient accorder de subsides que si le roi cédait de sa prérogative[1]; le roi ne promettait de garantie pour la liberté que si les Chambres votaient d'abord les subsides. L'obstination fut égale des deux côtés. Jacques eut beau, en 1614, envoyer à la Tour cinq députés : il ne put vaincre la résistance des Communes. Il ne fut pas plus heureux en 1619 et dut prononcer la dissolution du parlement.

6. Les favoris du roi. — Rien n'était mieux fait pour irriter à la fois et pour enhardir l'opposition parlementaire que le singulier mélange de hauteur et de faiblesse qui caractérisait Jacques Ier. Il écrivait que le Tout-Puissant a placé les rois au-dessus de la loi, et il se laissait gouverner par des ministres prévaricateurs, ou abandonnait le pouvoir à d'indignes favoris. Il avait d'abord continué ses fonctions à Robert Cecil, fils de lord Burleigh, qu'il avait trouvé ministre à la mort d'Élisabeth, et l'avait fait comte de Salisbury. Avide et peu scrupuleux, Cecil était du moins habile. Il fut en 1612 remplacé par un jeune Écossais, Robert Carr, que Jacques nomma successivement vicomte de Rochester et comte de Somerset, et qui, convaincu d'avoir empoisonné un de ses anciens amis, céda la place à un autre favori de vingt-deux ans qui avait toutes les grâces du corps et de l'esprit, mais non la sagesse, Georges Villiers. En deux années, il fut fait chevalier, gentilhomme de la chambre, baron, vicomte, marquis de Buckingham, grand amiral, gardien des Cinq-Ports, enfin dispensateur absolu de tous les honneurs, offices et revenus des trois royaumes.

7. Vénalité, confiscations. — Buckingham usa de son pouvoir avec une scandaleuse avidité et amassa en peu de temps d'immenses richesses, qu'il dissipa par

---

[1]. Au seizième siècle, John Bull, si facile sur la question des libertés publiques, le fut beaucoup moins sur celle de son argent. Macaulay constate (*The History of England, from the accession of James II*, t. I, p. 16) que, même sous Henri VIII, il y eut menace d'un mouvement populaire quand il voulut de son chef aggraver les impôts. Même chose sous Élisabeth. Elle avait donné à des particuliers le monopole du commerce de certaines denrées, ce qui avait fait aussitôt monter les prix. La vive opposition du parlement et de l'opinion publique lui fit retirer ces patentes (1601).

un luxe insensé. Le roi le laissait faire, car il faisait comme lui. Ne pouvant obtenir du parlement des subsides, il avait recours aux plus honteux trafics. On mit aux enchères les charges de la cour, les fonctions de juge ; on créa de nouveaux titres qui furent vendus à beaux deniers comptants ; on fit d'iniques procès politiques pour confisquer les biens des prévenus, et cet exemple devint si contagieux, que Bacon, nommé grand chancelier en 1619, se laissa aller à des concussions qui attirèrent sur lui une condamnation, de la part de la cour des pairs, à la prison et à l'énorme amende de 40 000 livres sterling. Le roi de son côté vendit en 1616 aux États-Généraux, pour 2 728 000 florins, les villes de Brielle, Flessingue et Rammekens, données à Élisabeth en gage des sommes avancées ou dépensées par elle pour le compte des Provinces-Unies. La meilleure part de cet argent passa bien vite dans la maison du favori, et la nation s'indigna qu'on eût fait ainsi trafic de son influence.

8. Opposition croissante du parlement (1622). — En dépit de ces expédients, le trésor restait vide. Jacques profita des périls que le protestantisme courait en Allemagne pour convoquer un nouveau parlement. Mais les Communes n'accordèrent de subsides qu'à la condition qu'il serait fait droit aux griefs de la nation. Le roi cassa encore l'assemblée (1622). Attiré par l'appât d'une riche dot, il résolut de marier son fils à une infante d'Espagne ; mais le projet échoua, grâce aux scandaleuses folies de Buckingham, et amena au contraire une guerre contre les Espagnols (1623). Pour avoir de l'argent, il fallut accorder aux commissaires du parlement le droit de percevoir l'impôt et d'en surveiller l'emploi, abolir les monopoles et reconnaître solennellement la liberté individuelle. Jacques mourut peu de temps après (1er avril 1625). Il venait à peine de décider le mariage de son fils avec Henriette de France, sœur de Louis XIII.

9. Le droit divin des rois. — Jacques Ier, ou maître

Jacques, comme disait Henri IV, discutait beaucoup, il n'écrivait pas moins : ses principaux ouvrages furent le *Basilicon doron* et la *Vraie loi des monarchies libres*. Les Tudors avaient fondé, en fait, le pouvoir absolu ; le premier des Stuarts voulut le fonder en droit, et le second des ouvrages qu'on vient de citer est l'exposé dogmatique de cette théorie. Jacques y soutenait gravement que l'Être suprême protége avec une faveur spéciale la monarchie héréditaire, à l'exclusion de toute autre forme de gouvernement ; que les rois règnent en vertu d'un droit divin et que le Tout-Puissant, dont ils sont l'image, les a placés au-dessus de la loi ; que, par conséquent, un prince peut faire des statuts et punir sans l'intervention d'un parlement, et qu'il n'est pas lié à la stricte observation des lois de l'Etat.

Ce que le roi écrivait, le clergé anglican l'érigeait en dogme, et, dans ses canons de 1606, il recommandait expressément l'obéissance absolue envers le monarque.

Cette double affirmation était une double imprudence. Il y a des problèmes qu'il ne faut point poser, parce qu'ils provoquent des solutions redoutables. Le despotisme peut vivre longtemps dans les faits, il ne peut se laisser longtemps discuter. Jacques Ier voulait être despote et ne savait pas l'être. Il lui manquait d'ailleurs, pour ce rôle, trois choses nécessaires : l'argent, dont le parlement était le dispensateur jaloux ; l'armée, qui dans cette île n'existe point ; l'opinion publique, qui de jour en jour lui était devenue plus contraire. Pendant qu'il écrivait la théorie de l'obéissance passive, la nation s'habituait par la discussion à la liberté, et y arrivera bientôt par une révolution [1].

19. Charles Ier (1625-1649). — L'Angleterre attendait beaucoup de son nouveau roi. C'était un prince de mœurs graves et pures, appliqué, instruit, qui mainte-

---

[1]. Sous Jacques Ier, découvertes faites dans le nord de l'Amérique par Davis (1607), Hudson (1610) et Baflin (1616) ; prise de possession des Bermudes (1609) ; mort de Shakespeare à cinquante-trois ans (1615 ou 16) ; apparition du premier journal en Angleterre (1622).

naît dans sa maison la règle et la décence. Ses manières et son air imposaient aux courtisans et plaisaient au peuple; ses vertus lui auraient valu l'estime des gens de bien, si la bonne foi y avait été jointe. Son

Charles Ier (d'après Van Dyck).

avénement excita des sentiments unanimes de joie et d'espérance. Mais cette joie diminua quand on vit le roi donner sa confiance à Buckingham et la nouvelle reine arriver à Londres avec vingt prêtres catholiques que conduisait un jeune évêque remuant. L'esprit défiant des réformés vit un péril dans les intrigues bruyantes, mais sans portée, d'une femme imprudente et de quelques moines ambitieux[1].

11. Opposition entre la cour et le pays. — Compromis par son entourage, Charles Ier était d'ailleurs

Henriette de France, reine d'Angleterre (d'après Van Dyck).

en dissentiment avec la nation sur les questions fondamentales du droit politique. Son père l'avait imbu des doctrines de l'absolutisme. Il voyait dans le reste de

[1]. La maison de la reine ne coûtait pas moins de 240 livres sterling par jour. Quand Charles, à bout de patience, la renvoya en 1626, il fallut quarante voitures pour reconduire à Douvres tout ce personnel.

l'Europe les libertés communales vaincues, les prérogatives aristocratiques anéanties et le pouvoir des rois élevé au-dessus de toute contradiction et de toute entrave. Charles Ier aimait ses sujets ; mais, pour assurer leur bonheur, il entendait, comme les Tudors, garder sous clef leur liberté. Il oubliait ce qui avait amené, non la perte, mais l'éclipse des libertés publiques : la fatigue de trente années de guerre durant la lutte des deux Roses ; puis la question de la réforme, qui, pendant trente autres années, avait occupé tous les esprits ; enfin la guerre avec Philippe II, où il s'était agi de l'existence même de l'Angleterre. En face de tels périls, le pays avait bien pu laisser ses rois prendre le pouvoir absolu ; mais maintenant que l'Espagne était mourante, que la France ne menaçait pas encore et que la question religieuse était décidément vidée, l'Angleterre voulait rentrer dans ses anciennes voies et reprendre la pratique véritable du gouvernement représentatif.

12. Puissance de la bourgeoisie. — L'amour pour les libertés publiques se réveillait en effet au sein de la bourgeoisie, qui, enrichie sous Élisabeth et Jacques Ier par le commerce et l'industrie, avait profité des prodigalités du roi et de ses courtisans pour devenir créancière de la noblesse et de la couronne. Elle sentait l'importance qu'elle avait dans l'État. Elle formait la majorité dans la Chambre des communes ; elle exerçait toutes les professions libérales ; elle était maîtresse des capitaux. Rien d'étonnant à ce qu'elle voulût maintenant prendre part au pouvoir et contrôler les actes d'un gouvernement malhabile.

13. Force croissante des puritains. — Une autre force poussait l'Angleterre dans cette voie. Le roi et les grands avaient bien fait, au seizième siècle, dans la religion, leur réforme tout aristocratique ; le peuple n'avait pas fait la sienne, et cette réforme populaire, démocratique, radicale, commençait à poindre : c'était celle des puritains. Henri VIII et Élisabeth avaient constitué une Église officielle, très-richement dotée, et plus docile envers le pouvoir que ne l'avait jamais été l'Église catholique. Mais ce clergé, qui vivait dans la splendeur, prêchait l'obéissance absolue envers les princes et se déclarait lui-même d'institution divine, ne satisfaisait point ceux à qui on avait mis la Bible à la main et qui ne voulaient plus y lire que le dévouement et la pauvreté des premiers lévites, que les imprécations des prophètes contre les tyrans, que la réprobation contre les habitudes idolâtriques de l'Église établie, contre sa hiérarchie, son culte, sa liturgie et ses formules consacrées. Ceux qui demandent des libertés politiques, ceux qui demandent des libertés religieuses se rencontreront bientôt et, réunis, feront une révolution dont ils se disputeront ensuite les résultats.

Le règne de Charles Ier se partage en trois périodes.

Dans la première (1625-1629), il essaye de gouverner avec le parlement;

Dans la seconde (1629-1640), il gouverne sans le parlement;

Dans la troisième (1640-1648), il est obligé de le subir; il le combat et est vaincu.

14. Charles essaye de gouverner avec le parlement (1625-1629). — On vient de voir qu'à l'avènement de Charles Ier, le gouvernement et le pays ne s'entendaient plus : le roi restant fidèle aux théories absolutistes de son père, et la nation voulant revenir à ses vieilles libertés. L'inévitable lutte éclata dès les premiers jours.

L'habitude était de voter les droits de douane pour toute la durée du règne : la Chambre basse ne les vota que pour un an. C'était déclarer qu'elle se défiait, non pas du roi sans doute, mais de son gouvernement. Charles, irrité, prononça la dissolution de l'assemblée.

Le parlement de 1626 alla plus loin : à une demande de subsides, il répondit par une exposition de griefs, et il mit en accusation Buckingham. Le roi, pour sauver son favori, fut encore obligé de renvoyer le parlement, comptant sur les emprunts forcés pour tenir lieu des impôts que la nation refusait, enrôlant des soldats pour intimider les citoyens et proclamant en maint lieu la loi martiale pour suspendre la loi ordinaire.

15. Assassinat de Buckingham (1628) ; Laud et Strafford. — Dans l'espoir d'acquérir quelque popularité, Buckingham décida Charles I*er*, déjà aux prises avec l'Espagne, à entrer en guerre avec la France et mena une flotte au secours des protestants de la Rochelle. Mais l'expédition échoua à l'attaque de l'île de Ré par l'impéritie du général (1627), comme avait échoué en 1625 une tentative sur Cadix. Pour conjurer l'explosion du mécontentement public, Charles convoqua un troisième parlement ; mais l'échec de Buckingham avait enhardi les Communes : elles arrivaient avec la résolution de renverser le favori et de réformer les abus. Elles adressèrent deux remontrances au roi, l'une contre la perception illégale des droits de douane, l'autre contre Buckingham, que l'on qualifiait d'entrepreneur de la misère publique. Charles perdit patience et prorogea le parlement ; le fanatisme réformé trouva alors son Ravaillac. John Felton assassina Buckingham (1628) ; l'année suivante le parlement formula la *pétition des droits* de la nation : c'était comme la seconde grande charte de l'Angleterre. Le roi l'accepta ; mais quelques semaines étaient à peine écoulées qu'il oubliait sa parole, renvoyait le parlement et jetait en prison les plus ardents des députés. Un d'eux, sir John Elliot, y mourut après plusieurs années de souffrances. Charles prit alors pour ministres deux hommes résolus, l'archevêque Laud et sir Thomas Wentworth, plus tard comte de Strafford, un des chefs de l'opposition dans le parlement, mais qui, dévoré d'ambition, ne recula point devant une apostasie et se proposa, ses lettres comme ses actes l'attestent, de jouer en Angleterre le rôle que jouait en ce moment Richelieu en France, sans plus de pitié pour ceux qui lui barreraient le chemin.

16. Charles I*er* gouverne sans parlement (mars 1629-avril 1640). Abaissement extérieur de l'An-

gleterre. — Charles resta onze années, espace plus long qu'il ne s'était jamais vu, sans réunir le parlement. Se passer des chambres, c'était se condamner à l'économie et à l'inaction. Le roi se hâta de conclure la paix avec la France et l'Espagne et se tint à l'écart de la grande lutte engagée sur le continent entre les deux principes religieux qui se disputaient l'empire du monde. L'Angleterre, qu'Élisabeth avait mise à la tête du protestantisme, resta sous Charles Ier étrangère à la guerre de Trente ans.

17. Intrigues à la cour. — Méprisé au dehors, le roi n'en fut pas beaucoup plus fort au dedans. Il avait cru trouver le repos au sein du pouvoir absolu ; mais, dans son propre palais, deux partis se disputaient déjà le despotisme naissant ; la reine, autour de laquelle s'agitaient bien des intrigues ; les ministres, qui ne voulaient ni du papisme ni des dilapidations de Henriette. Le malheureux prince avait fort à faire pour concilier ces rivalités domestiques.

18. Violences contre les dissidents. — Ce gouvernement si faible n'en était pas moins tyrannique. Des impôts non votés, comme le *ship-money* (1634), étaient établis, et les adversaires de la cour emprisonnés sans jugement. Tenté par l'exemple de Richelieu, Laud poursuivait les dissidents, mais avec cruauté. Ainsi le docteur Leighton était, pour une brochure, condamné au pilori, au fouet, à la mutilation des oreilles ; après quoi le bourreau lui fendit le nez, lui marqua la figure d'un fer rouge. Mêmes peines contre l'avocat Prynne, contre Bastwick, contre le ministre Burton. Mais la persécution ne faisait que leur élever le cœur. « Chrétiens, disait Prynne sur le pilori, si nous avions fait cas de notre liberté, nous ne serions pas ici ; c'est pour votre liberté à tous que nous avons compromis la nôtre : gardez-la bien, je vous en conjure, tenez ferme, soyez fidèles à la cause de Dieu et du pays ; autrement vous tomberez, vous et vos enfants, dans une éternelle servitude. »

19. Émigrations en Amérique. — Ces paroles, tombées de l'échafaud avec du sang, couraient dans la foule et y recrutaient des adhérents pour les victimes. Malgré les châtiments, les sectes puritaines se multipliaient ; des milliers d'hommes se détachaient du roi et de la patrie. En 1627, des puritains allèrent rejoindre, autour de la baie de Massachusetts, les émigrés de 1618 ; trois ans plus tard, les colonies de New-Hampshire et du Maine étaient fondées. Le gouvernement s'alarma de ce déplacement de populations désaffectionnées. Un ordre du conseil interdit les émigrations aux dissidents. A ce moment, huit navires prêts à partir étaient à l'ancre dans la Tamise : sur un d'eux était déjà monté Cromwell. Il obéit, mais d'autres continuèrent à chercher un sol plus hospitalier. De 1635 à 1637 se formèrent les colonies de Connecticut, de Rhode-Island et de la Providence.

20. Le procès de Hampden (1636) ; le Covenant. — Strafford, vice-roi d'Irlande, y avait établi le gouvernement du bon plaisir et pensait qu'il serait facile d'en faire autant en Angleterre si l'on savait trouver de l'argent pour solder une armée permanente. On imagina de faire établir par l'autorité seule du roi un nouvel impôt, le ship-money. La terreur le fit payer ; mais un bon citoyen, Hampden, opposa à cette taxe arbitraire un refus calme et une résistance légale. Il épuisa tous les degrés de juridiction et fut condamné. Mais l'agitation du pays durant ce grand procès et l'immense popularité qui entoura aussitôt Hampden relevèrent les vrais sentiments de la nation. Les ministres s'obstinèrent dans leur aveuglement, et Laud fut assez malavisé pour commencer à ce moment même une autre campagne contre l'Ecosse. Il voulut imposer à l'Eglise presbytérienne de ce pays une liturgie nouvelle qui se rapprochait de la liturgie catholique. Une émeute éclata aussitôt à Édimbourg (1637), et, le roi refusant de céder, les presbytériens formèrent, sous le nom de *Covenant*, une association à la fois politique et religieuse qui compta bientôt pour adhérents la population écossaise tout entière (1638). Charles marcha avec 20 000 hommes contre les covenantaires; mais il n'osa livrer bataille et accorda aux rebelles l'abolition de la liturgie de Laud (1639).

21. Quatrième parlement. — C'était un échec grave. Charles, à bout de ressources, convoqua un quatrième parlement; cette assemblée refusa d'accorder le moindre subside avant qu'il eût été fait droit aux griefs de la nation. Elle demandait que le roi fût tenu de réunir le parlement tous les trois ans, que l'indépendance des élections et des débats fût assurée, que la liberté politique fût garantie. « Il faut, dit Strafford, que Charles avait rappelé d'Irlande, faire rentrer à coups de fouet ces gens-là dans leur bon sens. » Le *petit parlement* fut dissous, et Strafford se chargea de réduire l'Écosse. Mais l'armée anglaise se dispersa plutôt que de combattre (1640). La royauté était acculée à une impasse. Elle avait tiré l'épée, et, pour soutenir la guerre, elle n'avait pas un écu. Le système des confiscations, des amendes, des taxes arbitraires, était épuisé. Charles recourut à un cinquième parlement : c'était s'avouer vaincu.

22. Commencement de la révolution anglaise, le parlement s'empare du pouvoir (1640). — Il appartenait aux Communes de se faire leur part légitime; mais la liberté, trop longtemps opprimée, voulut prendre une revanche et, comme il arrive toujours, dépassa le but. Le parlement s'empara de l'autorité. Perception et administration de l'impôt, emprunts, jugements même, il envahit toutes les fonctions du pouvoir exécutif. Il abolit les tribunaux exceptionnels, proclama sa périodicité triennale, frappa enfin le comte de Strafford, en qui se personnifiait toute la politique royale depuis onze ans.

23. Procès et exécution de Strafford (1641). — Ce procès excita un intérêt immense. Au fond, c'était le procès de la royauté avant le procès du roi. Habile, éloquent, courageux, l'accusé montra en face du péril une grandeur d'âme qui a fait oublier ses fautes. « Pendant dix-sept jours il discuta, seul contre treize accusateurs qui se relevaient tour à tour, les faits qui lui étaient imputés. Un grand nombre furent prouvés pleins d'iniquité et de tyrannie; mais d'autres, exagérés ou accueillis par la haine, furent faciles à repousser, et aucun ne rentrait, à vrai dire, dans la définition légale de la haute trahison. Strafford mit tous ses soins à les dépouiller de ce caractère, parlant noblement de ses imperfections, de ses faiblesses, opposant à la violence de ses adversaires une dignité modeste, faisant ressortir, sans injures, l'illégalité passionnée de leurs procédés. D'odieuses entraves gênaient sa défense ; ses conseils, obtenus à grand'peine et malgré les Communes, n'étaient point admis à parler sur les faits ni à interroger les témoins : la permission de citer des témoins à décharge ne lui avait été accordée que trois jours avant l'ouverture des débats, et la plupart étaient en Irlande. Dans chaque occasion, il réclamait son droit, remerciait ses juges s'ils consentaient à le reconnaître, ne se plaignait point de leur refus, et répondait simplement à ses ennemis qui se courrouçaient des lenteurs suscitées par son habile résistance : « Il m'appartient, je crois, de défendre ma vie aussi bien qu'à tout autre de l'attaquer [1]. »

La Chambre des lords allait l'absoudre; les Communes, par un bill d'*attainder* [2], mirent hors la loi « le grand apostat ». Charles seul pouvait le sauver en refusant de sanctionner le bill. Strafford se sacrifia dans

---

[1]. Guizot, *Histoire de la révolution d'Angleterre*, t. I, p. 175 et suivantes.
[2]. Un bill d'*attainder* est une loi votée contre un particulier. En Angleterre, pour condamner un accusé, il faut non-seulement que les juges soient convaincus de sa culpabilité, mais qu'il y ait une preuve légale, que deux témoins au moins déposent contre l'accusé. Or, pour atteindre un homme présumé coupable de haute trahison et qu'il ne serait pas possible de faire condamner par la loi, on porte contre lui un bill d'*attainder*, qui est discuté dans les chambres comme une loi générale. Strafford fut ainsi déclaré coupable et condamné, non par un jugement légal, mais par un acte législatif du parlement. Par le bill d'*attainder* les enfants eux-mêmes de la victime sont frappés. Ils ne peuvent hériter de ses biens, titres et honneurs.

une lettre sublime. Le roi eut la faiblesse d'accepter ce sacrifice et signa l'arrêt de mort de son ministre. Strafford, pour toute réponse, leva les mains au ciel et murmura : *Nolite confidere principibus et filiis hominum quia non est salus in illis*. Le gouverneur de la Tour l'engageait à prendre une voiture pour échapper aux violences du peuple ; il refusa et sortit à pied, précédant les gardes et promenant de tous côtés ses regards, comme s'il eût marché à la tête de ses soldats. Arrivé sur l'échafaud : « Je souhaite, dit-il, à ce royaume toutes les prospérités de la terre ; vivant, je l'ai toujours fait ; mourant, c'est mon seul vœu : mais je supplie chacun de ceux qui m'écoutent d'examiner sérieusement et la main sur le cœur si le début de la réformation d'un royaume doit être inscrit en caractères de sang ; pensez-y bien en rentrant chez vous. » Puis il posa sa tête sur le billot et donna lui-même le signal (27 mai 1641). Laud, mis en prison en même temps que Strafford, ne fut condamné et exécuté que quatre ans après.

24. Massacre des protestants d'Irlande (1641). — Le supplice du comte de Strafford, du *grand délinquant*, comme on l'appelait, frappa de terreur tous les agents du pouvoir et livra entièrement aux deux chambres l'autorité royale. Sur ces entrefaites, les Irlandais se révoltèrent et massacrèrent quarante mille protestants anglais. Les intrigues catholiques de la reine rendaient le roi suspect, et lui-même, en essayant de surprendre en Ecosse les chefs convenantaires, Argyle et Hamilton, autorisait la croyance à un vaste complot formé par la cour contre les meneurs populaires. Lorsqu'il demanda les moyens de réduire l'Irlande, le parlement répondit par une amère remontrance où se trouvaient énumérés tous les griefs de la nation depuis le commencement du règne. En même temps on accordait aux Ecossais 300 000 livres sterling à titre d'indemnité et de récompense, et l'on votait le bill de la milice par lequel le parlement devait intervenir dans l'organisation de l'armée et la nomination de ses chefs.

Charles tenta un coup d'Etat pour ressaisir le pouvoir : il vint en personne au parlement arrêter les chefs de l'opposition. Mais la Chambre refusa de livrer les députés, et, devant l'attitude menaçante du peuple, le roi n'osa employer la force. Il quitta Londres, pour commencer la guerre civile (1642).

25. Guerre civile ; commencements de Cromwell. — Le parti du parlement avait la capitale, les grandes villes, les ports, la flotte. Le roi avait la plus grande partie de la noblesse, plus exercée aux armes que les troupes parlementaires. Dans les comtés du Nord et de l'Ouest, les royalistes ou *cavaliers* dominaient; les parlementaires ou *têtes rondes*, dans ceux de l'Est, du Centre et du Sud-Est, les plus peuplés, les plus riches, et qui, contigus d'ailleurs, formaient comme une ceinture autour de Londres.

Le roi eut d'abord l'avantage. De Nottingham, où il avait arboré son étendard, il marcha vers les comtés de l'Ouest, plus favorables à sa cause, pour y recruter les volontaires, rencontra à Worcester l'armée du parlement, mais sans engager avec elle un choc à fond, et prit la route de Londres. Essex, pour l'arrêter, livra la sanglante et indécise bataille d'Edgehill (24 oct. 1642). Charles, n'espérant plus emporter sa capitale par surprise, se retira sur Oxford, où il prit ses quartiers d'hiver, attendant les secours que la reine devait lui amener de Hollande. La campagne suivante s'ouvrit bien pour lui : partout les troupes parlementaires furent battues et nombre de villes dans le Nord et le Sud-Ouest furent prises. Mais le parlement redoubla d'énergie : plusieurs membres des Communes prirent les armes. Hampden leva parmi ses tenanciers, ses amis et ses voisins un régiment d'infanterie qui fut bientôt renommé par sa discipline et son courage. Olivier Cromwell, qui commençait alors à sortir de l'obscurité, forma dans les comtés de l'Est, avec des fils de fermiers et de petits propriétaires, des escadrons d'élite qui opposèrent l'enthousiasme religieux aux sentiments de loyauté monarchique dont les cavaliers étaient animés. Le roi assiégea Glocester, la seule ville qui gênât encore ses mouvements dans l'Ouest. Elle fit une résistance héroïque qui donna le temps au parlement de rassembler ses forces. A l'approche d'Essex, Charles se retira, mais manœuvra de manière à couper au comte la route de Londres et se posta à Newbury; les parlementaires lui passèrent sur le corps, après une lutte acharnée, où périt lord Falkland, l'honneur du parti royaliste. Cette victoire décida le parlement à s'unir aux Écossais : un *covenant* solennel fut juré entre les deux peuples. De son côté, le roi essaya de soulever les Highlanders et traita avec les catholiques d'Irlande, qui depuis le grand massacre étaient toujours en armes. Il rappela auprès de lui les troupes chargées de les combattre (1643).

26. Les parlementaires se divisent; revers des généraux presbytériens; succès de Cromwell. — Le parlement n'était qu'une coalition de partis opposés. Unis contre les prétentions absolutistes du roi, ils ne s'accordaient plus sur les conditions du gouvernement. Les *presbytériens*, qui abolissaient la hiérarchie dans l'Église, voulaient la conserver dans l'État; les *indépendants* repoussaient la pairie comme l'épiscopat, la souveraineté politique du roi comme sa suprématie religieuse. Plus hardis que leurs rivaux et plus conséquents, ils faisaient appel aux sentiments les plus énergiques du cœur humain, l'amour de la liberté et le besoin de l'égalité. Autour d'eux se groupaient les mille sectes issues du puritanisme : niveleurs, anabaptistes, millénaires, visionnaires, apocalyptiques, que leur exaltation rendait redoutables; à leur tête étaient : Ludlow, Vane, Haslerig, et surtout Olivier Cromwell. Tout en ce dernier leur avait plu d'abord, son exaltation religieuse, son empressement à se faire l'égal et le compagnon de ses plus grossiers amis, ce langage mystique et familier, ces manières tour à tour triviales et enthousiastes qui lui donnaient l'air, tantôt de l'inspiration, tantôt de la franchise, même ce libre et souple génie qui mettait au service d'une cause sainte toutes les ressources de l'habileté mondaine. La fortune de Cromwell ne tint pas à ce qu'il fut, comme Bossuet l'en accuse, un hypocrite raffiné, mais à deux forces ordinairement

Olivier Cromwell (d'après Cooper).

séparées et qu'il réunit en lui, le calcul et l'exaltation. En un temps de fanatisme, il fut aussi fanatique que pas un; et, dans un temps de révolution, il fut plus habile que tous les autres.

Si la discorde régnait parmi les parlementaires, elle

existait aussi dans le parti royaliste. A Oxford, comme à Whitehall, la cour était divisée par de misérables intrigues. Un parlement que Charles composa avec ses fidèles fut inutile, et, malgré sa docile complaisance, irrita le roi, qui l'ajourna pour se délivrer de ce qu'il appelait de lâches et séditieuses motions, tant l'ombre même d'une libre discussion lui était importune.

La campagne de 1644 fut remarquable par un grand déploiement de forces des deux côtés. L'armée royale du Nord, commandée par le prince Robert, fut complétement battue à Marston-Moor, près d'York (3 juillet). Ce grand succès était dû au génie de Cromwell et à l'invincible ténacité de ses escadrons. Ils gagnèrent sur le champ de bataille leur surnom de *côtes de fer*. Dans le Sud, Essex et Waller, les généraux presbytériens, éprouvèrent défaite sur défaite ; le premier fut réduit à capituler. En Écosse, le vaillant comte de Montrose avait débarqué avec des bandes irlandaises, soulevé les Highlanders et remporté coup sur coup deux victoires. Le roi, pour la troisième fois, marchait sur Londres : le peuple fermait les boutiques, priait et jeûnait, lorsqu'on apprit que Charles venait d'être battu à Newbury par Cromwell et Manchester. Les parlementaires avaient fait des prodiges : à la vue des canons qu'ils avaient perdus naguère dans le comté de Cornouailles, ils s'étaient précipités sur les batteries royales, avaient ressaisi leurs pièces et les avaient ramenées en les embrassant.

27. Les indépendants se rendent maîtres de l'armée ; le roi se livre aux Écossais. — Les succès de Cromwell rendirent plus audacieux le parti des indépendants. En minorité dans le parlement, ils s'emparèrent de la guerre par le bill célèbre du *renoncement*, qui exclut des députés, c'est-à-dire la première génération parlementaire, des fonctions publiques, faute qui fut renouvelée par notre première Assemblée constituante (1645). Le comte d'Essex, général des presbytériens, donna sa démission : un indépendant lui succéda,

Fairfax, sur qui Cromwell exerçait un empire absolu.

Les indépendants, maîtres de l'armée, agirent d'ailleurs avec promptitude : ils écrasèrent à Naseby les dernières forces du roi (1645). On trouva dans les bagages de Charles la preuve que, en dépit de ses protestations, il avait invoqué l'appui des étrangers, et particulièrement celui des Irlandais. En même temps, Montrose était surpris et battu par les covenantaires écossais. Le prince Robert rendait Bristol sans coup férir. Le roi, désespéré, se retira par lassitude plutôt que par choix dans le camp des Écossais, où le résident de France lui faisait espérer un asile et où il s'aperçut bientôt qu'il était prisonnier (1646). Les Écossais le livrèrent au parlement pour 400 000 livres sterling (1647).

28. Captivité, procès et mort de Charles Ier (1647-1649). — Les presbytériens et les indépendants avaient eu peine à s'entendre pendant la lutte, en face du péril; ce fut bien pis après la victoire. Comme les presbytériens dominaient dans le parlement et leurs adversaires dans l'armée, l'antagonisme éclata entre ces deux corps. Le parlement, sous prétexte que la guerre était finie, voulut licencier une partie des troupes. Alors une fermentation menaçante se manifesta parmi les soldats. L'armée adressa aux Communes des suppliques qui pouvaient passer pour des ordres. La Chambre les repoussa avec énergie. « Ces gens-là, dit Cromwell, n'auront pas de repos que l'armée ne les ait mis dehors par les oreilles. » Il allait se charger lui-même d'accomplir la prédiction.

Peu s'en fallut que ces dissensions ne fissent regagner à Charles Ier tout le terrain qu'il avait perdu. Les deux partis se disputèrent le roi. Un détachement de l'armée l'enleva d'Holmby, où il était à la discrétion du parlement. Cromwell et les généraux indépendants négocièrent avec lui; mais Charles n'était pas sincère. « Sois tranquille sur les concessions que je pourrai faire, écrivait-il à la reine; je saurai bien, quand il en sera temps, comme il faut se conduire avec ces drôles-là, et, au lieu d'une jarretière de soie, je les accommoderai d'une jarretière de chanvre. » Cromwell intercepta la lettre et résolut dès lors la ruine du roi. Charles, auquel il fit passer des avis menaçants, s'échappa et passa dans l'île de Wight, dont le gouverneur était une créature de Cromwell (1648).

Cette fuite du roi fut pour les cavaliers le signal d'une nouvelle prise d'armes et d'une seconde guerre civile. Mais Cromwell, qui venait de rétablir la discipline parmi ses soldats, en intimidant les niveleurs, saisit avec joie l'occasion de recouvrer son influence par la guerre. Il vainquit les royalistes dans le pays de Galles, tandis que Fairfax les battait autour de Londres, et, les Écossais ayant envahi l'Angleterre, il courut à leur rencontre, les écrasa à Preston, entra dans Édimbourg aux acclamations des puritains du pays.

Cependant les presbytériens, plus hardis en son absence ouvrirent avec Charles Ier une nouvelle négociation et, après quelques conférences, firent déclarer par la Chambre des communes que les concessions du roi offraient des bases suffisantes pour traiter de la paix. Aussitôt Cromwell fit enlever le prince de l'île de Wight et *purgea* le parlement. Tous les presbytériens furent expulsés; l'assemblée se trouva réduite à quatre-vingts membres, et aucune voix ne vint troubler le parti de indépendants dans sa victoire. Le procès du roi commença. Charles comparut devant une haute cour de justice présidée par John Bradshaw, cousin de Milton, et dirigée par Cromwell. Il refusa de les reconnaître pour juges, mais n'en fut pas moins condamné et, malgré l'intervention des ambassadeurs hollandais, exécuté. Il montra, sur l'échafaud, un admirable sang-froid, ne regrettant de tous ses actes que sa faiblesse lors du procès de Strafford. « Que Dieu me préserve, dit-il, de me plaindre! L'injuste sentence dont j'ai permis l'exécution à l'égard de Strafford est punie maintenant par une autre sentence injuste. » (9 février 1649.)

29. République anglaise (1649-1660). — Après la mort de Charles Ier, les indépendants avaient proclamé la république, mais l'Ecosse protesta. Elle se souvenait maintenant que les Stuarts étaient de race écossaise et se reprochait avec amertume d'avoir laissé traîner un des siens devant un tribunal étranger. Le sentiment national se réveilla si vif, à la nouvelle du supplice de Charles Ier, que le duc d'Argyle, gouverneur au nom du parlement, se laissa entraîner : Charles II, fils aîné du feu roi, fut proclamé roi d'Ecosse, d'Angleterre, de France et d'Irlande, à condition qu'il reconnaîtrait le *Covenant*. Charles, retiré à la Haye, en Hollande, refusa de souscrire aux clauses qu'on lui voulait imposer et, dédaignant les presbytériens d'Ecosse, se disposa à rejoindre les royalistes irlandais, qui, eux, ne marchandaient pas sur ses droits.

30. Guerre d'extermination en Irlande, dirigée par Cromwell (1649-1650). — C'en était fait de la domination anglaise et de l'oppression protestante en Irlande si l'union du prétendant et des rebelles se consommait. Le parlement d'Angleterre se hâta de nommer Cromwell lord lieutenant d'Irlande. Il ne voulut partir qu'avec des forces immenses. Outre l'armée ordinaire de 45 000 hommes, il obtint un corps de 12 000 vétérans, et rien de ce qu'il demanda en argent, vivres ou munitions ne lui fut refusé. Déjà les royalistes venaient d'être mis en pleine déroute près de Dublin, à la journée de Rathmines. Cromwell alla recueillir les fruits de cette grande victoire, et ouvrit la campagne par le siège de Drogheda. La ville fut prise d'assaut : on égorgea toute la garnison ; plus de mille habitants, qui s'étaient réfugiés dans la cathédrale, eurent le même sort. Ces scènes horribles se renouvelèrent un mois après à Wexford. Habitants, soldats, tout fut passé au fil de l'épée : on tua jusqu'aux femmes (1649). Une telle barbarie poussa les Irlandais au désespoir : Kilkenny et Clonmell se défendirent avec tant d'énergie que le lord lieutenant dut leur accorder une capitulation honorable (1650). Au milieu de ces succès, dont la gloire était tachée de sang, Cromwell fut rappelé en Angleterre par les progrès menaçants des Ecossais.

31. Montrose en Écosse (1650). — Le désastre de Rathmines avait empêché Charles II d'aborder en Irlande, et l'avait réduit à renouer ses négociations avec les presbytériens d'Ecosse. Avant d'accepter les conditions si dures, au prix desquelles ils lui offraient la couronne, il tenta de la conquérir par l'épée du vaillant comte de Montrose. Cet homme héroïque était débarqué en Écosse avec 1200 hommes; mais les montagnards refusèrent de se joindre à lui, et il fut écrasé par les presbytériens à Corbiesdale. On le condamna à être pendu à une potence de 30 pieds de haut. Sa tête devait être exposée sur une pique à Edimbourg, ses bras sur les portes de Perth et de Stirling, ses jambes sur celles de Glascow et d'Aberdeen. Il répondit qu'il [se glorifiait de son sort, et qu'il regrettait seulement de n'avoir pas assez de membres pour fournir à toutes les villes du royaume une preuve de sa loyauté. Comme dernière ignominie, l'exécuteur suspendit à son cou sa récente proclamation avec l'histoire de ses premiers exploits. Il sourit en disant que ses ennemis lui donnaient une décoration plus brillante que l'ordre de la Jarretière dont son souverain l'avait honoré. Charles II s'empressa de désavouer Montrose, accepta sans réserve toutes les demandes des commissaires écossais, jura de ne jamais permettre le libre exercice de la religion catholique en Écosse ni en aucune autre partie de de ses États, et quitta aussitôt la Hollande pour venir prendre possession du trône qui lui était offert.

32. Victoire de Cromwell à Dunbar (1650). — Ainsi l'alliance du roi et des presbytériens se trouvait enfin conclue et signée sur le cadavre du plus héroïque des chefs royalistes. Les indépendants comprirent la gravité de péril et rappelèrent Cromwell. Il passa la Tweed avec 16 000 vieux soldats. Le général écossais, David Leslie, malgré la supériorité numérique de ses troupes, se garda bien de hasarder une bataille, et se tint obstinément un mois dans ses retranchements. Il voulait user l'armée anglaise ; mais l'ardeur insensée des ministres presbytériens l'emporta. Ils contraignirent Leslie à attaquer. L'action s'engagea près de Dunbar. Au premier choc, les indépendants furent culbutés ; Cromwell avec son régiment de piquiers rétablit le combat, mit les Écossais en pleine déroute, leur tua 3000 hommes, en prit 10 000 avec l'artillerie, les munitions et le bagage. Édimbourg et Leith se rendirent sans résistance (1650).

33. Charles II couronné roi d'Écosse (1651). — La défaite de Dunbar fut pour Charles II plus avantageuse qu'une victoire. Elle diminua le rigorisme aveugle des ministres, et donna au roi de la circonspection. En affectant d'aimer le *Covenant*, il se concilia les presbytériens ; en donnant la préférence aux Hamilton sur les Campbell, il gagna les royalistes. Ainsi les deux partis qui divisaient l'Écosse depuis un siècle se réunirent sous la bannière de Charles II : les presbytériens, parce qu'ils croyaient à sa sincérité, les royalistes, parce qu'ils n'y croyaient pas. Il fut solennellement couronné à Scone le 1er janvier 1651.

34. Bataille de Worcester (1651). Fuite du prétendant. — Devenu vraiment roi d'Écosse et maître de l'armée, il entreprit de porter la guerre au cœur même de l'Angleterre, pour rallier sur sa route les nombreux partisans sur lesquels il comptait. Il trompa Cromwell, se dirigea rapidement vers le Midi et marcha droit sur Londres ; mais les royalistes anglais ne bougèrent pas : à peine quelques milliers de cavaliers répondirent-ils à l'appel du prince, et Cromwell accourut avec 40 000 hommes. Ce fut près de Worcester que la rencontre eut lieu. Après une lutte acharnée, où Charles montra une extrême bravoure, l'armée royale fut dispersée et la ville prise. C'était le 3 septembre, le jour anniversaire de la victoire de Dunbar (1651). Charles II n'échappa que par miracle aux actives recherches de ses ennemis. Les diverses péripéties de sa fuite montrèrent, en même temps que son rare sang-froid, le nombre et le dévouement tardif des royalistes anglais.

35. Acte de navigation (1651). Guerre avec la Hollande (1652). — Ainsi la révolution triomphait au dedans : au dehors elle déclarait la guerre à la Hollande. L'*acte de navigation* fut une attaque directe contre le commerce des Provinces-Unies (9 oct. 1651). Cet acte célèbre interdisait l'entrée des ports anglais à tout vaisseau chargé de marchandises qui n'étaient pas un produit du sol ou du travail national du peuple dont le navire portait le pavillon, et aucune marchandise d'Afrique, d'Asie ou d'Amérique ne pouvait être importée que sur des vaisseaux anglais. Cette loi, qui a fait la fortune navale de l'Angleterre et qui est restée en vigueur jusqu'au 1ᵉʳ janvier 1850, enlevait aux Hollandais, « les rouliers des mers, » comme on les appelait, le monopole de la navigation, car leur commerce était presque exclusivement un commerce de commission. Les droits mis sur la pêche aux harengs, que les Hollandais venaient chercher près des côtes britanniques, achevèrent de brouiller les deux républiques. Les Hollandais réclamèrent : ils ne purent obtenir même un simple délai, et le décret du parlement reçut une exécution immédiate. Ils armèrent pour protéger leur commerce. Les Anglais commencèrent aussitôt les hostilités, ne rêvant rien moins que l'annexion des Provinces-Unies. Ce projet chimérique échoua ; mais les flottes hollandaises furent malheureuses, malgré le génie de Tromp et de Ruyter. L'amiral anglais Blake se plaça au niveau de ces illustres marins. Il vainquit de Witt et Ruyter au nord-est de Douvres, le 8 octobre 1652 ; cinq mois après, Tromp, qui avait arboré au grand mât de son vaisseau un immense balai en signe qu'il allait balayer l'Océan, eut le dessous dans une action qui se continua pendant trois journées dans toute la longueur de la Manche. Au commencement de 1654, les deux républiques, redoutant l'influence de la maison d'Orange, qui venait de s'unir par le mariage à celle des Stuarts, conclurent la paix.

Ce furent les dernières victoires remportées sous les auspices du gouvernement républicain : Cromwell venait de se faire nommer *protecteur*, après avoir dissous le parlement.

36. Dissolution du parlement par Cromwell (1653). — Le parlement avait préparé sa chute en se décimant lui-même ; il ne représentait plus la nation, mais un parti. Les mécontents, et c'était à peu près tout le monde, désiraient un pouvoir fort, moins d'intrigues, plus de probité. Il y avait précisément un homme qui avait à la fois sauvé la liberté par ses victoires contre les royalistes et l'ordre social en écrasant les niveleurs : c'était Olivier Cromwell. Nul n'avait montré autant d'art à suivre, sans la devancer, l'opinion dominante. Il était sûr de l'armée, séduisait le peuple par sa piété et comptait même sur les royalistes, qui aimaient mieux voir l'autorité souveraine usurpée par un homme que de la voir usurpée par la nation. Le parlement allait rendre un acte pour se proroger : Cromwell court à l'assemblée et, au moment du vote, demande la parole. Selon sa coutume, il commence par des protestations de modestie et d'humilité, puis il s'anime, attaque amèrement les actes : on l'interrompt. Alors, jetant le masque, il s'écrie : « Vous n'êtes pas un parlement, Dieu ne veut plus de vous. » Et, comme on murmure, il se tourne successivement vers chacun des députés : « Toi, dit-il, tu es un débauché ; toi, un adultère ; toi, un ivrogne : disparaissez, disparaissez tous ! » Et à chaque apostrophe il frappe du pied. C'était le signal convenu : des soldats entrent, font descendre les représentants de leurs sièges et les poussent dehors : quand la salle fut vide, Cromwell sortit, ferma la porte, mit la clef dans sa poche et fit afficher le soir même cet écriteau : MAISON A LOUER (30 avril 1653).

37. Cromwell protecteur (1653-1658). — Cromwell

composa alors un parlement qu'il déclara convoqué au nom du Saint-Esprit et qu'il fit dépositaire de l'autorité souveraine en son nom et au nom des officiers de l'armée. Les députés, gens honnêtes, mais bornés, se prirent au sérieux et voulurent gouverner. On les força de se dissoudre. Le parlement *Barebone* n'était par plus heureux que le parlement *Rump*. Puisque l'armée ne voulait pas souffrir de pouvoir civil, c'était à elle d'organiser le gouvernement. Il était puéril et peut-être dangereux de prolonger plus longtemps l'hypocrisie. Cromwell se fit proclamer lord protecteur (26 décembre 1653), et, sous ce titre, il eut l'autorité souveraine. Il était roi, en effet, moins le nom, et plus roi que ne l'avait jamais été prince légitime, car il avait une armée formidable, 50 000 vieux soldats, rompus à la discipline et dévoués à leur chef jusqu'à la mort.

38. Soumission de l'Irlande; extermination d'une partie du peuple (1657). — Cromwell continua en Irlande l'œuvre du parlement. Ireton, son gendre et son successeur dans le commandement des troupes, n'avait par rencontré de résistance sérieuse, grâce aux dissensions des ennemis, et s'était rendu maître des trois quarts de l'île (1652). Clanricarde, chef des rebelles, après le départ du duc d'Ormond, proposa une capitulation générale; mais Ludlow, investi du commandement par la mort prématurée d'Ireton, refusa de négocier. Il recommença la guerre avec une nouvelle énergie et contraignit les divers chefs de la révolte à faire séparément leur soumission. Au milieu de l'année 1652, l'Irlande tout entière était au pouvoir des Anglais. On la traita avec une horrible cruauté. Beaucoup de nobles, accusés d'avoir pris part au massacre de 1640, furent condamnés et exécutés. On exila 40 000 soldats ou officiers; on transporta en Amérique leurs femmes et leurs enfants. Cependant, malgré toutes ces saignées d'un côté et l'arrivée continuelle des colons anglais et écossais de l'autre, il se trouva que la population catholique excédait la population protestante dans la proportion de 8 à 1. On condamna à la confiscation des deux tiers tous ceux qui avaient porté les armes contre le parlement, et à celle d'un tiers ceux qui ne les avaient pas portées pour lui. Quant à ceux dont les biens réels et personnels ne s'élevaient pas à une valeur de 10 livres sterling, on les amnistia. La population irlandaise reçut l'ordre de se transplanter dans le Connaught avant le 1er mai 1654, et le premier venu eut le droit de tuer l'Irlandais qu'il rencontrerait sur la rive gauche du Shannon. L'Angleterre expie encore ces violences par la triste situation où l'Irlande se trouve depuis deux siècles[1].

39. Monk en Écosse. — En Écosse, c'était Monk qui était l'exécuteur des hautes œuvres et du parlement et de Cromwell ; elle fut moins cruellement traitée ; elle conserva ses lois, ses croyances et même son existence nationale, car le parlement fut renversé au moment où il allait accomplir l'union des deux peuples de la Grande-Bretagne. Cromwell abandonna ce projet.

40. Politique extérieure de Cromwell ; force de son gouvernement. — Au dehors, Cromwell traita d'égal à égal avec tous les souverains de l'Europe, vit son alliance mendiée par l'Espagne et recherchée par la France, qui l'obtint (1655). Les Hollandais, vaincus, avaient été contraints de reconnaître la supériorité du pavillon anglais et de payer les frais de la guerre. Blake pénétra avec sa flotte dans la Méditerranée. La Jamaïque fut enlevée à l'Espagne, ainsi que Dunkerque, après la victoire de Turenne aux Dunes (1658). Enfin il reprit le rôle d'Élisabeth, que les Stuarts avaient abandonné, celui de protecteur du parti réformé[2]. « Ce gouvernement, si actif sans témérité, si habile à flatter les passions nationales sans s'y asservir, qui au dehors faisait grandir son pays sans le compromettre et maintenait

---

1. Cependant, après la restauration, les colons de Cromwell furent obligés de restituer un tiers des terres qu'ils avaient reçues.
2. Lettres du 26 mai 1658, pour obtenir de Louis XIV qu'il fasse cesser la persécution contre les Vaudois des vallées piémontaises.

l'ordre au dedans avec les soldats de la révolution, était obéi, craint, admiré, mais ne s'enracinait pas. Les anciens partis subsistaient toujours, comprimés mais vivaces, et ne renonçant ni à l'espérance ni à l'action. Dans le cours des cinq années de l'empire de Cromwell, quinze conspirations et insurrections royalistes ou républicaines mirent son gouvernement en alarme ou sa vie en danger. Rien, il est vrai, ne réussit contre lui; tous les complots furent déjoués et toutes les prises d'armes étouffées. Le pays ne s'y associait point et gardait son repos; mais il ne croyait ni au droit ni à la durée de ce pouvoir toujours vainqueur. Au faîte de sa grandeur, Cromwell n'était, dans la pensée publique, qu'un maître irrésistible, mais provisoire, sans rival, mais sans avenir[1]. »
Il mourut le 3 septembre 1658, jour anniversaire de ses victoires de Dunbar et de Worcester; il était âgé de cinquante-cinq ans.

41. Restauration des Stuarts (1660). — Son fils, Richard, lui succéda. Il n'avait pas plus la force de gouverner qu'il n'en avait le désir. Les partis relevèrent la tête; Richard, au bout de quelques mois, abdiqua (1660). L'Angleterre tomba alors dans une profonde anarchie. Le parlement et l'armée se disputèrent le pouvoir. Cromwell avait laissé des lieutenants, mais point de successeur. Tous, excellents dans les rôles secondaires, étaient incapables d'occuper le premier rang. Le plus habile fut celui qui termina ce conflit d'ambitions subalternes en imposant à tous la supériorité de la naissance, puisque celle du talent était morte avec le Protecteur. George Monk, collègue et rival de Blake dans la guerre contre les Hollandais, administrateur habile de l'Écosse, se décida à mettre fin aux luttes des partis en rétablissant la monarchie. Il ne poussa pas ouvertement son entreprise; il usa d'une duplicité profonde et trompa tout le monde, ce qui est sans doute fort habile, mais n'est point honnête. Il commença par

---

[1] Guizot, *Discours sur l'histoire de la révolution d'Angleterre.*

casser le *Rump* qui s'était reconstitué après la mort de Cromwell, et remplaça ce parlement usé par une assemblée d'hommes nouveaux, inexpérimentés, partant dociles à son impulsion. L'Angleterre n'en était pas moins

George Monk, duc d'Albemarle (Bibliot. nation.).

indécise, doutant qu'une république sincère fût possible, mais n'osant en effacer le nom. C'était une de ces crises dans lesquelles le succès appartient au plus patient. Les républicains, inquiets de l'avenir, persécutés d'ailleurs dans leurs chefs, ne surent pas attendre et prirent les armes : ils furent aisément écrasés, tant la guerre civile était devenue odieuse ! On ne vit de salut que dans le retour de l'ancienne forme de gouvernement : Charles Stuart fut rappelé sans condition (1660). C'était une imprudence : en effet, la révolution n'était pas finie et aucune des questions qu'elle avait soulevées n'était encore tranchée ; une autre révolution sera bientôt nécessaire. Quant à Monk, qui, en tout ceci, avait bien plus pensé à lui-même qu'à son pays, il obtint le titre de duc d'Albemarle et une grosse pension. Son ambition n'allait pas au delà[1].

1. En 1642, Hobbes, réfugié en France, publie son livre *De cive*, et, en 1653, de retour en Angleterre, ses *Éléments de philosophie*, dans lesquels il veut prouver qu'il n'y a d'autre droit que la force. En 1647, George Fox, cordonnier de Leicester, fonde la nouvelle secte des quakers.

CHAPITRE VI.

MINORITÉ DE LOUIS XIV; LA FRONDE PARLEMENTAIRE;
LA CHAMBRE DE SAINT-LOUIS;
LA FRONDE DES PRINCES; GUERRE CONTRE L'ESPAGNE;
TRAITÉ DES PYRÉNÉES; TOUTE-PUISSANCE
DE MAZARIN[1].

1. Régence d'Anne d'Autriche. — 2. Mazarin. — 3. Cabale des importants. — 4. Fin de la guerre de Trente ans (1648). — 5. Gouvernement intérieur de 1643 à 1648. — 6. La Fronde parlementaire. — 7. La Chambre de Saint-Louis; arrêt d'union. — 8. Journée des Barricades (26 août 1648); Mathieu Molé, le coadjuteur de Retz. — 9. Paix de Saint-Germain. — 10. Guerre de la Fronde : le parlement et les seigneurs (janvier-avril 1649). — 11. Parti des petits-maîtres, ou jeune Fronde; arrestation de Condé (janvier 1650). — 12. Union des deux Frondes, exil de Mazarin (février 1651). — 13. Révolte de Condé; combat de Bléneau (avril 1652) — 14. Combat du faubourg Saint-Antoine (juillet 1652). — 15. Retour de Mazarin (février 1653). — 16. Victoire de Turenne à Arras et aux Dunes; alliance de la France avec Cromwell. — 17. Traité des Pyrénées (1659); ligue du Rhin (1658). — 18. Toute-puissance de Mazarin. — 19. Son administration.

1. Régence d'Anne d'Autriche. — Le fils aîné de Louis XIII avait moins de cinq ans. Son père qui se défiait de la reine, mêlée à toutes les intrigues des grands sous Richelieu, lui avait laissé la régence, mais en plaçant près d'elle un conseil qui devait décider de toutes les affaires, à la pluralité des voix. Anne d'Autriche entendait bien ne pas accepter des tuteurs

---

1. Ouvrages à consulter : les histoires générales de la France de Sismondi et H. Martin, l'*Histoire des temps modernes* de Ragon, l'*Histoire des États européens* de Schœll, les *Mémoires* de la Rochefoucauld, de Lenet, du cardinal de Retz, de Gui Joli, d'Omer Talon, de la Châtre, de Campion, de Mme de Motteville, de la duchesse de Nemours, de Mlle de Montpensier et de Monglat; les *Lettres* de Gui Patin, celles de Mazarin, que vient de publier M. Ravenel; Voltaire, *Siècle de Louis XIV*, chap. III-VI; Saint-Aulaire, *Histoire de la Fronde*; Bazin, *Histoire de France sous le ministère du cardinal Mazarin*; Amédée Renée, *les Nièces de Mazarin*; Cousin, *la Duchesse de Longueville*, *Mme de Chevreuse*, *la Marquise de Sablé*, *la Jeunesse de Mazarin*, *les Mazarinades*.

après avoir eu si longtemps des maîtres ; elle flatta le parlement : « Elle serait toujours bien aise, disait-elle, de se servir des conseils d'une si auguste compagnie ; » en même temps elle lui demandait d'annuler les dernières volontés de son époux. Le parlement, heureux de rentrer par ce coup éclatant dans la vie politique, cassa le testament du roi avec la même facilité qu'il aurait jugé la cause d'un particulier. Anne d'Autriche fut proclamée régente « avec pouvoir de faire choix de telles personnes que bon lui semblerait pour délibérer sur les affaires qui leur seraient proposées ». Et, à l'étonnement de la cour, le premier qu'elle choisit fut l'ami, le successeur de Richelieu, le cardinal Mazarin.

2. Mazarin. — Mazarin était né en 1602, d'une ancienne famille de Sicile, établie à Rome. Envoyé comme nonce en France (1634), il s'était fait remarquer de Richelieu qui l'avait attaché à sa fortune et avait obtenu pour lui la pourpre romaine (1640). La reine se confia à ce dépositaire des desseins du grand cardinal, à cet étranger qui ne pouvait avoir en France d'autre intérêt que celui du roi, et elle lui laissa prendre sur sa volonté un empire absolu.

« Il avait l'esprit grand, prévoyant, inventif, le sens simple et droit, le caractère plus souple que faible et moins ferme que persévérant ; sa devise était « le temps « et moi ». Il se conduisait, non d'après ses affections ou ses répugnances, mais d'après ses calculs. L'ambition l'avait mis au-dessus de l'amour-propre, et il était d'avis de laisser dire, pourvu qu'on le laissât faire ; aussi était-il insensible aux injures et n'évitait-il que les échecs. Il jugeait les hommes avec une rare pénétration, mais il aidait son propre jugement du jugement que la vie avait déjà prononcé sur eux. Avant d'accorder sa confiance à quelqu'un, il demandait : « Est-il heureux ? » Ce n'était pas de sa part une aveugle soumission aux chances du sort ; pour lui, être heureux signifiait avoir l'esprit qui prépare la fortune et le caractère qui la maîtrise. Il était incapable d'abattement, et il avait une constance inouïe, malgré ses variations apparentes. Un de ses plus spirituels antagonistes, la Rochefoucauld, a dit de lui « qu'il avait « plus de hardiesse dans le cœur que dans l'esprit, au « contraire du cardinal Richelieu, qui avait l'esprit hardi

Mazarin

« et le cœur timide ». Si Richelieu, qui était sujet à des accès de découragement, était tombé du pouvoir, il n'y serait pas remonté; tandis que Mazarin, deux fois fugitif, ne se laissa jamais abattre, gouverna du lieu de son exil, et vint mourir dans le souverain commandement et dans l'extrême grandeur[1]. »

1. Mignet, *Introduction aux négociations relatives à la succession d'Espagne*, p. 46.

3. Cabale des importants. — Cependant tous ceux qui avaient souffert avec la reine ou pour elle étaient accourus, et, se croyant déjà les maîtres de l'État, affectaient des airs de supériorité et de protection qui firent donner à leur parti le nom de *cabale des importants*. Parmi eux, on remarquait le duc de Vendôme, fils légitimé de Henri IV et de Gabrielle d'Estrées; ses deux enfants, le duc de Mercœur et ce duc de Beaufort, qui allait être surnommé le *roi des halles*; le jeune et brillant Marsillac, duc de la Rochefoucauld, qui écrivit plus tard le livre des *Maximes*; l'évêque de Beauvais, Potier, premier aumônier de la reine, que le cardinal de Retz appelle irrévérencieusement une *bête mitrée*, et qui était entré au conseil avec le titre de ministre d'État; s'il en fallait croire Gondi, la première dépêche écrite par lui aurait été une sommation aux Hollandais d'avoir à rentrer dans l'Église catholique, s'ils voulaient rester dans l'alliance de la France.

Il s'agissait de défaire l'ouvrage de Richelieu; les *importants* ne s'en cachaient pas. L'ancienne amie de la reine, la duchesse de Chevreuse, revenue au Louvre, après dix ans d'exil, déclara bien haut qu'il fallait restituer aux grands tout ce que Louis XIII leur avait enlevé; mais depuis que la reine avait le pouvoir, elle en était devenue avare. Si elle n'avait pas voulu le partager avec d'habiles conseillers, ce n'était pas pour l'abandonner à des brouillons qui recommençaient les complots et bientôt recommenceront la guerre civile. La découverte d'une tentative d'assassinat contre Mazarin la décida à rompre les derniers liens avec ses anciens amis. Potier fut relégué dans son diocèse, Beaufort au donjon de Vincennes, Vendôme, la duchesse de Chevreuse et les autres « dans leurs maisons des champs ». Le règne des Importants avait duré trois mois et demi (2 sept. 1643). On raconte que vers cette époque, se trouvant à Rueil dans la maison de Richelieu, elle s'arrêta devant son portrait, le considéra quelque temps en silence, et dit : « Si cet homme vivait encore, il serait plus puissant que jamais. »

4. Fin de la guerre de Trente ans (1648). — Au dehors, Mazarin poussa avec habileté et énergie la guerre commencée par son prédécesseur. Les victoires de Condé à Rocroy, à Fribourg, à Nœrdlingen et à Lens, les belles campagnes de Turenne en Allemagne, décidèrent la maison d'Autriche à signer la paix de Westphalie, qui marqua l'avénement de la maison de Bourbon au premier rang en Europe.

5. Gouvernement intérieur de 1643 à 1648. — Mais, tandis que Mazarin continuait si glorieusement la politique de Richelieu, son pouvoir était ébranlé en France par les factions. C'est une semaine après la bataille de Lens qu'eut lieu la *journée des Barricades*. Le premier ministre avait essayé d'abord de se faire pardonner son élévation et sa qualité d'étranger, à force de douceur, de souplesse et de modestie affectée : « On voyait sur les degrés du trône, d'où l'âpre et redoutable Richelieu avait foudroyé plutôt que gouverné les humains, un successeur doux et bénin, qui ne voulait rien, qui était au désespoir de ce que sa dignité de cardinal ne lui permettait pas de s'humilier autant qu'il l'eût souhaité devant tout le monde, et qui marchait dans les rues avec deux petits laquais derrière son carrosse. » Toute la langue, disait-on, était réduite à cinq petits mots : *La reine est si bonne*. Mais cet *âge d'or*, tant vanté par les poëtes contemporains, dura peu.

Le dernier règne avait légué d'immenses embarras financiers au cardinal Mazarin, qui les augmenta encore par sa mauvaise administration. Il lui fallait beaucoup d'argent pour achever la guerre étrangère, pour gagner les seigneurs en les pensionnant et aussi pour satisfaire sa scandaleuse avidité. Le surintendant était un autre Italien, Emeri, impopulaire comme tous les ministres des finances à cette époque, mais qui s'en inquiétait peu, « les financiers n'étant faits que pour être maudits. » C'est lui encore qui osait dire que la bonne foi n'était qu'une vertu de marchands. Aussi n'était-elle point à son usage; il avait été condamné vingt ans auparavant comme banqueroutier frauduleux. Il eut recours à des expédients onéreux et vexatoires; il fit des emprunts à 25 pour 100; il créa des charges qu'il vendit; il retrancha des quartiers aux rentiers de l'État; il retint une partie des gages des fonctionnaires; il remit en vigueur une ordonnance de 1548 tombée dans l'oubli, qui défendait de bâtir dans les faubourgs de Paris au-delà de certaines limites, sous peine de démolition et d'amende, et par l'*édit du toisé*, il força les propriétaires de se racheter à prix d'argent des peines portées contre les délinquants (1644); il mit une telle rigueur dans le recouvrement des impôts, qu'en 1646 il y eut à la fois dans les geôles du royaume vingt-trois mille personnes pour les taxes, dont cinq mille y moururent. Enfin, au mois d'août 1648, banqueroute universelle, « attendu que les créanciers de l'État étaient tous des gens de rien ou trop riches. » C'est de cette crise financière que sortit la Fronde. La journée des Barricades est du 26 août.

6. La Fronde parlementaire. — Depuis que, par l'établissement de la *paulette*, les charges étaient devenues une propriété héréditaire, parfaitement sûre, leur valeur vénale s'était singulièrement accrue. Il en rejaillissait sur ceux qui les détenaient la considération qui s'attache partout à la fortune, lorsque cette fortune est honorée par la dignité des mœurs, le patriotisme et la supériorité des lumières. Les magistrats avaient trouvé dans cette sécurité et dans cette considération un esprit de fierté et d'indépendance qui faisait du parlement un foyer d'opposition où étaient, au besoin, vivement défendus, contre la royauté même, les traditions nationales et les principes monarchiques. Depuis la mort de Richelieu, il s'était plus d'une fois essayé à la résistance et il se laissait appeler « le protecteur-né du peuple ». La menace qui de loin en loin était faite de rembourser les prix des charges et de détruire par conséquent cette hérédité des fonctions publiques, sans être bien sérieuse, l'irritait pourtant. Les exigences financières du surintendant lui fournirent un excellent prétexte de parler haut, en paraissant parler dans l'intérêt du peuple. Il s'était opposé en 1644 à l'édit du toisé; il s'opposa en 1646 à l'édit du tarif, qui remaniait les droits à payer pour l'entrée des marchandises dans Paris de manière à leur faire rendre davantage. « Aucuns de messieurs du parlement, dit Omer Talon, le ressentirent en leur particulier, ayant été obligés de payer pour les fruits du crû de leurs maisons. » Ce ne fut qu'après de longues discussions que la levée de ces droits fut autorisée pour deux ans. De nouveaux édits bursaux amenèrent un commencement d'émeute (janvier 1647); un autre frappa directement les officiers des cours souveraines. Cette fois le parlement se cabra et sauta à pieds joints dans la politique.

7. La chambre de Saint-Louis; arrêt d'union. — La tête troublée par la popularité que leur valait cette persévérante opposition au ministre, les magistrats se dirent qu'ils tenaient la place des états généraux, qu'ils valaient bien le parlement d'Angleterre qui, à cette heure, faisait une révolution; et, le 13 mai 1648, les membres des quatre cours souveraines, le parlement, la chambre des comptes, la cour des aides et le grand conseil, s'unirent dans la chambre de Saint-Louis, au palais de justice, « pour servir le public et le particulier, et réformer les abus de l'État. »

Le premier ministre fit d'abord casser l'*arrêt d'union*, puis, se ravisant, il autorisa les délibérations de cette assemblée, qui prétendait donner une constitution nouvelle à la France; et il décida non sans peine la régente à céder : « Vous êtes vaillante, lui disait-il, comme un soldat qui ne connaît pas le danger. »

Et il avait raison, le danger était grand, car beaucoup de gens commençaient à se faire de ces questions qu'on ne se faisait pas depuis longtemps et qui amènent les révolutions. « Le parlement gronda, dit le cardinal de Retz, et, sitôt qu'il eut seulement murmuré, tout le monde s'éveilla : on chercha comme à tâtons les lois; on ne les trouva plus. On s'effara, on cria, on se les demanda; et, dans cette agitation, le peuple entra dans le sanctuaire; il leva le voile qui doit toujours couvrir tout ce que l'on peut dire et tout ce que l'on peut croire du droit des peuples et du droit des rois, qui ne s'accordent jamais mieux ensemble que dans le silence. La salle du palais profana tous ces mystères. »

Les compagnies en effet proposèrent à la sanction royale vingt-sept articles qui devaient être désormais la loi fondamentale de la monarchie. Quelques-unes de leurs demandes étaient excellentes, d'autres moins utiles, la plupart impraticables. La plus importante était qu'à l'avenir les impôts ne pourraient être légalement perçus, s'ils n'avaient été discutés et enregistrés, *avec la liberté de suffrages*, par le parlement de Paris : c'était faire passer une partie du pouvoir législatif à une aristocratie de deux cents magistrats qui achetaient leur charge. Une autre de leurs réformes portait une atteinte profonde à la centralisation administrative créée par Richelieu, en abolissant les intendants des provinces « qui, suivant un mot du cardinal de Retz, avaient frappé la noblesse et la magistrature à la prunelle de l'œil ». Les compagnies étaient mieux inspirées, quand elles réclamaient des garanties sérieuses en faveur de la liberté individuelle : suppression des lettres de cachet et des tribunaux extraordinaires; règle que toute personne arrêtée par ordre du roi fût interrogée dans les vingt-quatre heures ou relâchée.

8. Journée des Barricades (26 août 1648); Mathieu Molé; le coadjuteur de Retz. — A ce moment même le prince de Condé remportait la victoire de Lens. Le roi, qui n'avait alors que dix ans, s'écria en l'apprenant : « *Le parlement sera bien fâché.* » Ce grand succès donna du cœur au cardinal, qui résolut de faire enlever trois des plus opiniâtres magistrats, Novion Blancménil, Charton et Broussel. « Ils n'étaient pas chefs de parti, dit Voltaire, mais les instruments des chefs. Charton, homme très-borné, était connu par le

Mathieu Molé.

sobriquet du président *Je dis ça*, parce qu'il ouvrait et concluait toujours ses avis par ces mots. Broussel n'avait de recommandable que ses cheveux blancs, sa haine contre le ministère, et la réputation d'élever toujours la voix contre la cour, sur quelque sujet que ce fût. Ses confrères en faisaient peu de cas, mais la populace l'idolâtrait. Au lieu de les enlever sans éclat, dans le silence de la nuit, le cardinal crut imposer au peuple en les faisant arrêter en plein midi, tandis qu'on chantait le *Te Deum* à Notre-Dame pour la victoire de Lens et que les Suisses de la chambre apportaient dans l'église soixante-treize drapeaux pris sur les ennemis. Ce fut précisément ce qui causa la subversion du royaume. Charton s'esquiva. On prit Blancménil sans peine; mais la vieille servante de Broussel, en voyant jeter son maître dans un carrosse, ameute le peuple; on ferme les boutiques, on tend les grosses chaînes de fer qui étaient à l'entrée des rues principales (26 août 1648) et 400 000 voix crient : *Liberté et Broussel!* »

Deux cents barricades sont formées en un instant; on les pousse jusqu'à cent pas du Palais-Royal. Le parlement en corps marche à pied vers la reine, traverse les barricades qui s'abaissent devant lui, redemande ses membres emprisonnés, et ne peut les obtenir. A son retour, il est arrêté par le peuple furieux. Un marchand de fer, capitaine de ce quartier, saisit le premier président, Mathieu Molé, par le bras, et le menaçant d'un pistolet : « Tourne, traître, lui dit-il; et, si tu ne veux être massacré, toi et les tiens, ramène-nous Broussel ou Mazarin en otage. » Plusieurs des membres prennent la fuite, d'autres hésitent, mais leur chef n'hésite pas. On l'insulte, des mutins le prennent par sa barbe qu'il portait fort longue. Il leur parle comme s'il était assis sur son siége au parlement, et avec le même visage assuré et grave : « Quand vous m'aurez tué, leur dit-il, il ne me faudra que six pieds de terre. » Il écarte la foule et les plus violents par l'autorité de son maintien; il revient au palais, au petit pas, dans le feu des injures, des exécrations et des blasphèmes. « Cet homme, ajoute le cardinal de Retz, qui raconte ce bel exemple de courage civil, est, à mon sens, le plus intrépide qui ait paru dans son siècle. »

Cependant l'émeute grandissait. Les magistrats te-

tent une nouvelle démarche auprès d'Anne d'Autriche ; et la reine d'Angleterre, victime d'une autre révolution qui avait commencé d'une façon moins menaçante, la décide enfin à céder. Le calme renaît aussitôt, et « la

Cardinal de Retz.

ville semble en un instant plus tranquille qu'un jour de *vendredi saint* ».

Ce coadjuteur de Paris, Paul de Gondi, qui avait pris une part si décisive à l'insurrection victorieuse, descendait d'une famille florentine venue, à la suite de Catherine de Médicis, à la cour de France et qui y avait fait fortune. Comme s'il eût voulu rappeler son origine italienne, il avait écrit à dix-huit ans la *Conjuration du comte de Fiesque*, et Richelieu avait dit en la lisant : « Voilà un dangereux esprit. » Cinq ans plus tard, Gondi formait, avec quelques jeunes seigneurs, le projet de tuer le cardinal, et lui-même se vante, dans ses *Mémoires*, d'avoir étudié l'art des conspirations dans les *Vies* de Plutarque et le *Catilina* de Salluste. Ce fut avec ces dispositions qu'il entra dans l'Eglise. Il fut nommé en 1643 coadjuteur de son oncle, qui était archevêque de Paris ; mais son ambition allait bien plus haut que cette dignité. Il visait au rôle de Richelieu et ne se servait de sa place que pour gagner de la popularité dans Paris, prêchant lui-même pour se faire connaître du peuple, prodiguant les aumônes pour se faire aimer, se ruinant pour payer d'avance la guerre civile. Aux reproches qu'on lui faisait de sa prodigalité, il répondait : « César, à mon âge, devait six fois plus que moi ». Il ne s'effrayait pas trop de ces comparaisons avec César, avec Richelieu ; il se croyait l'étoffe d'un grand homme et le faisait croire aux autres : les circonstances n'en firent qu'un brouillon.

9. Paix de Saint-Germain. — La journée des Barricades avait effrayé la cour : la reine traita. Le 24 octobre 1648 l'ordonnance de Saint-Germain sanctionna toutes les demandes de la chambre de Saint-Louis, associant en quelque sorte la magistrature à l'exercice de la puissance souveraine : c'était le jour même où la paix de Westphalie avait été signée. La première Fronde avait duré deux mois.

10. La Fronde des princes (janvier-avril 1649). — En cédant, le premier ministre n'avait voulu que gagner du temps ; quand il fut délivré de la guerre étrangère, il résolut d'en finir avec cette faction des *gens du roi qui assassinaient l'autorité royale*. Le 6 janvier 1649 Anne d'Autriche sortit de Paris avec ses enfants et appela des troupes autour d'elle. Le parlement, incapable de lutter seul contre la cour, demanda ou accepta les services des princes et des jeunes seigneurs, qui pouvaient s'amuser à la guerre civile en un temps où l'on n'osait plus faire tomber les têtes. C'étaient le prince de Conti, frère du grand Condé, le duc de Longueville, qui avait épousé leur sœur, le duc de Bouillon, qui regrettait toujours Sedan, le duc de la Rochefoucauld, qui accusait l'ingratitude de la reine et de Mazarin, et même le sage Turenne. L'âme du complot était le coadjuteur, qui gouvernait Paris avec des sermons, des aumônes et des couplets. « Il me fallait, dit-il dans ses *Mémoires*, un fantôme que je pusse mettre devant moi, et par bonheur il se trouva que ce fantôme était le petit-fils de Henri le Grand, qu'il parlait comme on parle aux halles, ce qui n'est pas ordinaire aux enfants de Henri le Grand, et qu'il avait de grands cheveux bien longs et bien blonds. On ne saurait s'imaginer le poids de ces circonstances et concevoir l'effet qu'elles firent dans le peuple. » Ce fantôme était le duc de Beaufort, prince de peu d'esprit, mais de beaucoup de courage, ce qui faisait de lui un excellent instrument dans des mains habiles. Gondi essaya de gagner aussi Condé ; mais le prince répondit avec fierté à ses avances : « Je m'appelle Louis de Bourbon, et ne veux point ébranler les couronnes. »

Alors commença une lutte qui mérita d'abord le nom que l'histoire lui a conservé, celui d'un jeu d'enfant, la *Fronde*.

« La reine, les larmes aux yeux, pressa le prince de Condé de servir de protecteur au roi. Le vainqueur de Rocroy, de Fribourg, de Nœrdlingen, de Lens, ne put démentir tant de services passés : il fut flatté de l'honneur de défendre une cour qu'il croyait ingrate contre la Fronde qui cherchait son appui. Le parlement eut donc le grand Condé à combattre, et il osa soutenir la guerre.... On nomma dans la grand'chambre les généraux d'une armée qu'on n'avait pas. Chacun se taxa pour lever des troupes. Il y avait vingt conseillers pourvus de charges nouvelles, créées par le cardinal de Richelieu : il fallut qu'ils donnassent chacun 15 000 livres pour les frais de la guerre, pour acheter la tolérance de leurs confrères. La grand'chambre, les enquêtes, les requêtes, la chambre des comptes, la cour des aides, qui avaient tant crié contre des impôts faibles et nécessaires, fournirent une somme de près de 10 millions pour la subversion de la patrie. On leva 12 000 hommes par arrêt du parlement : chaque porte cochère fournit un homme et un cheval. Cette cavalerie fut appelée *la cavalerie des portes cochères*. Le coadjuteur avait un régiment qu'on nommait le *régiment de Corinthe* parce que le coadjuteur était archevêque titulaire de Corinthe.

« Sans les noms de roi de France, de grand Condé, de capitale du royaume, cette guerre de *la Fronde* eût été aussi ridicule que celle des Barberins[1]. On ne savait pourquoi on était en armes. Le prince de Condé assiégea 100 000 bourgeois avec 8000 soldats. Les Parisiens sortaient en campagne, ornés de plumes et de rubans; leurs évolutions étaient le sujet des plaisanteries des gens du métier. Ils fuyaient dès qu'ils rencontraient 200 hommes de l'armée royale. Tout se tournait en raillerie; le régiment de Corinthe ayant été battu par un petit parti, on appela cet échec *la première aux Corinthiens*. Ces vingt conseillers, qui avaient fourni chacun 15 000 livres, n'eurent d'autre honneur que d'être appelés les *quinze-vingts*.

« Les troupes parisiennes, qui sortaient de Paris et revenaient toujours battues, étaient reçues avec des huées et des éclats de rire. On ne réparait tous ces petits échecs que par des couplets et par des épigrammes. Les cabarets étaient les tentes où l'on tenait les conseils de guerre, au milieu des plaisanteries, des

---

[1]. Les Barberins, neveux du pape Urbain VIII, venaient de faire une petite guerre de quelques mois au duc de Parme, Édouard (1644).

chansons et de la gaieté la plus dissolue. Enfin on vit le coadjuteur venir prendre séance au parlement avec un poignard dans sa poche, dont on apercevait la poignée, et on criait : *Voilà le bréviaire de notre archevêque.* » (Voltaire.)

Il ne faut pourtant pas faire la Fronde plus insignifiante qu'elle ne l'était. On savait parfaitement pourquoi on était en armes. Les princes regrettaient leur place dans le conseil, les grands leur importance perdue ; le parlement voulait jouer dans l'État le rôle que jouait de l'autre côté de la Manche le parlement d'Angleterre, et le peuple, qui ne voyait en tout cela qu'une diminution d'impôts, ce qui était alors son plus grand souci, allait à la suite des princes, des magistrats et de son archevêque. Pour celui-ci, il comptait bien que ce mouvement de réaction contre le système de Richelieu le porterait au pouvoir. On ne marchait donc pas à l'aventure, et le ridicule de la Fronde n'est pas dans l'incertitude des prétentions, mais dans l'impossibilité du succès. Une lutte contre l'autorité royale, entre Richelieu et Louis XIV, était impossible, et, en politique, ce qui est impossible devient aisément ridicule, à moins que quelque beau dévouement n'honore la défaite.

Les magistrats furent les premiers à vouloir se retirer de la bagarre. Ils avaient bien vite reconnu que les seigneurs ne cherchaient qu'à perpétuer le désordre pour bouleverser l'État. Les gens de robe avaient d'ailleurs un sentiment plus vif de la patrie que les gens d'épée, dont les affections comme les intérêts passaient souvent la frontière. A Paris, Mathieu Molé avait repoussé avec indignation la proposition d'admettre en séance un envoyé de l'Espagne. A Bordeaux, le président d'Affis, un peu plus tard, fit rendre un arrêt pour courir sus à un autre agent accrédité auprès de la princesse de Condé, qui commandait dans la ville. La nouvelle d'un traité signé par les seigneurs avec l'Espagne décida le parlement ; le premier président fut chargé de traiter avec Mazarin. La convention de Rueil diminua quelques impôts, autorisa les assemblées des chambres, et ramena, après quelque hésitation, la cour à Paris (avril 1649). La seconde Fronde, ou Fronde parlementaire était finie : la bourgeoisie parisienne s'était donnée le plaisir de porter l'arme pendant trois mois.

11. Parti des petits-maîtres, ou Jeune Fronde, arrestation de Condé (janvier 1650). — La paix ne dura guère, « bien que le roi l'eût achetée chèrement, les seigneurs ayant tous arraché quelque beau lambeau des libéralités royales. » Condé voulait dominer le gouvernement qu'il avait protégé. Il fatigua la régente et le premier ministre par des exigences continuelles; il les humilia par des insolences de mauvais goût. Il écrivait au cardinal : *All'illustrissimo signor Faquino*; il lui disait un jour en prenant congé de lui : *Adieu, Mars!* Cette conduite altière n'empêchait pas l'emploi de moyens moins superbes. Pour miner le crédit du ministre au point où il s'appuyait le plus, Condé chargea un de ses petits-maîtres, Jarzé, de reprendre auprès de la reine le rôle de Buckingham. C'était d'un tacticien habile, mais, cette fois, Condé fut battu. En même temps qu'il s'aliénait la cour, il mécontentait les anciens frondeurs : il ne parlait qu'avec mépris de ces bourgeois qui prétendaient à gouverner l'État; il s'entourait de jeunes seigneurs vains et présomptueux, qui poussèrent à l'extrême les défauts de leur chef et qu'on appela les *petits-maîtres*. Il ne fut pas difficile à Mazarin de réunir tout le monde contre ce prince « qui savait mieux gagner des batailles que des cœurs »; et il le fit arrêter dans le Louvre, avec son frère Conti et son beau-frère Longueville (janvier 1650). « Le peuple de Paris, qui avait fait des barricades pour un conseiller-clerc presque imbécile, dit Voltaire, fit des feux de joie lorsqu'on mena au donjon de Vincennes le défenseur et le héros de la France. » Voltaire ne voit pas que c'est le vieux levain démocratique de la grande cité qui recommençait à fermenter. « Le peuple seul fait les rois », s'écriait en plein parlement l'avocat Deboisle. — « Levons le masque, disait un pamphlet du temps, reconnaissons que les grands ne sont grands que parce que nous les portons sur nos épaules ; nous n'avons qu'à les secouer pour en joncher la terre et pour faire un coup de partie duquel il soit parlé à jamais. » Cette voix sinistre n'a pas alors d'écho : dans un siècle et demi elle en trouvera.

12. Union des deux Frondes, exil de Mazarin (février 1651). — Un soulèvement éclata dans quelques provinces ; il fut réprimé facilement. Bordeaux se soumit, et du Plessis-Praslin battit à Rethel le maréchal de Turenne, qui venait d'envahir la Champagne avec une armée espagnole (décembre 1650). Mais Mazarin se crut trop tôt vainqueur. Il avait promis au coadjuteur le chapeau de cardinal, pour le rattacher aux intérêts de la reine : après l'événement, il oublia sa promesse, suivant son habitude. Le coadjuteur se rapprocha du parti de Condé, ranima les défiances du parlement, agita le peuple, et les deux Frondes, unies momentanément par ses soins, forcèrent Anne d'Autriche à délivrer les princes et à renvoyer du royaume son premier ministre. Mazarin se retira à Cologne, et de son exil continua à gouverner la reine de France (février 1651). Retz eut enfin le chapeau. La lutte, cette fois, avait été de treize mois : le mal s'aggravait.

Pour obtenir la délivrance des princes, huit cents chefs des plus grandes maisons de France s'étaient réunis à Paris et bientôt s'étaient mis à délibérer sur les désordres de l'État, sur la ruine de l'ancienne constitution, sur la perte de leurs droits et franchises. Le clergé, qui tenait alors son assemblée quinquennale ordinaire, semblait disposé à faire cause commune avec les nobles. On parlait d'états généraux ; mais les deux ordres privilégiés laissèrent percer trop tôt leur jalousie contre le parlement, « qui voulait faire de l'État un monstre horrible, par l'adjonction d'un quatrième membre au corps parfait que composaient le clergé, la noblesse et le tiers état ; » contre ces jeunes écoliers, « qui devenaient, au sortir du collége, les arbitres de la fortune publique par la vertu d'un parchemin qui leur coûtait 60 000 écus. » Le parlement entra en défiance de tels alliés, et l'union des deux Frondes ne dura guère.

13. Révolte de Condé; combat de Bléneau (avril 1652). — Condé était mécontent de tout le monde, du parlement, de Paris, de la cour. Quand Mazarin, avant de s'éloigner, était venu lui ouvrir les portes de sa prison, il avait cru que la reine lui donnerait toute influence en dédommagement de ses deux ans de captivité, et Mazarin gouvernait du fond de son exil. Irrité de l'isolement où on le laissait, il se jeta dans de plus coupables aventures (déc. 1651). Il partit pour le Midi, résolu à conquérir, par les armes, le pouvoir et peut-être même le trône, si nous en croyons les Mémoires d'un de ses compagnons de révolte, le comte de Coligny. Il alla soulever la Guyenne et traiter avec l'Espagne, tandis que ses amis se préparaient à la guerre dans le centre de la France. Mazarin, qui était aussitôt rentré en France (décembre 1651), confia le commandement des troupes au vicomte de Turenne, alors revenu à la cause royale. Le maréchal se dirigea vers la Loire pour surprendre l'armée des princes. On croyait Condé à cent lieues de là; mais il avait traversé à cheval la moitié de la France, seul, déguisé. A peine arrivé, il fond sur les quartiers du maréchal d'Hocquincourt, à Bléneau, et les disperse (avril 1652). Les fuyards se sauvent à Briare, où était Turenne: il court à cheval sur une éminence, d'où il peut dominer la plaine, il observe, à la lueur des villages incendiés, les dispositions du combat, et dit: « Monsieur le Prince est arrivé; c'est lui qui commande son armée. » La cour épouvantée parlait de fuir à Bourges; Turenne rassure les esprits, et, à force d'audace et de prudence, avec 4000 hommes contre 12 000, empêche les ennemis de poursuivre leur avantage. « Monsieur le maréchal, dit la reine en pleurant, vous avez sauvé l'État; sans vous il n'y eût pas eu une ville qui n'eût fermé ses portes au roi. »

14. Combat du faubourg Saint-Antoine (juillet 1652). — Pour qui serait Paris? Les deux armées vinrent le demander aux Parisiens eux-mêmes qui fermèrent leurs portes à toutes les deux. Elles se trouvèrent alors en présence au faubourg Saint-Antoine. La bataille fut sanglante et longtemps indécise. Le duc d'Orléans, toujours incertain, restait enfermé dans son palais du Luxembourg. Le cardinal de Retz était can-

Gaston d'Orléans.

tonné dans son archevêché. Le parlement attendait l'issue de la lutte pour donner quelque arrêt. La reine en larmes était prosternée dans une chapelle des Carmélites. Condé se battit en soldat : il était partout. « Je n'ai pas vu un Condé, disait Turenne, j'en ai vu douze. » Cependant l'armée frondeuse, menacée sur ses flancs, allait être enveloppée et détruite, quand Mademoiselle,

Le château de Vincennes au XVIIe siècle.

fille de Gaston d'Orléans, fit ouvrir les portes à Condé et tirer le canon de la Bastille sur les troupes royales : Turenne étonné recula. Mais Condé ne put demeurer longtemps à Paris où sa gloire fut tachée par un massacre des *Mazarins*, qu'il laissa faire, s'il ne l'ordonna pas. Il sortit de la ville le 15 octobre 1652 et se retira en Flandre, au milieu des Espagnols. La tradition féodale avait encore assez de force pour qu'une foule de noblesse l'y suivît, entraînant avec elle toute une armée, au moins dix mille hommes composant les régiments des princes et de leurs amis. Cette quatrième Fronde avait encore valu à la France onze mois de guerre civile.

15. Retour de Mazarin (février 1653). — Cette première émigration fut, comme la seconde, fatale à ceux qui la firent. Elle accéléra le mouvement de l'opinion publique, qui revenait au roi ; Mazarin pour n'y point faire obstacle s'était éloigné une seconde fois (9 août). Alors le parlement et les bourgeois supplièrent la reine mère de rentrer dans la capitale pacifiée (21 octobre). Dix magistrats furent destitués ou emprisonnés ; le cardinal de Retz fut enfermé à Vincennes [1] ; le prince de Condé condamné à mort par contumace, et Gaston exilé à Blois. Trois mois après, Mazarin revenait tout-puissant et avec l'appareil fastueux d'un souverain (février 1653). Ce fut la fin de la Fronde. Mais ces temps où le roi et sa mère fuyaient en désordre devant quelques brouillons et couchaient presque sur la paille à Saint-Germain laissèrent dans l'esprit de Louis XIV une impression qui ne s'effaça jamais ; ce souvenir contribua à le pousser dans les voies du gouvernement le plus absolu. En rentrant à Paris, il avait fait enregistrer d'autorité (22 octobre 1652) une déclaration portant « très-expresse défense aux gens du parlement de prendre

---

[1]. Nous retrouverons Condé ; pour le cardinal de Retz, son rôle est fini. Emprisonné à Vincennes, puis à Nantes, il s'évada au risque de la vie, gagna l'Espagne, puis Rome, vécut longtemps à Bruxelles et ne rentra en France qu'en se démettant de son archevêché. Il avait des dettes énormes, 4 millions. Il vécut dans la retraite pour les payer. C'est alors qu'il écrivit ses *Mémoires*.

ci-après aucune connaissance des affaires générales de l'État et de la direction des finances ». A quelque temps de là, le parlement s'étant un jour réuni de lui-même, au sujet de quelques édits, pour préparer des remontrances, le jeune roi partit de Vincennes, où il chassait, et entra dans la grand'chambre en grosses bottes, le fouet à la main : « Messieurs, dit-il, on sait les malheurs qu'ont produits vos assemblées; j'ordonne qu'on cesse celles qui sont commencées sur mes édits. Monsieur le premier président, je vous défends de souffrir des assemblées, et à pas un de vous de les demander » (1654).

Deux coups fort sensibles furent encore portés aux parlements : une déclaration décrétant que les arrêts du conseil d'État seraient obligatoires pour les cours souveraines et le rétablissement des *intendants*, qui veillaient sur l'administration de la justice dans les provinces et, au besoin, faisaient casser les arrêts par le *conseil d'en haut*.

Ainsi avorta cette tentative d'une révolution par l'aristocratie parlementaire. Un siècle plus tard, quand le parlement essaya d'une nouvelle lutte contre l'omnipotence de la royauté, lord Chesterfield donna la vraie mesure des forces de cette opposition en disant à Montesquieu : « Votre parlement peut faire des barricades, mais il n'élèvera jamais de barrières. »

16. Victoires de Turenne à Arras et aux Dunes; alliance de la France avec Cromwell. — La guerre de la Fronde était terminée. Il restait à finir la guerre avec l'Espagne, qui avait repris, pendant ces troubles, Dunkerque, Barcelone et Casal en Italie. Condé était venu offrir aux ennemis son épée qui leur avait été si fatale, mais il sembla perdre sa force en quittant la France. Il alla d'abord avec l'archiduc Léopold assiéger Arras, non loin de ces plaines de Lens, où il avait remporté sa plus belle victoire. Turenne les attaqua dans leur camp, et força leurs lignes. Condé ne put qu'opérer la retraite en bon ordre (25 août 1654). « J'ai su, lui écrivait le roi d'Espagne, Philippe IV, que tout était perdu, et que vous avez tout conservé. »

Les années 1655 et 1656 ne virent que des siéges de places sur la frontière : Valenciennes, Cambrai, Rocroy, etc., et d'habiles manœuvres de Turenne et de Condé; mais ces deux généraux, avec les petites armées qu'ils avaient sous la main, ne pouvaient frapper des coups décisifs. Mazarin n'eut pas plus de scrupules royalistes que Richelieu n'avait eu de scrupules religieux. Son prédécesseur s'était allié avec les protestants contre l'Autriche : il s'allia, contre l'Espagne, avec Cromwell qui avait fait tomber sur un échafaud la tête du gendre de Henri IV (1657). Alors l'Espagne n'éprouva plus que des revers. Tandis que les Anglais s'emparaient de la Jamaïque et brûlaient les galions de Cadix, la ville de Dunkerque, la clef des Flandres, fut assiégée par terre et par mer. Les Espagnols s'avancèrent le long des dunes qui bordent la mer pour la secourir. « Avez-vous jamais vu une bataille? demanda Condé au jeune duc de Glocester placé près de lui. — Non, répondit le jeune prince. — Eh bien! dans une demi-heure, vous verrez comment on en perd une. » La victoire de Turenne fut complète (14 juin 1658) : Dunkerque en fut le prix, mais il fut remis entre les mains des Anglais, suivant les conventions du traité.

17. Traité des Pyrénées (1659); ligue du Rhin (1658). — Le cabinet de Madrid n'avait plus d'armée; il demanda la paix. Les négociations furent conduites par les deux ministres, Mazarin et don Louis de Haro qui se rencontrèrent dans l'île de la Conférence, sur la Bidassoa, au pied des montagnes qui séparent les deux pays. Ce fut le traité *des Pyrénées*, signé le 7 novembre 1659. La France garda l'Artois, la Cerdagne et le Roussillon, que Richelieu avait conquis; elle rendit la Lorraine au duc Charles IV, à condition qu'il démantèlerait toutes ses places fortes, et, comme il s'y refusa, son duché resta entre nos mains; le prince de Condé fut reçu en grâce et rétabli dans ses principales charges ; enfin Louis XIV épousait l'infante Marie-Thérèse, qui dut lui apporter une dot de 500 000 écus d'or, en considération de laquelle elle renonçait à toute prétention sur l'héritage de son père.

La conclusion de ce mariage était la pensée et l'espérance de Mazarin depuis quinze années. Dès 1645, il écrivait à ses plénipotentiaires au congrès de Westphalie : « Si le roi très-chrétien épousait l'infante, alors nous pourrions aspirer à la succession d'Espagne, quelque renonciation qu'on fît faire à l'infante, et ce ne serait pas une attente fort éloignée, puisqu'il n'y a que la vie du prince, son frère, qui l'en puisse exclure. » En 1659 il s'arrangea de manière que les renonciations fussent *légalement* nulles ; il en subordonna d'une façon expresse la validité au payement exact de la dot, qu'il savait que l'Espagne ne pourrait jamais payer. C'était préparer pour l'avenir un prétexte aux prétentions de la maison de Bourbon. Mais, par ce même traité, Mazarin abandonnait le Portugal, qui, n'ayant plus l'appui de la France, rechercha celui de l'Angleterre : alliance qui nous sera deux fois funeste, dans les guerres de Louis XIV et de Napoléon.

En même temps que le cardinal méditait la réunion de l'Espagne à la France, il avait un moment pensé à faire Louis XIV empereur, à la mort de Ferdinand III (1657). Léopold Ier avait été élu. Mazarin conclut du moins la *ligue du Rhin* (1658), par laquelle les trois électeurs ecclésiastiques, le duc de Bavière, les princes de Brunswick et de Hesse, les rois de Suède et de Danemark s'unirent à la France pour le maintien du traité de Westphalie, et se placèrent en quelque sorte sous son protectorat. La ligue du Rhin, plus tard renouvelée et étendue par Napoléon, sous le nom de confédération du Rhin, assurait à la France la prépondérance dans l'Empire.

Après l'achèvement de ces grandes choses, le cardinal Mazarin pouvait dire que « si son langage n'était pas français, son cœur l'était. »

18. Toute-puissance de Mazarin. — En tout, au dedans comme au dehors, en face de l'impétueux Condé comme en présence du flegmatique don Luis de Haro, Mazarin sut admirablement louvoyer entre les difficultés, après maints heurts et chocs, atteindre sûrement au port. S'appuyant au cœur de la reine, qui voyait en lui le fidèle défenseur du roi et de l'Etat, le souple Italien avait tourné les obstacles où d'autres se seraient brisés. Il avait triomphé de l'immense impopularité dont il était l'objet, de l'hostilité des cours souveraines, des princes du sang et des meilleurs généraux du royaume, parce que ses adversaires n'avaient que des desseins égoïstes et que lui, tout en servant son ambition, servait aussi l'Etat. La nation sentait confusément que la victoire du roi valait mieux pour son repos et sa fortune que la victoire des seigneurs ou des parlementaires, et elle s'était mise de son côté. Il se retrouva donc, après de terribles vicissitudes, dans la souveraine puissance, et il y resta jusqu'à sa mort.

19. Son administration. — Mais une fois arrivé là, et l'Etat avec lui, il ne songea qu'à jouir du repos que son adresse lui avait donné; après le grand diplomate, il n'y eut pas le grand ministre. Son administration intérieure fut déplorable. Il négligea le commerce et l'agriculture; il laissa dépérir notre marine; il géra les finances de telle sorte, qu'à sa mort le trésor public devait 430 millions, tandis que sa fortune particulière s'élevait à 100 millions, qui en vaudraient trois ou quatre fois autant aujourd'hui, et que le surintendant Nicolas Fouquet disait au roi : « Sire, il n'y a pas d'argent dans les coffres de Votre Majesté, mais M. le cardinal vous en prêtera. » Telle fut son avidité dans les dernières années de sa vie, qu'on le vit « faire repasser par ses mains quasi tout le royaume, pour le donner pièce à pièce à ses nièces et à ses amis. » Si Mazarin en effet fut sous ce rapport mauvais ministre, il fut fort bon parent; il empêcha bien une de ses nièces d'épouser Louis XIV, mais il les plaça toutes en haut lieu. La signora Martinozzi, sa sœur aînée, vit une de ses filles princesse de Conti, l'autre, duchesse souveraine de Modène. Les cinq filles de la signora Mancini, son autre sœur, arrivée d'Italie en bien piètre équipage, furent mariées au duc de Mercœur, au comte de Soissons, de la maison de Savoie[1], au connétable romain Colonna, au duc de Bouillon et au duc de la Meilleraye. La France paya toutes ces dots. Son neveu fut duc de Nivernais, et de son frère, pauvre moine perdu au fond d'un couvent d'Italie, il fit un archevêque d'Aix et un cardinal.

On ne regardera pas comme une rançon de ce pillage quelques pensions à des gens de lettres dont Ménage dressa la liste : à Descartes, qui vivait retiré en Hollande, à l'historien Mézeray, qui fut inscrit pour une somme de 4000 francs; ni les dépenses faites pour créer une magnifique bibliothèque, la Mazarine, qui fut ouverte plus tard au public « pour la commodité et satisfaction des gens de lettres »; ni la fondation du collége des Quatre-Nations, auquel il affecta par testament 800 000 écus et qu'il destina à recevoir des élèves de l'Université appartenant aux provinces espagnole, italienne, allemande et flamande, nouvellement réunies au royaume. Mazarin avait le goût le plus vif, sinon le meilleur, pour les arts : il fit venir d'Italie nombre de tableaux, de statues, de curiosités, même des acteurs, des machinistes, qui introduisirent l'opéra en France, et il fonda, en 1655, l'Académie de peinture et de sculpture.

Il mourut le 9 mars 1661, à Vincennes, à l'âge de cinquante-neuf ans, désespéré de quitter ses belles peintures, ses statues, ses livres, les affaires, la vie, et pourtant « faisant bonne mine à la mort ».

1. La duchesse de Mercœur fut mère de Vendôme, la comtesse de Soissons, du prince Eugène.

CHAPITRE VII.

GOUVERNEMENT PERSONNEL DE LOUIS XIV;
LES CONSEILS; LES SECRÉTAIRES D'ÉTAT;
PROCÈS DE FOUQUET; ORGANISATION FINANCIÈRE;
AGRICULTURE; COMMERCE; INDUSTRIE; MARINE;
COLONIES; RÉFORMES ET TRAVAUX DE COLBERT;
INSTITUTIONS ET FONDATIONS; LES ORDONNANCES;
ORGANISATION MILITAIRE;
RÉFORMES DE LE TELLIER ET DE LOUVOIS;
VAUBAN; POLITIQUE EXTÉRIEURE; DE LIONNE
ET POMPONNE.

1. Division du règne de Louis XIV. — 2. Louis XIV gouverne par lui-même. — 3. Idées de Louis XIV sur le gouvernement. — 4. Les conseils. — 5. Ministres. — 6. Ministres de Louis XIV. — 7. Colbert : ses réformes, ses travaux et ses institutions. — 8. Réorganisation des finances. — 9. Agriculture. — 10. Industrie. — 11. Commerce intérieur, travaux publics. — 12. Commerce maritime et colonies. — 13. Marine militaire. — 14. Fondations. — 15. Les ordonnances. — 16. Organisation militaire Réformes de Le Tellier et de Louvois. — 17. Vauban, fortification du royaume. 18. Politique extérieure. De Lionne et Pompone.

1. Division du règne de Louis XIV. — Charles-Quint disait que la fortune n'aime pas les vieillards. Les longs règnes en effet présentent souvent deux spectacles contraires : un temps d'éclat et de prospérité, un temps de décadence et de misère. La belle période du règne de Louis XIV s'étend de 1661 à 1683, de la mort de Mazarin à la mort de Colbert, et elle est remplie par la forte génération qui s'était formée dans les années précédentes. C'est, pour l'administration intérieure, Colbert; pour la guerre, Turenne, Condé, Duquesne et Louvois; pour les lettres, Molière, la Fontaine, Boileau, Racine, Bossuet, Bourdaloue et Mme de Sévigné; pour les arts, Lebrun, Claude Lorrain, Puget, Hardouin Mansart et Perrault. Alors tout sourit au roi et lui réussit : les conquêtes durables se font, les grands travaux s'accomplissent, les beaux monuments s'élèvent.

Après 1683, Louis XIV arrive à l'âge mûr, sa santé se dérange; Louvois, qui n'a plus l'utile contre-poids de Colbert, et Mme de Maintenon dominent le monarque. La joie et le bonheur sont partis comme les jeunes années. Cette couronne de gloire que le siècle de Louis XIV portait si noblement s'effeuille et tombe. Les grands hommes s'en vont; une génération plus petite les remplace : Pascal est mort, Molière et le Poussin sont morts. La Fontaine et Boileau ont à peu près donné tout ce que la postérité garde d'eux. Racine se tait et n'interrompra ce silence que par un dernier chef-d'œuvre, *Athalie*. Bossuet n'écrira plus qu'un grand ouvrage, l'*Histoire des variations*; Lebrun est en disgrâce; Turenne a été tué; Condé se meurt; Duquesne va mourir. Louis restera le dernier pour fermer son siècle sur tous les hommes illustres qui en ont été l'honneur, et descendra dans la tombe, triste, vaincu, à charge à lui-même et aux autres, laissant la France sans industrie, sans commerce, épuisée et maudissant presque le grand règne qu'elle avait, pendant vingt-cinq ans, salué de ses enthousiastes acclamations.

2. Louis XIV gouverne par lui-même. — En 1661 Louis XIV avait vingt-trois ans et en avait régné dix-huit sans s'être fait connaître. Mazarin seul l'avait deviné. Il avait dit aux maréchaux de Villeroi et de Grammont : « Vous ne le connaissez pas; il se mettra en chemin un peu plus tard, mais il ira plus loin qu'un autre. » Quand les ministres vinrent, après la mort du cardinal, demander au roi à qui ils s'adresseraient désormais : « A moi, » leur répondit-il. Le secrétaire d'État de la guerre, Michel Le Tellier, courut tout effaré apprendre cette nouvelle à la reine-mère qui lui rit au nez : « En bonne foi, monsieur Le Tellier, qu'en croyez-vous? » Cette résolution n'était pourtant que l'accomplissement des conseils vingt fois donnés par Mazarin, et, s'il y a lieu de s'étonner, ce n'est pas qu'il l'ait prise, mais qu'il l'ait tenue. Il accepta tous les soucis de la royauté et fut lui-même, dit la Bruyère, son principal ministre, exigeant des grands fonctionnaires de l'Etat qu'ils correspondissent directement avec lui. Pendant trente années, il travailla régulièrement huit heures par jour. Il a rappelé dans ses *Mémoires*, avec un légitime orgueil, l'effet produit par cette déclaration; et il recommanda à son fils, en quelques paroles vraiment éloquentes, de ne pas oublier « que c'est par le travail qu'on règne; qu'il y a de l'ingratitude et de l'audace à l'égard de Dieu, de l'injustice et de la tyrannie à l'égard des hommes, de vouloir l'un sans l'autre. »

3. Idées de Louis XIV sur le gouvernement. — Ce qui est plus remarquable encore, c'est que ce jeune prince, qui prenait si hardiment le pouvoir, avait déjà conçu tout le plan de sa politique. Non-seulement Louis XIV a régné avec un pouvoir sans bornes, comme quelques-uns de ses prédécesseurs, mais il a établi le premier, en France, la théorie de la monarchie absolue. A ses yeux, la royauté est d'institution divine : les souverains sont les représentants de Dieu sur la terre, ses lieutenants, inspirés providentiellement par lui, et, à ce titre, participant en quelque sorte de sa puissance et de son infaillibilité. Mais cette autorité, qui n'a de limites que dans leur conscience et les prescriptions de la religion, ne doit pas rester stérile entre leurs mains; ils ont des devoirs impérieux auxquels ils ne peuvent se soustraire : « Nous devons considérer le bien de nos sujets plus que le nôtre propre. Ce n'est que pour leurs avantages que nous devons leur donner des lois; et ce pouvoir que nous avons sur eux ne nous doit servir qu'à travailler plus effectivement à leur bonheur. »

C'est ainsi que Louis XIV comprenait son métier de roi. Avant de dire comment il régna, voyons quels étaient les principaux rouages du gouvernement et quels fonctionnaires les mettaient en action.

4. Les Conseils. — Le *Conseil d'en haut*, où le roi appelait les secrétaires d'État et parfois les princes du sang, répondait à notre conseil des ministres; il avait la direction générale de la politique et des grandes affaires; il possédait de plus une juridiction que nos ministres n'ont pas : il jugeait les appels du conseil d'État.

Le *Conseil d'État* ou *Conseil du roi*, placé au-dessous des ministres, mais au-dessus des cours souveraines était le grand corps administratif du royaume. Il se réunissait quatre fois par semaine, le mardi, le mercredi, le jeudi et le samedi, sous la présidence du chancelier, et, chaque fois, pour des affaires de nature différente. Ainsi le mardi, le conseil lisait et discutait les rapports adressés aux ministres par les gouverneurs de province : c'était le *conseil des dépêches*. Le mercredi était tenu le *conseil des finances*, institué en 1661, après la suppression de la surintendance. Il délibérait sur les nouvelles levées de deniers, et sur les réclamations des villes et provinces, arrêtait le rôle de la *taille* ou impôt foncier et personnel, et rédigeait les instructions des commissaires envoyés dans les provinces pour prendre connaissance du *fait des finances*. Le jeudi, examen du *contentieux financier*, c'est-à-dire des plaintes des particuliers ou des officiers royaux contre les fermiers des *aides*[1] et les collecteurs des tailles, et adjudication des fermes, travaux publics, approvisionnement des garnisons, etc. Le samedi, le *conseil des parties* jugeait les conflits de juridiction alors très-fréquents entre les tribunaux et interprétait les ordonnances ou les arrêts sur lesquels il était consulté par les juges. Les conseillers d'État étaient au nombre de dix-huit.

---

[1] Impôt indirect sur les boissons, les cartes, les dés, la marque des objets d'or et d'argent, la poudre, le tabac, etc.

Le *Grand Conseil*, investi par Charles VIII des attributions judiciaires dévolues jusqu'alors au Conseil du roi, afin que celui-ci ne fût plus distrait de ses fonctions administratives, connaissait de tous les procès concernant les évêchés et les bénéfices à la nomination du roi; il jugeait les évocations des cours souveraines; les conflits entre les parlements et les présidiaux de leur ressort[1], les arrêts contraires rendus par les parlements. Ses décisions étaient exécutoires dans toute l'étendue du royaume, tandis que les sentences de chaque parlement ne valaient que pour son ressort.

5. Ministres. — Les *clercs* du secret devenus, en 1547, secrétaires d'État, étaient au nombre de quatre; chacun d'eux administrait, non pas de certaines affaires, mais toutes les affaires de certaines provinces : ils se partageaient la France géographiquement. C'était une organisation impraticable. Les guerres de religion, les troubles de la minorité de Louis XIII, empêchèrent de la changer. En 1619, un seul des secrétaires d'État fut chargé de la guerre et de la correspondance avec les chefs de corps; un autre, en 1626, eut les affaires étrangères; enfin, sous Louis XIV furent constitués le ministère de la maison du Roi, avec les affaires ecclésiastiques, et celui de la marine. De grandes charges, érigées en offices, c'est-à-dire donnant l'inamovibilité à leur titulaire, celle du chancelier garde des sceaux, chef de la magistrature, celle du contrôleur général des finances, étaient comme deux autres ministères. Les attributions spéciales données à chacun des quatre secrétaires d'État n'empêchèrent pas qu'ils ne conservassent pour les autres affaires l'ancienne division par provinces qui subsista jusqu'à la Révolution.

6. Ministres de Louis XIV. — Les ministres que

---

[1]. Les *présidiaux* jugeaient, en dernier ressort, toute matière civile jusqu'à 250 livres tournois, et depuis 1777 jusqu'à 2000 livres. Leur compétence était donc plus étendue que celle de nos tribunaux de première instance qui ne jugent en dernier ressort que les affaires ne dépassant pas une valeur de 1500 francs.

Mazarin avait laissés au roi étaient : Pierre Séguier, garde des sceaux et chancelier, qui eut l'art, en ne prenant point d'importance politique, de se faire estimer nécessaire pendant cinquante années; Michel Le Tellier, secrétaire d'Etat de la guerre; Hugues de Lionne, chargé de la marine et des affaires étrangères; Nicolas Fouquet, surintendant. Je passe Henri de Guénégaud, seigneur du Plessis, qui était ministre de la maison du roi, mais resta un obscur personnage. Les deux premiers étaient des hommes distingués; le troisième un homme supérieur; pour le quatrième, Fouquet, il s'était fait la réputation d'un Mécène généreux en protégeant noblement les lettres, et il compta d'illustres amis, Pellisson, la Fontaine, Gourville, Mme de Sévigné, Mlle de Scudéri, qui ont plaidé sa cause devant la postérité, sans la gagner. Il avait mis ou plutôt laissé les finances dans un désordre extrême, et luimême puisait sans scrupule dans le trésor : il dépensa à son château de Vaux 9 millions, qui en vaudraient plus de 30 aujourd'hui, et il ne regardait pas à mettre 120 000 livres à un dîner. Pour tromper le roi, il grossissait les états de dépenses, diminuait les états de recettes. Enfin, ce qui était plus grave, il semblait chercher partout des appuis, même dans la haute noblesse, et il fortifiait les places dont il avait le commandement, comme pour se préparer, en cas de disgrâce, une retraite inexpugnable. C'était presque un frondeur; c'était bien certainement un fripon. Le roi avait un ministre secret qui lui faisait remarquer tous les soirs les mensonges du surintendant et qu'une grande et légitime renommée attendait, Jean-Baptiste Colbert. Né à Reims, en 1619, dans une ancienne famille de marchands et de magistrats, il avait été intendant de Mazarin, qui, en mourant, avait dit au roi : « Je vous dois tout, mais je crois m'acquitter en quelque manière en vous donnant Colbert. »

La perte de Fouquet était peut-être déjà résolue quand la cour accepta la fête magnifique qu'il lui donna dans sa maison de Vaux. Louis XIV fut irrité d'une devise orgueilleuse qu'il lut partout : *Quo non ascendam?* (*Où ne monterai-je pas?*) et surtout des splendeurs toutes royales qui furent prodiguées pour lui plaire. Il disait à la reine-mère avec colère : « Ah! madame, est-ce que nous ne ferons pas rendre gorge à ces gens-là? » Et il fut tenté de faire arrêter le ministre à Vaux, au milieu de la fête qu'il y recevait. Il se contint cependant; mais, quelques semaines après, Fouquet était à la Bastille (septembre 1661). Il fut accusé de dilapidations, ce qui était trop vrai, et de complot contre la sûreté de l'État, ce qui ne fut jamais prouvé. Au bout de trois années, neuf juges opinèrent pour la mort, treize autres pour le bannissement. Le roi, aggravant la peine, la changea en une prison perpétuelle, et Fouquet fut enfermé dans la citadelle de Pignerol, où il mourut après dix-neuf ans de captivité.

Colbert lui succéda avec le titre de contrôleur général. En 1666, Michel Le Tellier laissa sa charge à son fils, le célèbre Louvois, et le premier ministère de Louis XIV se trouva alors complété.

7. Colbert : ses réformes, ses travaux et ses institutions. — Colbert dirigea près de cinq de nos ministères : la maison du roi avec les beaux-arts, les finances, l'agriculture avec le commerce, les travaux publics, et, à partir de 1669, la marine, poids écrasant sous lequel il ne succomba pas. « Jean-Baptiste Colbert, dit un contemporain, avait le visage naturellement renfrogné. Ses yeux creux, ses sourcils épais lui faisaient une mine austère et lui rendaient le premier abord sauvage et négatif; mais, dans la suite, en l'apprivoisant, on le trouvait assez facile, expéditif et d'une sûreté inébranlable. Il était persuadé que la bonne foi dans les affaires en est le fondement solide. Une application infinie et un désir insatiable d'apprendre lui tenaient lieu de science. Il fut le restaurateur des finances, qu'il trouva en fort mauvais état à son avénement au ministère. Esprit solide, mais pesant, né principalement pour le calcul, il débrouilla tous les embarras que les surintendants et les trésoriers de l'épargne avaient mis exprès dans les affaires pour y pêcher en eau trouble. » Ajoutons que ce financier austère et dur, cet homme de

Colbert.

marbre, comme Gui-Patin l'appelle, avait du cœur. « Il faut, écrivait-il à Louis XIV, épargner cinq sols aux choses non nécessaires et jeter les millions quand il s'agit de votre gloire. Un repas inutile de 3000 livres me fait une peine incroyable, et lorsqu'il est question de millions d'or pour l'affaire de Pologne, je vendrais tout mon bien, j'engagerais ma femme et mes enfants, et j'irais à pied toute ma vie pour y fournir. »

8. Réorganisation des finances. — La France était partagée, pour l'administration financière, en *généralités* dont chacune comprenait un certain nombre de *bureaux* de perception appelés *chambres des trésoriers de France* et où étaient versés les revenus des *domaines* du roi et de la couronne situés dans le ressort, le produit des *gabelles* ou de la vente du sel faite dans les greniers du roi[1], ceux des traites foraines ou douanes, et des *aides* ou impôts indirects. Les *élus* des états généraux de 1355, devenus simples officiers royaux, étaient chargés de faire la répartition de certains impôts, tailles, aides, etc., et de juger les procès qui s'élevaient à cette occasion. Le nombre de ces commissions financières alla jusqu'à 179 *élections* réparties entre les 33 généralités, à la tête de chacune desquelles était placé un des intendants créés par Richelieu[2]. Telle était, dans ses traits généraux, une des administrations que Colbert avait à conduire.

Les finances étaient retombées dans le chaos d'où Sully les avaient tirées. La dette publique était de 430 millions, les revenus dévorés deux ans à l'avance, et le trésor, sur 85 millions d'impôts annuels, plus de 300 millions de francs, en recevait à peine 32. Colbert commença par annuler ou rembourser, au taux de l'achat, 8 millions de rentes sur l'Hôtel de Ville, acquises à vil prix, et fit rechercher par une *chambre de justice* les malversations commises depuis vingt-cinq ans par les officiers de finance: on fit rendre gorge aux traitants qui avaient profité des besoins de l'État pour lui prêter à un taux usuraire; les amendes s'élevèrent à

---

[1]. Le roi s'étant attribué le monopole du sel, des *greniers* avaient été établis où les particuliers venaient s'approvisionner. Toute commune était obligé d'y acheter par an 50 livres de sel pour chaque groupe de sept personnes que comptait sa population.

[2]. Il n'y avait que 32 intendants, les 2 généralités de Languedoc n'en ayant qu'un seul. Ce chiffre de 32 intendances se rapporte aux derniers temps de la monarchie.

110 millions. Plusieurs traitants furent pendus. C'étaient des mesures selon l'esprit du temps, mais non selon la bonne politique : le moyen le plus sûr, pour l'Etat, de n'avoir pas de contrats onéreux à subir dans les mauvais jours étant de tenir, dans les bons, la parole une fois donnée. Il n'y a d'usuriers que pour ceux qu'on suspecte de ne point payer leurs dettes.

Colbert fut le véritable créateur du *budget*. Jusqu'alors on dépensait au hasard, sans consulter les recettes. Le premier, il dressa chaque année *un état de prévoyance*, divisé en trois chapitres, où les revenus, les dépenses probables et les fonds disponibles étaient marqués à l'avance. Quand un secrétaire d'Etat avait une dépense à faire, il signait un ordre de payement motivé que la partie prenante présentait au contrôle général qui assignait le payement de la somme sur un fonds spécial et présentait cette assignation à la signature du roi[1].

Colbert modifia la forme et l'assiette des impôts. La *taille* ou impôt foncier était *personnelle* et payée par les seuls roturiers; il eut voulu la rendre *réelle* comme elle l'était dans le Midi, comme elle l'est aujourd'hui partout, c'est-à-dire payée par les biens-fonds, quels qu'en fussent les détenteurs. Elle s'élevait en 1661 à 53 millions : il la ramena à 32. Au milieu des troubles de la Fronde, beaucoup de gens s'étaient anoblis de leur propre autorité, ou avaient acheté des titres de noblesse pour quelques écus : c'étaient autant de faux privilégiés ajoutés aux véritables. Dès 1662 Molière, dans *l'École des femmes*, se moquait de cette vanité qui coûtait cher au peuple[2]. Une ordonnance royale révoqua toutes les

---

1. Mais le fonds était parfois épuisé, de sorte que l'*assignation* restait sans valeur. Si le créancier de l'Etat ne pouvait obtenir une assignation nouvelle sur un autre fonds, il était réduit à vendre à vil prix sa créance que de plus habiles parvenaient à se faire payer. De là, un commerce d'*assignations* qui donnait lieu à de grands abus et que Colbert ne parvint pas à détruire.

2. Chrysale disait à Arnolphe qui lui-même s'était fait appeler M. de la Souche :

    Je sais un paysan qu'on appelait Gros-Pierre,
    Qui, n'ayant pour tout bien qu'un seul quartier de terre,
    Y fit tout alentour faire un fossé bourbeux,
    Et de Monsieur de l'Isle en prit le nom pompeux.

lettres de noblesse accordées depuis trente ans : Gros-Pierre fut obligé de présenter ses titres, qu'il n'avait pas ; et près de 40 000 familles, parmi les plus riches des paroisses, furent de nouveau imposées, ce qui déchargea d'autant leurs voisins.

A la taille qui pesait uniquement sur le peuple, le contrôleur général préférait avec raison les *aides* ou impôts indirects, auxquels tous contribuaient. Il diminua le prix du sel, denrée de première nécessité pour le pauvre, mais il augmenta ou créa les taxes sur le café, le tabac, le vin, les cartes, la loterie, etc. ; et de 1 500 000 francs, il les porta à 21 000 000. Ainsi l'établissement des impôts indirects, tant attaqués de nos jours, a été, dans l'origine, une pensée de justice et d'égalité.

Il n'aimait pas les emprunts, non qu'il ne comprît l'avantage d'emprunter à bas prix pour rembourser des créances onéreuses ; mais il redoutait de donner à Louis XIV cette facilité de grever l'avenir au profit du présent. Au sortir du conseil où le premier emprunt fut décidé en 1672, il reprocha amèrement à Lamoignon d'avoir approuvé cette mesure. « Connaissez vous comme moi l'homme auquel nous avons affaire, sa passion pour la représentation, pour les grandes entreprises, pour tout genre de dépenses ? Voilà donc la carrière ouverte aux emprunts, par conséquent à des dépenses et à des impôts illimités ! Vous en répondrez à la nation et à la postérité. » Un temps viendra en effet, quand Colbert n'y sera plus, où Louis XIV empruntera à 400 pour 100. Du moins le grand ministre essaya de défendre le trésor contre les exigences des financiers en invitant les petits capitalistes à verser directement leurs fonds, sans entremetteurs dispendieux, dans une *caisse d'emprunt* qu'il établit à cet effet et où l'argent afflua. C'est ce que nous avons recommencé à faire.

Voici le résumé de l'administration financière de Colbert. En 1661, sur 85 millions d'impôts, le trésor avait à payer 52 millions pour rentes et gages ; il ne lui restait que 32 millions, et il en dépensait 60 ; déficit :

28 millions. En 1683, année de la mort de Colbert, les impôts rendaient 112 millions; les gages et rentes n'en prenaient plus que 23; le revenu net du trésor était de 89 millions. Ainsi, d'une part, Colbert avait augmenté les recettes de 27 millions, diminué les rentes et gages de 29, ce qui constituait à l'État un bénéfice net annuel de 57 millions; et, d'autre part, il avait dégrevé les roturiers de 22 millions, en diminuant d'autant la taille. Il n'y a rien à ajouter à de pareils chiffres.

9. Agriculture. — Sully avait sacrifié l'industrie à l'agriculture ; Colbert ne sacrifia pas l'agriculture à l'industrie, comme on l'a dit souvent. Il allégea les impositions qui pesaient sur elle; il exempta de la taille les familles trop nombreuses; il interdit de nouveau la saisie des instruments de labour et des bestiaux en recouvrement des taxes dues à l'État; il établit ou plutôt il rétablit les haras, où l'on croisa nos chevaux avec ceux d'Afrique et de Danemark ; il fit venir des bestiaux de l'Allemagne et de la Suisse pour améliorer les nôtres, des béliers d'Angleterre pour régénérer notre race ovine. Il accorda des primes d'encouragement aux meilleurs éleveurs; il ordonna le desséchement des marais; enfin il publia un code des eaux et forêts (1669), qui est encore, pour la très-grande partie, en vigueur : mais il commit la faute de respecter le préjugé populaire qui voyait dans la liberté du commerce des grains une cause de disette, au lieu que le meilleur moyen de l'éviter, c'est de laisser les blés, comme le voudront cent ans plus tard Turgot et la Constituante, se répandre librement sur toute la surface du territoire. Colbert réussit à tenir le blé à bas prix pour l'ouvrier des manufactures et pour le soldat; mais le cultivateur, n'y trouvant plus son compte, cessa sur bien des points de cultiver. Les friches s'étendirent; les disettes se multiplièrent ; dès le mois de mai 1675, le gouverneur du Dauphiné lui écrivait que les habitants des campagnes n'avaient vécu tout l'hiver que de pain de gland et de racines, et qu'on les avait vus manger l'herbe des prés et l'écorce des arbres.

10. Industrie. — L'industrie, née sous François Ier et Henri IV, était restée dans l'enfance ; nous tirions presque tout de l'étranger. L'Italie nous fournissait ses broderies, ses glaces et son orfévrerie ; l'Allemagne, sa belle faïence et ses cristaux de Bohême ; la Flandre, ses dentelles et ses tapisseries ; la Hollande, ses draps et ses toiles ; l'Angleterre, ses étoffes de laine et ses aciers. Colbert, sorti de la boutique d'un marchand de Reims, à l'enseigne du *Long-Vêtu*, voulut que la France pût se suffire à elle-même ; et, pour donner le temps à notre industrie de grandir, il la mit à l'abri d'une protection salutaire. Il ne créa pas, mais il organisa le système *protecteur*, qui nuit à une industrie développée, qui est indispensable à une industrie naissante. S'il frappa de droits considérables, à leur entrée dans le royaume, les produits similaires de l'étranger (tarif de 1667), ce n'était, à ses yeux, qu'une mesure temporaire, bonne pour mettre le royaume en état de n'avoir plus à demander aux étrangers les choses de nécessité. Il disait lui-même au roi qu'il fallait réduire les droits à l'exportation de nos produits et à l'importation des matières premières.

Grâce aux dépenses que Colbert n'épargna pas pour acheter ou surprendre les secrets industriels des nations voisines, et pour attirer en France les ouvriers les plus habiles, le nombre de nos manufactures s'accrut rapidement. Il les soutint par des subventions distribuées avec intelligence, avançant une certaine somme par chaque métier battant, outre des gratifications considérables aux maîtres et aux ouvriers. Il obtint de l'Église la suppression de dix-sept fêtes qui multipliaient les chômages inutiles. Afin d'augmenter le nombre des travailleurs, il voulait réduire celui des moines et retarder jusqu'à vingt-cinq ans l'âge où il serait permis d'entrer en religion. Enfin il institua des conseils de prud'hommes pour faire régner la paix dans ce monde du travail.

En 1669 on compta dans le royaume, pour la laine seulement, 44 200 métiers et plus de 60 000 ouvriers.

Les draperies de Sedan, de Louviers, d'Abbeville et d'Elbeuf, n'eurent plus de rivales en Europe ; le fer-blanc, l'acier, la faïence, les cuirs maroquinés, qu'on avait toujours fait venir de loin, furent travaillés en France ; on imita, en les égalant, les toiles et les serges de Hollande, le point et le velours de Gênes ; les tapis de Perse et de Turquie furent dépassés à la Savonnerie ; les riches étoffes où la soie se mêle avec l'or et l'argent se fabriquèrent à Tours et à Lyon ; on fit à Tour-la-Ville (près de Cherbourg) et à Paris de plus belles glaces qu'à Venise ; les tapisseries de Flandre le cédèrent à celles des Gobelins. Cette fameuse manufacture employa, à partir de 1662, plus de huit cents ouvriers, et les meilleurs peintres dirigeaient l'ouvrage en donnant leurs propres dessins, ou en faisant travailler sur ceux des anciens maîtres d'Italie. Lebrun y régna vingt-huit ans ; après lui, Mignard. Ce fut une admirable chose que cet essor imprévu de l'industrie française ; et Boileau, qui ne croyait faire que de la poésie, faisait de l'histoire, quand il rappelait, dans son *Épître au roi* (1669) :

> Nos artisans grossiers, rendus industrieux,
> Et nos voisins frustrés de ces tributs serviles
> Que payait à leur art le luxe de nos villes.

Il est à remarquer que Colbert imprima à l'industrie française le cachet qu'elle a depuis toujours gardé. Il ne s'inquiéta pas seulement de lui faire produire beaucoup, il voulut qu'elle produisît bien, et il semble qu'il ait compris quelle place la France pourrait se faire dans l'univers industriel en appliquant une vive intelligence et un goût délicat au travail des matières premières. C'est dans cette pensée que la manufacture des Gobelins fut organisée pour être une grande école-modèle, où l'art et l'industrie se donneraient toujours la main, où, par l'un, on aurait la beauté et la grâce, par l'autre, l'utilité.

11. Commerce intérieur, travaux publics. — Pour faciliter les relations entre les villes et les provinces, Colbert n'eût voulu qu'une ligne de douanes, à la frontière, et il y en avait autour de chaque province. S'il ne put détruire les nombreux péages établis sur les chemins et les rivières, il les réduisit du moins, et il supprima dans douze provinces les douanes intérieures. Il encouragea, en diminuant le tarif des droits à payer (1664), l'exportation des vins et eaux-de-vie, il déclara Dunkerque, Bayonne et Marseille, ports francs et accorda à la dernière de ces villes en 1670 une chambre d'assurances; il institua dans nos ports des entrepôts où, en cas de réexportation, les droits acquittés étaient rendus; il favorisa le transit par la France des marchandises étrangères, qui obtinrent le passage en franchise à travers toutes les provinces; il fit réparer les grandes routes devenues impraticables et en construisit de nouvelles. Enfin il projeta le canal de Bourgogne, fit décréter celui d'Orléans, qu'on ouvrit en 1692, et creusa celui du Languedoc qui joignit la Méditerranée à l'Océan. Le port de Cette fut construit à l'une de ses extrémités (1666); Toulouse était à l'autre; et, de Toulouse, la Garonne menait facilement à Bordeaux et à l'Océan. Ce travail, gigantesque pour l'époque, fut commencé en 1664 et continué sans interruption jusqu'en 1681. Il fut exécuté par le célèbre Riquet, d'une ancienne famille de Florence, sur les dessins d'un ingénieur français, Andréossy : il coûta environ 34 millions et employa, chaque année, dix à douze mille ouvriers.

Le commerce, ainsi secondé, prit un développement rapide. Pour régler cette activité nouvelle et l'éclairer, Colbert rétablit en 1665 le conseil de commerce institué par Henri IV. Louis XIV y présida régulièrement tous les quinze jours. Des conseils semblables, établis dans les provinces, durent « s'assembler tous les ans, au 20 juin, pour examiner l'état du commerce et des manufactures », et choisir des députés qui présenteraient leurs vœux au ministre. Une ordonnance de 1671, qui ne fut malheureusement pas exécutée, prescrivit de rendre uniformes les poids et mesures dans tous les ports; ils le devinrent du moins dans nos arsenaux.

12. Commerce maritime et colonies. — « Les étrangers, dit un édit de 1664, s'étaient rendus maîtres de tout le commerce par mer, même de celui qui se fait de port en port au dedans du royaume. » Chaque année, quatre mille bâtiments hollandais débarquaient sur nos côtes les produits de leur industrie, particulièrement leurs draps, avec les denrées des deux mondes, et enlevaient nos soieries, nos vins et nos eaux-de-vie. Colbert voulut relever la France de cette infériorité. Il écrivait, le 21 mars 1669, à Arnauld de Pomponne, ambassadeur à la Haye : « Le commerce par mer se fait en Europe par vingt-cinq mille vaisseaux environ ; dans l'ordre naturel, chaque nation doit en posséder sa part suivant sa puissance, sa population et l'étendue de ses côtes ; mais les Hollandais en ayant quinze à seize mille, et les Français cinq à six cents au plus, le roi emploiera toutes sortes de moyens pour s'approcher un peu plus du nombre de vaisseaux que ses sujets doivent avoir. » Déjà en 1659 le surintendant Fouquet avait établi un droit d'ancrage de 50 sous (environ 6 francs) par tonneau sur les navires étrangers, payable à l'entrée et à la sortie de nos ports : Colbert conserva ce droit, qui fut presque pour notre marine ce que le fameux *acte de navigation* a été pour la marine anglaise. Il accorda aux navires nationaux des primes pour l'exportation et l'importation ; il encouragea les constructeurs des bâtiments pour la grande navigation par une autre prime de 4 à 6 livres par tonneau ; de sorte que notre marine marchande, à la fois protégée et stimulée, prit l'essor.

Mais les Anglais et les Hollandais avaient encore sur nous l'avantage d'une plus longue expérience, de débouchés assurés, de marchés qu'ils fréquentaient depuis un siècle, des capitaux immenses qui leur permettaient d'oser et de risquer davantage. Colbert, pour lutter avec eux, substitua des associations privilégiées aux efforts isolés des individus. Il établit cinq grandes compagnies sur le modèle des compagnies hollandaises et anglaises :

celles des Indes orientales et des Indes occidentales en 1664, celles du Nord et du Levant en 1666; celle du Sénégal en 1673. Il leur accorda le monopole exclusif du commerce dans ces parages éloignés avec des primes, leur fit des avances considérables (6 millions pour la seule compagnie des Indes orientales), obligea les princes du sang, les seigneurs, les riches, à s'y intéresser, et fit déclarer par un édit, en 1669, que le commerce de mer ne dérogeait pas à la noblesse. En même temps nos consuls, nos ambassadeurs, recevaient l'ordre, fréquemment renouvelé, de donner la plus énergique protection à notre commerce et de lui fournir tous les renseignements qui pourraient lui être utiles.

Il voulut rendre la vie à notre système colonial, fort négligé depuis Richelieu. Nous ne possédions que le Canada avec l'Acadie, Cayenne, l'île Bourbon, quelques comptoirs à Madagascar et aux Indes. Colbert racheta pour moins d'un million la Martinique, la Guadeloupe, Sainte-Lucie, Grenade et les Grenadilles, Marie-Galande, Saint-Martin, Saint-Christophe, Saint-Barthélemy, Sainte-Croix et la Tortue dans les Petites-Antilles (1664). Il plaça sous la protection de la France les flibustiers français de Saint-Domingue, qui s'étaient emparés de la partie occidentale de l'île (1664), envoya de nouveaux colons à Cayenne et au Canada, prit Terre-Neuve, pour dominer l'entrée du Saint-Laurent (1680), et commença l'occupation de la magnifique vallée du Mississipi, en Louisiane, qui venait d'être explorée par un hardi capitaine, Robert de la Salle (1680). En Afrique il enleva Gorée aux Hollandais, dans le Sénégal (1665), et prit possession des côtes orientales de Madagascar. En Asie la compagnie des Indes s'établit à Surate, à Chandernagor, et plus tard à Pondichéry. Enfin, pour réserver au pavillon national tout le commerce de nos colonies, Colbert ferma leurs ports aux vaisseaux étrangers, et, pour y développer les cultures, il prohiba en 1667 l'importation en France des tabacs et des sucres du Brésil.

13. Marine militaire. — La marine marchande est

l'école et la pépinière de la marine militaire : la première étant à présent florissante, la seconde devint redoutable. Colbert fit d'abord réparer le peu de vaisseaux que Mazarin avait laissés dans nos ports ; il en acheta en Suède et en Hollande ; il attira des constructeurs, des cordiers de Hambourg, de Riga et de Danzig. Des arsenaux furent établis à Dunkerque, au Havre, à Rochefort, qui fut bâti sur la Charente, au centre du golfe de Gascogne. Henri IV avait trouvé Toulon, et Richelieu, Brest ; mais ils avaient montré ce qu'on pouvait y faire, plutôt qu'ils n'y avaient fait de grands ports. Duquesne resta sept ans à Brest à partir de 1665, et, quand le fils de Colbert, Seignelay, y vint, en 1672, il vit une flotte de cinquante vaisseaux de ligne. Vauban l'entoura de formidables défenses. Il exécuta aussi, après la paix de Nimègue, d'immenses travaux à Toulon, qui firent de cette ville ce que la nature voulait qu'elle fût, un des plus beaux ports du monde. La nouvelle darse qu'il creusa pouvait à elle seule contenir cent vaisseaux de ligne.

Pour recruter la flotte, Colbert créa l'*inscription maritime* ou *système des classes*, que nous gardons encore et qui assujettit la population maritime des côtes, en retour de certains avantages, à fournir les recrues nécessaires aux équipages des vaisseaux ; les inscrits furent distribués, d'après l'âge et la position de famille, en classes qu'on appela successivement, suivant les besoins du service. Cette institution fut complétée par la fondation de la caisse des invalides de la marine, qui assura une pension de retraite au marin pour ses vieux jours. Le premier recensement, celui de 1670, fit connaître 36 000 inscriptions de matelots ; mais en 1683 on en compta 77 852. Les armements purent alors se multiplier. En 1661 la flotte de guerre ne se composait que de 30 bâtiments : en 1678 elle en avait 120, et, cinq ans plus tard, 176. En 1692 le roi avait 131 vaisseaux, 133 frégates et 101 autres bâtiments. Des intendants, l'un à Rochefort pour l'Océan, l'autre à Toulon pour la

Méditerranée, veillèrent à la conservation de cet immense matériel. — L'administration fut séparée du commandement militaire, et chacune des deux choses en alla mieux. Le corps des gardes marines, composé de 1000 gentilshommes, fut institué, en 1672, pour préparer de bons officiers ; une école de canonniers, pour former d'habiles pointeurs ; une école d'hydrographie, pour donner aux navires des cartes exactes ; un conseil supérieur de la marine et un conseil des constructions navales, pour éclairer le ministre.

14. Fondations. — Le même ministre qui avait réformé les finances, le commerce et la navigation, avait trouvé encore le temps d'encourager les lettres et les arts : il créa en 1663 l'Académie des inscriptions et belles-lettres; en 1666, celle des sciences, qui donna aux recherches des savants, ce qui leur avait jusqu'alors manqué, un centre et un foyer. L'Académie de musique fut organisée la même année ; celle d'architecture en 1671. Une école des beaux-arts, établie à Rome (1667), reçut les lauréats de l'Académie de peinture de Paris, qui durent copier sur la toile ou en marbre les chefs-d'œuvre de l'antiquité et de la Renaissance. Le cabinet des médailles et l'école des *jeunes de langue*, pour l'étude des langues orientales, furent fondés; la Bibliothèque royale, augmentée de plus de dix mille volumes et d'un grand nombre de manuscrits précieux; la bibliothèque Mazarine, ouverte au public; le Jardin des Plantes, agrandi ; la création d'académies de provinces, encouragée.

Ces belles fondations étaient pleines d'espérances pour l'avenir; pour le présent, les artistes, les gens de lettres, y trouvaient déjà des récompenses : l'honneur d'être compté dans ces compagnies et le profit que rapportaient les jetons de présence. Louis leur accorda des avantages plus directs. Corneille, Racine, Boileau, Molière, Quinault, Lulli, vingt autres, reçurent des pensions; les étrangers mêmes eurent part à ses libéralités. « Quoique le roi ne soit pas votre souverain, leur écrivait Colbert, il veut être votre bienfaiteur; il m'a commandé de vous envoyer la lettre de change ci-jointe, comme un gage de son estime. » Parmi eux on distingua le bibliothécaire du Vatican, Allacci; le comte Graziani, secrétaire d'Etat du duc de Modène; Vossius, historiographe des Provinces-Unies, le Danois Roëmer, le Hollandais Huyghens, que Colbert appela à Paris, où il resta quinze ans, etc. Viviani, célèbre mathématicien de Florence, fit bâtir une maison, avec cette inscription en lettres d'or : *Ædes a Deo datæ*[1]. Aussi l'admiration pour Louis passait nos frontières; on prononça douze panégyriques en son honneur dans diverses villes d'Italie. Il faut dire cependant que cette admiration n'était point payée bien cher et que le budget de la littérature ne fut jamais très-lourd. Dans l'année où les pensions atteignirent le chiffre le plus élevé, la dépense totale ne dépassa pas 100 000 livres; savoir 53 000 pour les nationaux, 16 000 pour les étrangers, et le reste en gratifications. En moyenne, c'était 75 000 francs par an.

15. Les ordonnances. — Dans un mémoire remis au roi le 15 mai 1665, Colbert avait proposé de refondre toute la législation de manière qu'il n'y eût en France qu'une même loi, un même poids, une même mesure; il demandait en outre la gratuité de la justice, l'abolition de la vénalité des charges, dont le prix était évalué à 420 millions, et des encouragements pour les professions utiles. Une commission fut en effet nommée. Elle était composée de conseillers d'Etat et de maîtres des requêtes, Pontchartrain, Chamillart, Le Pelletier, Voysin, d'Aligre, Boucherat, et l'oncle de Colbert, Pussort, « ce fagot d'épines toujours à la tête des plus grandes affaires du royaume. » Le travail terminé, ils le discutaient avec les membres éminents du parlement, en présence des ministres et sous la présidence du chancelier, quelquefois sous celle du roi. Six codes sont

---

1. C'était une allusion au surnom de *Dieudonné*, par lequel on avait désigné Louis XIV à sa naissance.

sortis de ces délibérations : en 1667, l'*Ordonnance civile*, ou Code Louis, qui abolit quelques procédures iniques de cette justice du moyen âge, « vrai témoignage de l'humaine imbécillité, » dit Montaigne, en abrégea les lenteurs et régla la forme des registres de l'état civil, dont le dépôt au greffe de chaque tribunal fut ordonné; en 1669, celle *des eaux et forêts*, qui est encore en vigueur dans ses principales dispositions; en 1670, l'*Ordonnance d'instruction criminelle*, qui restreignit l'application de la torture et divers cas d'emprisonnement provisoire, mais qui ne permit encore ni conseil ni défenseur à l'accusé dans les causes capitales, conserva l'atrocité des peines antérieures, la roue, l'écartèlement, et mesura toujours mal la peine au délit : en 1673, celle du *commerce*, un vrai titre de gloire pour Colbert; en 1681, celle *de la marine et des colonies*, qui forma le droit commun des nations de l'Europe et leur servit longtemps de droit maritime; en 1685, le *Code noir*, qui régla le sort des nègres de nos colonies. Ces ordonnances sont le plus grand travail de codification qui ait été exécuté de Justinien à Napoléon. Quelques-unes de leurs parties sont encore en vigueur : l'ordonnance sur la marine compose presque tout le second livre de notre Code de commerce. Pour veiller à la bonne exécution des lois, des maîtres des requêtes furent plusieurs fois envoyés, comme les *enquesteurs* de saint Louis, dans les provinces, auprès des parlements.

16. Organisation militaire. Réformes de Le Tellier et de Louvois. — La tentative de François Ier pour créer une infanterie française, les *légions provinciales*, n'avait pas réussi. En 1558, Henri II avait réorganisé ces légions qu'il divisa en régiments et en compagnies. Les quatre plus anciens régiments, ceux de Picardie, de Champagne, de Navarre et de Piémont, avaient le premier rang dans l'armée. Sous Louis XIII, les régiments furent partagés en bataillons Ils se recrutaient par des enrôlements volontaires (les *racoleurs*) qui

amenaient souvent, dans les compagnies, la lie de la
population, et les grades s'achetaient. Richelieu aurait
voulu établir un recrutement régulier; il n'en eut pas
le temps. La cavalerie avait été organisée par Charles VII
lorsqu'il forma les *compagnies d'ordonnance*. Elles
étaient fort estimées, parce qu'elles se composaient de
nobles qui aimaient le métier des armes. « Ce sont les
meilleurs hommes d'armes qui existent », écrivait Machiavel. Louis XII ajouta à cette *grosse cavalerie*, une
cavalerie légère où entrèrent beaucoup d'étrangers, et
Cossé-Brissac organisa, en 1558, les *dragons* qui combattaient soit à pied, soit à cheval. Les *chevau-légers*
datent de Henri IV, les *mousquetaires* et *carabiniers* de
Louis XIII. La cavalerie était aussi divisée en régiments, escadrons et compagnies. L'artillerie était nombreuse, mais n'avait pas de corps spécial pour la conduire et la défendre sur le champ de bataille; il en était
de même du génie. Toutes ces armes attendaient le
grand administrateur à qui Louis XIV confia le portefeuille de la guerre en 1666.

Colbert avait organisé la paix; Louvois, « le plus
grand et le plus brutal des commis, » organisa la guerre.
Son père, Michel Le Tellier, avait été nommé, en 1643,
ministre de la guerre par Mazarin dont il fut l'homme
de confiance. Appliqué aux affaires qu'il conduisait avec
prudence, il fut pour le cardinal un excellent serviteur,
mais n'est pas sorti de la demi-obscurité où l'histoire
l'a trouvé et le laisse.

François Michel Le Tellier, marquis de Louvois, né
en 1641, était entré dès l'âge de quinze ans dans les
bureaux de son père, secrétaire d'État, et il avait été
initié par un long apprentissage à l'administration militaire, où il porta une activité égale à celle de Colbert.
Quand Louis XIV se décida à gouverner par lui-même,
Louvois devint véritablement ministre de la guerre,
bien qu'il n'ait succédé à Le Tellier qu'en 1666. Il
réforma l'armée, et ses réformes ont duré aussi longtemps que la vieille monarchie. S'il conserva le système

des enrôlements volontaires, il en diminua les abus par une discipline et des règlements sévères. Il établit l'*uniforme*, en ordonnant que chaque régiment fût distingué par la couleur de ses habits et par des insignes différents (1670) ; il introduisit l'usage des pontons de cuivre pour franchir les rivières ; il institua les magasins de vivres et d'approvisionnements, les casernes, les hôpitaux militaires, l'hôtel des Invalides, toutes choses à peu près inconnues avant lui. Il créa le corps des ingénieurs, d'où sont sortis les meilleurs élèves du grand Vauban ; des écoles d'artillerie à Douai, Metz et Strasbourg, les compagnies de grenadiers dans l'infanterie, les régiments de *hussards*, qui portèrent le nom de leurs colonels, les *fusiliers* du roi, devenus, en 1693, le régiment de *royal-artillerie;* enfin, les compagnies de cadets, sorte d'écoles militaires pour les gentilshommes.

L'armée se sentait encore des temps féodaux. La cavalerie y avait trop d'importance, et la noblesse ne voulait servir que là. « Je déclarai, dit Louis XIV, que je ne donnerais plus l'emploi dans la cavalerie qu'à ceux qui auraient servi dans l'infanterie. » On commence ou on achève les batailles avec l'une, mais on les gagne avec l'autre. A partir de ce règne, l'infanterie française devint et est restée longtemps, excepté sous Louis XV, la première du monde. Louvois lui imposa l'usage de la *marche au pas* et substitua aux piques, qui prévalaient encore, le fusil à la *baïonnette;* mais ce n'est qu'après lui que Vauban parvint à faire du fusil, à la fois arme de jet et arme d'escrime, le plus redoutable instrument de destruction qui ait été mis dans la main des hommes.

Il fit une révolution dans l'armée par *l'ordre du tableau* et par la création du service d'inspection. Il ne détruisit pas la vénalité des offices qui s'était aussi introduite dans l'armée et qui ne s'exerçait guère qu'au profit des nobles ; mais, pour mériter de l'avancement, il ne suffit plus à ces nobles d'avoir des aïeux, il leur

GOUVERNEMENT PERSONNEL DE LOUIS XIV. 157

fallut avoir des services, et les grades devinrent, à partir de colonel, le prix de l'ancienneté : réforme excellente alors, qui ne le serait plus aujourd'hui. La noblesse

Louvois.

poursuivit de sa haine le ministre qui rabaissait « les gens nés pour commander aux autres, sous prétexte qu'il est raisonnable d'apprendre à obéir avant que de commander...., qui voulait accoutumer les seigneurs à l'égalité et à rouler pêle-mêle avec tout le monde. » Louvois exigea avec une fermeté inflexible que chacun fît son devoir; pour s'en assurer, il institua des inspecteurs généraux qui rendirent partout présentes l'autorité du roi et la sienne, et des reproches sévères attendirent les officiers négligents, comme ce colonel de bonne famille dont parle Mme de Sévigné : « M. de Louvois dit l'autre jour tout haut à M. de Nogaret : « Monsieur, « votre compagnie est en fort mauvais état. — Mon- « sieur, je ne le savais pas. — Il faut le savoir, dit « M. de Louvois; l'avez-vous vue? — Non, Monsieur, « dit Nogaret. — Il faudrait l'avoir vue, Monsieur. — « Monsieur, j'y donnerai ordre. — Il faudrait l'avoir « donné; car enfin il faut prendre parti, Monsieur, ou « se déclarer courtisan, ou faire son devoir quand on « est officier. » Il créa les *camps de plaisance*, innovation ruineuse quand ces rassemblements de troupes ne furent qu'un spectacle à divertir les dames de la cour et les ennuis du roi; excellente école pour les officiers et les généraux quand on s'y prépara sérieusement aux grandes manœuvres de la guerre. Ce n'est qu'après sa mort que fut institué l'ordre de Saint-Louis (1693), destiné à payer avec de l'honneur les services militaires, cette fois sans distinction de naissance, mais non sans distinction de religion : les réformés en étaient exclus. Par de tels soins la France put avoir sous les armes, dans la guerre de Flandre, 125 000 hommes; pour celle de Hollande, 180 000; avant Ryswick, 300 000; pendant la guerre de la Succession, 450 000.

17. Vauban ; fortification du royaume. — Il y eut un point, le seul peut-être, sur lequel le ministre de la guerre et le ministre de la marine s'entendirent : la fortification du royaume. Pour accomplir cet immense travail, ils trouvèrent celui qui est avec Colbert lui-même le plus grand homme de ce règne. Le Prestre de Vauban était un gentilhomme d'assez petite maison, né près de Saulieu, en Bourgogne (1633). Son père était mort au service, ne lui laissant que son nom. Un prieur du voisinage le recueillit et l'éleva. Quand il atteignit sa dix-septième année, on était au milieu de la Fronde. Onze de ses frères, oncles et parents, étaient sous les armes;

Vauban.

un matin Vauban s'échappa et courut rejoindre le grand Condé, qui le reçut comme cadet et bientôt le fit officier. Vauban se battait bien, il étudiait davantage. Le bon prieur lui avait donné quelques notions de géométrie : il les développa, et ces premières connaissances décidèrent de sa vocation. Passé dans l'armée royale, il servit sous le chevalier de Clerville, l'ingénieur français le plus renommé de ce temps, et à vingt-cinq ans il dirigea les siéges de Gravelines, d'Ypres et d'Oudenarde. En 1663 sa réputation était déjà assez grande pour que Louis XIV le chargeât de fortifier Dunkerque, et ce premier ouvrage du jeune ingénieur fut un chef-d'œuvre. Deux jetées s'avançant de 2000 mètres dans la mer et défendues par de formidables batteries créèrent un port là où la nature n'avait mis qu'une modeste plage. Les eaux de l'intérieur et celles des hautes marées, ménagées avec art, donnèrent des chasses puissantes qui creusèrent incessamment le chenal, et renvoyèrent à la mer les vases qu'elle avait apportées. Dès lors Vauban fut l'homme indispensable que tous les généraux réclamaient quand ils avaient un siége à faire. Durant la guerre, il prenait les villes; durant la paix, il les fortifiait. On a calculé qu'il travailla à trois cents places anciennes, qu'il en construisit trente-sept nouvelles, qu'il conduisit cinquante-trois siéges, et se trouva à cent quarante actions de vigueur. Il fut plusieurs fois blessé, car, pour reconnaître les abords d'une place et ménager le sang des soldats, il s'exposait de manière à se faire accuser de témérité, n'eût été son courage froid et réfléchi comme l'accomplissement d'un devoir.

Placée entre deux mers, appuyée sur les Pyrénées, les Alpes et le Jura, couverte par le Rhin de Bâle à Landau, la France ne manquait de frontière naturelle qu'au nord-est, depuis le Rhin jusqu'à Dunkerque. Cette barrière que la nature ou plutôt la politique nous a refusée, Vauban nous la donna. On vient de voir ce qu'il fit de Dunkerque, d'où sortirent tant d'audacieux corsaires, que les ennemis destinèrent une flotte de trente ou quarante bâtiments à tenir ce port constamment bloqué. Il arma Lille, Metz et Strasbourg, quand Strasbourg se fut donné à la France, de leurs fortes citadelles. Il construisit Maubeuge, sur la Sambre, répara Charlemont, sur la Meuse, et relia ces deux places à Philippeville, pour couvrir la Picardie et la vallée de l'Oise, qui descend sur Paris. Il ferma le débouché des Ardennes entre la Meuse et la Moselle par Longwy, qu'il éleva en face de Luxembourg. La vallée de la Moselle est la grande route des invasions d'Allemagne en France; nous avions déjà Metz : il doubla la force de cette place en construisant Thionville, qui en fut comme l'avant-poste. Il bâtit Sarrelouis au milieu du large espace qui s'étend de la Moselle aux Vosges, pour couvrir la Lorraine, quoiqu'elle ne fût pas encore française. Bitche et Phalsbourg devinrent les principales défenses des Vosges, Landau le boulevard de l'Alsace; et cette belle province, récemment conquise, fut rattachée à la France par Lichtenberg, Haguenau, Schelestadt, Huningue, Neu-Brisach et surtout Strasbourg. Les Vosges ne se relient pas au Jura; il y a là, dans notre ligne de défense, un point faible : il y fortifia Belfort. Il ajouta de nouveaux ouvrages à Briançon, qui couvre l'entrée du bassin de la Durance; Mont-Dauphin fut construit presque sur la crête des Alpes. On avait fait avant lui peu de chose pour la défense des Pyrénées. Cette chaîne n'ouvre que deux passages aux armées, du côté de Bayonne et du côté de Perpignan. Vauban fit de ces deux places le centre de la défensive et de l'offensive, et jeta dans les montagnes, en avant de la première, Saint-Jean-Pied-de-Port; en avant de la seconde, Mont-Louis.

Il visita plusieurs fois les côtes et y laissa partout des traces durables de son passage. Il fit travailler à Antibes, dont le port vaste et sûr est malheureusement peu profond et d'un accès difficile. Il transforma Toulon, décidément devenu notre grand port militaire sur la Méditerranée, puisque Marseille ne pouvait plus recevoir les vaisseaux de haut bord qui avaient remplacé les galères. Il aurait voulu faire aussi de Port-Vendres, à l'entrée du golfe du Lion, un autre grand port militaire. On revient aujourd'hui à cette idée. Sur le golfe de Gascogne, il construisit le fort d'Hendaye, pour battre l'embouchure de la Bidassoa, et la citadelle de Bayonne; mais il ne fit rien pour améliorer la passe dangereuse de l'Adour. L'entrée de la Gironde était gardée par la petite île du Pâté, le fort Médoc et la citadelle de Blaye, qui croisent leurs feux sur le fleuve; ces défenses suffisaient. Celles de la Charente et la fondation de Rochefort étaient dues au chevalier de Clerville; mais Vauban reconstruisit les murs de la Rochelle sur un nouveau plan, éleva la citadelle de l'île de Ré et fortifia Brest. L'importance de Saint-Malo datait de trop loin pour que ce nid de corsaires n'eût pas été depuis longtemps couvert par des fortifications imposantes. Une des tours de son vieux château portait cette inscription que la duchesse Anne y avait fait graver : « Qui qu'en grogne, ainsi dira, c'est mon plaisir. » Et c'était le plaisir de ces hardis marins de courir sus aux Anglais dès que la guerre éclatait. Vauban avait compris la belle position de Cherbourg sur cette presqu'île du Cotentin, qui s'avance en éperon au travers de la Manche; mais, après quelques travaux, on renonça à ses plans qui ne furent repris que sous Louis XVI. Ceux qu'il avait faits pour débarrasser le Havre du galet qui menace de combler son port ne furent pas mieux exécutés. Dieppe, Saint-Valéry-sur-Somme, n'avaient pas besoin de nouveaux ouvrages; Boulogne en reçut quelques-uns. Vauban en fit élever d'importants à Calais, mais ne put obtenir qu'on accomplît ceux qu'il avait projetés pour approfondir le port. On craignit de nuire à Dunkerque, le favori de Louis XIV, et cette fois favori de mérite.

Vauban, qui fortifiait les places, savait encore bien mieux les prendre. L'usage du boulet creux pour disperser les terres, le tir à ricochet pour démonter les pièces des assiégés et détruire les angles des bastions, surtout l'invention des *parallèles* qu'il imagina au siège de Maëstricht, en 1673, pour relier entre elles les tranchées qui convergent vers la place, rendirent la supériorité à l'attaque sur la défense. Il s'avançait lentement mais sûrement, marchant à couvert par des lignes toujours bien liées entre elles et qui se soutenaient les unes les autres, ne brusquant pas les attaques quand il pouvait s'en dispenser, ménageant le soldat, qu'avant lui on prodiguait, et arrivant au but incomparablement plus vite et avec moins de danger, parce qu'il éteignait d'abord le feu de l'ennemi et qu'il ne laissait pas sur les remparts un seul point qui fût habitable ni une seule pièce qui pût tirer. Il n'y eut plus de forteresse imprenable, et il fut aisé de calculer d'avance le jour où toute ville bien attaquée serait prise. C'est encore à lui qu'on dut l'invention de la douille qui permit aux fantassins de tirer, tout en gardant la baïonnette au bout du fusil.

Vauban, qui fit tant de fois le tour de nos frontières de terre et de mer, regardait aux places fortes, mais aussi aux places de commerce ; il multipliait les plans militaires, mais aussi ceux qui devaient servir à l'agriculture et aux travaux de la paix. Il indiquait les bassins, les canaux à creuser, les jetées, les écluses à établir : il montrait les moyens d'améliorer la navigation des fleuves et des rivières. Colbert lui-même n'eut pas à un plus haut degré que ce grand citoyen, pour qui Saint-Simon a inventé le mot de *patriote*, l'amour du bien public. Ce qu'il a fait n'est rien à côté de ce qu'il voulait faire, et ses Mémoires manuscrits sont encore aujourd'hui, après un siècle et demi d'études et de travaux, remplis d'utiles renseignements.

18. Politique extérieure. De Lionne et Pomponne. — Si Colbert et Louvois permirent à Louis XIV de faire heureusement la guerre par le rétablissement des finances, la création d'une marine et la réforme de l'armée, de Lionne, secrétaire d'État des affaires étrangères, en prépara la réussite par ses négociations. « Il avait, dit Choisy, un génie supérieur : son esprit, naturellement vif et perçant, s'était encore aiguisé dans les affaires où le cardinal l'avait mis de bonne heure. » Saint-Simon, qui n'est point flatteur, dit aussi qu'il faisait tout avec une habileté et une supériorité sans égales. Au reste, le roi veilla de près sur ce service : il écrivit lui-même les premières dépêches à ses ambassadeurs ; il minuta souvent de sa main les lettres les plus importantes, et il se fit toujours lire les instructions envoyées en son nom.

Lorsque de Lionne mourut, en 1671, le roi lui donna pour successeur le marquis de Pomponne qui avait géré avec succès plusieurs ambassades et qui était alors en Suède, dont il avait réussi à détacher le roi de l'alliance hollandaise. Pomponne dirigea toutes les négociations qui aboutirent à la paix de Nimègue. « Mais, dit Louis XIV, l'emploi que je lui ai donné s'est trouvé trop grand et trop étendu pour lui... et il a fallu que je lui ordonnasse de se retirer, parce que tout ce qui passait par lui perdait de la grandeur et de la force qu'on doit avoir en exécutant les ordres d'un roi de France qui n'est pas malheureux. »

Nous connaissons le roi, ses ministres et ses forces ; voyons-les agir.

CHAPITRE VIII.

GUERRE DE DÉVOLUTION ET GUERRE DE HOLLANDE; PAIX DE NIMÈGUE; CHAMBRES DE RÉUNION; STRASBOURG, TRÊVE DE RATISBONNE.

1. État de l'Europe en 1661. — 2. Premiers actes de la politique étrangère de Louis XIV. — 3. Guerre de Flandre (1667), droit de dévolution. — 4. Causes de la guerre de Hollande. — 5. Alliances formées contre la Hollande. — 6. Invasion en Hollande (1672). — 7. Première coalition contre la France (1673). — 8. Campagne de 1673; prise de Maestricht. — 9. Conquête de la Franche-Comté (1674). — 10. Turenne sauve l'Alsace (1674-1675). — 11. Bataille de Seneffe (1674). — 12. Dernière campagne de Turenne et de Condé (1675). — 13. Campagne de 1676; victoires navales; Duquesne et d'Estrées. — 14. Campagne de 1677; Créqui et Luxembourg; bataille de Cassel. — 15. Défection de l'Angleterre (1678). — 16. Traité de Nimègue (1678); pacification générale (1679) — 17. Chambres de réunion. Strasbourg. — 18. Trêve de Ratisbonne (1684). — 19. État intérieur de la France; mort de Colbert (1683).

1. État de l'Europe en 1661. — On sait à quel degré d'épuisement l'Espagne était arrivée (voy. p. 67). L'Allemagne, depuis les traités de Westphalie, était le chaos même, et, par la ligue du Rhin, Louis XIV pouvait l'empêcher d'en sortir. L'Autriche, gouvernée (1657-1705) par Léopold I*er*, prince médiocre, sans crédit dans l'Empire, avait assez à faire de se défendre contre les Turcs. L'Italie ne comptait plus depuis deux siècles. La Suède, fatiguée de ses efforts héroïques sous le grand Gustave, avait achevé de s'épuiser dans les guerres aventureuses de Charles X contre les Danois, les Russes et les Polonais. Les Anglais reprenaient cette heure une dynastie, celle des Stuarts (1660), qui, en opposition avec le sentiment national, devait, pendant un quart de siècle, neutraliser leur influence et arrêter leur fortune. Enfin si la Hollande était riche, puissante par sa marine, elle était sans territoire et par conséquent sans force durable. Louis XIV, en regardant l'Europe, quand il se mit à gouverner lui-même, n'y vit donc rien, roi ou peuple, qui pût marcher son égal ou celui de la France; et les premiers actes de sa politique étrangère révélèrent un désir de grandeur, un sentiment de sa dignité, pour tout dire une hauteur qui étonnèrent, mais que le succès justifia.

2. Premiers actes de la politique étrangère de Louis XIV. — Son ambassadeur à Londres, le comte d'Estrades, fut insulté par les gens de l'ambassadeur espagnol, le baron de Vatteville, dans une cérémonie publique, pour une question de préséance. A cette nouvelle, le roi rappelle l'envoyé qu'il avait à Madrid, renvoie celui d'Espagne, et menace son beau-père de recommencer la guerrre, si on ne lui accorde une réparation éclatante. Philippe IV cède (1662), et le comte de Fuentès déclare en son nom, à Fontainebleau, en présence de la cour et des ambassadeurs étrangers, « que les ministres espagnols ne concourront plus désormais avec ceux de France. »

A Rome, l'ambassadeur français, le duc de Créqui, avait offensé le peuple par ses dédains : les sbires pontificaux tirèrent un jour sur le carrosse de l'ambassadrice et sur les fenêtres de son palais. Louis XIV exigea satisfaction. Comme le pape temporisait, il fit saisir Avignon, et parlait d'envoyer une armée en Italie. Alexandre VII s'humilia : il éleva, au milieu de Rome, une pyramide qui devait rappeler l'injure et la réparation; et son neveu, le cardinal Chigi, vint présenter des excuses à un jeune prince qui n'avait pas encore tiré l'épée (1664).

Le Portugal défendait péniblement son indépendance contre les Espagnols; 4000 vieux soldats et le maréchal de Schomberg affermirent par la victoire de Villaviciosa la maison de Bragance sur le trôn (1665).

Les Barbaresques infestaient la Méditerranée : le roi se fait le protecteur de toutes les nations assises au bord de cette mer ou qui y naviguent. Son amiral, le duc de Beaufort, l'ancien *roi des halles*, donne la chasse aux pirates avec quinze vaisseaux, portant l'incendie dans leurs repaires d'Alger et de Tunis, et force ces barbares à respecter le nom de la France et le commerce des chrétiens (1665). Un beau dévouement honora cette guerre. Le dey d'Alger avait parmi ses captifs un officier malouin nommé Porcon de la Barbinais; il l'envoya porter au roi des propositions de paix, lui faisant jurer de revenir, s'il échouait; les têtes de six cents chrétiens répondaient de sa parole. Les propositions étaient inacceptables. Porcon le savait; il va à Saint-Malo, met ordre à ses affaires, puis revient à Alger, certain du sort qui l'attendait : le dey lui fait trancher la tête. Cet homme vaut Régulus, et personne ne le connaît.

Le roi venait d'essayer sa marine naissante dans les eaux de la Méditerranée : il acheta pour elle un port très utile sur la mer du Nord. Le nouveau roi d'Angleterre, Charles II, toujours à court d'argent, lui vendit Dunkerque, pour 5 millions (1662) : aussitôt on y creusa des bassins; on entoura la ville de fortifications redoutables, et Dunkerque devint un objet de regret, d'envie et de terreur pour les Anglais. A la même époque, il conclut une alliance avec les Etats-Généraux pour les lier d'avance à sa politique contre l'Espagne. La guerre ayant éclaté entre ceux-ci et les Anglais, Louis se joignit aux premiers, mais se garda bien d'engager sa flotte à fond; il ne voulait que lui montrer de près l'habileté des meilleurs marins du monde et lui fournir un champ de manœuvre sérieux, quoique sans péril. Au traité de Bréda, il rendit Saint-Christophe, Antigoa et Monserrat aux Anglais, qui lui restituèrent l'Acadie, et Charles II s'engagea secrètement à ne le point troubler dans ses desseins sur les Pays-Bas (31 juillet 1667).

En 1664 les Turcs menaçaient Vienne; 6000 hommes que Louis envoya à l'Empereur eurent leur bonne part à la victoire de Saint-Gothard qui sauva l'Autriche. Il aida de même les Vénitiens à défendre Candie. De 1645 à 1669 plus de 50000 Français y passèrent, et le duc de Beaufort y périt. Cette assistance prêtée aux ennemis des Ottomans semblait glorieuse, mais était une déviation de la politique séculaire de la France. Louis, qui s'expose ainsi à une rupture avec le vieil allié de François Ier et de Henri IV, renoncera bientôt à l'autre partie de leur politique, à l'alliance des protestants. Il reprendra le rôle de Charles-Quint et de Philippe II, celui de chef armé du catholicisme; il prétendra, comme eux, à la prépondérance en Europe, et cette ambition fera le malheur de la France, après avoir fait celui de l'Espagne.

3. Guerre de Flandre (1667); droit de dévolution. — La mort du roi d'Espagne en 1665 fut l'occasion de la première guerre de Louis XIV. Philippe IV ne laissait qu'un fils, âgé de quatre ans, Charles II, qu'il avait eu d'une seconde femme. L'infante Marie-Thérèse, depuis six années reine de France, était née d'un premier mariage. Or c'était l'usage dans les Pays-Bas que l'héritage paternel fût donné ou *dévolu* aux enfants du premier lit, à l'exclusion de ceux du second. Louis XIV réclama ces provinces au nom de sa femme. La cour d'Espagne consulta des jurisconsultes et des théologiens, quand il aurait fallu lever une armée; elle soutint que ce droit de dévolution était une coutume civile, qui ne pouvait être appliquée, dans l'ordre politique, à la transmission des États; et que d'ailleurs l'infante, en se mariant, avait renoncé à toute prétention sur la monarchie de son père. Le ministère français répondit que les renonciations étaient nulles, par ces motifs que Marie-Thérèse était mineure lorsque son père avait exigé d'elle cette renonciation; que la dot, condition essentielle du contrat, n'avait pas été payée; qu'enfin les Pays-Bas, étant le patrimoine héréditaire des rois d'Espagne plutôt qu'une possession de la couronne, devaient être régis, comme les domaines privés, par le droit de dévolution. Les deux premières raisons avaient quelque apparence de fondement; la troisième n'était pas même spécieuse; mais le roi de France comptait bien plus sur ses armes que sur ses raisons.

« L'Espagne manquait alors de marine, d'armée, d'argent. Le pays qui avait employé plus de cent vaisseaux à Lépante contre les Turcs, et qui en avait réuni plus de cent soixante-quinze en 1588 contre l'Angleterre, se vit réduit à en emprunter quelques-uns à des navigateurs génois pour son service du nouveau monde. Après avoir eu des armées formidables sur tout le continent, il ne pouvait plus entretenir un effectif de 20 000 hommes. Avec les mines du nouveau monde, il était obligé de recourir à des souscriptions pour se défendre ou pour subsister. Il n'avait plus de commerce; ses manufactures de Séville et de Ségovie étaient en grande partie tombées; l'agriculture était anéantie, la population, qui s'était élevée à vingt millions sous les Arabes, était alors descendue à six.... » Pour lui ôter tout secours du dehors, Louis XIV s'assura de la neutralité de l'Angleterre et des Provinces-Unies, décida les princes allemands de la ligue du Rhin à lui fournir des troupes et gagna même l'Empereur, sur lequel la cour de Madrid avait compté.

Ce fut une promenade militaire plutôt qu'une invasion. Le roi entra en Flandre avec 50 000 hommes et Turenne (1667); Charleroi, Tournay, Furnes, Courtray, que la France a perdus; Douai, Lille, qu'elle a conservés, furent pris aussitôt qu'assiégés; la dernière ville fit seule une résistance sérieuse qui arrêta l'armée dix-sept jours. Le comte de Bruay commandait dans la place. La politesse castillane était alors célèbre. Bruay, dès qu'il sut l'arrivée de Louis XIV devant ses murs, envoya prier le roi de ne pas trouver mauvais qu'il défendît la place jusqu'à la dernière extrémité. Il offrit de faire passer de la ville tout ce qui serait nécessaire au service de sa maison, et promettait de ne point tirer du côté que Sa Majesté désignerait pour son quartier. A quoi Louis répondit que son quartier serait dans tout le camp. En trois mois la province entière fut soumise.

Aux approches de l'hiver, on proposa un armistice aux Espagnols : le gouverneur des Pays-Bas, Castel Rodrigo, le repoussa avec hauteur, en disant que cette suspension d'armes serait accordée par la nature, et qu'il n'avait pas besoin de la recevoir, comme une grâce, d'un ennemi. Cet accès de fierté, qu'il aurait fallu soutenir par des forces imposantes, fut puni de la perte d'un nouveau territoire.

Au cœur de l'hiver, au mois de janvier 1668, 20 000 hommes assemblés de vingt routes différentes se trouvent le même jour en Franche-Comté. Le grand Condé et le roi sont à leur tête. Besançon, Salins et Dôle capitulent; en trois semaines la province est soumise, et le conseil d'Espagne écrit au gouverneur « que le roi de France aurait dû envoyer ses laquais prendre possession de ce pays, au lieu d'y aller en personne ».

Ces rapides succès inquiétèrent les États voisins et surtout la Hollande : elle conclut en cinq jours (28 janvier 1668), avec l'Angleterre et la Suède, la triple alliance de la Haye, qui offrit sa médiation à la France et l'imposa à l'Espagne. Turenne et Condé voulaient qu'on n'en tînt compte, et promettaient la conquête des Pays-Bas avant la fin de la campagne. Ils voyaient juste, car aucune des trois puissances médiatrices n'était prête pour la guerre : la Hollande n'avait pas d'armée; avec quelques écus on eût ramené la Suède, et ce n'étaient pas les vaisseaux anglais qui nous eussent empêchés d'aller à Bruxelles. Louis XIV manqua cette fois d'audace. Le roi d'Espagne semblait sur le point de mourir et il n'avait pas d'héritier. L'Empereur et le roi de France venaient, dans cette prévision, de convenir entre eux du partage de la monarchie espagnole. Louis se dit qu'il était inutile de combattre pour quelques villes quand il allait avoir un empire, et il signa le traité d'Aix-la-Chapelle (2 mai 1668), qui lui reprit la Franche-Comté et ne lui laissa que ses conquêtes en Flandre. Le raisonnement eût été juste si le roi d'Espagne fût mort à ce moment; mais ce moribond mi-

Charles II.

trente-deux années à mourir, et l'occasion perdue ne se retrouva plus.

4. Causes de la guerre de Hollande. — Il ne pardonna pas aux Hollandais leur intervention dans ses affaires. Il avait été choqué de la fierté toute républicaine de leur ambassadeur, Van Beuningen, échevin d'Amsterdam, dans les conférences d'Aix-la-Chapelle. « Ne vous fiez-vous pas à la parole du roi? lui disait un jour de Lionne. — J'ignore ce que veut le roi, répondit-il, je considère ce qu'il peut. » Louis XIV se plaignait encore de l'insolence de leurs gazetiers, et surtout de médailles injurieuses qui auraient été frappées après la paix. On prétendait (à tort) à la cour de France que Van Beuningen s'était fait représenter avec cette légende: *In conspectu meo stetit sol:* allusion blessante à l'emblème que Louis XIV s'était choisi : un soleil dardant ses rayons sur le globe avec ces mots pour devise: *Nec pluribus impar.*

Mais, si roi absolu qu'on soit, on ne met pas l'Europe en feu pour de telles misères. Ce que des historiens ont appelé une guerre de médailles, c'est-à-dire de ressentiments personnels, fut aussi une guerre de tarifs. Louis XIV n'aimait pas, sans nul doute, ces républicains orgueilleux, qui devaient, disait-il, leur salut à ses ancêtres; mais Colbert détestait ces rivaux de notre commerce. On a vu (p. 149) ses efforts pour les chasser de nos côtes et pousser nos marchands à faire eux-mêmes leurs transports. Les Hollandais, attaqués par des tarifs, se défendirent par des surtaxes sur nos vins, nos eaux-de-vie et les produits de nos manufactures (1670). « C'est un pas bien hardi pour les États, écrivit aussitôt Colbert à notre ambassadeur à la Haye ; vous verrez dans peu qu'ils auront tout lieu de se repentir. »

Louvois, de son côté, estimait « que le véritable moyen de parvenir à la conquête des Pays-Bas espagnols était d'abaisser les Hollandais et de les anéantir ». Ainsi, pour cette fois, le ministre des finances n'était point trop contraire aux plans du ministre de la guerre, et le roi était de lui-même tout porté par ses ressentiments à les accepter : guerre impolitique cependant, qui renversait tout le système d'alliances fondé par Henri IV et Richelieu sur les États protestants, qui détournait nos coups du seul adversaire que nous eussions alors intérêt à frapper, et qui nous conduisait imprudemment loin de notre frontière, au delà du Rhin inférieur, en un pays inutile à prendre, impossible à garder, tant que les Espagnols restaient à Bruxelles.

Henriette d'Angleterre, duchesse d'Orléans.

5. Alliances formées contre la Hollande. — Louis s'occupa d'abord de dissoudre la triple alliance. Il ne fut pas difficile de ramener la Suède, cette ancienne amie de la France ; ce fut l'affaire d'un subside annuel de 1 500 000 écus. L'Angleterre aurait hésité davantage, si elle avait été consultée ; mais Louis XIV ne s'adressa qu'à son roi. Charles II, nourri, comme toute sa famille, dans les idées du pouvoir absolu, voulait gouverner sans le parlement, et, pour trouver l'argent dont il avait besoin, il se laissa pensionner par la France. En quatre années seulement, il reçut 8 millions de livres, qui en feraient trois ou quatre fois plus aujourd'hui. Le plénipotentiaire des deux rois fut une princesse de vingt-six ans, Henriette, sœur de Charles II et femme du duc d'Orléans : elle se rendit à Douvres sous prétexte de revoir son frère, et le décida à s'unir avec Louis XIV contre les Provinces-Unies (1670). On sait comme elle mourut subitement, au retour, et le cri éloquent de Bossuet : « Madame se meurt, Madame est morte ! » Mais cette catastrophe ne changea rien aux résolutions des deux souverains. La part des Anglais dans la commune conquête ne devait être que quelques îles du littoral hollandais.

A cette époque, de Lionne renouvelait les traités avec l'Empereur et les princes de la ligue du Rhin, qui promirent leur neutralité ou leur coopération. Cette habile campagne diplomatique, la dernière de de Lionne, retournait contre la Hollande la triple alliance de la Haye.

La guerre éclata enfin en 1672. Trente vaisseaux de cinquante à soixante-dix-huit canons allèrent joindre la flotte anglaise, forte elle-même de soixante navires de haut bord, et commandée par le duc d'York. On réunit 90 000 hommes de Sedan à Charleroi : l'évêque de Münster, l'électeur de Cologne, d'autres princes allemands, en fournirent environ vingt mille. Le roi conduisait en personne cette magnifique armée. Condé, Turenne, Luxembourg, Chamilly commandaient sous lui ; Vauban devait prendre les villes, Pellisson écrire les victoires. A un tel ennemi que pouvait opposer la Hollande ? Elle avait une marine formidable, des amiraux regardés jusqu'alors comme les premiers de leur siècle, Tromp et Ruyter, de riches colonies, un commerce immense ; mais elle avait négligé ses armées de terre, souvent dangereuses dans une république; elle pouvait à peine compter sur 25 000 miliciens, mal équipés et sans discipline, et les 20 000 hommes que lui promettait l'électeur de Brandebourg, son seul allié, étaient à la fois bien loin et bien insuffisants. Des divisions intestines l'affaiblissaient encore : il y avait deux partis; l'un, dirigé par Jean de Witt, grand pensionnaire ou suprême magistrat de Hollande, était tout dévoué à la cause de la vieille liberté; l'autre voulait rétablir dans les charges de ses ancêtres le jeune prince d'Orange, et, tirant profit du danger présent, le fit nommer capitaine général à l'âge de vingt-deux ans.

6. **Invasion en Hollande (1672).** — Cependant Louis XIV s'avançait le long de la Meuse, sur les terres de l'évêque de Liége, son allié, pour ne pas violer le territoire espagnol; puis sur la rive droite du Rhin, de Wesel à Tolhus. En ce dernier endroit, la sécheresse de la saison avait formé un gué, et sur l'autre rive on ne voyait que quatre à cinq cents cavaliers et deux faibles régiments d'infanterie sans canons. Le passage s'opéra donc fort aisément, et la Hollande se trouva ouverte à l'invasion sans que cette opération nous eût coûté d'autre perte que celle de quelques fous qui se firent tuer en refusant quartier aux troupes ennemies. Les provinces d'Over-Yssel, de Gueldre et d'Utrecht n'essayèrent pas de se défendre; il n'y avait guère d'heures dans la journée où le roi ne reçût la nouvelle de quelque conquête. Un officier écrivait à Turenne : « Si vous voulez m'envoyer 50 chevaux, je pourrai prendre avec cela deux ou trois places. » Quatre soldats furent un instant maîtres de Muyden, la clef d'Amsterdam parce que les écluses qui permettent de mettre sous l'eau les environs de cette capitale s'y trouvent. Les généraux, appelés au conseil, proposaient de marcher sans retard sur cette ville; Louvois aima mieux laisser des garnisons dans les places : l'armée s'en trouva affaiblie et ses opérations furent retardées. Alors les Hollandais reprirent courage et, réunissant toutes

les forces de l'État entre les mains d'un seul homme, élevèrent au *stathoudérat* Guillaume d'Orange. Ce prince allait sauver l'indépendance de son pays ; mais il souilla cette gloire en laissant une populace furieuse égorger les chefs illustres du parti républicain, Jean et Corneille de Witt, deux grands citoyens.

7. Première coalition contre la France (1673). — La dictature militaire confiée au prince d'Orange donna aux affaires une face nouvelle : il fit percer des digues, mit sous l'eau les campagnes qui entourent Amsterdam et força les Français à reculer devant l'inondation. Il servit encore mieux son pays par ses négociations : il envoya des ambassadeurs dans toutes les cours de l'Europe, pour les ameuter contre la France : il traita avec l'Espagne, avec le duc de Lorraine, avec l'Empereur. Plusieurs princes de la ligue du Rhin firent défection, et cette avant-garde de la France, placée par Mazarin à l'entrée de l'Empire, se tourna contre elle. Ce fut la *grande alliance* de la Haye, la première de ces coalitions que la France allait prendre l'habitude de regarder en face (août 1673).

8. Campagne de 1673 ; prise de Maëstricht. — Mais ce grand corps germanique était alors bien lent à se mouvoir. Pendant qu'il faisait ses préparatifs, Louis investit Maëstricht, la clef du bassin inférieur de la Meuse, et Vauban la lui donna. Luxembourg, pendant ce temps, tenait en échec les Hollandais ; Turenne, qui l'hiver précédent avait poussé l'électeur de Brandebourg jusque sur l'Elbe, arrêtait les Impériaux, et d'Estrées exerçait la marine naissante de la France, en luttant dans quatre batailles contre Ruyter. Cette fois, nous avions l'aide des Anglais, et nous combattions deux contre un : bientôt ce sera seul contre deux. A la fin de l'année, les Impériaux eurent pourtant des forces considérables. La défection de l'évêque de Würzburg les amena sur le Rhin, où ils firent leur jonction avec le prince d'Orange, enlevèrent Bonn et prirent leurs quartiers dans l'électorat de Cologne.

9. Conquête de la Franche-Comté (1674). — La guerre devenant européenne, Louis XIV en changea le plan avec une décision qui lui fait honneur. Il abandonna la Hollande, qu'il ne pouvait garder, et tourna toutes ses forces contre l'Espagne, le plus faible des États ligués. Avec 25 000 hommes et Vauban, il se dirigea sur la Franche-Comté. Cette seconde conquête fut presque aussi rapide que la première : Besançon fut pris en neuf jours, et la province entière en six semaines : elle est restée depuis à la France (mai 1674).

10. Turenne sauve l'Alsace (1674-1675). — Les alliés avaient médité pour cette année une double et formidable invasion de la France, par la Lorraine et par les Pays-Bas : Turenne devait arrêter l'une, Condé l'autre. Mais l'ennemi mit tant de lenteur à entrer en opérations que la conquête de la Franche-Comté fut terminée avant qu'il eût dessiné son mouvement. Turenne put même prendre l'offensive ; il passa le Rhin à Philippsbourg avec 20 000 hommes, brûla le Palatinat pour empêcher l'ennemi d'y subsister et livra une foule de petits combats à Sinsheim, à Ladenbourg (juillet 1674), où il montra les ressources d'une tactique inconnue avant lui. Cependant sa science militaire ne pouvait toujours suppléer au nombre. 70 000 Allemands pénétrèrent en Alsace par le pont de Strasbourg, qui viola sa neutralité. On crut à la cour la province perdue, et Louvois ordonna au maréchal de se retirer en Lorraine. Ce n'était pas le compte de ce grand capitaine, qui, au jugement de Napoléon, *croissait d'audace à mesure qu'il vieillissait*. Il écrivait au roi pour lui demander la liberté d'agir. « Je connais, disait-il, la force des troupes impériales, les généraux qui les commandent, le pays où je suis ; je prends tout sur moi, et je me charge des événements. » Il resta en Alsace tant qu'il lui plut, inquiéta sans relâche l'ennemi, et, l'hiver survenant, repassa les Vosges, comme pour prendre ses quartiers en Lorraine. L'ennemi, débarrassé enfin de cet inquiétant voisinage et pensant la campagne finie, se mit au large et, pour mieux vivre, s'étendit d'un bout à l'autre de l'Alsace. Turenne était le père de ses soldats ; et comme ils n'avaient à craindre avec lui ni une fatigue ni un danger inutiles, il pouvait tout obtenir de leur dévouement. Tout à coup, au commencement de décembre, par un froid de 10 degrés, il lève ses camps, longe toute la chaîne des Vosges par leur revers occidental, tourne leur extrémité et arrive à Belfort, après une marche de vingt jours, à travers des chemins affreux. Il tombe sur les Impériaux, qui le croyaient à 50 lieues de là : il les presse, il les culbute à Mulhouse, à Colmar, à Türckheim ; il les pousse en désordre devant lui ; il les rejette enfin au-delà du Rhin, après leur avoir tué, blessé ou pris 40 000 hommes (janvier 1675).

Cette campagne, préparée avec tant de secret, exécutée avec une hardiesse si prévoyante, terminée en moins de six semaines, excita l'enthousiasme dans la France entière. Louis XIV écrivit au maréchal . « Je désire que vous reveniez près de moi, où j'ai bien de l'impatience de vous voir pour vous témoigner de vive voix la satisfaction que me donnent les services considérables et importants que vous m'avez rendus et la dernière victoire que vous venez de remporter sur mes ennemis. » Sur toute la route, les populations que Turenne avait sauvées des ravages d'une invasion accouraient émues d'admiration et de reconnaissance, et son retour ne fut qu'un triomphe.

11. Bataille de Séneffe (1674). — Pendant que Turenne refoulait victorieusement l'invasion de l'Est, Condé arrêtait celle du Nord ; il empêchait 90 000 Espagnols et Hollandais d'entrer en Champagne. Il s'était retranché près de Charleroi, en avant de la Sambre, dans une position que le prince d'Orange n'osa attaquer. Condé, qui ne faisait pas volontiers longtemps la guerre défensive, suivit l'ennemi dans sa retraite et atteignit son arrière-garde à Séneffe, près de Mons (août 1674), la renversa, entama le corps de bataille, mais vint attaquer en désordre le reste de l'armée, rangé dans un poste très fort. Quand la nuit arriva, il avait eu trois chevaux tués sous lui, et la victoire était encore indécise. « Alors, dit un témoin oculaire, la Fare, il ordonna qu'on fît avancer des bataillons nouveaux et qu'on allât chercher du canon pour attaquer les ennemis à la pointe du jour. Tous ceux qui entendirent cette proposition en frémirent, et il parut visiblement qu'il n'y avait plus que lui qui eût envie de se battre encore. » Le lendemain, les deux armées se séparèrent avec une perte égale de sept à huit mille hommes.

Le prince d'Orange, afin de prouver qu'il n'avait point été battu, assiégea Oudenarde. Condé montra qu'il était le vainqueur en le forçant d'abandonner cette entreprise; mais Grave, le dernier reste de nos conquêtes en Hollande, ouvrit ses portes. Chamilly l'avait défendu quatre-vingt-treize jours en causant aux assaillants une perte de 16 000 hommes.

12. Dernière campagne de Turenne et de Condé (1675). — A la fin du printemps (juin 1675), Turenne était revenu à la tête de son armée du Rhin. Il s'engagea de nouveau dans le Palatinat. L'Empereur lui opposa Montecuculli, qui avait vaincu, dix années auparavant, les Turcs à la journée de Saint-Gothard, et qui passait pour un tacticien consommé. Ils restèrent six semaines à se suivre, à s'observer; et leur réputation, qui semblait ne pouvoir plus croître, en fut augmentée. Enfin ils allaient en venir aux mains, auprès du village de Saltzbach, sur un terrain que Turenne avait choisi, où il croyait la victoire certaine, quand le maréchal, en observant la position d'une batterie, fut atteint par un boulet perdu, qui emporta du même coup le bras de Saint-Hilaire, lieutenant général de l'artillerie (27 juillet 1675). Le fils de ce dernier se jeta en larmes sur lui. « Ce n'est pas moi, lui dit Saint-Hilaire, c'est ce grand homme qu'il faut pleurer. » Sa mort fut en effet une calamité publique. Louis XIV, pour honorer le meilleur capitaine de son siècle, le fit enterrer à Saint-Denis, dans la sépulture des rois.

La mort de Turenne fit perdre tout le fruit d'une savante campagne : les Français, découragés et comme saisis de terreur panique, s'enfuirent vers le Rhin; Montecuculli pénétra en Alsace par le pont de Strasbourg. En même temps le duc de Lorraine, Charles IV, courut assiéger la grande ville de Trèves, avec 20 000 hommes : Créqui voulut la secourir et fut battu à Consarbrück : il se jeta dans la place, mais, après quelques semaines d'une défense héroïque, il fut forcé de capituler par la lâcheté de la garnison (septembre 1675). « Son malheur, dit Condé, le rendra un grand général; » et Condé eut raison.

Après la mort de Turenne, le prince de Condé fut envoyé en Alsace pour arrêter les progrès de Montecuculli et ranimer la confiance des troupes. Il força les Impériaux à lever les siéges de Saverne et de Haguenau et à repasser le Rhin. Ce fut son dernier succès; il cessa de paraître à la tête des armées, et se retira à Chantilly, où il vécut jusqu'en 1686, au milieu des gens de lettres, se plaisant à leurs discussions, s'y mêlant avec esprit, avec feu, et quelquefois, dit la Fontaine, prenant la raison, comme la victoire, à la gorge.

13. Campagne de 1676; victoires navales; Duquesne et d'Estrées. — On retomba l'année suivante dans cette guerre de siéges que Louis XIV préférait. Condé et Bouchain furent pris; Maestricht, assiégé par le prince d'Orange, fut délivré; mais les Allemands rentrèrent dans Philippsbourg, que Du Fay défendit trois mois, et ne rendit que quand il manqua de poudre. Une gloire inattendue consola la France de ces faibles succès et de ce revers. Les habitants de Messine, révoltés contre l'Espagne, s'étaient placés sous la protection de Louis XIV (1675) : il leur envoya une flotte commandée par le duc de Vivonne, frère de Mme de Montespan. Duquesne était sous ses ordres. Ce grand marin, né à Dieppe en 1610, avait d'abord été armateur

Chantilly.

et corsaire; puis il s'engagea au service de la Suède, où il acquit de la réputation; revenu en France pour entrer dans la marine royale, il passa par tous les grades, devint lieutenant général, mais ne put monter plus haut, parce qu'il était protestant. Sur les côtes de Sicile, il eut pour adversaires Ruyter et les Espagnols. Un premier combat, près de l'île Stromboli, resta indécis (1676); un second, à la hauteur de Syracuse, fut une complète victoire. Ruyter y fut tué. Louis XIV ordonna qu'on rendît les honneurs militaires, dans tous nos ports, au vaisseau qui rapportait en Hollande les restes de ce grand homme de mer. Enfin Duquesne, Vivonne et Tourville écrasèrent dans une dernière rencontre, à Palerme, les flottes ennemies. La France eut pour quelque temps l'empire de la Méditerranée (1676).

Les Hollandais avaient, cette même année, pris Cayenne et ravagé nos établissements des Antilles. Le vice-amiral d'Estrées arma à ses frais huit bâtiments, que le roi lui confia moyennant réserve de moitié des prises, reprit Cayenne et détruisit, dans le port de Tabago, une escadre ennemie de dix vaisseaux. En 1678, il enleva cette île même et tous les comptoirs hollandais au Sénégal. Le pavillon français régna alors sur l'Atlantique comme sur la Méditerranée.

14. Campagne de 1677 : Créqui et Luxembourg; bataille de Cassel. — Créqui avait succédé à Turenne en Allemagne, Luxembourg à Condé aux Pays-Bas. Le premier répara sa défaite de Consarbrück dans une campagne digne de Turenne. Par une suite de marches habiles, qui le placèrent constamment entre l'ennemi et notre frontière, il couvrit la Lorraine et la haute Alsace contre un adversaire supérieur en nombre, le battit à Kochersberg, entre Strasbourg et Saverne (7 octobre 1677), et lui enleva Fribourg, ce qui reportait la guerre sur la rive droite du Rhin. Le second, qui rappelait plutôt le vainqueur de Rocroy, prit avec le roi Valenciennes, dont les mousquetaires enlevèrent, en plein jour, les formidables ouvrages, puis Cambrai,

Hôtel de ville et beffroi de Douai.

et gagna avec Monsieur, sur le prince d'Orange, la bataille de Cassel, près de Saint-Omer, qui capitula (avril 1677). Gand ouvrit ses portes l'année suivante.

15. Défection de l'Angleterre (1678). — Ainsi Louis XIV attaquait ou se défendait partout : un événement imprévu le décida à faire la paix. Les Anglais ne voyaient pas sans effroi les progrès de son influence sur le continent, et surtout le développement de sa marine ; ils murmuraient contre leur roi, enchaîné à l'alliance de ce redoutable voisin, et l'opposition nationale devenait tous les jours plus vive dans le parlement. Charles II disait tristement à l'ambassadeur français, M. de Ruvigny (6 juin 1675), que, pressé par ses sujets, « il était comme une place assiégée qui ne peut plus se défendre ». Dès 1674 il avait cessé d'agir contre les Hollandais ; en 1678, il fut forcé de s'unir à eux, de consentir au mariage de sa nièce Marie avec le stathouder, et de se déclarer contre la France (janvier 1678).

16. Traité de Nimègue (1678) ; pacification générale (1679). — Alors Louis XIV proposa la paix aux Provinces-Unies. Le prince d'Orange devait son élévation à la guerre ; il essaya de rompre les négociations, en surprenant à Saint-Denis, près de Mons, le maréchal de Luxembourg, qui se reposait sur la foi d'un armistice (11 août 1678) : il fut repoussé après un combat désespéré de six heures. « Je m'attendais bien, disait-il plus tard, à perdre du monde, mais cette perte devait être de peu de conséquence, puisque aussi bien, la paix étant faite, il aurait fallu congédier les troupes. » Quel mépris de la vie humaine ont tous ces batailleurs ! les hommes ne sont pour eux que les pièces d'un échiquier.

La Hollande, l'Angleterre, l'Espagne et l'Empereur traitèrent à Nimègue ; l'électeur de Brandebourg à Saint-Germain ; le roi de Danemark à Fontainebleau (août 1678 à septembre 1679). Cette fois encore ce fut l'Espagne qui paya les frais de la guerre ; elle abandonna la Franche-Comté, et, aux Pays-Bas, les deux dernières villes de l'Artois, Aire et Saint-Omer, avec douze autres places, Valenciennes, Cambrai, Maubeuge, Condé, Bouchain, etc., que Vauban couvrit aussitôt de fortifications, pour en faire la barrière de la France. L'électeur de Brandebourg et le roi de Danemark durent restituer tout ce qu'ils avaient enlevé aux Suédois nos alliés. Mais la France, déviant de la politique commerciale de Colbert, accorda aux Hollandais l'abolition du tarif de 1667, ce qui allait porter un rude coup à notre marine marchande et même à notre industrie.

L'invasion de la Hollande, que des fautes militaires avaient empêché de réussir dès l'ouverture des hostilités, fut encore une faute politique qui fit la fortune de Guillaume d'Orange, et retourna contre la France la coalition formée jadis contre la maison d'Autriche. Cependant, grâce à d'habiles ministres et à d'excellents généraux, la France sortit victorieuse de cette redoutable épreuve. Le traité de Nimègue marque l'apogée du règne de Louis XIV : peu de temps après, les magistrats de Paris lui décernèrent le titre de GRAND (1680); et pourtant la décadence n'était pas loin, car Louis allait, au dehors, irriter l'Europe par l'exécution militaire des arrêts partis de ses chambres de réunion, et, au dedans, mériter la haine d'une partie de ses sujets par le renouvellement des persécutions religieuses.

17. Chambres de réunion : Strasbourg. — La paix conclue, les nations avaient licencié leurs troupes; Louis garda les siennes et fit de la paix un temps de conquêtes. Les traités de Westphalie et de Nimègue n'avaient pas déterminé nettement ses droits sur les pays qui lui avaient été cédés; et notre frontière du nord-est était ébréchée par une foule de fiefs ou de villes qui prétendaient ne rien devoir à la France. Louis, s'autorisant du texte des traités qui lui livraient ces pays *avec leurs dépendances*, fit rechercher quelles étaient ces dépendances, par des chambres établies à Tournay, à

Metz, à Brisach et à Besançon, pour la Flandre, les Trois-Évêchés, l'Alsace et la Franche-Comté. Des princes allemands, l'électeur palatin, les rois de Suède et d'Espagne durent comparaître, par procureurs, et justifier de leurs titres. Des arrêts soutenus par une armée donnèrent à Louis XIV vingt villes, entre autres Sarrebrück, Deux-Ponts, Luxembourg, Montbéliard et la plus importante de toutes, Strasbourg, vieille cité impériale, qui était une véritable république, ne reconnaissant d'autres maîtres depuis des siècles que son évêque et son conseil municipal. Or, l'évêque étant Français de cœur, une partie de la population pensait comme lui; et les cinq conseillers, qui formaient la *régence*, gagnés par de l'or et des promesses, sans force d'ailleurs pour résister aux troupes dirigées contre eux, se décidèrent à ouvrir leurs portes. Le 28 septembre 1681, trente-cinq mille hommes étaient au pied des murailles; le 29 les magistrats envoyèrent une députation à Louvois, qui se trouvait à Illkirch, et le lendemain la capitulation était signée. Jamais conditions plus douces n'avaient été imposées : confirmation de tous les priviléges; liberté des élections communales; maintien de la juridiction civile et criminelle, sauf appel au conseil souverain de Brisach, pour les constatations supérieures au chiffre de 1000 livres; conservation à la ville de tous ses domaines et revenus; exemption pour les bourgeois de toute contribution envers le trésor royal. La même conduite libérale avait été suivie à l'égard de l'Alsace entière : la justice était déclarée gratuite, sauf un droit très-minime pour les actes judiciaires; la confiscation abolie; les corvées réduites à dix par an, avec faculté de rachat; les péages, supprimés dans l'intérieur de la province, et les tarifs à l'entrée et à la sortie, notablement réduits. Voilà comment l'Alsace et Strasbourg devinrent française.

Dans le même temps, Louis achetait Casal, dans le Montferrat, au duc de Mantoue, pour dominer le nord de la péninsule et le Piémont, qu'il tenait déjà par

Pignerol (1681), et arriver quelque jour, par une transaction, à acquérir la Savoie.

Sur d'autres points se montrait le drapeau de la France, et la cause était plus légitime. Les Barbaresques avaient recommencé leurs pirateries. Le vieux Duquesne fut envoyé contre eux. Un marin obscur, Bernard Renau, venait d'inventer un engin terrible de destruction pour

La ville de Luxembourg.

les places maritimes, les galiotes à bombes. Alger fut bombardé deux fois (1681-1683), détruit en partie et obligé de rendre ses prisonniers. Tunis et Tripoli eurent le même sort; la Méditerranée fut encore pour quelque temps purgée de corsaires.

Une ville chrétienne fut traitée comme ces repaires de pirates. Les Génois avaient vendu des armes et de la poudre aux Algériens, et ils construisaient quatre vaisseaux de guerre pour l'Espagne, qui n'en avait plus.

Louis XIV leur défendit d'armer ces galères; sur leur refus, Duquesne et Seignelay lancèrent en quelques jours 14 000 bombes, qui renversèrent une partie des somptueux palais de *Gênes la Superbe* (1684). Il fallut que le doge vînt à Versailles demander pardon au roi, malgré une loi ancienne qui ordonnait au premier magistrat de la république de ne jamais s'absenter de la ville. On lui demanda ce qu'il trouvait de plus curieux à Versailles : « *C'est de m'y voir,* » répondit-il.

18. Trêve de Ratisbonne (1684). — Les conquêtes faites par Louis XIV, en pleine paix, son orgueil, ses violences avaient, au lendemain même des traités de Nimègue, éveillé les craintes de l'Europe. On accusait la France d'avoir renversé la domination autrichienne pour mettre la sienne à la place et peser comme elle sur le continent. Dès 1681, l'Empire, l'Empereur, l'Espagne, la Hollande et même la Suède conclurent, par les soins de Guillaume d'Orange, une alliance secrète pour le maintien de la paix de Nimègue.

L'Espagne n'avait plus ni soldats ni argent; l'Empereur était occupé par les Turcs, qui vinrent l'assiéger jusque dans Vienne, où Sobieski le sauva, et la Hollande hésitait à attirer de nouveau sur elle les armées de la France. L'Angleterre, aux mains de Jacques II, était neutralisée, et l'Empire, qui voyait Louis s'approcher de la rive gauche du Rhin par Strasbourg et Luxembourg, qu'il occupait ; par l'évêché de Liége et l'électorat de Cologne, dont il disposait ; par l'électorat de Trèves, dont il avait forcé le titulaire à démanteler sa capitale, l'Empire toujours divisé, était impuissant à arrêter cette fortune menaçante. Au mois d'août 1684, la diète de Ratisbonne stipula une trêve de vingt ans qui laissa au roi toutes ses acquisitions : Luxembourg, Landau, Strasbourg, Kehl et les autres villes réunies avant le 1er août 1681.

19. État intérieur de la France; mort de Colbert (1683). — Cependant sous l'éclat extérieur dont brillait la France une sorte de fatigue commençait à se faire sentir. Les dépenses excessives de la guerre précédente, le maintien coûteux d'une armée de 150 000 hommes en temps de paix, les constructions fastueuses, comme celles de Versailles, de Trianon, de Marly, du Louvre et des Tuileries, ou utiles, comme celle des ports, des places fortes, de l'hôtel des Invalides, avaient détruit l'équilibre des finances, forcé d'accroître les impôts, porté un premier coup à l'agriculture et au commerce. Dès 1680, Colbert disait au roi que toutes les lettres qui venaient des provinces parlaient de la très-grande misère des peuples. Mais Louis XIV faisait volontiers la théorie de sa pratique et aimait à ériger ses habitudes en principes de gouvernement. Pour justifier les impôts illimités, il se fera bientôt donner, par la Sorbonne, une consultation doctrinale qui le déclarera maître absolu de la vie et des biens de ses sujets; pour mettre sa conscience en repos, au sujet de ses monstrueuses prodigalités, il répondra à Mme de Maintenon, qui lui demandait de l'argent au nom des pauvres : « Un roi fait l'aumône en dépensant beaucoup. » Mot précieux et terrible, dit Say, qui montre comment la ruine peut être réduite en principe.

Colbert était donc fort mal venu à prêcher l'économie. Des mouvements populaires, signes du malaise des peuples, qui eurent lieu en plusieurs provinces, ne servirent pas d'avertissements. On les réprima avec cruauté, et on continua à élargir le gouffre du déficit. Colbert s'épuisa à trouver des ressources pour le combler; il fut obligé, lui aussi, de vendre des charges, de créer des rentes à un taux onéreux, d'augmenter la taille. Il gémissait de ramener les finances à l'état d'où il les avait tirées et de voir depuis la concession faite aux Hollandais, à la paix de Nimègue, la concurrence étrangère écraser de nouveau le commerce maritime et l'industrie nationale. Il succomba à la peine. Il mourut en 1683, à soixante-quatre ans, usé par l'excès du travail, et tué peut-être par d'injustes reproches du roi. « Si j'avais fait pour Dieu ce que j'ai fait pour cet homme, disait-il avec amertume, je serais sauvé dix fois, et je ne sais ce que je vais devenir. » Il refusa de lire une dernière lettre que le roi lui adressait. Comme plusieurs de nos grands ministres, Colbert était impopulaire. Le peuple maudissait celui qui rédigeait les édits bursaux, non celui qui les dictait ; et, en voyant Colbert amasser au bout de vingt-deux années de charge, dix millions de fortune, on accusait sa probité au lieu de voir son économie. Il fallut enterrer la nuit, à la dérobée, avec une escorte, un des bienfaiteurs de la France, pour que la multitude n'insultât pas à ses funérailles. Après lui son ministère fut divisé : le marquis de Seignelay, son fils, eut la marine ; les finances furent confiées à Le Pelletier (1683-1689), plus tard, au comte de Pontchartrain (1689-1699) : ces deux derniers lui succédèrent sans le remplacer. Dès l'année 1689, la pénurie fut telle que Louis dut envoyer à la monnaie les chefs-d'œuvre en argent ciselé qui décoraient Versailles.

CHAPITRE IX.

AFFAIRES RELIGIEUSES;
DÉCLARATION DE 1682; RÉVOCATION DE L'ÉDIT
DE NANTES; LE JANSÉNISME [1].

1. L'opposition religieuse sous Louis XIV. — 2. Rome et l'Église gallicane. — 3. La régale. — 4. Déclaration de 1682. — 5. Révocation de l'édit de Nantes. — 6. Le jansénisme.

1. L'opposition religieuse sous Louis XIV. — Le puissant monarque qui avait réduit à une commune obéissance tous les ordres de son royaume, même le clergé, trouva cependant devant lui une triple opposition religieuse : celle des protestants, qu'il provoqua par de coupables mesures ; celle des ultramontains, contre lesquels il reprit justement les vieilles traditions de l'Eglise de France ; celle enfin des jansénistes et des quiétistes, austères ou doux personnages qui osaient avoir des opinions théologiques différentes de celles des jésuites, alors tout-puissants à la cour.

On a vu (p. 136) quelles étaient les idées de Louis XIV sur l'étendue de son pouvoir. Il se croyait réellement le maître absolu de l'Etat, tout le monde le crut avec lui, et l'Eglise l'enseigna: Bossuet fonda le droit divin de la monarchie sur les maximes tirées de l'Ecriture sainte : « O rois, vous êtes des dieux, » s'écrie le grand évêque, dans le même temps où Lebrun remplissait Versailles de l'apothéose de Louis. Tant qu'il vécut, il n'y eut dans toute la France qu'une volonté sans contrôle et sans limite, la sienne. « Dans l'Etat où vous

---

1. Ouvrages à consulter : Sainte-Beuve, *Port-Royal* ; l'abbé Ledieu, *Mémoires sur Bossuet*.

devez régner après moi, disait-il à son fils, vous ne
de trouverez point d'autorité qui ne se fasse honneur
tenir de vous son origine et son caractère. » Comme
il arrive souvent, il faisait intervenir Dieu même en sa
faveur. « La volonté de Dieu, disait-il, est que quiconque est né sujet obéisse sans discernement. »

Et dans cette soumission sans réserve il comprenait
la croyance religieuse. Bossuet avait écrit : « Ceux qui
ne veulent pas souffrir que le prince use de rigueur en
matière de religion, parce que la religion doit être libre,
sont dans une erreur impie. » Louis pensait, comme
Bossuet, que la conscience de ses sujets lui appartenait
tout autant que leur liberté et leurs biens. L'opposition
religieuse était donc vouée nécessairement à la persécution.

2. Rome et l'Église gallicane. — Tout le moyen âge
avait été troublé par la querelle du sacerdoce et de
l'Empire. Quelle était l'autorité supérieure? Celle du
pape ou celle du prince? A Rome, on n'hésitait pas à
mettre le saint-siége au-dessus des couronnes; mais
les empereurs allemands et Philippe le Bel avaient résolu la question en faveur du pouvoir temporel, et Luther, en supprimant la papauté, avait supprimé ce grand
duel. Dans les pays protestants, le prince avait même
hérité du pouvoir spirituel. L'Electeur de Saxe, « évêque
né de son territoire », rédigea des formulaires de foi, et
Henri VIII se déclara chef de l'Eglise d'Angleterre.
Dans les Etats restés catholiques, les deux rivaux, que
le danger commun rapprochait, laissèrent quelque
temps dormir leurs prétentions contraires. Le concile
de Trente et les théologiens, préoccupés du besoin de
resserrer l'Eglise autour du pontife romain, pour opposer au protestantisme une armée disciplinée et docile,
avaient bien repris la vieille thèse de la primauté du
saint-siége, et les jésuites s'étaient faits les instruments
habiles et ardents de cette politique. Mais les gouvernements, même l'Espagne, n'acceptèrent que les décisions du concile en matière de foi. La France, attachée

aux coutumes qu'avaient sanctionnées la Pragmatique
de Bourges et les conciles de Constance et de Bâle, fit
la plus vive opposition. Les parlements, défenseurs naturels de la société civile, repoussèrent les canons relatifs à la discipline, comme contraires aux libertés de
l'Église gallicane, et chassèrent les jésuites du royaume.
L'un d'eux, Mariana, soutenant dans un livre fameux,
De rege (1599), une thèse plus grave encore que celle
de la suprématie pontificale, prétendit démontrer, avec
de claires allusions à Jacques Clément, la légitimité du
meurtre d'un tyran : terme élastique où ne se cachait
même pas le droit revendiqué pour l'Église de déclarer
ennemi public et usurpateur celui qui faisait tort à la
religion.

Richelieu avait fait de trop grandes choses dans l'État
pour souffrir qu'à l'aide d'une thèse théologique on trou-
blât l'ordre qu'il y avait mis; il voulait avoir un clergé
national, comme il avait une noblesse royaliste, et il
l'eut. Secrètement encouragés par lui, les frères Dupuy
publièrent un livre sur les *Droits et libertés de l'Église
gallicane* (1639); un ouvrage anonyme, qui en était la
réfutation, fut brûlé par la main du bourreau, et le cardinal laissa écrire que la création d'un patriarche pour
la France, même sans le consentement de Rome, serait
chose raisonnable et de facile exécution. C'était presque
une menace de schisme. D'autres mesures inquiétèrent
plus vivement la curie romaine : défense d'envoyer de
l'argent à Rome pour affaires de chancellerie; menace
de supprimer les annates et de demander la convocation d'un concile. Ce cardinal menait rudement la guerre
contre le saint-siége.

Ces paroles et ces actes n'étaient point perdus : ils
entretenaient en France l'esprit gallican, qui allait se
montrer avec éclat dans la célèbre déclaration de 1682.
En 1663, la Sorbonne, antique foyer de la science théologique, fit une déclaration conforme aux décisions des
conciles de Bâle et de Constance; elle reçut des thèses
doctorales contre l'infaillibilité du pape et pour la su-

périorité des conciles. La congrégation romaine de l'Index ayant condamné ces thèses en 1674, l'abbé de Noailles soutint encore, l'année suivante, en présence de la Faculté, le droit des évêques à n'être point déposés arbitrairement par le pape et l'indépendance du pouvoir temporel.

3. La régale. — Louis XIV, malgré sa piété espagnole, hérita de la fermeté de Richelieu envers les papes : on a vu (p. 166) avec quelle hauteur il exigea d'Alexandre VII des réparations pour les insultes faites à son ambassadeur ; il n'était, pas plus que le grand cardinal, disposé à sacrifier les droits qu'il croyait attachés à la couronne et que les théologiens français ne lui marchandaient pas. Ce ne fut cependant point sur la question des limites du spirituel et du temporel que la rupture se fit. La querelle avec Rome s'engagea, cette fois petitement, pour quelques écus ; mais elle tourna bien vite vers les grands sujets. Nos rois percevaient, de temps immémorial, les revenus de certains bénéfices, évêchés et archevêchés, pendant la vacance du siége : on appelait ce droit la *régale*. Louis, par esprit d'uniformité, déclara (édit de 1673) que tous les siéges de France seraient soumis à la régale. Deux évêques jansénistes refusèrent d'obéir ; ils exclurent du chapitre les chanoines que le roi avait nommés, et furent approuvés du pape, qui adressa au roi deux brefs violents « contre les sinistres conseils de ses ministres » (1678). Dans un autre, il le menaçait d'user de son autorité, s'il ne se soumettait pas à ses remontrances paternelles. C'était le prendre de bien haut avec un prince qui entendait n'avoir point d'égal sur la terre. Le 1ᵉʳ janvier 1681, un nouveau bref excommunia *ipso facto* tous ceux qui se soumettraient à l'édit et déclara nuls les confessions et mariages faits devant les *intrus*.

Le parlement condamna « le libelle imprimé en forme de bref du pape Innocent XI, et décréta contre ceux qui le propageaient. C'était le désordre dans l'Eglise

AFFAIRES RELIGIEUSES. 195

de France et, pour l'autorité du roi, un échec public.
Il convoqua une assemblée du clergé de France dont
Bossuet fut l'âme, et qui donna raison aux prétentions

Bossuet (Jacques-Bénigne).

royales. Le pape déclara l'assemblée illégale. A cette
nouvelle atteinte aux droits de la couronne, Louis répondit par un acte décisif.

4. Déclaration de 1682. — Sous l'inspiration de
Bossuet, l'assemblée adopta, le 19 mars 1682, quatre

propositions que les parlements et les facultés de théologie durent enregistrer, et dont voici la substance :

1. Dieu n'a donné à saint Pierre et à ses successeurs aucune puissance ni directe ni indirecte sur les choses temporelles.

2. L'Église gallicane approuve les décrets adoptés par le concile de Constance, dans les sessions IV et V, lesquelles déclarent les conciles œcuméniques supérieurs au pape dans le spirituel.

3. Les règles, les usages reçus dans le royaume et dans l'Église gallicane, doivent demeurer inébranlables.

4. Les décisions du pape, en matière de doctrine, ne sont irréformables qu'après que l'Église les a acceptées[1].

Innocent XI n'approuva ni ne cassa ces résolutions, mais il refusa d'accorder les bulles d'investiture aux évêques nommés par le gouvernement qui avaient été membres de l'assemblée; de sorte qu'à sa mort il se trouvait vingt-neuf diocèses dépourvus de titulaires. Cette affaire fut terminée en 1693, par une transaction. Innocent XII accorda les bulles d'investiture, et le roi cessa d'imposer aux facultés de théologie l'obligation d'enseigner les quatre propositions de 1682 ; mais le Parlement en conserva l'esprit.

Les adversaires posaient les armes sans s'avouer ni vainqueurs ni vaincus. Au fond, Louis XIV avait gagné sa cause : il avait un clergé qui venait de se montrer docile; la distinction des deux pouvoirs avait été nettement établie, et l'indépendance absolue du temporel, affirmée. Les deux pouvoirs étant distincts, distinctes aussi devaient être les juridictions; il en résultait qu'aucun ecclésiastique, quel que soit son titre, évêque,

---

1. « Ce fut le 19 mars 1682 que l'assemblée du clergé fit cette célèbre déclaration, qui est un des beaux titres de la gloire de Bossuet et de l'Église de France. » (*Histoire de Bossuet*, par le cardinal de Bausset, livre IV, n° 14.) Le caractère légal de cette déclaration a été confirmé par des arrêts du Parlement (31 mars 1753), du Conseil (23 mars 1766) et de la cour royale de Paris (3 décembre 1825), par la loi du 18 germinal an X et le décret du 25 février 1810, qui la proclame loi générale de l'Empire.

légat ou pape, ne pouvait entreprendre sur la juridiction temporelle ni s'y soustraire et que les évêques, étant citoyens, c'est-à-dire sujets du roi, n'avaient pas le droit, sans son congé, de s'assembler, de sortir du royaume ou de recevoir une bulle pontificale qui n'aurait pas été vérifiée en parlement. Enfin, les nombreuses congrégations (de l'*Index* pour juger les livres, de l'*Inquisition* pour juger les personnes, etc.) établies à Rome autour du pape, qu'elles aidaient dans le gouvernement de l'Église, restaient des institutions étrangères, n'ayant aucune action dans le royaume.

Toutes ces *libertés* donnaient bien à la France une Église nationale; mais cette Église particulière, séparée, si ce n'est pour les choses de la foi, du tronc encore vigoureux qui puisait sa sève au sein de l'Église universelle, fut sans force contre la royauté : Bossuet, le puissant orateur de 1682, n'eut pas, dans sa vieillesse, la permission de publier un livre sans l'approbation d'un docteur en théologie désigné par le chancelier. Énervée par la cour, par le monde, où elle vivait trop, cette Église fut aussi sans force contre la philosophie et la libre-pensée. Après la Réforme, un énergique mouvement de concentration s'était produit dans le monde catholique; mais une Église nationale ne pouvait subsister avec grandeur que dans un pays où elle aurait été assurée de l'obéissance filiale de tout le peuple. Dès que beaucoup de ses anciens fidèles lui refusèrent cette obéissance et que l'on demanda des comptes au clergé, comme à la royauté et à la noblesse, il fallut, pour combattre l'esprit nouveau, plus redoutable que celui du seizième siècle, quitter la soie et la pourpre, ceindre le cilice, renoncer aux vieilles libertés, et, comme une armée en campagne, accepter la discipline étroite imposée par le chef de la catholicité. Sous l'influence des circonstances historiques, l'Église gallicane de Louis XIV se transformera, après Voltaire et la Révolution, en Église ultramontaine.

5. Révocation de l'édit de Nantes. — On sait quelle

avait été la conduite de Richelieu à l'égard des protestants : leur ôter les moyens de former un État dans le royaume ; leur laisser la liberté civile et religieuse. Cette sage politique réussit : de 1629 à 1642, les protestants ne remuèrent pas. Ils ne songèrent même pas à profiter des troubles de la Fronde, et Mazarin, heureux de cette docilité, les traita avec égards, tant du moins que la guerre civile dura. En 1644, sur neuf ou dix maréchaux, cinq étaient protestants : la Force, Châtillon, Turenne, Gassion, Rantzau. Mais, la Fronde morte, le gouvernement commença à montrer aux réformés des défiances qu'atteste un arrêt du conseil de 1656, interdisant aux ministres de prêcher ailleurs que dans le lieu de leur résidence. Mazarin était trop prudent pour céder aux instances du clergé, qui avait voulu le pousser jusqu'à une persécution. « Le petit troupeau broute de mauvaises herbes, disait-il, mais il ne s'écarte pas ; » il fit même prendre au jeune roi l'engagement de ne pas porter atteinte à la liberté de conscience des réformés.

Le principe de tolérance, proclamé par Henri IV, accepté franchement par Richelieu, maintenu par Mazarin, ne fut pas immédiatement sacrifié par Louis XIV. Avant de l'abandonner, il lui fit subir mille infractions de détail. Lui-même a pris soin d'exposer dans ses *Mémoires* quelles furent ses intentions au début de son règne. « Dès 1661, dit-il, je formai le plan de toute ma conduite envers mes sujets de la religion prétendue réformée. Je crus que le meilleur moyen pour les réduire peu à peu était, en premier lieu, de ne les presser par aucune rigueur nouvelle, de faire observer ce qu'ils avaient obtenu de mes prédécesseurs, mais de ne leur rien accorder au delà, et d'en renfermer même l'exécution dans les plus étroites bornes que la justice et la bienveillance le pouvaient permettre. Quant aux grâces qui dépendaient de moi seul, je résolus de ne leur en faire aucune, pour les obliger par là à considérer de temps en temps, d'eux-mêmes et sans violence, si c'était avec quelque bonne raison qu'ils se privaient volontairement des avantages qui pouvaient leur être communs avec mes autres sujets. » Louis s'interdisait donc la bienveillance ; de là aux sévérités et des sévérités aux rigueurs, la pente était facile ; il mit vingt-quatre ans à la descendre, avant d'arriver à la grande iniquité de 1685.

Colbert, héritier de la politique de Richelieu, protégeait les protestants comme des sujets industrieux et utiles. Il en employait un grand nombre dans les arts, dans les manufactures, dans la marine. Duquesne, le grand émule de Ruyter et Van Robais, le grand manufacturier d'Abbeville, étaient des réformés, tout comme ce Perrot d'Ablancourt que le ministre osa proposer au roi pour historiographe. Mais il ne put empêcher une série d'actes législatifs qui minèrent peu à peu les Églises protestantes avant de les renverser. Dès 1662, interdiction aux réformés de tenir leur synode triennal, à tout nouveau catholique de retourner à son ancienne croyance, sous peine de bannissement perpétuel ; à tout protestant d'être notaire, procureur, avocat, expert, imprimeur, libraire, médecin, ce qui les chassait de toutes les professions libérales. En 1665, autorisation aux enfants protestants de se convertir au catholicisme *malgré leurs parents*, dès l'âge de quatorze ans pour les garçons et de douze pour les filles, « âge auquel, disait l'édit, ils sont capables de choix dans une matière aussi importante que celle de leur salut ». De 1666 à 1674, l'influence de Colbert et les graves préoccupations de deux guerres suspendent la persécution commencée : les protestants, qui commençaient à s'expatrier, interrompent leur exode. L'Electeur de Brandebourg ayant adressé de respectueuses remontrances au sujet des réformés français, Louis, qui ménageait encore les puissances protestantes, lui répondit qu'il entendait faire vivre les calvinistes « dans une égalité avec ses autres sujets ». Mais à partir de 1674 les rigueurs recommencent. En 1679, vingt-deux temples protestants sont démolis, et les réformés perdent, en vertu d'une ordonnance royale, la garantie des chambres *mi-parties*, qui jugeaient leurs procès dans les parlements de Toulouse, Bordeaux et Grenoble. L'année suivante, interdiction des mariages mixtes. En 1681, Mme de Maintenon écrivait : « Le roi commence à penser à son salut et à celui de ses sujets ; si Dieu nous le conserve, il n'y aura plus qu'une religion dans son royaume. C'est le sentiment de M. de Louvois, et je le crois là-dessus plus volontiers que M. Colbert, qui ne pense qu'à ses finances et presque jamais à la religion. » On institua une caisse dont les fonds furent affectés à la conversion des protestants. Pellisson, ancien calviniste, dirigea cette scandaleuse opération de l'embauchage des consciences. La grande misère qui régna dans le royaume pendant les dernières années de la guerre de Hollande lui permit d'obtenir des abjurations au prix très-modéré de 6 fr. Mme de Maintenon, ancienne protestante comme lui et qui avait fondé le couvent de Saint-Cyr pour de jeunes protestantes nobles enlevées à leurs familles, s'émerveillait de ces beaux résultats. « M. Pellisson fait des prodiges, écrit-elle le 13 novembre 1683. M. Bossuet est plus savant, mais lui est plus persuasif. On n'aurait jamais osé espérer que toutes ces conversions fussent si aisées. »

Le procédé des conversions payées ne sembla pourtant pas assez expéditif. Colbert étant mort en 1683, l'influence de Louvois fut désormais sans contre-poids ; pour la conserver et l'étendre, il voulut avoir sa part dans l'œuvre qui tenait si fort au cœur du roi et que les jésuites dirigeaient. Il soutint que le seul moyen d'obtenir des conversions en nombre satisfaisant serait « *d'y mêler du militaire* ». Les intendants des provinces où l'on comptait beaucoup de calvinistes, Guyenne, Béarn, Languedoc, reçurent l'ordre de loger des gens de guerre chez les réformés. Dans ses instructions, Louvois interdisait les exactions et les violences. Mais plusieurs intendants tels que Marillac, puis Baville en Poitou, Foucault en Béarn, désireux de signaler leur zèle, fermèrent volontairement les yeux sur les abominables excès qui furent commis. On logeait dans une seule maison de religionnaire jusqu'à vingt et trente dragons, d'où le nom de *dragonnades*, donné aux tristes exploits de ces *missionnaires bottés*. Les protestants se voyaient traiter par eux comme les habitants d'une ville prise d'assaut: leurs biens, leur honneur, leur vie même, étaient à la merci d'une soldatesque effrénée. Nul recours contre ces lâches violences, les chefs toléraient, quand ils n'encourageaient pas la brutalité de leurs hommes. La terreur inspirée par les dragonnades était si grande, que les intendants purent bientôt parler dans leurs rapports d'abjurations faites en masse par la population de villes entières. Ce qu'ils n'ajoutaient pas, c'est que des milliers de protestants passaient à l'étranger, bien que l'émigration fût sévèrement interdite. Des centaines de familles protestantes se réfugiaient en Angleterre et aux Pays-Bas. Louvois, Mme de Maintenon, le vieux Le Tellier, le parti dévot et intolérant qui remplissait la cour, triomphait. L'idée de « *montrer les soldats* » aux réformés était regardée comme une grande conception politique. Le cœur de Mme de Maintenon débordait d'une sainte allégresse. « Point de courrier, écrivait-elle le 26 septembre 1685, qui n'apporte au roi de grands sujets de joie, c'est-à-dire des nouvelles de conversions par milliers. »

Un mois après, le dernier coup fut porté : le 22 octobre 1685, un édit révoqua celui de Nantes. Il supprimait tous les priviléges accordés par Henri IV et Louis XIII; interdisait aux protestants l'exercice public de leur culte, excepté en Alsace ; ordonnait aux ministres de quitter le royaume dans les quinze jours, et défendait aux autres de les suivre, sous peine des galères et de la confiscation des biens. On arriva à des conséquences monstrueuses : les réformés n'eurent plus d'*état civil;* leurs mariages, si, à l'aide d'une fraude ou d'un mensonge, ils ne les avaient pas fait consacrer par l'Église catholique, furent regardés comme nuls, leurs enfants comme bâtards. Les biens de quiconque était constaté hérétique furent confisqués. Une part était assurée au dénonciateur. Les protestants ne souffrirent pas seulement dans leurs biens et dans leur conscience; un grand nombre de ministres furent envoyés au supplice, et, pour que l'assistance ne pût entendre leurs dernières exhortations, des tambours placés au pied de l'échafaud, étouffaient le bruit de leurs paroles. Étrange rapprochement avec l'agonie du petit-fils de Louis XIV !

Il faut dire cependant que cette mesure désastreuse et coupable fut accueillie avec reconnaissance par une grande partie de la nation. Vauban, Saint-Simon, Catinat, quelques rares esprits comprirent seuls l'étendue du mal qu'on venait de faire au pays. Les fanatiques, les hommes à courte vue, et, il faut bien le dire aussi, quelques belles intelligences égarées par la passion religieuse, approuvèrent sans réserve cet acte déplorable. Le vieux chancelier Le Tellier alors mourant se ranima pour signer l'édit de révocation en s'écriant : « *Nunc dimitte servum tuum, Domine, quia viderunt oculi mei salutare tuum!* » Bossuet, Massillon, Racine, la Bruyère, la Fontaine, Mlle de Scudéry, la douce Mme Deshoulières, même Bussy, le trop galant auteur de l'*Histoire amoureuse des Gaules*, et un persécuté, le grand Arnauld, applaudissaient, ne comprenant pas qu'une grande faute venait d'être commise, en même temps qu'une grande iniquité. Mme de Sévigné, toujours si vive, sans être toujours très-tendre, devenait lyrique en annonçant la grande nouvelle à sa fille : « Rien n'est si beau, jamais aucun roi n'a fait ni fera rien de plus mémorable ! »

6. Conséquences de la révocation de l'Édit de Nantes. Les Camisards. — Deux cent cinquante ou trois cent mille réformés, si ce n'est plus, passèrent la frontière, dans les dernières années du dix-septième siècle, malgré la police de Louis XIV, et portèrent à l'étranger nos arts, les secrets de notre industrie et la haine du roi, qui ne tarda pas à devenir dans le cœur de leurs descendants la haine de la France. Ils donnèrent à la guerre qui allait bientôt éclater, presque le caractère d'une guerre de religion. Huyghens, Papin, des peintres, des sculpteurs, furent expulsés de l'Académie et quittèrent la France. Duquesne, chargé de tant de gloire et de quatre-vingts années, fut pressé par Louis XIV d'abjurer : « J'ai rendu pendant soixante ans à César, dit l'héroïque vieillard, ce que je devais à César, souffrez que je rende à Dieu, ce que je dois à Dieu. » Il lui fut permis de mourir en France. Le maréchal de Schomberg, le vainqueur de Villaviciosa, contraint de s'expatrier, aida Guillaume d'Orange à gagner la bataille de la Boyne, qui mit à néant la politique de Louis XIV à l'égard de l'Angleterre. Des régiments entiers de calvinistes furent formés en Hollande, en Angleterre, en Allemagne, et il faudra compter avec ces hommes animés d'une furieuse ardeur de vengeance, parce qu'ils voient dans chaque soldat français un exécuteur de l'édit de Nantes [1].

Dès 1684, le grand électeur, Frédéric-Guillaume, avait fait répandre en France un édit dans lequel il promettait à tous les réformés qui se rendraient dans ses Etats « des secours pour le voyage, des indications sur la route à suivre et des guides à l'arrivée ; la franchise de tous droits pour l'argent, les meubles et les marchandises, la concession gratuite de maisons vides ou abandonnées, un emplacement et des matériaux pour bâtir, l'exemption d'impôts pour dix ans. Il offrit aux cultivateurs des terres, aux manufacturiers des avances de fonds, aux nobles, les emplois qu'il leur plairait de choisir... » [2]. Aussi n'y a-t-il pas lieu de s'étonner que le Brandebourg ait servi d'asile à 20 000 réfugiés fran-

---

[1]. Me sera-t-il permis de dire qu'un Duruy, protestant échappé de la Flandre française, se réfugia en Hollande, qu'il suivit Guillaume d'Orange en Angleterre, se distingua à la bataille de la Boyne et reçut en récompense de grandes biens en Irlande, où un de ses descendants John-Victor Duruy vivait encore en 1863.

[2]. Lavisse, *Études sur l'histoire de Prusse*.

çais. Six mille s'établirent à Berlin, qui n'était alors qu'une ville de vingt mille âmes. Ils la transformèrent en la dotant de plusieurs industries jusqu'alors inconnues dans l'électorat : tissage de la laine, soieries, horlogerie, articles de mode, verrerie, etc. Beaucoup de familles berlinoises portent encore aujourd'hui des noms français, et ces petits-fils des expatriés de 1685 se sont distingués, dans de récentes et douloureuses circonstances, par leur acharnement contre leur ancienne patrie. Si l'on faisait le compte des généraux, des savants, des industriels, descendants de nos calvinistes, qui ont honoré ou enrichi leur patrie d'adoption, on verrait ce que l'étranger a gagné et ce que la France a perdu par la révocation de l'édit de Nantes.

Ce compte, déjà si lourd, sera encore bien incomplet, car, à l'intérieur, la persécution continuait. Les riches seuls avaient pu fuir; les pauvres étaient restés et cachaient leur foi; mais la délation était encouragée par l'abandon au dénonciateur d'une partie des biens de sa victime et les condamnations aux galères se multipliaient. Une espérance restait : les frères émigrés annonçaient que les ennemis du roi enverraient des secours aux réformés s'ils se soulevaient, ou que, à la paix, ils plaideraient leur cause; le traité de Ryswick fut signé sans qu'on stipulât rien en leur faveur. Ils se décidèrent alors à opposer à leurs persécuteurs autre chose que la résistance passive des martyrs; un mouvement éclata dans les Cévennes. Là vivait une énergique population qui avait donné des gages de son attachement à la réforme, lorsque Rohan avait essayé de tenir en échec la fortune de Richelieu. Le 24 juillet 1702, deux cents hommes portant des chemises blanches sur leurs vêtements afin de se reconnaître au milieu de la nuit (d'où le nom de *camisards*), descendirent de la montagne sur un petit village des bords du Tarn, et massacrèrent un ecclésiastique de grand renom, l'archiprêtre des Cévennes. D'autres meurtres eurent lieu dans les journées suivantes. L'intendant de la province accourut et procéda à une répression impitoyable : elle ne fit qu'augmenter le nombre des camisards. Ils trouvèrent un chef dans Jean Cavalier, jeune garçon boulanger qu'on avait élevé de force dans la religion catholique, sans parvenir à diminuer l'horreur qu'il éprouvait pour elle, grâce aux enseignements secrets de sa mère, protestante zélée.

Cavalier rassembla les bandes éparses, les soumit à une discipline de fer et remporta sur les troupes royales plusieurs succès qui mirent en ses mains les quatre diocèses d'Uzès, de Mende, de Nîmes et d'Alais. Durant le seul mois de janvier 1703, les insurgés brûlèrent quarante paroisses et massacrèrent quatre-vingts curés. Dans ce pays montagneux, entrecoupé de gorges étroites, la répression était difficile. D'incessantes escarmouches, des embuscades, des surprises nocturnes décimaient les troupes du roi. Le soldat combattait à contre-cœur dans une contrée où il n'y avait « ni honneur à acquérir, ni quartier à espérer, ni profit à faire. » Les camisards, au contraire, marchaient au feu avec l'enthousiasme de la foi. Ils avaient des prophètes, véritables illuminés qui tombaient en extase, et dont les obscures révélations inspiraient un courage surhumain aux soldats de Cavalier.

Cette guerre, sans être dangereuse, occupait des forces dont on avait grand besoin ailleurs. Le maréchal de Montrevel, envoyé dans les Cévennes en 1703, ne commit que des cruautés et fut rappelé l'année suivante. Il fallut charger de cette sinistre besogne Villars, dont les talents militaires venaient d'être mis en pleine lumière par une belle campagne en Allemagne. Le futur vainqueur de Denain fut épouvanté de l'état de désolation où il trouva le pays. Il fit aux camisards bonne et rude guerre, mais en même temps il traitait ses prisonniers avec douceur ; il abattait l'échafaud dressé en permanence à Montpellier depuis plusieurs mois, et offrait des conditions acceptables aux insurgés qui voudraient se soumettre. Cette modération, unie à beaucoup de vigueur, valait mieux que les féroces exécutions de Montrevel et de Baville. Cavalier, découragé par plusieurs échecs, finit par faire sa soumission, mais passa bientôt la frontière et mourut major général anglais, gouverneur de Jersey. Deux autres chefs des camisards, Roland et Ravenel, qui voulurent continuer la résistance, périrent l'un dans une surprise, l'autre sur un bûcher. La grande guerre était finie : il ne restait plus qu'à détruire des bandes isolées qui tenaient encore la montagne; elles succombèrent l'une après l'autre. A la fin de 1704 les Cévennes étaient pacifiées. Les alliés essayèrent de ranimer la lutte; mais Baville surveillait toutes les routes; il avait des espions à Londres, à la Haye, à Genève; rien ne passait, et les suspects allaient grossir le nombre des protestants aux galères, ou périssaient à Montpellier. Un complot fut formé par ces désespérés pour enlever l'intendant Baville, Berwick, le successeur de Villars, et surprendre Cette, qui aurait servi de port aux navires anglais et hollandais leur apportant des armes et des munitions. On devait se soulever au cri de « Vive le roi sans jésuites et liberté de conscience ». Le complot fut découvert au moment où il allait être exécuté, et d'innombrables victimes furent soumises à des supplices atroces, à Uzès, Nîmes et Montpellier; tous mouraient en chantant des psaumes. Dans cette guerre, cent mille hommes avaient péri, dix mille peut-être avaient été exécutés.

L'œuvre de sang n'était pas finie; en 1709, la guerre reprit dans le Vivarais, et en 1711 la persécution générale recommença. Défense aux nouveaux convertis de quitter le royaume; obligation imposée au médecin de refuser son assistance à ceux qui ne lui présentaient pas un billet de confession; l'homme qui mourait, sans avoir demandé les sacrements, était traîné sur la claie et privé de sépulture; ses biens étaient confisqués. Dans les procès, il suffisait que la partie adverse s'écriât : « Je plaide contre un hérétique, » pour que le plus souvent celui-ci perdît sa cause. Les galères, les prisons, continuèrent à se remplir de victimes. La grosse tour de Constance, à Aigues-Mortes, où de nobles femmes furent comme ensevelies vivantes, et d'où l'on ne sortait pas, garde encore le renom lugubre que lui valut la cruauté de Baville et de ses successeurs. Ces atrocités expliquent la haine qui n'est pas encore effacée contre cet ancien régime, dont Louis XIV fut la plus complète expression.

7. Le Jansénisme. — Depuis saint Paul et saint Augustin, les esprits avaient été agités dans les écoles par d'obscures et interminables discussions sur la grâce et le libre arbitre : les uns enseignant que l'homme peut arriver par sa propre force à la sanctification; les autres, qu'une grâce particulière, accordée par Dieu, met seule en état de mériter le salut. Ces questions téméraires, où le théologien prétend faire sa part à la justice de Dieu, furent réveillées, en pleine guerre de Trente ans, par Jansénius, évêque d'Ypres. Dans son *Augustinus*, il soutint que, depuis la chute, l'homme est en état de péché et qu'il n'en peut sortir que par le don gratuit de la grâce, dispensée par Dieu à qui lui plaît. « La grâce efficace, disait-il, est une douceur spirituelle par laquelle notre volonté est déterminée à vouloir ce que Dieu a décidé : l'homme n'est qu'un instrument dans la main divine. » Poussant la doctrine jusqu'à ses dernières conséquences, il répétait l'impitoyable parole de saint Augustin : « Les enfants morts sans baptême sont damnés éternellement. »

A l'Université de Paris, où il avait étudié longtemps, Janssen s'était lié d'une étroite amitié avec Duvergier de Hauranne, plus connu sous le nom d'abbé de Saint-Cyran, âme à la fois ardente et douce, mais tourmenté, comme son ami, par le terrible problème. Comme lui, il donnait pour but à la vie chrétienne, même à la plus pure, le repentir et l'humilité; la vraie dévotion était l'abandon à Dieu. Tandis que l'évêque écrivait le livre doctrinal, l'*Augustinus*, Saint-Cyran en préparait le succès par ses prédications éloquentes et par l'enthousiasme de sa foi.

Leurs disciples furent les *jansénistes*, secte austère, sombre, douloureuse, qui « préférait les feuilles mortes de l'automne aux verts bourgeons du printemps », et qui se séparait du monde, où pourtant il faut vivre, puisque la nature nous y a placés. La sœur Angélique, abbesse de Port-Royal des Champs, qu'elle réforma, refusait de voir son père et sa mère, afin de vivre toute en Dieu. Cette communauté s'étant transportée à Paris, dans un nouveau Port-Royal, non loin du Luxembourg, se plaça sous la direction spirituelle de Saint-Cyran. L'ancien couvent, situé entre Versailles et Chevreuse, dans un site désolé, resta désert. Des solitaires : Antoine Le Maistre, conseiller d'État et avocat célèbre, son frère, de Sacy, le futur traducteur de la Bible, et Séricourt, officier de l'armée du Rhin, qui croyait avoir été tiré miraculeusement des prisons d'Allemagne, Singlin, Desmarest, Lancelot, l'auteur des *Racines grecques*, Arnaud d'Andilly, etc., s'y établirent. Ils partageaient leur temps entre les exercices de piété, le travail des mains, la composition de livres d'enseignement, qui sont restés classiques, et les soins donnés aux petites écoles qu'ils fondèrent.

Nombre de personnages distingués, Tillemont, Nicole; quelques-uns illustres, Pascal et Racine, venaient y chercher des conseils ou y faire de pieuses retraites.

Port-Royal était malsain ; on y était souvent malade et on y mourait vite. « Tant mieux, disait Saint-Cyran, ne vaut-il pas mieux servir Dieu à l'infirmerie que dans l'église. » Cette farouche doctrine donnait une violente secousse aux âmes qui étaient alors gouvernées par une doctrine toute contraire, celle des jésuites. Devenus, depuis soixante ans, confesseurs des rois et en grand crédit dans la haute société catholique, les jésuites avaient besoin, pour rester maîtres de consciences qui retombaient facilement dans le péché, de faire des concessions à la fragilité humaine. « Ils conduisaient au ciel par un chemin de velours », et « mettaient des cous-

L'abbaye de Port-Royal.

sins sous les coudes des pécheurs[1]. » Ils demandaient la fréquentation de l'église et des sacrements, la *dévotion aisée*, dans l'espérance d'obtenir ensuite la dévotion sérieuse, et ils multipliaient les pompes du culte; ils remplissaient le temple de lumières et de parfums; ils appelaient à leur aide, pour retenir dans le saint lieu, tous les arts, la peinture, la statuaire, la musique, les fleurs. Au confessionnal, dans la direction, ils avaient une casuistique faite de subtilités indulgentes, qui diminuait le péché aux yeux du pécheur, trouvait des excuses aux fautes, et avait l'absolution facile, moyennant le repentir du moment. Ils tenaient compte de la condition des personnes, des services qu'elles pourraient rendre à la Compagnie et à la religion, si, au lieu de les éloigner par trop de sévérité, on les retenait, en n'exigeant pas, pour leur promettre le ciel, de trop douloureux sacrifices. « Dieu est terrible », disait Saint-Cyran. « Jésus est doux », disaient les jésuites.

Il y avait donc entre les deux doctrines une opposition absolue, quoique chacune d'elle tendît au même but, se saisir du gouvernement du monde pour faire ensuite son salut. Mais le monde appartient et appartiendra toujours aux politiques, qui se préoccupent des choses de la terre, tandis que les théologiens ne voient que le ciel; et, tout cardinaux qu'ils fussent, Richelieu et Mazarin étaient des politiques. Le dernier prétendait, avec une malicieuse humilité, qu'il n'entendait rien à ces questions de la grâce *efficace*, de la grâce *suffisante* et du *pouvoir prochain;* l'un et l'autre en comprenaient assez pour voir que les jésuites, avec leur habileté dans les compromis, n'étaient pas, à ce moment, redoutables. Dans la secte janséniste, au contraire, ils trouvaient un foyer d'opposition religieuse qui ne pouvait manquer de devenir un foyer d'opposition politique, car il était inévitable que la résistance

---

[1]. Le dernier mot est de Bossuet, qui en 1679 fit condamner à Rome 65 propositions tirées des écrits des casuistes de la Compagnie de Jésus.

à l'autorité ecclésiastique, alors étroitement unie au gouvernement, serait aussi une résistance à l'autorité civile. Richelieu disait de Saint-Cyran : « Cet homme est plus dangereux que six armées, » et il l'enferma pendant cinq années à Vincennes. Les jésuites, de leur côté, firent condamner à Rome l'*Augustinus*. La Sorbonne, où les jansénistes dominaient, rejeta la bulle du pontife (1644) et la guerre s'engagea. Pascal y porta les plus rudes coups par ses *Lettres écrites à un provincial* (de 1656 à 1657), livre qui est resté un des chefs-d'œuvre de notre langue et où il étale au grand jour « les ordures » cachées dans les livres des casuistes. Il gagna sa cause, qui était celle de la morale, mais les jésuites firent brûler à Paris ses *Lettres* par la main du bourreau, et le pape les condamna, puis imposa un formulaire de foi, que les jansénistes refusèrent de signer. Louis XIV ferma leurs écoles ; le chevalier du guet enleva de Port-Royal de Paris seize religieuses qu'il dispersa en d'autres couvents (1664). De Sacy et plusieurs solitaires furent mis à la Bastille; d'autres envoyés en exil; c'en était fait de Port-Royal (mai 1666).

Mais deux ans se passent; un pape conciliant, Clément IX, qui estime les jansénistes, parce que la doctrine de la grâce est au fond la vraie doctrine de l'Eglise, les autorise à accepter le formulaire, moyennant certaines restrictions. Ils le signent ; la paix est faite ; le roi reçoit de Sacy, il embrasse celui qu'on appelait le grand Arnauld, et la vallée de Chevreuse revoit ses solitaires. Paix fourrée : les jésuites n'oubliaient pas et les jansénistes ne changeaient point. Dès 1669, une guerre sourde recommence. En 1679, elle éclate, après la mort de la duchesse de Longueville, grande pécheresse, qui, retirée à Port-Royal, le couvrait de sa protection. L'archevêque de Paris, de Harlay, prélat très-mondain que l'austérité janséniste irritait, chassa des deux couvents, de la ville et des champs, les sœurs soupçonnées de partager les sentiments de la secte, et les pieux habitants de la maison des Granges[1] reprirent la route de l'exil.

Ces hommes qui avaient tenu tête au roi, au pape et à la plus grande puissance du siècle, la Compagnie de Jésus, qui, en toute humilité, mettaient leurs lumières propres au-dessus de toutes les autres, avaient, à leur insu, un tempérament d'opposition. L'opposition est dans la nature humaine; elle se retrouve donc presque toujours dans la société, en prenant, selon les temps et les idées régnantes, une forme particulière. Après l'échec éclatant de la Fronde parlementaire et en face de Louis XIV triomphant, l'opposition politique était impossible. Ceux dont l'esprit était réfractaire à l'obéissance absolue donnèrent issue à ce besoin de leur âme dans les questions religieuses. Ils s'attachèrent instinctivement à la cause qui n'était pas celle des puissants du jour, sans calcul intéressé, sans prévoir les orages qu'ils allaient soulever, et en ne croyant accomplir qu'un devoir de conscience. On le vit bien, quand Versailles et Rome furent en différend au sujet de la régale. L'opposition aux édits du roi commença par deux évêques jansénistes et fut soutenue par leurs docteurs, même après que le roi eut ordonné la soumission et le silence. Ceux que Rome avait naguère condamnés prirent parti pour elle, contre le roi, les parlements et l'Église gallicane; tandis que les jésuites, refusant de se soumettre à un ordre formel du saint-siége dont ils avaient toujours été la milice dévouée, soutinrent un gouvernement dont ils étaient les maîtres. Arnauld se signala encore par la vivacité de sa polémique. C'était bien l'homme qui, à quatre-vingts ans, répondait à Nicole, lui conseillant la paix et le repos : « N'avons-nous pas l'éternité pour nous reposer? »

Le jansénisme semblait vaincu; un livre du P. Quesnel, que la bulle *Unigenitus* condamna, le ranima, et

---

1. Les *Granges* étaient les bâtiments de ferme du couvent de Port-Royal des Champs. C'est là qu'habitaient les solitaires.

en 1701 il reparut en pleine Sorbonne, à propos d'un cas de conscience. Louis enjoint aux docteurs qui avaient approuvé la thèse de retirer leur signature ; le pape lance contre eux et leurs adhérents une bulle pontificale ; le roi, des lettres de cachet. Mais l'Université, la magistrature, des membres du clergé de Paris, les bénédictins, les oratoriens, vieux adversaires de la Compagnie de Jésus, prennent parti pour la Sorbonne. Les jésuites profitent de l'irritation du roi pour frapper un coup qu'ils croient décisif. Les vingt-deux religieuses restées à Port-Royal des Champs sont accusées, par leurs sœurs de Paris, de partager les sentiments de ceux qu'à la cour on appelle « la cabale ». Le pape prononce la suppression de leur monastère, « afin que ce nid d'erreurs soit arraché jusqu'en ses fondements » (1708). Le 28 octobre 1709, le lieutenant de police d'Argenson arrive avec trois cents gardes à l'abbaye ; les sœurs sont enlevées et dispersées dans vingt-deux couvents. Le nouveau confesseur du roi, le jésuite Letellier, dont « le visage farouche eût fait peur au coin d'un bois » (Saint-Simon), obtient que l'abbaye soit rasée, son église détruite et ses trois mille morts exhumés. Ils le furent au milieu des plus révoltantes profanations. « Si ce désert avait eu du sentiment, dit un janséniste, il aurait pleuré. »

Ainsi les cendres mêmes des jansénistes étaient dispersées ; les jésuites et le roi restaient vainqueurs. Mais la grande loi des expiations historiques aura ses effets nécessaires : les tombes royales seront à leur tour violées à Saint-Denis. Le pénitent du P. Letellier croyait avoir imposé le silence ; tout le dix-huitième siècle, jusqu'à la veille de 1789, sera troublé par les mêmes débats. La force est impuissante contre les croyances ; les idées seules ont raison des idées.

CHAPITRE X.

RÉVOLUTION DE 1688 EN ANGLETERRE; GUILLAUME III;
DÉCLARATION DES DROITS;
GUERRE DE LA LIGUE D'AUGSBOURG;
PAIX DE RYSWICK [1].

1. Louis XIV pensionne Charles II. — 2. Whigs et tories; bill du test (1673). — 3. Bill d'*habeas corpus* (1679). — 4. Soulèvement des puritains d'Écosse (1680). — 5. Complot de Rye-House (1683). — 6. Jacques II (1685-1688); exécutions d'Argyle et de Monmouth; cruautés de Jeffries. — 7. Opposition de l'aristocratie et du clergé anglais. — 8. Révolution de 1688. — 9. Guillaume de Nassau reconnu roi d'Angleterre (1689). — 10. Déclaration des droits. — 11. Suites de la révolution de 1688 pour la politique générale de l'Europe. — 12. Ligue d'Augsbourg (1686). — 13. Affaires du droit d'asile (1687), de Cologne et du Palatinat (1688). — 14. Guerre de la ligue d'Augsbourg (1688-1697). — 15. Tentatives pour rétablir Jacques II; Tourville. — 16. Guerre défensive sur le Rhin; Duras; de Lorges. — 17. Guerre en Savoie et en Piémont; Catinat. — 18. Guerre dans les Pays-Bas; Luxembourg. — 19. Traité de Ryswick (1697).

1. Louis XIV pensionne Charles II. — La réponse des puissances protestantes à la révocation de l'édit de Nantes fut la révolution d'Angleterre, qui précipita du trône le catholique Jacques II et y fit monter le calviniste Guillaume III.

Louis avait compris qu'il n'aurait rien à craindre de l'inimitié de l'Europe tant qu'il conserverait l'alliance de l'Angleterre. Là en effet était le secret de sa force, parce qu'il n'était plus, dans ce cas, obligé de la divi-

---

[1]. Outre les ouvrages cités, p. 112, pour le règne de Louis XIV, voy. Mazure, *Histoire de la révolution de* 1688; *Mémoires* de Jacques II et de Dalrymple; Burnet, *Histoire de mon temps*; Macaulay, *Histoire d'Angleterre depuis l'avènement de Jacques II*; Hallam, *Histoire constitutionnelle*.

ser, d'en porter moitié sur l'Océan et moitié sur le continent : aussi n'avait-il rien épargné pour s'attacher Charles II, le fils du décapité, qui, après la mort de Cromwell, avait été rappelé sur le trône sans condition (1660).

On crut d'abord que ce prince frivole et débauché avait rapporté quelque expérience de l'exil. Il y avait pris une grande indifférence religieuse, mais aussi un violent désir de jouir enfin de la vie. La royauté lui paraissait bonne pour cela, surtout la royauté absolue, qui lui permettait de prendre sans compter dans la bourse de ses sujets. Grâce au conseil de Clarendon, son chancelier, il laissa d'abord le parlement exercer ses anciens priviléges, et il resta fidèle au protestantisme de l'Église anglicane. En 1662, pour trouver l'argent que les Communes ne lui donnaient pas, il vendit à Louis XIV Dunkerque et Mardyk, ces précieuses conquêtes de Cromwell ; en 1668 il répara cette faute en s'unissant à la Suède et à la Hollande contre la France. Mais, dans la seconde partie de son règne, il se rapprocha des catholiques, afin qu'ils l'aidassent à rendre son pouvoir absolu, et gagna l'appui de Louis XIV en lui abandonnant, au traité de Douvres, l'honneur et les intérêts de l'Angleterre. Louis lui fit une pension de 2 millions, pendant que, pour le mieux tenir à sa discrétion, les ambassadeurs de France encourageaient par subsides secrets l'opposition du parlement contre les Stuarts. C'était bien machiavélique, mais Louis trouvait que cette duplicité était le meilleur moyen de neutraliser la haine des protestants anglais. Il entraîna ainsi Charles II dans sa guerre contre la Hollande.

2. Whigs et tories; bill du *test* (1673). — A la fin l'Angleterre s'indigna d'un pareil marché, qui menaçait du même coup sa religion et ses libertés. L'opposition, faible d'abord, grandit, et les anciens pensionnaires de Louis allèrent plus loin qu'il ne l'eût souhaité. En 1674 les *whigs*, c'est-à-dire ceux qui défendaient, contre les *tories*, l'Église anglicane et les prérogatives parlementaires, devinrent assez forts pour forcer Charles II à conclure la paix avec la Hollande, sans pouvoir obtenir encore une déclaration de guerre contre la France. L'année précédente ils l'avaient obligé à sanctionner le bill du *test* (épreuve), par lequel tout fonctionnaire devait prêter le serment qu'il ne croyait point à la transsubstantiation, ce qui interdisait les emplois publics aux catholiques. En 1678 on leur ferma la Chambre des communes et celle des lords, exclusion qui n'a été retirée qu'en 1829. Cette année même, un intrigant de bas étage, nommé Titus Oates, imagina la fameuse *conspiration papiste*. La peur fut universelle. On alla jusqu'à dire que le grand incendie de Londres, en 1666, avait été l'œuvre des catholiques et qu'ils allaient recommencer; le peuple crut fermement que le pape songeait à conquérir l'Angleterre. Cette crédulité fut à la fois ridicule et cruelle. On pendit huit jésuites, et le vénérable vicomte Stafford, condamné à la peine des traîtres, malgré ses soixante-dix ans, n'obtint que, sur les instances du roi, une commutation de supplice. Il fut décapité, au lieu d'être pendu et coupé en quartiers. Le duc d'York, frère de Charles II et son héritier présomptif, avait abjuré le protestantisme; les Communes voulurent, par un bill, le priver de ses droits.

Le roi, battu sur la question religieuse, le fut en même temps sur la question politique. L'Angleterre s'apprêta à prendre parti pour la Hollande: pour prévenir cette diversion, Louis XIV signa la paix de Nimègue.

3. Bill d'*habeas corpus* (1679). — Charles cassa ce parlement devenu si hostile; les élections en donnèrent un autre plus animé encore contre la cour. Un de ses premiers actes fut le vote du bill d'*habeas corpus* (1679). Cette loi, une des plus grandes conquêtes faites par les Anglais sur le despotisme, se trouvait dans la Grande Charte ; mais elle avait été éludée par l'adresse des hommes de procédure et par les mesures oppressives du gouvernement. En vertu du bill de 1679, le juge ne peut refuser, à quelque prisonnier que ce soit, dans les vingt-quatre premières heures de son arrestation, l'ordre d'*habeas corpus*, qui oblige le geôlier à produire l'individu arrêté devant la cour que cet ordre désignera, et où sera vérifiée la cause de son emprisonnement; si la cour le fait élargir, on ne peut le remettre en prison pour le même sujet. En outre, les juges étaient obligés d'accepter, dans un très-grand nombre de cas, la caution offerte pour les prévenus, et l'usage de les envoyer hors du royaume pour les soustraire à la juridiction ordinaire était aboli.

4. Soulèvement des puritains d'Écosse (1680). — L'Angleterre faisait donc pacifiquement et avec des lois sa révolution intérieure, quand un parti violent compromit tout par un assassinat et une guerre civile. Les puritains se soulevèrent en Écosse et débutèrent par le meurtre du primat, archevêque de Saint-André (1680). Ils furent écrasés au pont de Bothwell, sur la Clyde, par le duc de Monmouth, fils naturel de Charles II, et des exécutions atroces suivirent la victoire.

5. Complot de Rye-House (1683). — Une autre tentative coupable, le complot de Rye-House (1683), amena d'autres supplices qui ne parurent pas mérités et blessèrent profondément l'Angleterre. Deux hommes, l'honneur du parti whig, le républicain Algernon Sidney et lord William Russell, d'une des plus illustres maisons d'Angleterre, périrent sur l'échafaud (1683). L'opposition consternée se tut, et, à la mort de Charles II, le duc d'York, âgé de cinquante-deux ans, fut proclamé sans opposition, malgré le bill des Communes qui l'avait exclu de la couronne (1685).

6. Jacques II (1683-1688). Exécutions d'Argyle et de Monmouth; cruautés de Jeffries. — Élevé, comme toute la famille des Stuarts, dans les idées du pouvoir absolu, dont Hobbes venait de donner la formule philosophique [1], Jacques II resserra l'alliance

---

[1]. Dans son *Leviathan*, Hobbes (1588-1680) avait essayé de prouver que l'état naturel des hommes étant l'état de guerre, il leur fallait un bon despote pour les empêcher de s'égorger.

qu'avait eue son frère avec Louis XIV. Il voulut faire deux choses également odieuses à l'Angleterre, rétablir le catholicisme et renverser les libertés publiques. Son frère l'avait tenté, mais sourdement; lui l'entreprit tout

Le duc de Monmouth.

haut et sans réserve, car il avait plus de zèle et d'obstination que d'habileté, et l'apparente résignation de l'Angleterre, depuis la mort de Sidney et de Russell, lui faisait illusion. On le vit, dès son avénement, proroger indéfiniment les Communes, gouverner sans contrôle, et braver les plus vifs sentiments du peuple, en se rendant à la messe avec toute la pompe qui accompagnait Louis XIV allant entendre l'office dans son palais de Versailles. Les exilés crurent que le gouvernement de Jacques II était déjà trop détesté pour qu'il ne tombât pas au premier choc. Argyle débarqua en Écosse, et Monmouth en Angleterre. Ils périrent tous deux, le premier sans avoir pu combattre, le second après le sanglante journée de Sedgemoor, près de Bridgewater (1685). Jacques II fit frapper, pour célébrer sa double victoire, deux médailles, portant d'un côté deux têtes séparées du corps, de l'autre côté deux troncs sans tête. Une des victimes était cependant son neveu. Un tel roi trouve aisément de dignes ministres : deux sont restés célèbres dans l'exécration de l'Angleterre, le colonel Kirke et le chef de justice Jeffries. Ce dernier écrivait au ministre Sunderland : « J'ai commencé aujourd'hui ma besogne avec les rebelles, et j'en ai dépêché quatre-vingt-dix-huit. » Ceux qu'il ne pendait pas, il les faisait vendre aux colonies comme esclaves. Jacques, pour récompenser tant de zèle fit de ce boucher un grand chancelier d'Angleterre.

7. Opposition de l'aristocratie et du clergé anglais. — Une partie de l'aristocratie et le clergé anglais auraient pardonné aux Stuarts leur despotisme, car ces deux classes se souvenaient de ce qu'elles avaient souffert dans la révolution de 1648; mais elles ne pouvaient tolérer les tendances ouvertement catholiques de Jacques II. Pour le clergé anglais, si richement doté par la Réforme, le rétablissement du culte romain était la ruine; l'aristocratie, de son côté, craignait de perdre les immenses domaines qu'elle avait acquis à la suppression des couvents; beaucoup de ses membres voulaient d'ailleurs la pratique sincère du gouvernement constitutionnel, favorable à leur influence, favorable aussi aux grands intérêts du pays.

8. Révolution de 1688. — Pour lutter victorieusement contre d'aussi puissants intérêts, il aurait fallu un prince extrêmement habile. Jacques II, qui s'était distingué dans sa jeunesse comme amiral, semblait avoir perdu toutes ses qualités. Faible et entêté comme un mulet, disait son frère, il marchait à son but avec un

Jacques II.

tel aveuglement, que, selon un cardinal, « il fallait l'excommunier, parce qu'il allait ruiner le peu de catholicisme qui restait en Angleterre ». On le voyait, dans un pays protestant[1], s'entourer de moines, faire entrer au

1. Sir William Temple disait à Charles II que les catholiques ne formaient pas en Angleterre la centième, en Écosse la deux centième partie de la population.

conseil le jésuite Péters, dispenser les catholiques du serment du *test*, se faire présenter des adresses avec la formule de l'absolutisme : *A Deo rex, a rege lex*, enfin envoyer en Italie une ambassade solennelle pour réconcilier l'Angleterre avec l'Église romaine. Les ministres de Jacques l'avertissent, il les renvoie; les évêques anglicans réclament, il les fait mettre en prison; le primat du royaume, l'archevêque de Cantorbéry, est lui-même enfermé à la Tour avec six de ses suffragants.

Ces violences rendaient une révolution inévitable Depuis longtemps Guillaume d'Orange était lié avec les chefs du parti whig. Gendre de Jacques II, il était son héritier le plus voisin : il pouvait attendre. Mais le roi s'était remarié à une princesse italienne et catholique ; de ce mariage naquit en 1688 un fils qui effaçait les droits de la femme de Guillaume d'Orange. Alors ce prince n'hésite plus : il accepte les offres de l'aristocratie anglaise et se prépare à renverser son beau père avec les forces de la Hollande. Louis XIV avertit en vain Jacques II des dangers qu'il court et lui offre une assistance qui est refusée presque avec hauteur. Louis commet lui-même une faute grave; la cause de Jacques étant la sienne, puisque c'était celle du pouvoir absolu, il eût dû le secourir malgré lui; il le fit, mais à moitié : il envoya une armée sur le Rhin, ce qui souleva l'Allemagne, au lieu de l'envoyer sur la Meuse, ce qui eût intimidé les Provinces-Unies et peut-être retenu Guillaume. A cette nouvelle, les fonds montèrent de 10 pour 100 en Hollande, et Guillaume partit.

Sa flotte portait 15 000 hommes, et ses drapeaux la devise : *Pro religione et libertate*. Il se fit précéder d'un manifeste où il déclarait « qu'appelé par les seigneurs et les Communes d'Angleterre, il avait acquiescé à leurs vœux, parce que, comme héritier de la couronne, il était intéressé à la conservation des lois et de la religion du pays. » Il marcha sur Londres sans rencontrer de résistance: tout le monde abandonnait Jacques : son premier ministre, Sunderland, son favori Marlborough, même sa seconde fille, Anne de Danemark. Il ne tenta pas de résister et s'enfuit sous un déguisement. Alors une longue procession parcourut les rues de Londres, armée de bâtons, de sabres, de lances, à l'extrémité desquels chacun avait fixé une orange. Des rubans de cette couleur, qui était déjà celle du parti protestant, flottaient sur toutes les têtes. Bientôt retentit le terrible cri de : « *No popery !* A bas le papisme ! » Toutes les chapelles catholiques et même quelques maisons furent démolies. Les bancs, les chaises, les confessionnaux, les bréviaires, furent amoncelés en un tas et brûlés : mais pas un catholique ne perdit la vie, pas même Jeffries.

Cependant, au moment où la galiote qui emportait Jacques allait mettre à la voile, elle avait été abordée par cinquante ou soixante matelots qui recherchaient des prêtres catholiques. Le roi, pris par eux pour un jésuite déguisé, fut d'abord assez rudement traité ; mais quelques gentilshommes du comté de Kent qui le reconnurent le firent relâcher ; il en profita pour rentrer dans Londres (16 décembre). Le lendemain les soldats hollandais arrivaient : il fallut partir, cette fois pour toujours. Guillaume lui avait refusé toute entrevue, et les Lords, réunis en assemblée extraordinaire, lui avaient signifié qu'il eût à se rendre à Rochester. Guillaume l'y fit conduire sous la garde des troupes hollandaises, et eut soin de le laisser s'évader. Jacques se réfugia en France où Louis XIV lui donna une magnifique hospitalité dans le château de Saint-Germain (1688). Les Stuarts sont la première des dynasties royales que leur catholicisme intolérant a conduites au suicide.

9. Guillaume de Nassau reconnu roi d'Angleterre (1689). — Le parlement déclara le trône vacant et déféra la royauté au prince d'Orange et à sa femme, la princesse Marie, après eux à la princesse Anne, excluant à jamais les autres descendants de Jacques II. Le stathouder de Hollande était roi.

10. Déclaration des droits. — Il y a eu deux grandes révolutions dans les temps modernes : une révolution

Château de Saint-Germain.

exclusivement religieuse au commencement du seizième siècle, une révolution exclusivement politique à la fin du dix-huitième. La révolution anglaise, qui, dans le

Guillaume III, prince d'Orange. (Vander Werft.)

temps, est à égale distance de l'une et de l'autre, à un siècle et demi de Luther et de Mirabeau, participe de la nature de toutes deux ; elle est à la fois religieuse et politique. Jacques II fut chassé comme catholique,

Guillaume III fut appelé comme protestant; mais, avant de s'asseoir sur le trône, le dernier dut signer la fameuse *déclaration des droits* (février 1689).

Cette nouvelle charte, qui substituait la royauté consentie à la royauté de droit divin, contenait à peu près toutes les libertés et garanties réclamées depuis des siècles par les Anglais : la convocation périodique des parlements, le vote de l'impôt, la loi faite par le concours du roi et des chambres, le jury, le droit de pétition, etc. Elle a fondé, chez nos voisins, le gouvernement *constitutionnel* ou *parlementaire*, avec tous les tempéraments et la sagesse pratique qui en ont assuré la durée[1].

---

1. La révolution eut son théoricien dans Locke, comme la monarchie absolue, l'avait eu dans Thomas Hobbes. Né en 1632 mort en 1704, ce philosophe reçut le surnom de Sage, et le mérita par la modération de ses opinions et la dignité de sa vie. Cette modération n'empêcha pas qu'il ne fût persécuté par Jacques II. Il vécut huit années en Hollande, et ne revint qu'avec Guillaume en Angleterre. Nous n'avons pas à nous occuper ici du plus connu de ses ouvrages, son *Essai sur l'entendement humain*, qui l'a placé parmi les philosophes éminents; mais d'un autre de ses livres, l'*Essai sur la véritable origine, les limites et le but du gouvernement*. Ce traité parut en 1690. Une telle date indique assez qu'il faut y chercher moins une étude désintéressée de droit public, qu'une apologie de la révolution de 1688. Guillaume III en jugea ainsi : il donna à Locke une place lucrative : 200 livres sterling par an étaient alors une somme considérable, surtout pour un philosophe. Dans ce livre, Locke détruit la doctrine du droit divin des rois que les Stuarts défendaient en accusant Guillaume III d'usurpation, et montre que cette doctrine n'a de bases ni dans la nature ni dans l'histoire : « La monarchie absolue, dit-il, qui semble être considérée par quelques-uns comme le seul gouvernement qui doive avoir lieu dans le monde, est, à vrai dire, incompatible avec la société civile, et ne peut être nullement réputée une forme de gouvernement. » Quelle est donc, pour Locke, la condition essentielle de tout gouvernement, tel nom qu'il porte d'ailleurs, qu'on l'appelle démocratie, oligarchie ou monarchie? C'est la liberté : et la liberté, « dans la société civile, consiste à n'être soumis à aucun autre pouvoir législatif que celui qui a été établi par le consentement de la communauté, ni à aucun autre empire que celui qu'on y reconnaît. » Ainsi le dogme de la souveraineté du peuple est soutenu hardiment par Locke. « La communauté peut établir tel gouvernement qu'elle veut. » Mais ces gouvernements ne sont conformes à la raison qu'à deux conditions : la première, c'est que le pouvoir de faire les lois qui obligent la communauté, par conséquent dans une monarchie le chef de l'Etat lui-même, sera toujours séparé du pouvoir exécutif. La seconde, c'est que nul ne sera tenu de payer l'impôt sans son consentement donné personnellement ou par représentants. « L'égalité, disait encore le grand philosophe anglais, est le droit égal qu'a chacun à la liberté, et qui fait que personne n'est assujetti à la volonté ou à l'autorité d'un autre homme. » Locke a été, en politique, le précurseur de Jean-Jacques. La nécessité du consentement commun, reconnue comme base de toute société politique, qu'est-ce autre chose que le principe du suffrage universel?

Après avoir établi à quelle condition les gouvernements sont légitimes, Locke énonce avec précision quel but ils doivent se proposer. « Le souverain doit gouverner selon les lois établies et connues de tous, n'employer que des juges équitables et désintéressés, ne faire servir enfin la force, au dedans, qu'à l'exécution des lois; au dehors, qu'à la défense des propriétés et de la communauté. » Et

Un droit nouveau, celui des peuples, se levait donc, dans la société moderne, en face du droit absolu des rois, qui, depuis deux siècles, la régissait et qui venait de trouver dans Louis XIV sa plus glorieuse personnification. Il n'y a pas à s'étonner de la lutte acharnée qui éclata entre la France et l'Angleterre. Ce sont plus que deux intérêts contraires, ce sont deux droits politiques différents qui sont aux prises. En outre, au seizième siècle, la France avait défendu le protestantisme et les libertés générales de l'Europe; au dix-septième, elle menaçait la conscience des peuples et l'indépendance des Etats. Le rôle que nous abandonnions, l'Angleterre allait s'en saisir, et, pour satisfaire en même temps sa haine trois ou quatre fois séculaire, pour abattre cette grandeur qui l'offusque et qui menace ses intérêts mercantiles, elle se fera le centre de toutes les coalitions contre la maison de Bourbon, comme la France avait été le centre de la résistance à la maison d'Autriche.

11. Suites de la révolution de 1688 pour la politique générale de l'Europe. — Ce changement politique renversait toutes les conditions de la guerre. Tant que Louis avait neutralisé l'Angleterre en pensionnant ses rois, nous n'avions personne à craindre sur le continent : car, appuyés aux Pyrénées, aux Alpes et à la mer, nous faisions face au Rhin et pouvions y combattre des deux mains, sans avoir à regarder par derrière. L'Angleterre s'unissant à nos ennemis, il fallut non-seulement des armées sur l'Escaut, le Rhin et les Alpes, mais des flottes sur l'Océan et dans les mers les plus lointaines. C'est ce double effort que la France ne pourra soutenir longtemps.

12. Ligue d'Augsbourg (1686). — Les conquêtes

Il reconnaît que si le chef choisi fait un mauvais usage du pouvoir qui lui a été délégué, il peut être remplacé. Il faut ajouter qu'en matière religieuse Lock défendit toujours la cause de la tolérance. Il n'avait fait d'ailleurs que reprendre, en politique, les vieilles doctrines de son pays et notamment la thèse développée par sir John Fortescue, chancelier d'Angleterre sous Henri VI, qui écrivant pour l'enseignement du prince de Galles son traité célèbre *De laudibus legum Angliæ*, proclamait (chap. xiii) que les gouvernements ont été institués par les peuples et n'existent que pour leur avantage.

faites par Louis XIV en pleine paix, depuis le traité de
Nimègue, avaient éveillé les craintes de l'Europe, et,
dès l'année 1684, la guerre avait été sur le point de
recommencer. Une trêve de vingt ans avait prévenu les
hostilités; mais Louis réforma comme à plaisir l'union
de ses ennemis contre la France par une série de mesures
qui offensèrent leurs sentiments ou menacèrent leurs
intérêts. La révocation de l'édit de Nantes irrita les
puissances protestantes; les démêlés du roi avec le pape
blessèrent certains catholiques; les revendications faites
par Louis dans le Palatinat, au nom de sa belle-sœur,
la duchesse d'Orléans, inquiétèrent l'Empire, et le blo-
cus en pleine paix du port de Cadix, l'enlèvement de
deux galions pour dédommager des négociants français
dépouillés dans l'Amérique espagnole, ranima toutes
les colères de la cour d'Espagne. Enfin Guillaume
d'Orange, attentif à toutes ces fautes, en préparait silencieusement le châtiment. Les violences de Jacques II,
en Angleterre, présageaient la chute prochaine de
l'unique allié de la France. Dès janvier 1686, Guillaume
d'Orange décida la Hollande à renouveler son traité
d'alliance avec la Suède; un mois après, la Suède et le
Brandebourg s'engagèrent à défendre la liberté de conscience, et, le 9 juillet, l'Empereur, les rois de Suède
et d'Espagne, l'électeur de Bavière, les princes de
Saxe, etc., signèrent la ligue d'Augsbourg, « pour le
maintien des traités de Westphalie, de Nimègue et de
Ratisbonne. » Ce n'était qu'une ligue défensive, mais
qui pouvait changer de caractère. La Savoie y accéda
l'année suivante; le pape, en secret, la soutint.

**13. Affaires du droit d'asile (1687), de Cologne et
du Palatinat (1688).** — Il venait d'être encore une
fois humilié comme prince et blessé comme pontife.
Les ambassadeurs catholiques à Rome avaient étendu
le droit d'asile et de franchise, affecté de tout temps,
et avec raison, à leur hôtel, jusqu'au quartier même
qu'ils habitaient. Innocent XI voulut détruire cet abus,
qui faisait d'une moitié de la ville un repaire pour les

criminels. Il obtint sans peine le consentement des autres rois; mais Louis XIV répondit avec hauteur « qu'il ne s'était jamais réglé sur l'exemple d'autrui et que c'était à lui de servir d'exemple ». Il envoya le marquis de Lavardin, avec 800 gentilshommes armés, pour se maintenir dans la possession d'un privilége injuste, et le pape ayant excommunié l'ambassadeur, le roi fit saisir Avignon (1687). Cette affaire s'arrangea sous le successeur d'Innocent XI; mais ce pontife en conçut un dépit profond qui ne fut pas sans influence sur la guerre de 1688.

L'occasion de cette guerre fut en effet l'opposition faite par le pape au candidat de la France pour le siége archiépiscopal de Cologne, le cardinal de Fürstenberg, qui nous avait déjà ouvert les portes de Strasbourg. Il avait été élu par la majorité du chapitre, quinze voix contre neuf obtenues par son concurrent, Clément de Bavière. Innocent XI donna néanmoins à celui-ci l'investiture. Louis XIV protesta à main armée contre cette nomination et fit occuper par ses troupes Bonn, Neuss et Kaiserswerth (octobre 1688). En même temps, pour conserver à la princesse palatine, sa belle-sœur, les allodiaux auxquels elle avait droit dans le Palatinat, il envoya dans cette province une armée. Les événements d'Angleterre donnèrent à la coalition l'adhésion de la Grande-Bretagne et le courage de déclarer la guerre (5 février 1689). Elle était commencée depuis plusieurs mois.

14. Guerre de la ligue d'Augsbourg (1688-1697). — Louis avait 350 000 soldats et deux cent soixante-quatre vaisseaux ou frégates. Seul contre des princes mal unis entre eux et mal obéis chez eux, il arrêta un plan simple et hardi tout à la fois. L'âme de la coalition était Guillaume III, « le vaillant et habile hérétique », comme on l'appelait à Rome même; le renverser, c'était finir la guerre d'un coup : Louis se proposa donc d'aider Jacques II à remonter sur le trône. L'Espagne et la Savoie étaient les deux Etats les plus faibles de la ligue : il tourna contre elles la plus grande partie de ses forces. De ce côté, il attaquait; sur le Rhin, dont il occupait toute la rive gauche jusque près de Coblentz, il garda la défensive, pensant bien que les Turcs, dont nous venions de rompre les négociations avec l'Empereur, donneraient à ce prince assez d'occupation sur le Danube, pour l'empêcher de porter de grandes forces sur le Rhin. Turenne, Condé et Duquesne étaient morts; Louis trouva pour les remplacer d'habiles capitaines : Luxembourg, Catinat, Boufflers, de Lorges, Tourville. C'était comme la première réserve de la France, dans ces luttes terribles qui ont dévoré tant de généraux et tant d'armées.

15. Tentatives pour rétablir Jacques II; Tourville. — La guerre en faveur de Jacques II fut d'abord heureuse. Une escadre de treize grands vaisseaux transporta le prince en Irlande, dans cette île catholique comme lui et toujours frémissante sous le joug de l'Angleterre (mai 1689); des convois de troupes, d'armes, de munitions, partirent du Havre, de Brest, de Rochefort, protégés par Château-Renaud, d'Estrées et Tourville. Les Anglais et les Hollandais essayèrent de leur fermer le passage; Château-Renaud battit d'abord une de leurs escadres dans la baie de Bantry; Tourville, avec soixante-dix-huit voiles, attaqua leur flotte sur les côtes de Sussex, à la hauteur de Beachy-Head : seize vaisseaux ennemis furent coulés ou incendiés à la côte; le reste se réfugia à l'embouchure de la Tamise ou entre les bancs de la Hollande (10 juillet 1690). Cette brillante victoire, qui eût mérité de rester populaire en France, livra, pour un temps, à Louis XIV, l'empire de l'Océan. Mais Jacques II ne sut pas le seconder : il avait perdu un temps précieux au siége de Londonderry. Guillaume III l'attaqua sur la Boyne (11 juillet 1690). Les Irlandais s'enfuirent au premier choc, avec leur roi, et les Français opposèrent seuls quelque résistance. Un régiment de réfugiés calvinistes et le maréchal de Schomberg, qui dirigeait l'armée de Guillaume, contribuèrent surtout à la déroute. Jacques II revint en France.

Louis XIV prépara alors une descente en Angleterre même. 20 000 hommes furent rassemblés entre Cherbourg et la Hougue; trois cents navires de transport furent tenus prêts à Brest : Tourville devait les escorter avec quarante-quatre vaisseaux qu'il commandait et trente autres que d'Estrées lui amenait de Toulon. Mais le vent changea, la flotte de la Méditerranée ne put arriver à temps. Louis XIV, habitué à forcer la victoire, et comptant d'ailleurs sur la défection d'une partie des capitaines ennemis, ordonna à son amiral d'aller chercher les Anglais et les Hollandais, forts de quatre-vingt-dix-neuf voiles. Ce fut la bataille de la Hougue (29 mai 1692). Il n'y eut point de défection : pendant un combat de dix heures, Tourville tint tête victorieusement à l'ennemi, et les Anglo-Hollandais, malgré leur nombre, furent plus maltraités que nous; mais il n'était pas possible de renouveler le lendemain cette héroïque témérité. Tourville aurait fait du moins une glorieuse retraite, s'il avait eu un port derrière lui. La digue de Cherbourg n'existait pas. Il fit le signal de se retirer sur Brest et Saint-Malo; sept de ses vaisseaux gagnèrent le premier port, le reste de la flotte s'engagea dans le canal que les bas-fonds forment à l'ouest de la côte du Cotentin; vingt-deux franchirent le raz Blanchard et entrèrent heureusement à Saint-Malo; mais la marée venant à manquer, les autres furent empêchés de suivre; trois s'arrêtèrent à Cherbourg, où les capitaines, ne pouvant les défendre, les brûlèrent eux-mêmes; douze se réfugièrent dans la rade de la Hougue, qui n'était pas mieux préparée pour offrir un abri. Tourville retira ses canons, les munitions, les agrès et, à l'approche des Anglais, fit mettre le feu aux coques de ses navires. L'ennemi ne put se vanter d'en avoir pris un seul. Ce fut le premier coup porté à la marine militaire de la France : mais il n'est pas vrai, comme on l'a dit souvent, que le désastre de la Hougue en ait été le tombeau; car l'année suivante on put opposer aux Anglais et aux Hollandais des flottes égales, sinon supérieures.

Toutefois, le rétablissement des Stuarts en Angleterre devenait impossible, et la partie la plus importante du plan conçu par Louis XIV avait échoué.

16. Guerre sur le Rhin : incendie du Palatinat. — Dès 1688 le dauphin, alors âgé de vingt-sept ans, était entré en Allemagne avec 80 000 hommes et le maréchal de Duras pour le guider. Le roi lui avait dit avant le départ : « Mon fils, en vous envoyant commander mes armées, je vous donne les occasions de faire connaître votre mérite : allez le montrer à toute l'Europe, afin que, quand je viendrai à mourir, on ne s'aperçoive pas que le roi est mort. » Philippsbourg, Manheim, Worms, Ober-Wesel, avaient été pris en quelques semaines. Le dessein du ministre français n'était pas de les garder : le Palatinat fut de nouveau brûlé, cette fois avec férocité (1689). Cent mille habitants, chassés de leur pays par les flammes, allèrent demander vengeance à l'Allemagne. Le roi lui-même eut regret de ces horribles exécutions, et son mécontentement pouvait être le prélude d'une disgrâce quand Louvois mourut d'une attaque d'apoplexie (juillet 1691). Il fut remplacé par son fils Barbezieux qui, avec beaucoup plus de défauts, n'avait aucune de ses qualités.

Le duc de Lorges, neveu du grand Turenne, qui succéda en 1690 au maréchal de Duras, se contenta de couvrir l'Alsace contre les Impériaux; ceux-ci se trouvant comme en un désert, dans le Palatinat, ne purent y subsister. La guerre resta défensive sur le Rhin ; comme on l'avait voulu, les grands coups furent portés ailleurs.

17. Guerre en Savoie et en Piémont : Catinat. — Catinat commandait en Italie. Ce général sans naissance, ne s'était élevé qu'à force de mérite. Comme Vauban, dont il était l'ami, il joignait les vertus civiques aux qualités militaires, et, par sa tactique sage et méthodique, rappelait, mais de loin, Turenne. Il avait pour adversaire, le duc de Savoie, Victor-Amédée. Afin de l'amener à une action décisive, avant l'arrivée des troupes allemandes, il dévasta les campagnes du Piémont, fit couper les arbres, arracher les vignes, brûler les villages. Victor-Amédée ne sut pas se contenir devant ces ravages, et livra la bataille de Staffarde près de Saluces (18 août 1690) ; il perdit 4000 hommes, tandis que les Français eurent à peine 500 morts. La Savoie, Nice et la plus grande partie du Piémont se trouvèrent en notre pouvoir. Mais un parent du duc, le prince Eugène, dont Louis XIV avait refusé les services et qui était allé les offrir à l'Autriche, arriva avec de puissants renforts. Il fallut rentrer en France, où les Piémontais nous suivirent ; le Dauphiné souffrit de cruelles représailles de l'incendie du Palatinat et des ravages du Piémont (1692). Catinat cependant repassa les Alpes, un second combat s'engagea vers la Marsaille, à quelques lieues de Staffarde (4 octobre 1693), et fut pour Victor-Amédée aussi malheureux que le premier : il ne lui restait plus guère que Turin. Catinat l'eût pris, si le ministère n'eût diminué ses troupes ; tout ce qu'il put faire fut de garder ses conquêtes.

18. Guerre dans les Pays-Bas : Luxembourg. — Luxembourg était fils posthume de ce comte de Bouteville que Richelieu fit décapiter. Il avait servi d'abord sous le grand Condé, auquel il ressemblait par l'audace et la justesse du coup d'œil. En 1690 il se trouva, près de Fleurus, en présence du prince de Waldeck. Par une habile et hardie manœuvre, il porta sa droite au delà d'un ruisseau qui couvrait l'armée ennemie. Le prince, soudainement pris en flanc et tourné fit un mouvement en arrière ; Luxembourg en profita pour l'aborder vivement au milieu du désordre de cette marche, lui tua 6000 hommes, lui enleva cent drapeaux, son canon, ses bagages et 8000 prisonniers. C'est notre première victoire de Fleurus (1ᵉʳ juillet 1690). Maître de la campagne, il investit Mons. Louis XIV assista au siége. Guillaume, débarrassé de Jacques II, accourut avec 80 000 hommes ; mais il ne put empêcher la capitulation de la ville, après neuf jours de tranchée (avril

1691). L'année suivante, Luxembourg assiégea Namur, la plus forte place des Pays-Bas, au confluent de la Sambre et de la Meuse, et la prit encore sous les yeux de Louis XIV et de l'armée ennemie (juin 1692). Ce fut un des grands sièges de ce siècle. Vauban le conduisit, et cette opération est regardée comme un modèle. Le rival de Vauban, Cohorn, défendait la place dont il avait élevé une partie des fortifications.

Mais Guillaume, toujours vaincu, ne se lassait jamais; le 3 août 1692 il fit donner à Luxembourg de faux avis par un traître et le surprit à Steenkerque. Il fut battu cependant, la bouillante valeur de l'armée et de quatre princes du sang, qui s'y trouvaient, ayant tout réparé.

Ces deux victoires livraient à Luxembourg le Hainaut et la province de Namur : il pénétra dans le Brabant méridional; mais il rencontra encore devant lui Guillaume III, fortement retranché au village de Nerwinden, entre Liége et Louvain (29 juillet 1693). Peu de journées furent plus meurtrières; Nerwinden fut emporté à deux reprises par l'infanterie qui, pour la première fois, chargea résolûment à la baïonnette, exemple que les régiments de Catinat suivirent, deux mois après à la Marsaille. Pendant quatre heures notre cavalerie resta sous le feu plongeant de quatre-vingts pièces de canon, et Guillaume, ne la voyant remuer que pour serrer les rangs à mesure que les files étaient emportées, s'écriait d'admiration et de dépit : « O l'insolente nation ! » Il y eut environ 20 000 morts, dont 12 000 du côté des alliés. On pouvait, peut-être, après ce succès marcher sur Bruxelles et dicter la paix : on se contenta d'assiéger et de prendre Charleroi; il est vrai que là nous tenions l'importante ligne de la Sambre, d'où une armée française domine les Pays-Bas et rend fort dangereuse toute tentative faite par l'ennemi contre la Flandre ou l'Artois.

La victoire de Nerwinden fut le dernier triomphe de Luxembourg, le *tapissier de Notre-Dame*, comme l'appelait le prince de Conti, à cause des nombreux drapeaux dont il avait décoré cette cathédrale. La campagne suivante ne fut marquée par aucun incident, et il mourut au mois de janvier 1695. Son successeur, le duc de Villeroi, ne sut rien faire de considérable, avec une armée de plus de quatre-vingt mille hommes ; il n'empêcha même pas le prince d'Orange de reprendre Namur (septembre 1695) ; mais, en Espagne, Vendôme entra dans Barcelone (août 1695) après un siége mémorable et une victoire sur l'armée de secours.

Sur mer, Tourville avait vengé en 1693 le désastre de la Hougue par une victoire dans la baie de Lagos, près du cap Saint-Vincent. Les années suivantes, les grands armements furent suspendus, parce que Seignelay était mort ; mais des corsaires dont le nom est resté populaire, Jean Bart, Duguay-Trouin, Pointis, Nesmond, désolèrent le commerce des Anglais et des Hollandais, qui, pour se venger, tentèrent des débarquements sur nos côtes et lancèrent des machines infernales contre Saint-Malo, le Havre, Dieppe, Calais, Dunkerque [1]. Vaines et ruineuses menaces qui n'aboutirent « qu'à casser des vitres avec des guinées ». Dieppe seul en souffrit. En Amérique, le comte de Frontenac défendit bravement le Canada en prenant de tous côtés l'offensive, quoique la province n'eût que onze à douze mille habitants et que les colonies anglaises en eussent dix fois davantage. La baie d'Hudson et presque toute l'île de Terre-Neuve furent conquises.

19. Traité de Ryswick (1697). — Cependant la guerre languissait ; tout le monde était épuisé. Louis proposa la paix. Charles II était près de mourir sans laisser d'enfant, et la succession d'Espagne allait enfin s'ouvrir : il importait au roi de dissoudre la coalition européenne avant ce grand événement. Il montra une modération inaccoutumée ; il détacha d'abord de la

---

[1]. Les seuls corsaires de Dunkerque vendirent dans cette guerre pour plus de 22 millions de livres de prises faites sur les Anglais et les Hollandais, et dans la suivante pour plus de 30 millions. C'est plus de 100 millions de francs d'aujourd'hui que la ville gagna, mais c'est le double et le triple que l'ennemi perdit.

ligue le duc de Savoie (1696), lui rendit toutes ses villes, même Pignerol, et lui proposa le mariage de sa fille avec le jeune duc de Bourgogne, fils du grand dauphin. L'exemple de Victor-Amédée décida les autres princes, et la paix fut signée à Ryswick, près de la Haye (octobre 1697). Louis XIV reconnut Guillaume III pour souverain légitime d'Angleterre et d'Irlande. Il rendit ses nouvelles conquêtes, dans les Pays-Bas, dans l'Empire et en Espagne, à l'exception de Strasbourg, de Landau, de Longwy et de Sarrelouis, qu'il avait fait bâtir en 1680 pour défendre la vallée de la Sarre. Il permit aux Hollandais de tenir garnison dans les places les plus importantes de la Flandre que les Espagnols ne semblaient plus capables de défendre contre lui. Il restitua la Lorraine que la France occupait militairement depuis soixante années. Le tarif de 1667, si onéreux pour les Hollandais, avait été aboli au traité de Nimègue; le droit de 50 sous par tonneau le fut en 1697; de sorte qu'après avoir été ruiné par les impôts durant la guerre, le pays l'était par les traités, quand venait la paix : c'était le complet abandon de la politique commerciale de Colbert. En Amérique, le traité lui laissait toute la baie d'Hudson et la moitié de Terre-Neuve. Quelques-unes des concessions faites par le roi coûtèrent beaucoup à son orgueil et furent vivement blâmées; mais Louis espérait réparer la perte de quelques villes par l'acquisition d'un empire.

CHAPITRE XI.

GUERRE DE LA SUCCESSION D'ESPAGNE;
TRAITÉS D'UTRECHT ET DE RASTADT; FIN DU RÈGNE
DE LOUIS XIV; TESTAMENT ET MORT DU ROI.

1. Avénement d'un prince français au trône d'Espagne (1700). — 2. Troisième coalition contre la France (1701-1713); grande ligue de la Haye. — 3. Marlborough et le prince Eugène. — 4. Situation de la France. — 5. Premières campagnes en Allemagne, en Italie et dans les Pays-Bas (1701-1704). — 6. Villeroi; défaite de Chiari (1701); surprise de Crémone (1702). — 7. Victoires de Vendôme à Luzzara, de Villars à Friedlingen et à Hœchstædt, de Tallard à Spire (1702-1703). — 8. Les Camisards. — 9. Bataille de Hœchstædt ou de Blenheim; perte de l'Allemagne (1704). — 10. Batailles de Ramillies (1706), de Turin (1706) et d'Oudenarde (1708); perte de l'Italie et des Pays-Bas. — 11. Revers en Espagne (1704-1708). — 12. Succès de Villars sur le Rhin (1705-1707). — 13. Défaite d'Oudenarde (1708); la France est entamée. — 14. La France et l'Espagne commencent à se relever; batailles de Malplaquet (1709) et de Villaviciosa (1710). — 15. Défection de l'Angleterre (1711); bataille de Denain (1712). — 16. Expéditions maritimes; Duguay-Trouin. — 17. Succès de Villars sur le Rhin (1714); traités d'Utrecht, de Rastadt et de Bade (1713-1714). — 18. Fin du règne de Louis XIV; son testament; sa mort.

1. Avénement d'un prince français au trône d'Espagne (1700). — Charles II languit encore trois années. A qui allait revenir son immense héritage? Les deux maisons de France et d'Autriche, alliées depuis un siècle par des mariages à celle d'Espagne, y prétendaient l'une et l'autre[1]. Cette éventualité effraya les

---

1. Louis XIV et l'empereur Léopold, tous deux fils d'une infante d'Espagne, avaient tous deux épousé une infante. Mais Anne d'Autriche et Marie-Thérèse, entrées dans la maison de France, étaient les aînées de Marie-Anne et de Marguerite-Thérèse, entrées dans la maison d'Autriche. Le fils et les petits-fils de Louis XIV avaient donc des droits supérieurs à ceux de Léopold, fils de Marie-Anne, et à ceux du prince électoral de Bavière, Ferdinand-Joseph, petit-fils de Marguerite-Thérèse. Léopold objectait la renonciation de Marie-Thérèse; mais les cortès espagnoles n'avaient point été appelées à la sanctionner, et elle était nulle à un autre point de vue, la dot de l'infante n'ayant pas été payée.

puissances maritimes, l'Angleterre et la Hollande. Que Louis XIV ou Léopold régnât à Madrid, elles n'en voyaient pas moins l'équilibre de l'Europe détruit. Alors Guillaume III proposa au cabinet de Versailles de partager à l'avance cette succession qui n'était pas encore ouverte. Il y eut deux traités signés à la Haye. Le premier (1698) assignait la monarchie espagnole à un prince de Bavière, le Milanais à l'archiduc Charles, second fils de l'Empereur, les Deux-Siciles, quelques ports toscans et le Guipuscoa au grand dauphin. C'étaient des avantages dérisoires ou dangereux.

La maison royale y gagnait une couronne, mais la France eût été certainement entraînée, après cette acquisition, à courir encore les aventures au-delà des monts. Un second traité, après la mort du prince électoral de Bavière donna l'Espagne à l'archiduc et n'augmenta la part de la France que de la Lorraine, province qui, au premier coup de canon, était en notre pouvoir (1700). Ce n'était pas une compensation au danger de voir un Autrichien régner à Bruxelles et à Madrid.

Ces traités, mauvais pour la France, furent heureusement inutiles. Le roi moribond avait été profondément irrité de ce démembrement de la monarchie, proposé de son vivant et sans le consulter. Pour maintenir l'intégrité de ses États, il fallait tout donner à la France ou à l'Autriche. L'Autriche fut mal servie par son ambassadeur à Madrid; la France le fut bien par le marquis d'Harcourt, son ministre auprès de Charles II; et ce prince appela au trône, par son dernier testament, Philippe, duc d'Anjou, deuxième fils du dauphin, à son défaut ou sur son refus, le duc de Berry, son frère; en dernier lieu, l'archiduc Charles (2 octobre 1700). Vingt-huit jours après il mourut. Il avait espéré sauver l'intégrité de sa monarchie en intéressant Louis XIV à la défendre.

Louis XIV devait-il accepter le testament ou s'en tenir au dernier traité de la Haye? Un conseil extraordinaire fut assemblé; quatre personnes seulement y assistèrent avec le roi: le dauphin, le duc de Beauvilliers, gouverneur des enfants de France, le marquis de Torcy, neveu du grand Colbert, alors ministre des affaires étrangères, et le chancelier Pontchartrain. Les avis furent partagés; mais Torcy fit remarquer avec raison que le refus de la France ferait passer cette succession à l'Autriche; que le dernier traité ne nous assurait que des avantages illusoires ou sans importance; que d'ailleurs l'Empereur ne l'accepterait pas et qu'on aurait la guerre, quelque décision qu'on prît. « Mieux vaut la faire, ajouta-t-il, pour le tout que pour une partie. » Louis XIV demeura silencieux, et pendant trois jours on ignora sa résolution. Il l'annonça enfin en ces termes au duc d'Anjou: « Monsieur, le roi d'Espagne vous a fait roi. Les grands vous demandent, les peuples vous souhaitent, et moi j'y consens. Songez seulement que vous êtes prince de France. » Il le présenta ensuite à sa cour, en disant: « Messieurs, voilà le roi d'Espagne » (6 novembre 1700). Quelques semaines après Philippe V partit pour Madrid. « Ainsi, dit Saint-Simon, le dix-huitième siècle s'ouvrait, pour la maison de France, par un comble de gloire et de prospérité inouïe[1]. »

2. Troisième coalition contre la France (1701-1713); grande ligue de la Haye. — Alors, comme aujourd'hui, la France avait deux grands intérêts: le premier, c'est que l'Espagne lui fût amie, afin qu'assurée de la paix sur sa frontière du Sud, elle fût libre de porter, au besoin, toutes ses forces au Nord-Est, où elle était le plus vulnérable; le second, c'est que la frontière du Nord-Est s'éloignât de Paris et que les Pays-Bas fussent au moins dans notre alliance. Le premier point semblait gagné par l'avénement, au trône de Charles-Quint, d'un Bourbon que les Espagnols accueillaient avec enthousiasme et que les autres États

---

1. Le mot fameux: *Il n'y a plus de Pyrénées*, a été fait après coup.

reconnaissaient. L'Empereur protestait et armait; mais, seul, il ne pouvait rien.

Le second but était plus difficile à atteindre, car ni l'Angleterre ni la Hollande ne voulaient voir les Français aux bouches de l'Escaut. Pour y arriver, il fallait beaucoup de ménagements et de prudence. Le roi malheureusement démasqua trop vite ses desseins et brava l'Europe comme à plaisir. Malgré les clauses formelles du testament de Charles II, il n'exigea pas que Philippe V renonçât au trône de France; et, par des lettres patentes, données en décembre 1700, il lui conserva son rang d'hérédité entre le duc de Bourgogne et le duc de Berry : c'était rendre possible la réunion de deux monarchies, et montrer au monde effrayé la France et l'Espagne gouvernées un jour par le même roi, ce qui n'eût été bon ni pour l'une ni pour l'autre, et moins encore pour l'Europe. Un peu plus tard, il chassa les Hollandais des places qu'ils occupaient dans les Pays-Bas, en vertu du traité de Ryswick, et les y remplaça par des garnisons françaises. Enfin, à la mort de Jacques II, il continua au prince de Galles, son fils, le titre de roi d'Angleterre, d'Écosse et d'Irlande, malgré les avis de tous ses ministres. Cette insulte faite au peuple anglais et à Guillaume III rendit la guerre inévitable.

Une troisième coalition se forma : ce fut la *grande ligue* de la Haye (septembre 1701) où entrèrent l'Angleterre, la Hollande, l'Autriche, l'Empire et, un peu plus tard, le Portugal, devenu l'ennemi de la France, depuis qu'un prince français était roi d'Espagne; depuis, aussi, que nos ports avaient été fermés à ses produits. Il ne resta d'autres alliés à Louis XIV, dans toute l'Europe, que l'électeur de Bavière, à qui les Pays-Bas étaient secrètement promis, et les ducs de Modène et de Savoie, qui changeront bientôt de parti. L'Espagne était avec nous, mais, n'ayant ni soldats, ni argent, ni vaisseaux, « c'était un corps sans âme, dit Torcy, que la France devait alimenter et soutenir à ses dépens. »

Guillaume III vit à peine commencer cette guerre : il mourut au mois de mars 1702 ; mais sa politique lui survécut parce qu'elle était nationale. Sous sa belle-sœur, Anne Stuart, protestante, quoique fille de Jacques II, l'Angleterre continua à défendre ses libertés politiques et religieuses menacées par le roi que Louis XIV voulait lui imposer, et sa fortune commerciale menacée par l'empire de la maison de Bourbon sur tant d'États et sur tant de mers.

3. Marlborough et le prince Eugène. — Trois hommes que leur haine contre la France a rendus célèbres, Heinsius, Marlborough et le prince Eugène, remplacèrent par leur étroite union le chef que la ligue venait de perdre. Heinsius était grand pensionnaire de Hollande, et il dirigea la république avec l'autorité d'un monarque, quand le stathoudérat eut été aboli, après la mort de Guillaume. Churchill, duc de Marlborough, avait fait ses premières armes sous Turenne. Il gouvernait la reine Anne par sa femme, le parlement par ses amis, le ministère par son gendre Sunderland, secrétaire d'État de la guerre, et par le grand trésorier Godolphin, beau-père d'une de ses filles. Le prince Eugène, né en France, vers 1663, d'un comte de Soissons et d'une nièce de Mazarin, cette Olympe Mancini que Louis XIV avait un moment distinguée, appartenait à la maison de Savoie. Destiné à la carrière ecclésiastique, il préféra le métier des armes ; et, à dix-neuf ans, demanda un régiment à Louis XIV, qui refusa de faire un colonel de l'*abbé de Savoie*. L'Autriche l'accueillit mieux et l'envoya combattre en Italie contre Catinat. Après la paix de Ryswick, il résista aux Turcs, qui avaient envahi la Hongrie, et remporta sur eux, à Zenta, une victoire signalée qui le plaça, dans l'opinion des contemporains, à côté du sauveur de Vienne, l'illustre Sobieski (1697). Nommé alors président du conseil de la guerre, préparant comme ministre les expéditions qu'il devait faire comme général, il eut une influence décisive sur les événements qui vont suivre.

Par sa bonne entente avec Marlborough, il allait donner à la coalition européenne ce qui lui avait toujours manqué : l'union.

4. Situation de la France. — Pour triompher de si formidables adversaires, il eût fallu à la France les grands hommes de la génération précédente. Mais Louis les avait usés, et il n'en était pas né dans l'atmosphère alourdie de Versailles qui les pussent remplacer. Ainsi qu'une terre qui a trop produit, la France commençait à s'épuiser, les soldats allaient lui manquer, comme les généraux et les ministres. L'incapable Chamillart, créature de Mme de Maintenon, succombait sous le double fardeau des finances et de la guerre, que s'étaient partagées Colbert et Louvois. Le roi se promettait bien de le diriger lui-même, et jamais, en effet, il ne montra plus d'activité, arrêtant les plans, et en réglant l'exécution du fond de son cabinet ; mais ce fut un autre mal. Dans cette vie retirée, il ne connaissait plus si bien les hommes et les choses. « Les généraux, dit Voltaire, furent gênés par des ordres précis, comme des ambassadeurs qui ne devaient pas s'écarter de leurs instructions. Si le général voulait faire quelque grande entreprise, il fallait qu'il en demandât la permission par un courrier qui trouvait, à son retour, ou l'occasion manquée ou le général battu. » Cependant quelques-uns des chefs que la France avait encore, Villars, Catinat, Boufflers, Vendôme, méritaient plus de confiance et plus de liberté. Il est vrai que les Villeroi, les Tallard, les Marsin, les La Feuillade, avaient besoin de conseils et de guides ; mais ce ne fut pas en tenant ces généraux à la lisière qu'on les empêcha d'infliger à nos armes d'irréparables désastres.

5. Premières campagnes en Allemagne, en Italie et dans les Pays-Bas (1701-1704). — Dans la pensée de Louis XIV, la guerre devait être défensive sur tous les points, excepté en Allemagne où l'électeur de Bavière appelait les Français. Boufflers fut envoyé aux Pays-Bas pour tenir tête à Marlborough, qui commandait l'armée anglo-batave; Catinat, en Italie pour fermer l'entrée du Milanais au prince Eugène et aux Impériaux; Villars en Allemagne, pour se joindre à l'électeur et marcher sur Vienne.

Pendant trois années (1701 à 1704) les succès se balancèrent. Cependant Marlborough pénétra, en 1702, dans les Pays-Bas, malgré Boufflers, qui, ayant affaire à deux armées, ne sut pas manœuvrer entre elles et abandonna sans combat les places de la Meuse jusqu'à Namur; du moins il sauva Anvers l'année suivante par sa victoire d'Eckeren sur les Hollandais. En 1701 le prince Eugène descendit de même dans la Lombardie, malgré Catinat qui avait des forces supérieures, mais qui, mal obéi, trahi peut-être par quelques officiers espagnols, ne l'empêcha pas de déboucher du Tyrol. Eugène menaça toute la ligne de l'Adige, et franchit ce fleuve sans résistance à Castelbaldo, dans la plaine, tandis que Catinat l'attendait à Rivoli, dans les montagnes. Il força, au combat de Carpi (9 juillet), le passage du canal Blanc, où Catinat eût pu encore l'arrêter, et le maréchal, troublé par des manœuvres aussi hardies que savantes, se retira derrière le Mincio, plus loin encore derrière l'Oglio, ce qui ouvrait le Milanais aux ennemis. La cour le destitua et donna son armée à Villeroi.

6. Villeroi; défaite de Chiari (1701); surprise de Crémone (1702). — Ce protégé de Mme de Maintenon était un bon courtisan et un détestable général. Dès son arrivée, il voulut prendre l'offensive. Catinat, qui avait consenti à servir sous lui, faisait des objections : « Je n'ai pas qualité d'être circonspect, » répondit Villeroi. Cette impertinence fut bien vite punie; il repassa l'Oglio, espérant surprendre Eugène à Chiari; mais le duc de Savoie avertissait les Impériaux de tous nos mouvements, et Villeroi, surpris lui-même, fut battu (septembre 1701). Cependant l'ennemi ne pouvait s'avancer plus loin tant qu'il n'aurait pas la forte ville de Mantoue. Villeroi laissa le comte de Tessé y faire une très-belle défense, et prit ses quartiers d'hiver dans Crémone. Un jour qu'il y dormait en pleine sécurité, il est réveillé par des décharges précipitées; il se lève à la hâte, sort de son logis et tombe dans un escadron d'Autrichiens. C'était Eugène qui, au cœur de l'hiver, avait tenté un coup de main sur Crémone. Il aurait réussi sans un régiment qui, dès quatre heures du matin, s'était réuni pour une revue de son colonel. L'ennemi, arrivé au milieu de la ville, fut rejeté hors des portes, mais il emmena le maréchal (février 1702)[1]. Vendôme le remplaça

7. Victoires de Vendôme à Luzzara, de Villars à Friedlingen et à Hœchstædt, de Tallard à Spire (1702-1703). — C'était un singulier général que ce petit-fils de Henri IV, de mœurs plus qu'équivoques, et qui ne se levait souvent qu'à quatre heures de l'après-midi. Mais, sur le champ de bataille, il retrouvait ce coup d'œil, cette vivacité, ce feu, qui rappelaient Luxembourg et Condé: souvent surpris, jamais battu, il fit pendant deux années une guerre heureuse contre les Impériaux: il les força d'abord de se replier derrière le Mincio, ce qui délivra Mantoue; puis, par une marche rapide, il alla enlever, sur la rive droite du Pô, leurs magasins à Luzzara (août 1702). Il put alors s'approcher du Tyrol. Mais à ce moment les sourdes trahisons du duc de Savoie se changèrent en une défection ouverte, les Bourbons ayant refusé, bien mal à propos, de lui céder le Milanais en échange de la Savoie (1703). Il fallut que Vendôme se tournât contre lui pour assurer ses communications avec la France. Il s'empara de la plus grande partie du Piémont, il menaça Turin; mais il ne menaçait plus l'Autriche.

Pareil succès en Allemagne. Catinat, appelé sur le

---

1. On chanta, à la cour, à Paris et dans l'armée :

> Français, rendez grâce à Bellone;
> Votre bonheur est sans égal :
> Vous avez conservé Crémone,
> Et perdu votre général.

Rhin, n'y avait pas rétabli sa réputation compromise en Italie. Il avait laissé le prince de Bade passer le fleuve, prendre Landau, qui avait supporté quatre-vingt-quatre jours de tranchée ouverte, Weissembourg et Haguenau. Une diversion de l'électeur de Bavière rappela les Impériaux en Allemagne. Catinat, pressé de les y suivre, n'osa le faire; mais un de ses lieutenants, Villars, le fit. Il attaqua le prince de Bade dans la Forêt Noire, près de Friedlingen, et gagna son bâton de maréchal sur le champ de bataille (octobre 1702). L'an d'après, il repoussa le prince de Bade sur les lignes de Stollhoffen, laissa Tallard pour l'y surveiller, puis courut à travers les défilés de la Forêt Noire se joindre à l'électeur de Bavière, qui venait de son côté de battre les Autrichiens (mai 1703). Le chemin de Vienne était ouvert; Villars voulut y courir; le prince Eugène avoua plus tard que, si l'armée eût marché en avant, la paix était faite, et glorieusement pour la France. Une autre manœuvre, que Bonaparte et Moreau tentèrent plus tard, fut adoptée et faillit réussir. Les Franco-Bavarois entrèrent dans Innsbruck, tandis que Vendôme bombardait Trente. Les deux armées allaient se tendre la main par-dessus les Alpes. La défection du duc de Savoie rappela Vendôme du Tyrol, et deux armées impériales menaçant Munich forcèrent l'électeur et Villars à abandonner Innsbruck. Ils s'en vengèrent sur le comte de Styrum, qui fut complétement battu dans les plaines d'Hœchstædt (septembre 1703). Deux mois plus tard les Impériaux éprouvaient encore auprès de Spire une sanglante défaite qui rendit Landau à la France. Le vainqueur était Tallard.

8. **Les Camisards**. — Cette victoire fut le terme des succès de la France. Villars, ne pouvant s'entendre avec l'électeur, demanda son rappel. Louis XIV l'envoya contre les protestants révoltés des Cévennes, les *Camisards*. Ces malheureux venaient de voir le pape Clément XI renouveler contre eux la prédication d'une croisade (bulle du 1ᵉʳ mai 1703). Egarés par la terreur,

ils acceptèrent les secours de l'Angleterre et du duc de Savoie, qui s'empressèrent de nourrir la guerre civile au cœur de la France, et, comme ils avaient été cruellement traités, ils se vengeaient à leur tour par des cruautés. Villars prit à cœur de sauver cette province et de ramener ces hommes exaspérés : « Ce sont, disait-il, des Français, très-braves et très-forts, trois qualités à considérer. » Il usa de rigueur contre ceux qui s'obstinèrent à combattre, d'indulgence pour ceux qui se fièrent à sa parole. Il gagna un de leurs chefs, Cavalier, et en une campagne rétablit à peu près la paix dans ces provinces. Mais cent mille personnes avaient péri dans cette horrible guerre, et pendant ce temps Marsin perdait l'Allemagne.

9. Bataille d'Hœchstædt ou de Blenheim; perte de l'Allemagne (1704). — Marlborough et le prince Eugène avaient conçu un plan habile et hardi pour sauver l'Autriche découverte par la prise de Passau en janvier 1704. L'un avait quitté l'Italie, où le duc de Savoie occupait Vendôme; l'autre accourut de Flandre, où Villeroi ne sut pas le retenir, et ils se réunirent en Bavière. Tallard et Marsin avaient rejoint l'électeur. Les deux maréchaux avaient 50 000 combattants contre 52 000. Ils crurent que l'ennemi reculait et l'allèrent chercher sur la rive gauche du Danube; ils le rencontrèrent près de Hœchstædt. Leurs dispositions furent inhabiles. Ils formèrent de leurs troupes comme deux armées distinctes. Marlborough perça aisément entre elles, accula au fleuve l'aile droite coupée du centre et prit Tallard. Marsin repassa en toute hâte le Danube, oubliant dans le village de Blenheim un corps tout entier qui n'avait point combattu et qui fut obligé de se rendre. Ce désastre nous coûtait 12 000 morts ou blessés, 14 000 prisonniers, tout le canon, presque tous les étendards et près de 100 lieues de pays. En moins d'un mois la Bavière fut soumise; l'électeur, qui s'était flatté d'entrer bientôt dans Vienne, s'enfuit à Bruxelles, et les Impériaux reparurent sur le Rhin. Il fallut rappeler

Villars pour sauver l'Alsace. Le maréchal, qui ne regarda jamais la modestie comme une vertu nécessaire, dit au roi : « Servez-vous de moi, car je suis le seul général de l'Europe dont le bonheur à la guerre n'ait jamais été altéré. Dieu me conserve cette fortune pour le service de Votre Majesté ! »

10. Batailles de Ramillies (1706), de Turin (1706); perte de l'Italie et des Pays-Bas. — L'Empire était délivré; Eugène et Marlborough, rassurés de ce côté, se séparèrent, pour retourner l'un en Italie, l'autre dans les Pays-Bas. Le plan de la coalition européenne se développait avec une suite admirable, sous la direction de ces deux grands généraux. Ils voulaient conquérir toutes les provinces extérieures de la monarchie espagnole, avant d'attaquer la France elle-même.

Marlborough fut facilement vainqueur : il avait encore à combattre l'incapable Villeroi. Il pénétra jusqu'au cœur du Brabant, et arriva près de la Méhaigne, où le maréchal avait campé son armée. Villeroi avait son centre à Ramillies, village devenu tristement fameux, et tout près d'un autre plus fameux encore, Waterloo. Il eût pu éviter la bataille; mais il avait à cœur de rétablir sa réputation, et il prit toutes les dispositions nécessaires pour se faire battre. Il le fut (mai 1706). Quand il reparut à la cour, le roi se contenta de lui dire : « *Monsieur le maréchal, on n'est plus heureux à notre âge.* »

La plus grande partie des Pays-Bas fut perdue par cette défaite qui nous coûtait 5000 morts ou blessés et 15 000 prisonniers. Marlborough entra à Anvers, à Bruxelles, à Ostende, et Louis XIV fut obligé, pour arrêter ses progrès, de rappeler le duc de Vendôme d'Italie, où, après avoir rejeté les Impériaux derrière l'Adige par les victoires de Cassano sur l'Adda (août 1705), et de Calcinato, près de la Chiesa (avril 1706), il couvrait le siége de Turin que dirigeait le duc de la Feuillade. Celui-ci était un second Villeroi; il n'avait d'autre mérite que d'être gendre de Chamillart. Turin pris, l'Italie était à la maison de Bourbon. On avait fait d'immenses préparatifs pour le prendre. Vauban, chargé d'années et de gloire, offrit d'aller au siége sans commandement, « en mettant son bâton de maréchal derrière la porte. » — « J'espère prendre Turin à la Cohorn, » répondit la Feuillade. Cette impertinence de courtisan nous valut un désastre. Pendant que Vendôme court en Flandre, Eugène, délivré de son redoutable adversaire, forme le projet hardi d'aller secourir Turin en remontant la rive droite du Pô. Il fallait qu'il traversât quinze rivières, qu'il battît ou évitât l'armée d'observation, qu'il vainquît l'armée de siége, et tout cela avec des troupes fatiguées et inférieures en nombre. S'il y avait eu un homme de tête dans le camp français, Eugène était perdu. Mais c'était Marsin, le vaincu d'Hœchstædt, qu'on avait chargé du commandement de l'armée d'Italie. Déjà Vendôme, à la veille de son départ, avait souffert par négligence que le général autrichien passât l'Adige et le Pô; Marsin, par incapacité, lui laissa passer la Parma, la Trebbia, la Bormida, le Tanaro, sans essayer de l'arrêter, et va se joindre à la Feuillade. Leurs lignes, devant Turin, trop étendues, sont forcées (septembre 1706), le maréchal blessé mortellement, le Piémont délivré, le Milanais perdu, et, par contre-coup, l'année suivante, le royaume de Naples.

Le prince Eugène et le duc de Savoie, étonnés des suites d'une victoire qui les amenait aux portes de la France, ne purent résister à la tentation d'y entrer. Ils envahirent la Provence par le col du Tende, et assiégèrent Toulon, soutenus par une flotte anglaise qui était maîtresse de la mer. La ville se défendit bien ; Eugène perdit 10 000 hommes dans l'attaque et dans la retraite (août 1707). Charles-Quint y avait déjà perdu deux armées. Toute entreprise sur cette frontière a toujours été et doit être, par la nature des lieux, fatale à ceux qui la font. Victor-Amédée l'éprouva encore l'année suivante : il entra dans le Dauphiné, qui lui convenait fort pour arrondir la Savoie, et fut contraint d'en sortir assez vite.

11. Revers en Espagne (1704-1708). — L'Espagne ne perdait pas seulement ses possessions éloignées, elle semblait se perdre elle-même. En 1703 les Anglais avaient entraîné le Portugal dans la coalition, et fait de ce pays, par le traité que négocia sir John Methuen, comme une de leurs provinces. En 1704, l'année de notre défaite à Hœchstædt, ils s'étaient emparés par un heureux coup de main de l'imprenable Gibraltar que Blake, sous Cromwell, avait songé à saisir, et qu'ils ont gardé ; depuis ce temps-là ils ont dominé dans la Méditerranée, où jadis on connaissait à peine leur pavillon. L'archiduc Charles, le compétiteur de Philippe V, avait en même temps débarqué en Catalogne avec 9000 soldats. En 1705 il prit Barcelone ; l'Aragon et les provinces voisines le reconnurent. L'année suivante il entra dans Madrid ; les Anglais prirent Carthagène, les Portugais Ciudad-Rodrigo, et une armée anglo-portugaise, commandée par un protestant réfugié, le comte de Ruvigny, occupa l'Estramadure. On proposa un instant, dans les conseils de Louis XIV, de renoncer à l'Espagne, et d'envoyer Philippe V régner en Amérique. Une brillante victoire du maréchal de Berwick, à Almanza, fut à peu près inutile (avril 1707) ; l'archiduc parut affermi sur le trône, et le pape Clément XI lui écrivit : *A notre très-cher fils, roi des Espagnes.*

12. Succès de Villars sur le Rhin (1705-1707). — Cependant Villars avait tenu parole. En 1705 il avait arrêté Marlborough et couvert la Lorraine. L'année suivante, il avait débloqué le Fort-Louis sur le Rhin et, en 1707, forcé les lignes de Stollhoffen, qui, s'étendant de Philippsbourg à la Forêt Noire, étaient regardées comme le rempart de l'Allemagne. De là il avait pu inonder de partisans la Franconie et le Würtemberg, y lever des contributions et empêcher Marlborough d'avancer trop vite en Flandre. Ainsi la coalition, victorieuse aux extrémités de l'immense ligne des opérations, en Espagne, en Italie et aux Pays-Bas, était battue au centre, sur le Rhin, et convaincue d'impuissance, au sud, dans ses efforts pour envahir la France par la vallée du Rhône. Elle espéra mieux réussir au nord et y porta toutes ses forces.

En ce temps-là Charles XII était en Saxe à la tête d'une armée jusqu'alors invincible. Villars proposa d'aller le rejoindre à travers l'Empire, et Louis XIV le sollicita, en invoquant l'amitié séculaire de la France et de la Suède, de jouer le rôle de Gustave-Adolphe et de prendre la coalition à revers. Marlborough accourut auprès du héros suédois. L'Allemagne était dans une cruelle anxiété, le monde dans l'attente : l'orage alla fondre dans la Russie, et s'y perdre.

13. Défaite d'Oudenarde (1708); la France est entamée. — Selon le plan convenu, le prince Eugène rejoignit Marlborough en Flandre. La campagne semblait devoir être décisive. Les alliés avaient 80 000 hommes. La France, que l'Europe croyait épuisée, en fournit 100 000, que Louis XIV donna à son petit-fils le duc de Bourgogne; Vendôme lui servait de lieutenant. Il eût fallu le placer seul à la tête des troupes. La division du commandement amena un nouveau désastre; l'armée fut mise en déroute à Oudenarde, au passage de l'Escaut (11 juillet 1708). Ce ne fut pas une grande bataille, mais une grosse affaire d'avant-poste, qui nous coûta à peine 1500 hommes. Beaucoup de corps ne furent point engagés, et le soir rien n'était perdu. Aussi Vendôme proposait de recommencer le lendemain; le duc de Bourgogne et ses conseillers s'y refusèrent. « Il faut donc se retirer, s'écria Vendôme avec rage, puisque vous le voulez tous! Aussi bien, ajouta-t-il en regardant le petit-fils de Louis XIV, il y a longtemps, Monseigneur, que vous en avez envie. » La retraite fut désastreuse comme celle de Turin. Les régiments allaient à l'aventure, sans ordre, sans chef; l'ennemi survint, qui tua ou prit plus de 10 000 hommes. Gand, Bruges, se rendirent; Lille même capitula, malgré une défense héroïque de Boufflers (octobre 1708), et la France fut ouverte aux alliés. Un parti de Hollandais courut jusqu'auprès de Versailles, et enleva sur le pont de Sèvres le premier écuyer du roi, qu'ils prirent pour le dauphin.

14. La France et l'Espagne commencent à se relever : batailles de Malplaquet (1709) et de Villaviciosa (1710). — L'hiver de 1709 accrut nos malheurs : les oliviers gelèrent dans le midi de la France, les arbres fruitiers et les blés dans le Nord. La famine vint à la suite. On vit les laquais du roi mendier aux portes de Versailles, et Mme de Maintenon manger du pain d'avoine. Louis XIV s'humilia et demanda la paix. Mais les *triumvirs* ne le trouvaient pas assez abaissé. Ils exigèrent qu'il rendît Strasbourg, qu'il renonçât à la souveraineté de l'Alsace, qu'il chassât lui-même son petit-fils de l'Espagne (mai 1709). « Puisqu'il faut faire la guerre, répondit-il, j'aime mieux la faire à mes ennemis qu'à mes enfants; » et il écrivit aux gouverneurs, aux évêques, aux communes, une lettre où il les faisait juges entre ses ennemis et lui.

Ce noble appel au patriotisme remua toute la France; ceux qui manquaient de pain se firent soldats, et on eut encore une armée aussi forte que celle des coalisés. Villars en reçut le commandement. On vit bien que la guerre était devenue nationale, à la bataille de Malplaquet, près de Mons (11 septembre 1709). Les alliés avaient environ 120 000 hommes et 160 pièces de canon, le maréchal 90 000 combattants et une artillerie de 80 pièces. Quand l'action commença, les soldats, qui avaient manqué de pain un jour entier, venaient de le recevoir, ils le jetèrent pour courir plus légèrement au combat. La gauche des ennemis fut presque toute détruite; mais Marlborough, à la droite, faisait plier notre ligne. Villars y porta quelques réserves du centre, chargea à leur tête et fut blessé d'une balle qui lui fracassa le genou. Notre centre était dégarni, les alliés l'attaquèrent avec vigueur et enlevèrent

GUERRE DE LA SUCCESSION D'ESPAGNE.   251

les retranchements qui le couvraient. Il fallut se retirer. Mais nous n'avions que 8000 hommes hors de combat, et les alliés en avaient 21 000. L'armée recula entre le Quesnoy et Valenciennes, emportant plusieurs drapeaux ennemis. Ces dépouilles consolèrent Louis XIV, et on compta pour une victoire l'honneur de n'avoir perdu que le champ de bataille.

Cette glorieuse défaite annonçait le terme de nos revers. L'année suivante, les alliés essuyèrent un véritable désastre. Louis XIV envoya en Espagne le duc de Vendôme, disgracié depuis la malheureuse campagne d'Oudenarde. Son nom seul valait une armée. Une foule de volontaires vinrent se ranger sous ses ordres; et Philippe V, qui n'avait encore paru sur aucun champ de bataille, se mit à la tête de ses troupes. La nation espagnole se réveilla comme la France à la voix de Louis XIV. Les habitants des campagnes commencèrent cette guerre de *guerillas* qui, sur le sol découpé de l'Espagne, a toujours été fatale aux étrangers; et le général de l'archiduc, le comte Stahrenberg, fut complétement vaincu à Villaviciosa (9 décembre 1710). On raconte qu'après la bataille, le duc de Vendôme dit à Philippe V, accablé de fatigue : « Je vais vous faire donner le plus beau lit sur lequel jamais roi ait couché, » et il fit réunir en un monceau les étendards et les drapeaux ennemis. Cette victoire sauvait la couronne de Philippe V, et par contre-coup le Canada alors menacé par une expé-

Canon espagnol.

dition formidable qui attendait, pour agir, l'armée et la flotte anglaises que le succès de Vendôme retint sur les côtes d'Espagne.

15. Défection de l'Angleterre (1711) ; bataille de Denain (1712). — Cette vigueur inattendue de deux peuples qu'on croyait près de succomber étonna les alliés : la lassitude aussi les gagnait, surtout l'Angleterre, dont les subsides alimentaient la coalition et qui avait grevé sa dette publique de 60 millions de livres sterling. Une intrigue de cour précipita le dénoûment que l'opinion publique, souveraine en un pays libre, préparait déjà, et que la reine elle-même souhaitait. La duchesse de Marlborough fatiguait la reine Anne de ses hauteurs; tombée en disgrâce, elle y entraîna les amis, les parents de son époux, et quelque temps après le duc lui-même. Le vicomte de Bolingbroke et le comte d'Oxford formèrent un nouveau ministère, et la majorité qu'ils obtinrent dans la chambre des Communes récemment renouvelée prouva que la nation elle-même acceptait le changement qui allait s'opérer dans la politique extérieure de l'Angleterre.

Marlborough et les whigs ses amis devaient leur influence à la guerre; les tories, nouveaux conseillers de la couronne, cherchèrent à fonder leur crédit sur la paix. Au mois de janvier 1711, un prêtre inconnu, l'abbé Gauthier, lié avec lord Bolingbroke, se rendit chez le marquis de Torcy et lui dit sans préambule : « Voulez-vous la paix, Monsieur? Je viens vous apporter les moyens de la faire. » « C'était, dit Torcy, demander à un mourant s'il voulait guérir. » Des négociations secrètes commencèrent : un événement imprévu permit de les rendre publiques. L'empereur Joseph I*, qui avait succédé à Léopold en 1705, mourut le 17 avril 1711, sans laisser d'autre héritier que son frère, l'archiduc Charles. L'Angleterre, qui avait combattu pour séparer l'Espagne de la France, n'entendait pas continuer la guerre pour unir l'Espagne à l'Autriche et reconstituer de ses mains la puissance de

Charles-Quint. Une suspension d'armes fut aussitôt convenue, et les préliminaires de la paix furent signés à Londres le 8 octobre 1711. Cet exemple entraîna les alliés; un congrès s'ouvrit à Utrecht le 29 janvier 1712. L'Empereur et l'Empire refusèrent d'y prendre part; mais les forces étaient redevenues égales, et une seule campagne suffit à prouver que l'Allemagne ne pouvait alors se passer de l'Europe pour abattre la France.

Le prince Eugène était entre l'Escaut et la Sambre avec 100 000 hommes; il avait pris le Quesnoy, dans

Landrecies

l'intervalle qui sépare les deux fleuves; il occupait, sur le haut Escaut, Bouchain, d'où il contenait les garnisons de Valenciennes et de Condé; il assiégeait Landrecies sur la haute Sambre, qui lui servirait de barrière contre Maubeuge et Charleroi, et il appelait très-justement ses lignes le *chemin de Paris* : car, Landrecies tombé, il ne voyait plus de place forte entre Paris et son armée, et, s'il lui arrivait malheur sur cette route, il lui restait toujours, pour rentrer aux Pays-Bas, la porte qu'il venait de s'ouvrir. Déjà des détachements ennemis ravageaient la Champagne : Reims avait été insulté. L'alarme était dans tout le royaume; le roi dit à Villars : « La confiance que j'ai en vous est bien marquée, puisque je vous remets les forces et le salut de l'État. Je connais votre zèle et la force de mes troupes; mais enfin la fortune peut leur être contraire. Si ce malheur arrivait, je compte aller à Péronne ou à Saint-Quentin y ramasser tout ce que j'aurai de troupes; faire un dernier effort avec vous et périr ensemble ou sauver l'État. » Quels qu'aient été les fautes et l'orgueil de Louis XIV, il sera beaucoup pardonné au prince qui eut cette noble confiance dans son peuple, et ce culte de l'honneur national.

Une imprudence d'Eugène et l'heureuse audace de Villars délivrèrent le roi et la France d'inquiétudes. Les lignes des Impériaux, longues de 12 à 15 lieues, étaient trop étendues, et leurs corps trop éloignés les uns des autres, pour être à portée de se soutenir; Villars profita de cette faute : il donne le change au prince Eugène par une fausse attaque du côté de Landrecies, et marche en toute hâte sur Denain, où était le comte d'Albemarle. On lui demandait des fascines pour passer le fossé du camp : « Les corps de nos gens seront nos fascines, » dit-il. Le camp est emporté et dix-sept bataillons détruits (24 juillet 1712). Eugène accourt : il est repoussé; tous les postes, le long de la Scarpe, sont successivement enlevés (30 juillet); Landrecies est délivré; Douai, Marchiennes, Bouchain et le Quesnoy sont repris : les frontières de la France, comme la gloire du roi, sont en sûreté (septembre et octobre).

16. Expéditions maritimes ; Duguay-Trouin. — La nécessité de porter toutes nos forces sur terre pour faire face à l'Europe avait forcé de négliger la marine. L'Angleterre en profita et prit, sans effort, possession de l'empire des mers que la France abandonnait et que la Hollande ne pouvait plus retenir. La dernière bataille navale livrée sous Louis XIV fut celle de Velez-Malaga, où le comte de Toulouse, avec quarante-neuf vaisseaux contre cinquante-cinq, eût gagné une brillante victoire si, au lieu de rentrer à Toulon après dix heures de combat, il eût recommencé l'action contre la flotte anglo-batave, toute désemparée, et à qui les munitions manquaient (août 1704). Depuis il n'y eut que des rencontres d'escadres, et bientôt même que la guerre de course. Nos colonies, laissées sans défense, furent dévastées ou conquises.

Cependant quelques-uns de nos corsaires et de nos capitaines se firent encore un nom glorieux. Tourville, qui avait été avec Duquesne le plus grand homme de mer du règne de Louis XIV, était mort en 1701. Jean-Bart, devenu, dans la dernière guerre, la terreur du commerce de l'Angleterre et de ses alliés, ne lui avait survécu qu'une année. Si Tourville n'eut pas de successeur, Jean Bart trouva des émules : d'abord Forbin qui avait été longtemps le compagnon de sa vie aventureuse; le Béarnais Ducasse, gouverneur de Saint-Domingue; Pointis, qui enleva Carthagène en Amérique et fit un immense butin; Cassart, qui, tombé un jour avec un seul vaisseau au milieu de quinze navires ennemis, se bat douze heures, coule un vaisseau anglais, en démonte deux, puis s'échappe. « Je donnerais toutes les actions de ma vie, disait un de nos plus braves chefs d'escadre, pour une seule des siennes. »

C'était Duguay-Trouin qui parlait ainsi. Né en 1673, d'un armateur de Saint-Malo, il avait fait ses premières armes sur des vaisseaux de sa famille. A dix-huit ans on lui confia un navire de quatorze canons. Depuis ce jour il marqua chaque année par des courses plus hardies, par des prises plus nombreuses; mais le temps de la grande guerre était passé quand Duguay-Trouin fut appelé dans la marine militaire : son brevet de capitaine est de 1706. Alors il n'y avait plus que des combats individuels à soutenir, des convois à enlever, les côtes ennemies à désoler. Duguay-Trouin fit cette guerre comme Jean Bart l'avait faite dix ans auparavant. Il eût pu remplir un rôle plus important. Il en donna la preuve dans son expédition contre Rio-de-

Janeiro, où la vigueur de l'exécution répondit à la hardiesse du plan (6 octobre 1711). Cette place, qui semblait imprenable, fut enlevée après onze jours d'attaque. Soixante navires marchands, trois vaisseaux de guerre, deux frégates et une immense quantité de marchandises furent pris ou brûlés. La ville souffrit un dommage de plus de 25 millions.

17. Succès de Villars sur le Rhin (1714); traités d'Utrecht, de Rastadt et de Baden (1713-1714). — La victoire de Denain hâta la conclusion de la paix. Il y eut trois traités : celui d'Utrecht (11 avril 1713), entre la France, l'Espagne, l'Angleterre, la Hollande, la Savoie et le Portugal; celui de Rastadt (7 mars 1714) entre la France et l'Empire. Le traité de Rastadt fut retardé d'une année par l'obstination de l'empereur Charles VI, qui continua la guerre malgré l'abandon de ses alliés. Villars, envoyé sur le Rhin où il se trouva en face d'Eugène, déconcerta encore les Impériaux par l'impétuosité de ses attaques. Il reprit Landau, escalada avec ses grenadiers, que son courage électrisait, la montagne de Roskhof, dont les lignes formidables couvraient Fribourg, et emporta cette ville. Ces succès obligèrent l'Empereur à donner enfin aux peuples le repos que depuis longtemps ils ne connaissaient plus.

Par ces traités, Louis XIV conservait les premières acquisitions de son règne : l'Alsace, l'Artois, le Roussillon, que la France devait à Richelieu et à Mazarin; la Flandre, où Lille lui était rendue; la Franche-Comté, Strasbourg, Sarrelouis, Landau, et, aux colonies, les Antilles, Cayenne, Bourbon et le Sénégal; il acquérait la vallée de Barcelonnette, mais il abandonnait au duc de Savoie Exiles, Fénestrelle et Château-Dauphin; à l'Angleterre Terre-Neuve, c'est-à-dire la grande pêche, la baie d'Hudson, ou le grand commerce de pelleteries, et l'Acadie, qui, avec ses ports abordables en toute saison, est l'avant-poste du Canada, où nous allions être bloqués. Il faisait démolir et combler le port de Dunkerque; il reconnaissait l'électeur protestant de

Hanovre, George I*er*, comme héritier présomptif de la reine Anne; il s'engageait à renvoyer de France le prétendant Jacques III, à ouvrir les prisons à ceux de ses sujets qui y étaient retenus pour cause de religion, et à ne se faire donner par l'Espagne aucun privilége commercial exclusif, tandis qu'il accordait lui-même à l'Angleterre pour son négoce des avantages considérables.

Philippe V gardait l'Espagne et ses immenses colonies; mais il renonçait, pour lui et ses enfants, à la couronne de France; il cédait aux Anglais Gibraltar, forteresse imprenable, et Minorque, qui a un des meilleurs port de la Méditerranée (Port-Mahon); au duc de Savoie, la Sicile; à l'Empereur, les Pays-Bas, le Milanais, le royaume de Naples et la Sardaigne, ce qui assurait à l'Autriche une position maritime sur l'Océan et la Méditerranée.

Le duc de Bavière, allié malheureux de Louis XIV, était rétabli dans ses États. L'électeur de Brandebourg qui avait fait ériger, en 1700, son duché de Prusse en royaume, fut reconnu en qualité de roi par les puissances et acquit en outre la Gueldre. Ce même titre fut donné, avec la Sicile, au duc de Savoie, qui le convoitait depuis un siècle. Enfin les Hollandais obtenaient le droit de mettre garnison dans les plus importantes places des Pays-Bas autrichiens, pour s'en servir comme d'une *barrière* contre la France, et, jusqu'en 1787, ils se firent donner annuellement 1 250 000 florins par les Flamands pour être les maîtres chez eux.

Ces conditions étaient honorables, si l'on se rappelle les propositions humiliantes des *triumvirs* à la Haye, et surtout leurs espérances. La France, on peut le dire, s'était sauvée elle-même par sa persévérance, sa forte unité, l'énergie de son roi; et c'était elle qui avait remporté la dernière victoire : elle sortait de cette terrible épreuve, affaiblie, mais non humiliée, et avec les honneurs de la guerre.

Deux puissances avaient surtout gagné à cette lutte:

l'Autriche, de magnifiques domaines en Italie et aux Pays-Bas; l'Angleterre, l'empire des mers, qu'elle avait saisi. En outre, l'une avait recouvré la Hongrie qui lui était plus nécessaire que l'Italie, l'autre restait à Port-Mahon, d'où elle pouvait tenir Toulon en échec, et à Gibraltar, d'où elle menaçait l'Espagne et gardait l'entrée de la Méditerranée. Mais les Espagnols, en quittant les Pays-Bas, cessaient aussi d'avoir contre nous une cause permanente de guerre, et, après avoir été durant deux siècles nos ennemis, pouvaient maintenant devenir à jamais nos alliés.

18. Fin du règne de Louis XIV; son testament; sa mort (1715). — Les dernières années du règne de Louis XIV furent aussi tristes que les premières avaient été brillantes. Aux malheurs nationaux vinrent se joindre de cruelles afflictions domestiques : il perdit son fils unique, le grand dauphin (14 avril 1711), la seconde dauphine (le 12 février 1712) et son mari le duc de Bourgogne (le 18); leur fils aîné, le duc de Bretagne (8 mars), le duc de Berry, fils du grand dauphin, en 1714. De sa nombreuse famille il ne restait à Louis que son petit-fils, Philippe V, roi d'Espagne, et son arrière-petit-fils, le duc d'Anjou, alors âgé de cinq ans, qui fut Louis XV.

Tant de pertes arrivées coup sur coup décidèrent le roi à prendre une mesure qui était un nouvel attentat à la moralité publique : ses fils légitimés, le duc du Maine et le comte de Toulouse, nés de la marquise de Montespan, furent déclarés héritiers de la couronne à défaut de princes du sang. Il les appela par son testament à faire partie du conseil de régence, dont le duc d'Orléans, son neveu, n'eut que la présidence; le duc du Maine obtint en outre la tutelle, avec la surintendance de l'éducation du jeune roi, dont le maréchal de Villeroi fut nommé gouverneur. Louis XIV mourut le 1er septembre 1715, à l'âge de 77 ans, après en avoir régné 72.

Il laissait la France dans un épuisement prodigieux. L'État ruiné semblait n'avoir d'autres ressources que la banqueroute. Avant la guerre de la succession, Vauban écrivait déjà : « Près de la dixième partie du peuple est réduite à mendier; des neuf autres parties, cinq ne peuvent faire l'aumône à celle-là, dont elles ne diffèrent guère; trois sont fort malaisées; la dixième ne compte pas plus de 100 000 familles, dont il n'y a pas 10 000 fort à leur aise. » Que fût-ce donc en 1715, après cette terrible guerre où l'on s'était vu contraint d'emprunter à 400 pour 100, de créer de nouveaux impôts, de consommer à l'avance les revenus de deux années, et d'élever la dette publique à la somme de 2 milliards 400 millions, qui feraient aujourd'hui près de 8 milliards?

L'acquisition de deux provinces (Flandre, Franche-Comté) et de quelques villes (Strasbourg, Landau, Dunkerque), n'était pas une compensation à de si affreuses misères, et, en se souvenant de l'état de l'Europe en 1661, on pensera que Louis XIV n'a pas tiré de la situation tout ce qu'elle offrait d'avantageux pour la France. Mais les fils oublient bien vite les souffrances de leurs pères; les générations suivantes n'ont voulu se rappeler que tant de victoires, l'Europe bravée, la France pendant vingt années prépondérante, enfin l'éclat incomparable de cette cour de Versailles et de ces merveilles des lettres et des arts qui ont fait donner au dix-septième siècle le nom de siècle de Louis XIV. C'est à l'histoire de montrer le prix dont la France a payé l'œuvre impossible de son roi : au dehors dominer l'Europe, ce qui amena les haines, les coalitions, enfin les désastres des dernières années; au dedans asservir les volontés et les consciences, ce qui provoqua la terrible réaction de l'âge suivant.

CHAPITRE XII.

GOUVERNEMENT DE LOUIS XIV; MÉMOIRES DRESSÉS PAR LES INTENDANTS; DÉTRESSE FINANCIÈRE[1].

1. Établissement de la monarchie absolue. — 2. Suppression des états généraux, des états provinciaux et des mairies électives. — 3. Soumission du parlement. — 4. Soumission de la noblesse. — 5. Le tiers état. — 6. Le clergé. — 7. Création de la police; nombreuse armée permanente. — 8. La cour. — 9. Symptômes d'un esprit nouveau. —10. Caractère général de l'administration. — 11. Mémoires dressés par les intendants. — 12. Détresse financière. — 13. Tableau résumé des institutions et fondations.

1. Établissement de la monarchie absolue. — Si l'administration du royaume fut l'œuvre des ministres de Louis XIV autant que la sienne propre, une chose lui appartient tout entière : c'est la direction générale qu'il donna au gouvernement et à la société; c'est la manière énergique et habile dont il sut dominer tous les pouvoirs, les annuler ou les faire servir à sa grandeur; c'est enfin cet art de régner, qu'aucun prince, au jugement de Saint-Simon, ne posséda à un plus haut point. On a déjà vu (page 136) ses idées sur les droits des souverains; il les avait résumées dans cette parole qu'il prononça, dit-on, jeune encore, au sortir de la Fronde : « *L'État, c'est moi.* »

Il le croyait; tout le monde le crut avec lui, et l'Église l'enseigna : Bossuet fonda le droit divin de la monarchie sur les maximes tirées de l'Écriture sainte :

---

[1]. Ouvrages à consulter : Saint-Simon, *Mémoires*; Lemontey, *Essai sur l'établissement monarchique de Louis XIV*; Chéruel, *De l'administration de Louis XIV*; Depping, *Correspondance administrative entre le cabinet du roi et les secrétaires d'État*, etc., 4 vol. in-4; Moret, *Quinze ans du règne de Louis XIV*.

« O rois, vous êtes des dieux ! » s'écrie le grand évêque, dans le même temps où Lebrun remplissait Versailles de l'apothéose de Louis. Tant qu'il vécut, il n'y eut, dans toute la France, qu'une volonté sans contrôle et sans limites, la sienne. « Dans l'Etat où vous devez régner après moi, disait-il à son fils, vous ne trouverez point d'autorité qui ne se fasse honneur de tenir de vous son origine et son caractère. »

2. Suppression des états généraux, des états provinciaux et des mairies électives. — Les états généraux eussent rappelé d'autres droits : il ne les convoqua jamais; il punit ceux qui en parlèrent; et quand, au traité d'Utrecht, les alliés, se défiant encore de son ambition, voulurent exiger que les conditions de la paix fussent ratifiées par une assemblée nationale, il s'y refusa avec hauteur et déclara qu'il regardait cette demande comme une insulte à la majesté du trône. La plupart des provinces avaient des états particuliers, il les supprima. Ceux qui furent conservés, comme en Languedoc, Bourgogne, Provence, Bretagne, etc., ne se réunirent plus que pour exécuter les ordres qu'ils recevaient des ministres. Ce qui restait de libertés municipales disparut, comme les libertés provinciales : le roi, battant monnaie avec de vieux droits chers aux villes, érigea les mairies en offices héréditaires et les vendit au plus offrant. Un édit de 1683 plaça les villes pour leur gestion financière sous la tutelle des intendants.

Un mot résume toute cette politique; il est malheureusement de Colbert : « Il n'est pas bon, écrivait-il à un gouverneur qu'il chargeait de faire tomber en désuétude une magistrature élective, il n'est pas bon que quelqu'un parle au nom de tous. »

La vie municipale fut donc comme suspendue dans le pays, ainsi que l'était depuis longtemps la vie politique : situation fâcheuse, car l'éducation pratique des affaires manquera à la France; et le jour où elle sera forcée de reprendre le gouvernement d'elle-même des mains défaillantes de la royauté absolue, elle trouvera bien, pour la guider, de hardis et puissants logiciens, mais non de ces hommes expérimentés qui savent rattacher l'avenir au passé par de justes tempéraments. La liberté politique, pour être stable, a besoin de s'élever sur la forte base des libertés municipales. C'est ainsi qu'elle a grandi en Angleterre et qu'elle s'y maintient.

3. Soumission du parlement. — Au seizième siècle on appelait les parlements « les fortes et puissantes colonnes sur lesquelles était appuyée la monarchie ». Mais la nouvelle royauté ne voulait d'autre appui que son droit absolu. Louis tint les parlements asservis à toutes ses volontés; il les soumit à son conseil d'Etat, même le parlement de Paris, qui avait donné la régence à son aïeule et à sa mère, et qui avait fait la Fronde. Par un édit de 1667, il lui prescrivit d'enregistrer les ordonnances *dans la huitaine*, et il ne souffrit aucune remontrance. L'année suivante, il fit arracher des registres de la compagnie toutes les délibérations qu'elle avait prises durant la guerre civile, pour effacer jusqu'au souvenir de ses anciennes prétentions. Enfin il changea son titre de cour souveraine en celui de cour supérieure, comme si le premier eût été une usurpation sur la souveraineté royale (1665).

Les magistrats, réduits à rendre des arrêts, étaient encore parfois obligés de rendre des services. D'Ormesson tomba en disgrâce pour avoir résisté aux désirs de la cour dans le procès de Fouquet, et un juge ayant refusé de condamner à mort un ancien frondeur, Fargues, qui avait eu des lettres spéciales d'abolition, fut remplacé par un autre plus complaisant qui envoya Fargues à la potence.

4. Soumission de la noblesse. — Il semblait plus difficile de réduire les nobles. Le cardinal de Richelieu avait démoli leurs forteresses et fait tomber la tête des plus remuants. Mazarin les avait achetés ou vaincus par la ruse. Louis XIV s'en rendit maître en les attirant auprès de lui par des fêtes, en les arrachant à leurs domaines, où ils se souvenaient trop de leurs aïeux et se sentaient libres encore, pour remplir ses antichambres et sa domesticité des descendants de ceux qui avaient fait trembler ses pères, et former à la royauté cet éblouissant cortége dont le représentant de Dieu sur la terre voulait être toujours environné. Les gouverneurs de provinces, dépouillés de toute autorité au profit des *intendants*, « ne pouvaient plus faire les rois. » Ils n'avaient plus le maniement des deniers, pas même le commandement des troupes, et ils n'étaient nommés que pour trois ans, sauf à obtenir, par leur assiduité à Versailles, une prolongation de ce vain honneur.

Ceux des nobles qui s'obstinèrent à rester dans leurs manoirs y reçurent plus d'une fois la redoutable visite des gens du roi. Fléchier nous a conservé le souvenir des *Grands jours de Clermont*, tenus en 1665, et des exécutions faites alors sur cette noblesse des provinces qui croyait la cour trop loin pour que le bruit des plaintes du peuple y retentît. Le roi encourageait lui-même la sévérité des magistrats. « Il faut achever de bannir l'oppression et la violence des provinces de votre ressort, écrivait-il au président de ces *Grands jours*. Vous avez trop bien commencé pour n'en pas venir à bout; » et il fit frapper une médaille avec cette devise expressive : *Salus provinciarum, repressa potentiorum audacia*. Mais, pour les nobles qui vivaient à sa cour, même pour ceux qui ne lui inspiraient qu'une médiocre estime, il les honora constamment par des marques extérieures de considération, afin que lui-même, le premier d'entre eux, en parût plus grand aux yeux de la foule.

S'ils avaient des titres, des honneurs, ils n'eurent dans l'État aucune influence politique. Louis XIV n'oublia pas que le vainqueur de Rocroy avait peut-être songé à fonder une nouvelle race royale, et il employa le moins qu'il put les princes du sang, même son frère, de peur qu'ils ne trouvassent l'occasion de se distinguer. Il se complut à nourrir en eux des goûts frivoles qui, pour plusieurs, devinrent rapidement des goûts honteux. Son frère eût pu être un prince tout comme un autre; son neveu avait peut-être l'étoffe d'un homme supérieur, et le prince de Conti était certainement très-brave et très-capable. Ils furent réduits à laisser s'éteindre dans l'oisiveté et la débauche des talents dont le pays eût profité. « Il me semble, disait-il, qu'on m'ôte de ma gloire, lorsque, sans moi, on en peut avoir. »

Dans ses conseils il n'admit, depuis la mort de Mazarin, qu'un seul homme de vieille noblesse, le duc de Beauvilliers, gouverneur des enfants de France; et il choisit tous ses ministres parmi les personnages de condition médiocre, afin de pouvoir, suivant l'énergique expression de Saint-Simon, les « replonger dans la profondeur du néant d'où cette place les avait tirés ». Il ne réserva aux seigneurs que le champ plus restreint de la carrière militaire; encore eut-il soin de les discipliner par la rude main de Louvois et l'*ordre* inflexible *du tableau*, et de leur ôter ou d'annuler les grandes charges que Richelieu avait laissées debout : celle de colonel général de l'infanterie fut supprimée en 1662; le colonel général de la cavalerie était neveu de Turenne, il garda son titre, mais « on le nourrit de couleuvres ». Il en fut ainsi de l'amiral de France et du capitaine général des galères. Les officiers de mer cessèrent d'être à leur nomination ; même pour les questions d'honneur et de dignité que naguère les nobles vidaient si vite l'épée à la main, il soumit jusqu'aux ducs et pairs au conseil de ses maréchaux. La noblesse de France n'avait pas su, comme celle d'Angleterre, devenir une classe politique; elle n'était qu'une caste militaire.

5. Le tiers état. — Louis XIV aimait mieux, suivant en cela les vieilles traditions de la monarchie, se servir de la classe moyenne, plus instruite et d'ailleurs plus dévouée, parce qu'elle ne sentait pas encore les inconvénients du pouvoir absolu et qu'elle sentait depuis des siècles ceux du régime féodal. Louis lui livra toutes les fonctions financières, politiques et judiciaires; il l'établit pacifiquement dans l'administration du royaume il la poussa avec énergie vers l'industrie et le commerce; et, par les égards qu'il eut pour ces petites gens qui s'appelaient Boileau, Racine, Molière, il prépara lui-même la révolution qui substitua les droits de l'esprit à ceux de la naissance. Cependant il ne faudrait pas voir en Louis XIV une espèce de roi bourgeois, un *roi des maltôtiers*, comme dit si dédaigneusement Saint-Simon (chap. IV). Sa politique, la haute idée qu'il avait de sa personne, ce cérémonial rigoureux qui faisait de lui une sorte de divinité redoutable et inaccessible, ces carrousels, ces fêtes si brillantes, tout cela ne rappelle guère à notre esprit l'image plus modeste des monarchies constitutionnelles. Il y a plus, ces hommes de rien, dont Louis faisait ses conseillers, ses ambassadeurs ou ses secrétaires d'État, quittaient leur roture avant d'entrer à la cour. Ils devenaient M. le marquis de Louvois, M. le comte de Pontchartrain, M. le marquis de Torcy. En travaillant avec des bourgeois, le petit-fils de Henri IV voulait toujours rester le roi des gentilshommes.

6. Le clergé. — Louis XIV se conduisit avec le clergé comme avec la noblesse : en l'honorant, il veilla à ne lui laisser aucun pouvoir dont la royauté prît ombrage, et il tint les grands seigneurs, à peu d'exception près, écartés de l'Église, comme ils l'étaient de l'administration. Aussi put-il compter sur l'épiscopat, même dans ses luttes contre le saint-siége, par exemple dans l'affaire de la régale, et pour la déclaration de 1682. On a vu, au chapitre IX, que ces débats du roi avec la cour de Rome ne profitaient pas aux dissidents. Au moment le plus vif de la querelle, il révoqua l'édit de Nantes (22 oct. 1685), et jusqu'au dernier jour de son règne, il persécuta les jansénistes. Quand le P. Quesnel eut publié son livre, dont cent une propositions furent condamnées à Rome par la bulle *Unigenitus*, il imposa encore cette bulle à tout le clergé de France (1714). Les opposants furent, selon son habitude, punis de la disgrâce, de la prison ou de l'exil. Le quiétisme eut le même sort. C'était une vieille doctrine rajeunie et répandue par une femme, Mme Guyon : « Il faut, disait-elle, aimer Dieu pour lui-même, d'un amour pur et désintéressé qui ne soit inspiré ni par l'espérance des béatitudes célestes ni par la crainte des châtiments. » Fénelon, ancien précepteur du duc de Bourgogne, archevêque de Cambrai, sembla défendre cette opinion dans un livre intitulé les *Maximes des Saints*. Bossuet dénonça l'ouvrage en 1699. Le pape, après une longue hésitation, le condamna. Fénelon se soumit avec une abnégation toute chrétienne. Il allait monter en chaire, quand il reçut le bref qui proscrivait ses doctrines ; il laissa le sermon qu'il avait préparé, et prêcha sur l'obéissance qu'on doit à l'Église en termes si touchants et si forts, que sa défaite fut plus admirée que la victoire de Bossuet.

7. Création de la police; nombreuse armée permanente. — Deux institutions aidèrent le roi à accomplir ce travail d'omnipotence monarchique, la police et l'armée. La première fut sa création. En 1667, le roi établit un magistrat chargé de veiller à la police de Paris, Nicolas de la Reynie, qui eut pour successeur, en 1697, le marquis d'Argenson : ce furent les deux premiers *lieutenants de police*. Ils mirent dans la ville plus d'ordre, de propreté et de sécurité. Alors commença le système de l'éclairage public ; nous le trouverions bien grossier : du 1ᵉʳ novembre au 1ᵉʳ mars, on plaçait à l'entrée et au milieu de chaque rue une lanterne dans laquelle brûlait une chandelle ; il y eut 5000 de ces fanaux dans Paris (les réverbères ne datent que de 1745). Le guet fut augmenté ou plutôt institué. Le corps des pompiers remplaça les capucins dans le service des incendies (1699). Les rues étroites, souvent défoncées et toujours couvertes d'immondices, furent nettoyées, élargies, pavées; les *carrosses* et les *fiacres* pour le public furent établis; Pascal imagina même les *omnibus*, qui alors ne réussirent pas; l'habitude d'aller à cheval dans Paris ne fut plus conservée que par quelques représentants entêtés de l'autre siècle.

Cette police servit à autre chose. Elle surveilla les écrits; elle arrêta à la poste et lut, dans ce qu'on appela plus tard le *cabinet noir*, les correspondances suspectes; et, pour débarrasser le gouvernement des formes trop lentes de la justice, elle multiplia les *lettres de cachet*, qui ôtèrent toute garantie à la liberté individuelle des citoyens.

L'armée servit aussi à un double but : elle fit face aux ennemis du dehors, et au dedans elle brisa toutes les résistances que rencontrait la volonté du souverain. On a vu que, pendant la guerre de la succession d'Espagne, elle dépassa le chiffre de quatre cent cinquante mille hommes. Elle fut, dit Lemontey, « un instrument souple, prompt et docile, qu'il appliqua sans trop de réserve à toutes les branches de l'administration. Ainsi les troupes allèrent dans les provinces protéger l'extension progressive de l'autorité des *intendants*; dans les temps ou dans les lieux difficiles, elles hâtèrent par la terreur la levée des impôts; enfin on leur confia jusqu'à l'emploi assez extraordinaire de ramener la conscience des dissidents à l'unité de la foi. »

8. La cour. — Ainsi tous les ordres de l'État, toutes les autorités qui existaient en France, toutes les conditions, parlements, noblesse, bourgeoisie, clergé et dissidents, étaient réduits et dominés. Sous cette pression du pouvoir, les caractères s'abaissaient. Vauban, Catinat, Fénelon, résistaient à la contagion. Saint-Simon, qui s'en faisait dans le secret le juge inexorable, en restait dans le public le témoin muet et soumis. Condé lui-même, malgré son rang, ses services et sa fougue, s'était fait courtisan. Turenne seul « s'estoit maintenu en estat de faire entendre au roi bien des vérités, que les autres n'osoient dire, estant rampans misérablement. »

L'asservissement général ne se montrait nulle part autant qu'à la cour, où Louis imposait à la haute noblesse une captivité dorée. Versailles avait été construit dans ce dessein, et la France entière y tenait, sous l'œil et sous la main du roi. Qui n'y vivait point n'était pas compté, ou l'était parmi les mécontents. Trois conditions furent mises à la faveur du prince : demander et obtenir un logement à Versailles, suivre partout la cour, même malade, même mourant, et tout approuver. Pendant quarante années le duc de la Rochefoucauld ne découcha pas vingt fois du palais ; aussi, jusqu'à sa dernière heure, eut-il l'oreille du maître. Le marquis de Dangeau resta cinquante ans auprès du roi, toujours dans la même faveur ; quel est le secret de cette longue et persistante fortune? Mme de Maintenon le dit : « M. Dangeau, qui ne veut rien blâmer » et par conséquent qui applaudit à tout. Voilà la route des grâces et des honneurs. Henri IV renvoyait ses nobles à leurs maisons des champs, son petit-fils les retenait dans ses antichambres. Plus donc de grande existence seigneuriale, plus de vie de famille, plus de rapports, plus de communion avec le pays ; mais une existence factice où certaines qualités de l'esprit se développent, où se perd la vraie dignité et toutes les vertus qui y tiennent.

A ces fêtes splendides de Versailles, je vois bien briller, au milieu de toutes les merveilles des arts, une société incomparable pour son esprit, son élégance, ses grandes manières, mais j'y vois aussi les trop nombreuses erreurs du prince à peine couvertes d'un voile transparent. Les premiers personnages de l'État, de graves magistrats, des prélats illustres, n'osaient même pas protester par leur silence ou leur retraite contre le scandale de liaisons doublement adultères. La duchesse de la Vallière se fit pardonner une fortune qui l'effrayait par son humilité, par sa douceur, enfin par son éclatant repentir. L'altière Montespan régna plus longtemps sur le roi et sur la cour, malgré les rivales que ses emportements ne suffisaient pas à écarter. Mais elle-même, à son tour, fut supplantée par la marquise de Maintenon, qu'elle avait chargée de l'éducation de ses enfants, et la veuve de Scarron devint l'épouse de Louis le Grand (1685).

Le trouble ne fut pas seulement dans la maison

Françoise-Louise de la Beaunie le Blanc,
duchesse de la Vallière. (Mignard.)

royale; il menaça d'être aussi dans l'Etat, car Louis, violant toutes les lois civiles et religieuses, plaça à côté des princes du sang les princes *légitimés*. Il força sa cour à respecter les uns à l'égal des autres, et la moralité publique reçut un coup dont elle a été bien lente à se relever. Les leçons de scandale qui tombèrent du trône ne furent pas en effet perdues ; et la corruption qui fermente, malgré l'apparente austérité des dernières années, éclatera, sans retenue comme sans pudeur, sous le nouveau règne. « La cour, dit Saint-Simon, suait

Françoise-Athénaïs de Rochechouart,
marquise de Montespan. (Picart.)

l'hypocrisie. » C'est à Versailles que s'est perdue la noblesse de France. L'ennui officiel y conduisait aux débauches secrètes ; la dévotion de commande, à l'impiété ; l'habitude de tout recevoir du monarque, à la croyance que tout était dû non aux services, mais à la servilité.

9. Symptômes d'un esprit nouveau. — Cependant quelques grands esprits voyaient poindre les nuages à l'horizon et hasardaient de respectueux conseils. Au temps où la guerre de la ligue d'Augsbourg finissait, quand la misère était déjà grande, un magistrat de pro-

Françoise d'Aubigné, marquise de Maintenon.

vince, Bois-Guillebert, lieutenant général au bailliage de Rouen, vint trouver le contrôleur Pontchartrain et lui déclara qu'il avait dans les mains le salut de la France. « Écoutez-moi avec patience, lui dit-il; vous me prendrez d'abord pour un fou, ensuite vous verrez que je mérite attention. » Le contrôleur lui répondit brusquement « qu'il s'en tenait au premier », et il lui tourna le dos. Bois-Guillebert éconduit en appela à l'opinion publique et publia en 1697 un livre intitulé : *Détail de la France*. Il donna ensuite un *Traité des grains* ; une *Dissertation sur les richesses, l'argent et les tributs* ; un *Factum de la France*. Dans tous ces livres, on trouve des erreurs, des contradictions, et aussi d'importantes vérités, celles-ci par exemple : les métaux précieux ne sont pas la richesse, ils n'en sont que le signe ; la richesse d'un pays est dans l'abondance de ses productions, fruits de la terre, ou *biens d'industrie*, et les deux stimulants les plus énergiques de la production sont la concurrence et la liberté. L'impôt ne lui semble pas trop fort ; mais il le juge mal réparti. « Le mal vient des entraves à la consommation, entraves qui sont la taille inégale et arbitraire. « Il faut donc : 1° rendre la taille équitable en supprimant faveurs et immunités, et en dressant, après recensement de la population du royaume, un rôle exact des contribuables ; 2° supprimer les aides, les douanes provinciales, les octrois à l'entrée des villes ; 3° compenser ces suppressions par l'augmentation de la taille, réformée dans un sens équitable : 4° encourager l'agriculture par des primes à l'exportation des grains et des taxes frappées sur l'importation des blés étrangers.

Vauban, qui souffrait de toutes les douleurs du pays, fit des plans aussi pour les soulager : il demanda le rétablissement de l'édit de Nantes et le retour à la tolérance religieuse ; il proposa de remplacer tous les impôts par un impôt unique, que tous, nobles et prêtres, payeraient comme les roturiers. Quand il présenta en 1707 ce livre au roi, Louis, oubliant les immenses services du maréchal, fit condamner l'ouvrage au pilori. Les vœux patriotiques d'un grand citoyen étaient reçus comme les idées perverses d'un rêveur sacrilége. Six semaines après Vauban mourut.

Comme Bois-Guillebert, Vauban jugeait que la réforme urgente était celle de l'impôt. Tous les priviléges ou immunités de la noblesse et du clergé, disait-il, doivent disparaître, ainsi que l'impôt des boissons et les droits qui entravent la circulation intérieure. L'impôt proportionnel au revenu ou *dîme royale*, comme Vauban le nomme, dispensera de ces taxes vexatoires qui écrasent le peuple et arrêtent tout à la fois la production et la consommation; il préviendra le danger du recours aux emprunts qui grèvent l'avenir. Dans sa pensée, la dîme royale devait être l'unique impôt direct; il attribuait encore à l'État certains impôts indirects comme les droits sur le contrôle, le papier timbré, les postes, les consommations de luxe, en particulier l'eau-de-vie, les douanes extérieures, le sel, dont il voulait réduire le prix de moitié ou des deux tiers. Louis condamnait ces libérales idées; et pourtant la seule mesure efficace, prise dans les dernières années de son règne, l'impôt du dixième sur le revenu, qui permit de continuer la lutte contre la coalition après 1709, n'est autre que l'application partielle du principe établi par Vauban.

Colbert, déjà, était mort désespéré; Racine avait encouru la disgrâce du roi pour un acte de patriotisme, et c'étaient moins ses opinions religieuses que ses idées politiques qui avaient valu à Fénelon cet exil d'où il ne revint pas[1]. Mais l'opposition, étouffée au dedans, par-

[1]. Quelque temps après la paix de Ryswick, Racine causant avec Mme de Maintenon de la misère du peuple, parla avec tant d'éloquence qu'il fut prié de consigner ses observations dans un mémoire. Le poète obéit. A quelque temps de là, le roi trouve le mémoire entre les mains de Mme de Maintenon, le parcourt et s'écrie : « Parce qu'il sait faire des vers, croit-il donc tout savoir? Et parce qu'il est grand poète, veut-il être ministre? » Ces paroles équivalaient à un arrêt de disgrâce. Racine reçut l'ordre de ne plus se présenter à la cour. Le chagrin qu'il en conçut détermina une maladie de foie qui l'emporta au bout d'un an (21 avril 1699). — Le précepteur du duc de Bourgogne, Fénelon, exilé pour son livre des *Maximes des Saints* que Bossuet dénonça comme entaché de *quiétisme*, s'était retiré dans son archevêché de Cambrai, et charmait les loisirs que lui avait valus sa disgrâce, en racontant de sa plume élégante et facile les aventures de Télémaque. La malignité publique y vit une foule d'allusions. Sous les traits de Télémaque, l'archevêque, disait-on, avait peint le duc de Bourgogne; l'éloge de Tyr était celui de la riche et florissante république de Hollande; le masque de Protésilas cachait mal Louvois, le ministre dur et impitoyable; et le roi se reconnaissait aisément dans Idoménée, le monarque orgueilleux qui ruine ses peuples par des guerres continuelles! Louis XIV ne pardonna pas à Fénelon, il le raya de la liste des officiers de sa maison; la police surveilla ses démarches, intercepta ses lettres, fouilla ses gens, quand ils

lait au dehors avec une hardiesse singulière. Dès l'année 1690, il s'imprimait en Hollande quinze mémoires sous ce titre : *Les soupirs de la France esclave*, où l'on réclamait, comme de vieilles libertés du pays, le privilége des trois ordres et la convocation des états généraux. C'étaient des signes précurseurs de l'esprit nouveau qui allait, au dix-huitième siècle, agiter la société française, après la double épreuve des courts bienfaits et des longs dangers de cette royauté absolue dont Louis XIV venait d'être la plus éclatante personnification.

10. Caractère général de l'administration. — Le caractère général du gouvernement de Louis XIV avait donc été de ramener dans la main du prince toutes les forces du pays, afin d'en disposer dans l'intérêt du pays sans doute, mais aussi et surtout dans l'intérêt du roi. De là cette centralisation excessive qui enveloppa le commerce, l'industrie, la vie politique, même la vie morale de la France, des mille liens d'une réglementation minutieuse, de manière que l'initiative des ministres fut partout substituée à l'action des individus et des communautés. Il résulta de ce système que la France vécut moins de sa vie propre que de celle de son gouvernement. Quand l'âge et la maladie glaceront cette main toujours présente du pouvoir, tout déclinera. Un grand peuple sera soumis aux vicissitudes de l'existence d'un homme, aux hasards des naissances royales, ou aux choix malheureux de ministres insuffisants. Du

---

venaient à Paris. Le duc de Bourgogne, qui aimait tendrement son précepteur, dut rester quatre ans sans lui écrire. Quand il osa rompre enfin le silence qu'on lui imposait, il eut bien soin de prévenir l'archevêque de ne pas lui répondre, « à moins que ce ne fût par quelque voie très-sûre. » Louis ne voulait entendre aucune voix importune, et cependant le mal était si grand, que, dans son entourage même, des hommes de cœur osaient aborder ces questions redoutables. Les ducs de Beauvilliers et de Chevreuse, tous deux amis de Fénelon, jouissaient d'un grand crédit auprès du duc de Bourgogne. Ils en profitaient pour faire lire au jeune prince des mémoires qu'ils composaient eux-mêmes sur le commerce, les finances, l'industrie. Ainsi, la nécessité d'une réforme s'imposait aux esprits les plus élevés, économistes, écrivains, poëtes, courtisans même, comprenaient qu'on courait à l'abîme ; cet abîme, Louis XIV le voyait, mais il en aurait trop coûté à son orgueil de changer son système de gouvernement, même quand tout changeait autour de lui.

moins, dans les années heureuses, cette administration qui se faisait le tuteur universel, rendit aux peuples en bien-être et en sécurité ce qu'elle ôtait en libertés générales et particulières. Le roi donna lui-même l'exemple du travail, et, s'il combla ses ministres d'honneurs, de richesses et de pouvoir, ce fut à la condition qu'ils consacreraient aux affaires publiques tous les instants de leur vie. De cet effort longtemps soutenu résulta l'administration la plus active, la plus vigilante que la France eût encore possédée. Son histoire se résume presque tout entière dans celle de Colbert et Louvois, qui eurent des successeurs, mais point d'héritiers de leurs talents, si ce n'est le fils de Colbert et ses neveux, Torcy et Desmarets, en qui l'on retrouva quelques-unes des qualités du grand ministre. Il faut dire aussi qu'ils eurent les circonstances contraires, car, dans la guerre de la ligue d'Augsbourg, surtout dans celle de la succession d'Espagne, qui remplirent la dernière partie du règne, l'unique question fut de se sauver et de vivre, bien loin qu'on pût songer à des créations nouvelles.

11. Mémoires dressés par les intendants. — Il nous reste un témoignage irrécusable des misères de ce temps; ce sont les *Mémoires* que le roi demanda aux intendants sur la situation de leurs provinces, afin que le duc de Bourgogne, son petit-fils, pût en les étudiant se mettre au courant de l'administration[1]. On y voit que la population de la France vers 1700 dépassait 19 millions d'âmes; que les provinces les plus peuplées étaient: la Bretagne, 1 655 000; la Normandie, 1 540 000; le Languedoc, 1 440 000; la haute et la basse Guyenne, 2 266 000. L'Alsace horriblement dévastée par le passage continuel des armées ne comptait que 245 000 âmes. Il doit y avoir une très-grande exagération dans le chiffre de 720 000 habitants donnés à Paris. Nos statistiques modernes offrent encore des incertitudes; que devait-ce

---

1. Ces Mémoires forment, à la Bibliothèque nationale, 42 volumes manuscrits, que Boulainvilliers a analysés dans son *État de la France*.

être en ce temps-là. Ce qui est plus sûr, c'est que la population avait diminué d'une manière effrayante depuis une vingtaine d'années. A chaque page des Mémoires reviennent ces mots désolants : « La guerre, la mortalité, les logements et passages continuels des gens de guerre, la milice, les gros droits, la retraite des huguenots, ont ruiné ce pays... » Quelle que soit la province, chaque mémoire contient l'aveu de la détresse des habitants. Les ponts, les chaussées, les chemins, sont dans un état déplorable; le commerce est ruiné par l'élévation exorbitante des droits sur la production et sur les échanges. Les provinces frontières sont de plus écrasées par les réquisitions, le maraudage des soldats, qui ne reçoivent plus ni solde ni vivres et se payent de leurs propres mains aux dépens des paysans ou des bourgeois. Sur 700 000 habitants que compte la généralité de Rouen, 650 000 n'ont pas d'autre lit qu'une botte de paille. Accablé de misère, le paysan, dans certaines provinces, revient à l'état de sauvagerie primitive : vivant le plus souvent d'herbes et de racines, comme les bêtes; et, farouche comme elles, il fuit quand on l'approche. « Il n'y a point de nation plus sauvage que ces peuples, dit de ses administrés l'intendant de Bourges; on en trouve quelquefois des troupes à la campagne, assis en rond au milieu d'un champ et toujours loin des chemins; si l'on s'en approche, cette bande se dissipe aussitôt. » La Bruyère n'exagérait donc pas quand il écrivait : « On voit certains animaux farouches, des mâles et des femelles, répandus dans la campagne, noirs, livides, et tout brûlés du soleil, attachés à la terre qu'ils fouillent et qu'ils remuent avec une opiniâtreté inconcevable. Ils ont une voix articulée, et quand ils se lèvent sur leurs pieds, ils montrent une face humaine; et en effet, ils sont des hommes. Ils se retirent la nuit dans des tanières où ils vivent de pain noir, d'eau et de racines..... »

Le Languedoc qui, ayant conservé ses états provinciaux, était mieux administré, paraît avoir été moins misérable que le reste du royaume. Les manufactures de drap fin établies par Colbert dans cette province soutiennent encore la concurrence des Hollandais. Dans les diocèses de Nîmes, de Montpellier, d'Alais, la propagande catholique contre les protestants avait fait établir des institutions charitables, et le fléau de la mendicité y était atténué dans une certaine mesure. Mais à Rouen, à Caen, à Tours, les florissantes industries du temps de Colbert n'existent plus : elles ont passé à l'étranger avec les protestants. Depuis 1685 le Dauphiné a perdu un huitième et la généralité de la Rochelle un tiers de sa population. Le poids des impôts n'en est que plus accablant pour ceux qui restent.

Au temps où les intendants rédigeaient leurs mémoires, le royaume avait encore une prospérité relative. Que fut-ce durant la malheureuse guerre de la succession d'Espagne et lorsque le cruel hiver de 1709 eut sévi sur la France? Le froid fut tel, de janvier à avril, que tous les fleuves, même la Garonne et le Rhône, gelèrent et que sur les bords de l'Océan il se forma une banquise qui s'avança d'une lieue en mer. La récolte périt en germe, ainsi que tous les arbres fruitiers, et une épouvantable famine succéda aux maux causés par l'extrême rigueur de l'hiver. A Versailles, des troupes de mendiants se présentaient aux grilles du parc qu'on tenait fermées et ils cherchaient à les ébranler en criant : « Du pain ! » Les valets du roi, sans gages depuis deux ans, demandaient l'aumône et Louis XIV laissait Mme de Maintenon manger du pain d'avoine, légère pénitence qui n'empêchait pas les affamés de chercher à se nourrir avec du pain de fougère. Aujourd'hui nous traversons ces maux presque sans en souffrir, grâce à la liberté des transactions ; alors les entraves qui gênaient le travail et les échanges les aggravaient, et beaucoup de paysans, abandonnant leur charrue qui ne les faisait plus vivre, vendaient à vil prix leur champ et allaient grossir, dans les villes, la foule à la fois misérable et dangereuse des mendiants.

Les intendants étaient nécessairement bien renseignés sur mille points, puisqu'ils voyaient les choses de près, et ils n'avaient pas intérêt à assombrir le tableau que le roi leur avait demandé. Aussi ce douloureux inventaire des misères du royaume est, à l'insu de ceux qui l'ont dressé, une acte d'accusation contre Louis XIV. En ordonnant la rédaction des Mémoires, il avait préparé les éléments du jugement sévère que l'histoire a le droit de porter sur la dernière partie de ce règne où l'on fit tant pour l'orgueil du prince et, depuis Colbert, si peu pour le bien-être du peuple.

12. Détresse financière. — La détresse n'était pas seulement dans le royaume : elle était aussi dans le gouvernement. Les guerres continuelles engloutissaient des sommes énormes. Mais comment calculer ce que pouvaient coûter les constructions fastueuses, les pensions prodiguées à ce peuple de courtisans qui encombraient les antichambres du roi, l'entretien de la famille royale, dauphin, duc de Bourgogne, fils, petit-fils, arrière-petit-fils de Louis XIV, tous pourvus d'une maison, c'est-à-dire d'équipages, d'officiers de toute sorte, d'une foule de valets et de serviteurs inutiles? Et les favorites, et les bâtards, et les Stuarts, qui trouvaient tout naturel, les rois étant frères, de vivre fraternellement d'une pension de 600 000 livres aux frais du roi de France! Encore, si Louis XIV avait consenti à diminuer le faste de sa cour! Malheureusement le luxe était chez lui moins un goût qu'un système. Faire des économies sur ce chapitre eût porté atteinte à un principe de son gouvernement. Les pompes et la magnificence lui semblaient nécessaires pour donner à la majesté royale l'éclat dont elle ne pouvait se passer sans déchoir aux yeux des peuples. Bien plus il avait réduit la prodigalité en système : « Un roi, disait-il, fait l'aumône en dépensant beaucoup! »

Qu'on juge de ce que devait être la tâche d'un ministre des finances sous ce règne! Colbert, après avoir fait des prodiges, était mort à la peine, voyant reparaître dans les derniers temps de sa vie ce gouffre du déficit qu'il avait momentanément comblé, et qui, s'élargissant après lui de jour en jour, devait finir par engloutir l'ancienne monarchie. Le Pelletier, qui dirigea les finances de 1683 à 1689, et le comte de Pontchartrain (1689-1699), ne remplacèrent pas le grand ministre. L'ère des réformes était passée : celle des expédients commença. En 1689, le roi dut envoyer à la Monnaie les chefs-d'œuvre en argent ciselé qui décoraient Versailles. De 1683 à 1698, les charges annuelles avaient augmenté de 20 millions, et les revenus suivant une progression inverse, avaient diminué d'autant. Le contrôle général fut alors donné à Chamillart, ancien intendant des finances : le roi prisait fort son talent au jeu de billard, et Mme de Maintenon sa médiocrité honnête. Le nouveau ministre avait autant de bonnes intentions que d'incapacité. En 1695, un nouvel impôt qui frappait indistinctement tous les sujets du roi, depuis les princes jusqu'au plus humble paysan, avait été créé, la *capitation*. Supprimée après la paix de Ryswick, elle fut rétablie en 1701. Mais les vingt-cinq millions qu'elle produisait étaient vite engloutis. Pour trouver quelques ressources, Chamillart eut recours à l'altération des monnaies. De 1700 à 1706, la valeur nominale du louis d'or change plusieurs fois et passe de 12 livres 15 sous à 15 livres. On fabrique des pièces de 20 sous qui ne valent, en réalité, que 12 sous 6 deniers. Le Trésor fait ainsi quelques bénéfices, qui joignent au vice originel de leur immoralité le grave inconvénient d'être réalisés aux dépens du commerce national, que ces brusques mutations alarment et découragent.

Ces tristes profits ne suffisant pas, on établit des loteries, on bat monnaie avec des offices royaux, on crée des charges ridicules telles que celles de conseillers du roi, inspecteurs des veaux et des cochons, des volailles et des perruques. Il se trouve des gens pour les acheter, car, dans cette société hiérarchique, toute distinction honorifique est fort enviée. Si la création de ces charges n'avait été qu'un tribut prélevé sur la vanité et la sottise humaine, on en rirait sans se plaindre! Mais beaucoup d'entre elles conféraient de réels priviléges, et l'exemption de certaines taxes : le poids des impôts devenait donc plus lourd pour la masse du peuple. La création d'une caisse d'emprunt ne réussit pas mieux. Les particuliers étaient invités à déposer leurs fonds dans cette caisse, qui leur délivrait, en échange, des billets garantissant un intérêt de cinq, puis de huit, et enfin de dix pour cent (1704). L'opération parut d'abord obtenir quelque succès : mais Chamillart, ayant refusé de recevoir en payement pour le Trésor les billets de la caisse d'emprunt, sa combinaison fut tuée du coup. L'augmentation des aides ou impôts indirects eût été légitime si elle avait été modérée. Mais elle fut élevée « du quart au tiers, puis à la presque totalité du prix de la marchandise vendue en détail. Dans quelques provinces, le droit de sortie sur le muid de vin de la dernière qualité, qui valait 20 francs, monta jusqu'à 25 francs. » Les résultats de cette odieuse législation apparurent bien vite : la consommation baissa de moitié, en même temps que la production était frappée de mort. Des propriétaires de vignobles laissèrent leurs vignes en friche, ou les arrachèrent. L'augmentation des droits de douane à l'intérieur du royaume fut une autre cause de ruine. Des cultivateurs étaient obligés de laisser pourrir sur pied une partie de leur récolte, parce que l'exportation dans une province voisine leur eût coûté bien plus, en frais de douane, que la vente de leur blé ne leur eût rapporté. Une mesure de vin se vendait 1 sou dans l'Orléanais, et 24 à quelques lieues de là. Chamillart, en augmentant non-seulement les aides et les droits de douane, mais aussi l'impôt de la gabelle, si justement maudit par nos ancêtres, ne parvint pas à combler le déficit. La peine des galères, puis de mort, prononcée contre quiconque ferait la contrebande du sel, ne refréna point l'audace des *faux sauniers*. Ils s'organisèrent en bandes armées et livrèrent maintes fois, de véritables combats aux agents de la douane, même aux soldats du roi. Lorsque Chamillart, à bout d'expédients, remit sa démission en février 1708, voici quels étaient les résultats de son administration : le revenu net ne dépassait pas 50 millions; la dépense s'élevait à 220, la dette à 1500. Les revenus de cinq années, de 1708 à 1712, étaient dévorés d'avance par des assignations anticipées; 20 millions seulement restaient disponibles pour 1708.

Un homme eut cependant le courage d'accepter cette succession écrasante : c'était Nicolas Desmarets, neveu de Colbert. La détresse était si grande, que le roi avait dit tristement au nouveau contrôleur : « Je vous serai obligé si vous trouvez quelque remède, mais je ne serai pas surpris si tout continue d'aller de mal en pis. » Initié par son oncle à la pratique des affaires financières, ce Desmarets fut un habile homme et passerait à bon droit pour un ministre remarquable, s'il n'avait pas été victime des inexorables exigences d'une situation presque désespérée. Il s'était mis bravement à l'œuvre et avait pris déjà quelques mesures heureuses, quand le terrible hiver de 1709 vint augmenter ses difficultés. Les alliés ayant refusé la paix à Louis XIV, il fallut trouver à tout prix de l'argent pour continuer la guerre. Desmarets fut obligé d'avoir recours, lui aussi, à des expédients malhonnêtes, vexatoires ou ruineux. Il vendit l'impunité aux comptables dilapidateurs qu'il se proposait de châtier sévèrement quelques semaines plus tôt; il fit couper dans les forêts du domaine jusqu'aux jeunes arbres; il fabriqua des pièces de six deniers avec le bronze des vieux canons; il fit enlever dans un couvent une somme de 100 000 francs que des particuliers y avaient mise en dépôt et la remplaça par des billets qui perdaient 80 pour 100 sur leur valeur nominale. Enfin il fit rendre, le 10 octobre 1710, un édit qui prenait le dixième du revenu de tous les biens du royaume tant que la guerre continuerait. Trois mois après la publication de la paix, cet impôt devait disparaître; il frappait indistinctement tous les sujets du roi. C'était une atteinte directe aux immunités des classes privilégiées. La noblesse ne protesta point. Saint-Simon se contenta de qualifier cette mesure de « monstrueuse exaction ». Le clergé montra moins d'abnégation. Il se plaignit hautement, et obtint d'être dispensé de la taxe du dixième, à la condition de fournir un *don gratuit* plus considérable que d'ordinaire : il se racheta au prix de 8 millions, sacrifice habile et avantageux dont le résultat fut de soustraire à la taxe les immenses revenus dont jouissait l'Église. Le dixième produisit 25 millions par an, somme considérable pour l'époque. La facilité relative avec laquelle s'effectuèrent les rentrées de ce nouvel impôt causa une vive surprise et de l'inquiétude à l'étranger, où l'on croyait la France à bout de ressources. On arriva ainsi au terme de cette désastreuse guerre de la Succession d'Espagne : Desmarets s'épuisait en expédients dont le seul fruit était de reculer d'un jour à l'autre une catastrophe désormais inévitable. Il avait décidé le roi à recevoir dans Marly un riche banquier juif du nom de Samuel Bernard, et la cour avait vu avec stupeur l'orgueilleux monarque prodiguer les prévenances à cet homme qu'il eût fait chasser de sa présence, s'il n'avait pas eu un aussi pressant besoin de ses capitaux[1] : Louis XIV réduit à jouer le rôle d'un fils de famille ruiné qui implore l'aide d'un usurier!

Quand le roi mourut, le 1er septembre 1715, le déficit annuel était de 78 millions, la dette de 2 milliards 400 millions; il restait à peu près 800 000 francs en caisse, et le payement des rentes seules exigeait 420 000 francs

---

1. « Desmarets ne savait plus de quel bois faire flèche. Tout manquait et tout était épuisé. Il avait été à Paris à toutes les portes.... Desmarets dit au roi que, tout bien examiné, il n'y avait que Bernard qui pût le tirer d'affaire.... Le roi y consentit.... J'admirais, et je n'étais pas le seul, cette espèce de prostitution du roi, si avare de ses paroles, à un homme de l'espèce de Bernard. » (Saint-Simon, t. XI, p. 196.)

par jour. Louis XIV léguait la banqueroute à son successeur. L'habileté, le zèle, les efforts désespérés de Desmarets, avaient réussi seulement à épargner aux yeux du roi mourant cette suprême et inévitable expiation.

13. Tableau résumé des institutions et fondations. — Mais, en regard de ces misères et de ces ruines, il faut placer le souvenir de la gloire qui rejaillissait du roi sur la France, des conquêtes accomplies, de l'éclat des lettres et des arts qui nous donnèrent sur l'Europe une autre domination plus durable que celle des armes; il est juste enfin de tenir compte des institutions fondées à l'époque où Louis était heureux et la France prospère, et qui ne périrent pas avec lui.

Création de la marine militaire, qui tomba, mais aussi des grands arsenaux de Brest, de Toulon et de Rochefort[1], du système des classes pour le recrutement de la flotte, et d'un grand empire colonial, qui survécurent;

Développement de la marine marchande et du commerce, dont l'essor arrêté par les malheurs des dernières années reparaîtra avec des circonstances meilleures; organisation du *système protecteur*, qui était alors nécessaire; suppression d'une partie des douanes intérieures; ports francs, conseil de commerce, chambre d'assurances;

Développement de l'industrie; importation d'industries nouvelles, manufactures d'Abbeville et des Gobelins, augmentation des jours de travail;

Etablissement des haras, encouragements à l'agriculture, mais interdiction de la liberté du commerce des grains;

Canaux d'Orléans et du Languedoc, amélioration des routes;

Réorganisation de l'armée et nombreuses créations militaires, qui subsistèrent jusqu'en 1789; fortification des frontières, qui sauva deux fois la France, à la fin

---

1. *Lorient* fut bâti en 1790 par la Compagnie des Indes.

du règne de Louis XIV et au commencement de la Révolution ;

Etablissement de deux nouveaux parlements à Douai et à Besançon ;

Développement donné au service d'inspection et à l'autorité des intendants, création de la police ;

Etablissement des académies, construction de Versailles, des Invalides, de la colonnade du Louvre.

Tout cela ne tomba pas avec notre fortune. Le bel ordre que Colbert avait mis dans nos finances disparut ; l'armée, la marine, furent décimées ; l'administration devint oppressive, parce qu'elle eut chaque jour à demander aux peuples davantage et qu'elle eut chaque jour moins à leur donner : mais les règles n'avaient point été détruites, les créations n'étaient point mortes ni les monuments renversés. Le moule où Colbert, Louvois et Louis XIV avaient coulé cette belle statue de la France, que l'Europe admira au temps de la paix de Nimègue, était vide maintenant ; il n'était pas brisé. Il fut retrouvé, après 1789, par la République et l'Empire. Notre centralisation administrative est un legs de Louis XIV.

CHAPITRE XIII.

TABLEAU DES LETTRES, DES SCIENCES ET DES ARTS SOUS RICHELIEU ET SOUS LOUIS XIV[1]

1. Caractère littéraire du dix-septième siècle en France. — 2. Le siècle de Louis XIV avant Louis XIV. — 3. Les académies et les pensions. — 4. Prosateurs. — 5. Poëtes. — 6. Philosophie. — 7. Influence littéraire de la France. — 8. Sciences. — 9. Arts ; peinture. — 10. Sculpture et gravure. — 11. Architecture. — 12. Musique. — 13. Monuments et fondations. — 14. Commencement d'une littérature nouvelle.

1. Caractère littéraire du dix-septième siècle en France. — Le seizième siècle avait fait la réforme religieuse ; le dix-huitième siècle fera les réformes politiques. Placé entre ces deux âges révolutionnaires, le dix-septième eut, dans les lettres, un si parfait équilibre des forces de l'esprit, une puissance d'écrire si complétement égale à la puissance de penser, qu'il est resté, par excellence, le siècle littéraire de la France. Les générations qui vivent dans les jours d'orage, au milieu des discussions brûlantes, vont plus haut ou plus bas, mais n'arrivent jamais à cette calme et sereine beauté que la postérité ne se lasse point de contempler.

2. Le siècle de Louis XIV avant Louis XIV. — Quelle part revient au roi dans cette gloire de l'esprit français ? Une très-considérable, disait-on autrefois. Aujourd'hui on sait mieux qu'au moment où Louis prit en main le gouvernement, la France avait recueilli la

---

[1] Principaux ouvrages à consulter : Charles Perrault, *Mémoires* ; Pellisson, *Histoire de l'Académie française* ; Voltaire, *Siècle de Louis XIV*, chap. XXXII ; Walckenaër, *Vie de Mme de Sévigné*. Ceux de nos lecteurs qui voudraient avoir un tableau d'ensemble du siècle de Louis XIV, tracé avec esprit et avec goût, le trouveront dans l'*Histoire de la littérature française* de M. Demogeot, collection de l'*Histoire universelle*.

moitié de la gloire littéraire que le dix-septième siècle lui réservait : Corneille, Descartes, Pascal, avaient donné leurs chefs-d'œuvre ; Mme de Sévigné, la Rochefoucauld, Molière, la Fontaine, Bossuet, étaient en pleine possession de leur talent ; enfin les deux plus grands peintres du siècle, Lesueur et Poussin, étaient morts ou allaient mourir, et Boileau venait d'écrire sa première satire.

On sait aussi, pour ceux qui vinrent ensuite, qu'il n'y a pas au monde de pouvoir capable de faire un grand écrivain, quand la nature, l'éducation et les circonstances ne l'ont pas produit. Tout ce que le génie demande à la puissance, c'est de ne pas lui être contraire. Elle ne lui donne pas la voix ; mais elle peut l'étouffer. Elle peut aussi le soutenir, l'exciter par des faveurs, mieux encore par des égards, et c'est ce que Louis a compris et fait admirablement. Lui, dont une parole, un sourire, étaient regardés comme une précieuse récompense, même pour d'éclatants services, il comblait d'égards Racine ; il se laissait battre dans une discussion littéraire par Boileau ; il permettait à Mansart de lui parler à toute heure, et les grands voyaient un jour avec stupeur le fils d'un tapissier, l'auteur du *Misanthrope*, assis en face du roi à cette table où les princes du sang eux-mêmes ne venaient s'asseoir qu'aux jours les plus solennels de leur vie.

Au reste, les muses reconnaissantes rendirent bien plus qu'elles n'avaient reçu : elles ont consacré son nom. Nous-mêmes, tout en croyant que les Mécènes ne font pas les Virgiles, nous conserverons le mot consacré de *siècle de Louis XIV* pour désigner cette période de notre littérature qui s'étend des commencements de Corneille à ceux de Voltaire, parce que Louis eut pour les arts et les lettres un goût et des faveurs auxquels nous ne devons assurément aucun de nos grands écrivains, mais qui, en honorant les lettres, ont préparé leur puissance.

3. Les académies et les pensions. — Toutefois, en favorisant les lettres, il chercha à les discipliner, et il y eut sous lui, comme Richelieu l'avait commencé, un véritable gouvernement de la littérature. Colbert en fut le ministre. On a déjà vu comment il essaya de l'organiser, en fondant ces académies, nobles asiles de l'esprit et de la science, qui devaient tracer les règles, donner le ton, et, si j'ose dire, marquer la mesure. Leurs membres eurent comme des fonctions publiques dont les pensions et les jetons de présence furent le traitement. L'Académie française continua à préparer le dictionnaire de la langue, et, pour hâter son travail, Colbert détermina les heures de ses séances. L'Académie des inscriptions fit des devises pour les médailles et les écussons, des inscriptions pour les monuments dont l'Académie de peinture et de sculpture arrêta la décoration. La mission de l'Académie des sciences fut déterminée par cette légende de la médaille frappée pour sa fondation : *Naturæ investigandæ et perficiendis artibus.*

Les académies formaient les corps constitués de la littérature, des sciences et des arts. Leurs membres les plus éminents avaient de plus des fonctions officielles et un rang à la cour. Jules Mansart était premier architecte et surintendant des bâtiments du roi ; Lebrun, son premier peintre ; Lulli, son premier musicien. Louis XIV ne fit pas de la poésie une charge de cour : il se contenta de l'enchaîner par des faveurs ; mais il en fit une de l'histoire, comme pour maîtriser d'avance le jugement de la postérité : Racine et Boileau furent ses historiographes. Son valet de chambre, Molière, eut même un rôle dans la grande pièce qui se jouait si gravement à Versailles autour du roi. Louis, qui faisait monter la noblesse sur le char de triomphe de la royauté, laissa volontiers le poëte lui lancer d'en bas des sarcasmes acérés, et, au besoin, lui indiqua quelque fâcheux qu'il avait oublié, un marquis sur lequel l'immortel comique n'avait pas frappé.

4. **Prosateurs.** — « Dans l'éloquence, dit Voltaire, dans la poésie, dans la littérature, dans les livres de

morale et d'agrément, les Français furent les législateurs de l'Europe. La véritable éloquence était partout ignorée, la religion enseignée ridiculement en chaire, et les causes plaidées de même dans le barreau. Les prédicateurs étaient Virgile et Ovide; les avocats, saint Augustin et saint Jérôme. Il ne s'était pas encore trouvé de génie qui eût donné à la langue française le tour, le nombre, la propriété du style et la dignité. Quelques vers de Malherbe faisaient sentir seulement qu'elle était capable de grandeur et de force; mais c'était tout. Les mêmes génies qui avaient écrit très-bien en latin, comme un président de Thou, un chancelier de L'Hôpital, n'étaient plus les mêmes quand ils maniaient leur propre langage, rebelle entre leurs mains. Les Français n'étaient encore recommandables que par une certaine naïveté qui avait fait le mérite de Joinville, d'Amyot, de Marot, de Montaigne, de Régnier, de la *satire Ménippée*.

« Jean de Lingendes, évêque de Mâcon, fut le premier orateur qui parla dans le grand goût. Ses sermons, quoique mêlés encore de la rouille de son temps, furent le modèle des orateurs, qui l'imitèrent et le surpassèrent. L'oraison funèbre de Victor-Amédée, duc de Savoie, prononcée par Lingendes en 1637, était pleine de si grands traits d'éloquence, que Fléchier, longtemps après, en prit l'exorde tout entier aussi bien que le texte et plusieurs passages considérables pour en orner sa fameuse oraison funèbre du vicomte de Turenne.

« Balzac (1594-1654), en ce temps-là, donnait du nombre et de l'harmonie à la prose. Il est vrai que ses lettres étaient des harangues ampoulées; il écrivait au premier cardinal de Retz : « Vous venez de prendre le sceptre des rois et la livrée des roses. » Avec tous ses défauts, il charmait l'oreille. L'éloquence a tant de pouvoir sur les hommes, qu'on admira Balzac, pour avoir trouvé cette petite partie de l'art ignorée et nécessaire, qui consiste dans le choix harmonieux des paroles, et même pour l'avoir employée souvent hors de sa place.

« Voiture (1598-1648) donna quelque idée des grâces légères de ce style épistolaire, qui n'est pas le meilleur, puisqu'il ne consiste que dans la plaisanterie. C'est un badinage que deux tomes de lettres dans lesquels il n'y en a pas une qui parte du cœur, qui peigne les mœurs, les temps et les caractères des hommes; c'est plutôt un abus qu'un usage de l'esprit.

« Un des ouvrages qui contribuèrent le plus à former le goût de la nation fut le petit recueil des *Maximes* de François, duc de la Rochefoucauld (1613-1680). Quoiqu'il n'y ait presque qu'une vérité dans ce livre, qui est que *l'amour-propre est le mobile de tout*, cependant cette pensée se présente sous tant d'aspects variés, qu'elle est presque toujours piquante. C'est moins un livre que des matériaux pour orner un livre. On lut avidement ce petit recueil; il accoutuma à penser et à renfermer ses pensées dans un tour vif, précis et délicat.

« Mais le premier livre de génie qu'on vit en prose fut le recueil des *Lettres provinciales*[1], en 1657. Toutes les sortes d'éloquence y sont renfermées. Il n'y a pas un seul mot qui, depuis cent ans, se soit ressenti du changement qui altère souvent les langues vivantes. Il faut rapporter à cet ouvrage l'époque de la fixation du langage. L'évêque de Luçon, fils du célèbre Bussy, m'a dit qu'ayant demandé à M. de Meaux quel ouvrage il eût mieux aimé avoir fait, s'il n'avait pas fait les siens, Bossuet lui répondit : *Les Lettres provinciales*.

« Un des premiers qui étala dans la chaire une raison toujours éloquente fut le père Bourdaloue (1632-1704) vers l'an 1668. Ce fut une lumière nouvelle. Il y a eu après lui d'autres orateurs de la chaire, comme le père Massillon (1662-1742), évêque de Clermont, qui ont répandu dans leurs discours plus de grâces, des peintures plus fines et plus pénétrantes des mœurs du

---

1. Voltaire oublie ici le *Discours de la méthode* de Descartes, qui parut vingt ans avant les *Provinciales* de Pascal; mais il n'aimait pas les doctrines de Descartes, ce qui l'empêchait de rendre justice à son style.

siècle, mais aucun ne l'a fait oublier. Dans son style plus nerveux que fleuri, sans aucune imagination dans l'expression, il paraît vouloir plutôt convaincre que toucher, et jamais il ne songe à plaire. » Je relèverai pour mon compte dans Bourdaloue la hardiesse de la censure, les allusions aux mœurs du temps : « Le ser- « mon du père Bourdaloue, dit Mme de Sévigné, était « d'une force à faire trembler les courtisans.... Il frappe « comme un sourd. »

« Il avait été précédé par Bossuet (1627-1704), depuis évêque de Meaux. Celui-ci, qui devint un si grand homme, avait prêché assez jeune devant le roi et la reine mère, en 1661, longtemps avant que le père Bourdaloue fût connu. Ses discours, soutenus d'une action noble et touchante, les premiers qu'on eût encore entendus à la cour qui approchassent du sublime, eurent un si grand succès, que le roi fit écrire en son nom à son père pour le féliciter d'avoir un tel fils. Cependant, quand Bourdaloue parut, Bossuet ne passa plus pour le premier prédicateur. Il s'était déjà donné aux oraisons funèbres, genre d'éloquence qui demande de l'imagination et une grandeur majestueuse qui tient un peu à la poésie. L'oraison funèbre de la reine mère, qu'il prononça en 1667, lui valut l'évêché de Condom; mais ce discours n'était pas encore digne de lui; et il ne fut pas imprimé, non plus que ses sermons. L'éloge funèbre de la reine d'Angleterre, veuve de Charles Ier, qu'il fit en 1669, parut presque en tout un chef-d'œuvre. L'éloge funèbre de Madame, enlevée à la fleur de son âge et morte entre ses bras, eut le plus grand et le plus rare des succès, celui de faire verser des larmes à la cour : il fut obligé de s'arrêter après ces paroles : *O nuit désastreuse, nuit effroyable, où retentit tout à coup comme un éclat de tonnerre cette étonnante nouvelle : Madame se meurt! Madame est morte!* L'auditoire éclata en sanglots, et la voix de l'orateur fut interrompue par ses soupirs et par ses pleurs.

« Les Français furent les seuls qui réussirent dans ce genre d'éloquence. Le même homme, quelque temps après, en inventa un nouveau, qui ne pouvait guère avoir de succès qu'entre ses mains : il appliqua l'art oratoire à l'histoire même, qui semble l'exclure. Son *Discours sur l'histoire universelle*, composé pour l'éducation du dauphin, n'a eu ni modèle ni imitateurs. On fut étonné de cette force majestueuse dont il décrit les mœurs, le gouvernement, l'accroissement et la chute des grands empires, et de ces traits rapides d'une vérité énergique dont il peint et dont il juge toutes les nations [1].

« Presque tous les ouvrages qui honorent ce siècle étaient dans un genre inconnu à l'antiquité. Le *Télémaque* est de ce nombre. Fénelon (1651-1715), le disciple, l'ami de Bossuet, et depuis devenu malgré lui son rival et son ennemi, composa ce livre singulier, qui tient à la fois du roman et du poëme, et qui substitue une prose cadencée à la versification. Il semble qu'il ait voulu traiter le roman comme M. de Meaux avait traité l'histoire, en lui donnant une dignité et des charmes inconnus, et surtout en tirant de ces fictions une morale utile au genre humain. Il avait composé ce livre pour servir de thèmes et d'instruction au duc de Bourgogne, dont il fut le précepteur. Plein de la lecture des anciens et né avec une imagination vive et tendre, il s'était fait un style qui n'était qu'à lui, et qui coulait de source avec abondance. J'ai vu son manuscrit original : il n'y a pas dix ratures. On prétend qu'un domestique lui en déroba une copie, qu'il fit imprimer : si cela est, l'archevêque de Cambrai dut à cette infidélité toute la réputation qu'il eut en Europe; mais il lui dut aussi d'être perdu pour jamais à la cour. On crut voir dans *Télémaque* une critique indirecte du gouver-

---

[1]. Aux œuvres historiques de Bossuet, il faut ajouter l'*Histoire des variations des Églises protestantes*. Son *Traité de la connaissance de Dieu et de soi-même* est un beau livre de philosophie, et son *Exposition de la doctrine de l'Église* une grande œuvre de théologien.

nement de Louis XIV, Sésostris, qui triomphait avec trop de faste; Idoménée, qui établissait le luxe dans Salente et qui oubliait le nécessaire, parurent des por-

Jean de la Bruyère.

traits du roi. Le marquis de Louvois semblait, aux yeux des mécontents, représenté sous le nom de Protésilas, vain, dur, hautain, ennemi des grands capitaines qui servirent l'État et non le ministre.

« On peut compter parmi les productions d'un genre unique les *Caractères* de la Bruyère (1644-1696). Il n'y avait pas chez les anciens plus d'exemples d'un tel ouvrage que du *Télémaque*. Un style rapide, concis, nerveux, des expressions pittoresques, un usage tout nouveau de la langue, mais qui n'en blesse pas les règles, frappèrent le public; et les allusions qu'on y trouvait en foule achevèrent le succès. Quand la Bruyère montra son ouvrage manuscrit à M. Malézieu, celui-ci lui dit : *Voilà de quoi vous attirer beaucoup de lecteurs e beaucoup d'ennemis*. Ce livre baissa dans l'esprit des hommes quand une génération entière, attaquée dans l'ouvrage, fut passée. Cependant, comme il y a des choses de tous les temps et de tous les lieux, il est à croire qu'il ne sera jamais oublié[1]. »

Il est une classe particulière d'écrivains : ceux qui racontent ce qu'ils ont fait, ce qu'ils ont vu. Grâce peut-être à un travers de notre esprit national, le désir d'occuper de soi, après les contemporains, la postérité et de dicter à celle-ci son jugement, la France est le pays qui possède le plus de *Mémoires*. Cette curieuse branche de la littérature historique commença de bonne heure chez nous avec Villehardouin et Joinville. Le dix-septième siècle en a une riche collection due à des auteurs, pour la plupart d'un esprit fin et délicat, qui nous ont révélé bien des secrets et les causes de bien des choses. Ceux de Richelieu sont une mine précieuse pour la grande histoire du temps; ceux de Mme de Motteville (1621-1689), confidente d'Anne d'Autriche

---

[1]. Voltaire cite encore le grammairien Vaugelas (1585-1650), l'avocat Olivier Patru, qui le premier mit de l'ordre, de la clarté et de la bienséance dans les discours du barreau; Fontenelle, neveu de Corneille (1657-1757), pour son livre des *Mondes*, où « l'art délicat de répandre des grâces jusque sur la philosophie » se montra pour la première fois; Bayle (1647-1706) pour son *Dictionnaire historique*, Pellisson (1624-1693) pour les trois *Mémoires* qu'il écrivit comme défense de Fouquet; et la *Conspiration de Venise* de Saint-Réal (1639-1692) qu'il place à côté de Salluste. Il ne parle qu'en passant de Fléchier, évêque de Nîmes (1632-1700), dont le chef-d'œuvre est l'*Oraison funèbre* de Turenne. Mascaron, évêque d'Agen (1634-1703), a écrit sur le même sujet son meilleur discours.

nous font vivre dans l'intimité de cette princesse. L'abbé de Choisy (1644-1714), dont la vie fut très-aventureuse et pas toujours irréprochable, rédigea les *Mémoires pour servir à l'histoire de Louis XIV*; Paul de Gondi, cardinal de Retz (1614-1679), a laissé un livre qui est un des monuments de notre langue, et qu'on lit toujours avec plaisir, alors même qu'on ne croit pas toujours l'auteur. Gourville (1625-1703), receveur général des tailles de Guyenne, que d'immenses richesses rapidement acquises entraînèrent dans la disgrâce de Fouquet, écrivit ses souvenirs sur les années 1642-1678; Pierre Lenet, conseiller au parlement de Dijon, donna les siens sur les guerres de la Fronde. Dans ce genre de littérature, des grands seigneurs se font volontiers auteurs. Nous avons, sur la régence d'Anne d'Autriche, les Mémoires du duc de la Rochefoucauld qui, à leur apparition, causèrent plus d'un scandale; et, sur la dernière partie du règne de Louis XIV et le commencement de celui de Louis XV, les vingt volumes du duc et pair Rouvroy de Saint-Simon, qu'on a eu tort de mettre à côté de Tacite, mais qui n'en est pas moins souvent un prodigieux écrivain.

5. Poëte. — Régnier et Malherbe appartiennent au siècle précédent, quoique l'un soit mort en 1613 et l'autre en 1628. Rotrou est bien du dix-septième siècle (1609-1650), mais on ne lit plus guère de lui que sa tragédie de *Wenceslas*.

Avec Corneille les chefs-d'œuvre arrivent enfin et se pressent sur notre scène, qu'il élève à la hauteur du théâtre grec. « Pierre Corneille, dit Voltaire (1606-1684), est d'autant plus admirable qu'il n'était environné que de très-mauvais modèles quand il commença à donner des tragédies. Ce qui devait encore lui fermer le bon chemin, c'est que ces mauvais modèles étaient estimés et, pour comble de découragement, favorisés par le cardinal de Richelieu, le protecteur des gens de lettres et non pas du bon goût. Corneille eut à combattre son siècle, ses rivaux et le cardinal, qui voulut rabaisser *le*

Cid et désapprouva *Polyeucte*[1]. Corneille s'était formé tout seul; mais Louis XIV, Colbert, Sophocle[2] et Euripide contribuèrent tous à former Racine (1639-1699).

Une ode qu'il composa à l'âge de vingt ans, pour le

Pierre Corneille.

mariage du roi, lui attira un présent qu'il n'attendait pas et le détermina à la poésie. Sa réputation s'est accrue

1. *Le Cid* fut joué en 1636, *Horace* et *Cinna* en 1639, *Polyeucte* en 1640, et *Rodogune* en 1647.
2. Sophocle lui inspirait une telle admiration, qu'il n'osa jamais aborder les sujets de ses tragédies. « Un jour, raconte M. de Valincour, étant à Auteuil, chez Boileau, avec M. Nicole et quelques amis distingués, il prit un Sophocle grec et lut la tragédie d'*Œdipe* en la traduisant sur-le-champ. Il s'émut à

296   CHAPITRE XIII.

de jour en jour, et celle des ouvrages de Corneille a un

Racine lisant Sophocle chez Boileau, à Auteuil.

tel point, que tous les auditeurs éprouvèrent les sentiments de terreur et de pitié dont cette pièce est pleine. J'ai vu nos meilleures pièces représentées par nos meilleurs acteurs, rien n'a jamais approché du trouble où me jeta ce récit, et, au moment que j'écris, je m'imagine voir encore Racine le livre à la main et nous tous consternés autour de lui. »

peu diminué. La raison en est que Racine, dans tous ses ouvrages, depuis son *Alexandre*, est toujours élégant, toujours correct, toujours vrai, qu'il parle au cœur, et que l'autre manque trop souvent à tous ces devoirs. Racine passa de bien loin et les Grecs et Corneille dans l'intelligence des passions, et porta la douce harmonie de la poésie ainsi que les grâces de la parole au plus haut point où elles puissent parvenir[1].

« Un nombreux parti se piqua toujours de ne pas lui rendre justice. Mme de Sévigné (1626-1696), la première personne de son siècle pour le style épistolaire et surtout pour conter des bagatelles avec grâce, croit toujours que Racine *n'ira pas loin*. Elle en jugeait comme du café, dont elle dit *qu'on se désabusera bientôt*[2].

« La singulière destinée de ce siècle rendit Molière (1622-1673) contemporain de Corneille et de Racine. Il n'est pas vrai que Molière, quand il parut, eût trouvé le théâtre absolument dénué de bonnes comédies. Corneille lui-même avait donné *le Menteur*, et Molière n'avait encore fait connaître que deux de ses chefs-d'œuvre, lorsque le public avait *la Mère coquette* de Quinault, pièce à la fois de caractère et d'intrigue, et même modèle d'intrigue. Elle est de 1664 ; c'est la première comédie où l'on ait peint ceux qu'on a appelés depuis les *marquis*. La plupart des grands seigneurs de la cour de Louis XIV voulaient imiter cet air de grandeur, d'éclat et de dignité qu'avait leur maître. Ceux d'un ordre inférieur copiaient la hauteur des premiers ;

---

[1]. Principales pièces de Racine: *Andromaque* (1667), *les Plaideurs* (1668), *Britannicus* (1669), *Bajazet* (1672), *Mithridate* (1673), *Iphigénie* (1674), *Phèdre* (1677). Il s'arrêta alors dix ans, et donna *Esther* (1689) et *Athalie* (1691), deux pièces bibliques, à la prière de Mme de Maintenon.

[2]. On a aussi des lettres fort remarquables de Mme de Maintenon (voyez le Recueil de ses lettres publié par Théophile Lavallée). Lorsqu'elle épousa Louis XIV, elle était veuve depuis plus de vingt ans du poëte Scarron (1610-1660), fort célèbre en son temps pour ses œuvres burlesques (l'*Énéide travestie*, le *Roman comique*). Il faut laisser de côté les romans plus volumineux qu'intéressants de Mlle de Scudéri, de d'Urfé et de la Calprenède ; mais il ne faut pas oublier le fameux hôtel de Rambouillet, qui a exercé une influence considérable sur les lettres françaises.

il y en avait enfin, et même en grand nombre, qui poussaient cet air avantageux et cette envie dominante de se faire valoir jusqu'au plus grand ridicule. Ce défaut dura longtemps, Molière l'attaqua souvent, et il contribua à défaire le public de ces importants subalternes, ainsi que de l'affectation des *précieuses*, du pédantisme des *femmes savantes*, de la robe et du latin des médecins; Molière fut, si on ose le dire, un législateur des bienséances du monde. Je ne parle ici que de ce service rendu à son siècle : on sait assez ses autres mérites [1].

« C'était un temps digne de l'attention des temps à venir que celui où les héros de Corneille et de Racine, les personnages de Molière, les symphonies de Lulli, toutes nouvelles pour la nation, et (puisqu'il ne s'agit ici que des arts) les voix de Bossuet et de Bourdaloue, se faisaient entendre à Louis XIV, à Madame, si célèbre par son goût, à un Condé, à un Turenne, à un Colbert, et à cette foule d'hommes supérieurs qui parurent en tous genres. Ce temps ne se trouvera plus où un duc de la Rochefoucauld, l'auteur des *Maximes*, au sortir de la conversation d'un Pascal et d'un Arnaud, allait au théâtre de Corneille.

« Despréaux (1636-1711) s'élevait au niveau de tant de grands hommes, non point par ses premières satires, car les regards de la postérité ne s'arrêteront point sur *les Embarras de Paris*, et sur les noms des Cassagne et des Cottin; mais il instruisait cette postérité par ses belles *Épîtres*, et surtout par son *Art poétique*, où Corneille eût trouvé beaucoup à apprendre.

« La Fontaine (1621-1695), bien moins châtié dans son style, bien moins correct dans son langage, mais

---

1. J. B. Poquelin, dit Molière, valet de chambre de Louis XIV, donna *l'Étourdi*, sa première pièce sérieuse, en 1653; *les Précieuses* en 1659; *l'École des femmes* en 1662; *le Festin de Pierre* en 1665; *le Misanthrope* en 1666; *le Tartufe* en 1667; *l'Avare* en 1668; *le Bourgeois gentilhomme* en 1670; *les Fourberies de Scapin* en 1671; *les Femmes savantes* en 1672; *le Malade imaginaire* en 1673. Regnard (1647-1709) est notre second poëte comique, quoique bien loin déjà de Molière; *le Joueur* (1696), *les Folies amoureuses* (1704), *le Légataire universel* (1708).

unique dans sa naïveté et dans les grâces qui lui sont propres, se mit, par les choses les plus simples, presque à côté de ces hommes sublimes. »

Voltaire cite encore Quinault (1636-1688), la Motte

Jean Racine.

(1672-1731) et J. B. Rousseau (1669-1740), qu'il loue trop, le premier pour ses opéras, genre secondaire où le poëte est le serviteur du musicien; le second, pour quelques belles stances qui ne lui méritaient pas cet honneur; le troisième pour ses odes, ses psaumes et ses épigrammes, où l'on trouve beaucoup d'harmonie et un grand art d'expression, mais où l'inspiration manque, comme elle manquera à tout écrivain qui mettra un aussi grand contraste entre sa conduite et sa parole. On nomme encore Racan (1589-1670), Segrais (1624-1701)

Maison de Boileau, à Auteuil.

et Mme Deshoulières (1638-1694) pour leurs poésies pastorales.

6. Philosophie. — La philosophie venait d'être renouvelée par Descartes (1596-1650), moins par ce qu'il avait élevé que par ce qu'il avait détruit. Son système est tombé comme tombent successivement tous les systèmes philosophiques; sa méthode subsiste, c'est l'arme la plus redoutable pour renverser l'erreur, la plus puissante pour découvrir la vérité. Descartes n'acceptait pour vrai, dans l'ordre des sciences morales et physiques, que ce qui semblait évident à sa raison ; et cette évi-

Molière (Jean-Baptiste Poquelin, dit).

dence, il la plaçait dans l'irrésistible autorité du témoignage de la conscience. C'est ainsi que dans son *Discours de la méthode* (1637), écrit de ce style net et clair qui allait être un des caractères de la prose française au dix-septième siècle, et dans ses *Méditations*

(1641), il voulut prouver, avec l'aide seule du raisonnement, l'existence de Dieu, la spiritualité et l'immortalité de l'âme, la liberté, et par conséquent la responsabilité de l'homme. Ses principes furent adoptés par les esprits les plus religieux du dix-septième siècle [1] : ils inspirèrent au père oratorien Malebranche (1638-1715), qu'on a appelé le Platon de la France, son admirable ouvrage de *la Recherche de la vérité;* à Bossuet, le *Traité de la connaissance de Dieu et de soi-même;* à Fénelon, l'éloquente *Démonstration de l'existence de Dieu.*

Ainsi la France fondait, au dix-septième siècle, la philosophie spéculative, contre le panthéisme du Hollandais Spinosa et l'empirisme, triomphant en Angleterre, de Bacon et de Locke [2], comme, au dix-huitième, elle défendra l'expérience contre la métaphysique nuageuse de l'Allemagne; marchant tour à tour, guidée par son lucide génie, dans les deux voies qu'Aristote et Platon ont ouvertes au monde, et penchant, pour rétablir l'équilibre, du côté du principe que les exagérations contemporaines mettent en péril.

Pascal (1623-1662), autre grand esprit, fut aussi un grand écrivain dans ses *Lettres provinciales* (1656) contre la morale relâchée des jésuites, et dans ses *Pensées* fragments d'un ouvrage qu'il voulait composer sur la vérité du christianisme. On verra plus loin ce que lui et Descartes firent pour les sciences; malgré ses découvertes, Pascal est moins un génie inventeur, comme Descartes, qu'un génie critique de la plus redoutable puissance.

A Pascal on doit réunir ses amis, les pieux solitaires de Port-Royal, esprits vigoureusement trempés, mais étroits, qui fondèrent au sein du catholicisme et de

---

1. Le Provençal Gassendi (1593-1655) combattit le système des idées innées pour y substituer celui des idées tirant leur origine de la sensation.
2. Bacon, ministre de Jacques Ier, avait précisé dans son *Novum organum,* la méthode d'observation et d'expérience, et Locke, dans son *Essai sur l'entendement,* n'avait donné d'autre origine à nos idées que la sensation et la réflexion.

Blaise Pascal

l'Église gallicane une secte énergique et vivace que Louis XIV persécuta et qui ramena en plein dix-huitième siècle les querelles théologiques. Les principaux docteurs du jansénisme étaient Lemaistre de Sacy (1613-1684), qui traduisait la Bible à la Bastille, où les jésuites le firent garder pendant trois ans. Antoine Arnaud (1612-1694), dit le grand Arnaud, dont la vie fut une perpétuelle discussion théologique avec les jésuites, avec les protestants, avec Malebranche. Nicole (1625-1695) est connu surtout par ses *Essais de morale ;* Lancelot par ses livres d'éducation. Bien loin de ce courant d'idées, Bayle et Lamothe le Vayer continuaient la tradition sceptique de Montaigne et de Rabelais que Voltaire allait reprendre.

Il faut donner aussi un souvenir à ces laborieux esprits qui continuaient à nous révéler l'antiquité ou qui essayaient de débrouiller le chaos de nos origines. Leur influence sur la langue est petite ou nulle, car d'ordinaire ce ne sont pas des écrivains, et beaucoup de leurs livres sont en latin ; mais elle est grande sur les idées, car le passé mieux compris éclaire le présent ; enfin c'était un ordre de vérités qu'ils poursuivaient, celles de l'histoire, et leurs travaux nous guident encore. Les plus grands de ces savants hommes furent Casaubon, Scaliger, Saumaise, Ducange, Baluze ; plusieurs bénédictins de Saint-Maur, Mabillon, Montfaucon, etc., et le protestant Bayle dont il vient d'être parlé[1].

7. Influence littéraire de la France. — Nulle nation en Europe ne présentait un aussi magnifique ensemble de productions littéraires. L'Italie, l'Allemagne, étaient en pleine décadence morale : l'une ne pouvait offrir que la fade poésie de la *Secchia rapita* de Tas-

---

[1]. Mézeray (1610-1683), auteur d'une *Histoire de France* qui va jusqu'à Louis XIII, et qui vaut mieux pour la forme que pour le fond, chercha et réussit à se placer parmi les écrivains ; le père Daniel (1649-1723) refit l'ouvrage de Mézeray sans le faire oublier ; l'abbé Fleury (1640-1725) écrivit une *Histoire ecclésiastique*, estimée encore aujourd'hui, et les *Mœurs des Israélites* ; Le Nain de Tillemont (1637-1698) a laissé une savante *Histoire des empereurs romains.* Enfin rappelons les orientalistes Bochart, d'Herbelot, Galland, Chardin, Bernier, qui révélèrent un monde oublié de l'Europe depuis les croisades.

soni, et l'*Adonis* de Marini; l'autre, alors dans son
âge de fer, n'avait que les vers mystiques du cordonnier Jacob Bœhme. L'Espagne, comme un riche ruiné qui n'a gardé de sa fortune perdue que quelques joyaux précieux, montrait encore des peintres éminents et de trop féconds écrivains, comme Calderon, chanoine de Tolède, à qui l'on attribue 1500 pièces de théâtre. L'Angleterre avait eu, au commencement du siècle, Shakespeare, au milieu Milton, à la fin Dryden, qui a été mis à la tête des auteurs classiques de son pays; mais cette littérature ne sortait pas encore de son île. La France, au contraire, était bien réellement à la tête de la civilisation moderne, et, par la supériorité reconnue de son esprit et de son goût, elle faisait accepter de l'Europe entière le pacifique empire de ses artistes et de ses écrivains.

8. **Sciences.** — Dans les sciences elle était au niveau du mouvement, mais non pas seule à la tête : car, si elle avait Descartes et Pascal, à d'autres pays appartenaient Kepler, Galilée, Newton et Leibniz.

Si l'antiquité et le moyen âge avaient cultivé avec succès les sciences de raisonnement, l'étude du monde physique était en ce temps-là restée stérile, parce que les vraies méthodes d'expérimentation n'étaient pas encore trouvées, et elles ne pouvaient l'être qu'après qu'on eût acquis la confiance que l'univers est gouverné par les lois immuables d'une sagesse éternelle, et non par les volontés arbitraires de puissances capricieuses. Alors seulement on n'accusa plus l'esprit humain de témérité sacrilège :

Gens humana ruit per vetitum nefas,

parce qu'il cherchait à pénétrer les secrets de la création. L'alchimie, la magie, l'astrologie, toutes ces folies du moyen âge, devinrent des sciences, du moment que l'homme ne s'occupa plus de l'essence impénétrable des choses, et, au lieu de s'arrêter aux phénomènes isolés, s'efforça de saisir les lois mêmes qui les produisent. Ce temps commence avec Copernic, au seizième siècle; mais ce n'est qu'au dix-septième que la révolution est accomplie et triomphe avec Kepler, Bacon et Descartes.

Descartes fit faire un pas immense à l'algèbre en

Newton.

inventant la notation des puissances par exposants numériques, et à la géométrie des courbes, ce qui lui permit de résoudre, comme en se jouant, des problèmes qu'on croyait insolubles. Il trouva la véritable loi de la réfraction; il crut, avec Galilée, au mouvement de la terre autour du soleil ; et, comme les erreurs mêmes du génie sont fécondes, son chimérique système des *tourbillons*, suivant lequel le soleil et les étoiles fixes sont le centre d'autant de tourbillons de matière subtile, qui font circuler les planètes autour d'eux, a été le germe de la célèbre hypothèse newtonienne de l'attraction. Pour Descartes comme pour Newton, et surtout comme pour la science moderne, le problème de l'univers physique est un problème de mécanique ; Descartes enseigna donc le premier, sinon la solution, du moins la vraie nature du problème[1]. Pascal avait, à douze ans, trouvé seul et sans livres les éléments de la géométrie ; à seize ans, il composa son traité *Des sections coniques*. Un peu plus tard, il créa le calcul des probabilités, démontra la pesanteur de l'air par sa fameuse expérience sur le Puy-de-Dôme, imagina le haquet et peut-être la presse hydraulique.

Au-dessous de ces deux grands hommes se presse une foule déjà nombreuse.

Pierre Fermat (1601-1665), conseiller au parlement de Toulouse, n'a rien imprimé, mais ce fut peut-être le plus puissant esprit mathématique de ce temps. Il partagea avec Descartes la gloire d'avoir appliqué l'algèbre à la géométrie, et imagina la méthode *de maximis et de minimis*, en même temps que Pascal créa le calcul des probabilités. L'abbé Mariotte (1620-1684) reconnut que le volume d'un gaz, à une température constante, varie en raison inverse de la pression qu'il supporte. Denis Papin, né à Blois en 1647, créa ou perfectionna plusieurs machines et pensa le premier à employer la vapeur d'eau condensée comme force motrice. Il fit, en Allemagne, sur la Fulda, des expériences avec un véritable *bateau à vapeur*, qui remontait le courant. De stupides mariniers brisèrent la

---

[1] M. E. Neuville établit dans une étude sur les *Origines de la physique moderne* que Descartes a soutenu les trois principes fondamentaux adoptés par les physiciens de nos jours : 1° la nature exclusivement mécanique des phénomènes matériels ; 2° l'inertie de la matière ; 3° la constance de la force.

machine du grand physicien, qui mourut à Londres dans la misère (1710)[1].

La géographie fut réformée par Nicolas Sanson (1600-1667) et par Guillaume Delisle (1675-1726), dont les cartes sont encore estimées aujourd'hui. Tournefort (1656-1706) restaura la botanique et enrichit le Jardin du Roi des plantes nouvelles qu'il était allé recueillir dans un voyage au Levant. L'imprimerie royale égala les éditions de la Hollande par la correction et le luxe. Enfin la chirurgie continua les traditions d'Ambroise Paré. On venait de toutes les parties du monde à Paris consulter les Félix et les Maréchal.

Trois étrangers que Colbert attira en France justifièrent par leurs travaux les faveurs du roi. Le Danois Rœmer détermina la vitesse des rayons solaires; le Hollandais Huyghens découvrit l'anneau et un des satellites de Saturne; l'Italien Dominique Cassini, quatre des sept autres. On doit encore à Huyghens l'invention des horloges à pendule, et à Cassini les premières opérations qui devaient servir à mesurer la terre; il les exécuta avec l'abbé J. Picard, professeur d'astronomie au Collége de France, et tous deux commencèrent en 1669 la méridienne qui fut prolongée plus tard jusqu'au Roussillon. C'est d'après la mesure du degré, donnée par Picard, que Newton put enfin calculer la force qui retient la lune dans son orbite. L'Observatoire avait été construit à Paris tout exprès pour les savants travaux de Cassini.

9. Arts : peinture. — Tout se tient dans le déve-

---

[1]. Papin a inséré un mémoire sur ce sujet, en 1690, dans les *Actes de l'Académie de Leipzig*, et on a récemment découvert sa lettre du 15 septembre 1707 à Leibniz, dans laquelle il lui communiquait le succès des expériences faites avec son bateau. (Voy. *Exposition et histoire des principales découvertes scientifiques modernes*, par M. Louis Figuier.) On retrouve l'idée de Papin exposée à Nancy, au sein de l'Académie Stanislas, par le chanoine Gauthier, qui proposait, quatorze ans avant la naissance de Fulton, de substituer la force de la vapeur à l'action du vent sur les vaisseaux (*Bulletin des Sociétés savantes*, 18 mars 1854). Mais d'autre part on trouve la considération de la vapeur comme force motrice dans le livre fort rare de Salomon de Caus, intitulé : *Raison des forces mouvantes* (1624). Il faut citer encore comme mathématicien le marquis de l'Hôpital (1661-1704).

loppement intellectuel d'un peuple : quand le temps des grands écrivains est venu, celui des grands artistes n'est pas loin. Cette sorte de contagion morale qui gagne les esprits d'élite et suscite les talents supé-

Eustache Lesueur.

rieurs agissait trop au dix-septième siècle, pour que les artistes manquassent au rendez-vous des savants et des poëtes.

Il y eut alors quatre peintres de premier ordre : Poussin, Lesueur, Claude Lorrain et Lebrun; un admirable sculpteur, Puget; des architectes de talent, Mansart et Perrault; enfin un musicien habile, Lulli.

Poussin vécut longtemps à Rome et eut la réputation du plus grand peintre de son temps : il l'a gardée. Malgré son coloris trop sombre, il est resté le chef de l'école française pour l'élévation morale, l'intérêt dramatique, la richesse et la poésie de ses compositions, pour cette recherche enfin de l'idéal qu'il appelait lui-même « la haute délectation de l'intelligence »; nous ajouterons aussi, car cela n'est point étranger à l'art, pour la dignité de sa vie. Il méprisa la fortune, les honneurs, les avances des grands, et s'enferma avec ses nobles pensées et son art, comme il place son *Diogène* au milieu de la plus splendide nature, quand il fait rejeter dédaigneusement, par le philosophe, une dernière inutilité[1]. Lesueur, Lebrun et Mignard peuvent être regardés comme ses élèves, car ils reçurent longtemps ses leçons ou ses conseils. Poussin était des Andelys en Normandie et mourut à soixante-douze ans (1665).

Lesueur naquit à Paris, vécut pauvre, obscur, et mourut à trente-huit ans, en 1655, non pas, comme on le dit, dans le couvent des Chartreux, pour lesquels il avait peint sa belle suite de vingt-deux tableaux représentant la Vie de saint Bruno, mais près de l'hôtel Lambert qu'il décorait alors avec Lebrun de peintures qu'on y voit encore[2]. C'était une âme douce et candide; ses peintures, toujours gracieuses, même dans les sujets les plus sévères, par la suavité du ton et la délicatesse du pinceau, expriment admirablement les sentiments et jusqu'aux affections les plus intimes des personnages.

---

1. Ce tableau de Diogène jetant son écuelle parce qu'il voit un enfant boire au ruisseau dans sa main, est au salon carré du Louvre. Notre musée possède trente-trois tableaux de Poussin et vingt-deux de ses dessins. Malheureusement le temps a encore éteint le coloris déjà sombre de ce grand maître.
2. Les principales toiles de Lesueur, après *Saint Bruno*, sont la *Messe de saint Martin*, la *Vision de saint Benoît*, *Saint Paul prêchant à Éphèse* et surtout une belle *Descente de croix*.

Tout autre était son émule, Lebrun, né aussi à Paris deux ans plus tard (1619), et dont le talent, souvent théâtral, convenait bien mieux à Louis XIV, qui le

Charles Lebrun.

nomma son premier peintre et le chargea de décorer la grande galerie de Versailles. Il y employa quatorze ans et fut, jusqu'à la mort de Colbert, l'arbitre, on pourrait dire le dictateur, des arts en France ; rien ne se faisait que sur ses dessins et d'après ses avis : et on retrouve son influence dans tous les ouvrages de ce temps. Son dessin était mou et lourd, l'expression de ses figures plutôt exagérée que vraie ; il n'avait pas l'éclatant coloris du Titien, ni le naturel et la grâce de Lesueur, ni l'élan de Rubens ou la profondeur de pensée de Poussin. Cependant c'est un peintre, et le premier parmi ceux qui se placent au second rang. Le musée du Louvre possède ses *Batailles d'Alexandre*. On lui doit la fondation de l'Ecole française à Rome, où les jeunes artistes qui ont remporté au concours annuel de Paris ce qu'on appelle le grand prix de Rome sont envoyés aux frais du gouvernement, pour achever leurs études en face des chefs-d'œuvre de l'antiquité et des grands maîtres italiens.

A côté de ces quatre maîtres il faut une place pour Philippe de Champaigne, qui a laissé d'admirables portraits et un chef-d'œuvre, l'*Apparition de saint Gervais et de saint Protais;* pour Mignard (1610-1695), qui fut le rival de Lebrun pendant quelque temps, à cause de sa grande fresque du Val-de-Grâce, il ne l'est pas aux yeux de la postérité, qui a donné son nom à toute affectation de délicatesse et de grâce, la mignardise.

Claude Gelée, dit le Lorrain, né en Lorraine en 1600, mort à Rome en 1682, est le meilleur paysagiste français et un des premiers paysagistes de l'Europe. C'est le peintre de la lumière. On peut admirer au Louvre la richesse de son style et la beauté de son coloris dans les dix paysages ou marines que notre musée possède de lui.

Il y aurait à citer encore Jouvenet de Rouen (1647-1717), élève de Lebrun (*Esther devant Assuérus*, une *Pêche miraculeuse*); Santerre (1651-1717), qui a peint la trop gracieuse *Sainte Thérèse* de la chapelle de Versailles ; de la Fosse qui peignit le dôme des Invalides et la voûte de la chapelle de Versailles à laquelle travaillèrent aussi les deux frères Bon et Louis Boullongne; Lemoine, l'auteur du salon d'Hercule, et surtout Watteau, de Valenciennes (1684-1722), qui inaugura le genre maniéré, mais avec un éclatant coloris.

10. Sculpture et gravure. — Puget, comme Michel-Ange, dont il avait la fierté et l'énergie, fut à la fois peintre, architecte et sculpteur. Il naquit à Marseille en 1622, et mourut en 1694. Il sculpta longtemps des figures en bois pour la poupe et les galeries des vaisseaux de Toulon, bâtit plusieurs hôtels majestueux sur la Cannebière et remplit Gênes de ses chefs-d'œuvre. Louis XIV lui commanda le groupe de *Persée* et celui de *Milon de Crotone*. Ce dernier marbre, où la chair est vivante, pourrait rivaliser, par l'énergie de l'expression et la vérité du dessin, avec ce que l'antiquité nous a légué de plus magnifique, si l'on y retrouvait cette noblesse de formes que l'artiste ne doit jamais oublier, même lorsqu'il ne veut représenter que la force matérielle. Le puissant athlète, treize fois couronné par la Grèce entière, devait montrer sur ses traits contractés par la douleur le souvenir de tant de victoires. On sent que le grand artiste jouait avec le marbre, et, comme il le dit lui-même, « nourri aux grands ouvrages, il nageait lorsqu'il travaillait, et le marbre tremblait devant lui, pour grosse que fût la pièce. » Puget avait le caractère trop indépendant pour réussir à Versailles. Il y vint, y fut bien accueilli, mais reçut à peine, pour son *Milon*, la somme qu'il avait dépensée pour le faire. Son bas-relief d'Alexandre et de Diogène est, malgré la science qu'il y montra, une preuve de l'impuissance de la statuaire à rivaliser avec la peinture. Combien sont lourds ces nuages et ces drapaux de marbre qui flotteraient si librement dans l'air d'un tableau ! Et où est le principal acteur de cette scène, le rayon de soleil qu'Alexandre intercepte?

Puget ne laissa point d'élèves. Coysevox, les deux Coustou, Girardon, procèdent d'un autre système : ce sont plutôt les sculpteurs de la grâce, les maîtres du

314 CHAPITRE XIII.

style brillant et facile sans élévation. Les Tuileries ont du premier les *Chevaux ailés* qui décorent l'entrée du

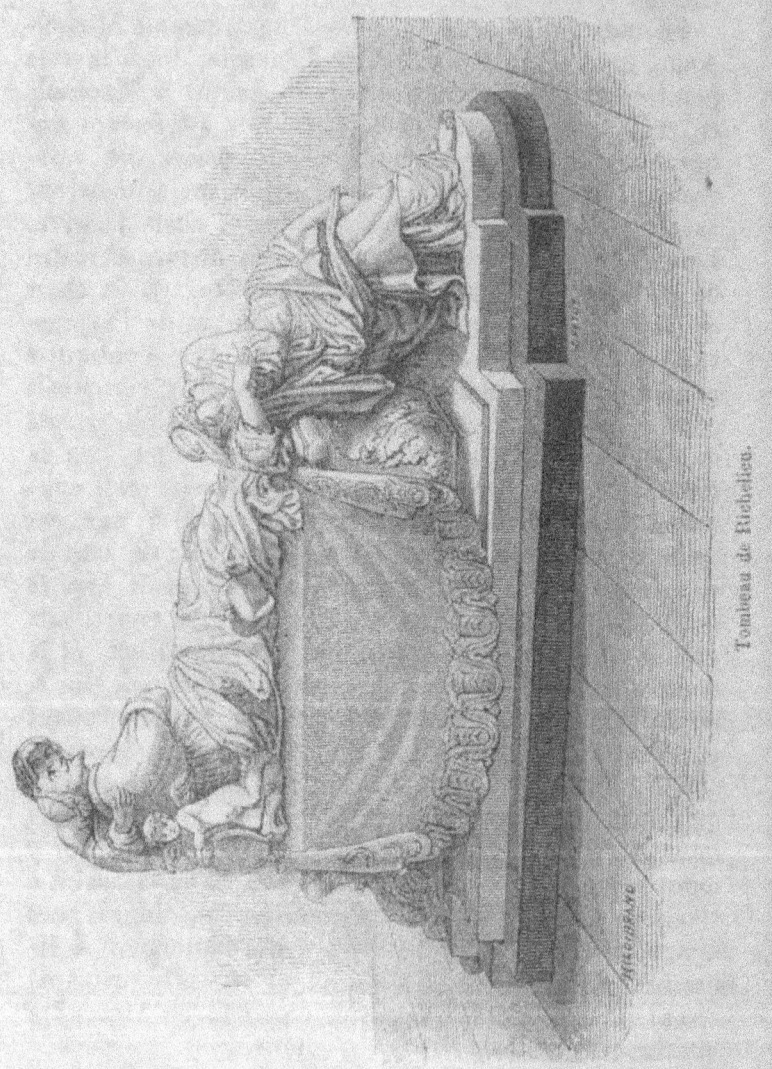

Tombeau de Richelieu.

côté de la place de la Concorde; le *Flûteur*, la *Flore* et l'*Hamadryade* qui sont devant le château; de Nicolas Coustou, la *Seine*, la *Marne*, un *Berger chasseur* et *Jules César;* de Guillaume Coustou, *Hippomène* et *Atalante;* les *Chevaux indomptés* qu'on voit à l'entrée des Champs-Élysées sont du même artiste. Girardon a peuplé Versailles de ses ouvrages ; le mausolée du cardinal de Richelieu à la Sorbonne est son chef-d'œuvre. Les estampes de Callot, Nanteuil, Audran, ornent dans l'Europe les cabinets de ceux qui ne peuvent avoir des tableaux.

11. Architecture. — François Mansart oublia l'élégance et la grâce de la Renaissance pour un style qu'il croyait majestueux et qui était lourd. Il commença le Val-de-Grâce, bâtit le château de Maisons, près de Saint-Germain-en-Laye, et inventa les *mansardes* qui coupent quelquefois heureusement la surface trop nue des combles, mais quelquefois leur ôtent de la légèreté. Son neveu, Jules-Hardouin Mansart, est un génie froid, régulier, qui atteignit presque au grandiose, parce que Louis XIV ne lui ménagea ni la place ni l'argent, mais qui semble manquer d'inspiration et d'élégance, si ce n'est dans sa belle coupole des Invalides. Claude Perrault (1628-1688) fut médecin, physicien, grand architecte, et eut de la réputation, malgré Boileau. Un autre artiste de génie, Le Nôtre (1613-1700), créa l'art des jardins : il savait en faire la plus belle décoration des châteaux. A l'agréable l'agronome La Quintinie joignit l'utile. Louis XIV les employa tous deux, et leurs noms ont mérité d'être joints à ceux des illustres personnages de ce grand siècle.

12. Musique. — Le Florentin Lulli vint à treize ans à Paris et fut, avec Quinault, le vrai fondateur de l'opéra en France. Sa musique nous paraît froide et sans caractère, même celle d'église où il excellait. Les contemporains en jugeaient autrement. « Je ne crois point, écrivait Mme de Sévigné, au sortir du service pour le chancelier Séguier, qu'il y ait une autre musique dans le ciel » (6 mai 1672).

13. Monuments et fondations. — Les principaux monuments du règne de Louis XIV sont : le Val-de-Grâce, dont le dôme, d'une coupe élégante, fut décoré à l'intérieur par Mignard d'une composition qui rappelle de loin les grandes peintures murales de l'Italie ; l'Observatoire, élevé sur les dessins de l'astronome Picard et de Cl. Perrault (1666), les portes Saint-Denis et Saint-Martin, par Blondel et son élève Bullet; les Invalides, par Libéral Bruant (1674), avec cette église un peu étroite pour le dôme majestueux que Jules Mansart surmonta d'une flèche si hardie ; la place du *Carrousel*, entre le Louvre et les Tuileries, ainsi nommé d'un carrousel magnifique qui y fut donné en 1662 ; la place des Victoires et la place Vendôme, créées ou agrandies pour recevoir les statues que le maréchal de la Feuillade et l'Hôtel de Ville de Paris firent ériger à Louis XIV à l'époque du traité de Nimègue.

Dès le commencement du règne on avait travaillé aux Tuileries. Levau éleva en 1664 le dôme de l'Horloge, qui complétait, en l'alourdissant, la façade de l'ouest; l'année suivante, le jardin fut réuni au château, dont une rue le séparait, et refait sur un nouveau plan par Le Nôtre : il s'étendit jusqu'aux Champs-Élysées, qu'on planta d'arbres en 1670 en même temps que les boulevards du nord, emplacement des anciens fossés de la ville. Le collége Mazarin (aujourd'hui l'Institut) fut bâti par ce même Levau, qui fut aussi l'architecte du château de Fouquet à Vaux et de celui de l'intendant Bordier au Raincy.

Il y avait davantage à faire pour le Louvre. Sous Louis XIII, Lemercier avait terminé la façade intérieure de l'ouest par la construction du dôme de l'Horloge que décorent les huit cariatides colossales de Sarrazin. Il s'agissait d'achever le chef-d'œuvre de Pierre Lescot. Colbert mit le projet au concours ; les plans du médecin Claude Perrault furent préférés à ceux du Bernin. De 1666 à 1674 fut construite la célèbre

Versailles.

colonnade du Louvre, qui repose malheureusement sur un soubassement trop élevé, nu et lourd. En même temps, la façade extérieure du sud, du côté de la Seine, et celle du nord, du côté de la rue actuelle de Rivoli, étaient commencées. Ces grands travaux furent d'abord poussés avec activité; peu à peu on les ralentit; enfin ils furent suspendus malgré les instances de Colbert. Le roi construisait alors Versailles.

Versailles n'avait été, sous Louis XIII, qu'un village et un rendez-vous de chasse. Louis XIV voulut en faire une grande ville et un palais. Les travaux, entrepris dès 1661, furent confiés en 1670 à Jules Mansart, et continués sans interruption jusqu'à la fin du règne. Le Nôtre, Lebrun et ses élèves, surtout Girardon, continuèrent à embellir cette royale demeure, trop vantée[1], qui a coûté 250 millions de notre monnaie, et où l'on ne voit nulle part la France, mais partout le roi.

L'eau manquait à Versailles : Louis XIV créa à grands frais la machine de Marly, due au génie du mécanicien liégeois Rennequin Sualem et achevé en huit ans (1675-1683). Elle sembla insuffisante, et le roi songea à détourner la rivière de l'Eure, pour l'amener à Versailles par-dessus les vallons et les collines, c'était une entreprise gigantesque qui nous reporte au temps des fastueuses et inutiles constructions des pharaons. Dangeau écrit le 8 juin 1685 : « M. de Louvois revint hier de la rivière de l'Eure où il était allé voir les travaux. Il y aura près de seize cents arcades aux aqueducs que l'on fait, desquelles il y en aura quelques-unes plus hautes deux fois que les tours de Notre-Dame. Outre ces seize cents arcades-là, il y en aura beaucoup de petites que l'on ne compte point. » Dix mille soldats furent occupés pendant quelques années à ces travaux; mais les maladies pestilentielles, et sur-

---

1. Je veux parler du caractère architectural du château vu du jardin. C'est vaste, mais ce n'est point grand.

Colonnade du Louvre.

tout les guerres qui suivirent, forcèrent de les suspendre, et il n'en est resté que d'immenses et inutiles débris.

A côté de Versailles, le roi bâtissait en même temps le Grand Trianon, qui fut deux fois reconstruit (1671-1683), et Marly (1679), qui, suivant Saint-Simon, aurait coûté aussi cher que Versailles, « des *milliards*, » qu'il faut réduire à 10 millions de notre monnaie, si l'on ne compte pas l'argent dépensé par la fameuse machine : c'est déjà bien assez pour un pied-à-terre. Enfin les châteaux de Saint-Germain, de Fontainebleau, de Chambord, de Saint-Cloud, de Sceaux, étaient agrandis, restaurés, embellis surtout par les magnifiques jardins de Le Nôtre. 160 millions qui en vaudraient aujourd'hui trois ou quatre fois plus furent employés à ces fastueuses dépenses[1].

Nous avons parlé ailleurs des grands travaux d'utilité publique : les ports, les arsenaux, les places fortes et le canal du Midi. Il n'en reste pas moins une disproportion excessive entre les dépenses faites pour les fantaisies du roi et celles qui eurent pour objet les intérêts du pays. C'était l'inévitable conséquence d'un régime politique qui mettait à la discrétion du prince, sans discussion, sans contrôle, toute la fortune publique.

14. Commencement d'une littérature nouvelle. — Voltaire termine ainsi son tableau du siècle de Louis XIV : « Il ne s'éleva guère de grands génies, depuis les beaux jours de ces écrivains illustres ; et, à peu près vers le temps de la mort de Louis XIV, la nature sembla se reposer. » Cette fois Voltaire est trop modeste ; la nature ne se reposa pas, car il parut et avec lui Montesquieu, Buffon, Rousseau et tant d'autres[2] ; mais ces nouveaux venus auront un esprit différent. Étranges ou plutôt inévitables relations des

---

[1]. C'est le chiffre donné par M. de Monmerqué. M. Eckard (*Dépenses effectives de Louis XIV*, p. 44, 1838) est arrivé à un chiffre presque double.
[2]. En 1715 Voltaire avait vingt et un ans, Montesquieu, vingt-six, Buffon n'en avait que huit, et Rousseau, trois.

Le Grand Trianon.

DE 1610 A 1778, cl. de rhét.

21

choses! Louis XIV constitue l'autorité absolue des rois, mais en même temps il encourage l'industrie et la littérature, et il prépare ainsi deux forces destinées à renverser la première. L'une en effet allait donner au tiers état la richesse qui fera demander des garanties, et l'autre, des lumières qui feront demander des droits. L'esprit critique, qui, au temps de la minorité de Louis XIV, s'est montré avec tant de puissance dans la sphère des questions religieuses et philosophiques, avait reculé devant les splendeurs du règne et s'était tu ou réfugié dans l'humble cellule de quelques solitaires; il reparut quand l'enthousiasme officiel et sincère tomba épuisé sous les coups répétés du malheur public. Déjà Fénelon avait adressé au roi en 1694 la lettre célèbre, qui est une critique si amère de son gouvernement, et vers le même temps il écrivait le *Télémaque*, qui en est une autre; Bayle publiait en 1697 son *Dictionnaire historique*, et Saint-Simon rédigeait chaque soir, à partir de 1691, ses redoutables *Mémoires*. L'étude des lettres nous mène donc aux mêmes conséquences que celle de la politique, et nous avons à terminer ce chapitre comme le précédent par l'annonce de nouveautés menaçantes qui s'approchent.

CHAPITRE XIV.

LUTTE DE LA SUÈDE ET DE LA RUSSIE; CHARLES XII ET PIERRE LE GRAND[1]; ÉTAT DE L'EUROPE ORIENTALE APRÈS LES TRAITÉS DE CARLOWITZ, DE PASSAROWITZ ET DE NYSTAD.

1. Pierre le Grand (1682-1725). — 2. Son premier voyage; révolte des strélitz (1697-1698). — 3. Réformes. — 4. Puissance de la Suède; coalition contre elle (1699). — 5. Victoire de Charles XII à Narva (1700). — 6. Charles XII fait Stanislas Leczinski roi de Pologne (1706). — 7. Invasion de Charles XII en Russie (1708-1709). — 8. Bataille de Poltawa (1709). — 9. Charles XII à Bender; guerre avec les Turcs (1710-1711). — 10. Revers de la Suède. — 11. Mort de Charles XII (1718). — 12. Traité de Nystad (1721). — 13. Second voyage de Pierre en Europe (1716). — 14. Saint-Pétersbourg. — 15. Le czar, chef de l'Église russe. — 16. Gouvernement autocratique. — 17. Exécution du czarewitz (1718). — 18. Derniers succès de Pierre le Grand (1722-1725). — 19. Catherine Ire (1725-1727). Pierre II (1727-1730). Anne (1730-1740). — 20. Ivan VI (1740-1741). — 21. Élisabeth (1741-1762). Pierre III (1762-1763). — 22. État de l'Europe orientale après les traités de Carlowitz (1699) et de Passarowitz (1718). — 23. Situation politique de l'Europe en 1715.

1. Pierre le Grand (1682-1725). — Ce chapitre devrait avoir pour titre : Comment une domination s'écroule, comment une domination s'élève. Les deux noms de Charles XII et de Pierre Ier marquent en effet la chute de la Suède et l'avénement de la Russie parmi les grandes puissances européennes.

Vers la fin du dix-septième siècle, la Russie comprenait déjà un immense territoire qui s'étendait de la mer Glaciale à la mer Caspienne. Ses habitants, relégués aux confins de l'Europe et de la civilisation, semblaient à peine des hommes aux rares marchands anglais et hollandais qui trafiquaient dans leur pays. Mais la servile abjection du paysan devant les nobles et des nobles devant le czar mettait aux mains de celui-ci un instru-

---

[1]. Voltaire, *Histoire de Charles XII et de Pierre le Grand*; Lévesque, *Histoire de Russie*; Geffroy, *Histoire des États scandinaves*.

ment redoutable : le despotisme. Dès le temps de Colbert, le savant Huet, évêque d'Avranches, disait : « S'il s'élevait quelque jour parmi eux un prince qui façonnât leur esprit féroce et leurs mœurs âpres et insociables, et qui se servît utilement de leur multitude, cette nation deviendrait formidable à ses voisins. » Pierre le Grand, un révolutionnaire sur le trône, accomplit la prédiction de l'évêque.

Lorsque Fédor II, l'aîné des fils d'Alexis, mourut en 1682, le titre de czar fut partagé entre ses deux frères, Ivan et Pierre; mais l'autorité resta aux mains de leur sœur Sophie. En 1689 Pierre, arrivé à l'âge de dix-sept ans, réussit à confiner cette princesse ambitieuse dans un couvent, et décida son frère, pauvre infirme à peu près aveugle et muet, à se démettre du pouvoir. C'était guidé par le Genevois Lefort, qu'il avait préparé et accompli cette révolution. Lefort lui vantait sans cesse les arts de l'Europe, l'autorité de ses rois, l'organisation de leurs armées et de leurs flottes. Pierre voulut avoir, lui aussi, une marine, une armée.

2. Son premier voyage ; révolte des strelitz (1697-1698). — Dans l'impatience d'essayer ses forces naissantes et de s'approcher de cette mer Noire où il rêvait déjà de voir dominer son pavillon, il déclara en 1695 la guerre à la Turquie. Elle ne fut point brillante, bien qu'il eût pris Azoff (1696); il sentit qu'avant de se faire conquérante, la Russie avait besoin de s'initier aux secrets de la civilisation européenne; et il résolut d'aller lui-même visiter les nations policées de l'Occident. En 1697 il quitte Moscou et se rend en Hollande, à Saardam ; là, pendant plusieurs mois, sous le nom de Pierre Michaïloff, et généralement appelé par ses compagnons Peterbaas (maître Pierre), travaillant comme un simple ouvrier du chantier, il apprend l'art de construire un vaisseau, de le lancer, de le gréer, de le gouverner, et il envoie dans ses États une colonie d'artisans, de marins, d'ingénieurs, d'ouvriers de toute espèce. Il va ensuite étudier l'Angleterre et son industrie, l'Allemagne et son

Moscou.

organisation militaire. A Vienne, il apprend une révolte des strélitz, corps redoutable qui rappelait les prétoriens de Rome et les janissaires de Turquie. Pierre avait déjà failli être leur victime en 1682. Cette fois, c'était la princesse Sophie qui les soulevait du fond de son cloître pour ressaisir le pouvoir. Pierre accourt, fait pendre, rouer ou décapiter dix-sept cents mutins, et, armé d'une hache, remplit lui-même l'office de bourreau. Pendant plus d'un mois il tua ainsi de sa main, et chaque jour davantage (1698). Plus tard il se faisait amener encore, durant ses orgies, des strélitz tirés de prison, et montrait son adresse en abattant leurs têtes. Cette milice séditieuse fut abolie sans résistance. Une révolte d'anciens strélitz, à Astrakhan, en 1705, et une autre des cosaques du Don, à Azoff, furent vite réprimées. Le czar fit aux cosaques le même honneur qu'aux strélitz : quatre-vingt-quatre de leurs chefs, envoyés à Moscou, périrent de sa main.

3. Réformes. — Lefort meurt en 1699; le czar continue les réformes. Il organise des régiments sur le modèle de ceux qu'il a vus en Allemagne : exercices réguliers, vestes courtes et uniformes. Il astreint les fils des boyards à servir comme soldats ou matelots avant d'être officiers. Il fait traduire des livres étrangers traitant du génie et de l'artillerie, et fonde des écoles : une pour les cadets de marine, d'autres pour l'étude des mathématiques et de l'astronomie. Il dote Moscou d'un hôpital. Il établit de verste en verste (1067 mètres) des poteaux peints pour guider les voyageurs et les marchands, et il fait commencer le canal de jonction entre le Don et le Volga. Mais il oublie que le commerce ne prospère que là où il n'a rien à craindre des caprices d'un pouvoir ombrageux ou avide. Ce goût pour les choses de l'Europe, il le pousse jusqu'à la manie, et, si la cour adopte ces nouveaux usages, le peuple les repousse. Des modèles de justaucorps étaient pendus aux portes des villes, et on coupait les barbes et les robes à qui ne payait pas l'impôt fixé pour les défenseurs obstinés des anciennes coutumes.

Afin d'encourager le mérite par la distinction, il fonde, à l'exemple des autres nations de l'Europe, un ordre de chevalerie : celui de Saint-André. Pour faciliter ses rapports avec les peuples de l'Occident, il fixe, par un décret, le commencement de l'année au premier janvier, au lieu du premier septembre (1699). Mais ce n'était qu'une demi-réforme : en n'adoptant pas le calendrier grégorien, l'année russe s'est mise en retard de douze jours déjà sur la nôtre.

4. Puissance de la Suède; coalition contre elle (1699). — Pierre était occupé à ces réformes, et, montrant à ses ministres, à ses généraux, les pays successivement illustrés par les arts et la gloire, leur disait : « Notre tour est venu, si vous voulez seconder mes desseins et joindre l'étude à l'obéissance, » lorsqu'un nouvel horizon s'ouvrit à lui.

Un gentilhomme livonien, Reynold Patkul, arriva alors à la cour de Moscou. Il avait été condamné à mort en 1692 pour avoir réclamé le rétablissement des priviléges de son pays, détruits par le roi de Suède au mépris des traités. Réfugié d'abord auprès du roi de Pologne Auguste II, il venait remettre le soin de sa vengeance aux mains du czar. Pierre n'hésita pas à l'accepter; les réformes n'étaient pour lui qu'un moyen, le but était la grandeur de la Russie, et il ne pouvait l'atteindre que par l'abaissement de la Suède.

Depuis la paix de Westphalie, la Suède avait eu la suprématie dans le nord de l'Europe. Elle tenait les embouchures de tous les fleuves allemands, du Weser, de l'Elbe, de l'Oder; et, comme elle possédait la Poméranie, la Livonie, l'Esthonie, l'Ingrie et la Carélie avec la Finlande, la mer Baltique était un lac suédois. Mais cette brillante position était menacée. Tous les peuples voisins avaient ou à se faire jour ou à réparer d'anciennes défaites. La Russie ne pouvait devenir une puissance européenne qu'en occupant le golfe de Finlande, et la maison de Brandebourg désirait rejeter hors de l'Allemagne les intrus qui en occupaient, à sa portée, une si bonne part. Le Danemark avait de semblables désirs, et l'électeur de Saxe, roi élu de Pologne, souhaitait une guerre pour se donner le droit de garder ses troupes saxonnes dans ce royaume, qu'il eût voulu rendre héréditaire.

Charles XI, le plus grand roi de la Suède depuis Gustave-Adolphe, était mort, laissant le trône à un jeune prince de dix-huit ans. Aussitôt la coalition se forme (1699) : les Russes de Pierre le Grand entrent dans l'Ingrie; les Saxons d'Auguste II, dans la Livonie; les Danois de Frédéric III, dans le Holstein, dont le duc est beau-frère de Charles XII.

Le nouveau roi de Suède n'était pas un grand prince, mais une âme héroïque à qui il n'a manqué qu'un peu de sagesse pour faire de grandes choses. Il s'était nourri de la lecture de Quinte-Curce et ne souhaitait rien tant que de ressembler au héros macédonien. « Il n'était pas Alexandre, mais il aurait été le premier soldat d'Alexandre. »

5. Victoire de Charles XII à Narva (1700). — A la première nouvelle de la coalition, loin de s'étonner, il s'arme rapidement et part pour défendre ses provinces attaquées par le Darius moscovite. Il commence par le Danemark, débarque dans l'île de Seeland, et court tout droit à Copenhague, qu'il menace d'un bombardement. Le Danois, effrayé, implore la paix et se hâte de signer le traité de Traventhal (18 août 1700). En six semaines, il avait été mis hors de combat.

Déjà les Saxons, conduits par Patkul, avaient levé le siége de Riga sur les représentations de la Hollande. Charles XII court aux Russes et arrive sous les murs de Narva avec 8400 hommes, en face d'une armée cinq fois plus nombreuse. Mais le czar a quitté le camp, les généraux ne s'entendent pas et n'inspirent aux soldats aucune confiance. Il suffit aux Suédois de quelques heures pour culbuter cette cohue de barbares (30 novembre). Charles XII renvoie ses prisonniers qu'il méprise et marche contre les Saxons, qu'il trouve retranchés derrière la Düna. Ils n'en sont pas moins battus, et perdent Mitau et la Courlande (juillet 1701).

6. Charles XII fait Stanislas Leczinski roi de Pologne (1706). — Jamais la guerre ne s'était faite avec une plus foudroyante rapidité. Malheureusement Charles XII ne sut pas profiter de l'occasion pour conclure une paix glorieuse, que le chancelier Oxenstiern lui conseillait, ni reconnaître lequel de ses deux ennemis était le plus redoutable : trompé par le facile succès de Narva, il conçut pour l'empire russe et même pour Pierre le Grand un mépris qui fut la cause de ses revers. Il résolut de détrôner Auguste, et, laissant quelques mille hommes pour surveiller les Russes, il pénétra en Pologne (1702). Il y perdit cinq ans à remporter de stériles victoires. Pour en finir, il envahit la Saxe. Auguste II céda alors, et, par le traité d'Altranstadt, renonça formellement à la couronne de Pologne en faveur de Stanislas Leczinski, le protégé du roi de Suède (1706).

7. Invasion de Charles XII en Russie (1708-1709). — Charles XII se trouve alors l'arbitre de l'Europe. Le moment était solennel : s'il se jetait sur l'Allemagne et prenait à revers la coalition qui attaquait la France, les conséquences d'une telle diversion étaient incalculables : aussi Marlborough vint-il lui-même à Altranstadt négocier avec le roi de Suède. Charles exigea de Joseph Ier une multitude de concessions et de réparations : l'Empereur accorda tout. Les alliés respirèrent quand Charles XII, quittant la Saxe, se dirigea vers l'Orient pour s'y prendre corps à corps avec un adversaire qui commençait à l'inquiéter.

Pendant qu'il guerroyait en Pologne pour le vain honneur de faire un roi, Pierre le Grand avait réorganisé son armée, battu près de Derpt 7000 Suédois (septembre 1701). L'année suivante il conquit l'Ingrie, où, pour être maître du lac Ladoga et de la Néva, il augmenta les fortifications de la place suédoise de Nœteborg, qu'il appela Schlüsselborg, ou le fort de la Clef, disant que cette clef lui ouvrirait les pays ennemis. Les troupes s'aguerrissaient, les officiers se formaient, et une suite de succès peu bruyants mais solides (prise de Derpt, de Narva et de Mitau) donnait aux uns et aux autres la confiance nécessaire pour affronter les terribles soldats du héros suédois.

Celui-ci décidé enfin, après tant de temps perdu, à arrêter les progrès d'un ennemi qu'il avait trop méprisé, traversa rapidement la Saxe et la Pologne, chassant devant lui les Russes aventurés sur le territoire polonais, passa sur la glace la Bérésina (1708), et entra à Mohileff. Il n'avait pas de plan : d'abord il sembla résolu à marcher sur Moscou, tandis qu'un de ses généraux, Lubecker, attaquerait la capitale naissante du czar, Saint-Pétersbourg. Avec un peu de prudence, cette marche pouvait réussir, et les Russes auraient été contraints d'accepter, dans Moscou dompté, la paix qu'ils avaient plusieurs fois demandée. Mais, arrivé à Smolensk, il abandonne la route de Moscou et se dirige vers le sud. Devant lui, il voit fuir Chérémétieff, le plus habile général du czar, et il le poursuit. Chérémétieff, en se retirant, détruit les fourrages, brûle les magasins, désole les campagnes pour affamer l'ennemi. Charles XII, perdu au milieu des déserts, continue cependant d'avancer : il compte sur un soulèvement des Cosaques de l'Ukraine pour couper la retraite à Chérémétieff.

Il avait conclu une alliance avec leur hetmann, Mazeppa. Par malheur, l'armée s'égara dans l'inextricable marais de Pinsk, et Charles arriva trop tard au rendez-vous. Le czar avait eu le temps de battre Mazeppa, et l'hetmann n'amena au roi qu'une poignée d'hommes (1708). Charles XII comptait au moins sur Lewenhaupt, qui approchait avec 16 000 hommes et d'immenses approvisionnements. Le czar se jeta entre le roi et son lieutenant. Lewenhaupt, attaqué près de la Soja, affluent oriental du Dnieper, par 60 000 hommes, résista héroïquement, et, après cinq engagements meurtriers, fut contraint de mettre le feu aux 7000 chariots qu'il escortait (octobre 1708); il ne rejoignait l'armée qu'avec 5000 hommes, laissant aux mains du czar quarante-quatre drapeaux. « Cette victoire, dit Pierre, fut la mère de celle de Poltawa. » Dans le même temps, Apraxin battait un corps suédois dans l'Ingrie. Survint le terrible hiver de 1709 : en une seule marche 2000 soldats tombèrent morts. L'armée perdit la moitié de son effectif.

8. **Bataille de Poltawa (1709).** — Pierre le Grand manœuvrait cependant avec autant d'habileté que de prudence pour enfermer les Suédois en Ukraine. Charles XII essaya vainement de se faire jour par des attaques partielles : ses détachements furent battus. Il prit alors le parti d'assiéger Poltawa, dont le czar avait fait son magasin : la ville n'avait que des murs de terre; mais les Russes y jetèrent des renforts. Pierre le Grand arriva lui-même à la tête de 70 000 hommes et se retrancha dans une position formidable. Charles, après avoir perdu deux mois à ce siége, n'avait d'autre ressource que de livrer bataille. Malgré des prodiges de valeur, il fut vaincu : toute son armée fut prise ou détruite. Lui-même s'enfuit en Turquie avec 500 chevaux (1709).

9. **Charles XII à Bender; guerre avec les Turcs (1710-1711).** — Cette victoire renversa la puissance de la Suède, et fit passer à la Russie la suprématie dans le nord de l'Europe. Le czar, qui, à Poltawa, s'était battu comme un soldat, sut profiter de sa victoire comme un habile général : il s'empara de la Carélie, de la Livonie et de l'Esthonie, et appela aux armes tous ceux que Charles avait vaincus. Le roi de Danemark se jeta sur la Scanie, et Auguste II rentra en Pologne. Le Divan s'alarma de voir grandir si vite une puissance née d'hier; il céda aux instances du roi de Suède, déclara la guerre à la Russie, et le grand vizir Méhémet-Bal-

tezy franchit le Danube. Le czar, appelé par les hospodars de Moldavie et de Valachie, accourut au-devant des Turcs, mais ne put défendre le passage du Pruth, et se trouva avec ses 40 000 hommes, sans vivres ni munitions, enveloppé par 150 000 ennemis. La czarine Catherine, jeune Livonienne, veuve d'un dragon suédois, prise par les Russes en 1702, dans Marienbourg, et que le czar, séduit par sa beauté et son esprit, avait épousée, le sauva en ouvrant d'elle-même des négociations avec le grand vizir, qui se laissa gagner. Le czar rendit Azoff ; par la destruction du port de Taganrog, il renonça à s'ouvrir la mer Noire ; il s'engagea aussi à faire sortir ses troupes de Pologne, et à ne plus se mêler des affaires de cette république. Charles, par ce traité, était une seconde fois vaincu. Il s'obstina, pendant trois ans, à rester en Turquie, faisant jouer mille ressorts afin d'armer le sultan contre le czar. Il ne put réussir. Fatigué de ses intrigues, le Divan voulut le contraindre à quitter le territoire ottoman. Charles XII se défendit, à Bender, avec ses domestiques et ses officiers contre 15 000 hommes. Quand il se décida à partir, en 1714, il était trop tard.

10. Revers de la Suède. — Il avait inutilement dépensé trois années à ces héroïques équipées, et, pendant ce temps, la Suède avait perdu toutes ses provinces extérieures. En vain Steinbock avait en 1709 détruit l'armée danoise près d'Helsingborg, il fut, malgré une nouvelle victoire, contraint de capituler dans Tonningen, à l'embouchure de l'Eyder (1713). Pierre envoya dans la Poméranie Mentchikoff, garçon pâtissier qu'il avait fait général et prince, et qui le méritait ; et, avec la flotte qu'il avait créée, il gagna lui-même, près des îles d'Aland, sur les Suédois, vieux maîtres de cette mer, une bataille navale qui lui donna la Finlande. Le roi de Danemark vendit à George Ier, roi d'Angleterre, Brême et Verden dont il s'était saisi. Le roi de Prusse se fit livrer Stettin et la Poméranie. Les dépouilles de la Suède étaient à l'encan.

C'est à ce moment que Charles XII se décida enfin à quitter la Turquie : il traversa à cheval l'Allemagne entière sous un déguisement, et ne s'arrêta qu'à Stralsund, la dernière ville qu'il possédât hors de Suède. Une armée combinée de Danois, de Saxons, de Prussiens et de Russes l'y assiégea aussitôt; il la défendit un mois, et fut contraint d'en sortir pour ne pas y être pris; elle capitula le même jour (13 déc. 1715).

11. Mort de Charles XII (1718). — L'agriculture et l'industrie ruinées, le commerce anéanti, 250 000 hommes, l'élite de la population, moissonnés par une guerre de quinze ans, et l'ancien ascendant perdu, voilà dans quelle situation Charles XII avait mis et retrouvait son royaume. Il ne donna pourtant aucun signe que le passé lui avait au moins servi de leçon. Il consentit seulement, d'après les conseils du baron de Gœrtz, à diviser ses ennemis : une trêve tacite fut conclue entre la Suède et le czar; Gœrtz s'entendit même avec Albéroni, et Charles XII promit de conduire 20 000 hommes en Angleterre pour détrôner George Ier. Il attaqua d'abord le Danemark et envahit la Norvége; mais il périt devant Fredrikshald, peut-être assassiné (11 déc. 1718). Trois mois après, le baron de Gœrtz mourait sur l'échafaud. Charles XII avait manqué deux fois l'occasion de jouer un grand rôle : en 1707, celui de Gustave-Adolphe dans les complications de l'Europe occidentale; plus tard, celui de pacificateur triomphant dans la Pologne et la Russie domptées. Il s'était cru un autre Alexandre, il n'avait été qu'un aventurier héroïque; il avait renversé la fortune de son peuple et ruiné son pays pour un siècle.

12. Traité de Nystad (1721). — La sœur de Charles XII, Ulrique-Eléonore, fut désignée par les états pour lui succéder (31 janvier 1719), mais à la condition de signer une capitulation qui restreignait singulièrement l'autorité royale. Elle s'associa, le 4 avril 1720, son époux, Frédéric de Hesse-Cassel, et des traités onéreux rétablirent la paix parmi les Etats du Nord La

Suède reconnut Auguste II pour roi de Pologne, conserva Wismar dans le Mecklenbourg, mais ne garda de la Poméranie que ce qui est au nord de la Peene (Stralsund), céda à la Prusse, avec les îles d'Usedom et de Wollin, la partie de cette province comprise entre la Peene et l'Oder (Stettin), et reconnut au Danemark la possession du Sleswig. Le traité de Nystad avec la Russie (1721) lui coûta tous les pays que baignent le golfe de Riga et celui de Finlande, depuis la Düna jusqu'au Kymmene, c'est-à-dire la Livonie, l'Esthonie, l'Ingrie, une partie de la Carélie, du pays de Wiborg et la Finlande orientale. A l'ambassadeur de France, qui sollicitait du czar des conditions moins dures, celui-ci avait répondu : « Je ne veux pas voir de ma fenêtre les terres de mon voisin; » et, depuis la fondation de Saint-Pétersbourg, ces paroles exprimaient vraiment une nécessité politique.

13. Second voyage de Pierre en Europe (1716). — La Suède descend, la Russie monte. Pierre avait en 1716 profité des négociations ouvertes par le baron de Gœrtz pour faire un nouveau voyage en Europe : il traversa la Hollande et consacra six mois à visiter la France et ses merveilles. Il y reçut la plus magnifique hospitalité, et on lui fit accepter tout ce qu'il admirait en fait d'art. Un jour qu'il visitait la Monnaie, une des médailles qu'on frappe en sa présence tombe; il la ramasse et voit son portrait avec cette légende : *Vires acquirit eundo*. Il était venu en France chercher une alliance. « Vous vous êtes servi de la Suède pour combattre l'Autriche, disait-il au régent. Cette puissance est ruinée; je m'offre à la remplacer dans ce rôle si vous me garantissez mes conquêtes et me payez les subsides que vous payez à la Suède. De plus je vous apporte l'alliance de la Pologne et de la Prusse. » Dubois fit tous les efforts pour entraver cette négociation qui pourtant aboutit au traité d'Amsterdam par lequel le czar et la Prusse garantissaient les traités d'Utrecht et de Bade, tandis que la France promettait sa garantie à ceux qui seraient conclus par le czar et la Prusse pour la paix du Nord. C'était, de notre part, l'abandon de la Suède.

14. Saint-Pétersbourg. — De retour dans ses États, il achève sa nouvelle capitale pour remplacer l'ancienne, Moscou, qu'il trouvait trop éloignée de l'Europe et trop asiatique. Il en avait jeté les fondements en 1703, sur les débris de quelques bastions de la ville de Nyschanz (forteresse de la Nya), prise cette même année aux Suédois, et il l'appelle de son nom, Saint-Petersbourg. La situation était bien choisie : à 30 verstes de l'embouchure de la Néva, près du golfe de Finlande, en face de la Suède. L'endroit était malsain : plus de 100 000 ouvriers y périrent, mais le czar ne comptait pas les morts. Il s'établit lui-même au milieu des travailleurs, fit rapporter des terres pour combler les marais, creuser des canaux pour faire écouler les eaux stagnantes, et une des plus belles capitales de l'Europe s'éleva, par l'indomptable volonté de son fondateur, là où la nature n'aurait pas voulu un village. Dès l'année 1708 la ville était mise à l'abri d'un coup de main du côté de la mer par la construction du fort de Kronslot, dans une île, à l'embouchure de la Néva; et le port de Kronstadt, creusé en 1710, sur un banc de sable du golfe de Finlande, reçut la marine naissante du czar [1].

Saint-Pétersbourg, à peine bâti, eut une fabrique de glaces, une manufacture de tapisseries, une autre pour la filerie d'or et d'argent. Pierre avait déjà fait venir

---

[1]. Kronstadt est sur l'île Kotlin, qui a 8 verstes de long sur 1 de large, (1 verste = 1067 mètres). Pierre avait songé un moment à placer sa capitale à l'embouchure du Don, ce qui l'eût rapproché de Constantinople, mais ne l'eût pas mis en rapport direct avec l'Europe, l'Euxin étant une mer fermée dont les clefs sont les Dardanelles, et la mer d'Azoff n'étant à vrai dire qu'un lac marécageux dont la profondeur moyenne est de 2 mètres. Chose plus étrange et qui montre la vaste étendue de son regard, il fit rédiger un mémoire qu'on a retrouvé aux archives de l'empire pour examiner s'il ne conviendrait pas de mettre Pétersbourg sur ce fleuve Amour où la Russie vient de s'attribuer un territoire grand comme la France, et où elle a élevé, sans que le bruit même en arrivât en Europe, des ports, des arsenaux, des forteresses, qui lui donnent une position formidable sur l'océan Pacifique.

des bergers et des troupeaux de Saxe et de Pologne, afin d'avoir des laines propres à fabriquer de bons draps et de n'être pas obligé de recourir aux manufactures de Berlin pour habiller ses troupes : il appelle encore de l'étranger des ouvriers en fer et en laiton, des armuriers, des fondeurs; à sa mort, Moscou et Jaroslaff comptaient quatorze fabriques de toiles de lin et de chanvre. Pour faciliter les transactions, il rend les poids et mesures uniformes et établit un tribunal de commerce composé moitié d'étrangers, moitié de nationaux. En même temps, les mines de la Sibérie sont ouvertes; la mer Baltique, la mer Noire et la Caspienne sont reliées par des canaux [1]; les bords du lac Peïpus changés en chantiers de construction; le plan du canal et des écluses du Ladoga tracé par Pierre lui-même en 1718. Des forts élevés de distance en distance défendent la frontière contre les Tartares. Des relations de commerce sont établies avec la Chine; une tentative est faite pour ouvrir une nouvelle route aux denrées de l'Inde par la grande Boukharie, à celles de la Perse par la mer Caspienne, afin de mettre tout ce riche commerce dans les mains de la Russie. Jusqu'au Kamtchatka, des forts sont bâtis, et Behring relève le gisement des côtes de la Sibérie orientale (1725), où il va bientôt découvrir le détroit qui porte son nom (1728).

15. Dépendance de l'Église russe. — Le clergé russe était fameux par son ignorance : ses membres ne savaient guère que deux choses : qu'ils étaient de la religion grecque et qu'il fallait haïr les Latins. Pierre les obligea de se recruter dans trois colléges qu'il établit à Moscou, leur défendit de trouver de nouvelles reliques et de faire des miracles. Il enleva à la juridiction ecclésiastique le droit de condamner à mort ou aux peines afflictives, et n'autorisa les vœux monastiques qu'après cinquante ans. Il avait laissé vacante

---

[1] On conserve dans les archives de Saint-Pétersbourg le plan original d'un canal tracé par Pierre le Grand, pour faire communiquer la Caspienne et l'Euxin.

depuis 1703 la dignité de patriarche, il l'abolit formellement en 1721, et donna la direction suprême des affaires religieuses au saint-synode, conseil composé de douze évêques ou archimandrites, qu'il nomma et qui lui jurèrent fidélité : le procureur impérial, dans ce saint-synode, fut un officier de cavalerie. Il devint par là, en réalité, le chef de l'Église, sans avoir besoin de se faire, comme le roi d'Angleterre, le chef de la religion ; celle-ci n'en fut que mieux subordonnée aux intérêts et à l'action de l'autorité temporelle. Dans ses lois il punit des mêmes châtiments les blasphèmes contre Dieu et les murmures contre sa personne.

16. Gouvernement autocratique. — Mais Pierre ne se contenta point de fortifier le principe autocratique du gouvernement russe, il en modifia la nature. Il appliqua, en effet, la hiérarchie militaire à toute l'administration de l'empire, déclarant que les officiers auraient la noblesse personnelle, les officiers supérieurs, la noblesse héréditaire. Le peuple russe tendit à devenir un régiment de muets, et, comme dit un voyageur moderne, « la discipline du camp fut substituée à l'ordre de la cité. »

17. Mort du czaréwitz (1718). — Pierre avait eu de sa première femme, Eudoxie Lapouchin, qu'il avait répudiée à cause de son opposition aux réformes, un fils, Alexis Pétrowitz, qui, gouverné par les prêtres, chefs du parti mécontent, aigri contre son père et sa belle-mère Catherine, avait dit un jour : « Si je trouve le temps où mon père ne soit pas présent, je dirai quelque chose aux archevêques, qui le diront aux curés, et les curés le diront à leurs paroissiens, et il se pourra qu'on me fasse régner, même malgré moi. » Et il aurait régné, comme tout le monde le comprenait bien, pour anéantir l'œuvre de Pierre, pour permettre de porter la longue barbe et la robe[1], pour rétablir le patriarche

---

[1]. La longue barbe et la robe étaient conservées par les vieux Russes, c'est-à-dire par le parti opposé aux réformes. De là l'importance de ces signes extérieurs, symboles du respect pour les anciennes mœurs et les traditions nationales.

et les trois carêmes, chasser les étrangers et les réformes. Le czar avait de bonne heure apprécié ce caractère: dès 1710 il condamnait son fils : lorsqu'il s'était trouvé sur les bords du Pruth en si grand péril, il avait écrit au sénat de lui choisir pour successeur, s'il succombait, « le plus digne. » Le czaréwitz commit plus que des imprudences de parole : il s'enfuit à Vienne, puis à Naples, d'où un ministre de son père réussit à le tirer. De retour en Russie, il continua ses intrigues. Son père le fit avertir plusieurs fois, puis arrêter, et le traduisit devant un tribunal exceptionnel de cent quatre-vingt-un commissaires, qui, après l'avoir soumis à la question, le condamnèrent à mort à l'unanimité. A la nouvelle de l'arrêt, le prince tomba dans des convulsions qui amenèrent, suivant les courtisans, une attaque d'apoplexie. Le lendemain il mourait, peut-être des suites de la torture (1718). L'Anglais Henri Bruce, présent alors à la cour de Russie, écrivit que le czar avait administré à son fils une potion qui produisit des désordres mortels. Très-peu de personnes, ajoute-t-il, regardent sa mort comme naturelle; mais il était dangereux de dire ce qu'on en pensait. Plusieurs de ses complices supposés périrent, le général Gleboff fut empalé; l'archevêque de Rostoff fut rompu vif; l'impératrice Eudoxie fut flagellée.

L'homme impitoyable pour son fils ne devait point pardonner à ses agents infidèles. Les exactions, cette plaie de l'administration russe, trouvaient le czar sans pitié. En 1721 le gouverneur d'Arkhangel fut fusillé, et le vice-gouverneur de Saint-Pétersbourg reçut le knout, pour avoir abusé de leur pouvoir. Quelque temps auparavant, une chambre de justice, instituée pour rétablir l'ordre dans les finances, avait fait trembler jusqu'au favori du czar, le prince Mentchikoff. C'est par cette dureté impitoyable que Pierre parvint, comme il le disait lui-même, à habiller en hommes son troupeau de bêtes.

18. Derniers succès de Pierre le Grand (1722-1725). — Les dernières années du czar furent encore marquées par des succès. Il avait alors une armée régulière de 120 000 hommes et une flotte de trente vaisseaux de ligne. Il avait conquis la prépondérance dans le Nord : le traité de Nystad la consacra. Une expédition contre la Perse lui valut Derbent, au sud du Caucase (1722). Ainsi Pierre Ier avait montré à ses successeurs la double route qu'ils ont si hardiment suivie à l'ouest et au sud de leur empire. Sous sa main despotique, mais puissante, la Russie était poussée vers le progrès avec violence, mais avec rapidité. Trois ans après, le génie civilisateur de la Russie, que le sénat et le synode avaient surnommé le *Grand* et le *Père de la patrie*, mourait des suites de ses débauches (8 février 1725)[1]. Voltaire l'a appelé moitié héros, moitié

---

1. Voici le testament politique qu'on lui attribua longtemps, et qui n'est qu'une pièce apocryphe rédigée en 1811 :
« Ne rien négliger pour donner à la nation russe des formes et des usages européens.
« Maintenir l'État dans un état de guerre continual.
« S'étendre par tous les moyens possibles vers le nord, le long de la Baltique ; au sud, le long de la mer Noire.
« Entretenir la jalousie de l'Angleterre, du Danemark et du Brandebourg, contre la Suède, qu'on finira par subjuguer. Intéresser la maison d'Autriche à chasser les Turcs de l'Europe, et, sous ce prétexte, entretenir une armée permanente, établir des chantiers sur le bord de la mer Noire, et, en avançant toujours, s'étendre jusqu'à Constantinople.
« Alimenter l'anarchie de la Pologne et finir par subjuguer cette république.
« Entretenir, au moyen d'un traité de commerce, une alliance étroite avec l'Angleterre, qui de son côté favorisera tous les moyens d'agrandissement et de perfectionnement de la marine russe, à l'aide de laquelle on obtiendra la domination sur la Baltique et la mer Noire.
« Se pénétrer de cette vérité : que le commerce des Indes est le commerce du monde et que celui qui peut en disposer exclusivement est le souverain de l'Europe.
« Se mêler à tout prix dans les querelles de l'Europe et surtout de l'Allemagne.
« Se servir de l'ascendant de la religion sur les Grecs désunis ou schismatiques répandus dans la Hongrie, la Turquie, dans les parties méridionales de la Pologne.
« Enfin mettre en lutte l'une contre l'autre les cours de France et d'Autriche ainsi que leurs alliés, et profiter de leur affaiblissement réciproque pour tout envahir. »
Il est aujourd'hui démontré que le czar n'a pas tracé ce plan à ses successeurs ; mais il est certain qu'il a été suivi par eux. La moitié de cette politique, l'abaissement de la Suède, la ruine de la Pologne, l'intervention dans les affaires de l'Allemagne et la domination de la Baltique et de la mer Noire, paraissait accomplie au temps du czar Nicolas. L'autre moitié, la conquête de Constantinople et de l'Inde, est aujourd'hui tombée dans le domaine des questions réservées

tigre, et Frédéric II disait de lui et de ses Russes : « C'était de l'eau-forte qui rongeait du fer. »

19. Catherine Iʳᵉ (1725-1727). Pierre II (1727-1730). Anne (1730-1740). — Après la mort de Pierre le Grand, la cour de Russie fut le théâtre d'intrigues et de révolutions sans nombre. Sa femme, Catherine Iʳᵉ, lui succéda d'abord; le pouvoir réel appartint à Mentchikoff, qui continua l'œuvre du maître auquel il devait tout (1725-1727). L'ascendant de Mentchikoff sembla s'accroître encore sous Pierre II, fils du malheureux czaréwitz Alexis. Mais un jeune favori, Ivan Dolgorouki, d'une famille qui prétendait descendre de Rurik, captiva l'esprit du czar, et le vieux ministre, renversé, fut relégué en Sibérie. Pierre II étant mort prématurément à quinze ans (1730), les Dolgorouki et les Galitzin donnèrent l'empire à une nièce de Pierre le Grand, Anne de Courlande, en lui imposant des conditions qui eussent détruit, si elles avaient été observées, l'œuvre de Pierre le Grand au profit de l'aristocratie. Ce fut la première tentative faite par la noblesse pour ressaisir le pouvoir; la seconde a été la grande conspiration de 1825, mais dans l'intervalle les nobles ont égorgé trois empereurs : Ivan VI, Pierre III et Paul Iᵉʳ.

Anne n'eut pas grand'peine à s'affranchir des entraves mises à son pouvoir. Les Galitzin furent bannis; les Dolgorouki envoyés en Sibérie, et tout plia sous le favori Biren, fils d'un paysan courlandais, qui fit périr dans les supplices tous ceux qui lui portaient ombrage. La Sibérie ne protégea même pas les princes Dolgorouki contre sa haine. Quatre d'entre eux furent écartelés, d'autres décapités; douze mille de leurs partisans périrent dans les supplices; vingt mille furent exilés. En 1737, Anne fit élire son favori duc de Courlande, malgré la résistance de la noblesse de cette province, qui avait

auxquelles la politique donnera peut-être une solution pacifique par des traités de commerce, des chemins de fer, des canaux, et le retour de l'Asie centrale à la vie civilisée, que la Russie y porte en ce moment.

quelques années auparavant, refusé de le reconnaître pour simple gentilhomme. Ce règne ne manqua pourtant point d'un certain éclat. Anne, à l'exemple de Pierre Ier, s'entoura d'étrangers, surtout d'Allemands, dont plusieurs montrèrent des talents. La Russie intervint avec succès dans la guerre de la succession de Pologne, et fit reconnaître Auguste III, malgré les droits de Stanislas Leczinski, l'élu de la nation, qu'en 1734 une armée russe assiégea dans Danzig (voy. p. 376). « Jamais, dans cette guerre, dit un contemporain, 300 Russes ne se détournèrent pour éviter 3000 Polonais. » La Porte, qui avait souffert l'oppression des Polonais, expia cette faute. L'Irlandais Lascy entra dans Azoff; l'Allemand Munnich força en 1736 les lignes de Perekop et parcourut la Crimée, mais sans pouvoir la garder. L'année suivante, après l'alliance conclue avec les Autrichiens, il emporta d'assaut Oczakoff, le boulevard de l'empire ottoman à l'embouchure du Dnieper; en 1739 il prit Choczim, sur le Dniester, franchit le Pruth, qui avait été si fatal à Pierre le Grand en 1711, et entra dans Jassy. Il voulait aller plus loin, franchir le Danube, les Balkans. Il comptait sur un soulèvement des Grecs, et ne doutait pas d'emporter avec eux Constantinople ; mais les revers essuyés par les Autrichiens (perte d'Orsowa, 1738, défaite de Krotzka, près de Belgrade, 1739) obligèrent la Russie à rendre, lors de la paix de Belgrade, toutes ses conquêtes (1739), et à prendre l'engagement de n'avoir ni flotte ni navire d'aucune sorte sur la mer d'Azoff et l'Euxin. Munnich est resté célèbre, comme Souwaroff, par une énergie quelquefois sauvage. Devant Oczakoff, une colonne refusait d'avancer, effrayés par le feu terrible de l'ennemi: Munnich fit pointer le canon derrière elle. Voyant ses soldats feindre des maladies pour rester en arrière, il publia dans son armée une défense d'être malade, sous peine d'être enterré vif. Le lendemain trois soldats subirent ce supplice sur le front du camp

20. Ivan VI (1740-1741). — Anne avait désigné pour lui succéder son neveu, Ivan VI, encore au berceau, et fils de sa nièce, la duchesse de Brunswick. Biren devait être régent. La duchesse gagna Munnich, et, au bout d'un mois de règne, Biren fut envoyé en Sibérie. La vanité nationale s'irrita de voir des Allemands disposer ainsi de la couronne et du pouvoir. Élisabeth, seconde fille de Pierre le Grand, avec 105 grenadiers du régiment des gardes Préobrajenski, conduits par le médecin Lestocq, se rendit au palais (1741), s'en empara, relégua la duchesse Anne dans une prison et y jeta Ivan VI, qui, au bout de vingt-deux années, fut égorgé par ses gardiens.

21. Élisabeth (1741-1762). Pierre III (1762-1763). — Une réaction terrible éclata contre les étrangers : Biren fut rappelé de Sibérie ; mais Munnich prit sa place, et y resta vingt ans. Beaucoup d'autres eurent le même sort; quelques-uns, plus heureux, échappèrent, tels que Keith, Lascy, Lowendall, le mathématicien Euler. Le règne des deux Anne avait été celui des Allemands, qui occupaient en Russie tous les hauts emplois ; Élisabeth les remplaça par des Russes : Bestoutcheff, Voronzoff, dirigèrent le gouvernement, Apraxin commanda l'armée. A l'intérieur, loin de laisser dépérir, comme on l'a dit, les établissements de Pierre le Grand [1], elle les multiplia (fondation des universités de Saint-Pétersbourg et de Moscou, d'une académie des beaux-arts à Saint-Pétersbourg, d'un gymnase à Kazan, d'écoles jusqu'en Ukraine et à Orenbourg, construction du palais d'Hiver, etc.); elle augmenta la flotte et fortifia l'armée; enfin elle abolit la peine de mort et la remplaça par la déportation en Sibérie, ce qui fut souvent, il est vrai, la même chose. Au dehors, elle intervint avec succès dans les affaires du continent : elle conquit la

---

[1]. Élisabeth honora toujours la mémoire de son père. C'est elle qui fit remettre à Voltaire les documents demandés par lui pour écrire l'histoire de Pierre le Grand. La littérature française remplaça, à sa cour, celle de l'Allemagne, et des acteurs français y jouèrent des pièces de notre théâtre.

Finlande, que la médiation de l'Angleterre l'empêcha de garder tout entière (traité d'Abo, 1743). Ennemie de la France durant la guerre de la Succession, elle revint, dans la guerre de Sept ans, à l'idée de son père[1], celle d'unir la Russie à la plus grande puissance continentale de l'Occident contre l'État, Autriche ou Prusse, qui, en Allemagne, visait à la prépondérance. La Prusse venait de l'acquérir; Elisabeth voulut la lui ôter, pour n'avoir pas un voisin si fort : son armée battit en plusieurs rencontres celle de Frédéric II, et ses troupes entrèrent à Berlin. Sa mort sauva la Prusse d'une ruine inévitable (1762). Elisabeth avait véritablement préparé la grandeur de Catherine II.

Pierre III, qui lui succéda, était fils d'un duc de Holstein-Gottorp et d'une fille aînée de Pierre le Grand. Il se déclara l'allié de Frédéric et mit les troupes russes à sa disposition. Mais ce prince incapable ne régna guère : au moment où il allait punir les désordres de sa femme, celle-ci le prévint, le détrôna et le fit étrangler. Elle prit le nom de Catherine II.

22. État de l'Europe orientale après les traités de Carlowitz (1699) et de Passarowitz (1718). — Pendant la grande lutte de Charles XII et de Pierre le Grand au sud de la Baltique et dans les plaines de la Pologne et de la Russie, une autre était engagée dans la vallée du Danube. L'Autriche, à peu près rejetée de l'Allemagne par les traités de Westphalie, comme l'avait demandé le pamphlet fameux de Ph. Chemnitz, avait reçu le dernier assaut des Turcs. De 1657 à 1705 Léopold I*er* y régna, et les jésuites gouvernèrent sous son nom ; aux portes de son palais, on trouva plus d'une fois des placards portant ces mots : *Sis Cæsar et non jesuita*. Mais Léopold n'avait pas l'étoffe d'un César. Tout s'amollit et s'énerva sous son despotisme paternel, et l'histoire n'aurait pas à montrer, durant ce long règne, un seul homme supérieur en Autriche, si l'Italie

---

[1]. Voyez p. 403 et suiv., et, pour Catherine II, le chapitre XXII.

ne lui avait donné Montecuculli, qui fut presque un digne adversaire de Turenne et de Condé, et la France, le prince Eugène, notre plus redoutable adversaire.

Depuis le grand Soliman, la fortune des Turcs avait baissé, parce que leurs sultans, enfermés au sérail, avaient perdu leurs qualités militaires. A son avénement, le nouveau prince égorgeait ses frères : c'était une règle de gouvernement ; mais lui-même perdait bien souvent dans les plaisirs l'énergie de l'âme, la santé, quelquefois la raison. Alors on parlait sourdement de vizirs étranglés et de femmes jetées dans un sac au Bosphore ; dans la ville éclataient des émeutes de janissaires ; au palais, les intrigues des sultanes se mêlaient aux fêtes et aux orgies qui ruinaient le trésor. Passant en un jour de la prison au trône, ces hommes qui avaient vécu avec une épée continuellement suspendue au-dessus de leur tête, aimaient à faire trembler à leur tour et frappaient avec la férocité de la bête fauve qui tue pour tuer. Au compte de l'un d'eux, Amurath IV, qui mourut des suites de l'ivresse, on met cent mille victimes. Cependant leur empire était encore immense ; il s'étendait depuis le golfe Persique jusqu'au milieu de la Hongrie, de l'Yémen à Caffa, de l'Algérie à la mer Caspienne, et la Transylvanie, la Valachie, la Moldavie, leur payaient tribut. Un reste d'élan guerrier, qui animait encore l'armée, retarda une décadence rendue inévitable par la détestable constitution de la famille musulmane et l'intolérance sauvage des *muftis* et des *ulémas*. Sous Ibrahim, qui mourut étranglé, commença en 1645 la guerre mémorable de Candie, où la France soutint Venise par quelques secours d'hommes et d'argent.

Des sultans intelligents, que l'exemple et peut-être les conseils de la France réveillaient, ayant su choisir des ministres capables et les garder longtemps, comme les trois Kiupruli, qui tinrent le grand vizirat pendant près d'un demi-siècle, les succès revinrent. Montecuculli gagna encore, avec le secours de la France, la bataille de Saint-Gothard (1664), mais Ahmed-Kiupruli en annula les effets par la trêve de Vasvar, et il prit Candie (1669), enleva aux Polonais Kaminiek (1672), capitale de la Podolie, avec un tiers de l'Ukraine, et infligea aux Russes plusieurs échecs. Son successeur, Kara-Mustapha, voyant l'empire assuré par ces succès sur son flanc et sur ses derrières, poussa en 1683 trois cent mille hommes jusque sous les murs de Vienne d'où Léopold et sa cour s'enfuirent. Quand, au bout de deux mois, le roi de Pologne Sobieski parut avec 20 000 Polonais sur les hauteurs du Kahlenberg, la montagne qui domine Vienne, il était impossible que la capitale de l'Autriche tînt cinq jours de plus. Réunis à la garnison et à une armée allemande de secours, les Polonais descendirent comme un ouragan du Kahlenberg; l'armée turque, fort éprouvée par la longueur du siège, fut écrasée (12 septembre), et le grand vizir trouva à Belgrade des muets du sérail qui lui apportèrent le cordon et l'étranglèrent. L'Autriche était sauvée, mais dévastée, les Turcs emmenaient plus de 80 000 captifs. Sobieski et les Polonais furent récompensés de cet immense service par l'ingratitude. Le roi ne reçut de Léopold que des remerciements embarrassés, et, un siècle après, Marie-Thérèse aidait la Prusse et la Russie à égorger la Pologne. Un autre libérateur des Habsbourgs, le czar Nicolas, récompensé comme Sobieski, disait : « Nous avons été bien sots l'un et l'autre, car il n'y a que nous deux qui ayons secouru l'Autriche. » La reconnaissance est rare entre les particuliers; elle ne dure pas un jour entre les peuples, dès que les intérêts deviennent contraires.

En 1686 Bude fut reprise, puis Belgrade, et la Hongrie, révoltée depuis 1671 contre Léopold, qui voulait détruire ses libertés politiques et religieuses, fut replacée sous la domination autrichienne, malgré les efforts de Toekeli. La *boucherie d'Eperies*, ainsi a-t-on nommé les nombreuses exécutions faites dans cette ville, a laissé dans l'histoire de Hongrie un lugubre souvenir : c'était un mauvais moyen de pacification. Toekeli, aidé des Turcs, souleva encore la Transylvanie; le prince Eugène venait d'être mis à la tête de l'armée impériale ; en septembre 1697, il remporta à Zenta, au nord de Peterwaradin, une grande victoire qui décida les Turcs à conclure quatorze mois plus tard la paix de Carlowitz (26 janvier 1699). Ils reconnurent à l'Autriche la possession de la Transylvanie, de l'Esclavonie et de la Hongrie au nord de la Sava, mais gardèrent Temeswar et le pays hongrois au sud de ce fleuve. Ils cédèrent aux Polonais Kaminiek et la Podolie ; aux Russes, Azof ; aux Vénitiens la Morée et des places en Dalmatie. C'était un grand mouvement de recul pour les Ottomans ; un grand mouvement en avant pour l'Autriche. Dans cette guerre, le Vénitien Morosini avait bombardé l'Acropole d'Athènes et mis le chef-d'œuvre de l'architecture grecque dans l'état où nous le voyons aujourd'hui. Morosini fut un grand patriote, mais l'art maudit son nom.

Les Transylvains n'avaient pas accepté sans regret l'union avec l'Autriche. Un ami de Toekeli, Rakoczy, les souleva, entraîna la Hongrie dans le mouvement et reçut de la France de l'argent, des officiers et des conseils (1703). Une diète le proclama voïevode de Transylvanie ; une assemblée hongroise le reconnut pour chef de la nation, et Louis XIV, en lui écrivant, l'appelait mon cousin : c'était pour la France, alors engagée dans la grande guerre de la Succession, une heureuse diversion. Mais Louis ne put continuer ses subsides, et Rakoczy, à la suite de plusieurs échecs, dut s'enfuir en Pologne. La Hongrie accepta le traité de Szathmar qui stipula le rétablissement de ses libertés et une amnistie générale (1711).

Les Turcs n'avaient pas profité de cette guerre civile pour défaire à leur profit le traité de Carlowitz. Ils regardaient ailleurs, du côté où luttaient Charles XII et Pierre le Grand. En 1711 ils auraient pu anéantir l'armée russe entrée en Moldavie et faire le czar prisonnier ; ils se contentèrent de la cession d'Azof et ne surent pas utiliser le roi de Suède réfugié chez eux, à Bender.

En 1714, ils attaquèrent les Vénitiens dans la Morée, prirent Corinthe et assiégèrent Corfou. Mais la guerre de la Succession d'Espagne était terminée; une coalition se forma contre eux, et lorsqu'ils vinrent se heurter, en 1716, contre l'Autriche, qui avait en ce moment la libre disposition de ses forces, ils furent vaincus par le prince Eugène à Peterwaradin, à Belgrade, et le traité de Passarowitz donna à l'Autriche le bannat de Temeswar, la Servie avec la forte place de Belgrade, qui était la clef des deux vallées du Danube et de la Save (21 juillet 1718).

Le résultat de toutes ces guerres dans l'Europe orientale et de tous ces traités fut donc l'abaissement de la Suède et de la Turquie, la grandeur croissante de la Russie et un retour de fortune pour l'Autriche.

23. Situation politique de l'Europe en 1715. — Les traités d'Utrecht (1713), de Rastadt (1714) et des Barrières (1715), venaient de mettre fin à la guerre de la Succession d'Espagne et de régler l'état de l'Europe occidentale, comme ceux de Passarowitz (1718), de Stockholm (1720) et de Nystad (1721), réglèrent l'état des puissances du Nord et de l'Est.

L'ANGLETERRE, victorieuse des insurrections de l'*Irlande*, avait consommé en 1707 son union politique avec l'*Écosse* par la fusion des deux parlements, et affermi dans ses mains le sceptre des mers par des acquisitions importantes en Amérique, dont elle possédait la côte comprise entre l'Acadie et la Floride, avec les *Bermudes*, les *Lucayes*, la *Jamaïque* et une partie de la *Guyane*. La paix lui rendit la baie d'*Hudson*, et lui donna : dans les Antilles, *Saint-Christophe*; au nord, l'île de *Terre-Neuve* et l'*Acadie*, les deux avant-postes du Canada qu'elle allait maintenant cerner. En Europe, elle gardait *Minorque* et *Gibraltar* ainsi que les îles anglo-normandes de *Jersey*, *Guernesey* et *Aurigny*. Aux Indes orientales, où elle occupait depuis longtemps l'île de *Bombay*, elle venait de fonder *Calcutta*, sur le Gange, et *Bencoulen*, dans l'île de Sumatra. En Afrique, elle n'avait que des comptoirs peu importants et l'île de *Sainte-Hélène*.

Les PROVINCES-UNIES, en faisant donner à l'Autriche les *Pays-Bas* espagnols, avaient trouvé dans cette maison rivale de la France une barrière contre un redoutable voisinage. Les derniers traités avaient ajouté à la Hollande la haute *Gueldre* et *Venloo*; de plus les villes belges de Namur, Tournay, Menin, Furnes, Ypres, Warneton et le fort de Knoque, devaient être occupées par des garnisons hollandaises. Les Provinces-Unies étaient donc plus grandes territorialement qu'en 1648, mais elles n'avaient plus ni Tromp ni Ruyter; elles n'avaient plus de flottes dominant l'Océan, et Frédéric II disait de la Hollande, attachée depuis Guillaume III à la politique de l'Angleterre, que « ce n'était qu'une barque voguant dans le sillage d'un puissant navire ». Le stathoudérat avait été aboli en 1702 et ne sera rétabli qu'en 1746. Un bel empire colonial leur restait, divisé en cinq gouvernements : *Java*, *Amboine*, *Ternate*, *Ceylan* et *Macassar*, et ils commençaient la découverte, mais non l'occupation de l'Australie. Ils avaient en outre quelques établissements aux Antilles et à la Guyane.

La FRANCE conservait à peu près les limites que lui avaient tracées les traités de Nimègue et de Ryswick ; mais les fortifications de Dunkerque étaient démolies. A l'est, Vieux-Brisach, Fribourg, Kehl et Philippsbourg étaient restitués à l'Empire. Les frontières septentrionales suivaient une ligne arbitraire formée par le territoire de Dunkerque, Bergues, Cassel, Armentières, Lille Condé, Valenciennes, Bavay, puis, le long de la Meuse Charlemont, Bouillon et Montmédy, laissant en dehors les villes de Marienbourg et de Philippeville, enclavées dans la province belge de Namur et la principauté de Charleville, qui ne payait aucun impôt à la France, mais relevait de la couronne. Au nord-est, Longwy, Thionville, Sierck et Sarrelouis formaient, avec Metz, Toul et Verdun, les avant-postes de la France au milieu de la Lorraine, qui était, avec le Barrois, restituée à son duc. Landau surveillait le Palatinat et couvrait Strasbourg. Au sud de l'Alsace, le comté de *Montbéliard* appartenait au duc de Würtemberg. A l'est, le Rhin servait de frontière, de Lauterbourg à Huningue, d'où la ligne de limite, laissant la république de Mulhouse à la Suisse et le comté de Montbéliard à l'Allemagne, se dirigeait vers le Jura, longeant cette montagne, puis le Rhône, atteignait la crête des Alpes vers les sources de la Durance et les suivait jusqu'au Var. La principauté de Monaco, au delà de ce fleuve, restait sous la garde de la France. Le comtat Venaissin et Avignon demeuraient au pape.

On a vu (p. 150) quelles colonies la France possédait durant l'administration de Colbert. Le traité d'Utrecht nous ôta l'Acadie et Terre-Neuve. Un établissement au cap Breton ou île *Royale*, en 1713, ne compensa pas cette perte. Cependant les deux plus importantes positions commerciales de l'Amérique du Nord, le Saint-Laurent ou le *Canada*, et les bouches du Mississipi ou la *Louisiane*, restaient entre nos mains avec une partie des *Antilles*, *Cayenne*, le *Sénégal*, *Bourbon*, l'île de *France* et nos établissements de l'Inde. Qu'un gouvernement habile seconde le courage de nos colons, et l'Amérique du Nord deviendra une terre française, l'Océan la grande route de nos flottes militaires et marchandes; mais Louis XV n'aura pas une ambition si haute.

Le Portugal gardait, en Europe, ses limites du Minho et de la Guadiana, mais n'avait plus, aux Indes orientales, que des débris, *Goa*, *Diu*, etc. Il conservait ses établissements d'Afrique et le *Brésil*.

L'Espagne avait aussi perdu toutes ses annexes d'Europe (les Pays-Bas, Naples, Milan, la Sicile, la Sardaigne), moins les Baléares, où cependant les Anglais occupaient Minorque; mais elle retenait, en Afrique, *Oran*, *Ceuta* et les îles *Canaries*, *Fernando-Po* et *Annobon;* dans l'Océanie, les *Philippines* et les *Ma-*

riannes ; en Amérique, la *Floride*, *Cuba*, *Porto-Rico*, une petite partie de *Saint-Domingue* et les immenses régions qui formaient les vice-royautés de *Mexico* et de *Lima*.

En ITALIE, l'Autriche succédait à l'Espagne ; elle avait acquis au dernier traité *Naples*, la *Sardaigne*, les *présides de Toscane*, le *Milanais*, *Mantoue* avec les seigneuries de *Castiglione* et de *Solferino*.

Le duc de *Savoie* avait obtenu, avec le titre de roi de Sicile, le *Montferrat*, les provinces d'*Alexandrie* et de *Valence*, qu'il avait jointes au *Piémont*, au marquisat de *Saluces*, aux comtés de *Tende* et de *Nice*, et au duché de *Savoie*.

Les *États de l'Église* s'étendaient, en diagonale, du Garigliano, limite du royaume de Naples, aux bouches du Pô, en exceptant toujours la république de *Saint-Marin*. *Bénévent*, dans le royaume de Naples, et le *comtat Venaissin*, en France, appartenaient au pape.

Les États secondaires étaient : le grand-duché de *Toscane*, le duché de *Parme* et de *Plaisance*, celui de *Modène* et les trois républiques de *Lucques*, de *Gênes*, qui possédait la *Corse* avec le marquisat de *Final*, et de *Venise*, qui venait de recouvrer pour quelques années la *Morée* avec l'île de *Sainte-Maure*. Elle avait perdu Candie, mais elle gardait *Cythère*, *Corfou*, les côtes de la *Dalmatie* et, sur le continent italien, ses provinces de *Terre Ferme*, depuis le milieu de l'Istrie, où Trieste était à l'Autriche, jusqu'à Crème, sur le Serio.

La Suisse n'a pas changé d'état depuis 1648. (Voyez p. 70.)

En ALLEMAGNE, l'*Autriche*, qui avait pris la place de l'Espagne en Italie et aux *Pays-Bas* (huit provinces : Anvers, Malines, Flandre, Hainaut, Brabant, Namur, Limbourg et Luxembourg), conservait en Allemagne ses anciens domaines. (Voyez p. 70.) La paix de Carlowitz (1699) avec les Turcs lui avait donné la *Transylvanie*, mais le bannat de Temeswar restait aux Ottomans. Au sud, la Save et l'Unna formaient la barrière

Saint-Paul à l'île Bourbon.

des deux empires entre l'Esclavonie et la Croatie d'une part, la Bosnie de l'autre. Rakoczy avait perdu, en 1710, la principauté de Transylvanie et vivait en France d'une pension que lui faisait Louis XIV.

Dans le sud de l'Allemagne, les plus puissantes maisons étaient toujours celles de *Bavière*, de *Würtemberg* et de *Bade* (Bade et Durlach).

Au nord, les puissances dominantes étaient la *Hesse*, divisée en deux États (Cassel et Darmstadt), la *Saxe*, qui l'était en sept ou huit, la maison de *Brunsvick*, qui possédait le duché de ce nom et l'électorat de *Hanovre*, dont le représentant était depuis un an roi d'Angleterre, enfin le *Brandebourg*, dont le chef venait de prendre le titre de roi de Prusse et d'acquérir la haute *Gueldre* et le pays de *Kessel*, près du Rhin, où il avait déjà *Clèves*, la *Marck* et *Ravensberg*, et en Suisse la principauté de *Neufchâtel* avec le comté de *Valengin*. (Voyez p. 70.) On ne peut rappeler que pour mémoire la foule de principautés, duchés, villes libres et domaines ecclésiastiques, qui permettaient à l'Allemagne de se vanter qu'elle possédait cinq ou six cents États. L'électeur de Saxe était en même temps roi élu de Pologne.

Dans le nord de l'Europe, Charles XII était en train de ruiner la SUÈDE, à qui le traité de Copenhague (1660), sous Charles X, avait rendu ses provinces méridionales de Scanie, Halland, Blekingie et Bohus. Les traités de Stockholm (1720) allaient céder au Hanovre *Brême* et *Verden*, à la Prusse, *Stettin*, les îles de *Wollin* et d'*Usedom*, c'est-à-dire les bouches de l'Oder, la partie de la *Poméranie* située au delà de la Peene, et par conséquent ne laisser de ce côté à la Suède que *Stralsund*, *Wismar*, l'île de *Rügen*, et une portion de la *Poméranie*. Le traité de Nystad (1721) donnera aux Russes la *Livonie* suédoise, l'*Esthonie*, l'*Ingrie* avec une portion de la *Carélie* et le district de *Wiborg*. (Voy. p. 333-334.)

Le DANEMARK avait fait, durant ces guerres, des

conquêtes sur la Suède et sur le duc de Holstein-Gottorp, allié de Charles XII ; il fut contraint de les restituer et n'eut par conséquent aucune compensation pour les pertes que lui avait infligées le traité d'Oliva.

La POLOGNE possédait, le long de la Baltique, la Prusse royale, sur les deux rives de la basse Vistule, et touchait à la Silésie à l'ouest, aux monts Karpathes au sud, qui la séparaient de l'empire turc, au sud-est et à l'est au Dnieper, frontière occidentale de la Russie. Sa dernière heure approchait. (Voy. le chap. XXII.)

Quant à la RUSSIE, Pierre le Grand était occupé à la tirer de l'obscurité pour la faire monter au premier rang des nations. La paix de Moscou avec Sobieski (1686) avait donné à la Russie *Smolensk*, *Tchernigoff*, *Nowgorod*, la *petite Russie* avec *Poltawa*, *Kiew*, et le territoire indépendant des *Cosaques zaporogues*. La paix de Carlowitz avec les Turcs (1699) lui valut *Azof*, c'est-à-dire une porte, mais encore fort embarrassée, sur la mer Noire, et que d'ailleurs il fallut rendre par le traité de 1711. Le czar allait bientôt en trouver une autre dans l'Ingrie, sur la Baltique. On vient de voir les concessions que lui fera la Suède en 1721.

La paix de Passarowitz (1718) avait coûté à la TURQUIE le bannat de *Temeswar*, la portion de la *Valachie* placée à l'ouest de l'Alouta, *Belgrade*, et une partie de la *Servie*, mais lui avait rendu la *Morée*, sauf Cythère laissée aux Vénitiens. Elle conservait tout le littoral de la mer Noire avec la *Crimée* sous sa domination directe ou sous celle des Tartares, ses tributaires, l'*Asie occidentale* jusqu'au golfe Persique, toute la côte d'Afrique jusqu'au Maroc (*Égypte*, *Tripoli*, *Tunis*, *Alger*), et le protectorat des villes saintes en Arabie, *la Mecque* et *Médine*.

CHAPITRE XV.

LOUIS XV; RÉGENCE DU DUC D'ORLÉANS;
SYSTÈME DE LAW; MINISTÈRE DU CARDINAL DE FLEURY;
GUERRE DE LA SUCCESSION DE POLOGNE [1].

1. Régence du duc d'Orléans (1715-1723). — 2. État de la France. — 3. Alliance avec l'Angleterre (1717). — 4. Guerre avec l'Espagne (1719-1720). — 5. Dubois. — 6. Le czar Pierre le Grand à Paris (1717). — 7. Désordre des finances. — 8. Révolution financière de Law (1716-1720). — 9. Ébranlement des mœurs et des idées. — 10. Peste de Marseille (1720). — 11. Mort de Dubois et du duc d'Orléans (1723). — 12. Ministère du duc de Bourbon (1723-1726). — 13. Ministère de Fleury (1726-1743); affaires intérieures; les convulsionnaires. — 14. Affaires étrangères: réconciliation avec l'Espagne (1726-1731). — 15. Guerre pour la succession de la Pologne (1733-1735). — 16. Traité de Vienne (1738).

1. Régence du duc d'Orléans (1715-1723). — Le poids de l'autorité de Louis XIV avait été accablant dans les dernières années. Quand la nation le sentit enlevé, elle respira; la cour et la ville firent éclater une joie irrespectueuse; le cercueil même du grand roi fut insulté. « J'ai vu, dit Voltaire, de petites tentes dressées sur le chemin de Saint-Denis. On y buvait, on y chantait, on y riait. Le jésuite Le Tellier était la principale cause de cette joie universelle. J'entendis plusieurs spectateurs dire qu'il fallait mettre le feu aux maisons des jésuites avec les flambeaux qui éclairaient la pompe funèbre. » Ainsi s'ouvrit le dix-huitième siècle, par une protestation inconvenante contre la monarchie absolue et contre la direction religieuse qui lui avait été imprimée dans les derniers temps.

Le nouveau roi avait cinq ans. Qui allait gouverner?

---

[1]. Ouvrages à consulter : *Mémoires* de Saint-Simon, de Villars, de Noailles, de Duclos; *Journal du règne de Louis XV*, par l'avocat Barbier, pour les années 1718-1763; Lacretelle, *Histoire du dix-huitième siècle*; Lemontey, *Histoire de la régence*; de Tocqueville, *Histoire philosophique du règne de Louis XV*; Villemain, *Tableau de la littérature au dix-huitième siècle*.

Louis XIV avait bien fait un testament (voy. p. 207), mais sans s'abuser sur sa valeur. « Dès que je serai mort, on n'en fera ni plus ni moins. Je sais trop bien ce qu'est devenu le testament du roi mon père ! »

Comme à la mort de Henri IV et de Louis XIII, il y

Philippe, duc d'Orléans, régent de France.

eut un instant de réaction féodale; mais nous pouvons mesurer la décadence de la noblesse à l'affaissement successif de ses efforts. Sous Marie de Médicis, elle peut encore faire la guerre civile; sous Anne d'Autriche, elle fait la Fronde; après Louis XIV, elle ne fit que des Mémoires. Le plus fier, le plus infatué de tous ces nobles, le duc de Saint-Simon, voulait que le premier prince du sang, Philippe d'Orléans, à qui le testament ne laissait qu'une ombre de pouvoir, demandât la régence aux ducs et pairs, comme héritiers et représentants des anciens grands vassaux. Philippe d'Orléans repoussa le fragile appui qu'on lui offrait; il convoqua le parlement, et, dans l'assemblée solennelle qui se tint, feignit d'avoir recueilli de la bouche du roi mourant ces paroles : « Je vous recommande le dauphin; servez-le aussi fidèlement que vous m'avez servi, et travaillez à lui conserver son royaume; s'il vient à manquer, vous serez le maître, et la couronne vous appartient.... J'ai fait les dispositions que j'ai crues les plus sages; mais comme on ne saurait tout prévoir, s'il y a quelque chose qui ne soit pas bien, on le changera. » La régence sans conseil fut décernée au duc d'Orléans; le commandement de la maison du roi fut même enlevé au duc du Maine, qui ne céda cette importante prérogative qu'après une altercation violente, où les deux princes parurent peu dignement.

Pour récompenser les services de ses deux alliés, le régent appela la haute noblesse aux affaires d'où Louis XIV l'avait tenue éloignée, en remplaçant les ministères par sept conseils dont elle eut presque toutes les places, et il reconnut au parlement le droit de remontrance. Mais deux ans ne s'étaient pas écoulés que les ministères étaient rétablis, le parlement de nouveau condamné au silence, et même, en 1720, exilé tout entier à Pontoise, pour son opposition aux tentatives de Law. Ce n'était en effet ni la noblesse ni le parlement qui devaient hériter de la monarchie absolue.

2. État de la France. — Le régent avait le pouvoir; c'était un redoutable héritage que celui de Louis XIV ! Voici ce que coûtait sa gloire : plus de 2 milliards 400 millions de dette publique, avec un encaisse de 800 000 livres; une rareté excessive de numéraire; le commerce paralysé; la noblesse accablée de dettes, dont les moins onéreuses avaient été contractées à l'intérêt de 15 à 20 pour 100 ; les magistrats, les rentiers, depuis longtemps privés du revenu que leur devait l'État ; les paysans, en certaines provinces, manquant de tout, même de paille pour se coucher ; ceux des frontières, passant à l'étranger ; beaucoup de parties du territoire incultes et désertes. Grâce à l'épée de Villars, le grand roi avait pu mourir dans une noble et fière attitude vis-à-vis de l'Europe ; mais il n'eût pas été possible de répéter cet effort ; la paix à tout prix, voilà ce qu'il fallait au pays pour se refaire, au régent pour se maintenir.

3. Alliance avec l'Angleterre (1717). — La France n'avait point eue de plus formidable ennemie que l'Angleterre. Quelques avantages que celle-ci eût recueillis du traité d'Utrecht, les whigs trouvaient qu'on y avait encore trop épargné la France et redemandaient la guerre. De ce côté donc un danger national, au fond peu à craindre, parce que l'Europe était pour un moment lasse de combats, et que la dynastie de Hanovre, assise depuis quelques mois sur le trône d'Angleterre, devait s'y affermir avant de songer aux entreprises du dehors. Du côté de l'Espagne venait, pour le régent, un danger personnel : Philippe V, qui l'accusait d'intentions criminelles contre Louis XV, revendiquait la régence et se proposait de revendiquer la couronne, au mépris de ses renonciations antérieures, si le jeune roi venait à mourir. S'allier contre l'Espagne avec l'Angleterre, gardienne jalouse des renonciations de Philippe V au trône de France, et écarter une apparence de danger national par une alliance qui le fortifiait contre le danger personnel, telle fut la politique du régent, utile à lui-même, pouvant l'être à la France, selon qu'elle serait pratiquée, mais qui ne tarda pas à devenir fatale.

Par la triple alliance, conclue le 4 janvier 1717, entre la France, l'Angleterre et la Hollande, le régent s'engagea à renvoyer au-delà des Alpes le prétendant Stuart, à démolir les nouveaux ouvrages de Mardyk que Louis XIV destinait à remplacer Dunkerque et à achever de combler le port de cette dernière ville, opération que les commissaires anglais et hollandais étaient autorisés à venir surveiller. Le commerce, la navigation même dans la mer du Sud, étaient interdits aux Français. La succession protestante était reconnue pour l'Angleterre, qui, de son côté, reconnaissait la succession au trône de France, telle que le traité d'Utrecht l'avait établie, c'est-à-dire l'exclusion du roi d'Espagne et la reconnaissance des droits éventuels du duc d'Orléans; comme conclusion, alliance défensive entre les deux pays.

4. Guerre avec l'Espagne (1719-1720). — Ce traité, qui nous fit courber la tête jusqu'à terre, menait à une guerre avec l'Espagne. Ce pays était alors gouverné par Albéroni, fils d'un jardinier de Plaisance, qui avait plu à Vendôme durant les guerres d'Italie. Le prince en avait fait son aumônier : véritable sinécure. Resté en Espagne après la mort du duc, il se glissa dans la maison du ministre de Parme, qui, partant pour l'Italie, lui laissa quelques affaires à gérer. Dans l'intervalle, la reine mourut. Albéroni persuada à la princesse des Ursins de la remplacer par Élisabeth Farnèse, qu'il lui dépeignit comme une jeune fille facile à conduire. Le premier acte de la nouvelle reine fut de chasser la *camerera mayor* et d'accorder toute sa confiance au peu scrupuleux, mais très-habile abbé, dont, plus tard, elle fit un cardinal. Il se croyait le génie de Richelieu, et ne fut qu'un brouillon. Ses plans étaient pourtant fort beaux : il se proposait, au dedans, de relever les finances, l'agriculture et la marine de l'Espagne; au dehors, de reprendre les domaines que le traité d'Utrecht lui avait enlevés, et, pour mieux y parvenir, de mettre l'Europe en feu. Déjà l'Empereur avait fort à faire avec les Turcs; il engagea ceux-ci à redoubler d'efforts et pressa Rakozcy de rentrer en Transylvanie. Pour occuper l'Angleterre, Albéroni comptait jeter sur elle le roi de Suède, Charles XII, que le baron de Gœtz venait de réconcilier avec le czar et qui renverserait la dynastie de Hanovre au profit des Stuarts. En France, un complot opérerait la même restauration au profit de Philippe V. Tous les ennemis du régent furent sondés, réunis. L'ambassadeur espagnol Cellamare se fit l'agent de ces coupables menées; la duchesse du Maine, qui avait toute l'activité et l'ambition que son mari n'avait pas et qui tenait à Sceaux une cour rivale de celle du Palais-Royal[1], en était l'âme. La noblesse de Bretagne, blessée dans certains priviléges, y était presque toute affiliée; mais le complot fut découvert, et le duc de Cellamare arrêté, ainsi que le duc et la duchesse du Maine. Le régent fit le plus grand bruit qu'il pût de cette équipée, afin de couvrir d'une apparence de représailles la guerre fratricide qu'il allait entamer.

L'Autriche accéda en 1718 à la triple alliance, et la France, habituée sous Louis XIV à combattre seule contre tous, se trouva placée à la tête d'une coalition contre l'Espagne. Les Anglais, commençant un système qu'ils n'ont que trop pratiqué dans ce siècle, attaquèrent la flotte espagnole, sans déclaration de guerre, sur les côtes de Sicile et la battirent (août 1718). Une autre flotte, qui voulait porter le prétendant en Ecosse, fut détruite par la tempête, et les Anglais prirent le port de Vigo en Galice, tandis que Berwick, précédé d'un manifeste que Fontenelle avait rédigé, pénétrait en Espagne avec une armée française et s'emparait du port du Passage. Le commissaire anglais se hâta de brûler six magnifiques vaisseaux trouvés sur les chantiers de Fontarabie et de Saint-Sébastien (juin 1719). Ainsi nos soldats marchaient contre ce même Philippe V qu'ils avaient assis sur le trône de Charles-Quint, et dont les drapeaux portaient les trois fleurs de lis de France : Villars avait refusé de faire cette besogne. Enfin les Anglais réconcilièrent l'Empereur et le Turc, ce qui permit aux Impériaux d'accourir à la défense de l'Italie. Albéroni tomba devant tant de revers, et l'Es-

---

[1]. Le régent avait quitté Versailles pour s'établir au Palais-Royal; le roi était aux Tuileries.

pagne souscrivit aux conditions que la quadruple alliance voulut lui faire. Le duc de Savoie, fort malmené en tout ceci, sans avoir rien fait, fut contraint d'accepter la Sardaigne en échange de la Sicile, qui resta à l'Empereur avec le Milanais. Mais on accorda à l'aîné des enfants de la seconde reine d'Espagne l'expectative de Parme, de Plaisance et de la Toscane (janv. 1720). Cette paix était l'affermissement de la domination de l'Autriche sur l'Italie, de l'Angleterre sur l'Océan. Pour nous, nous y avions dépensé 82 millions sans gloire ni profit. L'Angleterre nous abandonna même, quand, au traité de Nystad (1721), nous essayâmes de faire obtenir des conditions moins dures aux Suédois.

5. Dubois. — Qui donc servait si bien nos ennemis? Un conseiller auquel le régent se livrait entièrement, l'abbé Dubois. « Dubois, dit Saint-Simon, était un petit homme maigre, effilé, à mine de fouine. Tous les vices, la perfidie, l'avarice, la débauche, l'ambition, la basse flatterie, combattaient en lui à qui demeurerait le maître.... Il mentait jusqu'à nier effrontément étant pris sur le fait. Il s'était accoutumé à un bégayement factice pour se donner le temps de pénétrer les autres.... Une fumée de fausseté lui sortait par tous les pores. » Ajoutez une intelligence souple et active avec une extrême malice, mais aussi une grande puissance de travail, et vous avez le portrait de l'ancien précepteur du duc d'Orléans, qui avait communiqué à son élève tout ce que la nature généreuse de celui-ci pouvait comporter de vices. Dubois avait négocié fort habilement le traité de la triple alliance. Le régent l'en récompensa en lui donnant, sur les instances du roi de la Grande-Bretagne, le ministère des affaires étrangères ; aussi écrivit-il à lord Stanhope : « Je vous dois jusqu'à la place que j'occupe, dont je souhaite avec passion de faire usage selon votre cœur, c'est-à-dire pour le service de Sa Majesté Britannique, dont les intérêts me seront toujours sacrés. » Cette fois il disait vrai, car l'Angleterre, assure-t-on, le payait assez cher pour qu'il la servît bien : 50 000 écus par an ; Saint-Simon dit même un million.

Il eut mieux quelque temps après : « Monseigneur, dit-il un matin au régent, j'ai rêvé que vous m'aviez fait archevêque de Cambrai. — Toi, archevêque ! » s'écria le régent, et il lui jeta quelques dures vérités ; puis il céda, selon sa coutume, finissant toujours par rire de l'impudence de cet homme qu'il méprisait et par se servir de son esprit. Il se trouva des gens pour rendre témoignage des bonnes mœurs du postulant, qui reçut tous les ordres le même jour, et profana par sa présence le siège récemment consacré par les vertus de Fénelon. Un peu plus tard il devint cardinal, en dépensant 8 millions, et en 1723 l'assemblée du clergé de France l'élut son président.

6. Le czar Pierre le Grand à Paris (1717). — Au milieu de ces petitesses et de cette corruption parut à la cour de France une figure gigantesque, et que semblait grandir encore son aspect à demi barbare ; c'était Pierre le Grand, le créateur de la Russie. Il y fut reçu avec magnificence et les plus délicates attentions, mais ne se laissa point séduire par ces brillants dehors. Il vit à la Sorbonne la statue de Richelieu sculptée par Girardon, et saisissant ce marbre dans ses bras : « Grand homme, s'écria-t-il, je t'aurais donné la moitié de mes États pour apprendre de toi à gouverner l'autre ! » Ainsi, tout ce qu'il trouva à admirer ici, ce fut le passé ; le reste lui sembla si pauvre, qu'il annonça la décadence et la ruine prochaine du peuple français. Il ne l'avait vu qu'à la surface, et le jugeait d'après la cour. Mais, pour celle-ci, il avait prédit juste : noblesse et royauté se mouraient.

7. Désordre des finances. — Une dette de 2 milliards 400 millions, dont un tiers presque immédiatement exigible ; un revenu brut en 1715 de 165 millions levés par cent mille collecteurs ou agents qui ne laissaient arriver au trésor qu'un revenu net de 69 millions pour une dépense de 147 ; par conséquent un déficit de 78 millions ; en outre, la meilleure partie des recettes de l'année suivante déjà dépensée : telle était la situation des finances à la mort de Louis XIV. Pour y porter remède, quelques-uns conseillaient la banqueroute, alléguant que les gouvernements qui se succèdent ne sont point solidaires ; de ce nombre était Saint-Simon ; mais il proposait de la faire décréter par les états généraux, ne les trouvant bons qu'à cela.

Le duc de Noailles, président du conseil des finances, se créa d'abord quelques ressources par une refonte des monnaies, ensuite il entreprit, d'une part, de diminuer la dette par une réduction des rentes, par une recherche exacte des fraudes et des doubles emplois ; de l'autre, de ramener les dépenses à un taux plus en harmonie avec celui de la recette. Les frères Pâris, financiers distingués et probes, furent chargés d'opérer le *visa* qui réduisit de beaucoup les billets d'État en circulation. On les fit soutenir par une chambre de justice, afin de triompher de la résistance des traitants ; un système de terreur et de dénonciation fut organisé contre ceux-ci ; plusieurs furent ruinés, condamnés au pilori ou même exécutés ; d'autres se tuèrent ; mais le plus grand nombre trouva le secret d'échapper en achetant à prix d'argent la protection des *roués* du régent, celle des femmes influentes et des membres mêmes de la chambre de justice. On avait espéré 220 millions de cette opération qui frappa quatre mille quatre cent dix individus : elle en rendit 70, dont 15 à peine arrivèrent en numéraire au trésor. Malgré ces exécutions et quelques utiles mesures, le déficit de 1716 fut encore de 97 millions. Le remède n'était donc point trouvé. Alors se présenta un homme qui prétendit le tenir.

8. Révolution financière de Law (1716-1720). — L'Écossais John Law (Lass), fils d'un orfévre et initié dès le jeune âge aux opérations de banque, de plus fort habitué aux combinaisons du jeu, où il avait fait sa fortune, doué enfin d'une grande puissance d'esprit et de parole, rêva de créer cette force délicate et féconde qui fait aujourd'hui des merveilles, mais fait aussi, parfois, des catastrophes, et qu'alors on ne connaissait pas, le *crédit*. La pensée était bonne ; les moyens ne le furent pas. Se fondant sur ce principe, qui n'est vrai qu'à moitié, que l'abondance du numéraire fait la prospérité du commerce et de l'industrie, il en tirait cette conséquence tout à fait fausse qu'il est avantageux de substituer au numéraire-métal, qui ne peut se créer indéfiniment, le numéraire-papier ou papier-monnaie, qui est susceptible d'une multiplication indéfinie.

Le duc de Noailles s'opposa à ce que l'expérience fût faite d'abord sur les finances de l'Etat, et Law dut se borner à fonder une banque particulière (mai 1716) au capital de 6 millions, représentés par 1200 actions de 5000 livres chacune. La banque escompta à 6 pour 100 par an, bientôt même à 4, les effets de commerce qui ne trouvaient preneurs auparavant qu'en payant un droit usuraire de 2 et demi par mois, et elle émit elle-même des billets qu'elle payait à vue, en espèces invariables de poids et de titre. Dès lors tout le monde y courut et se disputa son papier, qui facilitait singulièrement les transactions commerciales. L'activité reprit dans les affaires, et l'Etat mit le comble à la réputation de solvabilité de la banque par l'ordre donné aux comptables royaux de recevoir ses effets comme argent, en payement des droits et impôts (avril 1717). Le 4 décembre 1718 elle fut érigée en banque royale. Jusque-là la victoire était complète et bien gagnée au profit de tout le monde, de l'Etat, des négociants et des actionnaires de la banque.

Mais alors commencèrent les aventures ; l'imagination remplaça le calcul, et l'erreur la vérité. Law ajouta à sa banque, qui fonctionnait bien parce qu'elle était l'application d'une pensée juste, une compagnie qui obtint le privilége exclusif du commerce de la vallée du Mississipi, où il n'y avait alors rien à acheter ni à vendre. Son premier succès fit croire au second. On se promit des merveilles de l'exploitation de la Louisiane. La *compagnie d'Occident* émit des actions pour une vaste entreprise de culture et de colonisation sur les bords du Mississipi. Des bruits habilement répandus de mines d'or et d'argent découvertes dans ces parages, où il n'en existait pas, attirèrent le public par l'espoir de riches bénéfices. Bientôt même la compagnie, absorbant celle du Sénégal et des Indes orientales, prit le titre général de *compagnie des Indes*, et ouvrit toutes les parties du globe comme perspective aux spéculateurs. Telles furent les folles espérances placées sur cette entreprise, que des actions de 500 livres furent achetées dix, vingt, trente et quarante fois leur valeur.

Law avait promis au régent que son *système* éteindrait la dette publique : pour tenir parole, il établit que les actions de la compagnie, si vivement recherchées, ne pourraient s'acheter qu'un quart en espèces et trois quarts en billets d'Etat; dès lors le billet d'Etat, qui perdait naguère 70 à 80 pour 100, reprenait faveur par le besoin qu'on en avait pour se procurer des actions, et l'Etat payait ses dettes avec un papier qu'il pouvait multiplier à son gré sans alarmer la confiance publique. Cette guerre du papier et du métal une fois engagée, le gouvernement soutint le papier par tous les moyens et frappa à coups redoublés sur son rival afin de le discréditer : tel fut l'objet des altérations réitérées que l'on fit subir alors à la monnaie par l'élévation et la diminution alternatives de sa valeur.

Ce fut le moment le plus brillant du système. Les actions montèrent, en octobre 1719, jusqu'à 20 000 francs. La rue Quincampoix, devenue le siége de la banque royale, regorgea d'une foule qui s'y étouffait. Paris, la France, les étrangers même, y accoururent, altérés de gain. Toutes les classes se livrèrent à un agiotage effréné. Des gains énormes se faisaient en un instant. Tel, valet le matin, le soir se trouvait maître. Un peaussier de Montélimart se retira avec 70 millions, le domestique d'un banquier avec 50, un Savoyard avec 40. Un petit bossu gagna 150 000 livres à prêter son dos en guise de pupitre. Le duc de Bourbon et sa mère gagnèrent 60 millions. Cet arrière-petit-fils du grand Condé montrait un jour à un de ses favoris la magique opulence de son portefeuille : « Monseigneur, lui dit le courtisan, ce jour-là bien inspiré, deux actions de votre aïeul valent mieux que toutes celles-là. » Encore disait-il trop d'une. Le régent gagnait aussi, et tant qu'il voulait, mais pour ses courtisans, car il ne savait rien garder. La moralité publique tomba bien bas sous le coup de ces changements soudains de fortune et de ces gains illégitimes. Un comte de Horn, apparenté aux plus illustres maisons, assassina un courtier pour lui voler ses actions.

Cependant la banque atteignait son but : elle prêtait à l'Etat 1600 millions de papier-monnaie, avec lesquels il remboursait ses créanciers, et qui revenaient ensuite à la banque en échange des actions de la compagnie. Il fallait bien pourtant que la perte se retrouvât quelque part. Elle tomba sur ceux qui ne surent pas, comme les gens avisés de Genève et de Hollande, sortir à temps du système. En vain Law voulut modérer l'émission du papier, il ne le pouvait plus ; pour soutenir le mouvement prodigieux des affaires et satisfaire tant d'appétits insatiables, il fallut créer et créer encore des valeurs de papier : elles dépassèrent 3 milliards, alors que le numéraire en France n'allait pas au-delà de 700 millions. Cette disproportion préparait une catastrophe. Rien ne tenait que par la confiance du public, et cette confiance ne pouvait se soutenir qu'autant que les dividendes des actionnaires seraient en proportion du prix des actions. Or ces dividendes, on en parlait bien, mais on ne les voyait pas.

Pour sauver la *compagnie*, c'est-à-dire la partie aventureuse du système, Law la réunit à la banque, c'est-à-dire à la partie sérieuse et utile. Ce fut la perte de l'une et de l'autre. Dès la fin de 1719, quelques-uns se refroidissent ; les plus prudents commencent à *réaliser* et se présentent à la banque pour avoir des espèces. Cet exemple gagne et alarme ; les *réalisateurs* se multiplient ; ils vendent leurs actions au plus haut cours, et, contre des billets de papier achètent de l'or, de l'argent, des diamants, des terres, ou, comme ce duc de la Force, infâme accapareur à qui l'on fit plus tard son procès, des suifs, des graisses, des savons, des épiceries, pour des sommes fabuleuses. Les actions cessent de monter, oscillent, puis baissent rapidement. Tout le monde prévoit le désastre et demande de l'argent.

Law avait été appelé au poste de contrôleur général, et y avait pris bon nombre de mesures utiles qui lui survécurent. Quand il vit s'ébranler la confiance en ses idées, il mit l'autorité du ministre au service du banquier et lutta en désespéré contre les réalisateurs : les payements en espèces sont interdits; ils ne seront permis désormais que pour les petites transactions et comme appoints; défense d'avoir chez soi de l'or ou de l'argent; poursuites, visites domiciliaires, dénonciations : un fils dénonça son père. On avait créé jusqu'à des billets de 10 livres pour mieux soutenir la concurrence contre le métal; on ouvrit les bureaux de change pour ces seuls billets, qui étaient surtout dans les mains du peuple : il y eut une telle presse que trois personnes périrent étouffées, et la foule irritée porta les trois cadavres sous les fenêtres du régent. Law faillit être mis en pièces. Alors, par un revirement soudain, l'État, qui naguère proscrivait le métal, déclara qu'il ne recevrait plus de payements en papier : c'était déclarer la mort du système. Law s'échappa de France, poursuivi par les malédictions publiques ; il y était venu avec 1 600 000 francs, il n'emporta que quelques louis (décembre 1720).

Restait à liquider. Les frères Pâris-Duverney conduisirent l'opération par laquelle l'État se reconnut débiteur de 1700 millions au profit des créanciers de la compagnie. La dette publique était augmentée de près de 13 millions de rentes annuelles. Mais l'extinction d'un grand nombre d'offices et le rachat de plusieurs branches de revenus aliénés compensaient cette augmentation. L'État fut dans une position financière à peu près égale à celle où Law l'avait trouvé.

9. Ébranlement des mœurs et des idées. — Telle est l'histoire de ce fameux *système*. Il montra la puissance du crédit ; il donna à l'industrie, au commerce maritime une énergique impulsion ; il délivra l'agriculture de l'impôt du dixième sur les biens-fonds et de l'arriéré dû sur les tailles ; il débarrassa le pays d'une foule d'immunités onéreuses, et enfin, s'il ruina des individus, il améliora la fortune publique par une réduction de 20 millions sur l'impôt, et par une répartition plus favorable pour les classes inférieures. Mais, en bouleversant les conditions et les fortunes, il accéléra aussi l'ébranlement déjà commencé des mœurs et des idées. Cette cour, si solennelle et si grave autour de Louis XIV, s'était dispersée. Elle ne pouvait renaître sous un roi mineur qui n'avait pas la distribution des grâces, avec un régent qui voulait bien prendre quelques instants sur ses plaisirs, pour les donner aux affaires, mais qui n'entendait pas en sacrifier un seul à l'étiquette et à la représentation. A son exemple, chacun rejetait toute retenue, toute gêne, dans les grandes comme dans les petites choses. Cela se vit jusque dans la mode : le sévère et le majestueux furent bannis pour le piquant et le joli. Le pinceau froidement noble de Lebrun ne déroula plus sur les vastes murailles des palais d'immenses scènes héroïques ; mais Boucher égaya les trumeaux d'élégants boudoirs par de riantes et fades bergeries, baignées de rose et de bleu de ciel.

Si les arts déclinent, les mœurs s'en vont ; et le cynisme de la conduite, comme celui de la pensée, s'affiche tout haut. Le régent lui-même en donne l'exemple. Il se permet tout et il n'interdit rien. Jamais il ne s'était vu telle légèreté de mœurs ni telle licence d'esprit que dans ces réunions folles des *roués* du duc d'Orléans. Il n'y avait naguère qu'un salon en France, celui du roi ; mille maintenant se sont ouverts à une société qui, n'ayant plus pour occuper sa vie les préoccupations religieuses, car Bossuet et Fénelon sont morts; ni la guerre, puisqu'on parle de paix perpétuelle; ni les graves futilités de l'étiquette, puisque Versailles est désert, demande du mouvement et du plaisir à ceux qui donnent tout cela, aux beaux esprits, aux gens de lettres, en laissant les coudées franches, même aux plus aventureux.

L'*Œdipe* de Voltaire et les *Lettres persanes* de Montesquieu qui commencent le feu contre l'ancien régime, sont l'un de 1718, les autres de 1721, et il y avait trente-six ans à peine que la Bruyère se plaignait que, né chrétien et Français, les grands sujets lui fussent interdits.

10. Peste de Marseille (1720). — Durant ces saturnales de la cour, un terrible fléau avait désolé la Provence, où la peste enleva quatre-vingt cinq mille personnes. L'admirable dévouement, à Marseille, de l'évêque Belzunce, du chevalier Roze et de plusieurs échevins, qui prodiguèrent mille fois leur vie pour sauver celle de leurs concitoyens, consola la France épouvantée de cette calamité. Et, comme le dévouement est, lui aussi, contagieux, les fermiers généraux donnèrent 3 millions pour nourrir cette malheureuse province, durant la disette qui succéda à l'épidémie. Le père de Vauvenargues était alors premier consul d'Aix. Il resta à son poste, s'y conduisit bravement et eut en récompense sa seigneurie érigée en marquisat.

11. Mort de Dubois et du duc d'Orléans (1723). — Le 17 février 1723, Louis XV fut déclaré majeur; il avait treize ans accomplis. Cette déclaration mettait un terme à la régence du duc d'Orléans. Mais le roi devait rester longtemps encore en tutelle : le duc, pour conserver le pouvoir après la régence, avait auparavant donné à Dubois le titre de premier ministre, qu'il prit pour lui-même à la mort de ce triste personnage, et qu'il ne garda que quatre mois. Il mourut le 2 décembre 1723 d'une attaque d'apoplexie que tout le monde et lui-même voyaient venir, qu'il pouvait, mais qu'il ne

MINORITÉ DE LOUIS XV.   369

voulut pas retarder, en changeant les habitudes meurtrières d'une vie de débauches. La France avait été huit années entre ses mains; ce temps avait suffi pour que la révolution morale préparée dans les dernières années de Louis XIV éclatât. Il eût fallu, pour en con-

Louis XV.

jurer les conséquences politiques et sociales, un grand règne, et le prince qui va régner donnera l'exemple de tous les scandales, développera tous les abus et infligera à la France toutes les hontes, même celle qu'elle pardonne le moins, l'humiliation devant l'étranger.

12. Ministère du duc de Bourbon (1723-1726). —

DE 1610 A 1789, cl. de rhét.   24

Le duc de Bourbon, devenu premier ministre à la mort de l'ancien régent, avait des mœurs à peine meilleures que son prédécesseur. Cependant il montra une grande rigueur contre les protestants et les jansénistes. Il renouvela, il aggrava même les sévérités de Louis XIV. Non-seulement les réformés furent obligés de se convertir, mais ceux qui simulaient une conversion étaient condamnés à mort à titre de relaps; le mourant qui se déclarait protestant et revenait à la santé, était banni avec confiscation des biens. L'émigration recommença, comme après la révocation de l'édit de Nantes; le sénat de Stockholm offrit la Suède pour asile aux fugitifs. On avait marché si vite, en quelques années, que le temps était déjà loin où ces violences semblaient nécessaires même à d'honnêtes gens. Le gouvernement fut contraint par le cri public d'adoucir ses rigueurs.

Le ministère anglais avait continué à Mme de Prie, toute-puissante sur le duc de Bourbon, la pension qu'il faisait à Dubois; le duc retenait donc la France dans l'alliance de l'Angleterre. Il scella cette amitié par une nouvelle et insultante rupture avec l'Espagne. Le régent, vers la fin de sa vie, s'était rapproché du cabinet de Madrid et avait demandé pour Louis XV la main d'une infante. La jeune princesse, âgée de quatre ans, fut amenée à Paris pour être élevée au milieu de la cour où elle devait régner. Le duc de Bourbon, devenu ministre, vit avec mécontentement un mariage dont il n'était pas l'auteur et qui, d'ailleurs, ne devant s'accomplir que bien tard, laissait le trône sans héritier. Un accident pouvait y faire monter le nouveau duc d'Orléans, premier prince du sang. Que deviendrait alors le crédit de la maison de Bourbon? Aussi le duc se montra-t-il très-alarmé d'une maladie que fit le jeune roi. A peine ce prince fut-il rétabli que, sans tenir compte ni du mécontentement de l'Espagne ni des propositions de la czarine, Catherine Ire, qui offrait sa fille et la puissante alliance de la Russie, il voulut donner au roi une épouse qui n'eût pas d'appui au dehors, et qui, devant tout au ministre, lui assurât le pouvoir.

La marquise de Prie songea d'abord à une sœur même du duc de Bourbon, mais la hauteur avec laquelle cette princesse la reçut lui fit craindre pour son influence. Alors vivait à Wissembourg, de quelque argent que lui donnait la France, un noble Polonais, Stanislas Leczinski, dépouillé par les Russes et les Allemands de la couronne que Charles XII lui avait donnée. Un jour il entre tout ému dans la chambre où étaient réunies sa femme et sa fille : « Mettons-nous à genoux, s'écrie-t-il, et remercions Dieu ! — Seriez-vous rappelé au trône de Pologne? dit sa fille. — C'est bien mieux, vous êtes reine de France. » C'est en effet sur la pieuse et douce Marie Leczinska que le premier ministre avait jeté les yeux, quoiqu'elle fût de sept ans plus âgée que le roi, bien pauvre et peu jolie. Le jour de son mariage elle distribua toute sa corbeille aux dames du palais : « Voilà, dit-elle, la première fois de ma vie que j'ai pu faire des présents. » L'infante d'Espagne fut renvoyée à son père ; c'était, depuis dix ans, la seconde répudiation de la politique de Louis XIV.

Philippe V, indigné de cette insulte, s'empressa de conclure avec l'Autriche le traité de Vienne (1725). Charles VI avait fondé à Ostende, pour le commerce des Indes, une compagnie rivale des compagnies anglaises et hollandaises. Le roi d'Espagne accorda aux négociants autrichiens des privilèges étendus dans tous les ports de ses domaines. L'Empereur avait promulgué une pragmatique sanction par laquelle il assurait la succession à ses filles, contrairement aux coutumes des pays autrichiens; Philippe V garantit cet acte. En retour, l'Empereur s'engagea à aider l'Espagne à reprendre Gibraltar et Port-Mahon ; il renouvela les promesses faites en 1720, au sujet des duchés de Parme et de Toscane, à l'extinction des maisons de Médicis et Farnèse, et il fiançait deux archiduchesses aux deux infants, ce qui eût rétabli l'union de l'Espagne et de l'Autriche, que Louis XIV avait brisée avec tant d'efforts. Voilà ce qu'avait fait le duc de Bourbon. Il s'empressa du moins de former une contre-ligue de la France, de l'Angleterre et de la Prusse; mais un autre ministre eut à suivre cette affaire.

Fleury prit la place du duc de Bourbon. Ce prudent ambitieux s'était frayé sans bruit et sans précipitation le sentier du pouvoir. Il était évêque de Fréjus quand Louis XIV le nomma précepteur de son petit-fils. Vieillard aimable et spirituel, il gagna toute la confiance de son élève et il eût pu être premier ministre à la mort du régent, mais il ne le voulut pas, trouvant que « de M. le duc d'Orléans à un particulier la chute était trop grande ». Le duc de Bourbon lui parut propre, par sa nullité politique, à servir de transition. Il ne négligeait rien d'ailleurs pour se rendre cher et indispensable au roi. Le duc en fut jaloux et essaya d'habituer le jeune prince à se passer de lui. Un jour Fleury attendit longtemps dans le cabinet de Louis XV, qui ne vint pas : aussitôt il quitte la cour, se retire à Issy, dans la maison de la congrégation de Saint-Sulpice, et le roi, au retour de la chasse, reçoit une lettre pleine de larmes qui lui annonce la retraite de son ancien précepteur et sa résolution de vivre désormais dans l'obscurité. Louis en fut désespéré. « Eh! sire, lui dit le duc de Mortemart, n'êtes-vous pas le maître? Faites dire à M. le Duc d'envoyer à l'instant chercher M. de Fréjus, et vous allez le revoir. » Fleury revint tout-puissant. Le duc, au contraire, se discréditait. On trouva fort mauvais le rétablissement du *droit de joyeux avènement*, négligé jusque-là. Un projet alors impraticable pour la destruction de la mendicité et la défense de construire dans les faubourgs de Paris, de peur de la peste, qui était bien plus à craindre dans les rues étroites et sales de l'intérieur de la ville, firent murmurer. On murmura même contre la création d'une milice tirée au sort parmi les hommes des paroisses et surtout contre un impôt du cinquantième levé en nature sur tous les fruits de la terre et en argent sur les autres revenus. Cette fois, ce n'était plus le peuple seulement, mais les privilégiés qui étaient menacés. Ils jetèrent de si hauts cris, que le ministre tomba. Un jour, le roi, partant pour Rambouillet, dit au duc d'un air gracieux : « Mon cousin, ne me faites pas attendre pour souper. » Et le même soir, à sept heures, un lieutenant des gardes du corps emmenait à Chantilly ce même M. le Duc. Cette disgrâce tua Mme de Prie et rejaillit sur la reine, à qui le roi écrivit durement : « Je vous prie, madame, et, s'il le faut, je vous ordonne de faire tout ce que l'évêque de Fréjus vous dira de ma part, comme si c'était moi-même. Louis. » (1726).

43. Ministère de Fleury (1726-1743) : affaires intérieures; les convulsionnaires — Ainsi s'éleva le septuagénaire évêque de Fréjus, qui devint peu de temps après cardinal. Il refusa le titre de premier ministre, trop sonore, et poussa le roi à déclarer « qu'il voulait gouverner par lui-même et suivre en toutes choses, autant que possible, l'exemple de son bisaïeul ». Belle déclaration, mais mensongère. Quoiqu'il fût, en effet, en âge de gouverner, Louis XV se contentait de montrer au conseil sa belle et impassible figure, que rien n'anima jamais. Hors de là, lorsqu'il n'était ni au jeu ni à la chasse, il faisait de la tapisserie, tournait des tabatières en bois, ou bien lisait soit la correspondance secrète qu'il entretenait avec ses ambassadeurs, à l'insu de ses ministres, soit les anecdotes scandaleuses que le lieutenant de police lui envoyait régulièrement chaque jour. C'étaient là ses passe-temps; plus tard, il en eut d'autres, et de pires. Fleury faisait seul la besogne du gouvernement, mais modestement et sans bruit. Devenu le premier personnage de l'Etat, il semblait n'être encore que l'abbé de Fleury. « Sa place, dit Voltaire, ne changea rien dans ses mœurs. On fut étonné que le premier ministre fût le plus aimable et le plus désintéressé des courtisans. Il laissa tranquillement la France réparer ses pertes et s'enrichir par un commerce immense, sans faire aucune innovation, traitant l'État comme un corps puissant et robuste qui se rétablit de lui-même. » A sa mort, sa succession se trouva être à peine celle d'un médiocre bourgeois.

Ce ministère sénile, qui pourtant dura dix-sept ans, se proposa constamment pour objets la paix et l'économie, deux belles choses, pourvu que l'une soit honorable et que l'autre ne soit pas sordide. Fleury se fit bénir par l'abolition du cinquantième, par la diminution des tailles, par des remises sur les contributions arriérées et par quelques autres mesures que l'habile financier Orry lui conseilla. Il releva le crédit public, rétablit pour un moment l'équilibre entre les recettes et les dépenses, construisit des routes, malheureusement à l'aide de la corvée, rebâtit Sainte-Menehould, détruite depuis sept ans par un incendie. Mais, tout en voulant fermement l'économie, il ne sut pas arrêter les gaspillages des traitants; il abandonna l'industrie et le commerce à eux-mêmes, ce qui eût été bien s'ils avaient été libres, et il laissa tomber en ruine notre marine, dont il réduisit le budget à 9 millions pour les traitements et à 500 000 livres seulement pour le matériel : aussi, lorsqu'il fallut faire la guerre, au milieu de laquelle son ministère commença et finit, il la fit à demi, c'est-à-dire mal.

Comme son prédécesseur, Fleury oublia la tolérance que deux cardinaux, deux grands ministres, Richelieu et Mazarin, avaient pratiquée. Il remit en vigueur la bulle *Unigenitus* (voy. p. 212); il fit emprisonner plusieurs ecclésiastiques, même un évêque qui refusa de la signer, destitua les professeurs jansénistes de la Sorbonne, comme Rollin l'avait été naguère, et cassa une protestation du parlement; puis, ce corps persistant, il exila quarante de ses membres et bientôt après les rappela par crainte de quelque trouble (1730), de sorte que le parlement, enhardi, laissa de nouveau entrer l'esprit d'opposition dans le sanctuaire des lois. Ces violences mêlées de faiblesses poussèrent les jansénistes à essayer d'un autre moyen. Un d'eux, le diacre Pâris, de la paroisse de Saint-Médard, à Paris, personnage austère et ascétique, mourut en 1727, en odeur de sainteté, au dire de ses partisans. On publia bientôt qu'il faisait des miracles, et il y eut alors une de ces épidémies morales qu'on voit naître à de certaines époques, et qui sont plus contagieuses que les épidémies ordinaires. Il se passa en effet des choses étranges au cimetière Saint-Médard : les personnes qui s'étendaient sur le tombeau du diacre éprouvaient, l'imagination aidant, des *convulsions* ou secousses nerveuses, quelquefois nuisibles, quelquefois salutaires. Il y eut des scènes extravagantes et scandaleuses. Le gouvernement eut la sagesse de ne point intervenir. Le ridicule fit justice de cette folie qui dura cinq ans. Lorsque la police ferma enfin le cimetière, en 1732, un plaisant écrivit sur le mur :

De par le roi défense à Dieu
De faire miracle en ce lieu.

14. Affaires étrangères : réconciliation avec l'Espagne (1726-1731). — Le duc de Bourbon avait légué à son successeur une querelle avec l'Espagne alors alliée de l'Autriche, ce qui obligeait la France à persévérer dans l'alliance anglaise. Robert Walpole, principal conseiller de George II, avait besoin de la paix pour se maintenir au pouvoir ; il la voulait par politique ; Fleury, par caractère ; tous deux s'entendirent aisément, et, comptant l'un sur l'autre, se firent de mutuels sacrifices. Fleury négligea la marine pour ne pas faire ombrage au peuple anglais, et Walpole, confiant dans la modération de la France, ne s'inquiéta point de nos armements sur terre ni même de quelques victoires. La guerre entre les deux ligues n'avait eu encore d'autre effet qu'une vaine tentative des Espagnols sur Gibraltar en 1727. Fleury l'arrêta dès cette même année par les *préliminaires* de Paris. L'année suivante, au congrès de Soissons, l'Espagne et l'Autriche se brouillèrent. Afin de rendre cette rupture définitive, la France et l'Angleterre se hâtèrent de garantir les duchés italiens à l'Espagne (traité de Séville, 1729). Deux ans après, à la mort du dernier duc de Parme et de Plaisance, l'infant don Carlos fut mis en possession de ce domaine. L'Empereur le réclama inutilement ; il ne retira son opposition que quand les puissances eurent accepté sa *pragmatique*. A la fin de ces laborieuses négociations, la bonne intelligence se trouva rétablie entre les cours de Madrid et de Versailles, et un Bourbon avait en Italie un duché ; il y aura bientôt un royaume

15. Guerre pour la succession de Pologne (1733-1735). — La mort d'Auguste II, roi de Pologne, troubla cette paix. Sa succession fut réclamée par Stanislas Leczinski, le candidat national des Polonais, et par Auguste de Saxe, le candidat des Russes et des Autrichiens. Fleury eût bien voulu rester étranger à cette querelle ; l'opinion publique l'obligea à soutenir le père de la reine ; mais il mit tant de lenteur à se décider, qu'Auguste III, couronné à Cracovie, força Stanislas à se jeter dans Danzig, où les Russes l'assiégèrent. Fleury envoya 1500 hommes au secours du protégé de la France. Leur chef, reconnaissant l'inutilité d'une pareille assistance, se retire à Copenhague. Il y trouve le comte de Plélo, notre ambassadeur, qui rougit pour la France et veut couvrir au moins cette honte d'un sacrifice. Il ramène les 1500 hommes devant Danzig. « Je sais que je n'en reviendrai pas, écrit-il au ministre Maurepas ; je vous recommande ma femme et mes enfants. » Il force trois quartiers russes et tombe percé de coups au quatrième. Lapeyrouse rallie ce qui reste de soldats et, appuyé à un ouvrage avancé de Danzig, résiste près d'un mois à 30 000 hommes. Stanislas s'enfuit déguisé en matelot. La France venait de perdre l'occasion de tirer peut-être la Pologne de l'abîme où elle se précipitait.

Il fallait faire quelque chose pour effacer cette honte. Fleury conclut avec la cour de Turin un traité qui promettait au roi de Sardaigne le Milanais, et aux Bourbons d'Espagne, le royaume de Naples pour l'infant don Carlos. En s'interdisant toute attaque contre les Pays-Bas, le cardinal obtint la neutralité de l'Angleterre et de la Hollande. Alors il envoya deux armées, l'une sur le Rhin, l'autre en Italie, commandées par Berwick et Villars, celui-ci encore bouillant comme un jeune homme. Le premier enleva Kehl, en face de Strasbourg, malgré le prince Eugène, assiégea Philippsbourg et eut la tête emportée par un boulet. « J'avais toujours bien dit, s'écria Villars, que cet homme-là était né plus heureux que moi. » Il n'eut pas en effet cette mort de soldat qu'il enviait; après deux brillantes campagnes qu'il avait très-rapidement conduites, parce qu'il était, disait-il gaiement, trop vieux pour attendre, il mourut à Turin, dans sa quatre-vingt-deuxième année (1734). Le maréchal de Coigny, qui lui succéda, gagna les victoires de Parme (juin) et de Guastalla (septembre), qui livrèrent aux Français le Milanais, et le comte de Montemar, celle de Bitonto, qui installa l'infant sur le trône de Naples et de Sicile (mai 1735). C'était un beau réveil de la France; mais la timidité du cardinal empêcha de recueillir les fruits de ces succès.

16. Traité de Vienne (1738). — L'Angleterre et la Hollande offraient leur médiation à l'Autriche; elle les accusa presque de trahison pour ne l'avoir pas suivie sur les champs de bataille et traita directement avec la France. On pouvait exiger de l'Empereur une complète renonciation à l'Italie, comme la France de son côté s'était interdit d'y faire aucune acquisition : on se borna à le faire renoncer au royaume des Deux-Siciles, et on l'en dédommagea par la cession de Parme et de Plaisance pour lui-même, par celle de la Toscane donnée à son gendre en échange de la Lorraine. Le roi de Sardaigne n'eut que Novare et Tortone. Quant à la clause qui assigna à Stanislas, en échange de la Pologne, laissée à Auguste, la Lorraine et le Barrois, pour revenir, après sa mort, à la France, l'acquisition était précieuse, mais depuis longtemps inévitable. Ces conditions formèrent le traité de Vienne (1735-1738). Ce fut la plus belle époque du ministère de Fleury, car la France, dans cette guerre qui a de singuliers rapports avec celle de 1859, avait acquis encore quelque gloire, et son gouvernement avait paru comme le médiateur de l'Europe. Depuis la paix de Vienne, dit le grand Frédéric, la France était l'arbitre de l'Europe : ses armées avaient triomphé en Italie comme en Allemagne ; son ministre à Constantinople avait conclu la paix de Belgrade, le dernier traité glorieux que la Turquie ait signé et qui lui donnait la Servie, une partie de la Valachie et Belgrade. La Russie s'engageait même, comme au traité de Paris de 1856, à n'avoir ni flotte ni navire sur la mer d'Azof ou la mer Noire, et l'Autriche reculait partout, en Italie comme sur le Danube : elle allait reculer encore pendant les deux guerres de Sept ans, mais cette fois en entraînant la France dans une chute profonde.

CHAPITRE XVI.

PROGRÈS DE L'ÉTAT PRUSSIEN;
FRÉDÉRIC II; GUERRE DE LA SUCCESSION D'AUTRICHE;
MARIE-THÉRÈSE [1].

1. Formation de la Prusse. — 2. Le grand électeur (1640-1688). — 3. Frédéric, premier roi de Prusse (1701). — 4. Frédéric-Guillaume Ier (1713-1740). — 5. Frédéric II (1740-1786). — 6. L'Autriche de 1648 à 1740. — 7. Pragmatique de Charles VI. — 8. Guerre de la succession d'Autriche (1741). Marie-Thérèse. — 9. Alliance avec Frédéric II. — 10. Campagne de Bohême; défection de Frédéric II; mort de Fleury (1741-1743). — 11. Bataille de Dettingen (1743); défection de la Bavière (1745). — 12. Le maréchal de Saxe; bataille de Fontenoy (1745). — 13. Seconde défection de la Prusse; revers en Italie (1745-1746). — 14. Victoire de Raucoux et de Lawfeld (1746-1747). — 15. Opérations navales : La Bourdonnais et Dupleix. — 16. Traité d'Aix-la-Chapelle (1748).

1. Formation de la Prusse. — En 1415 Frédéric de Hohenzollern, burgrave de Nürenberg et seigneur de quelques fiefs en Franconie, fut investi par l'empereur Sigismond du margraviat de Brandebourg, auquel était attachée la dignité électorale : telle est l'humble origine de cette monarchie qui a fait depuis un siècle une si prodigieuse fortune, qu'elle est aujourd'hui une menace pour toutes les puissances européennes.

Frédéric II *Dent de Fer* (1440) acquit une partie de la Lusace (Cottbus), et acheta la Nouvelle Marche à l'ordre teutonique (Küstrin, Landsberg, entre l'Oder et la Netze). Son frère Albert, l'*Ulysse* et l'*Achille du Nord* (1470), statua que ses fils puînés auraient Anspach et Bayreuth, possessions originaires de la famille dans

---

[1]. Les histoires d'Allemagne déjà citées, et de plus : Frédéric II, *Histoire de mon temps*. Campbell, *Frédéric le Grand et son époque*; Manso, *Histoire de la Prusse*; Coxe, *Histoire de la maison d'Autriche*. Voyez pour le commencement du Brandebourg notre Cours de troisième.

la Franconie, mais que les autres domaines, présents et futurs, seraient attachés à l'électorat, qui allait former une masse indivisible pouvant s'accroître, mais ne pouvant plus diminuer. Cette mesure était un gage de puissance pour la nouvelle maison. Sous Joachim Ier (1499) le *Nestor*, Albert de Brandebourg, prince de la branche puînée et grand maître de l'ordre teutonique, embrassa la Réforme (1525) et sécularisa la Prusse ducale (Kœnigsberg); sous Joachim II (1535), le luthéranisme fut introduit dans l'électorat, auquel Jean Sigismond (1608) réunit en 1617 la Prusse ducale, comme gendre et héritier du dernier duc. Ce même prince prétendit recueillir la succession de Juliers, dont Georges-Guillaume (1619) obtint la moitié, c'est-à-dire le duché de Clèves avec les comtés de Mark, près du Rhin, et de Ravensberg, dans la Westphalie.

2. Le grand électeur (1640-1688). — Ainsi la maison de Hohenzollern s'était, dès le milieu du dix-septième siècle, élevée au-dessus des autres maisons princières de l'Empire. Ses domaines, épars du Niemen à la Meuse, formaient trois groupes distincts. Il était de toute nécessité pour elle de travailler à les réunir, car leur maître ne pouvait passer de l'un à l'autre sans en demander la permission à ses voisins. Ce fut la constante préoccupation de Frédéric-Guillaume, celui qu'on appela le grand électeur. Par les conventions de 1648, il gagna Magdebourg, sur l'Elbe, Halberstadt, Minden, sur le Weser, Cammin, à l'embouchure de l'Oder, avec toute la Poméranie ultérieure, le long de la Baltique, depuis l'Oder jusque vers le golfe de Danzig. Il avait une armée considérable; il s'en servit dans une guerre entre la Suède et la Pologne, trahit à propos les deux partis, et par le traité de Welau (1657) affranchit la Prusse de la suprématie polonaise en obtenant la cession d'Elbing, à l'est de la Vistule. A l'intérieur de ses domaines, l'électeur s'était délivré du contrôle des États provinciaux, remplacés par un simple comité consultatif, et, tout comme Louis XIV en France, saisissait le pouvoir absolu. Ses Etats étaient mal peuplés et pauvres ; il y attira des colons de Hollande et de Frise, fit creuser des canaux, fonda un comptoir en Guinée, et rêva une *compagnie du commerce africain*. Allié de la maison d'Orange, établi sur le Rhin par la possession du duché de Clèves, il prit une part active à toutes les affaires qui se passèrent de ce côté. Quoique membre de la ligue du Rhin, il dénonça à l'Allemagne l'ambition de Louis XIV, défendit contre lui la Hollande en 1672, et fonda, à la bataille de Fehrbellin, qu'il gagna sur les Suédois, alliés de la France, la réputation des armes prussiennes (1675). Il inspirait déjà de l'inquiétude à l'Autriche, qui voyait avec peine un nouveau roi des Vandales s'élever sur les bords de l'Oder : aussi le sacrifia-t-elle en 1678, à la paix de Nimègue; il fut obligé, par le traité de Saint-Germain (1679), de rendre ses conquêtes. Il usa bien encore de la paix; il accueillit beaucoup de réformés français qui peuplèrent Berlin; il agrandit cette capitale qui vers 1650 n'avait que 6500 habitants, et fonda la bibliothèque et le château de Potsdam.

3. Frédéric III, premier roi de Prusse (1701). — Frédéric III poursuivit l'ouvrage de son père (1688). Il défendit l'unité de l'électorat contre ses frères ; puis, excité par l'exemple de Guillaume d'Orange, son parent, qui s'était fait roi d'Angleterre, par celui de son voisin, l'électeur de Saxe, qui était appelé au trône de Pologne, il acheta de l'Empereur, pour 6 millions, le titre de roi de Prusse (1701), et se couronna de ses propres mains à Kœnigsberg. Ainsi c'était un duché souverain, un petit pays étranger à l'Allemagne, qui devenait un royaume; l'électorat de Brandebourg et les autres domaines allemands restaient dans la dépendance de l'Empire. Ce titre, accordé pour une province pauvre et lointaine, n'avait semblé d'aucune conséquence aux ministres autrichiens, embarrassés dans une guerre contre les Turcs et près d'entrer dans celle de la succession d'Espagne. Eugène comprit seul que cette royauté nouvelle, absolue, chercherait à joindre ses provinces disséminées et deviendrait un obstacle à la puissance de l'Autriche. La Prusse continua en effet ses agrandissements sur le Rhin. En 1702 le roi d'Angleterre, Guillaume III, de Nassau-Orange, étant mort sans enfants, Frédéric se porta pour héritier de ses biens patrimoniaux ; il prit possession des comtés de Lingen et de Mœrs, dans la Gueldre, de Tecklenbourg, au nord de Münster, et se fit élire quelque temps après, en Suisse, prince de Neufchâtel et de Valengin, par les états du pays. Vain et fastueux, Frédéric voulut copier la cour de Louis XIV : beaucoup d'argent fut ainsi gaspillé, mais les lettres et les arts en eurent leur part : il fonda l'université de Halle, qui devint une des plus célèbres de l'Allemagne, et l'Académie de Berlin, que présida Leibnitz. L'éclat même de sa cour était un prestige utile pour cette royauté naissante.

Frédéric III, qui, comme roi, fut appelé Frédéric Ier, mourut en 1713 ; au traité d'Utrecht, signé six semaines après, le roi de Prusse fut reconnu par toute l'Europe, excepté par le pape et les chevaliers teutons ; il fut confirmé souverain de Neufchâtel et de Valengin ; à la place de la principauté française d'Orange, il reçut la Gueldre. Le nouveau royaume formait déjà une masse imposante, mais toujours divisée.

4. Frédéric-Guillaume Ier (1713-1740). — Ces éléments de force furent régularisés et accrus par Frédéric-Guillaume Ier. Le *roi-sergent*, comme Georges II d'Angleterre l'appelait, fut l'ennemi du faste. Au lieu d'encourager les savants, il confisqua les fonds de la bibliothèque au profit de l'armée, n'eut ni cour ni ministres, et fit de Berlin une manufacture et une caserne. Il recherchait comme soldats les hommes de 6 pieds, les achetait jusqu'à 2000 écus chacun, et menait l'État comme un régiment. Ses héros étaient Pierre le Grand, Charles XII et le vieux prince d'Anhalt-Dessau, le créateur de l'infanterie prussienne, qu'il commanda pendant quarante ans. Il fit de ses sujets des soldats soumis, des calvinistes bigots, des travailleurs infatigables ; lui-même allait frapper dans la rue les gens oisifs. « Sous notre père, dit Frédéric II, personne dans les États prussiens n'eut plus de trois aunes de drap dans ses habits, et moins de deux aunes d'épée à son côté. » Avec de telles idées, comment approuver son fils, qui apprenait à jouer de la flûte et lisait les auteurs français? Aussi le prince royal eut-il une jeunesse malheureuse. Il voulut sortir de cet esclavage et forma un complot pour s'échapper; mais il vit exécuter son ami Kat, fut lui-même condamné à mort, et resta quelque temps en prison.

Dès le commencement de son règne, Frédéric-Guillaume eut une armée de 60 000 hommes. Charles XII, revenu de Turquie, sollicita son alliance; mais comme il attaquait l'île d'Usedom, occupée par une garnison prussienne, le roi de Prusse entra dans la ligue formée contre les Suédois, contribua à la prise de Stralsund en 1715, et, à la paix de Stockholm en 1720, il acquit, pour 6 millions, Stettin avec la Poméranie citérieure presque entière. Il avait fait un essai avantageux de sa force; néanmoins, par amour de la patrie commune, il respecta toujours la maison d'Autriche, et resta son allié contre l'Angleterre et surtout contre la France, dont il voulait détruire l'influence dans l'Empire.

Une autre pensée le préoccupait : la Pologne, se prolongeant jusqu'à la Baltique par l'occupation des deux rives de la basse Vistule, séparait la Prusse ducale de l'électorat de Brandebourg. Dès 1656, le *grand électeur* avait songé à cette langue de terre : première idée du partage de la Pologne. Il était dangereux pour la Prusse que l'électeur de Saxe s'établît à demeure dans ce pays et en fît un royaume héréditaire; elle en proposa le partage à Auguste II, qui fut roi de Pologne jusqu'en 1733 : nouvelle idée du démembrement. Il ne fallait pas non plus que l'influence française y prévalût avec Stanislas Leczinski : Frédéric-Guillaume fit alliance en 1733 avec la Russie et l'Autriche pour exclure le candidat de la France; il espérait imposer ses conditions à celui de l'Autriche et de la Russie, ou du moins reprendre le projet de partage. Mais ce dessein tomba par l'élection d'Auguste III. Dans la guerre qui suivit, Guillaume prit parti contre la France et envoya son fils sur le Rhin avec 10 000 hommes. Là, le jeune Frédéric vit, à la tête d'une armée, le vieil Eugène, qui n'était plus que l'ombre de lui-même; il comprit la faiblesse de l'Autriche. La Prusse, au contraire, était l'Etat le mieux réglé de l'Europe. L'armée était sur un bon pied, le trésor bien rempli, l'agriculture et l'industrie florissantes; la population augmentait par son développement naturel et par les nouveaux venus que le roi attirait, en affectant de protéger les réformés qu'il voulait réunir en un seul grand parti religieux. Personne n'osait soutenir les protestants du pays de Salzbourg, qui réclamaient près de la diète contre leur archevêque. Frédéric-Guillaume leur offrit un asile qui fut accepté par dix-huit mille d'entre eux. Ainsi la Prusse prenait le rôle que la Suède avait joué sous Gustave-Adolphe.

5. Frédéric II (1740-1786). — En 1740 Frédéric II, celui qu'on devait appeler le grand Frédéric, monta sur le trône. Il continua ses relations avec les principaux écrivains de la France[1], mais se montra peu disposé à appliquer leurs maximes. On put voir que dans sa retraite de Rheinsberg il avait étudié aussi l'art du gouvernement. Avec le *grand électeur*, la Prusse s'était élevée au premier rang des Etats allemands; avec Frédéric II, elle prit place parmi les grands Etats européens.

6. L'Autriche de 1648 à 1740. — En face de cette puissance qui grandit, l'Autriche s'abaisse. Le traité de Westphalie lui avait enlevé l'Alsace; elle avait compensé cette perte au traité de Carlowitz, en 1699, après la victoire d'Eugène à Zenta sur les Turcs, par l'acquisition de la Transylvanie et de l'Esclavonie; au traité de Ra-

---

1. Gustave III, roi de Suède, écrivait, comme lui, presque toujours en français.

Frédéric II, le Grand.

stadt, sa part dans l'héritage de Charles II d'Espagne avait été les Pays-Bas, le Milanais, Naples et l'île de Sardaigne; cette dernière possession fut échangée bientôt contre la Sicile. C'était Léopold Ier (1658-1705) qui avait lutté contre Louis XIV, puis Joseph Ier (1705-1711), enfin son frère, l'archiduc Charles, que Berwick et Vendôme avaient chassé d'Espagne et qui devint empereur sous le nom de Charles VI. Après avoir signé la paix de Rastadt, il eut deux guerres contre les Turcs. Il les vainquit la première fois, grâce à Eugène (victoires de Peterwaradein, 1716, et de Belgrade, 1717; traité de Passarowitz, conseillé par l'Angleterre, qui donne à l'Autriche le bannat de Temeswar, Belgrade et le nord-ouest de la Servie, 1718); mais, dans la seconde guerre, les Turcs lui reprirent ce qu'ils lui avaient d'abord cédé, moins le bannat (traité de Belgrade, 1739). On a vu la lutte excitée par Albéroni et la guerre pour la succession de Pologne qui coûta à l'Autriche les Deux-Siciles, et lui donna Parme et Plaisance, ce qui fortifiait sa position dans le nord de la péninsule.

7. Pragmatique de Charles VI. — La grande affaire de Charles VI fut le règlement de sa succession. Il n'avait pas de fils, et avec lui allait s'éteindre la race mâle des Habsbourg, qui avait donné quinze empereurs à l'Allemagne. Dans le but d'assurer son héritage à sa fille Marie-Thérèse, il n'avait reculé devant aucun sacrifice. Il avait supprimé la compagnie d'Ostende pour complaire aux puissances maritimes, cédé la Lorraine pour gagner la France, Naples et la Sicile pour gagner l'Espagne. Il avait obtenu de tous les États une reconnaissance solennelle de sa *pragmatique*, et, lorsqu'il mourut, en 1740, la même année que Frédéric II montait sur le trône de Prusse, il laissa à Marie-Thérèse une ample collection de parchemins. « Mieux eût valu, dit Frédéric II, une armée de 200 000 hommes. » A peine eut-il expiré, que cinq prétendants se présentèrent. L'électeur de Bavière, descendant d'une fille de Ferdinand Ier; le roi d'Espagne, descendant par les femmes de Charles-Quint, enfin l'électeur de Saxe, gendre de l'empereur Joseph Ier, demandaient la totalité de l'héritage par le droit du sang; le roi de Sardaigne voulait le duché de Milan; le roi de Prusse, quatre duchés de Silésie, qu'il réclamait en vertu d'anciens traités de succession que ses prédécesseurs n'avaient pu faire valoir. Un Montmorency réclamait le duché de Luxembourg; des princes italiens, d'autres domaines : tout le monde accourait à la curée.

8. Guerre de la succession d'Autriche (1741); Marie-Thérèse. — Frédéric II n'avait pas un grand royaume; mais son père lui avait laissé un riche trésor avec une belle armée, et la nature lui avait donné les plus rares talents. Il oublia les doctrines qu'il avait prônées dans son *Anti-Machiavel*, et céda à la tentation de mettre la main sur une riche province, qui doublerait la population de ses États. Sans faire part de son projet à personne, il envahit la Silésie avec 40 000 hommes, la conquit en quelques semaines, puis offrit, pour la cession de cette province, son alliance à Marie-Thérèse. Cette princesse, femme d'énergie et de talent, était un roi. Elle ne voulait pas inaugurer son règne par un démembrement, sans avoir du moins envoyé les vétérans d'Eugène contre cette royauté parvenue et ces troupes qui n'avaient encore combattu qu'à la parade. L'essai ne fut pas heureux : les Prussiens remportèrent la victoire de Mollwitz (1741).

9. Alliance avec Frédéric II. — En commençant cette campagne, Frédéric avait dit à l'ambassadeur de France : « Je vais jouer votre jeu : si les as me viennent, nous partagerons. » Un petit-fils de Fouquet, le comte de Belle-Isle, homme à projets, hardi et aventureux, proposa, dans le conseil, l'alliance de la Prusse et un plan qui réduisait Marie-Thérèse à la Hongrie, à la basse Autriche, à la Belgique, et partageait le reste entre les prétendants : le roi de Prusse aurait la basse Silésie; l'électeur de Saxe, la haute avec la Moravie; celui de

Bavière, le Tyrol, l'Autriche antérieure, la Bohême, et de plus la couronne impériale. La France ne prenait rien pour elle. C'était trop de générosité; mais les grands sentiments en politique étrangère étaient fort en honneur à la cour de Louis XV. On voulait faire le magnanime pour avoir à agir le moins possible; d'ailleurs on disait qu'abaisser l'Autriche, c'était élever la France. Malgré Fleury, ce plan fut adopté et le traité de Nymphenbourg conclu sur ces bases avec la Bavière (18 mai 1741)[1].

10. Campagne de Bohême : défection de Frédéric II; mort de Fleury (1741-1743). — La France, au lieu d'agir résolûment avec toutes ses forces, comme il faut le faire quand on tire l'épée, ne mit en mouvement qu'une armée de 40 000 hommes; et, au lieu de se porter du côté des Pays-Bas, où ses destinées l'appelaient, renouvelant en Allemagne les fautes commises tant de fois en Italie, elle envoya cette armée jusqu'au fond de la Bavière. Il est juste de dire que les puissances maritimes avaient mis à leur neutralité la même condition que dans la guerre précédente, à savoir que nous ne ferions pas entrer un soldat en Belgique. Maître de Lintz, la principale barrière de l'Autriche sur le haut Danube, l'électeur eût pu s'emparer de Vienne, il préféra conquérir la Bohême. Marie-Thérèse, qui écrivait quelques jours auparavant : « Il ne me restera bientôt plus une ville où faire mes couches, » eut le temps de soulever ses fidèles Hongrois. Elle se présente au milieu de la diète, portant son enfant entre ses bras. Les magnats sont touchés de ce spectacle, des larmes de la jeune souveraine, et, dans leur attendrissement chevaleresque, ils tirent leurs sabres, criant : *Moriamur pro rege nostro Maria-Theresa!* Quelques semaines après, des nuées de Hongrois, de Croates, de Pandours et de Talpaches inondaient la Bavière; les convois étaient enlevés, les communications interceptées, et, tandis que l'élec-

---

1. Schœll conteste l'existence de ce traité, dont il n'y a de trace ni à Paris ni à Munich, et fait remonter l'alliance au 16 mai 1738. Les premiers secours envoyés à la Bavière sont de novembre ou décembre 1740.

teur de Bavière, après que Prague eût été prise, grâce à une heureuse inspiration de Maurice de Saxe et au courage de Chevert, se faisait couronner empereur à Francfort, les Autrichiens entraient à Munich (janv. 1742). Frédéric II menaça, il est vrai, la Moravie, et battit les Autrichiens à Czaslau en Bohême (17 mai) : mais Marie-Thérèse sut faire à propos un sacrifice : elle lui laissa la Silésie avec le comté de Glatz. A cette condition, Frédéric II, avec un cynisme que sa conscience portait légèrement, oublia la parole qu'il avait donnée à la France (juillet).

Cette défection en entraîna d'autres. L'électeur de Saxe se retira de la guerre; le roi de Sardaigne y entra, mais pour le compte de l'Autriche, qui maintenant l'effrayait moins en Italie que la maison de Bourbon et qui lui donnait le marquisat de Final, avec promesse de Vigevano, du haut Novarais et d'une partie des provinces de Pavie et de Plaisance. L'Angleterre, qui venait de renverser du ministère le pacifique Walpole (févr. 1742) et d'arracher la guerre contre l'Espagne, parce qu'elle refusait de lui ouvrir ses colonies[1], la demandait à grands cris contre la France, dont le commerce prenait un prodigieux essor. En outre elle ne voulait pas laisser consommer la ruine de sa « maréchaussée d'Autriche ». Le nouveau ministre promit à Marie-Thérèse un subside de 12 millions. Ainsi tout le poids de la lutte retomba sur la France, qui n'avait pris les armes qu'au profit d'autrui. Notre armée de Bohême fut coupée de

---

[1]. L'Angleterre avait obtenu de l'Espagne le droit d'envoyer en Amérique un vaisseau de 500 tonneaux chargé de marchandises anglaises. A la faveur de cette concession, les Anglais organisèrent, avec les colonies espagnoles, une vaste contrebande. A mesure que le *vaisseau de permission* se vidait, une foule de petits navires venaient remplacer les marchandises vendues. Le vaisseau toléré n'était plus qu'un entrepôt inépuisable où s'approvisionnaient les colons espagnols, au grand détriment de l'industrie métropolitaine. La cour de Madrid protesta. Pour mettre fin à l'abus, elle demanda et prit le droit de visite sur les navires qui fréquentaient le littoral de ses colonies. Aussitôt éclata en Angleterre un orage de réclamations. Journaux, pamphlets, brochures, tous demandent « la mer libre ou la guerre! » Walpole ne put résister. On arma. Les Anglais prirent Puerto-Bello, mais ne prirent pas Carthagène (1730-1740). Dès février 1741, il y eut projet d'alliance entre l'Autriche, la Pologne, la Hollande et l'Angleterre. Le 24 juin 1741, Georges II promit à Marie-Thérèse 12000 hommes et un subside de 300 000 livres sterling.

la Bavière par la reprise de Lintz et de Budweiss par les Autrichiens, et assiégée dans Prague, où du moins elle se défendit bien. Fleury, qui naguère croyait la guerre finie et déjà désarmait, troublé de ces revers, écrivit au comte de Kœnigsegg, général autrichien, une lettre confidentielle et des plus humbles. Kœnigsegg la publia. Le vieillard s'en plaignit dans une seconde lettre et déclara au comte qu'*il ne lui écrirait plus ce qu'il pensait*. Celle-ci fut encore rendue publique. Fleury, deux fois joué à la face de l'Europe, mit le comble à la risée, en désavouant ses propres lettres. Il entravait tout par sa timidité. Maillebois, fils du contrôleur Desmarets, opérait dans la Franconie, mais il avait ordre d'éviter une action décisive, car on comptait toujours que l'Autriche allait pour sûr nous offrir le Luxembourg et une partie du Brabant, comme elle avait donné la Silésie au roi de Prusse. Maillebois ne put faire autre chose pour la délivrance de Prague que de s'emparer d'Egra. C'était du moins une ligne de retraite qu'il ouvrait à Belle-Isle, pour rentrer dans la vallée du Mein. Belle-Isle en effet sortit de Prague avec 14 000 hommes, et fit à travers la glace, la neige et les ennemis, une glorieuse, mais pénible retraite : le noble et infortuné Vauvenargues y ruina sa santé. Chevert resta dans la ville avec les blessés et les malades. On le somma de se rendre à discrétion : « Dites à votre général que, s'il ne m'accorde pas les honneurs de la guerre, je mets le feu aux quatre coins de Prague et je m'ensevelis sous ses ruines. » On consentit aux conditions qu'il exigea (janvier 1743). Quelques jours après, Fleury mourut à quatre-vingt-neuf ans; il avait voulu la paix à tout prix, et il laissait la France avec une grande guerre sur les bras.

11. Bataille de Dettingen (1743); défection de la Bavière (1745). — L'Angleterre était entrée en lice : 50 000 Anglo-Allemands arrivèrent dans la vallée du Mein; le maréchal de Noailles les cerna à Dettingen, mais la folle impétuosité du duc de Gramont compromit ses habiles combinaisons, et ce ne fut qu'une sanglante affaire au lieu d'une victoire. De Broglie, qui commandait sur le Danube, ayant reculé jusqu'au Rhin devant les Autrichiens, Noailles dut suivre ce mouvement de retraite (1743). Pour relever les affaires, on crut nécessaire de mettre le roi à la tête des armées. Une nouvelle favorite, la duchesse de Châteauroux, femme énergique et ambitieuse, voulait le tirer de son indigne torpeur. Louis XV vint donc en 1744 se montrer aux troupes. On avait changé le plan général de la guerre. Au lieu de combattre au fond de l'Allemagne, on s'était décidé à frapper des coups plus à notre portée. Le roi entra dans les Pays-Bas et vit le maréchal de Saxe y prendre plusieurs villes. Sur la nouvelle que les Autrichiens menaçaient l'Alsace, il y courut, emmenant avec lui Noailles et 50 000 hommes.

Une maladie fort grave l'arrêta à Metz. La mort, en s'approchant, lui inspira une bonne idée, qui malheureusement ne tint guère, et une belle parole. Il renvoya la duchesse de Châteauroux pour se réconcilier avec la reine et fit écrire au maréchal de Noailles : « Souvenez-vous que, pendant qu'on portait Louis XIII au tombeau, le prince de Condé gagnait une bataille. » La France paya de sa reconnaissance cet effort de son roi. Tout le royaume fit éclater sa douleur. « S'il succombe, disait-on, c'est pour avoir marché à notre secours ! Il meurt au moment où il allait devenir un grand roi ! » Un soir le bruit courut à Paris qu'il n'était plus : aussitôt la foule affligée se répandit dans les rues, dans les églises, avec des pleurs et des gémissements. Quand on sut qu'il vivait, il y eut chaque jour un concours de peuple au-devant des courriers, et ceux dont les nouvelles étaient bonnes étaient portés en triomphe. Lorsqu'on apprit enfin son rétablissement, les églises retentirent d'actions de grâces pour remercier Dieu d'avoir conservé le *Bien-Aimé* (1744). Que la tâche était facile à cette royauté encore si populaire !

Cependant le roi de Prusse, effrayé des progrès de l'Autriche et de son alliance avec la Russie, reprit les armes, pénétra en Bohême et entra dans Prague. Cette diversion dégagea la ligne du Rhin. L'empereur Charles VII rentra dans son électorat, mais pour y mourir. Son fils traita avec Marie-Thérèse. La reine de Hongrie lui restitua ce qu'elle occupait encore de la Bavière, et Maximilien renonça à toute prétention sur la succession d'Autriche (Traité de Fuessen, 1745).

12. Le maréchal de Saxe ; bataille de Fontenoy (1745). — La guerre n'avait plus d'objet pour nous ; mais, comme les ennemis refusaient de traiter, il fallut conquérir la paix. La France l'alla chercher aux Pays-Bas. Le maréchal de Saxe[1], tout mourant qu'il était, se mit à la tête des troupes et investit Tournay. Pour ne la point laisser prendre, 55 000 Anglo-Hollandais, sous la conduite du duc de Cumberland, s'approchèrent de la place. Le maréchal se décida à livrer une bataille défensive. Il prit une forte position à 7 kilomètres sud-est de Tournay, la droite à Anthoin, le centre à Fontenoy, la gauche au bois de Barry. Les deux villages et le bois étaient garnis de 100 pièces de canon. Le feu commença à six heures du matin. Les Anglais assaillirent trois fois Fontenoy, et les Hollandais se présentèrent à deux reprises devant Anthoin. Les derniers furent si vigoureusement repoussés, qu'ils ne reparurent plus.

L'attaque était manquée sur ces deux points, alors le duc de Cumberland masse son infanterie en une seule colonne pour percer le centre de la ligne française. Les Anglais marchaient précédés de six pièces d'artillerie et en ayant six autres au milieu d'eux. Arrivés à cinquante

---

1. Maurice, fils naturel de l'électeur de Saxe, roi de Pologne, s'était formé sous le prince Eugène et avait pris du service en France dès l'année 1720. Élu duc de Courlande, l'inimitié des Russes l'empêcha de prendre possession de son duché ; il revint dans sa patrie d'adoption, se signala dans la guerre pour la succession de la Pologne, et obtint le bâton de maréchal en 1743, après la prise de Prague et la défense de l'Alsace. L'année suivante il tint en échec dans la Flandre des ennemis trois fois plus nombreux que ses troupes, et en 1744 y commanda la grande armée que Louis XV accompagna. Le maréchal souffrait alors cruellement d'une hydropisie ; Voltaire lui témoignant des inquiétudes sur sa santé : « Il ne s'agit pas de vivre, lui dit-il, mais de partir. » Louis XV lui donna, après Fontenoy, le château de Chambord et 40 000 livres de rente.

GUERRE DE LA SUCCESSION D'AUTRICHE. 393

pas de notre ligne, les officiers anglais saluèrent en
ôtant leurs chapeaux. Les officiers des gardes leur rendirent ce salut. Mylord Hay cria : « Messieurs des gardes françaises, tirez. » Le comte d'Auteroche lui répon-

Saxe (Hermann-Maurice, comte de).

dit: « Messieurs, nous ne tirons jamais les premiers;
tirez vous-mêmes. » Aussitôt les Anglais firent un feu
roulant qui coucha par terre 23 officiers et 380 soldats.
Le premier rang ainsi renversé, le désordre se mit dans
les autres. Les Anglais avançaient à pas lents, comme
faisant l'exercice. On voyait les majors appuyer leurs

cannes sur les fusils des soldats pour les faire tirer bas et droit. Ils débordèrent Fontenoy et la redoute du bois. Dix régiments s'élancèrent successivement contre cette colonne longue, épaisse, inébranlable par sa masse et par son courage. Ils furent repoussés, parce qu'aucune attaque ne se fit avec concert. La bataille était compromise; le maréchal, traîné dans une petite carriole d'osier, parce qu'il ne pouvait se tenir à cheval, n'osait faire les derniers efforts, ayant à garder le roi et le dauphin. Il disposait tout déjà pour la retraite. Cependant la colonne anglaise, étonnée de se trouver au milieu des Français sans avoir de cavalerie, sans être soutenue par les Hollandais, s'était arrêtée immobile, incertaine, mais fière; elle semblait maîtresse du champ de bataille. Richelieu ouvrit l'avis de foudroyer cette masse avec du canon. Quelques pièces sont mises en batterie; le maréchal ordonne en même temps une attaque générale sur les flancs. La colonne plie sous l'effort et sous cette pluie de fer et de mitraille. Elle s'ouvre, elle s'ébranle; dès ce moment sa force est brisée. Les débris se précipitent en fuyant vers leur réserve. Les alliés avaient perdu 12 à 14000 hommes, les Français plus de 7000. C'était un grand succès, bien que ce ne fût pas une victoire savamment gagnée. Elle eut des suites considérables. Tournay, Gand, le dépôt général des ennemis, Oudenarde, Bruges, Dendermonde et Ostende capitulèrent. Au commencement de l'année suivante les Français entrèrent à Bruxelles.

13. Seconde défection de la Prusse; revers en Italie (1745-1746). — Le roi de Prusse, vainqueur dans le même temps à Hohenfriedberg en Silésie, écrivait à Louis XV : « Je viens d'acquitter la lettre de change que Votre Majesté a tirée sur moi à Fontenoy. » La victoire de Kesseldorf lui ouvrit ensuite la Saxe et Dresde : il y signa avec Marie-Thérèse un nouveau traité qui lui confirma la cession de la Silésie. Cette défection ne nous laissait plus un allié en Allemagne; la défaite du prétendant Charles-Edouard Stuart, qui, après avoir pénétré jusqu'à 40 lieues de Londres, fut vaincu à Culloden (1746), empêcha une révolution qui eût paralysé pour longtemps l'Angleterre. Marie-Thérèse et George II, libres de toute inquiétude, l'une à l'égard de la Prusse, l'autre de la part des jacobites, imprimèrent une nouvelle activité aux hostilités. Marie-Thérèse chercha à se dédommager en Italie de ce qu'elle avait perdu en Allemagne et de ce qu'elle pouvait perdre encore aux Pays-Bas. L'armée franco-espagnole, après une tentative inutile sur la Savoie, s'était assuré le comté de Nice par la victoire de Coni (1744), et l'Apennin piémontais, par l'alliance des Génois et du duc de Modène. La bataille de Bassignano lui livra le Milanais (1745); mais l'Espagne, par ses lenteurs, fit avorter un traité avec le roi qui assurait à ce prince une partie du Milanais; l'Impératrice eut le temps de porter en Italie des forces supérieures; Lichtenstein y réunit 45 000 Autrichiens auxquels Maillebois n'avait à opposer que 28 000 hommes. La journée de Plaisance (1746) et la défection de l'Espagne donnèrent aux Impériaux tout le nord de la péninsule. De son côté l'Angleterre, qui en 1745 avait bombardé toute la côte de Ligurie et Gênes elle-même, en 1746 essaya de s'emparer de Lorient et seconda une invasion des Austro-Sardes en Provence. Les alliés assiégèrent Antibes, et leurs partis coururent jusqu'en vue de Toulon. Mais cette invasion eut le sort de toutes les autres. Les mesures énergiques du maréchal de Belle-Isle et le soulèvement de Gênes contre les Autrichiens décidèrent la retraite. Ceux-ci se vengèrent par un décret qui déclara les Génois coupables du crime de lèse-majesté et, en conséquence, ordonnait la confiscation de leurs propriétés et de leurs créances partout où l'on pourrait les saisir.

14. Victoires de Raucoux et de Lawfeld (1743-1747). — Au midi, la France ne faisait donc que défendre sa frontière, et le beau plan qu'avait formé le ministre d'Argenson pour chasser les étrangers de l'Italie et réunir tous les États de la péninsule en une confédération italienne était manqué, au grand détriment de l'Italie elle-même et de la paix du monde. Mais, au nord, la France avait d'éclatants succès. La bataille de Raucoux, gagnée par le maréchal de Saxe, y signala l'année 1746. Louis ne demandait rien autre chose, après chaque victoire, que la paix, « ne voulant pas, disait-il, traiter en marchand, mais en roi ». On refusait de croire à ce désintéressement inusité, et la Hollande, effrayée de voir les Français à ses portes, rétablit, comme en 1672, le stathoudérat, sacrifiant sa liberté pour sauver son indépendance. Entraînée aussi par l'Angleterre, qui nous cherchait partout des ennemis, la czarine Élisabeth (1747) conclut un traité de subsides et mit à la disposition des ennemis de la France cinquante vaisseaux russes et 37 000 hommes, qui s'acheminèrent sur le Rhin. La France, seule contre tous, s'avança encore aux Pays-Bas, la paix dans une main, l'épée dans l'autre. Le maréchal de Saxe gagna la bataille de Lawfeld (1747), et le comte de Lowendal prit l'imprenable Berg-op-Zoom. La Hollande était envahie. Maurice de Saxe fit, par d'habiles manœuvres, en 1748, l'investissement de Maestricht.

15. Opérations navales : La Bourdonnais et Dupleix. — La déclaration de guerre de la France à l'Angleterre n'avait été faite qu'en 1744, après la brillante bataille navale de Toulon, qui fut indécise comme tant d'autres actions de mer, mais on ne soutint pas ce beau commencement. Brest, Toulon furent bloqués par les Anglais, Antibes bombardé, et Lorient ne leur échappa que par une terreur panique qui les fit courir vers leurs vaisseaux, au lieu d'entrer dans la ville, mal défendue. Nous ne pouvions pas, avec trente-cinq vaisseaux de ligne, lutter contre cent dix. Nos chefs d'escadre firent du moins honorer leur défaite par un courage héroïque. Le 3 mai 1747, à la hauteur du cap Finistère, le marquis de la Jonquière, pour sauver un convoi destiné au Canada, lutta avec six navires contre dix-sept. Il fut pris après la plus glorieuse résistance. « Je n'ai

Toulon.

jamais vu un pareil courage, » écrivait un des vainqueurs. Il nous restait sur l'Atlantique sept vaisseaux : on les donna à M. de l'Estanduère pour convoyer une flotte marchande de deux cent cinquante voiles. Il rencontra près de Belle-Isle l'amiral Hawke avec quatorze navires et, pour sauver son convoi, livra bataille. Elle fut acharnée. Deux navires, le *Tonnant* et l'*Intrépide*, traversèrent toute la flotte victorieuse et rentrèrent à Brest, monceaux flottants de ruines sanglantes. L'amiral anglais passa devant une cour martiale pour les avoir laissé échapper. « Dans cette guerre, dit un historien anglais, l'Angleterre n'a dû ses victoires qu'au nombre de ses vaisseaux. » En Amérique, ils nous enlevèrent (1745) Louisbourg et l'île importante de Cap-Breton, qui aurait pu remplacer, au débouché du golfe Saint-Laurent, l'Acadie perdue en 1713. Aux Indes, la France avait deux hommes éminents qui, s'ils avaient pu s'entendre et s'ils avaient été soutenus, nous auraient donné l'Hindoustan : La Bourdonnais et Dupleix. Le premier avait tout créé à Bourbon et à l'île de France, dont il était gouverneur pour la Compagnie des Indes : les cultures, les arsenaux, les fortifications. Ingénieur, général, marin, rien ne l'arrêtait ; et de l'île de France, devenue avec son excellent port la clef de l'océan Indien, il courut cette mer et en chassa les Anglais. Dupleix, autre homme de génie, voulait les chasser du continent. Il rêvait de grands projets : il voulait que la Compagnie, dont il administrait les comptoirs dans l'Hindoustan, n'agrandît pas seulement son commerce, mais son territoire. Pour réussir, ces deux chefs eussent dû agir de concert. A la prise de Madras ils se brouillèrent mortellement, et La Bourdonnais, rappelé en France, fut à son retour enfermé à la Bastille sur des accusations parties de l'Inde. Dupleix racheta cette mauvaise action par la belle défense qu'il fit en 1748 dans Pondichéry ; il sauva cette ville et fit éprouver aux Anglais un échec qui retentit jusqu'en Europe. La paix était donc, pour nous, inopportune dans l'Inde, comme elle l'était aux

Pays-Bas; mais notre marine était réduite à deux vaisseaux, notre dette s'était accrue de 1200 millions, et le roi, incapable de se faire plus longtemps violence, demandait qu'on le laissât à ses plaisirs. L'Angleterre, qui redoutait de voir la France s'établir à demeure aux bouches de l'Escaut, se décida enfin à traiter.

16. Traité d'Aix-la-Chapelle (1748). — La paix d'Aix-la-Chapelle (avril 1748) stipula que les conquêtes seraient restituées de part et d'autre. L'Angleterre recouvra pour quatre années l'*asiento* (droit d'importer des nègres) et *le vaisseau de permission* dans les colonies espagnoles; l'Autriche céda Parme et Plaisance à l'infant don Philippe, la Silésie au roi de Prusse, et plusieurs places du Milanais, au roi de Sardaigne. La France rendit Madras et rentra en possession de l'île Royale (Cap-Breton); mais elle ne garda rien aux Pays-Bas, qu'elle occupait presque tout entiers, et se laissa imposer la condition de ne fortifier Dunkerque que du côté de la terre. Des commissaires anglais, payés par nous, s'assurèrent que cette condition était exécutée; et quand le roi George exigea l'expulsion de France du prétendant, ce fut à l'Opéra qu'on l'arrêta, comme si l'on tenait à montrer que les ministres anglais faisaient la police dans Paris même. Le maréchal de Saxe, qui pouvait attendre mieux de ses victoires, ne survécut guère à ce traité. Il mourut en 1750 à l'âge de cinquante-quatre ans.

CHAPITRE XVII

GUERRE DE SEPT ANS; RIVALITÉ MARITIME ET COLONIALE
DE LA FRANCE ET DE L'ANGLETERRE;
TRAITÉ DE PARIS; PERTE DES COLONIES FRANÇAISES.

1. Prospérité commerciale. — 2. Causes d'une nouvelle guerre.— 3. Renversement des alliances (1756). — 4. Guerre de Sept ans (1756-1763). Conquête de Minorque (1756). — 5. Difficile position du roi de Prusse. — 6. Capitulation de Closterseven (1757). — 7. Défaite de Rossbach (1757). — 8. Défaite de Crevelt (1758). — 9. Désordres dans les armées françaises et l'administration. — 10. Succès et revers en Westphalie; d'Assas. — 11. Énergie du roi de Prusse (1758-1762). — 12. Revers de la France sur mer. — 13. Revers aux colonies. — 14. Choiseul; le pacte de famille (1761). — 15 Traités de Paris et de Hubertsbourg (1763).

1. Prospérité commerciale. — Les huit années qui suivirent cette paix furent la plus belle époque du commerce français au dix-huitième siècle. Lorient, qui, en 1726, n'était qu'une bourgade, avait reçu en 1736 pour 18 millions de marchandises. Si La Bourdonnais n'était plus à l'île de France, son souvenir, ses leçons, y vivaient : Bourbon devenait une grande colonie agricole. Dupleix cherchait à élever dans l'Inde, en s'appuyant sur les puissances indigènes, un vaste empire colonial. Aux Antilles, la Guadeloupe, la Martinique, surtout Saint-Domingue, arrivaient à une prospérité qui rejaillissait sur les villes marchandes de la métropole : sur Nantes, sur Bordeaux, qui se rappelle encore avec regret ces jours de richesses; sur Marseille, qui avait de plus pour elle tout le commerce du Levant, dans la Méditerranée, où nul ne lui faisait alors concurrence. Le sucre, le café des Antilles françaises, chassaient du marché européen les produits similaires des colonies anglaises, et la

Louisiane, si longtemps languissante, trouvait, dans la liberté du commerce qui lui avait été rendue en 1731, une fortune que le monopole ne lui avait pu donner.

La dernière guerre maritime n'avait fait que suspendre ce mouvement; dès qu'elle cessa, il reprit son cours avec une énergie que le gouvernement lui-même seconda; car, malgré l'inertie de Louis XV et la misérable influence de Mme de Pompadour, la force croissante de l'opinion publique imposait au gouvernement certains hommes et une certaine direction. C'est ainsi que le marquis d'Argenson avait été appelé en 1744 au ministère des affaires étrangères, et que celui de la marine fut donné à Rouillé et à de Machault, qui firent de louables efforts pour rétablir la flotte. En 1754 on compta dans les ports soixante vaisseaux, trente et une frégates et vingt et un autres bâtiments. L'Angleterre, avec ses deux cent quarante-trois bâtiments de guerre, dont cent trente et un vaisseaux de ligne, eût pu ne pas être jalouse de cette marine, imposante encore par le chiffre des bâtiments, mais à qui tout manquait. Elle s'effraya néanmoins de cette renaissance de notre puissance navale, surtout des progrès de notre commerce, à qui le doublement du droit de 50 sous par tonneau décrété par Machault en 1740 donnait une énergique impulsion, et elle trouva aisément une cause de rupture.

2. Cause d'une nouvelle guerre. — Quand on veut faire la paix à tout prix, on la fait mal. Or Mme d Pompadour avait dit aux plénipotentiaires envoyés en 1748 à Aix-la-Chapelle : « Souvenez-vous de ne pas revenir sans la paix : le roi la veut. » De là il était résulté qu'on avait rendu ce qu'on eût pu garder, et qu'on n'avait pas pris soin de vider tous les différends. La France avait, en Amérique, deux magnifiques possessions : le Canada et la Louisiane, c'est-à-dire le Saint-Laurent et le Mississipi, les deux plus grands fleuves de l'Amérique du Nord, qu'elle tenait ainsi par les deux bouts. Mais à Aix-la-Chapelle on n'avait pas décidé si l'Ohio appartenait à la Louisiane ou à la Virginie; on ne s'entendait pas davantage sur les limites de l'Acadie et sur la possession de Tabago, la plus orientale des Antilles. Les deux gouvernements nommèrent des commissaires pour vider ces questions. Ils ne purent se mettre d'accord, et les colons, mêlant les Indiens à leurs querelles, commencèrent les hostilités. Washington, alors bien jeune, se distingua dans ces rencontres, mais d'abord d'une manière malheureuse. Le détachement qu'il commandait surprit et tua, avec toutes ses escortes, un officier français, Jumonville, qui portait aux Anglais une sommation d'évacuer la vallée de l'Ohio et de se retirer derrière les Alleghanys. Ce fut le premier sang versé dans cette guerre (28 mai 1754). En 1755, sans déclaration de guerre, l'amiral anglais Boscawen captura deux vaisseaux de ligne français; le ministère protesta, mais resta six mois sans joindre les actes aux paroles; et, pendant ces six mois, les Anglais nous enlevèrent plus de trois cents navires marchands, chargés d'une cargaison de 30 millions de livres et montés par 10 000 matelots qu'ils enrôlèrent pour la plupart dans leurs équipages. Il fallut bien pourtant reconnaître que c'était la guerre et s'y résigner.

3. Renversement des alliances (1756). — L'intérêt de la France était de conserver à cette guerre son caractère exclusivement maritime, et de garder toutes ses forces réunies pour son duel avec l'Angleterre, mais ce n'était pas le compte de cette puissance. Le ministère anglais, grâce à son or, déchaîna de nouveau la guerre continentale. Il offrit des subsides à qui voudrait être notre ennemi. La Prusse en accepta, se sentant menacée de quelque péril par un rapprochement inattendu de l'Autriche et de la France. Nul prince n'avait mieux employé que Frédéric II les années de paix qui venaient de s'écouler. Il s'était attaché la Silésie par de sages mesures, il avait commencé son grand travail de réformation de la justice et des finances, et, en 1744, incorporé à son royaume l'Ost-Frise, dont sa famille avait depuis longtemps l'expectative; mais son esprit faisait tort parfois à sa politique. Par ses épigrammes trop justifiées il avait blessé la czarine Élisabeth et la marquise de Pompadour. On en était malheureusement encore au temps où des ressentiments personnels de princes ou de favorites avaient plus de force que les intérêts des peuples. Marie-Thérèse vit naître cette colère et l'attisa habilement, dans l'espoir de la faire tourner au profit de sa rancune implacable contre la Prusse. Elle ne pouvait voir un Silésien sans pleurer, et la paix était à peine signée qu'elle avait préparé la guerre, disciplinant son armée, réglant ses finances, de manière qu'avec moins de provinces que son père elle avait plus de soldats et de revenus. Elle remplaça les ministres intrigants de Charles VI par un habile politique, le célèbre Kaunitz, et, dès qu'elle y vit jour, elle fit proposer au cabinet de Versailles une alliance sur ces bases : restitution de la Silésie à l'Autriche, cession des Pays-Bas à un Bourbon de la branche d'Espagne, de Mons et de Luxembourg à la France. C'était le renversement de la politique deux fois séculaire de la France, puisque le traité de Versailles (1756), tout à l'avantage de l'Autriche, car la promesse des Pays-Bas fut retirée, réunissait les deux puissances dont la rivalité avait fait couler tant de sang. La czarine Élisabeth, qui ne pardonnait pas à Frédéric II ses coups de langue; la Suède, qui regrettait la Poméranie; la Saxe, qui voulait s'agrandir, y accédèrent. Ainsi l'Autriche devenait l'amie de la France, l'ennemie de l'Angleterre, sa vieille alliée, et nous allions attaquer la Prusse. Tout le système des alliances européennes était changé.

4. **Guerre de Sept ans (1756-1763). Conquête de Minorque (1756).** — La France, forcée encore de combattre des deux mains, frappa d'abord un coup vigoureux. A l'attentat de l'amiral Boscawen, elle répondit en lançant sur Minorque, alors aux Anglais, une escadre et une armée : l'une, commandée par La Galissonnière, battit la flotte anglaise de Byng; l'autre, sous le

maréchal de Richelieu, enleva la forteresse réputée imprenable de Port-Mahon; ce fut un des beaux faits d'armes de ce siècle. L'Angleterre se vengea de cette défaite, comme autrefois Carthage; le malheureux Byng fut condamné à mort et fusillé à son bord.

5. Difficile position du roi de Prusse. — Sur le continent, la guerre commença par une irruption en Saxe du roi de Prusse, qui, comme toujours, prévint ses ennemis. Il enveloppa les Saxons dans leur camp de Pirna. Les Autrichiens s'approchant pour les dégager, il courut à leur rencontre en Bohême, les battit à Lowositz, puis revint prendre toute l'armée saxonne, qu'il incorpora dans ses troupes. La France déclara ensuite les traités de Westphalie violés et fit entrer deux armées en campagne : le maréchal d'Estrées en Westphalie, Soubise vers le Mein. Attaqué par tous ses voisins, sans autre appui que l'Angleterre, Frédéric n'aurait pu, malgré son génie, se défendre contre cette coalition formidable, si les alliés eussent mis quelque concert dans leurs opérations. Il fut servi par l'ineptie ou la légèreté des généraux français, Soubise et Richelieu, et par la lenteur de Daun, le généralissime autrichien. De la Saxe, qu'il avait tout d'abord et hardiment occupée, il rentra en Bohême et gagna la sanglante bataille de Prague (1757). Vaincu à son tour près de cette ville, à Kollin, par Daun (1757), il fut forcé, pendant la retraite, de diviser ses forces, ce qui l'exposa à de nouveaux revers. En même temps, à l'est, les Russes lui prenaient Memel et battaient un de ses lieutenants à Jægerndorf, mais sans savoir tirer parti de leur succès; à l'ouest, d'Estrées gagnait, sur les Anglais, la bataille de Hastenbeck, qui nous livrait le Hanovre, et une autre armée française marchait rapidement sur Magdebourg et la Saxe. Ainsi le cercle d'ennemis dont Frédéric était enveloppé se resserrait chaque jour sur lui (1757). Il demanda la paix. On le croyait aux abois : on la lui refusa. Il se décida alors, s'il le fallait, « à mourir en roi, » comme il l'écrivit à Voltaire. L'incapacité de ses adversaires le dispensa de tenir parole.

6. Capitulation de Closterseven (1757). — Richelieu, qui succéda à d'Estrées dans le commandement de l'armée de Hanovre, enferma le duc de Cumberland dans une impasse, au milieu d'un pays marécageux; mais, au lieu de le faire prisonnier, il lui accorda la capitulation de Closterseven, que le gouvernement anglais, dirigé par le fameux William Pitt, désavoua. Richelieu avait commis la faute de ne point dissoudre cette armée, qui se retrouvera tout entière quand elle reprendra les armes, et le résultat de deux campagnes heureuses sera perdu. Il en commit une autre lorsqu'il donna à ses officiers et à ses soldats l'exemple d'une scandaleuse avidité. De retour à Paris, il se fit bâtir, du fruit de ses déprédations, un élégant pavillon que le public nomma satiriquement *pavillon de Hanovre*. Les soldats, dont il autorisait le pillage, l'appelaient *le bon père la Maraude*. La discipline était ainsi ébranlée au moment même où on arrivait en présence de ces armées prussiennes, les mieux disciplinées de l'Europe.

7. Défaite de Rossbach (1757). — C'était à Soubise, le favori de Mme de Pompadour, qu'était échu le rôle difficile de leur tenir tête. Il s'était réuni à l'*armée d'exécution* que l'Empire avait levée pour soutenir Marie-Thérèse et marchait sur la Saxe. Frédéric II accourut de la Silésie sur la Saale; il n'avait que 20 000 hommes contre 50 000. Il s'établit non loin des champs, depuis fameux, d'Iéna et d'Auerstædt, au village de Rossbach, sur des hauteurs; cachant sa cavalerie dans un repli du terrain, et une artillerie formidable derrière les tentes de son camp. Les alliés s'avancèrent témérairement, sans ordre, au bruit des fanfares, trompés par les apparentes hésitations du roi, et le croyant prêt à fuir. Tout à coup l'artillerie prussienne se démasque et tonne, la cavalerie se précipite sur le flanc droit de Soubise que ce général ne croyait point menacé ; l'infanterie la suit ; les Franco-Allemands sont dispersés en quelques instants. Les Prussiens ne tuèrent que 3000 hommes, car on se battit peu ; mais ils firent 7000 prisonniers, enlevèrent 63 pièces de canon et ne perdirent que 400 soldats. Soubise manda à Louis XV : « J'écris à Votre Majesté dans l'excès de mon désespoir. La déroute de votre armée est totale ; je ne puis vous dire combien de vos officiers ont été tués, pris ou perdus. » Mais le juge le plus à redouter alors ce n'était pas le roi, c'était le public de qui tout commençait à relever, et qui punissait de ses satires mordantes l'impéritie des généraux et les fautes des ministres. Des chansons coururent :

> Soubise dit, la lanterne à la main :
> J'ai beau chercher, où diable est mon armée
> Elle était là pourtant hier matin.
> Me l'a-t-on prise, ou l'aurais-je égarée ?
> Ah ! je perds tout ; je suis un étourdi, etc.

8. Défaite de Crevelt (1758). — Frédéric laissant fuir Soubise se retourne contre les Autrichiens, les chasse de la Saxe, où ils étaient rentrés, et les suit dans la Silésie, qu'il leur reprend à la journée de Leuthen ou de Lissa, où il renouvelle la manœuvre de Rossbach, menaçant une aile, écrasant l'autre (1757). Pitt, plus tard lord Chatham, devenait à ce moment premier ministre et déterminait l'Angleterre à de plus grands efforts en faveur de son allié. Le roi, en échange de nombreux subsides que Pitt lui fit voter, envoya un de ses lieutenants, Ferdinand de Brunswick, prendre le commandement de l'armée hanovrienne, qui, violant sa parole, rentra en campagne. Devant cet habile général, les Français reculèrent, repassant le Weser, l'Ems, le Rhin ; après quoi ils furent encore battus à Crevelt (1758). Le général qui dirigeait cette retraite peu glorieuse était le comte de Clermont, de la famille de Condé, abbé de Saint-Germain des Prés. Ce titre faisait pleuvoir sur lui les railleries. Frédéric l'appelait le général des bénédictins. A Paris on chanta :

> Moitié plumet, moitié rabat,
> Aussi propre à l'un comme à l'autre
> Clermont se bat comme un apôtre,
> Il sert son Dieu comme il se bat.

William Pitt (lord Chatham).

9. Désordres dans les armées françaises et l'administration. — Napoléon a dit de ces courtisans qu'un caprice de Mme de Pompadour plaçait à la tête de nos armées que tous, généraux en chef, généraux particuliers, étaient de la plus parfaite incapacité. A quoi il faut ajouter que les querelles de cour se continuaient au camp et que plusieurs ont pu, non sans apparence de vérité, être accusés d'avoir, pour ruiner un rival, fait manquer des plans et perdre des batailles. Ce n'étaient pas seulement de très-mauvais tacticiens, mais de détestables administrateurs. Les armées, fort mal composées, étaient encore plus mal tenues. Quand le comte de Clermont succéda à Richelieu, il dut casser quatre-vingts officiers. On vit une fois, à l'armée de Soubise, douze mille chariots de marchands et de vivandiers; le jour de la bataille, six mille maraudeurs étaient hors des rangs. Le mal n'était pas que là. Depuis que les femmes gouvernaient, l'administration supérieure était livrée aux caprices les plus désordonnés. De 1756 à 1763, vingt-cinq ministres furent appelés ou renvoyés, « dégringolant l'un après l'autre, écrit Voltaire (3 décembre 1759), comme les personnages de la lanterne magique. » Les plans changeaient comme les hommes, ou plutôt rien ne se faisait et tout allait à l'aventure.

10. Succès et revers en Westphalie; d'Assas. — Cependant, après les honteuses défaites de Rossbach et de Crevelt, si l'on ne changea pas les généraux, on leur donna des forces tellement supérieures à celles de l'ennemi, que ce même Soubise, ce même comte de Clermont et le duc de Broglie, le maréchal de Contades, balancèrent à peu près la fortune les années suivantes avec les Prussiens, les Hessois et les Hanovriens.

Soubise était sur le Mein pendant la retraite du comte de Clermont; en menaçant la Hesse où de Broglie remporta, à Sandershausen, près de Cassel, un léger avantage, il rappela le duc Ferdinand en arrière et battit une partie de ses troupes à Lutzelberg (1758). L'année suivante, de Broglie eut un autre et plus important succès à Berghen sur la Nidda; mais on le plaça sous les ordres de Contades, et la rivalité des deux généraux amena un nouveau désastre à Minden (août 1759). Contades en porta la peine, il fut destitué; de Broglie eut son commandement avec plus de cent mille hommes. Il occupa plusieurs villes, Cassel, Minden et une partie de son armée, sous le comte d Saint-Germain, eut à Corbach, une rencontre heureuse avec 30 000 Prussiens (1760). Un détachement qu'il fit sur le Rhin réussit encore : 20 000 Prussiens venaient de prendre Clèves; de Castries les battit à Clostercamp. C'est là que se dévoua, avec le sergent Dubois, le chevalier d'Assas, capitaine au régiment d'Auvergne. Tombant dans une embuscade où l'ennemi comptait surprendre notre armée, il crie : « A moi, Auvergne! voilà l'ennemi! » Il est percé de coups, mais l'armée est sauvée (1760).

11. Énergie du roi de Prusse (1758-1762). — Ainsi, dans l'ouest de l'Allemagne, la guerre n'avait d'autre résultat que la dévastation du pays, où nos armées prenaient toujours leurs quartiers d'hiver. Au sud et à l'est Frédéric tenait tête aux Russes et aux Autrichiens. Il disait des premiers : « Ils sont plus durs à tuer que difficiles à vaincre. » Cependant ils lui enlevèrent Kœnigsberg, mais il les battit à Zorndorf, près de Küstrin (1758). Une défaite que les Autrichiens lui firent essuyer à Hochkirch, en Lusace, balança ce succès. Les Russes se vengèrent même l'année suivante (1759) à Zullichau et à Kunersdorf, où 20 000 hommes restèrent de chaque côté sur le champ de bataille; et Frédéric se serait trouvé dans une position critique si ses adversaires avaient su profiter de leur victoire. Le brillant succès du prince Ferdinand, à Minden (août 1759), sur le maréchal de Contades, releva ses espérances. Il saisit ce retour de fortune pour demander la paix; ses ennemis, ne voyant dans cette démarche qu'un signe de détresse, la lui refusèrent encore (1760). Il les détrompa, battit Laudon à Liegnitz, délivra sa capitale surprise par les Russes et les Autrichiens, força Daun dans une position formidable près de Torgau, et resta maître des deux tiers de la Saxe, tandis que ses lieutenants faisaient échouer, au nord et à l'ouest, les projets des Suédois et des Français.

Mais « ces travaux d'Hercule » avaient épuisé les forces du roi et de son peuple. Il se tint, durant toute la campagne de 1761, sur la défensive. Elle lui réussit mal; si de Broglie fut battu à Villinghausen, parce qu'il comptait sur Soubise, qui ne le secourut pas, Frédéric II perdit Schweidnitz et Dresde, et fut privé des subsides anglais. Heureusement pour lui, la czarine Elisabeth mourut au commencement de 1762, et Pierre III déclara aussitôt la neutralité de la Russie; la Suède se retira en même temps de la lutte. Tranquille à l'est et au nord, Frédéric agit avec vigueur dans la Silésie, qu'il recouvra, et en Saxe, où le prince Henri gagna la bataille de Freiberg. Il ne gagnait pas seulement des batailles, il gagnait aussi l'opinion publique. Si, dans la guerre précédente, les vertus et le courage de Marie-Thérèse avaient excité l'enthousiasme, aujourd'hui la persévérance héroïque de Frédéric II, les talents qu'il déployait pour sortir des positions les plus désespérées, augmentaient chaque jour le nombre de ses admirateurs. Sa langue maternelle, qu'il méprisait, s'animait pour chanter ses victoires, et toute l'Europe récitait quelques beaux vers qu'il écrivait à Voltaire.

12. Revers de la France sur mer. — Si nous avions soutenu la guerre sur le continent sans trop de désavantage, mais aussi sans beaucoup d'honneur, puisque nous combattions à trois contre un, France, Autriche et Russie contre le seul Frédéric II, sur mer nous étions aux prises avec un ennemi dont l'écrasante supériorité ne laissait à nos marins que l'espérance de quelques succès isolés. La victoire navale gagnée par La Galissonnière en 1756 ne se renouvela plus; cependant l'honneur du pavillon fut brillamment soutenu dans nombre de rencontres partielles : ainsi, en cette même année, dans les parages de Rochefort, deux frégates françaises attaquèrent une frégate et un vaisseau anglais et les mirent hors de combat. L'un des capitaines français, Maureville, ayant un bras emporté, criait de l'entre-pont à ses marins : « Courage, mes amis, grand feu ! je défends d'amener. » Il y eut beaucoup d'exploits semblables. Mais, tandis que l'Angleterre prodiguait toute sa sollicitude à sa marine, le gouvernement français laissait nos colonies manquer de navires, de soldats, d'argent ; et de malheureuses divisions énervaient la discipline : les officiers gentilshommes, appelés officiers rouges, pleins de dédain pour les officiers bleus ou roturiers, qu'on laissait en temps de paix dans les garnisons, refusaient de leur obéir. De là des tiraillements, de la défiance, et par suite un mauvais service. Les Anglais bloquaient nos ports, et il n'en sortait pas un bâtiment qui ne tombât entre leurs mains : trente-sept vaisseaux de ligne, cinquante-six frégates, furent ainsi pris, brûlés ou périrent sur les écueils. Des descentes opérées par les Anglais sur les côtes de Normandie et de Bretagne, à Cherbourg et à Saint-Malo, n'eurent pas de conséquences durables, mais montraient que notre territoire pouvait être impunément violé, depuis que notre flotte n'en protégeait plus les rivages. Dans une de ces tentatives sur Saint-Malo, l'ennemi perdit pourtant, à Saint-Cast, 5000 hommes que le duc d'Aiguillon et la noblesse de Bretagne, accourue en masse, lui tuèrent ou lui prirent (1758). Mais l'année suivante, l'amiral La Clue, qui n'avait que sept vaisseaux contre quatorze, fut battu au cap Sainte-Marie, et l'impéritie de Conflans amena la destruction de la flotte de Brest. En 1763, les Anglais s'emparèrent de Belle-Isle : ils eurent alors dans le golfe de Gascogne, en vue de Nantes, entre Brest et Rochefort, l'avantageuse position que Jersey leur donnait de l'autre côté de la Bretagne, en vue de Saint-Malo, entre Cherbourg et Brest. Tout notre littoral de l'Océan, depuis Dunkerque jusqu'à Bayonne, se trouva comme assiégé.

13. Revers aux colonies. — Dupleix avait été rappelé en 1754 : si la France lui eût envoyé de l'argent et de bons soldats au lieu de ne lui expédier, comme il s'en plaignait, que *la plus vile canaille*, l'Inde serait peut-être à nous et non aux Anglais; il mourut à Paris dans la misère en 1763. Un Irlandais au service de la France, Lally, sans avoir ses grandes vues, avait du moins un courage indomptable. Mais, obligé, pour trouver de l'argent, d'aller faire la guerre aux rajahs indiens, à 50 lieues dans les terres, il ne put empêcher les Anglais, commandés par l'habile lord Clive, de reprendre l'avantage. Pourtant il faillit ressaisir Madras : la brèche était ouverte, il commande l'assaut, ses soldats refusent de marcher parce qu'on ne les a pas payés. A son tour, il est assiégé dans Pondichéry, où, avec 700 hommes, il se défend neuf mois contre 22 000. Les Anglais, maîtres enfin de la ville, en chassèrent les habitants et la rasèrent ; ce fut le coup de mort pour la domination française dans l'Inde. Elle ne s'y est pas relevée.

De même au Canada, le drapeau français fut d'abord porté très-haut, puis renversé. Les marquis de Vaudreuil et de Montcalm enlevèrent les forts Oswego et de Saint-George, sur les lacs Ontario et du Saint-Sacrement, boulevards des possessions anglaises (1756). Mais en 1759 ils n'avaient que 5000 soldats à opposer à 40 000 hommes, et la colonie manquait de vivres, de plomb, de poudre. Mme de Pompadour coûtait par an à la France 2 à 3 millions; faute d'une pareille somme, on ne put faire passer au Canada 4000 soldats qui s'offraient à y demeurer après la guerre comme colons et qui eussent changé l'issue de la lutte. L'ennemi assiégea Québec ; Montcalm livra bataille pour sauver cette ville, et, blessé à mort, il criait encore à ses soldats, dont il s'était rendu l'idole par son courage chevaleresque : « En avant! et gardons le champ de bataille. » Le général anglais Wolf, atteint aussi de trois coups de feu, entendit dans l'agonie de la mort crier par les siens : « Ils fuient! » Il se releva un instant et dit : « Je meurs content. » Vaudreuil lutta encore quelque temps, mais enfin le Canada fut perdu. La Guadeloupe, la Dominique, la Martinique, la Grenade, Saint-Vincent, Sainte-Lucie, Tabago, Saint-Louis du Sénégal, l'île de Gorée, l'étaient aussi.

14. Choiseul; le pacte de famille (1761). — Un habile ministre prit alors la principale influence dans

Québec.

les affaires de la France, le duc de Choiseul. Mme de Pompadour l'avait rappelé de l'ambassade de Vienne pour lui donner en 1758 le portefeuille des affaires étrangères, qu'il échangea en 1761 contre celui de la guerre. Deux ans plus tard, il eut encore la marine et fit donner les affaires étrangères à son cousin, le duc de Praslin. Choiseul conserva l'alliance autrichienne ; mais il en noua une autre. Il voulut réunir comme en un faisceau toutes les branches de la maison de Bourbon, établies en France, en Espagne, dans les Deux-Siciles, à Parme et Plaisance. C'était réaliser le vœu de Louis XIV ; c'était donner aussi à la France l'utile appui de la marine espagnole. Ce traité, fameux sous le nom de *pacte de famille*, fut signé le 15 août 1761 : les puissances contractantes se garantissaient mutuellement leurs États. L'Angleterre déclara aussitôt la guerre à l'Espagne et entraîna le Portugal dans son parti. La marine de la France était tombée si bas, celle d'Espagne était si languissante, qu'il n'y avait pour le moment rien à attendre de leur union. L'Espagne, entrée trop tard dans la lice, n'y essuya que des pertes : elle se vit enlever Manille, les Philippines, la Havane, douze vaisseaux de ligne et 100 millions de prises. Une invasion en Portugal fut sans résultat.

15. Traités de Paris et d'Hubertsbourg (1763). — Cependant en 1762, victorieuses ou vaincues, les puissances européennes étaient lasses d'une guerre qui les ruinait toutes. La France y avait pour son compte dépensé 1350 millions. L'Angleterre avait atteint son but, la destruction de notre marine marchande et militaire. Mais ses conquêtes mêmes épuisaient son trésor, sa dette publique grossissait, les recrutements devenaient difficiles, car, pour conserver cet empire de l'océan dont elle s'était emparé, il fallait des armements toujours plus nombreux. La Prusse, sans commerce, sans industrie, dévastée, dépeuplée, ne se tenait debout que par l'énergie de son roi. L'Autriche, qui avait voulu lui arracher la Silésie, désespérait d'y réussir. La France et l'Angleterre signèrent, le 3 novembre 1762, des préliminaires qui aboutirent, le 10 février 1763, au traité de Paris. A l'Angleterre étaient acquis le Canada avec les soixante mille Français qui l'habitaient, l'Acadie, l'île de Cap-Breton, la Grenade et les Grenadilles, Saint-Vincent, la Dominique, Tabago, le Sénégal, et,

en Europe, Minorque. La France conservait le droit de pêche sur les côtes de Terre-Neuve et dans le golfe de Saint-Laurent, avec les îlots de Saint-Pierre et Miquelon ; mais sans qu'elle pût les fortifier ; elle recouvrait la Guadeloupe, Marie-Galante, la Désirade, la Martinique, et obtenait Sainte-Lucie ; l'île de Gorée, au Sénégal, et celle de Belle-Isle, sur la côte de Bretagne, lui étaient rendues. Mais elle démolissait encore les fortifications de Dunkerque du côté de la mer et acceptait l'insulte de la présence permanente d'un commissaire anglais dans cette ville pour empêcher qu'on ne remuât une pierre sur les quais où s'était embarqué Jean Bart. Aux Indes orientales, Pondichéry, Mahé et trois petits comptoirs au Bengale lui restaient, à condition qu'elle n'y enverrait point de troupes. Comme l'Espagne, tout en recouvrant Cuba et Manille, perdait, au profit de l'Angleterre, la Floride et la baie de Pensacola, la France l'en dédommagea, quelque temps après, par la cession de la Louisiane. « La guerre avait commencé pour deux ou trois chétives habitations ; les Anglais y gagnèrent 2000 lieues de terrain, » et l'humanité y perdit un million d'hommes. Le traité d'Hubertsbourg entre Marie-Thérèse et Frédéric II confirma à celui-ci la possession de la Silésie.

Frédéric II s'était montré presque aussi grand dans le conseil que sur le champ de bataille. La guerre de Sept ans avait diminué la population de la Prusse de 500 000 âmes ; 14 500 maisons avaient été brûlées ; dans la Silésie, la Poméranie et la Nouvelle-Marche, les paysans s'attelaient à la charrue, car il manquait 60 000 chevaux pour le labourage. « Il y avait, dit Frédéric, comme une création nouvelle à entreprendre. » Il recommença tout. Après avoir sauvé son pays du démembrement, après avoir constitué, par la gloire, un peuple nouveau en Europe, et mis ce peuple au rang des grandes nations, il le sauva de la misère par une administration habile et vigilante. (Voy. chap. XXI, n° 7.)

La prophétie du prince Eugène se vérifiait. Cet électorat changé en royaume devenait redoutable à l'Autriche. Après lui avoir enlevé sa plus belle province, il lui prenait son influence dans l'empire, et, bien qu'à Sans-Souci on ne respectât guère ni Hermann ni Luther, et qu'on n'y criât pas encore *Vivat Teutonia !* on cherchait déjà à se donner le caractère d'une puissance exclusivement allemande et protestante, en opposition à l'Autriche, État catholique et à demi slave, dont le manteau impérial n'était fait que de pièces de rapport. Lorsqu'en 1777 l'électeur de Bavière mourut sans enfants, Marie-Thérèse acheta la succession à l'héritier direct, l'électeur palatin. L'affaire était bonne pour l'Autriche à qui elle donnait un territoire non interrompu, depuis les frontières de la Turquie jusque vers le Rhin, presque toute l'Allemagne du midi. Frédéric II s'y opposa et s'appuya sur les cours de Versailles et de Saint-Pétersbourg. Après une campagne sans combat, la médiation franco-russe amena la paix de Teschen (1779). Le duc de Deux-Ponts, héritier de l'électeur palatin, eut la succession bavaroise ; la Saxe et le Mecklembourg obtinrent des indemnités, et l'Autriche quelques districts qui joignaient le Tyrol à ses autres domaines. Frédéric se contenta de la gloire d'avoir été l'arbitre de l'Allemagne. Cela seul était déjà un assez beau profit pour le successeur des électeurs de Brandebourg. Il y en avait un autre, la Prusse gagnait beaucoup à ce que l'Autriche ne se fortifiât point.

CHAPITRE XVIII.

GOUVERNEMENT DE LOUIS XV ;
LA COUR, LE PARLEMENT, LE CLERGÉ ;
LE COMTE D'ARGENSON ET MACHAULT ; CHOISEUL ;
LE TRIUMVIRAT ; RÉFORME JUDICIAIRE DU CHANCELIER
MAUPEOU.

1. Le roi, la famille royale ; la cour. — 2. Le parlement. — 3. Le clergé. — 4. Lutte entre le parlement et le clergé. — 5. Suppression de l'ordre des jésuites (1761-1764). — 6. D'Argenson ; Machault. — 7. Choiseul. — 8. Le triumvirat. — 9. Réforme judiciaire du chancelier Maupeou. — 10. Pacte de famine, lettres de cachet, banqueroute.

1. Le roi, la famille royale : la cour. — Louis XIV, par cet air de grandeur qui relevait ses moindres actions avait atténué le scandale de ses trop nombreuses faiblesses. Louis XV ne chercha pas même à sauver les apparences. Le cynisme des mœurs de la Régence fut dépassé : le vice impudent prit effrontément possession de la cour. On voudrait pouvoir jeter un voile sur cette partie d'un règne déplorable. Mais ces turpitudes ont contribué à la chute de l'ancien régime. Il n'est donc pas permis de les laisser tout à fait dans l'ombre.

Jusqu'en 1735, Louis XV avait mené une vie régulière, et témoigné au moins de l'estime à la reine Marie Leczinska. Cette conduite, qualifiée de pruderie bourgeoise par les anciens amis du Régent, ne faisait point l'affaire des courtisans, qui pensaient avoir beaucoup à gagner si le règne des favorites recommençait. Le duc de Richelieu, type accompli du vice élégant, chef de cette école de débauchés qui paraient une immoralité profonde des séductions de la politesse la plus raffinée, entreprit de pervertir le roi. Louis XV ne résista pas à cette fatale influence, et bientôt on le vit s'abandonner sans réserve aux plaisirs de la table, boire et manger avec excès, passer des nuits entières devant une table de jeu. En 1735, il combla les vœux de Richelieu, en prenant ouvertement pour favorites la comtesse de Mailly, puis ses sœurs : la marquise de Vintimille, la duchesse de Lauraguais, la duchesse de Châteauroux. La dernière, femme d'un caractère impérieux et énergique, prit un grand ascendant sur l'esprit mobile et indécis de Louis XV. Elle lui fit honte de son inertie, et quand l'Alsace fut envahie en 1744, elle le décida à prendre le commandement de l'armée. Renvoyée de la cour pendant la maladie du roi à Metz, elle rentra en faveur dès que le retour à la santé chassa la crainte de la mort. Mais elle mourut au mois de décembre de la même année, et une simple bourgeoise succéda à l'altière duchesse. Jeanne Poisson, avait pour mère une femme galante qui spécula sur la beauté de sa fille. Elle lui donna une brillante éducation, le goût et la pratique des arts du dessin, afin de l'armer de tous les moyens de séduction. Elle ne réussit d'abord qu'à la marier à un sous-fermier, Lenormand, mais ce sous-fermier était déjà riche et il avait une terre à Etioles, près de la forêt de Sénart où le roi venait souvent chasser. Mme d'Etioles ne manquait pas de suivre la chasse, dans une voiture légère, avec le plus élégant costume. Le manége réussit ; le roi la remarqua et, en 1745, elle devint la marquise de Pompadour. Le charme de sa beauté irrégulière et piquante ne suffit pas à expliquer la longue durée de son empire. Elle avait de l'esprit, de l'instruction ; elle possédait l'art de flatter les goûts du monarque indolent, de ménager à sa paresse de longs loisirs remplis par des fêtes ou des jeux et d'écarter de lui le souci importun des affaires. On eut pendant près de vingt ans le spectacle d'une femme premier ministre. Madame de Pompadour mit ses créatures partout, dans les finances, à l'armée, dans les ambassades. Elle eut même sa politique à l'intérieur au sujet du parlement et des philosophes, des jansénistes et des molinistes; elle en eut une aussi pour l'étranger : l'on sait de quel prix la France la paya. Les désastres et les hontes de la guerre de Sept ans sont en partie son ouvrage, car elle usa de son crédit pour décider l'alliance avec l'Autriche, et imposer des généraux incapables, comme Soubise, le vaincu de Rossbach.

Elle mourut en 1764, à 42 ans, et l'on est forcé de dire que son règne fut presque honorable, en comparaison de ce qui suivit. Après elle, commencèrent les orgies du Parc-aux-Cerfs, dont nous ne pouvons parler et, à partir de 1768, le crédit cynique de la Vaubernier, faite comtesse du Barry, qui régna jusqu'à la mort du roi, en 1774 et finit sur l'échafaud, pendant la Révolution.

Durant ces scandaleux désordres, la reine, Marie Leczinska, trouvait dans les pratiques d'une piété exaltée la consolation des outrages que la conduite du roi lui infligeait. Le dauphin, Louis de France, mérita par la pureté de ses mœurs, de provoquer, quand il mourut en 1765, des regrets semblables à ceux qui avaient jadis accompagné dans la tombe le malheureux duc de Bourgogne. Affligé de tout ce qu'il voyait, il avait, comme sa mère, demandé à la religion le refuge qu'elle offre aux âmes blessées. On a conservé de lui un mot qui témoigne de la dangereuse exaltation de ses sentiments religieux : « Si je suis appelé au trône, et que l'Église me commande d'en descendre, j'en descendrai. » Ce prince mélancolique et dévot, égaré au milieu des saturnales d'une cour corrompue, laissait trois fils et deux filles. Les trois fils régneront sous les noms de Louis XVI, Louis XVIII et Charles X. A la mort de son père, le futur Louis XVI était un jeune prince dont les mœurs pures et les goûts austères formaient une sorte de protestation muette contre l'immoralité régnante. Louis XV lui fit épouser, en 1770, une archiduchesse d'Autriche, Marie-Antoinette, à laquelle le nouveau dauphin ne témoigna d'abord qu'une froideur voisine de l'aversion.

Si la famille royale, les favorites, les courtisans, occupent le premier plan à la cour, derrière eux s'agite tout un monde subalterne qu'il faut aussi connaître. Le roi a une garde de 9000 hommes, infanterie et cavalerie, dont l'entretien coûte chaque année 7 681 000 livres : gardes du corps, gardes françaises, gardes suisses, cent-suisses, etc., tous magnifiquement vêtus, et chamarrés d'or. Les gardes du corps, 1200 gentilshommes de noblesse constatée, sont particulièrement splendides à voir, avec leurs grandes bottes noires, leur culotte rouge, leur habit bleu brodé d'argent. Les écuries royales se composent de 1857 chevaux, 217 voitures, 1458 valets, palefreniers, cochers, etc., dont la livrée seule coûte 540 000 francs par an. La dépense totale pour le service des écuries s'élèvera, en 1775, à 4 600 000 livres, et elle augmentera encore. La chasse coûte à peu près 1 200 000 livres par an. Tout le territoire autour de Paris, à 10 lieues à la ronde, est chasse gardée. Aussi le roi y fait d'effroyables tueries : de 1743 à 1774, Louis XV avait forcé 6400 cerfs; en 1780, Louis XVI tuera 20 534 pièces, et le compte des bêtes abattues par lui, en quatorze années, sera de 189 251. Dans la *chapelle du roi* sont 75 aumôniers, chapelains, confesseurs, compositeurs de musique sacrée, etc. La *faculté*, se compose de 48 médecins, chirurgiens, apothicaires ; la *musique* de 128 chanteurs, danseurs, ou instrumentistes ; le *cabinet des livres* a 43 conservateurs, lecteurs, interprètes ; 62 hérauts, porte-épées ou introducteurs sont employés dans les cérémonies ; pour les logements, lorsque le roi voyage, il ne faut pas moins de 63 maréchaux des logis. On est effrayé du nombre de bouches inutiles et voraces que le roi consent à nourrir. Pourquoi donc accepter cette ruineuse obligation? Parce qu'un grand train de maison rehausse l'éclat de la majesté royale. Il est de l'essence même d'un gouvernement tel que Louis XIV l'avait conçu d'entourer la personne du prince de pompes destinées à éblouir les peuples. C'est pour cela que les questions d'étiquette avaient alors une si grande importance. En vertu de ce système qui fait du faste royal une nécessité, chaque prince du sang, chaque princesse, est pourvu dès sa naissance d'une *maison*, image réduite, mais toujours coûteuse de celle du roi. Il faut à tout fils et à toute fille de France des valets, des équipages, des cuisiniers, des gardes, des officiers de toute sorte. Les fonctions inutiles se multiplient à l'infini. Autour du roi et de la famille royale s'agite tout un peuple famélique et oisif qui vit de la cour. Le service des cuisines compte près de cinq cents individus cachant sous des noms pompeux ou grotesques leur coûteuse inutilité : grands officiers de la bouche, gentilshommes panetiers, coureurs de vin et hâteur de rôts, garde-vaisselle, etc. Voici encore le grand chambellan avec une nuée de subordonnés : pages de la chambre, huissiers de l'antichambre, barbiers, tapissiers, horlogers ; voici le grand-maître de la garde-robe assisté d'un nombre infini d'auxiliaires, tailleurs, lavandiers, empeseurs, secrétaires de cabinet, valets de la garde-robe, etc. Un domestique est spécialement chargé de porter la canne et le manteau du roi, un autre de nouer sa cravate, un troisième de le peigner ; le cumul de si hautes fonctions est interdit ; chacune d'elles a son titulaire. Le roi seul nourrit, habille, loge, paye toute cette gent servile : lourde charge pour les finances de l'Etat. Telle est la maison du roi : encore faudrait-il pour compléter l'énumération, ajouter à cette innombrable valetaille le personnel spécialement attaché à chacune des résidences royales, Marly, les deux Trianon, la Muette, Meudon, Choisy, Saint-Germain, Fontainebleau, Compiègne, Saint-Cloud, Rambouillet, Chambord, sans compter Versailles, les Tuileries et le Louvre. L'entretien de ces palais, ameublements et parcs, exige encore des dépenses considérables. Le moindre déplacement du roi est ruineux. Veut-il se rendre à Fontainebleau ou à Rambouillet : c'est l'entrée en campagne d'une armée. Une multitude de laquais, une interminable file d'équipages et de fourgons chargés de bagages, des chevaux, des écuyers, des soldats couvrent au loin les routes.

Les plus grands seigneurs sollicitent comme un honneur, se disputent comme un profit les fonctions de la domesticité auprès du maître. Louis XIV les avait habitués à considérer comme une marque de rare faveur le soin de porter le bougeoir quand il rentrait le soir dans ses appartements. Au temps où nous sommes, le comte d'Artois présentant à sa femme les officiers de sa maison, parmi lesquels se trouvent plusieurs membres de la plus haute noblesse, les appelle « *ses gens* ». Et cela semble tout naturel aux descendants des seigneurs féodaux. La cour est le grand marché des grâces. C'est là seulement qu'on obtient pensions, titres, dignités : avec de l'esprit et de l'assiduité on arrive à tout. Malheur à qui cherche fortune ailleurs! Dans ce milieu factice, l'esprit s'affine, la politesse, l'élégance, le goût se développent, mais les caractères s'abaissent. La cour a donc été le principal obstacle à l'équilibre des finances, en absorbant par an la somme énorme de 80 à 90 millions. Elle a transformé en un peuple de flatteurs adroits, d'intrigants sans scrupules, d'oisifs quémandeurs, cette noblesse si pleine autrefois de sève généreuse. Elle a consacré le triomphe de la royauté absolue par l'éclat qu'elle lui a donné ; mais elle a aussi creusé un abîme entre le roi et ses sujets, supprimé toute communion entre le peuple et la noblesse, établi le règne de la faveur et du privilége; de sorte que la cour fut tout à la fois l'expression la plus complète de l'ancien régime, et l'une des causes les plus directes de sa chute.

2. Le Parlement. — Au dix-huitième siècle, le parlement de Paris était divisé en sept chambres : la *Grand' Chambre* où pouvaient siéger les princes, les pairs, les conseillers d'État, et qui jugeait les appels comme d'abus, les causes concernant la régale, le domaine, les pairs et les principaux officiers de la couronne; trois

Chambres des *enquêtes* connaissant en appel des procès jugés sur pièces, la *Tournelle criminelle* qui prononçait sur les jugements criminels dont appel était fait au parlement, et deux Chambres des *requêtes* chargées des causes que, par privilége, des corps et des personnes avaient le droit de porter directement au parlement. c'était une corporation puissante par la dignité et la richesse de ses membres, par les nombreuses attaches de ces grandes familles parlementaires dont plusieurs générations avaient, de père en fils, décidé de la fortune, de l'honneur et de la vie des citoyens. La science, la vertu, les mœurs austères de beaucoup d'entre eux et la considération publique qui les entourait, leur avaient ouvert la haute société, tandis que par tout un monde d'hommes de robe qui remplissaient le palais, ils exerçaient une active influence sur la bourgeoisie parisienne. Réduits au silence par Louis XIV, ils avaient après sa mort retrouvé la voix, cassé son testament, déféré au duc d'Orléans la régence avec la plénitude de l'autorité royale et, en récompense, ils avaient recouvré le droit de faire des remontrances. A leur autorité judiciaire, ils joignaient donc des droits politiques : l'*enregistrement* des édits royaux, formalité sans laquelle ces édits n'auraient pas été exécutoires, et les *remontrances*, qui arrêtaient l'action de l'autorité royale, agitaient l'opinion publique et obligaient quelquefois le gouvernement à reculer. Enfin, comme ils avaient une vague attribution de police générale, ils prétendaient intervenir dans toutes les affaires d'administration intérieure et ne s'en faisaient faute, surtout quand ils crurent et voulurent persuader au public que tous les parlements de France n'en faisaient qu'un seul et qu'en l'absence des états généraux, ils étaient la représentation de la nation. Cette ingérence tracassière dans une foule de questions étrangères à l'administration de la justice, cette prétention de défendre la royauté contre elle-même, en combattant sa trop grande déférence pour Rome et ses projets d'impôts ou de réformes, troublèrent tout le règne de Louis XV. Le roi répondait aux arrêts et aux remontrances par des coups d'autorité intermittents, si bien que ce règne peut être appelé celui des lits de justice et des lettres de cachet ; mais il n'avait ni l'énergie ni la persévérance nécessaires pour enfermer ces magistrats dans leur fonction. Gallican par tradition nationale, janséniste par opposition aux jésuites, le parlement se mêla de toutes les querelles religieuses du temps, et il en augmenta la vivacité. Le roi entendait garder le pouvoir absolu ; le parlement aurait voulu mettre le prince en tutelle, non au profit des libertés publiques, mais pour l'avantage particulier de la corporation : deux prétentions contraires et mauvaises dont le choc contribua à disloquer la vieille machine.

3. Le Clergé. — Le clergé se divisait en *clergé de France* dans les anciennes provinces, et en *clergé étranger* dans les contrées conquises depuis François Ier. Cette distinction n'avait d'importance que pour les impositions. Mais les évêques de Metz, de Toul, de Verdun et de Strasbourg, suffragants de Trèves ou de Mayence, et les cinq évêques de la Corse, suffragants de Pise ou de Gênes, ne prenaient point part aux assemblées générales du clergé. Les archevêques de Besançon et de Cambrai avaient au contraire des suffragants étrangers. Les diocèses étaient fort inégaux : celui de Rouen renfermait 1388 paroisses ; ceux de Toulon et d'Orange 20. Les revenus ressemblaient aux diocèses. L'évêque de Strasbourg avait 500 000 livres de rente, celui de Gap, 8000, et Fleury signait « évêque de Fréjus par l'indignation divine ». Un grand nombre d'abbés possédaient à peine 1000 livres de revenu : celui de Fécamp pouvait en dépenser 120 000 ; celui de Saint-Germain près de trois fois autant. Beaucoup de curés étaient fort riches, mais beaucoup de vicaires mouraient de faim. Louis XVI méritera leur reconnaissance en fixant leur portion congrue à 350 livres. On voit que les uns avaient trop, les autres pas assez. Le roi nommait à toutes les places de quelque importance dans l'Église ; les évêques, les chapitres et les seigneurs laïques nommaient aux autres. En résumé, 12 000 évêques, abbés, prieurs et chanoines se partageaient près du tiers du revenu de l'Eglise, plus de 40 millions ; les deux tiers restant devaient suffire à huit fois autant de prêtres et de religieux. Je ne parle point des *petits* abbés, qui n'étaient ni du monde ni de l'Eglise, et qui scandalisaient l'un et l'autre.

4. Lutte entre le parlement et le clergé. — Le clergé était fort attaqué par les philosophes, et il se défendait mal. Quels exemples donnaient des cardinaux tels que Dubois et Bernis, le protégé de la marquise de Pompadour? des archevêques comme Tressan, à Rouen; Tencin, à Embrun ; et, pour un Massillon, combien de La Fare, cet évêque de Laon « qui eût été un mauvais sujet pour un mousquetaire? » Quel respect inspiraient ces évêques qu'on voyait à Paris et à Versailles, mais qu'on voyait si rarement dans leurs diocèses, et ces abbés mondains qu'on trouvait dans tous les salons et qui servaient à tout? Enfin, parmi les plus vertueux, quelles étranges préoccupations théologiques en un temps où les esprits supérieurs, ceux qui conduisent les sociétés, s'inquiétaient bien plus d'établir la justice humaine que de déterminer les limites de la grâce divine, et délaissaient la question du libre arbitre pour celle des libertés publiques. Des jansénistes se laissèrent aller à la folie des miracles du diacre Pâris (1727). Le ridicule suffisait seul à faire justice des convulsionnaires, on provoqua contre eux de nouvelles persécutions : l'exil, les lettres de cachet ; et le parti se releva. Les molinistes[1], à leur tour, étendirent la persécution à ceux qui, refusant d'adhérer à la bulle ou *constitution Unigenitus*, avaient appelé du pape au futur concile ; et ces *appelants* étaient nombreux : on en comptait quarante-

---

[1]. Molina, jésuite espagnol, mort en 1601, est auteur d'un livre sur le libre arbitre et la grâce, qui prépara la doctrine combattue par Pascal dans les *Lettres à un provincial*; de là le nom de molinistes souvent donné aux jésuites et aux directeurs trop indulgents des consciences.

huit parmi les docteurs de la seule faculté de théologie. Une partie du bas clergé, plusieurs évêques des plus respectables, à leur tête le cardinal de Noailles, archevêque de Paris, et tout son clergé, étaient *anticonstitutionnaires*. En 1727, Tencin, pour obtenir la pourpre cardinalice, qui n'aurait pas caché la honte de sa vie, condamna, dans le concile provincial d'Embrun, un vieillard de quatre-vingts ans, Soanen, évêque de Senez et janséniste endurci. Soanen en appela, pour le spirituel, au pape et au futur concile; pour le temporel, au parlement, qui prit feu aussitôt, et, dans son arrêt de 1730, essaya de faire revivre la déclaration de 1682. « Les canons de l'Église, disait-il, ne deviennent lois de l'État qu'autant qu'ils sont revêtus de l'autorité du souverain, et les ministres de l'Église sont comptables au roi et à la cour, sous son autorité, de tout ce qui peut blesser les lois de l'État. » Les molinistes, tout-puissants auprès du roi, le décidèrent à prendre parti contre ceux qui défendaient les prérogatives de sa couronne ; il cassa l'arrêt, exila des conseillers, même le parlement presque tout entier, et finit, pour avoir la paix, par le rappeler : le parlement rentra triomphant dans Paris.

La querelle recommença en 1749, par un mandement de l'archevêque de Paris, Christophe de Beaumont, qui ordonna de refuser les sacrements à quiconque ne présenterait pas un billet de confession signé du nom d'un prêtre *adhérent* à la bulle, et menaça du refus de sépulture, c'est-à-dire d'une note d'infamie, ceux qui mourraient sans avoir été administrés. Dans le parlement, à côté de vieux conseillers jansénistes, se trouvaient, aux requêtes et aux enquêtes, beaucoup d'adhérents à Voltaire ; tous crurent l'occasion convenable pour renouveler la lutte, ceux-là contre le clergé moliniste, ceux-ci contre l'autorité cléricale ; ils rendirent un arrêt pour obliger les curés à administrer les mourants, et des recors de justice allèrent contraindre les prêtres à porter le saint viatique aux malades. L'archevêque leur défendit d'obéir, et le curé de Saint-

Étienne refusa l'extrême-onction au duc d'Orléans, zélé janséniste, qui s'était depuis longtemps retiré à l'abbaye de Sainte-Geneviève. Le parlement fit saisir le temporel de l'archevêque (1752), décréta des curés de prise de corps, et condamna au bannissement perpétuel ceux qui l'attaquaient en chaire par d'injurieux commentaires. Une instruction de l'évêque de Troyes fut brûlée par la main du bourreau, à quoi l'évêque répondit en excommuniant ceux qui liraient l'acte du parlement ou en garderaient copie. L'archevêque de Paris, alors confiné dans sa maison de Conflans, fit mieux, il enveloppa dans l'excommunication tous ceux qui n'adhéraient pas à la bulle. La sentence fut prononcée avec l'appareil usité au moyen âge : les cierges éteints et les cloches sonnant lugubrement. La cour, fatiguée de tous ces cris discordants, exila le parlement et l'archevêque (1753). A ces étranges combats, les philosophes battaient des mains, et beaucoup qui s'éloignaient de ces discussions oiseuses, au fond desquelles se cachait pourtant la question de l'indépendance du pouvoir temporel, s'éloignaient aussi de la religion qui les suscitait : le scepticisme gagnait de toutes parts.

Cette fois, le parlement était battu, et les molinistes triomphaient. Quelques années plus tard, il prit une revanche éclatante.

5. Suppression de l'ordre des jésuites (1761-1764). — Les jésuites avaient cherché, en France, à mettre l'épiscopat aux pieds du saint-père, le parlement aux pieds du roi, et tous les ordres de l'État sous leur influence. Ils voulaient gouverner les âmes pour assurer leur salut, mais aussi pour la plus grande gloire et puissance de leur compagnie. Leur lutte contre l'esprit laïc, prise dans son ensemble, ne manque ni d'audace ni de grandeur, quoiqu'elle ait été poursuivie souvent avec de l'astuce, de la duplicité, des compromis coupables et de détestables moyens. Mais, comme pour toute guerre l'argent est une nécessité, ils avaient joint à leurs missions apostoliques des entreprises de commerce qu'ils savaient faire réussir. A Goa, au Brésil, dans l'Amérique espagnole, ils trafiquaient sur une large échelle, au détriment des négociants ordinaires et des compagnies commerciales fondées par les diverses nations. Les gouvernements, qui trouvaient partout, dans les affaires d'ordre spirituel, cette corporation sourdement remuante, voyaient encore les intérêts matériels de leurs sujets compromis par une rivalité quelquefois déloyale. Au Canada, ils faisaient un commerce très-actif de contrebande pour les pelleteries, malgré le gouverneur de la province et les instantes réclamations des directeurs de la Compagnie des Indes, contre cette violation des lois et cette atteinte aux priviléges de leurs commettants. Ailleurs, ils achetaient et vendaient des esclaves; dans la mer des Indes, ils exploitaient, avec des esclaves, des pêcheries de perles; à Gênes, à Venise, à Rome, même à Lyon, ils avaient des comptoirs. Un jour, l'Espagne et le Portugal convinrent d'un échange de provinces qui faisait passer le Paraguay sous la domination portugaise; les jésuites encouragèrent la résistance des habitants, et l'échange ne se fit pas. Le marquis de Pombal, qui régnait à Lisbonne sous le roi Joseph Ier, les accusa à Rome de comploter contre l'Etat, et de se livrer à des trafics illicites. Il leur interdit le commerce; un attentat ayant eu lieu contre le roi, il enveloppa dans le procès trois jésuites, pour avoir, comme confesseurs ou casuistes, approuvé le projet de régicide : un d'eux fut brûlé; puis il confisqua les biens de l'ordre et chassa tous ses membres du Portugal (1759).

Cet événement fit grand bruit en Europe. Un autre eut un retentissement et des suites encore plus considérables : le P. La Valette, préfet des missions aux Antilles, fit une banqueroute de trois millions. Les intéressés, gros négociants de Marseille, essayèrent de se faire payer par les chefs de l'ordre, et, n'y réussissant pas, actionnèrent la Compagnie devant les juges consulaires de Marseille, puis au parlement. Pour ne point payer, les jésuites prétendirent que leurs différentes maisons n'étaient point solidaires, quant au temporel, et que cette règle était établie dans leurs *Constitutions*. Le parlement ordonna aussitôt l'apport des Constitutions, jusqu'alors si bien cachées; quand il les eut, il les examina, en vue d'y trouver autre chose que la règle dont les jésuites s'autorisaient pour ne pas payer leurs créanciers. L'examen terminé, il rendit deux arrêts : l'un condamnant au feu beaucoup de livres composés par des jésuites, où se trouvait une doctrine « meurtrière et abominable »; l'autre recevant l'appel du procureur général contre les Constitutions de la Société. La reine, le dauphin, une partie de la cour et presque tout l'épiscopat étaient pour les jésuites; mais Mme de Pompadour, Choiseul et le public étaient pour le parlement: ils l'emportèrent. Le 6 août 1761, le parlement de Paris déclara l'institut inadmissible par sa nature dans tout Etat policé... comme étant un corps politique qui tend, par toutes sortes de voies, à une indépendance absolue et à l'usurpation de toute autorité... Corps immense, répandu dans tous les Etats sans en faire réellement partie, ladite Société s'est constituée monarchique, en sorte qu'autant elle se procure de membres, autant les souverains perdent de sujets, qui prêtent, entre les mains d'un monarque étranger (le général résidant à Rome), le serment de fidélité le plus absolu et le plus illimité.... Par son existence même au milieu de l'Etat, elle tend à effectuer la dissolution de toute administration et à détruire le lien de toutes les parties du corps politique. » Les jésuites furent contraints de vider dans la huitaine leurs maisons et leurs colléges, où l'on envoya d'autres maîtres. « Je prétends, avait dit la Chalotais, procureur général au parlement de Bretagne, je prétends revendiquer pour la nation une éducation qui ne dépende que de l'Etat, parce qu'une nation a un droit inaliénable et indestructible d'instruire ses membres, et que les enfants de l'Etat doivent être élevés par l'Etat. » Une déclaration royale de novembre 1764 supprima enfin officiellement la Société de Jésus. C'était sur une misérable question d'argent que cette grande Compagnie tombait; mais l'édifice était depuis longtemps miné; la banqueroute de La Valette détermina le choc qui le renversa.

L'Espagne et Naples suivirent l'exemple de la France (1766); Parme fit de même en 1768. En vain le pape Clément XIII protesta par une bulle qui confirmait les jésuites dans leurs priviléges. Le saint-siége dut céder aux instantes réclamations des puissances catholiques, et Clément XIV prononça solennellement, en 1773, la suppression, pour toute la chrétienté, de la Compagnie de Jésus. On comptait alors environ 20 000 jésuites, dont 4000 en France.

La lutte entre le clergé et le parlement ne fut pas terminée par ce grand coup. En 1765 l'assemblée du clergé ayant demandé le rappel des jésuites, des mesures sévères pour la défense de la foi[1] et le respect des immunités de l'Église, les cours souveraines lancèrent des arrêts, rédigés en termes violents, défendirent, sous les peines les plus graves, la publication des *actes*, ou résumé des délibérations de l'assemblée. Le roi, dont la dévotion et les vices augmentaient avec l'âge, penchait de plus en plus vers le clergé; il cassa les arrêts des parlements, et quatre ans plus tard, il cassa les parlements eux-mêmes. Le clergé avait satisfaction : victoire stérile! car dans vingt années il perdra ses priviléges et les abus qu'il croyait avoir sauvés.

6. D'Argenson, Machault. — Choiseul, un des auteurs de cette grande chute, venait de remplacer deux hommes qui s'étaient inégalement distingués au ministère : le comte d'Argenson, ministre de la guerre pendant quatorze ans ; Machault d'Arnouville, contrôleur général, puis garde des sceaux, enfin ministre de la marine, durant douze années L'un réussit dans son

---

[1]. L'assemblée du clergé de 1770 demanda encore l'exécution des anciennes lois contre les protestants et la punition des auteurs d'écrits contraires à la religion.

administration sans en tirer beaucoup de gloire, l'autre échoua dans la sienne sans que cet échec ait diminué sa juste renommée. Le comte d'Argenson, frère du marquis de ce nom, le grand ami de Voltaire, fut appelé au ministère en 1743, au milieu de la guerre pour la succession d'Autriche, après les échecs de Belle-Isle, Broglie et Noailles. Le désordre était au comble, l'indiscipline partout. D'Argenson réorganisa promptement l'armée et l'intendance. De vastes préparatifs, terminés de bonne heure, mirent les généraux en état de faire les belles campagnes de 1744 et 1745, que couronna la victoire de Fontenoy. Lorsque Louis XV tomba malade à Metz, il eut assez de crédit pour obtenir l'éloignement momentané de la duchesse de Châteauroux. Après la paix d'Aix-la-Chapelle, il fonda l'École Militaire, où cinq cents fils de gentilshommes pauvres furent élevés aux frais du roi ; il fit décréter que la noblesse héréditaire serait acquise de droit au roturier parvenu au grade d'officier général et que les officiers roturiers en activité de service seraient exemptés de la taille ; qu'enfin les officiers retraités après vingt ans de service dans le grade de capitaine auraient cette exemption à vie. C'était, pour les gens sans naissance, un encouragement à entrer dans l'armée et, de la part du ministre, la promesse que les grades supérieurs ne leur seraient pas refusés. Mais, dans la lutte entre le parlement et le clergé, d'Argenson passa du côté des évêques qui firent reprendre la persécution contre les protestants. Comme Louvois, il y mêla du militaire ; les *dragonnades* recommencèrent, et une nouvelle guerre des Camisards allait éclater, quand le roi, effrayé, fit rappeler les soldats. Mais Richelieu, le plus dépravé des grands seigneurs de ce siècle, continua pieusement les exécutions dans son gouvernement du Languedoc. Après la tentative d'assassinat de Damiens, d'Argenson voulut persuader à la marquise de Pompadour de quitter la cour. Ce conseil lui valut, en 1757, une lettre de cachet et l'exil. Il était chassé du ministère au moment où la guerre de Sept ans allait réclamer son expérience, mûrie par un long usage de l'administration militaire. Machault, perte plus grave pour l'État, partagea sa disgrâce, quoiqu'ils fussent rivaux dans le ministère ; l'un soutenant les magistrats, dont le chancelier était le chef, et l'autre s'appuyant au parti religieux de la cour.

Louis XV eut, durant son règne, quatorze contrôleurs généraux et un seul ministre des finances, Machault, qui fut appelé au contrôle en 1745. « C'était, dit Saint-Simon, un homme intègre et capable, exact et dur, magistrat depuis les pieds jusqu'à la tête, » cependant d'un commerce aimable et toujours très-accueillant, lors même qu'il refusait : les courtisans, qui ne parvenaient pas à faire fléchir sa probité, l'appelaient « l'acier poli ». Il voulut deux choses pour l'amélioration des finances : fonder le crédit du trésor, par l'observation rigoureuse des contrats que le gouvernement avait conclus, et répartir plus équitablement l'impôt. La première résolution n'était que celle d'un honnête homme qui voyait plus juste que beaucoup de ses prédécesseurs, en faisant dériver le crédit de la bonne foi ; la seconde était celle d'un homme d'État qui aurait pu prévenir la révolution, de la seule manière dont les révolutions se préviennent, par des réformes. En 1747, il fit rendre un édit par lequel était défendu tout nouvel établissement de chapitre, collège, séminaire, maison religieuse ou hôpital tenu par des religieux, sans expresse permission du roi et sans lettres patentes enregistrées dans les cours souveraines. L'édit révoquait tous les établissements de ce genre qui n'avaient pas été autorisés et ne permettait au clergé d'acquérir, ou recevoir fonds, maison ou rente qu'avec une autorisation légale. Le sage et religieux d'Aguesseau, encore à cette date chancelier de France, avait approuvé qu'on ôtât au clergé le moyen d'accroître indéfiniment ses richesses, qui ne rendaient rien à l'État ou qui lui rendaient peu de chose. Machault pensait même que les ordres monastiques étaient trop nombreux, car, dans certaines maisons, dotées de gros revenus, il ne se trouvait parfois que trois ou quatre religieux; et, s'il avait pu compter sur l'appui ou la neutralité de la cour, il aurait fermé quantité de couvents. L'édit de 1747 arrêtait les agrandissements du domaine ecclésiastique; mais ce domaine restait toujours exempt des charges publiques. Le contrôleur général, reprenant une idée de Pâris-Duverney, supprima l'impôt du dixième sur tous les revenus, lequel, du reste, ne pouvait être perçu que pendant la guerre, il fit rendre, en 1749, un édit portant création d'un impôt permanent du vingtième, qui serait payé par tous les ordres. Les rentes sur l'État, dont l'immunité avait été garantie par l'acte qui les avait constituées, furent seules exceptées. Avec le produit de cet impôt, Machault se proposait d'établir une caisse d'amortissement dont les remboursements ou rachats auraient diminué la dette publique : idée toute française qui avorta chez nous, passa le détroit et nous revint plus tard comme idée anglaise, ce qui la fit admettre alors avec enthousiasme. L'impôt sur le revenu est l'*income-tax*, qui a rendu tant de services à l'Angleterre; il en aurait rendu de pareils en France. Machault pensait y trouver des ressources qui lui auraient permis de supprimer la taille et nombre de perceptions vexatoires. Mais l'édit souleva toutes les colères des privilégiés; le clergé, les pays d'états firent entendre de violentes réclamations; les parlements refusèrent l'enregistrement, et un commencement de révolte éclata en Bretagne. Machault ne se laissa point troubler par ces cris : la sédition bretonne fut apaisée; les parlements, comprenant que l'édit était surtout dirigé contre le clergé, enregistrèrent, et les évêques, les abbés, restèrent seuls. Un nouvel édit qui ordonna de constater exactement la valeur de leurs biens (1749) les exaspéra. Un évêque osa écrire au ministre : « Ne me mettez pas dans la nécessité d'obéir à Dieu ou au roi. Vous savez lequel des deux aurait la préférence. » Pour échapper à l'impôt fixe et permanent, le clergé offrit des *dons gratuits* dont il déterminait lui-même l'importance et il fit agir toutes les influences dont il disposait à la cour. Malgré les vices abominables qui y régnaient, on y parlait beaucoup de religion, et toutes les pratiques extérieures étaient scrupuleusement suivies. Machault aussi était pieux, mais d'une autre dévotion; il ne confondait pas la religion avec les immunités du clergé. Pendant plusieurs années, il usa ses forces et sa volonté contre des adversaires souples et insinuants, toujours fuyant et revenant. Un arrêt de 1753, sur la liberté du commerce des grains dans l'intérieur de la France, devait ranimer l'agriculture, mais il contrariait les intérêts des associés du *pacte de famine*; ces nouveaux ennemis réunirent leurs efforts à ceux du corps sacerdotal, et le roi, qui avait le vague sentiment de l'opportunité des plans de Machault, mais pas assez de force pour les laisser exécuter, retira, en 1754, le contrôle général au ministre patriote. En voyant son plan de réorganisation financière ruiné par l'exemption d'impôts maintenue au clergé et par les abonnements consentis aux pays d'états, Machault avait lui-même souhaité de résigner ses fonctions. Relégué à la marine, il y rendit encore d'importants services. Il ne trouva dans nos ports que 45 vaisseaux en état de prendre la mer. Cependant il donna à La Galissonière l'escadre qui battit l'amiral Byng et prit Minorque; dans le même temps, une autre, sortie de Brest, empêcha les Anglais d'attaquer le Canada. Après l'attentat de Damiens (1757), il alla, sur les instances des princes, signifier à la marquise de Pompadour l'ordre de quitter Versailles. Elle se vengea, après le rétablissement du roi, par l'exil de Machault.

En 1750, quand d'Aguesseau avait remis les sceaux au roi, Louis les avait donnés à Machault. Son prédécesseur lui avait laissé, par ses belles ordonnances sur les donations, les testaments, les substitutions, etc., un héritage difficile. Pour continuer cette œuvre de jurisconsulte plutôt que de législateur, il lui aurait fallu des loisirs et un calme d'esprit que ses grands desseins et ses ennemis ne lui laissèrent pas. Son passage à la chancellerie ne fut marqué que par les efforts qu'il fit, après l'exil du parlement, dont il sera ultérieurement parlé, pour obtenir le rappel de ce grand corps; un des motifs qu'il mit en avant, fut l'impossibilité où il était, comme contrôleur général, de rembourser le prix des charges dont les magistrats étaient propriétaires. Après sa disgrâce, Machault se retira dans sa terre d'Arnouville; jeté comme suspect, en 1794, dans la prison des Madelonnettes à l'âge de 93 ans, il y mourut : c'était un bon citoyen.

7. Choiseul. — Quelque temps après la retraite de d'Argenson et de Machault, le duc de Choiseul, dont la renommée est plus éclatante et qui, à certains égards, la mérite, avait été appelé à prendre la direction du gouvernement (voyez, au chapitre XVII, le n° 14). On ne peut l'appeler un grand ministre, mais il fut un ministre patriote qui eut à cœur de relever la France de l'abaissement où elle était tombée.

La guerre de Sept ans avait été entreprise pour la ruine du roi de Prusse : il en sortait victorieux ; et un État nouveau, naguère simple électorat, prenait place parmi les grandes puissances de l'Europe. C'était un affaiblissement pour l'Autriche ; c'en était un aussi pour la France. Au traité d'Aix-la-Chapelle, elle paraissait encore la première des puissances militaires, grâce aux victoires du maréchal de Saxe, qui avaient jeté sur elle un reflet de la gloire de Louis XIV. Mais la guerre de Sept ans avait montré l'impéritie de nos généraux, l'indiscipline de nos soldats et, malgré quelques exceptions heureuses, l'affaiblissement des qualités militaires de notre pays. Sur mer, c'était plus qu'une décadence, c'était une ruine complète.

Choiseul essaya de réorganiser l'armée de terre en diminuant les dilapidations dont elle était victime et en constituant fortement des cadres pour qu'il fût aisé de passer rapidement du pied de paix au pied de guerre. Il reprit l'œuvre de Machault pour la création d'une flotte. Le mouvement revint dans nos ports, et l'Angleterre vit avec douleur renaître cette marine qu'elle croyait avoir à jamais détruite. Lorsque Choiseul quitta le ministère, nous avions soixante-quatre vaisseaux et cinquante frégates ou corvettes, qui bientôt, dans la guerre d'Amérique, disputeront aux escadres anglaises l'empire de l'océan. Des actes, des paroles énergiques, montrèrent que la France se redressait sous les revers. Un Anglais,

Place Stanislas, à Nancy.

surpris au moment où il levait le plan des fortifications de Brest, fut mis à mort, sans que son ambassadeur osât réclamer. La Corse, soulevée contre les Génois, ses anciens maîtres, fut occupée, conquise, réunie au territoire français, et l'Angleterre se contenta de faire un héros de Paoli, qui avait combattu contre nos troupes. C'est en 1768 que l'île fut acquise à la France ; c'est en 1769 que Napoléon y naquit, juste à temps pour naître Français. Trois ans plus tôt, la mort de Stanislas avait amené la réunion de la Lorraine à la France. Ce prince s'était fait bénir par son administration paternelle, et son souvenir vit encore à Nancy, qui est fière à bon droit des monuments dont il la décora. C'étaient des acquisitions sans gloire, mais utiles, et dont l'Angleterre frémissait. Choiseul ne prenait aucun souci de calmer ces inquiétudes. Des Anglais, étant venus s'établir en Amérique dans une île espagnole, en avaient été chassés; ils menacèrent l'Espagne d'une guerre : Choiseul prépara aussitôt, pour soutenir notre alliée, un formidable armement qui les fit réfléchir. En même temps il encouragea l'opposition qui se formait parmi les colons anglo-américains contre leur métropole; il détacha le Portugal et la Hollande de l'alliance anglaise et prépara cette union des marines secondaires qui devait, quelques années plus tard, devenir la ligue des neutres contre ceux qui s'appelaient les maîtres de l'océan.

A l'autre bout de l'Europe, Choiseul essayait de fortifier le gouvernement suédois contre les intrigues de la Russie[1] et tendait une main amie à la Pologne, qui, sous le poids des vices de sa constitution, penchait de jour en jour vers l'abîme. S'il eût réussi, une barrière restait debout contre ce colosse du Nord, qui depuis Pierre le Grand ne cessait de grandir, la tête au pôle, les pieds sur le Danube, une main sur la Baltique et l'autre s'étendant déjà sur la Pologne. Cette politique extérieure n'éprouva qu'un revers, une tentative malheureuse pour coloniser la Guyane.

Nous avons déjà parlé d'un acte important de l'administration de Choiseul, bien qu'il ne relève pas directement de lui, la suppression des jésuites.

8. Le triumvirat. — Choiseul avait beaucoup d'ennemis. Les jésuites avaient laissé derrière eux un parti

---

[1]. Cette politique de Choiseul fut au moins suivie par le duc d'Aiguillon, et Gustave III reçut, durant son voyage en France, en 1771, des promesses de subsides, au besoin de secours militaires, pour opérer la révolution qui, le 21 août 1772, dompta l'oligarchie et les factions au profit de la royauté et du pays. La Russie et la Prusse faisant à Gustave de sourdes menaces, des armements considérables furent préparés à Toulon et à Brest, et des troupes réunies en Flandre pour soutenir énergiquement les Suédois. Le comte de Vergennes, sous Louis XVI, pratiqua le même système.

puissant qui ne pardonnait pas au ministre leur expulsion. Le dauphin, leur élève, lui était fort hostile. Le duc d'Aiguillon, qu'il avait fait révoquer de son gouvernement de Bretagne, le chancelier Maupeou, l'abbé Terray, contrôleur des finances, formèrent contre lui un secret triumvirat qui eût été impuissant sans le honteux auxiliaire qu'ils se donnèrent. A Mme de Pompadour, morte en 1764, avait succédé la comtesse du Barry, dont la seule présence était une souillure pour Versailles. Le duc de Choiseul refusa de plier devant son crédit cynique. Elle jura sa ruine et obséda le roi pour l'obtenir. Le triumvirat la poussait et lui fournissait les raisons sérieuses quand elle avait épuisé les saillies inconvenantes : Choiseul, disait-on au roi, était le chef des philosophes, et le vicieux monarque détestait leur liberté de penser; l'ami des parlements, et Louis s'irritait de leur intervention dans les affaires publiques; il ne rêvait que guerre, et le roi ne voulait que paix. Cette cabale enfin triompha, et en 1770 Choiseul fut exilé dans sa terre de Chanteloup, près d'Amboise, où le suivit tout un cortège de partisans et d'amis qui ne craignirent pas, cette fois, de déserter la cour, tant les temps étaient changés! Louis XV fit un jour, de ce ministre, un éloge qui était sa propre condamnation : quand il apprit que la Russie, l'Autriche et la Prusse venaient de se partager la Pologne : « Ah! cela ne serait pas arrivé, s'écria-t-il, si Choiseul eût été encore ici! » Il ne remonta jamais au ministère; mais son influence auprès de Marie-Antoinette lui permit de servir encore indirectement la France en poussant le roi à prendre parti pour les Américains.

9. Réforme judiciaire du chancelier Maupeou. — Pendant tout ce siècle, les parlements avaient montré l'esprit d'indépendance qui était alors dans l'air et que tout le monde respirait. En face d'un gouvernement débile, leur ambition grandissait, et ils avaient cherché à étendre leur autorité jusqu'aux affaires de l'État. Édit du roi, bulle du pape, mandement des archevêques, écrits des philosophes, tout était traduit à leur barre, et, pour avoir raison de cette opposition, il fallait recourir sans cesse aux lits de justice, aux lettres de cachet, même à l'exil. Mais la cessation de la justice troublait les intérêts, et l'exil de magistrats que le peuple respectait causait un dangereux émoi auquel la cour ne résistait pas longtemps. On profita, en 1754, de la naissance du duc de Berry pour avoir l'air de faire une grâce : le parlement, exilé l'année précédente, en même temps que l'archevêque de Paris, fut rappelé ! Il revint animé de la même ardeur. En vain le roi imposa un silence absolu sur les questions religieuses, le parlement supprima un bref apostolique du pape Benoît XIV qui, tout en adoucissant les exigences de la bulle *Unigenitus* et les rigueurs du clergé français, les autorisait pourtant. Puis il essaya de former, avec les autres parlements du royaume, un grand corps, qui, en faisant agir dans le même sens toutes les influences dont il disposait, aurait contraint la royauté à renoncer au pouvoir absolu : résultat souhaitable, mais qui devait être obtenu par d'autres moyens. Le roi ordonna aux magistrats de se renfermer dans leurs fonctions ordinaires : cent quatre-vingts donnèrent leur démission. L'effervescence fut extrême dans Paris. Un illuminé, François Damiens, s'exalta au point d'attenter aux jours du roi (1757). Il ne le blessa que légèrement et fut écartelé. Le succès du procès des jésuites et la victoire gagnée sur ces anciens ennemis enfla le cœur des parlementaires, en même temps qu'elle augmentait l'irritation de ceux qui, à la cour, étaient les amis des jésuites et les ennemis des « robins ». Un autre procès amena la crise.

Le parlement de Bretagne avait eu de longues querelles avec le duc d'Aiguillon, gouverneur de cette province. Le procureur général La Chalotais avait accusé hautement le duc, qui s'était débarrassé de l'accusateur en le jetant en prison ; mais d'Aiguillon fut destitué. Le parlement de Rennes lui intenta aussitôt un procès, et, comme il était pair de France, le procès fut évoqué au parlement de Paris, qui allait condamner le duc, quand le roi, dans un lit de justice, arrêta la procédure. Alors les magistrats déclarèrent que, « dans leur douleur profonde, ils n'avaient pas l'esprit assez libre pour décider des biens, de la vie et de l'honneur des sujets du roi », et l'administration de la justice fut suspendue. « Ils veulent mettre la couronne au greffe, » disaient Maupeou et le roi. C'est à ce moment que Choiseul fut renvoyé, et sa place donnée à d'Aiguillon. Cet exil était l'annonce de mesures sévères contre le parlement. Dans la nuit du 19 au 20 janvier 1771, cent soixante-neuf magistrats furent réveillés par l'arrivée de deux mousquetaires qui leur enjoignirent de signer un *oui* ou un *non* à l'ordre de reprendre leurs fonctions. Trente-huit seulement signent *oui* et se rétractent le lendemain. La nuit suivante, un huissier leur signifie la confiscation de leur charge, et des mousquetaires leur apportent des lettres de cachet qui les relèguent en divers lieux : à la fin de l'année il y avait plus de sept cents magistrats en exil. Aussitôt Maupeou composa un parlement nouveau auquel on attacha son nom et que les railleries accablèrent de toutes parts. L'aventure d'un de ses membres, le fameux Goezman, que Beaumarchais, dans ses Mémoires étincelants de verve et dévorés de la foule, convainquit de s'être vendu, lui fut un coup terrible. « Sire, dit au roi le comte de Noailles, nous pouvons espérer que votre parlement réussira : il commence à *prendre*. »

Ce qui était le plus grave, c'est que l'opinion publique s'était enfin sérieusement émue, que l'opposition parlait même autour du trône, que tous les princes du sang, un seul excepté, que treize pairs, protestaient « contre le renversement des lois de l'Etat », qu'enfin le nom redoutable des états généraux était prononcé par les parlements de Toulouse, de Besançon, de Rouen, et à Paris même, où la cour des aides, par la bouche du vertueux Lamoignon de Malesherbes, avait fait entendre les paroles suivantes : « Pour la première fois, Sire, depuis l'origine de la monarchie, nous venons de voir la confiscation des biens et celle des offices prononcées sur une simple allégation et par un arrêt de votre conseil... Le peuple avait autrefois la consolation de présenter ses doléances aux rois vos prédécesseurs ; mais depuis un siècle et demi les états n'ont point été convoqués. Jusqu'à ce jour au moins la réclamation des cours suppléait à celle des états, quoique imparfaitement, mais aujourd'hui l'unique ressource qu'on avait laissée au peuple lui est aussi enlevée... La noblesse, qui approche de plus près Votre Majesté, est forcée de garder le silence, enfin l'accès du trône semble se fermer aux princes mêmes du sang. Interrogez donc, Sire, la nation elle-même, puisqu'il n'y a plus qu'elle qui puisse être écoutée de Votre Majesté. » Bientôt, en effet, il faudra que la nation vienne elle-même, mais pour tout reconstruire, car tout s'ébranle et chancelle. Richelieu et Louis XIV avaient détruit l'importance politique de la noblesse : Louis XV détruisant le grand corps de la magistrature, qu'allait-il donc rester pour étayer le vieil édifice et couvrir le monarque ?

10. Pacte de famine, lettres de cachet, banqueroute. — Et chaque jour la honte de ce monarque augmente. En 1773, c'est la Pologne, que l'Autriche, la Prusse et la Russie se partagent, sans que la France fasse rien pour empêcher cette exécution de tout un peuple. En 1767, c'est l'association dite *le pacte de famine*, qui renouvelle son bail pour l'accaparement des grains et qui crée les famines artificielles de 1768 et 1769[1]. Ce sont les *lettres de cachet*, qu'on prodigue d'une effrayante manière, et par lesquelles la liberté des

---

[1]. Louis XV était un des actionnaires de cette monstrueuse compagnie. Pour regagner ce que lui coûtaient ses plaisirs, il agiotait sur les blés, il spéculait sur la disette. Je ne puis, dans un livre de la nature de celui-ci, entrer dans les honteux détails auxquels il faudrait descendre pour peindre l'homme qui régnait alors sur la France. « Il avait pris des goûts ignobles, dit M. Droz (t. I, p. 10) ; il aimait à faire la cuisine dans ses petits appartements ; il buvait avec excès, souvent jusqu'à tomber au dernier degré de l'ivresse. » Et ces vices ignobles étaient ce qu'il y avait encore de moins déplorable dans sa conduite.

citoyens est livrée aux riches ou aux puissants qui ont une passion à assouvir ou une vengeance à satisfaire. C'est l'abbé Terray enfin, cet homme qui regardait le peuple « comme une éponge qu'il faut pressurer », et qui ne savait pas qu'un impôt exagéré est ruineux pour le fisc même, parce qu'il empêche la formation de la matière imposable ou qu'il la détruit quand elle est formée. Terray remania tout le système des contributions de manière à rendre les taxes accablantes. La misère s'accrut, le revenu n'augmenta pas, et il ne trouva d'autre remède pour réduire la dette de l'État qu'une banqueroute. Aux clameurs qui s'élevaient de toutes parts, Terray répondait froidement : « Le roi est le maître ; la nécessité justifie tout. » Il n'en laissa pas moins subsister un déficit annuel de 41 millions. Et cependant, depuis 1715, les impôts avaient plus que doublé, étant montés de 165 millions à 365. Louis XV prévoyait bien que quelque terrible expiation approchait ; mais, dans son égoïsme, il s'en consolait en pensant que la catastrophe tomberait sur une autre tête : « Ceci durera bien autant que moi, disait-il ; mon successeur s'en tirera comme il pourra. »

CHAPITRE XIX.

ÉTAT DE LA FRANCE A LA FIN DU RÈGNE DE LOUIS XV.

1. Esprit d'examen. — 2. Pouvoirs mal définis du gouvernement. — 3. Mauvaise organisation administrative. — 4. Organisation judiciaire. — 5. Rigueur du code pénal. — 6. Justice exceptionnelle. — 7. Justice trop chère. — 8. Pas de crédit public. — 9. Mauvaise administration du trésor public. — 10. Mauvaise perception des contributions publiques. — 11. Défauts de l'organisation militaire. — 12. Diversité dans la loi civile. — 13. Diversité dans la condition des personnes. — 14. Diversité dans la condition des provinces. — 15. Inégalité quant aux fonctions publiques. — 16. Inégalité quant à l'impôt. — 17. Inégalité quant à la justice. — 18. Servitude de l'industrie et entraves mises au commerce. — 19. Décadence de l'agriculture. — 20. La liberté individuelle et la propriété mal garanties. — 21. La liberté de conscience refusée. — 22 Sévérité et faiblesse à l'égard de la presse. — 23. Misère générale. — 24. Insuffisance des secours contre la misère ou la maladie. — 25. Mortalité considérable. — 26. Des mœurs. — 27. Désaccord entre les idées et les institutions. — 28. Agitation croissante des esprits.

1. Esprit d'examen. — Il y a dans ce siècle un autre spectacle que le tableau des guerres malheureuses et du gouvernement honteux de la France, c'est celui du mouvement qui emportait les esprits. Jamais on ne vit une curiosité aussi vive de toutes choses, une audace aussi grande à s'aventurer hors des sentiers battus. Longtemps on s'était consolé d'un abus par une épigramme et d'une iniquité par une chanson. « Ils chantent, donc ils payeront, » disait Mazarin. Mais déjà l'on chantait moins ; l'esprit devenait plus sérieux, partant plus redoutable. En face d'une royauté qui se dégradait comme à plaisir, de nobles «qui semblaient tout au plus les mânes de leurs ancêtres[1] » et ne savaient même pas nous donner des généraux, d'un clergé enfin où ne se trouvaient ni des Bossuets ni des Fénelons, on interrogeait les droits, on étudiait les titres de ces puissances jadis si respectées.

2. Pouvoirs mal définis du gouvernement. — La constitution n'étant point écrite, tout reposait sur les usages et n'avait qu'une valeur d'opinion, variable par conséquent comme l'opinion même, et qui avait sans cesse varié. La royauté était, en théorie, un pouvoir absolu; elle ne l'était point toujours en fait, car des intérêts nombreux et puissants, des traditions, des précédents qu'on érigeait en lois fondamentales, lui faisaient obstacle; de sorte que le droit de personne n'étant défini et les mœurs politiques manquant plus encore que les institutions, tous s'efforçaient d'empiéter sur le domaine de chacun, et nul ne se tenait à sa place. Les ministres mettaient au besoin la main sur la justice, comme les parlements sur la loi, pour faire violence à l'une et à l'autre. Un édit royal n'était exécutoire qu'après avoir été *enregistré* au parlement, mais le conseil d'Etat rendait des *arrêts en commandement* qui se passaient de cette formalité. Le clergé et la noblesse avaient des tribunaux; le tiers état des fonctions publiques, qu'il avait achetées à beaux deniers; et, pour le plus grand nombre des charges, le roi était dépouillé d'une de ses plus importantes prérogatives, du droit d'appeler les plus capables et les meilleurs au service de l'Etat.

3. Mauvaise organisation administrative. — Il y avait six ministres: le chancelier chef de la justice, mais qui n'avait plus guère qu'un titre quand il n'avait pas les sceaux; le contrôleur général des finances et les

---

[1]. Nos meilleurs généraux au dix-huitième siècle, le maréchal de Saxe et le comte de Lowendal, n'étaient pas Français; le comte de Saint Germain, qui servit tant à l'étranger, l'était à peine; le duc de Broglie était d'une famille originaire du Piémont, naturalisée seulement depuis 1685. Gribeauval, le réformateur de notre artillerie, entré comme volontaire dans le royal-artillerie, en 1732, resta dix-sept ans officier pointeur, et c'est au service de l'Autriche, dans la guerre de Sept ans, qu'il gagna sa réputation.

quatre secrétaires d'État de la maison du roi, de la guerre, de la marine et des affaires étrangères. Ces ministères offraient le plus singulier enchevêtrement d'attributions, et le royaume était encore géographiquement partagé entre eux. Ainsi les gouverneurs et lieutenants généraux des provinces ne relevaient pas du ministre de la guerre, mais les postes relevaient de lui, ainsi que le Dauphiné et tous les pays conquis depuis 1552. Le ministre de la marine était en même temps ministre du commerce maritime : il avait dans sa dépendance les consulats, la chambre de commerce de Marseille, qui, elle-même, formait comme un petit ministère pour le commerce du Levant. Le ministre des affaires étrangères réglait les pensions et administrait les provinces de Guyenne, Normandie, Champagne, Berry, etc. Le ministre de la maison du roi avait les affaires ecclésiastiques et les lettres de cachet, le Languedoc, Paris, la Provence, la Bretagne, la Navarre, etc. ; on avait placé dans les attributions du contrôleur général, les ponts et chaussées, les hôpitaux, les prisons, les épidémies, le commerce de terre et l'agriculture. Cependant l'unité se retrouvait, tous les quinze jours, dans le *conseil des dépêches* auquel le roi, avec tous les ministres, assistait et où les décisions importantes étaient prises.

Pour les divisions administratives, il y en avait autant que d'administrations différentes. Les circonscriptions des 34 intendances, des 25 généralités, des 40 gouvernements ou provinces, des 131 archevêchés et évêchés ou diocèses, des 17 parlements et conseils souverains ou ressorts, des 22 universités, etc., ne s'accordaient point entre elles.

Un des plus déplorables principes de l'administration était de battre monnaie en créant des places inutiles qui grevaient le public. « Pontchartrain dit, Saint-Simon, fournit en huit ans 250 millions avec du parchemin et de la cire. » Il avait nommé des *jurés crieurs héréditaires d'enterrements*, des *essayeurs de* bières de Paris, des *contrôleurs des perruques*, et mille offices semblables. Cet abus avait un autre et singulier effet : le nombre des titulaires dépassant de beaucoup les besoins du service, ces officiers ne servaient qu'à tour de rôle. Ainsi, dans le grenier à sel de Paris (tribunal pour les faits de gabelle), les titulaires alternaient d'année en année ; les greffiers ne faisaient même leur office qu'un an sur trois[1].

4. Organisation judiciaire. — Treize parlements et quatre conseils provinciaux prononçaient souverainement au civil et au criminel ; plus de 300 bailliages ou sénéchaussées jugeaient en première instance. On avait le ministère public, que les anciens ne connaissaient pas, mais on n'avait point le juge de paix, qu la révolution a institué. Ces parlements avaient des ressorts très-inégaux. Celui du parlement de Paris couvrait les deux cinquièmes de la France. En outre, il y avait des tribunaux de l'armée et du commerce, des seigneurs et de l'Eglise. Ceux des villes n'avaient qu'une juridiction de police locale. Cependant, le sénat de Strasbourg jugeait à mort. Quant aux juges *spirituels* des *officialités*, ils pouvaient prononcer la prison perpétuelle, et quelquefois le haut seigneur justicier, afin de prouver son droit, « faisait pendre un homme qui méritait le bannissement. » Les chambres des comptes, les cours des aides et la cour des monnaies jugeaient tous les procès relatifs aux impôts, aux monnaies et aux matières d'or et d'argent. Le grand conseil, les requêtes de l'Hôtel, le tribunal de l'Université de Paris, les capitaineries royales, etc., avaient une juridiction particulière. Certaines personnes ne pouvaient être jugées que par certains tribunaux.

5. Rigueur du code pénal. — La loi civile consacrait bien des injustices, mais la loi pénale commandait les

---

[1] Forbonnais a calculé qu'en 1666 il y avait déjà 47 780 officiers de justice et de finance, dont les places étaient estimées 420 millions, qui vaudraient aujourd'hui un milliard et demi. (*Recherches sur les finances depuis l'année 1506 jusqu'en 1721*, t. I, p. 329.)

tortures avant le jugement, et prodiguait, avec une effrayante facilité, les mutilations, la mort et les supplices les plus atroces, sans accorder à l'accusé un défenseur qui plaidât pour lui, sans permettre un débat contradictoire, sans même exiger du juge qu'il motivât son jugement. En 1766, un jeune homme de dix-neuf ans, le chevalier de la Barre, fut condamné, même sans preuves, à être brûlé vif, après avoir eu la langue et le poing coupés, pour une croix de bois brisée sur le pont d'Abbeville ; quatre autres condamnés à la même peine échappèrent par la fuite. La procédure lente, compliquée, poursuivie dans les ténèbres et le silence, cherchait moins la vérité qu'un coupable ; et considérant d'avance le prévenu comme un condamné, frappait quelquefois l'innocent. En 1770, Montbailly fut roué, à Saint-Omer, pour un crime dont le conseil supérieur d'Artois et la France entière le déclarèrent trois mois après non coupable. C'était en vain que Voltaire avait fait retentir la France et l'Europe de ses éloquentes protestations contre de déplorables erreurs judiciaires ; en vain que le livre de Beccaria avait montré les vrais principes de la législation criminelle, et que des arrêts de cassation chaque jour plus fréquents avertissaient les juges ; le parlement repoussait toute réforme, et il fallait, en 1785, au président Dupaty, autant de persévérance que de courage, pour sauver de la roue trois hommes injustement condamnés. La magistrature probe, éclairée, valait mieux que la loi ; mais cette loi était telle, qu'elle exposait à l'erreur le juge le plus consciencieux et qu'elle devait faire trembler l'accusé même innocent. « Si l'on m'accusait d'avoir volé les tours Notre-Dame, disait un personnage du temps, je jugerais prudent d'abord de me sauver. » D'un autre côté, cette société était embarrassée de tant de débris encore vivants du moyen âge, qu'on y retrouvait jusqu'à une coutume des temps mérovingiens : le droit d'asile existait à Paris même dans l'enclos du Temple, et en 1718 le parlement de Bordeaux avait encore condamné un homme à mort comme sorcier. Ce fut il est vrai, le dernier.

6. Justice exceptionnelle. — Les grands ne conspiraient plus; on ne voyait pas comme autrefois des commissions extraordinaires enlever des accusés à leurs juges naturels. Mais le roi prononçait encore fréquemment l'emprisonnement ou l'exil, sans jugement et quelquefois sans terme; et bien des procès étaient arrêtés par un lit de justice, ou évoqués au grand conseil, ce qui était une manière de les arrêter encore.

7. Justice trop chère. — Les magistrats, greffiers, officiers de justice, n'étaient pas payés par le roi ou l'étaient fort mal; aussi se faisaient-ils payer par les plaideurs, au taux qu'ils fixaient eux-mêmes; et, comme dans cette société inégale, on se heurtait à chaque pas contre un privilége, une prohibition ou d'obscurs règlements, les procès étaient innombrables, sans fin, et les plaideurs livrés à ce qu'un contemporain, un avocat du roi, ne craint pas d'appeler « le brigandage de la justice ». Ces exactions coûtaient annuellement aux justiciables, en valeur actuelle, 50 millions de francs, ou, suivant un ministre de Louis XV, près de 80. Le ressort du parlement de Paris s'étendait, dans certaines directions, jusqu'à 150 lieues de la capitale, autre cause de ruine pour les justiciables, contraints d'aller chercher bien loin une justice très-lente et très-onéreuse.

8. Pas de crédit public. — Le crédit est une puissance qui ne se développe que dans les États où la loi est plus forte que les caprices du pouvoir. Aussi n'existait-il pas en France, et moins encore pour le gouvernement que pour les particuliers. » On était réduit, dit le comte Mollien, à calculer les chances d'un contrat fait avec les ministres comme celles d'un prêt à la grosse aventure » Les promesses les plus solennelles ayant été cent fois violées, le trésor n'obtenait des avances qu'en donnant un gage, et même, avec cette condition honteuse, payait encore un intérêt usuraire de 20 pour 100 sur les avances de la Ferme générale.

Cependant, dès ce temps, le gouvernement anglais trouvait facilement de l'argent à 4 pour 100 : ce qui veut dire que la puissance financière de l'Angleterre était déjà cinq fois plus grande que la nôtre. Or la guerre veut du courage et du talent, mais elle veut aussi beaucoup d'argent.

9. Mauvaise administration du trésor public. — La comptabilité était si mal tenue, que les comptes n'étaient établis que dix, douze et même quinze années après l'expiration de l'exercice dont ils devaient retracer les opérations; si obscure, que nul, pas même le ministre, ne savait au juste ce que l'État avait à payer, ce qu'il avait à recevoir. En 1726, Fleury abandonna aux fermiers généraux quelques reliquats de comptes que le trésor négligeait ; ils en tirèrent 60 400 000 liv. ; la veille même de la révolution, de Calonne, Necker et les notables ne purent jamais s'entendre sur le chiffre réel du déficit. En outre, depuis François Ier, le trésor public était confondu avec le trésor particulier du prince, de sorte que le roi puisait à pleines mains dans la caisse commune, sans autre formalité que l'ordre donné au trésorier de payer la somme marquée sur l'*acquit de comptant*. Louis XV prit ainsi, en une seule année, 180 millions employés pour une bonne part à payer ses plaisirs ou ses courtisans. En 1769, après six années de paix, les dépenses excédaient le revenu de 100 millions, et certains revenus étaient mangés dix années d'avance. Il y avait des assignations jusque sur l'année 1779.

10. Mauvaise perception des contributions publiques. — Les impôts présentaient la plus étrange confusion, et le gouvernement ne faisait pas lui-même, comme aujourd'hui, toutes ses recettes. Les impôts indirects étaient affermés à des compagnies de traitants et à 60 *fermiers généraux*, qui se disaient « les colonnes de l'État », et dont beaucoup l'écrasant plus qu'ils ne le soutenaient, faisaient payer au trésor un intérêt usuraire et quelquefois grossissaient leurs rentrées par tous les moyens possibles. Ainsi le produit du *don de joyeux avénement* levé sous Louis XV leur fut abandonné pour 23 millions, ils en tirèrent plus de 40. En six années, la ferme des droits sur les objets de consommation leur donna un bénéfice de 96 millions. Aussi n'y a-t-il pas à s'étonner de leur scandaleuse fortune. Un d'eux, Bouret, fut en état de manger 42 millions; et pourtant ils partageaient avec les courtisans en leur assurant des *croupes*, c'est-à-dire des pensions ou des parts proportionnelles à leurs bénéfices. De grands seigneurs, de grandes dames, recevaient ces honteux présents; Louis XV lui-même tendait la main : il était *croupier*.

Ces traitants avaient à leur disposition un code si compliqué, que le contribuable ne le pouvait connaître, si rigoureux, que, pour le seul fait de la fraude sur le sel, il y avait constamment 1700 à 1800 personnes dans les prisons et plus de 300 aux galères. Le trésor n'était pas plus indulgent : si un receveur de la taille n'y versait point sa recette, on arrêtait les quatre principaux taillables de la localité, quoiqu'ils ne dussent rien à l'État, et on les retenait en prison jusqu'à ce qu'ils eussent comblé le déficit. C'était l'odieux système de l'administration romaine sur la responsabilité des curiales.

11. Défauts de l'organisation militaire. — L'effectif réglementaire, en temps de paix, était de 170 000 hommes, dont 131 000 d'infanterie, 31 000 de cavalerie et 8 à 9000 pour la maison du roi; mais l'effectif réel n'atteignait pas 140 000 hommes. Dans ce nombre sont comptés 12 régiments suisses, 8 allemands, 3 irlandais, 1 suédois. 21 000 canonniers garde-côtes ne servaient guère en temps de paix, de même que les 60 000 miliciens des régiments provinciaux. Les grades étaient multipliés outre mesure; il n'y avait pas moins de 60 000 officiers en activité ou en retraite, et, d'après un règlement de 1772, un régiment de cavalerie de 482 hommes comptait 142 officiers et sous-officiers, ce qui faisait un chef pour moins de trois soldats. Les grades s'achetaient même dans les armes spéciales, et les acquéreurs pouvaient, sans avoir fait aucun service, devenir officiers généraux. Le duc de Bouillon était colonel à onze ans, le duc de Fronsac à sept; son major en avait douze. Malgré les réformes de Choiseul, il y avait encore bien des dilapidations dans l'armée, et un mauvais système d'enrôlements volontaires en gâtait la composition. L'armée régulière était recrutée par des enrôlements volontaires, la milice par le sort qui désignait chaque année 10 000 hommes astreints à servir six ans. Mais le tirage au sort de la milice, qui pesait principalement sur les campagnes, était marqué par les plus scandaleux abus, et si les volontaires donnaient de bons soldats, les racoleurs envoyaient souvent aux régiments la lie des grandes villes ; aussi avions-nous alors annuellement 4000 désertions à l'étranger. Dans la marine, le mépris des officiers rouges ou de naissance pour les officiers bleus ou les roturiers, entravait le service [1].

12. Diversité dans la loi civile. — Au lieu d'une seule loi, il y avait 384 coutumes différentes, de sorte qu'il pouvait arriver que ce qui était justice dans une province fût injustice dans une autre. Chaque parlement ayant des règlements particuliers, la diversité de législation était encore accrue par la diversité de la jurisprudence.

13. Diversité dans la condition des personnes. — Les trois ordres de l'État, clergé, noblesse, roture, étaient distingués par des privilèges ou des charges qui faisaient du peuple français trois nations différentes, chacune ayant sa hiérarchie propre et ses classes distinctes. Ainsi il y avait la grande et la petite noblesse, l'une qui vivait à la cour et du budget, la seconde, dans la province et de ses maigres revenus; le haut et le bas clergé, le premier très-riche, le second très-pauvre. Dans la roture, 50 000 familles possédant, à titre héréditaire, les charges de judicature, formaient une aristo-

---

[1]. Pour l'administration ecclésiastique, voyez chap. XVIII, le n° 3.

cratie réelle qui ne frayait point avec les financiers ; le bourgeois dédaignait l'artisan ; et le paysan, au bas de l'échelle, dans la misère et l'ignorance, portait avec colère tout le poids d'une société qui l'écrasait. Dans la famille même il y avait inégalité, le droit d'aînesse ne laissait aux puînés des maisons nobles que leur épée ou l'Eglise, à beaucoup de filles que le couvent. Au-dessous des trois ordres étaient les serfs, les protestants, qui n'avaient pas même d'état civil, et les juifs.

14. Diversité dans la condition des provinces. — Les unes, *pays d'États*, comme le Languedoc, la Bourgogne, la Bretagne, l'Artois, avaient encore une ombre de liberté pour la gestion de leurs affaires et lui devaient une situation meilleure ; les autres, *pays d'élection*, ne connaissaient que les ordres absolus de la cour : enfin, celles-ci payaient des impôts que celles-là ne payaient point ou payaient dans une proportion moindre. La Lorraine, les Trois-Evêchés, l'Alsace et le pays de Labour n'avaient point de douanes entre elles et l'étranger. D'autres en étaient entourées de toutes parts. En 1789 il existait encore, dans le midi de la France, 1200 lieues de lignes de douanes intérieures, et la même mesure de sel devait être achetée ici 6 livres, là 62. L'impôt du vingtième était moins lourd dans la Lorraine, l'Alsace et la Franche-Comté que dans les autres provinces ; la Lorraine n'était même pas soumise à la capitation ; de sorte que la vieille France se trouvait plus chargée que la France nouvelle qu'elle avait conquise. Et je ne parle pas des priviléges des localités, des corporations, des personnes. A Paris, en 1783, l'administration des Invalides, de l'Ecole militaire, de la Bastille et diverses communautés religieuses ne payaient pas de droits d'octroi ; de là une foule d'abus, beaucoup de denrées s'introduisant sous le nom des privilégiés pour des gens qui ne l'étaient pas.

15. Inégalité quant aux fonctions publiques. — Deux noblesses se partageaient toutes les places. Celle d'épée avait les grades dans l'armée, les hautes dignités dans l'Église et les grandes charges de cour et de représentation ; celle de robe toutes les charges de judicature et les places de la haute administration. Il ne restait au roturier que l'industrie, le commerce et la finance, après quoi, il est vrai, si ses affaires avaient prospéré, il pouvait acheter des lettres de noblesse et devenir marquis, sauf à encourir les sarcasmes de ceux qui ne l'étaient pas encore, et les longs dédains de ceux qui l'étaient déjà.

16. Inégalité quant à l'impôt. — La nation payait alors presque autant que nous, avant l'ère des gros budgets, et trois choses rendaient la charge bien lourde pour nos pères : ils étaient beaucoup plus pauvres, près d'un tiers moins nombreux, et soumis à une répartition fort inégale. Ainsi le clergé, qui, outre les revenus de ses immenses propriétés, recevait la dîme des biens de la terre, ne payait rien ou peu de chose, mais faisait des *dons gratuits*. La noblesse et les officiers royaux, excepté dans quelques généralités, n'étaient pas astreints à la *taille* ou impôt foncier ; ils devaient les autres impôts directs, la *capitation* et le *vingtième* du revenu, mais un grand nombre trouvaient moyen de s'en faire exempter en totalité ou en partie. Les roturiers, qui ne possédaient qu'une moitié du territoire de la France, devaient seuls la taille, 91 millions, la dîme, qui était ici du quarantième, là du quart du produit brut, et en somme coûtait aux agriculteurs 133 millions, les droits seigneuriaux, évalués à 35, et les corvées à 20. Pour les grandes routes, par exemple, dont beaucoup furent construites sous Louis XV, l'État ne faisait que les frais du tracé et les travaux d'art, les matériaux étaient fournis et leur emploi avait lieu au moyen de la *corvée*, de sorte que ces travaux, si profitables à tout le pays, étaient exécutés aux dépens des populations riveraines.

17. Inégalité quant à la justice. — Le noble était décapité, le roturier pendu : la différence n'était que dans la forme. Mais, pour un délit commis ensemble, la marquise de Courcelles est condamnée à deux ans de clôture dans une abbaye; Rostaing, qui n'est qu'un roturier, sera pendu et étranglé (arrêt de 1669).

48. Servitude de l'industrie et entraves mises au commerce. — Les corporations, jurandes et maîtrises arrêtaient l'essor de l'industrie en limitant le nombre des patrons, ce qui détruisait la concurrence ; et en ne permettant que l'exercice du métier dont on avait payé l'apprentissage, ce qui enfermait chacun dans son état comme dans une geôle. Ne devenait pas maître qui voulait, mais qui pouvait acheter une maîtrise 3, 4, et quelquefois 5000 livres non compris le chef-d'œuvre, les cadeaux, le repas. Et, après avoir payé tout cela, on n'avait pas encore acheté le droit de perfectionner son industrie, car un perfectionnement était un attentat aux droits antérieurs de la corporation. Le fabricant d'étoffes ne pouvait les teindre, le teinturier en fil n'avait pas le droit de teindre la soie ou la laine, le chapelier de vendre de la bonneterie. Enchaînés par de minutieux règlements, les manufacturiers étaient exposés à voir la police détruire leurs produits pour une inadvertance ou une modification dans le travail qui ne devaient causer aucun tort à l'acheteur. « Chaque semaine, pendant nombre d'années, dit un inspecteur des manufactures, j'ai vu brûler à Rouen 80 ou 100 pièces d'étoffes, parce que tel règlement sur le tissage ou sur la teinture n'avait pas été de tout point observé, quoique l'étoffe fût donnée pour ce qu'elle était. » Il n'y avait plus qu'une monnaie : celle du roi, et depuis 1726 le commerce n'était plus entravé par l'altération des espèces ou par de subites et officielles variations dans le prix du marc d'argent ; mais il l'était encore par la diversité des poids et mesures, qui changeaient de ville à ville. La Compagnie des Indes avait, jusqu'en 1770, par ses priviléges commerciaux, gêné les efforts des négociants particuliers. On venait de l'abolir ; mais, à l'intérieur, le négoce avait encore à combattre contre des restrictions et des monopoles funestes. Ainsi, à Rouen, une compagnie était chargée de l'approvisionnement de la ville en grains ; une autre avait le privilége du transport des blés ; une troisième, celui de les faire moudre dans ses moulins, au grand détriment des habitants, à qui il était interdit de se pourvoir ailleurs. Les blés ne circulaient même point d'une province à l'autre, de sorte que les agioteurs pouvaient à volonté faire la disette ou l'abondance sur certains points, c'est-à-dire y vendre très-cher ou acheter à vil prix. Enfin, les douanes intérieures, qui isolaient les provinces, rendaient les relations commerciales aussi difficiles entre elles qu'avec les pays étrangers, et les péages prélevaient sur les transports 96 millions. Pour descendre la Saône et le Rhône de Gray à Arles, il fallait s'arrêter et payer trente fois, de sorte que, sur cette route dont la nature seule avait fait les frais, le commerce laissait aux mains des péagers 25 à 30 pour 100 de la valeur des produits transportés. Ajoutons que les pays catholiques ayant par année cinquante jours de fêtes, que n'avaient point les pays protestants, ceux-ci travaillaient plus et pouvaient vendre à meilleur compte. Cependant nos colonies étaient si florissantes et l'industrie européenne si arriérée, que, malgré tout cela, notre commerce prospérait.

19. Décadence de l'agriculture. — Près d'un cinquième de terres, immobilisées aux mains du clergé, rendaient peu, parce qu'elles étaient soustraites à l'action de l'intérêt personnel ; presque tout le reste, cultivé par des métayers, donnait à peine davantage. La division de la propriété avait commencé depuis longtemps, mais la terre n'était arrivée aux mains des paysans que chargée de rentes, cachet de l'ancienne servitude. Peu de bétail, quatre fois moins qu'aujourd'hui, par conséquent appauvrissement des terres par suite d'une fumure insuffisante. Peu de grands propriétaires cultivant eux-mêmes : « On ne compterait pas, disait un écrivain du temps, trois cents seigneurs vivant sur leurs terres. » C'était le mal dont l'Irlande a tant souffert, qu'on a créé un mot pour le désigner, l'*absentéisme*.

Vauban, Bois-Guillebert se plaignaient déjà du discrédit attaché à l'état de cultivateur. Il fallut, en 1720, un arrêt du conseil d'Etat pour autoriser les nobles à prendre à ferme, sans déroger, les terres des princes du sang. Un écrivain disait encore, en 1788 : « L'état de laboureur est méprisé dans les provinces du centre; il l'est moins dans la Brie, la Beauce et la Picardie. « Ce mépris venait de la misère profonde où vivait le paysan, ruiné par les impôts, les corvées, les restrictions apportées au commerce des grains, ruiné encore par des droits de garenne, de colombier et de chasse, qui étaient autant de fléaux pour le champ du pauvre, quelquefois même pour celui du riche. « Quand il plaît, dit Saint-Simon, au seigneur de Thouars, il mande à celui d'Oiron, son vassal, qu'il chassera un tel jour dans son voisinage, et qu'il ait à abattre une certaine quantité de toises des murs de son parc pour ne point trouver d'obstacles, au cas que la chasse s'adonne à y entrer. » Les belles routes construites sous Louis XV ne servaient qu'entre les grandes villes. La plupart de nos voies de communication ne remontent pas au delà d'un siècle, et dans bien des provinces, les routes non royales étaient impraticables huit mois de l'année. D'ailleurs « les terres, dit Montesquieu, rendent moins en raison de leur fertilité que de la liberté de leurs habitants. »

20. La liberté individuelle et la propriété mal garanties. — Les lettres de cachet mettaient l'une à la discrétion des ministres et de leurs amis; l'autre était menacée par la confiscation, par l'arbitraire dont la cour était armée pour la création d'impôts nouveaux, par une justice qui n'était pas toujours impartiale, et par ces arrêts de *surséance* qui dispensaient les grands de payer leurs dettes (par exemple pour la banqueroute du prince de Guéméné).

> Pauvre on l'aurait frappé d'un arrêt légitime ;
> Il est puissant : les rois ont ignoré son crime.

Malesherbes, président de la cour des aides, disait au roi, dans des remontrances restées célèbres : « Avec les lettres de cachet, Sire, aucun citoyen n'est assuré de ne pas voir sa liberté sacrifiée à une vengeance, car personne n'est assez grand pour être à l'abri de la haine d'un ministre, ni assez petit pour n'être pas digne de celle d'un commis des fermes. » « Rien, a dit un publiciste, ne protégeait personne, tel est le dernier aspect de l'ancien régime ; » et il cite, en preuve de l'insuffisance des corps ou des positions privilégiées, le général comte de Lally, le procureur général La Chalotais et toutes les victimes ecclésiastiques de la bulle *Unigenitus*.

21. La liberté de conscience refusée. — Les règlements les plus sévères restaient en vigueur contre les dissidents. En 1746, il y avait deux cents protestants condamnés par le seul parlement de Grenoble aux galères ou à la reclusion pour des actes de leur culte; en 1762, le parlement de Toulouse fit pendre un pasteur qui avait exercé en Languedoc son ministère et décapiter trois jeunes gentilshommes qui s'étaient armés pour se défendre contre une émeute catholique. Les mêmes magistrats firent rouer le protestant Calas, accusé d'avoir tué son fils, qui voulait, disait-on, se faire catholique, et qui en réalité s'était suicidé. Sirven et sa femme n'échappèrent à un pareil sort que par la fuite.

22. Sévérité et faiblesse à l'égard de la presse. — La censure existait. Il y en avait même plus d'une, celle du roi, celle du parlement, celle de la Sorbonne. Mais souvent elles se contrariaient. Tel livre amnistié par l'une, était brûlé par l'autre. Il se vendait plus cher, et n'en circulait pas moins, quelquefois sous le couvert même des ministres. La loi prononçait la peine de la marque, des galères, de la mort contre les auteurs ou colporteurs d'écrits hostiles à la religion et à l'État; quelques sots se laissaient prendre; le plus souvent, l'administration fermait les yeux, et ce mélange d'excessive sévérité et de tolérance aveugle ne faisait qu'irriter la curiosité publique. On s'informait des arrêts pour savoir quels ouvrages on devait lire. Ce siècle était bien le temps où l'abbé Galiani définissait l'éloquence « l'art de tout dire sans aller à la Bastille. » Fréret y alla pour une dissertation sur les Francs; Leprévost de Beaumont, secrétaire du clergé, y resta vingt et un ans, jusqu'en 1789, pour avoir dénoncé au parlement le *pacte de famine*.

23. Misère générale. — Tous les témoignages montrent l'affreuse misère du peuple. Les paysans de Normandie vivaient en grande partie d'avoine et s'habillaient de peaux; dans la Beauce, le grenier de Paris, les fermiers mendiaient une partie de l'année; on en vit réduits à faire du pain avec de la fougère. Dans un grand nombre de provinces, l'usage de la viande était inconnu. La consommation ne s'élève pas, dit un écrivain vers 1760, pour les trois quarts de la population de la France, au delà d'une livre par tête et par mois. Les riches mêmes étaient pauvres; car ces charges, qu'ils achetaient si cher, et qui stérilisaient d'énormes capitaux, étant fort mal rétribuées par l'État, ne leur rendaient pas même l'intérêt de leur argent, et leurs vastes domaines, mal cultivés, étaient improductifs. Vauban n'estimait pas qu'il y eût en France plus de 10 000 familles fort à l'aise. Le médecin de Louis XV, Quesnay, le *penseur*, comme le roi l'appelait, ne porte qu'à 76 millions la rente du sol, pour les propriétaires, qui en retirent aujourd'hui vingt fois davantage, 1500 millions. Le premier chiffre est sans doute trop faible, mais une chose hors de doute, c'est que depuis cent ans la population n'a pas doublé, et que l'agriculture a quadruplé ses produits. Les denrées alimentaires étaient donc en quantité deux ou trois fois moindre pour nos pères que pour nous; et naguère encore des vieillards se rappelaient par quels misérables vêtements l'homme du peuple, l'ouvrier était défendu contre les intempéries des saisons.

24. Insuffisance des secours contre la misère ou la maladie. — Les institutions hospitalières ne manquaient pas, la charité chrétienne les avait multipliées ; mais, le capital national étant très-restreint, les secours étaient très-limités, et l'on voyait incessamment des bandes de mendiants parcourir les campagnes et effrayer les villes. La France avait alors environ 800 hôpitaux civils, dont la population s'élevait à 110 000 individus, mais la mortalité y restait effrayante : à l'Hôtel-Dieu de Paris, on comptait 2 morts sur 9 malades, le triple d'aujourd'hui. Telles étaient l'insuffisance des secours et l'ignorance des plus simples règles de l'hygiène, que, dans cet hôpital, le plus riche de France, on réunissait les malades de toute sorte, sans exclure ceux qui étaient atteints d'affections contagieuses, dans les mêmes salles, et jusqu'à 5 et 6 dans le même lit, car il n'y avait que 1219 lits servant quelquefois à 6000 malades. « A Bicêtre, disait Necker dans un rapport au roi, j'ai trouvé dans un même lit neuf vieillards enveloppés dans leurs linges corrompus. »

25. Mortalité considérable. — Aussi n'y a-t-il point à s'étonner, à raison de toutes ces causes, qu'on ait estimé la durée de la vie moyenne beaucoup moins longue alors qu'elle ne l'est aujourd'hui.

26. Des mœurs. — Il est un point de ce tableau que je suis forcé de laisser sous le voile, les mœurs et les croyances. Jamais, la moralité n'était tombée si bas ; et cette corruption était générale. Les scandales de Trianon se renouvelaient à Windsor, à Potsdam, au palais de l'Ermitage. La noblesse et une partie de la riche bourgeoisie rivalisaient avec la cour. Pour faire comprendre le renversement des idées morales, un mot suffira. Un des hommes assurément honnêtes de ce siècle, le marquis d'Argenson, ne craignait pas d'écrire : « Le mariage, ce droit furieux et dont la mode passera. » Il souhaitait que ce droit devînt « un loyer où l'on pouvait entrer en octobre et sortir en janvier, les unions libres étant bien plus favorables à la peuplade » Le maréchal de Saxe, le duc de Richelieu, mille autres dans les hautes classes, pensaient de même et agissaient en conséquence. Aussi, lorsque durant la Terreur les nobles et les prêtres périssaient en foule, le comte de Maistre, s'appuyant sur les idées d'expiation et de châtiment providentiel, prononçait sur eux ces dures et cruelles paroles, qui ne peuvent sortir que de sa bouche : « Il y a des innocents sans doute parmi les victimes, mais il y en a bien moins qu'on ne l'imagine communément ; » et encore : « Jamais un grand crime n'eut plus de complices. »

27. Désaccord entre les idées et les institutions. — A s'en tenir aux faits qui viennent d'être indiqués, on voit que le moyen âge, tué dans l'ordre politique, vivait toujours dans l'ordre social. De là un profond désaccord entre les éléments constitutifs de la société. Par les idées, par les mœurs régnantes, on était bien au dix-huitième siècle ; par les usages et par beaucoup d'institutions, on était encore au treizième. Du moment que cette différence fut sentie, une révolution fut proche, car de nouvelles idées appellent nécessairement des institutions nouvelles. Mais voilà ce dont ne voulaient ni la cour ni tous ceux qui vivaient des abus comme d'une propriété légitime. Un ministre parlait-il de réforme, il était chassé. Les écrivains essayaient-ils de percer ces ténèbres palpables amassées par le gouvernement autour de lui-même, un arrêt du conseil interdisait absolument de rien publier sur des matières d'administration publique ; et en 1768, à vingt ans de Mirabeau et de la Constituante, de pauvres diables étaient envoyés aux galères pour avoir vendu quelques livres, parmi lesquels l'innocente brochure de Voltaire : *L'homme aux quarante écus*

28. Agitation croissante des esprits. — Il faut qu'un gouvernement soit bien glorieux et bien fort pour résister à de légitimes et persévérantes réclamations de l'opinion publique. Louis XIV y avait réussi ; Louis XV n'y parvenait pas.

Les abus dont je viens de parler, ces inégalités blessantes, cet immense désordre et ces misères avaient en effet provoqué l'examen. Vauban, Bois-Guillebert, avaient demandé des réformes au point de vue économique ; Fénelon, au point de vue politique. Durant la régence, la liberté, la licence même de l'esprit répondit à celle des mœurs. Le duc de Bourbon essaya en vain d'arrêter cette curiosité impatiente. Sous son ministère s'organisa le *club de l'entresol*, le premier qui fut ouvert en France ; Fleury le ferma. Mais, dans le même temps, un futur ministre, le marquis d'Argenson, dans ses *Considérations sur le gouvernement de la France*, écrites avant 1739, réclamait la décentralisation locale, les conseils municipaux et cantonaux, la liberté du commerce au dedans et au dehors, l'application du scrutin au choix des officiers royaux. Et ce marquis, ce ministre, ne craint pas d'écrire : « On dira que les principes du présent traité, favorable à la démocratie, vont à la destruction de la noblesse : on ne se trompera pas... Je ne demande que de mettre à part le plus stupide préjugé, pour convenir que deux choses seraient principalement à souhaiter pour le bien de l'État : l'une, que tous les citoyens fussent égaux entre eux ; l'autre, que chacun fût le fils de ses œuvres. Les nobles ressemblent à ce que sont les frelons aux ruches. » Voilà déjà tout énoncé un des articles de foi de la révolution. On a vu, page 433, les projets d'un autre ministre, Machault, pour soumettre à l'impôt les privilégiés, nobles et prêtres. Choiseul parlait, lui aussi, de réformes ; les couvents lui semblaient, comme à Colbert, trop nombreux, et il estimait, comme les états de Pontoise, en 1561, que la suppression de l'immunité d'impôt accordée à l'Église pour ses immenses domaines aiderait singulièrement à rétablir les finances délabrées de l'État.

CHAPITRE XX.

TABLEAU DES LETTRES,
DES SCIENCES ET DES ARTS AU DIX-HUITIÈME SIÈCLE ;
ÉCONOMISTES ET PHILOSOPHES ;
INFLUENCE DES IDÉES FRANÇAISES EN EUROPE.

1. Différence entre la littérature du dix-huitième siècle et celle du dix-septième. — 2. Les philosophes ; Voltaire, Montesquieu et Rousseau. — 3. Buffon. — 4. Les encyclopédistes. — 5. Le chancelier d'Aguesseau, Vauvenargues et Condorcet. — 6. Les Économistes. — 7. Pouvoir croissant de l'opinion publique. — 8. Arts. — 9. Sciences. — 10. Vaccine ; navigation à vapeur ; galvanisme. — 11. Mouvement scientifique et littéraire à l'étranger.

1. Différence entre la littérature du dix-huitième siècle et celle du dix-septième. — La littérature d'une époque s'explique toujours, le génie mis à part, par les idées et les mœurs du temps. Au dix-huitième siècle, il existait entre les idées et les institutions un contraste qui provoquait l'examen : aussi les écrivains, au lieu de s'enfermer, comme au siècle précédent, dans le domaine de l'art, voulaient tout soumettre à leur critique et prétendaient tout réformer. Les forces les plus viriles de l'esprit français semblaient tournées à la recherche du bien public. On ne travaillait pas à faire de beaux vers, mais à lancer de belles maximes ; on ne peignait plus les travers de la société pour en rire, mais pour changer la société même. La littérature devenait une arme que tous, les imprudents comme les habiles, voulaient manier, et qui, frappant sans relâche, faisait de terribles et irrémédiables blessures. Par une étrange inconséquence, ceux qui avaient le plus à souffrir de cette invasion des gens de lettres dans la politique étaient ceux qui y applaudissaient le plus. Cette société du dix-huitième siècle, frivole, sensuelle, égoïste, avait du moins, au milieu de ses vices, le culte des choses de l'esprit. « Qui n'a pas vécu, disait Talleyrand, dans les années voisines de 1789, ne sait pas ce que c'est que le plaisir de vivre. » Jamais les salons ne furent aussi animés, la politesse aussi exquise, la conversation aussi brillante. Le talent y tenait presque lieu de naissance, et la noblesse, avec une témérité chevaleresque qui rappelle celle de Fontenoy, essuyait, le sourire aux lèvres, le feu de cette polémique ardente que des fils de bourgeois dirigeaient contre elle. « Alors, dit Malesherbes, un noble enthousiasme s'était emparé de tous les esprits. »

2. Les philosophes ; Voltaire, Montesquieu et Rousseau. — Trois hommes sont à la tête du mouvement : Voltaire, Montesquieu et Rousseau. Le premier, dont le nom est Arouet, naquit à Paris en 1694 d'un père ancien notaire et originaire du Poitou. Il ne vit que les années malheureuses du grand roi et fut un des plus ardents dans la réaction qui éclata contre les habitudes religieuses du dernier règne. A vingt et un ans il fut mis à la Bastille pour une satire de Louis XIV qu'il n'avait point faite; il payait déjà pour sa réputation d'esprit et de malice.

Entré dans la carrière avec sa tragédie d'*Œdipe*, pleine de vers menaçants (1718), et *la Henriade*, apologie de la tolérance religieuse (1723), il arriva promptement à la renommée et fut recherché partout. Un jour cependant il sentit les inconvénients de cette haute société aristocratique au milieu de laquelle il avait été introduit dès son jeune âge et dont s'accommodaient son esprit brillant et léger, son tempérament fin et délicat. Un chevalier de Rohan-Chabot, ayant parlé de lui avec impertinence, en avait été aussitôt châtié par une de ces paroles acérées que Voltaire décochait si bien. Il se vengea en grand seigneur lâche et brutal par la main de ses laquais. Voltaire, qui n'avait pas de laquais, demanda une réparation. Le gentilhomme, par une seconde lâcheté, obtint du ministre qu'on enfermât à la Bastille l'insolent roturier qui osait appeler un grand seigneur. Bientôt relâché, mais à condition de passer à

Voltaire (François-Marie Arouet de).

l'étranger, Voltaire se rendit en Angleterre « pour apprendre à penser ». Il y resta trois ans, et en rapporta Locke, Newton, Shakespeare, avec un culte ardent pour la liberté de l'esprit et de la parole, bien plus que pour la liberté politique. A son retour, ses pièces de théâtre, *Brutus, la Mort de César*, mirent sur notre scène un reflet du grand tragique anglais, et ses *Lettres anglaises* popularisèrent les idées du sage philosophe et du grand astronome. Ce ne fut pas sans persécutions. Le dernier ouvrage fut brûlé par la main du bourreau.

Voltaire, qui devait au sentiment chrétien deux de ses plus belles œuvres, *Zaïre* et *Tancrède*, attaquait l'Eglise avec acharnement, et ses premiers, ses plus constants efforts, furent dirigés contre le pouvoir spirituel, qui empêchait de penser, bien plus que contre l'autorité civile, qui n'empêchait que d'agir. Pour cette guerre, il fit alliance avec les souverains et se couvrit de leur protection. Il fut en correspondance avec la grande Catherine de Russie et avec beaucoup de princes allemands; il séjourna à la cour de Frédéric II, prince sceptique et lettré, dont il corrigeait les vers français. Il finit par s'établir à l'extrémité de la France, sur la frontière même, pour la pouvoir passer au moindre indice de péril, à Ferney, près de Genève. De là s'échappaient, emportés par tous les vents, poésies légères, épîtres, tragédies, romans, ouvrages d'histoire, de science, de philosophie, qui en quelques jours faisaient le tour de l'Europe.

En bien, en mal, Voltaire représentait son siècle. Ainsi le désordre des mœurs lui était indifférent, et, si de brillants dehors le couvraient, il était bien près de l'estimer une élégance de plus; mais, en vieillissant avec le siècle, il prit, comme lui, des pensées plus sérieuses. Le mal social devint son ennemi personnel, et l'amour de la justice sa plus ardente passion. Il secourut, il défendit, les victimes de déplorables erreurs judiciaires; il dénonça sans relâche les nombreux défauts de la législation, de la jurisprudence, de l'administration publique; et toutes les réformes qu'il sollicita dans l'ordre civil ont été accomplies après lui. Il eut en quelque sorte, pendant cinquante années, le gouvernement intellectuel de l'Europe, et il a justement mérité la haine de ceux qui croient que le monde doit rester immobile, l'admiration de ceux qui regardent la société comme obligée de travailler sans cesse à son amélioration matérielle et morale. Le cardinal de Bernis l'appelait en 1775 « le grand homme du siècle », et ce cardinal avait raison.

Le président de Montesquieu (1689-1755), esprit plus

Montesquieu (Charles de Secondat, baron de la Brède et de).

calme, plus grave, quoiqu'il eût écrit les *Lettres persanes*, moquerie profonde et redoutable tout en paraissant légère (1721), passa vingt années à composer un seul livre, *l'Esprit des lois* : mais c'était un monument immortel qu'il élevait. « Le genre humain avait perdu ses titres, dit Voltaire, M. de Montesquieu vient de les retrouver. » Montesquieu cherche et donne la raison des lois civiles et des lois politiques ; il expose la nature des gouvernements, et, s'il n'en condamne aucun, si les changements l'inquiètent peu, ses préférences sont bien claires pourtant, c'est la liberté anglaise qu'il offre à l'admiration de la France. Quand il visita la Grande-Bretagne en 1729, il écrivit : « A Londres, liberté et égalité. » Il se trompait de moitié pour l'Angleterre ; mais, soixante ans avant 1789, il donnait la devise de la révolution.

Rousseau, fils d'un horloger de Genève (1712-1778), ne commença d'écrire qu'au milieu d'une vie déjà longue, toute remplie de fautes, de misères et de contradictions. A trente-huit ans il composa son premier discours *contre les sciences et les arts* : c'était une déclaration de guerre à la civilisation ; son second, sur l'*Origine de l'inégalité parmi les hommes*, en fut une autre à l'ordre social tout entier. Dans l'*Emile*, il traça un plan chimérique d'éducation ; dans le *Contrat social*, il proclama le principe de la souveraineté nationale et du suffrage universel, plaçant à côté de grandes vérités, de grandes erreurs, mais exprimant toujours les unes et les autres avec une singulière éloquence.

Le dix-huitième siècle, à la fois si vieux et si jeune, avait bien des sentiments de convention : il ne connaissait du cœur humain que les relations de plaisir ; de la nature que les décorations d'opéra ou de boudoir et les ifs de Versailles. Rousseau donna à cette société frivole une secousse vigoureuse qui la ramena aux sentiments naturels ; dans sa *Nouvelle Héloïse*, il lui ouvrit les yeux sur la nature réelle et les passions véritables ; il créa la poésie dont le dix-neuvième siècle a vécu.

A ne s'attacher qu'au point de vue politique, on peut dire que l'influence de ces trois hommes allait se retrouver aux trois grandes époques de la Révolution : celle de Voltaire dans l'élan universel de 1789, celle de Montesquieu dans les efforts des constitutionnels de l'Assemblée nationale, celle de Rousseau dans la pensée, sinon dans les actes, des rêveurs farouches de la Convention.

3. Buffon. — Près de ces grands écrivains, dans une région moins agitée, mais quelquefois plus haute, se tenait Buffon, sereine et majestueuse intelligence, comme la nature même dont il se fit le peintre inimitable.

4. Les encyclopédistes. — Derrière les chefs étaient les soldats : Diderot, écrivain fougueux et inégal.

Ermitage de Rousseau, à Montmorency.

d'Alembert, grand géomètre, essayaient d'organiser l'armée des philosophes. Ils fondaient l'*Encyclopédie*, dont le premier volume parut en 1751, immense revue de toutes les connaissances humaines, qui y étaient toutes exposées d'une manière nouvelle, souvent menaçante pour l'ordre social, toujours hostile pour la religion. De redoutables déclamateurs allaient plus loin encore : Helvétius, dans son livre *de l'Esprit*; le baron d'Holbach, dans son *Système de la nature*; Lamettrie, dans son *Homme-Machine;* l'abbé Raynal, dans son *Histoire philosophique des deux Indes.*

5. Le chancelier d'Aguesseau, Vauvenargues et Condorcet. — Mais il faut une place à part pour le chancelier d'Aguesseau, dont les belles ordonnances de réformation composent le code Louis XV ; pour le moraliste Vauvenargues, qui a écrit cette ligne : « Les grandes pensées viennent du cœur; » pour l'abbé de Condillac, puissant analyste dont la sèche philosophie a fait école; pour son frère, l'abbé de Mably, publiciste hardi ; enfin pour le marquis de Condorcet qui, condamné plus tard avec les girondins, composa, en attendant la mort, une *Esquisse des progrès de l'esprit humain,* où il voulait montrer l'humanité, voyageuse infatigable, marchant au milieu des ruines, et qui pourtant s'avance, à chaque siècle, vers un avenir meilleur.

6. Les économistes. — Les philosophes s'attaquaient à tout ; les économistes ne prétendaient toucher qu'aux intérêts matériels. Au dix-septième siècle, on croyait une nation d'autant plus riche qu'elle achetait moins et vendait davantage. Quesnay montra que les métaux précieux sont le signe de la richesse, non la richesse même, et il mit celle-ci dans l'agriculture. Gournay réclama pour l'industrie. La théorie de l'Ecossais Adam Smith, qui vécut longtemps en France, fut plus générale; pour lui la richesse était dans le travail, et le travail avait trois modes d'application : l'agriculture, l'industrie et le commerce; ses élèves en reconnurent un quatrième : le travail intellectuel, je veux dire les arts, les lettres et les sciences.

Ainsi la pensée de l'homme, longtemps renfermée dans les spéculations purement métaphysiques et religieuses, ou bornée au culte désintéressé des lettres, prétendait aborder maintenant les plus difficiles problèmes de la société humaine. Et tous, philosophes comme économistes, cherchaient la solution du côté de la liberté. De l'école de Quesnay était sorti l'axiome célèbre : « Laisser faire, laisser passer, » qui fut un moment appliqué, quand les édits de 1754 et de 1764 reconnurent la liberté du commerce des grains, que Turgot va de nouveau proclamer. Le marquis d'Argenson avait dit la même chose sous une autre forme : « Pas trop gouverner. »

7. Pouvoir croissant et exigences de l'opinion publique. — Tout ce travail des esprits avait réussi à créer en France une puissance nouvelle : l'opinion publique, dont le gouvernement commençait à subir l'influence. La nation, longtemps spectatrice indifférente de ces longs efforts, avait fini par y prendre intérêt, par s'inquiéter de réformes, par désirer un changement.

On voulait que l'administration ne fût plus un affreux dédale où le plus habile se perdait, et que les finances publiques cessassent d'être au pillage, que chacun eût sécurité pour sa liberté personnelle et pour sa fortune, que le code criminel fût moins sanguinaire, le code civil plus équitable. On demandait la tolérance religieuse, au lieu du dogme imposé sous peine de la vie ; la loi fondée sur les principes du droit naturel et rationnel, au lieu de l'arbitraire, de l'inégalité et de la confusion de nos 384 coutumes provinciales ; l'unité de poids et mesures, au lieu de la plus extrême confusion ; l'impôt payé par tous, au lieu de la misère taxée et de la richesse affranchie ; l'émancipation du travail et la libre admissibilité aux charges publiques, au lieu du privilége de la naissance et de la fortune ; la plus active sollicitude, au lieu de l'indifférence pour tous les intérêts populaires. En un mot, l'égalité devant la loi et la liberté réglée suivant le droit.

Ces réclamations étaient si vives, si générales, que la nécessité d'y faire droit frappait tous les yeux clairvoyants. Jamais plus terrible mouvement n'a eu plus de prophètes sonnant l'alarme. Catinat, Vauban, Saint-Simon, même Leibnitz, du vivant de Louis XIV, s'effrayaient de l'avenir. « Catinat, dit Saint-Simon, déplorait les fautes commises, le vice, l'ignorance, l'inquisition mise à la place de la police, et, voyant tous les signes de destruction, prédisait qu'il n'y avait qu'un comble très-dangereux de désordre qui pût enfin rappeler l'ordre dans le royaume. » Dès l'année 1707, un magistrat, Bois-Guillebert, disait : « Le procès va rouler maintenant entre ceux qui payent et ceux qui n'ont fonction que de recevoir »; et Fénelon en 1710 : « C'est une vieille machine délabrée qui va encore de l'ancien branle qu'on lui a donné et qui achèvera de se briser au premier choc. » La seule femme qui ait voulu tirer Louis XV de sa torpeur, la duchesse de Châteauroux, « voyait venir un grand bouleversement, si l'on n'y portait remède. » La Pompadour, qui lui succéda, même le roi, ne se faisaient pas davantage illusion, mais s'étourdissaient en disant : « Après nous le déluge. » Au dedans, au dehors, on pensait de même : lord Chesterfield, comme le philosophe allemand Kant, un homme de bien, Malesherbes, comme l'ambassadeur d'Angleterre[1]. « Tout ce que j'ai jamais rencontré dans l'histoire de symptômes avant-coureurs des grandes révolutions, disait le premier, existe actuellement en France et s'augmente de jour en jour. Avant la fin de ce siècle le métier de roi et de prêtre déchoira de près de moitié. »

A mesure, en effet, que le siècle avance et que la honte augmente, qu'après Rossbach on a le Parc-aux-Cerfs et le pacte de famine, les voix, moqueuses d'abord, deviennent sévères, redoutables. Ce règne, qui avait commencé par les *Lettres persanes*, finit par le *Contrat social*. Les uns espèrent, les autres s'épouvantent. Rousseau était consulté, en 1761, par un conseiller au parlement de Paris, sur le choix d'un asile en Suisse, et il ajoute : « Cette lettre ne me surprit pas absolument, parce que je pensais comme lui et comme

---

[1]. C'est lui qui écrivait le 21 février 1765, à son gouvernement : « On ne peut qu'être frappé ici du désordre visible des affaires publiques et du déclin de l'autorité royale. » Je ne parle pas de Cazotte : sa fameuse scène prophétique n'est qu'un jeu d'esprit ; mais le duc de Modène, à force de peur, avait prédit juste.

beaucoup d'autres que la constitution déclinante menaçait la France d'un prochain délabrement. » Deux ans après, le parlement de Rouen disait au roi lui-même : « Les maux sont à leur comble et présagent l'avenir le plus effrayant. » Enfin Voltaire écrivait le 2 avril 1764, au marquis de Chauvelin : « Tout ce que je vois jette les semences d'une révolution qui arrivera immanquablement, et dont je n'aurai pas le plaisir d'être témoin. Les Français arrivent tard à tout, mais enfin ils arrivent. La lumière s'est tellement répandue de proche en proche qu'on éclatera à la première occasion, et alors ce sera un beau tapage. Les jeunes gens sont bien heureux; ils verront de belles choses[1]. » Ces belles choses furent malheureusement mêlées à d'affreuses catastrophes, qu'on eût pu prévenir en cédant plus tôt à des vœux légitimes

8. **Arts.** — Il y a deux parts à faire dans la littérature du dix-huitième siècle : l'une sérieuse, l'autre frivole. Les arts n'ont que celle-ci. La recherche exclusive de la grâce fait oublier la beauté des lignes et des types. On produit de charmants ouvrages, on décore avec esprit et une coquette élégance les hôtels des riches; on ne fait ni une grande statue ni un grand tableau. Et, comme on déserte Versailles pour vivre dans les boudoirs, les architectes réduisent leurs plans aux proportions modestes d'une société qui ne sait plus avoir le grand air de l'âge précédent.

Cependant Ange Gabriel (1782)[2] éleva les deux charmantes colonnades de la place de la Concorde, en s'inspirant de la colonnade du Louvre; l'Ecole militaire, jolie construction que l'immensité du Champ de Mars écrase; la salle d'opéra de Versailles et le château de Compiègne; Robert de Cotte (1735), la colonnade de Trianon; Soufflot (1781), le Panthéon; Servandoni

---

[1]. Autre lettre du 24 novembre 1759 : « M. de Choiseul m'a mandé que feu M. de Meuse avait une terre sur la porte de laquelle était gravé : « A force « d'aller mal, tout va bien. » Le marquis de Mirabeau annonçait « la culbute générale. » (Rivarol, dans sa lettre à M. Necker.)
[2]. Les dates qui suivent sont celles de la mort.

(1766), le portail de Saint-Sulpice, trop vanté et n'ayant pas la simple grandeur de celui du Panthéon; Antoine, le pesant édifice appelé l'hôtel des Monnaies.

Les sculpteurs ont moins laissé; ce sont : G. Coustou (1745), Pigalle (1785), la statue de Voltaire à l'Institut

Le Panthéon.

et le tombeau du maréchal de Saxe, à Strasbourg; Bouchardon (1762), plusieurs statues à Saint-Sulpice et la lourde fontaine de la rue de Grenelle.

Les peintres ont plus de valeur, surtout Watteau (1721), bien qu'il ne représente qu'un art conventionnel avec ses bergères d'opéra; Carle Vanloo (1765), dont on vante l'*Énée portant Anchise*; J. Vernet (1707), célèbre par ses marines; et les grands portraitistes Rigaud, Largillière. Mais Boucher (1760), que ses contemporains, séduits par ses figures « nourries de roses » appelaient le Raphaël français, n'a pas gardé l'estime des amis du grand art. Un peu plus tard, Greuze (1805) montra la gracieuse naïveté de son talent, et Vien (1809) prépara, par la sévérité de son dessin, la réforme que David, son élève, opéra. Rameau (1764) et Grétry (1813) avaient commencé une ère nouvelle pour la musique française.

9. Sciences. — Les sciences plus austères préparent leur avénement et leur empire en commençant, pour le monde physique, cet immense travail d'investigation que les lettres avaient entrepris pour le monde moral. Les grandes découvertes et les grands hommes, sauf Buffon, n'appartiennent point au siècle de Louis XV. Il eut Réaumur, qui construisit le *thermomètre* de son nom; Clairaut et d'Alembert, qui développèrent l'analyse mathématique; les botanistes Adanson et Bernard de Jussieu; La Caille, qui alla en 1750 au cap de Bonne-Espérance dresser la carte du ciel austral; Bouguer et la Condamine, qui se rendirent en 1736 sous l'équateur, tandis que Clairaut et Maupertuis étaient au pôle nord pour déterminer la mesure d'un degré et la figure de la terre. Le Piémontais Lagrange, né de parents français, était alors retenu à Berlin par les bienfaits de Frédéric II, et Lavoisier n'était point maître encore des idées qui allaient renouveler la chimie.

Mais, à mesure que le siècle avance, les sciences se développent; elles commencent même à prendre le caractère qu'elles auront surtout au siècle suivant: elles tendent à l'application et cherchent à devenir populaires. Lavoisier décomposait l'eau, et par ce seul fait transformait la chimie et avec elle l'industrie moderne (*Théorie de la calcination des métaux*, 1775); il introduisait la balance dans les laboratoires, ce qui lui permettait de démontrer aux savants étonnés que les corps augmentent de poids en brûlant et d'émettre le principe, devenu un des fondements de la science moderne, que dans la nature rien ne se crée et rien ne se perd ; enfin il créait la nomenclature chimique, c'est-à-dire une langue précise comme l'algèbre, pouvant exprimer la composition de tous les corps et être comprise des savants de tous les pays. Dans le même temps, l'abbé de l'Épée fondait son *Institution des sourds-muets*, qui réparait une des erreurs de la nature (1778) ; Valentin Haüy, l'*Institut des aveugles*, qui en diminuait une autre (1784), tandis que Pinel montrait que les fous n'étaient point des êtres dangereux qu'il fallait enchaîner, mais des malades qu'on pouvait guérir. Turgot créait une chaire d'hydrodynamique, afin de répandre les connaissances nécessaires aux grands travaux hydrauliques qu'il méditait. En 1778, érection d'une chaire de minéralogie pour une autre science dont l'abbé Haüy donnait en ce moment les lois, et fondation de la Société royale de médecine ; en 1780, établissement de l'École vétérinaire d'Alfort, et, en 1788, de l'École des mines ; en 1787, création au sein de l'Académie des sciences des sections d'histoire naturelle, d'agriculture, de minéralogie et de physique : c'était comme l'avénement de ces sciences à la popularité.

10. Vaccine ; navigation à vapeur ; galvanisme. — Sept ans plus tôt, l'Anglais Jenner avait découvert la vaccine, par laquelle on peut combattre un fléau qui décimait l'humanité ; et l'agriculture s'enrichissait des deux plus grandes conquêtes qu'elle eût faites depuis l'introduction du maïs et du ver à soie : Parmentier augmentait les ressources alimentaires du peuple en popularisant l'usage de la pomme de terre (1779), et Daubenton introduisait en France la race espagnole des moutons mérinos. Deux ans après, le marquis de Jouffroy faisait le premier essai de la navigation à vapeur : tentative qui resta malheureusement alors sans résultats. Mais Galvani, de Bologne, allait constater (1791) les singuliers phénomènes d'électricité auxquels on a donné son nom, et Volta, de Côme, inventer (1794) la pile qui a ouvert à la chimie une carrière nouvelle. Enfin, l'année même où se réunissaient les états généraux, Laurent de Jussieu, précisant les idées de son oncle Bernard, proclamait, pour la classification botanique, le principe de la *subordination des caractères*, qui, généralisé par Cuvier, a renouvelé les sciences naturelles [1].

En même temps de hardis et savants navigateurs, les Anglais Wallis et Cook, les Français Bougainville et la Pérouse, complétant l'œuvre de Christophe Colomb et de Vasco de Gama, achevaient la reconnaissance du globe, et au prix de mille dangers, au prix de leur vie, ouvraient des voies sûres au commerce [2]. Ainsi les sciences proprement dites tournaient à l'utile, à l'application, comme les sciences morales tendaient aux réformes politiques. Cet accord involontaire annonçait l'approche des temps nouveaux.

11. Mouvement scientifique et littéraire à l'étranger. — Ce que l'on constate en France se retrouvait en Europe, dans les pays, du moins, qui avaient conservé quelque activité de la pensée. L'Angleterre, l'Allemagne, avaient leurs philosophes incrédules : lord Bolingbroke et Hume, le chef de l'école sceptique anglaise, Kant, le promoteur de toute la philosophie allemande, dont les étapes successives ont été marquées par les

---

1. *Genera plantarum secundum ordines naturales disposita.* Livre admirable, dit Cuvier, qui fait, dans les sciences d'observation, une époque peut-être aussi importante que la chimie de Lavoisier dans les sciences d'expérience. — Scheele, de Stralsund, mort en 1786, découvre le chlore, le Suédois Bergmann, mort en 1784, l'acide carbonique. Les Français Berthollet et Guyton de Morveau aidèrent Lavoisier à établir en 1787 la nomenclature chimique. Lagrange, attiré à Paris par les offres de Louis XVI après la mort de Frédéric II, commença en 1787 la publication de la *Mécanique analytique*. Laplace ne donna qu'en 1796 son *Exposition du système du monde*.

2. Le voyage de circumnavigation de Bougainville eut lieu de 1766 à 1769. La Pérouse partit en 1785. On cessa d'avoir de ses nouvelles en 1788. Le capitaine anglais Dillon trouva en 1827 les preuves du naufrage de ses vaisseaux près des îles Vanikoro, et Dumont-D'Urville, qui visita ces îles l'année suivante, rapporta en France quelques uns de ses débris qui sont maintenant au Louvre. C'est au dix-neuvième siècle que les deux pôles ont été serrés de plus près : celui du sud principalement par Dumont-D'Urville (1838-1839), l'Américain Wilkes et l'Anglais Ross, qui, vit sur la terre *Victoria*, un volcan en éruption haut de 4000 mètres ; celui du nord par les tentatives hardies qui se multiplient chaque année et qui ont fait dernièrement arriver l'expédition autrichienne au 83° degré et trouver par Nordenskjöld le passage du nord-est.

audacieux systèmes de Fichte, de Schelling et de Hegel. La Grande-Bretagne possédait aussi des écrivains humoristiques : de Foe, Sterne, Fielding ; des poëtes corrects et froids : Pope, Young, Gray ; des historiens dont les œuvres vivent encore : Robertson et Gibbon ; des économistes : Arthur Young et Adam Smith ; un grand astronome : Herschell. La littérature allemande commençait avec Klopstock, Lessing, Schlegel, Herder ; déjà Gœthe avait donné en 1772 son *Gœtz de Berlichingen*, et Schiller avait écrit ses *Brigands*. Stahl a laissé un nom dans l'histoire de la chimie, Werner dans celle de la géologie, le Suédois Linné dans l'histoire naturelle, dont il est un des fondateurs. L'Italie ne présente guère qu'un philosophe historien, Vico, un poëte classique, Alfieri, et quelques savants illustres : Spallanzani, Volta et Galvani. La Suisse s'honorait des deux Bernouilli et d'Euler, profonds mathématiciens, et de l'anatomiste Haller. Pour l'art, il n'avait alors qu'en France des représentants renommés.

CHAPITRE XXI.

MOUVEMENT DE RÉFORME EN EUROPE;
CHARLES III D'ESPAGNE; POMBAL EN PORTUGAL;
JOSEPH II EN AUTRICHE; FRÉDÉRIC II EN PRUSSE;
GUSTAVE III EN SUÈDE;
BECCARIA; LÉOPOLD DE TOSCANE.

1. L'influence des idées françaises au XVIII° siècle prépare des réformes en Europe. — 2. Réformes de Pombal en Portugal. — 3. Charles III d'Espagne. — 4. Réformes de Joseph II en Autriche. — 5. Réformes de Frédéric II en Prusse. — 6. Réformes de Gustave III, en Suède. — 7. Réformes de Catherine II en Russie. — 8. Beccaria. — 9. Léopold de Toscane. — 10. Résumé.

1. L'influence des idées françaises au XVIII° siècle, prépare des réformes en Europe. — Depuis longtemps on parlait français dans toutes les cours de l'Europe; nos livres y étaient lus, quelquefois plus vite qu'en France, et notre littérature regagnait le terrain que notre politique avait perdu. Ce n'étaient plus les gens de lettres qui courtisaient les rois; les rôles avaient changé : les rois semblaient se faire les courtisans de ceux qui, par leurs écrits, dirigeaient la puissance nouvelle de l'opinion publique. Frédéric II, Catherine II, avaient des flatteries pour la vanité des écrivains en renom, des pensions pour leurs besoins; et, aux conversations qui se tenaient à Berlin ou à Saint-Pétersbourg, on aurait pu se croire en France, avec une plus grande liberté de parole. Nos philosophes et nos économistes faisaient une double guerre : l'une contre les débris encore subsistants du moyen âge et pour des réformes qui devaient ouvrir des sources nouvelles de richesse; l'autre en faveur de l'émancipation des peuples et de la liberté politique. De celle-ci les monarques se souciaient peu; mais l'autre leur paraissait excellente. Elle les aida en effet à débarrasser leur pouvoir d'entraves gênantes et à améliorer la condition matérielle de leurs peuples, qui, enrichis par une agriculture perfectionnée et par une industrie florissante, purent rendre davantage à leur trésor. Cette distinction est importante à faire, car elle explique le grand travail de réformation qui s'opéra alors d'un bout de l'Europe à l'autre, depuis le Portugal jusqu'au fond de la Russie, mais s'arrêta aux réformes par lesquelles pouvaient être accrues la fortune et l'autorité des rois.

2. Réformes de Pombal en Portugal. — Joseph Ier, le quatrième successeur de ce Jean IV, de Bragance, qui avait, en 1640, affranchi le Portugal de la domination espagnole, voulut à son tour l'affranchir de ses propres misères. Il donna le pouvoir à Joseph de Carvalho (1750), qui fut créé plus tard marquis de Pombal. Ce ministre essaya d'être le Richelieu du Portugal. Craignant que l'influence des jésuites ne contrariât ses projets, il impliqua l'ordre dans un complot, auquel un attentat contre la vie du prince donna de la vraisemblance, et ils furent expulsés du royaume (1759). Un d'eux, le P. Malagrida, coupable d'avoir répandu dans le peuple de menaçantes prédictions contre Joseph Ier, fut condamné à mort et monta sur le bûcher. Ce malheureux n'était probablement qu'un pauvre fou, si l'on en juge par les écrits extravagants qu'il composa dans sa prison. Pombal, qui s'était servi de l'inquisition pour faire condamner Malagrida, diminua le pouvoir de ce tribunal redoutable dès qu'il n'eut plus besoin de lui. Il intimida les nobles en exilant les plus illustres seigneurs; un Souza, un Bragance. Un tremblement de terre, qui coûta la vie à près de 30 000 personnes, détruisit Lisbonne (1756); il la rebâtit en quelques années et en fit une des belles villes de l'Europe. A partir de ce moment, chaque année fut marquée par des créations utiles ou des tentatives honorables : encouragements aux manufactures par l'élévation des droits sur les produits étrangers ; à l'agriculture par la fondation d'une école spéciale, la construction du canal d'Oëyras, le défrichement de l'Alentejo, etc. ; à l'instruction publique par la création du collége des nobles et d'écoles populaires gratuites ; réorganisation de l'armée, dont la solde fut assurée et l'effectif porté à 32 000 hommes ; réforme dans la perception de l'impôt et meilleure gestion financière ; répression des pirateries des Barbaresques ; fortification de l'île de Mozambique, la clef du commerce portugais dans les Indes ; envoi de nouveaux colons au Brésil ; révocation, en 1763, de dotations de terres immenses en Afrique et en Amérique, faites aux nobles par les prédécesseurs de Joseph Ier ; établissement, en 1754, d'une compagnie commerciale pour le négoce exclusif de la Chine et des Indes, et, en 1755, d'une autre dite du Maragnon et du Grand-Para. Par malheur, il voulut *faire le bien à coups de hache*, et le bien ne se fait pas ainsi. Ses meilleures institutions furent victimes de la violence qui les avait établies, et le Portugal, un moment galvanisé par ce puissant administrateur, retomba après lui dans son ancienne faiblesse. Sous Pierre IV, en 1781, Pombal fut déclaré criminel et digne d'un châtiment exemplaire ; on se contenta pourtant de l'envoyer en exil ; il y mourut dix mois après.

3. **Charles III d'Espagne.** — L'Espagne s'était ranimé sous sa nouvelle dynastie de Bourbons. Philippe V, prince indolent, fit bien peu pour la régénérer. Il quitta, puis reprit la couronne, et toujours se laissa gouverner : par la princesse des Ursins ; par Alberoni, qui faillit mettre l'Europe en feu ; par sa seconde femme, Élisabeth Farnèse, qui le jeta dans des guerres au bout desquelles il trouva du moins le royaume des Deux-Siciles pour un de ses fils (1734), Parme et Plaisance pour l'autre (1748) ; enfin par le sage Patinho que l'emphase castillane appela « le Colbert de l'Espagne ». Il créa une école de marine à Cadix, une autre à Barcelone, agrandit les chantiers du Ferrol et dota l'Espagne d'une

flotte de vingt-deux vaisseaux de ligne. Ferdinand VI (1746-1759), secondé par un habile ministre, le marquis de la Ensenada, continua l'œuvre de la régénération espagnole. A la fin de son règne, la flotte comptait quarante-neuf vaisseaux de ligne et dix-neuf frégates ; le canal de Castille était achevé ; l'agriculture et l'industrie prospéraient ; malgré des diminutions d'impôts, l'équilibre entre les recettes et les dépenses se trouvait enfin établi, et le trésor renfermait une épargne de cinquante-neuf millions.

Don Carlos, fils aîné de Philippe V et de sa seconde femme, Elisabeth Farnèse, céda à un de ses enfants la couronne de Naples, qu'il portait depuis 1734, et prit celle d'Espagne, sous le nom de Charles III (1759-1788). Il appela au ministère, en 1766, un diplomate habile, le comte d'Aranda, qui fit arrêter 2300 jésuites, en une nuit, et les fit conduire hors du territoire (1767). Toute correspondance avec eux fut interdite aux sujets espagnols ; on ne leur alloua qu'une faible pension ; encore devaient-ils en être tous privés pour la mauvaise conduite d'un seul. Cette mesure violente montrait que le ministre ne s'arrêterait point devant les abus. Il établit une police vigilante qui donna à Madrid la sécurité, qu'elle ne connaissait pas, fit faire le dénombrement de la population, restreignit les *rosarios* ou processions, et s'attaqua même à l'inquisition. Son ami, le comte de Campomanès, président du conseil de Castille, et qui sera ministre d'Etat en 1788, s'inspirait comme lui des philosophes et des économistes français. Ses ouvrages témoignent d'un esprit libéral, et il s'y montre disciple éclairé de Quesnay, d'Adam Smith et de Turgot. Aussi le vit-on combattre sans relâche les entraves et prohibitions qui gênaient l'industrie et le commerce, l'accumulation des biens-fonds dans les mains du clergé, la mendicité, le grand fléau de l'Espagne. Rome et le clergé parvinrent, en 1773, à éloigner d'Aranda du ministère, en le faisant envoyer ambassadeur en France. Mais son rival, le comte de Florida Blanca, fils d'un simple bourgeois de Murcie, voulait comme lui la régénération de son pays. Il avait rédigé le rapport concluant à la suppression des jésuites : c'est dire que les réformes ne s'arrêtèrent point.

Pour combler les vides de la population et ranimer l'agriculture, de nombreux laboureurs allemands furent attirés dans la péninsule ; les routes furent réparées ; le canal d'Aragon, ouvert sous Charles-Quint, fut continué ; on commença ceux du Manzanarès, de Murcie, du Guadarama, de San Carlos et d'Urgel ; on rendit libre à l'intérieur le commerce des grains, et l'on fonda la banque de Saint-Charles. La fabrique de draps de Guadalaxara, organisée par Albéroni en 1718, fut réunie à celle de San Fernando, qui occupa dès lors 24 000 ouvriers ; la fabrique de toile à Saint-Ildephonse, celle d'armes à Tolède, furent encouragées. Un décret de 1773 déclara que l'industrie ne dérogeait pas à la noblesse ; d'autres dotèrent l'Espagne d'un cabinet d'histoire naturelle, d'un jardin botanique, de plusieurs académies de peinture et de dessin, d'un hôtel des douanes et d'un hôtel des postes. Pour l'armée et la marine, on créa une école d'artillerie à Ségovie, d'ingénieurs à Carthagène, de cavalerie à Ocana, de tactique à Avila, et la flotte fut portée de 37 vaisseaux de ligne, qu'elle avait en 1761, à près de 80, de sorte qu'elle fut en état de paraître avec honneur dans la guerre d'Amérique, à côté des escadres de France. Cependant Charles III échoua à deux reprises contre les pirates barbaresques, et ne put reprendre Gibraltar aux Anglais. Lorsqu'il mourut, en 1788, les revenus de l'Espagne avait triplé, et sa population étaient montée de 7 à 11 millions. Son œuvre fut malheureusement compromise par l'incapacité de son successeur, le faible Charles IV, qui abdiquera à Bayonne entre les mains de Napoléon.

Avant d'être roi d'Espagne, Charles III avait gouverné le royaume de Naples sous le nom de Charles VII. Là aussi il avait accompli d'heureuses réformes, avec l'aide de son ministre Bernard Tanucci. Il n'y avait pas dans le royaume moins de onze législations différentes, héritage laissé par onze peuples qui avaient possédé ce pays en totalité ou en partie : Normands, Souabes, Angevins, Aragonais, Autrichiens, etc.; elles furent simplifiées et un code uniforme fut entrepris. Le clergé possédait des priviléges et des immunités incompatibles avec le bon ordre de l'Etat : le concordat de 1741 avec le pape Benoît XIV les diminua et restreignit le nombre des prêtres en réduisant les ordinations à 10 par 1000 âmes. Tanucci attaqua ensuite, non dans ses biens, mais dans ses juridictions, la noblesse, qui voulait rester féodale; il mit la loi au-dessus des grands, les tribunaux au-dessus de leur justice seigneuriale, et il les rendit plus dociles en les appelant à la cour. Les sciences et les lettres furent encouragées, les académies fondées, entre autres celle d'Herculanum [1], les hautes études et l'instruction secondaire fortifiées par d'importantes améliorations, Naples embelli de magnifiques monuments (théâtre de San Carlo, hospice royal des pauvres). Régent pendant la minorité de Ferdinand IV, qui succéda à Charles VII, à l'âge de huit ans, en 1759, Tanucci agit encore avec plus de vigueur : il abolit les dîmes, supprima un grand nombre de couvents, réduisit de moitié le corps ecclésiastique, bannit les jésuites (1767) et réorganisa l'enseignement public. Une disgrâce termina ce ministère, qui n'avait pas duré moins de quarante-trois ans (1734-1777), pendant lesquels Tanucci avait touché à beaucoup de choses, mais sans avoir obtenu de résultats bien durables. Sous Ferdinand IV, qui régna jusqu'en 1825, tout dépendit, à Naples, des caprices de la reine Marie-Caroline, sœur de l'empereur Joseph II, et fameuse à plus d'un titre, surtout par sa haine contre la France après 1789.

4. Léopold en Toscane. — A la mort du dernier des Médicis, Jean-Gaston, en 1737, la Toscane avait été

---

[1]. Herculanum enseveli par une éruption du Vésuve, 79 ans après notre ère, avec Pompéi et Stabies, avait été retrouvée en 1714; Pompéi le fut en 1755.

assignée à François, duc de Lorraine, époux de Marie-Thérèse, et qui devint empereur en 1745. Sous ce prince, peu aimé des Toscans, en sa qualité d'étranger, de sages réformes furent introduites dans la législation et dans les finances par d'habiles ministres, le prince de Craon et le comte de Richecourt. Son second fils, Pierre-Léopold, frère de l'empereur Joseph II et de la reine de France Marie-Antoinette, gouverna la Toscane de 1765 à 1790. « Constamment occupé à réformer tous les abus introduits pendant plus de deux cents ans d'une administration vicieuse, il simplifia les lois criminelles, rendit au commerce la liberté, retira des provinces entières de dessous les eaux, et en partagea la propriété entre des cultivateurs industrieux, qu'il ne chargea que d'une rente peu onéreuse; il doubla ainsi les produits de l'agriculture, et rendit à ses sujets une activité et une industrie qu'ils avaient perdues depuis longtemps. Mais il les fatigua quelquefois par une vigilance inquisitoriale, et il éprouva une violente opposition à ses réformes ecclésiastiques. Le peuple, qui lui devait tant, le regretta peu. » (Sismondi.) Il avait aboli la peine de mort.

Dans les États du roi de Sardaigne, deux édits de 1761 et 1762 avaient accordé ce que la France n'obtiendra qu'après 1789, le rachat des droits féodaux.

5. **Beccaria.** — Un Italien, le marquis de Beccaria, disciple de Montesquieu, a une place très-honorable parmi les philosophes réformateurs du dix-huitième siècle, par son *Traité des délits et des peines*, publié en 1764. Quelques-uns des principes qu'il a établis ont servi de base à de grands travaux législatifs; ainsi la distinction entre le pouvoir législatif et le pouvoir judiciaire; la condamnation des procédures secrètes, des emprisonnements arbitraires, de la torture et des peines inutiles; l'obligation pour le juge d'établir une juste proportion entre le délit et la peine, et pour le législateur de ne pas se borner à punir le crime, mais de chercher à le prévenir, enfin la nécessité d'employer

dans les causes criminelles « des assesseurs donnés au juge par le sort, » c'est-à-dire un jury. Beccaria a pris soin de résumer son système sous la forme d'une sorte de théorème qui termine son livre : « Pour qu'une peine ne soit pas une violence d'un seul ou de plusieurs contre un citoyen, elle doit être publique, prompte, nécessaire, la moindre qui soit possible dans les circonstances données, proportionnée au délit et fixée par la loi. »

Le *Traité des délits et des peines* fut accueilli avec enthousiasme. Les éditions, les traductions dans toutes les langues, se multiplièrent rapidement. Voltaire le commenta, Malesherbes le fit traduire en français, et Catherine II voulut attirer son auteur à la cour de Russie. Quelques protestations s'élevèrent cependant contre certaines propositions qui parurent trop aventurées, celle-ci entre autres : « Le droit de propriété, droit terrible et qui n'est peut-être pas nécessaire ! » Le philosophe, âme tendre et timide, fut ému de ces attaques. Il avouait lui-même, « qu'en étant l'apôtre de l'humanité, il voulait éviter d'en être le martyr. » Il renonça donc à écrire et se contenta de perfectionner son beau livre à mesure que les éditions nouvelles se succédaient. Une chaire d'économie politique avait été fondée pour lui à Milan en 1768 : il y professa jusqu'à sa mort, en 1793.

6. Réformes de Joseph II en Autriche. — L'esprit nouveau pénétra jusque dans la vieille Autriche, introduit par le fils de Marie-Thérèse, l'empereur Joseph II. Ce prince avait été élu empereur d'Allemagne à la mort de son père François Ier de Lorraine, en 1765; mais sa mère avait gardé le pouvoir dans les Etats autrichiens. Suivant alors l'exemple de Pierre le Grand, avide d'apprendre, quoique n'ayant pas la patience de s'instruire, comme l'écrivait Frédéric II, Joseph II se mit à visiter les pays étrangers, puis parcourut ses propres domaines; à la mort de sa mère, en 1780 il se lança impétueusement dans les réformes.

Les diverses contrées qui formaient l'Etat autrichien, se gouvernant chacune avec des lois particulières, n'avaient entre elles aucun lien; Joseph tenta de les unir par une vaste organisation administrative. Il abolit les juridictions particulières, divisa le territoire en 13 gouvernements subdivisés en cercles. Il y eut autant de cours de justice, de commandants militaires et de magistrats de police qu'il y avait de gouvernements. L'administration générale se partagea en 4 départements : politique, administration proprement dite, justice, guerre. Toutes les affaires furent centralisées dans les chancelleries d'État de Vienne, et les États provinciaux supprimés ou annihilés; le despotisme de l'empereur se substituait aux tiraillements du régime féodal.

En 1780, les dîmes, les corvées et les droits seigneuriaux sont abolis. Une seule religion, la catholique romaine, est reconnue; mais les bulles du pape n'ont de force qu'après avoir été approuvées par l'empereur; les membres du clergé sont subordonnés au pouvoir temporel; les revenus de certains évêchés réduits; plus de mille couvents changés en hôpitaux, en maisons d'instruction ou en casernes; 400 paroisses nouvelles fondées; le culte dégagé de certaines pratiques superstitieuses; le droit de primogéniture aboli; le mariage déclaré un simple contrat civil, et le divorce facilité. Le 13 octobre 1781, un célèbre édit de tolérance autorise l'exercice des cultes grec et protestant; les juifs sont admis aux écoles publiques; une nouvelle traduction de la Bible est faite en allemand; et le pape Pie VI, qui entreprend le voyage de Vienne pour arrêter l'empereur dans ses réformes, n'obtient que les égards dus à son caractère.

Le fils de la pieuse Marie-Thérèse s'exprimait sur le compte du clergé en termes que Diderot et Voltaire n'eussent pas désavoués : « Il est nécessaire, disait-il, de diminuer la considération des ulémas. Je méprise les superstitions et les sadducéens; il faut que j'en délivre mon peuple. Les principes du monachisme sont en contradiction avec la raison humaine. » Ou bien encore :

« Les moines sont les plus dangereux et les plus inutiles sujets d'un Etat. » Imbu des idées économiques professées par l'Ecole française des physiocrates, Joseph II ne voulait pas souffrir dans ses Etats des reclus dont la règle avait pour objet la contemplation religieuse. Il les regardait comme des oisifs qui consommaient sans produire, et refusait d'admettre qu'il fût légitime de donner satisfaction au besoin de mysticisme qui tourmente certaines âmes. Son libéralisme était donc bien étroit; il avait l'intolérance naturelle à tous ceux qui veulent organiser la société d'après des formules en quelque sorte mathématiques, sans tenir compte d'éléments qui échapperont éternellement à l'algèbre sociale. Le monarque philosophe apprend un jour qu'une secte de déistes vient de se former en Bohême. Voici l'un des articles de l'ordonnance qu'il rend à ce sujet : « Si un homme ou une femme vient se faire inscrire comme déiste à la chancellerie du cercle, il faut lui administrer immédiatement vingt-quatre coups de bâton, non pas parce qu'il est déiste, mais parce qu'il prétend être quelque chose qu'il ne comprend pas. »

Joseph II était peu lettré; il encouragea cependant les sciences et les arts; il fonda des universités, des bibliothèques publiques, des chaires de sciences physiques et naturelles, et enleva la censure des livres aux ecclésiastiques pour la donner à des gens de lettres éclairés; mais il défendit à ses sujets de voyager à l'étranger avant vingt-sept ans. Le commerce et l'industrie nationale reçurent une vive impulsion : des manufactures furent établies; les douanes provinciales supprimées; l'importation des marchandises étrangères frappée d'un droit énorme; les provinces autorisées pour la première fois à échanger entre elles leurs produits; Trieste et Fiume furent déclarés ports francs; des routes nouvelles furent ouvertes; des canaux creusés ou réparés.

Ainsi Joseph II touche à tout. Il veut tout renouveler au profit du bien-être matériel de ses sujets, au profit surtout de son pouvoir. Mais il a le tort de combiner cette œuvre de réformes intérieures avec une politique agressive et une ambition démesurée. Ses prétentions sur Maestricht et le pays d'outre-Meuse l'impliquent dans des démêlés avec la Hollande, qui aboutissent à extorquer à cette dernière 10 millions de florins et à lui faire contracter une alliance avec la France (1785). Ses projets sur la Bavière amènent la conclusion d'une nouvelle ligue offensive et défensive entre les rois de Prusse et d'Angleterre, les électeurs de Saxe et de Mayence, et une multitude de princes allemands. Il rêve le partage de l'empire turc avec la Russie, et quand le sultan, qui se sent menacé, déclare la guerre aux Russes (1787), Joseph, alléguant qu'il est l'allié de la czarine, attaque la Porte sans sujet (1788); mais il échoue devant Belgrade; le grand vizir Youzouf pénètre dans la Hongrie, et il est battu lui-même à Temeswar. Le feld-maréchal Laudon et le prince de Cobourg rétablissent l'honneur de ses armes, sans toutefois que la paix de 1791 assure à l'Autriche, en retour d'énormes dépenses, d'autres avantages que l'acquisition de deux petits territoires. Mais des troubles éclatent en Hongrie, où les nobles lui sont ennemis, parce qu'il a violé leurs privilèges féodaux; où le peuple lui est contraire, parce qu'il l'a blessé par ses innovations religieuses; les Pays-Bas se soulèvent, parce qu'il veut les soumettre à de nouveaux impôts, tout en leur retirant leurs vieilles libertés; enfin la révolution française qui éclate ne menace pas seulement le pouvoir de sa sœur, Marie-Antoinette, mais menace tous les rois absolus. Joseph II regrette ce qu'il a fait, s'effraye de l'avenir et descend tristement au tombeau le 20 février 1790. Il avait rédigé lui-même son épitaphe : « Ci-gît Joseph II qui fut malheureux dans toutes ses entreprises. »

7. Réformes de Frédéric II en Prusse. — Disciple des physiocrates il regardait les paysans comme les pères nourriciers de la société », et, pour en accroître le nombre dans ses provinces, ses agents parcoururent l'Allemagne, offrant partout, en son nom, des conditions avantageuses, avances d'argent, terres, priviléges, à quiconque s'établirait dans ses Etats. Pour exciter le zèle de ces recruteurs, chacun d'eux recevait 3 thalers pour un ouvrier célibataire, 5 pour un ouvrier marié qu'il décidait à devenir prussien. Cette industrie du racolage pour le compte de Frédéric II prit une telle extension, que les souverains des Etats voisins se plaignirent. Frédéric se contenta de recommander à ses agents d'agir avec prudence, et n'en continua pas moins d'inonder la Saxe, le Mecklembourg, la Pologne surtout, de proclamations où il énumérait complaisamment tous les avantages qui attendaient les ouvriers ou agriculteurs étrangers établis dans ses Etats. Grâce à ces procédés, la population de la province de Poméranie augmenta de 20 000 âmes, celle du Brandebourg de 207 000. Berlin seul gagna en quinze années 32 000 habitants. On croyait que la terrible guerre de Sept ans avait dépeuplé la Prusse : il n'en fut rien, car elle reçut plus d'hommes par l'immigration qu'elle n'en perdit sur les champs de bataille. Mais aussi que de soins pris par le roi pour retenir ses nouveaux sujets et contenter les anciens, car, dans son gouvernement, il apportait ce soin du détail, cette volonté tenace, cette heureuse fécondité d'expédients qui le rendaient si redoutable dans les combats. Tout admirateur qu'il fut de nos philosophes et de nos économistes, il n'aliéna jamais l'indépendance de son jugement. Quand les jésuites furent chassés de tous les Etats et reniés par le pape, il leur donna asile; et les fugitifs acceptèrent sur les bords de la Sprée l'hospitalité offerte précédemment aux protestants, leurs victimes. Le roi de Prusse se sentait assez fort pour contenir cette Compagnie dénoncée partout comme l'ennemie des gouvernements, et il leur laissa, dans ses provinces catholiques, l'enseignement de la jeunesse, mais d'après un plan qu'il avait tracé lui-même, et sous la surveillance des autorités laïques. Modération remarquable de la part du grand ami de

Voltaire et du correspondant de d'Alembert ! Ce n'était pas faiblesse à l'égard du clergé, car un jour il fit pendre un prêtre, parce qu'il avait dit que la désertion d'une recrue n'était qu'un péché véniel.

Ce monarque, qui faisait raccommoder ses vieux habits afin de les porter plus longtemps, qui relevait dans le compte des revenus d'une de ses provinces une erreur de 5 sous, qui dépensait annuellement pour sa cour 12 000 thalers, moins que Mme de Pompadour en un mois pour sa toilette, consacra des sommes énormes à la création de villages nouveaux, au dessèchement des marais de la triste Poméranie, à la fertilisation des sables de l'aride Brandebourg, au percement du canal de Plauen entre l'Elbe et l'Oder, et de Bromberg entre l'Oder et la Vistule : cette dernière entreprise exigea une dépense de 740 000 thalers et le travail de 6000 ouvriers pendant seize mois, jour et nuit. D'immenses travaux furent exécutés pour mettre les provinces riveraines de l'Elbe, de l'Oder et de la Vistule, à l'abri du fléau périodique des inondations. Il construisit Swinemunde, le port de Stettin, un hôtel des Invalides à Berlin, le château de Sans-Souci dont il fit sa résidence favorite. Des plantations de mûriers donnèrent naissance à l'industrie de la soie, inconnue jusqu'alors dans l'État prussien. De nombreuses manufactures s'élevèrent dans les villes : étoffes riches et velours à Berlin, étoffes unies à Potsdam, raffinerie à Berlin, etc. Une compagnie maritime, fondée à Emden, entama des relations commerciales avec la Chine. La diminution des droits qui frappaient le commerce d'exportation augmenta les revenus du trésor. Enfin ce puissant soldat fut aussi un législateur ; il fit rédiger un code unique pour tous les États prussiens par son chancelier Cocceii, « un sage, disait-il, qui eût fait honneur aux républiques grecques. » Il supprima la torture comme moyen de procédure, et un paysan ayant été frappé d'une sentence injuste, il cassa l'arrêt en faisant publier dans les journaux : « Le dernier des paysans est aussi bien homme que le roi : devant la justice tous sont égaux. »

Ce souverain qui comprenait si bien son métier de roi et s'en acquittait avec une ardeur que ni l'âge ni la maladie ne purent affaiblir, ce grand homme de guerre qui introduisit tant de perfectionnements dans la tactique, l'armement des soldats, l'approvisionnement des armées, trouva encore le temps d'écrire quelques vers français, dont quelques-uns sont fort beaux, et d'importants ouvrages d'histoire : 1° l'*Histoire de mon temps*; 2° les *Mémoires pour servir à l'histoire de la maison de Brandebourg*; 3° l'*Histoire de la guerre de Sept ans*; 4° des Mémoires allant de la paix d'Hubertsbourg (17 3) jusqu'au partage de la Pologne, en 1775. Il appartient à l'histoire littéraire de raconter ses relations avec les écrivains français, son intimité, puis sa brouille avec Voltaire. L'histoire politique s'occupe davantage du monarque réformateur et de l'homme de guerre éminent qui, ayant reçu de son père 120 000 kilomètres carrés, en laissa 190 000 à son successeur, avec une population de 5 millions et demi d'habitants, au lieu de 2 500 000.

8. Réformes de Gustave III en Suède. — On a vu les tristes résultats de la politique aventureuse de Charles XII. Une réaction nobiliaire éclata à Stockholm en 1718, après la mort du roi. Sa jeune sœur, Ulrique-Éléonore, fut appelée au trône, et une constitution aristocratique, qui dépouilla la royauté de toutes ses prérogatives, inaugura pour la Suède une longue période d'anarchie au dedans et d'impuissance au dehors. Toute l'autorité passa entre les mains de la diète, composée des députés des quatre ordres, nobles, clergé, bourgeois, paysans, l'ordre nobiliaire exerçant une influence prépondérante. Deux partis se formèrent: celui des chapeaux, ou partisans de l'alliance française, celui des bonnets, qui se résignait à subir la suprématie de la Russie. Tiraillée en sens contraires par ces deux partis, la Suède fit mal une guerre contre la Russie, qui lui coûta la Finlande méridionale (traité d'Abo, 1743) et ne parut pas avec avantage comme alliée de la France, qui la soudoya, dans la guerre de Sept ans. Quand Adolphe-Frédéric mourut, en 1771, la royauté n'existait plus que de nom. Le roi ne pouvait dissoudre la diète, dont la session se prolongeait aussi longtemps que la noblesse l'exigeait. Les députés influents étaient à la solde des gouvernements étrangers.

Gustave III arriva au trône en 1771; il résolut de mettre un terme à cette anarchie. Il avait visité, pour étudier leurs besoins, toutes les provinces de la Suède et voyagé à l'étranger. En France, où il avait reçu de Louis XV une magnifique hospitalité, il compara cette royauté de Versailles, encore si imposante, avec celle qui l'attendait à Stockholm; il écouta les projets de réforme de nos philosophes et trouva qu'une moitié au moins était excellente. De retour en son pays, il s'appliqua à gagner l'armée, et, le 19 août 1772, il accomplit, avec quelques bataillons dévoués, la révolution pacifique qui fit passer le pouvoir des mains de la noblesse à celles du roi. Une nouvelle constitution fut promulguée; elle portait qu'au roi il appartient de convoquer les états, de fixer le lieu et la durée de leurs sessions, d'indiquer les matières sur lesquelles ils auraient à délibérer. S'il ne peut déclarer la guerre sans l'assentiment de la diète, seul il signe les traités, conclut les alliances, commande les armées de terre et de mer, distribue les emplois civils et militaires. Les impôts existants sont maintenus à perpétuité : le cas de guerre défensive, « de nécessité pressante », peut seul justifier la création de nouvelles taxes. C'était l'établissement en Suède d'une royauté à peu près absolue.

Six années de paix intérieure (1772-1778) suivirent cette révolution. Gustave III sut les rendre fécondes : suppression de la torture, des tribunaux exceptionnels et de tout impôt direct, en faveur des paysans, journaliers, manœuvres, soldats ou marins ayant au moins quatre enfants; interdiction de la mendicité et création de maisons de travail pour les mendiants; organisation d'un service médical aux frais de l'Etat pour tous les villages; fondations d'hôpitaux, de maisons de refuge pour les orphelins; ordonnances sévères contre la vénalité des juges; extension de la liberté de la presse; liberté absolue du commerce des grains. Il attira des ouvriers de tous les pays de l'Europe et doubla le produit des mines de fer et de cuivre, la grande richesse du pays. Le commerce, favorisé par des priviléges accordés aux marins, par la franchise donnée au port de Marstrand, à l'entrée du Cattégat, prit l'essor, et, par la suppression de 22 jours de fête, la somme du travail national s'accrut. Comme Frédéric II, Gustave III écrivit beaucoup, même des drames, et, comme lui, il admirait passionnément notre littérature. Il fonda, sur le modèle de l'Académie française, une compagnie littéraire de dix-huit membres avec des concours et des prix que lui-même daigna disputer; et un théâtre représenta devant une cour brillante les principales pièces de notre répertoire.

La noblesse n'avait pas oublié le 19 août 1772. Gustave III ayant déclaré la guerre à Catherine II, alors occupée à conquérir la Crimée, s'était emparé presque sans coup férir de la Finlande russe (1788). Déjà l'épouvante régnait à Saint-Pétersbourg, et l'impératrice se disposait à prendre le chemin de Moscou, lorsque beaucoup d'officiers de l'armée suédoise, gagnés sans doute par l'or de la Russie, envoyèrent leur démission, sous prétexte que le roi avait violé la constitution en commençant la guerre sans l'aveu de la diète. Arrêté par cette trahison, Gustave III fut obligé d'évacuer sa conquête (paix de Werela, 1790). Deux ans après, il périssait assassiné dans un bal masqué, par Ankastrœm, instrument des vengeances de la noblesse contre le prince qui lui avait ôté un pouvoir dont elle usait si mal.

Par cette double trahison de son aristocratie, la

Suède venait de perdre l'occasion de reprendre, au nord de l'Europe, son rang de puissance prépondérante. Désormais elle ne pourra plus arrêter le colosse russe dans sa croissance formidable ni modérer dans leur orgueil les héritiers des électeurs de Brandebourg, en réveillant le souvenir et en agitant à leurs yeux l'image de Gustave-Adolphe.

9. Réformes de Catherine II en Russie. — Gustave III disait de Catherine II : « Hélas ! si ma cousine l'impératrice de Russie eût été roi de France, combien de grandes choses n'aurions-nous pas faites ensemble ! » Catherine méritait cet hommage. Comme le grand Frédéric et Gustave, elle avait subi l'influence des idées françaises. Elle attachait à son service le philosophe Grimm, qui de Paris lui envoyait une correspondance régulière sur les affaires de France ; elle n'hésitait pas à se dire la « bonne amie » d'une femme qui exerçait alors une sorte de royauté intellectuelle à Paris, Mme Geoffrin. Marmontel reçut les remerciements de l'impératrice pour l'envoi de son *Bélisaire*, qu'elle fit traduire en russe. Elle appela Diderot à Saint-Pétersbourg, et lui prodigua les prévenances, au point de lui faire oublier sans doute le souhait qu'il avait formé « d'étrangler les rois ». Enfin elle eut avec Voltaire, de 1763 à 1770, une correspondance que la mort seule interrompit, comme si elle eût voulu donner à croire que pour elle le grand écrivain, qui paye des égards avec des éloges, donne plus qu'il n'a reçu. Il y avait beaucoup de calcul dans ces flatteries intéressées à ceux qui étaient devenus les maîtres de l'opinion ; on ne doit pas moins savoir gré à cette reine moscovite de son goût pour les choses de l'esprit.

A force de lire nos philosophes, elle prit quelques-unes de leurs idées. Ainsi, ayant réuni, de 1766 à 1768, une commission qu'elle chargea de rédiger un code de lois, elle lui donna des instructions qui contenaient des déclarations si hardies, qu'un des conseillers de Catherine lui disait : « Ce sont des axiomes à renverser les murailles. » « La nation n'est pas faite pour le souverain, mais le souverain pour la nation. L'égalité consiste pour les citoyens à n'obéir qu'à la loi ; la liberté est le droit de faire tout ce qui n'est pas défendu par la loi. Il vaut mieux épargner dix coupables que de perdre un innocent. La torture est un moyen admirable de perdre l'innocent d'une santé faible, et de sauver un coupable robuste. » D'autres passages condamnent l'intolérance, les persécutions religieuses, les pénalités cruelles. Aussi Voltaire écrivait-il que l'instruction de la czarine ne pourrait être imprimée à Paris. Au cours des discussions qui eurent lieu dans le sein de la commission, on osa proposer de restreindre les droits des seigneurs, et prononcer même le mot d'affranchissement des serfs. Catherine se montrait très-satisfaite de cette assemblée ; mais la guerre de Turquie lui fournit un prétexte décent de la congédier, et il n'en resta rien que de belles paroles qui avaient retenti au loin : c'était tout ce qu'on avait voulu. Un concours ayant été ouvert sur la question de l'émancipation des paysans, un mémoire obtint le prix, mais non pas l'autorisation d'être imprimé. Cependant une dame de la plus haute noblesse fut condamnée en 1768 à l'exposition publique et à l'emprisonnement perpétuel, parce qu'elle fut convaincue d'avoir fait périr dans les tourments quarante de ses serviteurs ou servantes. Catherine aimait mieux, et c'est le trait caractéristique de sa politique intérieure, frapper avec éclat un grand coupable que détruire l'odieuse institution d'où provenaient de tels excès. Les philosophes, satisfaits, célébrèrent la juste sévérité de l'impératrice ; la noblesse russe, de son côté, ne marchanda pas son approbation à un oukase de 1767 qui interdit aux paysans de porter plainte contre leurs maîtres, et autorisa de nouveau ces derniers à envoyer leurs serfs en Sibérie.

Catherine II poursuivit impitoyablement un des plus vieux abus de l'administration russe, la concussion. « Je considère, disait un oukase de 1762, comme mon devoir le plus indispensable et le plus essentiel de déclarer au peuple avec un profond déchirement de mon cœur, que l'improbité a fait de tels progrès, qu'on pourrait à peine citer une administration ou un tribunal qui n'en soient pas infectés... » Mais on ne change pas aussi facilement les mœurs d'un pays que le protocole des actes officiels. Les juges continuèrent à vendre la justice, les fonctionnaires à pressurer leurs administrés. Ne reste-t-il même plus rien, à l'heure présente, de ces habitudes qui naissent si rapidement dans une société mal gouvernée et qu'un bon gouvernement a tant de peine à déraciner?

Les divisions administratives de l'empire furent modifiées en 1775. Au lieu d'une quinzaine de provinces, il y eut cinquante gouvernements, subdivisés en districts. Le siége de l'administration et de la justice fut ainsi placé moins loin des administrés. Chacune des provinces nouvelles eut son gouverneur et son sous-gouverneur; des gouverneurs généraux furent investis d'un droit de haute surveillance sur deux ou trois gouvernements.

Beaucoup de districts, même des plus fertiles, étaient à peu près déserts dans l'Ukraine. Pour les peupler, elle eut, comme Frédéric II, recours à la colonisation. Tout étranger qui vint s'établir en Russie, reçut un capital destiné à subvenir aux premiers frais de son établissement et obtint en outre l'exemption de tout impôt pendant trente ans. La seule année 1774 amena en Russie jusqu'à 26 000 colons. Deux cents villes nouvelles furent fondées.

Le clergé possédait des biens immenses; les seuls monastères avaient près d'un million de serfs. « Catherine II, qui devait plus tard protester énergiquement contre les sécularisations de la révolution française, accomplit avec le plus grand calme une transformation analogue. Elle confisqua au profit de la couronne les revenus des couvents, et leur assura, en échange, une allocation proportionnée à leur importance. A l'égard des cultes dissidents, elle usa d'une tolérance dont elle se faisait gloire auprès de Voltaire. Elle permit aux Tartares du Volga de relever leurs mosquées, détruites sous Élisabeth; elle laissa les jésuites acheter le droit de rester dans la Russie Blanche. Son vigoureux esprit n'aimait pas les préjugés. Au grand scandale des vieux Russes, elle introduisit la vaccine dans l'empire, et donna elle-même l'exemple, en se faisant inoculer.

L'ignorance était profonde. Catherine II comprenait que, faute d'une éducation nationale, son peuple ne possédait pas « cette classe d'hommes qu'en d'autres pays on appelle le tiers état ». On rédigea sur son ordre un vaste plan d'instruction publique. Il ne put être appliqué dans toutes ses parties; des écoles d'enseignement secondaire furent au moins fondées dans les grandes villes. Elle s'occupa de l'éducation des filles : un institut placé sous la direction d'une Française réunit 480 jeunes filles russes, appartenant à la noblesse ou à la bourgeoisie. « Nous ne les voulons ni prudes ni coquettes, » écrivait Catherine à Voltaire. Excellent programme d'éducation féminine.

On voit qu'il n'est pas possible d'étudier l'histoire intérieure de ce grand règne sans rencontrer des traces de l'influence française. Tout le monde, à la cour de Catherine, partageait, ou tout au moins affectait d'imiter le goût de la souveraine pour nos grands écrivains. Les poëtes russes traduisaient nos classiques du dix-septième siècle, ou s'inspiraient d'eux. Les plus grands seigneurs s'honoraient de correspondre avec nos hommes de lettres. Pourtant cette souveraine, qui se piquait de tolérance et de libéralisme, ces nobles, qui approuvaient jusqu'aux théories les plus audacieuses de nos philosophes, s'alarmeront dès que la Constituante voudra faire passer dans la pratique les idées dont ils se prétendaient admirateurs. C'est que leur enthousiasme était une mode, chose de surface et d'emprunt, qui ne venait pas du fond de la conscience russe. Comme Pierre le Grand, Catherine voulut offrir à l'Europe l'illusion d'une Russie policée et d'un gouvernement philanthropique. Elle y réussit. Voltaire, Diderot et bien d'autres s'y trompèrent. Mais on put voir bientôt combien était fragile le mince et brillant vernis de civilisation qu'elle avait étendu sur son peuple. Pour être conséquente avec ses propres maximes, l'impératrice aurait dû suivre d'un œil favorable le travail de réformes entrepris par la Constituante ; elle s'en indigna, au contraire, et toute sa noblesse avec elle. L'amie des philosophes et du progrès fit place à l'autocrate, toute remplie de l'esprit du passé; la vieille Russie reparut avec ses préjugés, sa haine contre les innovations, et elle commença une guerre acharnée contre la révolution française. Il y a dans les réformes de Catherine beaucoup de bonnes intentions, un désir sincère et intelligent de faire le bien; on y trouve aussi beaucoup de cet art particulier que les peintres ont nommé le « trompe-l'œil ».

10. Résumé. — Ainsi, dans la seconde moitié du dix-huitième siècle, tous les gouvernements réveillés, excités par les idées françaises, reconnurent la nécessité d'opérer de nombreuses réformes. Rois et ministres se mirent à l'œuvre. Ils réformèrent les lois, détruisirent des priviléges, des abus, exigèrent de la noblesse, du clergé, d'importants sacrifices, tout en augmentant leur pouvoir personnel. Ils creusèrent des canaux, multiplièrent les routes, encouragèrent l'industrie, le commerce, l'agriculture; ils cherchèrent, et quelques-uns réussirent, à augmenter la richesse nationale, le bien-être de leurs peuples, pour accroître leurs propres revenus. Partout même on parla de justice, de tolérance, et la philanthropie devint une mode, ce qui n'empêchait pas au besoin de recourir à la diplomatie la plus machiavélique, comme le partage de la Pologne, comme celui de la Suède, que la Prusse et la Russie méditaient, comme celui de la Turquie sur lequel la czarine et l'empereur Joseph cherchaient à s'entendre. Les gouvernements, en un mot, faisaient des réformes, mais aucun ne songeait à se réformer lui-même. Ils voulaient bien achever la destruction du moyen âge, mais à leur profit, et aucun prince ne pensait que l'heure fût arrivée, ni même qu'elle dût jamais venir, où les peuples seraient assez éclairés pour avoir le droit d'être consultés sur leurs intérêts. L'exemple de l'Angleterre n'avait pas encore fait comprendre aux souverains l'opportunité, pour quelques-uns d'entre eux au moins, d'accorder à leurs sujets une part d'influence dans la gestion des affaires publiques.

Aussi ces princes réformateurs, arrivés au pouvoir absolu et fortifiés par leurs réformes mêmes dans ce pouvoir, allaient s'unir contre la révolution française qui révéla aux peuples des principes nouveaux. L'Angleterre se joindra elle-même à la coalition contre cette liberté naissante pour prendre sa revanche du traité de Versailles et arrêter une grandeur qui l'effrayera.

CHAPITRE XXII.

LA RUSSIE AU DIX-HUITIÈME SIÈCLE; CATHERINE II;
DÉMEMBREMENT DE LA POLOGNE;
GUERRES DE LA RUSSIE CONTRE LA SUÈDE
ET LA TURQUIE [1].

1. État de la Suède, de la Turquie et de la Pologne au dix-huitième siècle. — 2. Catherine II (1762-1796). — 3. Intrigues russes et prussiennes en Pologne; élection de Poniatowski (1764). — 4. Affaire des dissidents; confédération de Bar (1763). — 5. Victoires des Russes sur les Turcs (1769-1770). — 6. Premier partage de la Pologne (1773). — 7. Révolte de Pugatcheff (1773). — 8. Traité de Kaïnardji avec les Turcs (1774). — 9. Soumission des Cosaques (1775). — 10. Nouvelle guerre contre les Turcs, traité de Jassy (1792). — 11. Second partage de la Pologne (1793). — 12. Troisième et dernier partage de la Pologne (1795). — 13. Mort de Catherine II (1796). — 14. Révolution opérée en Suède par Gustave III en 1772.

1. État de la Suède, de la Turquie et de la Pologne au dix-huitième siècle. — L'Europe orientale est une plaine immense bordée au nord et au sud par deux mers et deux péninsules montagneuses. Les Polonais et les Russes se sont disputé cette plaine et y ont dominé tour à tour, les uns au moyen âge, les autres dans les temps modernes. Des deux péninsules, la Scandinavie et la Thrace, sortirent aussi deux peuples qui essayèrent d'entamer la plaine : les Turcs prirent tout le versant de la mer Noire; les Suédois occupèrent presque tout le bassin de la Baltique. Ainsi la Suède, la Pologne et la Turquie, contenant la Russie, lui barraient les routes de l'Occident et lui fermaient l'accès des mers européennes. Pierre le Grand s'était déjà ou-

---

[1]. Rulhière, *Histoire de l'anarchie de Pologne et du démembrement de cette république*.

vert la Baltique, et Élisabeth avait conquis la moitié de la Finlande; Catherine II allait s'ouvrir l'Euxin et, par le démembrement de la Pologne, porter sa frontière occidentale jusqu'à la Vistule.

Comment ce peuple, né d'hier, put-il ainsi prévaloir contre ses glorieux voisins? Ce fut moins par sa force, quoiqu'elle fût grande, que par leur faiblesse.

La Suède, trop pauvre pour faire seule la guerre devenue si coûteuse, trop mal peuplée pour tenir tête, comme autrefois, avec ses petites armées, aux multitudes qu'on a pris, depuis Louis XIV, l'habitude de mettre sur pied, venait de dépenser, avec Charles XII, jusqu'à son dernier soldat et son dernier écu. Il lui fallait du temps et du repos pour se remettre. En attendant, la Russie y avait acheté un parti, et, jusqu'à Gustave III, elle la tiendra, par son or, dans sa dépendance.

Les Turcs avaient de bonnes frontières et de belles provinces; mais ils avaient perdu leur élan guerrier. Après un siècle de courses furieuses et de victoires à travers l'Europe et l'Asie, ce peuple, né sous la tente et mal préparé pour la richesse et la domination, était retombé dans l'apathie orientale. Les sultans, qui passaient de la prison sur le trône, n'y portaient nulle connaissance des choses et des hommes, et leurs ministres étaient comme eux. La vénalité corrompait tout: l'ordre civil et l'ordre militaire.

Pendant que le monde marchait autour d'eux, les Turcs s'étaient arrêtés, et leur organisation militaire, supérieure au quinzième siècle à celle des Européens, n'ayant pas été améliorée, était devenue très-inférieure. Les janissaires n'étaient plus une force contre le dehors, et, au dedans, ils étaient un danger continuel par leur esprit turbulent. Enfin le mépris des Turcs pour les chrétiens les avaient empêchés de se mêler à leurs sujets, de sorte qu'ils formaient moins un grand peuple qu'une armée d'occupation campée au nord du Bosphore. Les vaincus, au contraire, que leur tolérance, faut-il le dire, avait laissés vivre en corps de nation, formaient en face d'eux une masse de populations deux ou trois fois plus nombreuses, qui ouvrait l'oreille et donnait la main à toutes les intrigues étrangères. Ainsi, en Turquie, superposition violente du petit nombre au plus grand : et ces maîtres, que tant de périls entourent, passent deux siècles à perdre leurs qualités, à augmenter leurs vices, par conséquent à diminuer leur force. Y a-t-il à s'étonner que le souvenir de Mahomet II et de Soliman n'eût plus rien d'effrayant pour l'Europe?

En Turquie cependant il y avait un centre, une autorité : c'est ce qui l'a fait durer. En Pologne, il n'y en avait point. Plaine immense, sans frontières naturelles, la Pologne était un Etat géographiquement mal fait; de plus, et surtout, c'était un Etat mal organisé qui marchait à rebours de l'Europe et de la civilisation. Une lutte héroïque trois et quatre fois séculaire contre les Mongols, les Russes et les Ottomans, y avait formé une noblesse très-brillante, très-batailleuse, mais pas de bourgeoisie, point de peuple. Le paysan était serf. Cent mille nobles s'estimaient tous égaux et prétendaient aux mêmes droits. Dans la diète générale, l'opposition d'un seul député arrêtait tout (*liberum veto*), et, si la diète unanime avait voté une mesure que quelques nobles n'approuvaient pas, ils se confédéraient pour la combattre, et ces insurrections à main armée étaient légales. Un Polonais n'obéissait qu'à la loi qu'il avait approuvée. En théorie, c'était beau; en pratique, détestable : il en résultait l'anarchie en permanence. Ils avaient pris, pour la royauté, depuis 1572, le système électif, sorte de gouvernement qui serait le meilleur, s'il n'était le plus difficile, et qui ne peut être bon que pour une nation très-avancée et bien assise, que son éducation politique et sociale a rendue capable de le pratiquer. En Pologne, ce régime n'engendrait que faiblesse et confusion et ouvrait la porte à toutes les intrigues de l'étranger. En outre, cette royauté élective, ils l'avaient réduite à rien, ne lui laissant ni la loi à faire, ni l'armée à commander, ni la justice à rendre, alors que l'Europe entière accordait à ses rois le pouvoir absolu, c'est-à-dire concentrait dans une seule main toutes les forces nationales. Gustave-Adolphe, Turenne, Frédéric II, renouvelaient l'art de la guerre : les Polonais restaient une chevalerie magnifique, sans forteresses, ni artillerie, ni génie. Les haines religieuses s'apaisaient : ils reprenaient, en plein dix-huitième siècle, contre les dissidents luthériens ou grecs, les lois des plus mauvais jours de l'intolérance, et des contemporains de Voltaire montraient toutes les fureurs de la Ligue. Il en coûte d'avoir des paroles sévères contre cette grande infortune; il faut pourtant bien qu'on sache, pour la leçon des peuples, que si la Pologne a péri, c'est qu'elle n'a pas voulu se sauver en guérissant elle-même ses maux. Mais ses ennemis ont mis à la tuer tant de duplicité et de violence, et, pour leur résister, elle a, dans ses derniers jours et depuis, montré un si héroïque courage, qu'elle a justement gagné en mourant un renom immortel.

2. Catherine II (1762-1796). — Catherine II, princesse d'Anhalt-Zerbst, était Allemande; mais elle s'attacha à faire oublier son origine, flatta l'orgueil moscovite en affectant de respecter les habitudes de ses sujets; et, si elle se servit d'étrangers, ce fut sans se laisser dominer par eux. Elle joignit à beaucoup de vices, qui étaient ceux du temps, une vigueur d'esprit et une activité qu'aucun souverain, Frédéric excepté, ne montrait alors. Elle acheva la création de Pierre le Grand, et fit de l'empire russe une puissance de premier ordre.

3. Intrigues russes et prussiennes en Pologne; élection de Poniatowski (1764). — D'abord elle rétablit Biren dans le duché de Courlande; puis, après la mort d'Auguste III, elle proposa pour roi de Pologne une de ses créatures, Stanislas Poniatowski. Malgré l'opposition des patriotes, ayant à leur tête l'intrépide Mokranowski, qui refusèrent de délibérer sous la pression des baïonnettes russes, le candidat russe fut proclamé sous le nom de Stanislas-Auguste (7 septembre 1764).

La Pologne, colosse vermoulu et sans base, puisqu'elle n'avait pas de peuple, sans tête, puisque, à vrai dire, elle n'avait pas de roi, ne pouvait être sauvée que par une réforme énergique; mais cette réforme, ni la Russie ni la Prusse ne voulurent la laisser s'accomplir. Frédéric II, qui n'avait de scrupule d'aucune sorte, roulait depuis longtemps dans sa tête le plan d'un démembrement de la Pologne qui lui donnerait le territoire placé entre ses provinces de Prusse et de Poméranie. De bonne heure, il sonda la czarine sur ce projet, mais Catherine feignit de ne pas comprendre, se réservant déjà la Pologne pour elle seule. Ils s'entendirent pourtant sur un point : la conservation de l'anarchie dans ce malheureux État, et, avant l'élection de Poniatowski, conclurent un traité d'alliance où le maintien de la constitution polonaise était stipulé.

4. Affaire des dissidents; confédération de Bar (1768). — Il ne fut pas difficile de pousser les Polonais à de dangereuses résolutions : l'affaire des dissidents servit de prétexte. Catherine déclara qu'elle les prenait sous sa protection et obligea la diète à retirer les lois édictées contre eux. Les évêques protestent : l'ambassadeur russe à Varsovie en fait arrêter deux qu'il envoie en Sibérie. Rome s'indigne, Ferney applaudit, Frédéric II attend. Il n'attendit pas longtemps. Les catholiques forment la *confédération* de Bar (1er mars 1768), qui prend pour étendard une bannière de la Vierge et de l'enfant Jésus. La croix latine marche contre la croix grecque; les paysans égorgent leurs seigneurs; la Pologne nage dans le sang. Les Prussiens entrent dans les provinces de l'Ouest, les Autrichiens dans le comté de Zips; les Russes sont partout.

5. Victoires des Russes sur les Turcs (1769-1770). — L'Angleterre, inquiète déjà des dispositions de ses colonies d'Amérique, se tenait à l'écart des affaires continentales. En France, Choiseul cherchait et ne trouvait pas un moyen de sauver la Pologne. Le duc d'Aiguillon, son successeur, était résolue d'avance a l'abandonner.

Cependant on agissait à Constantinople, et le sultan, poussé par M. de Vergennes, ambassadeur de France, déclara la guerre à la Russie, à la suite d'une violation de son territoire par les Cosaques zaporogues qui avaient poursuivi jusque sur les terres ottomanes quelques-uns des confédérés de Bar (1768). Mais les armées de Catherine eurent partout l'avantage : à Choczim et à Azoff, en 1769; près d'Ismaïl, à Bender, en 1770; la Moldavie, la Valachie furent occupées, et une flotte russe, conduite par des officiers anglais, incendia la flotte ottomane dans la baie de Tchesmé, au sud-ouest de Smyrne (1770). Toute l'Europe applaudit à ce coup. Il fallait, disait-on, chasser les *barbares* de l'Europe, et on voyait avec joie les Russes se charger de l'exécution. Un seul homme, Montesquieu, jugeait l'empire des Ottomans nécessaire à l'équilibre européen. Mais l'Autriche, inquiète des progrès de Catherine II sur le bas Danube, signa un traité secret avec la Porte. Frédéric aussi s'effrayait. Il ramena, malgré elle, Catherine II aux affaires de Pologne, en laissant entrevoir l'union menaçante de la Prusse et de l'Autriche. Son frère Henri alla à Moscou décider l'impératrice.

6. Premier partage de la Pologne (1772-73). — La spoliation ne s'accomplit pas sans lutte. Mais les défenseurs de la Pologne, Paulawski, le Français Dumouriez, que le duc de Choiseul y avait envoyé, Oginski, grand général de Lithuanie, ne purent par leur courage suppléer au nombre. Les Turcs mêmes les abandonnèrent en signant un armistice avec la Russie (1772). Une poignée d'officiers et de soldats français, sous le brave Choisy, résista héroïquement dans Cracovie, et y soutint un long siége. Le roi Stanislas-Auguste, comme s'il ne se fût agi ni de lui ni de son pays, laissait faire et restait à Varsovie, au milieu des Russes. Pour en finir, les trois cours déclarèrent que ceux qui prendraient les armes en Pologne seraient traités comme brigands et incendiaires, et, le 5 août, fut conclu, entre elles, à Pétersbourg, le traité de partage que, le 26 septembre, leurs ambassadeurs notifièrent au roi et à la république de Pologne. L'impératrice-reine Marie-Thérèse, l'impératrice de toutes les Russies Catherine II, et le roi de Prusse, Frédéric II, voulant, disaient-ils, arrêter l'effusion du sang en Pologne et y rétablir la tranquillité, ont résolu de faire valoir leurs droits sur plusieurs provinces polonaises. En conséquence les trois puissances demandaient la convocation de la diète afin de régler avec elle les nouvelles limites de la république. La diète fut tenue en effet à Varsovie, le 19 avril 1773, et le traité y fut accepté : la Russie obtint tout le pays situé à l'est de la Dûna, c'est-à-dire la Livonie polonaise, tout le palatinat de Mscislaff, les extrémités de celui de Minsk et une partie de ceux de Witebsk et de Polock ; l'Autriche se réserva la Galicie et la Lodomérie, avec les riches salines de Wieliczka et de Sambar ; la Prusse acquit la Pologne prussienne, sauf Danzig et Thorn, avec la grande Pologne jusqu'à la Netze, ce qui réunissait la province de Prusse à ses États allemands, et mettait dans sa dépendance la plus grande partie du commerce de la Pologne. Ces provinces avaient été occupées même avant la fin de l'année 1772. Les trois puissances garantirent d'ailleurs solennellement à la Pologne le reste de ses possessions.

7. Révolte de Pougatcheff (1773). — La même année 1773 où s'accomplissait cette grande iniquité, un aventurier, nommé Pougatcheff, d'abord soldat, puis déserteur, enfin bandit, se fit passer chez les Cosaques, ses compatriotes, pour Pierre III, échappé à ses assassins. Il rassembla une armée nombreuse, fit de rapides progrès, grâce à la guerre contre les Turcs qui avait dégarni de troupes le sud-est de la Russie, jeta la terreur dans Moscou, qu'il aurait dû attaquer au lieu de perdre son temps au siége d'Orenbourg, et, repoussé par le prince Galitzin, alla prendre et saccager Kazan. Mais il s'était aliéné l'esprit des populations en ravageant tout sur son passage : aussi son parti diminua-t-il peu à peu ; il fut enfin livré, par un de ses complices, moyennant 100 000 roubles, amené à Moscou dans une cage de fer et décapité avec cinq de ses partisans, en 1775.

8. Traité de Kaïnardji avec les Turcs (1774). — Les hostilités, momentanément interrompues avec la Turquie en 1772, avaient recommencé en 1773. La guerre, d'abord favorable aux Turcs qui firent deux fois lever le siége de Silistrie, tourna encore à l'avantage de la Russie. Le général Romanzoff battit le grand vizir près de Kaïnardji et obtint, le 10 juillet 1774, le traité du même nom, qui renversa au profit de la Russie l'équilibre des forces dans l'Europe orientale. La Turquie reconnut l'indépendance des Tartares de la Crimée et du Kouban, qui ne tardèrent pas à subir l'influence moscovite, accorda aux Russes la libre navigation de la mer Noire, et leur céda Kinburn, Iénikalé, Kertch, Azoff, Taganrog, avec la langue de terre comprise entre le Dnieper et le Bug, plus une indemnité de guerre de 35 millions. Une amnistie lui fut imposée pour les Grecs qui s'étaient soulevés en faveur des Russes, et un droit de protectorat fut accordé aux czars sur la Moldo-Valachie. Le traité ne stipulait rien pour la Pologne, cause occasionnelle de la guerre. Ce silence même était une ratification de l'iniquité de 1772.

9. Soumission des Cosaques (1775). — L'année suivante (1775) Catherine mit fin, en la subjuguant, à la redoutable république des Cosaques zaporogues qui formaient dans l'empire un Etat à part, vivaient de brigandages et arrêtaient l'affermissement de la domination russe au nord de l'Euxin.

10. Nouvelle guerre contre les Turcs, traité de Jassy (1792). — Le partage de la Pologne n'avait fait que mettre en goût les cours spoliatrices. En 1777 l'Autriche voulut prendre la Bavière. Cette fois, la Russie s'y opposa ; et, par le traité de Teschen (1779), dont elle fut, avec la France, médiatrice, par le droit qu'elle obtint d'en garantir la stipulation, elle s'ouvrit l'Allemagne ; deux ans plus tard, afin d'y mieux nouer ses intrigues, elle établit des ministres résidents auprès des petites cours allemandes. Mais ce qu'elle interdisait à l'Autriche, elle se le permettait sur une plus vaste échelle. Les Turcs étaient en décadence, pourquoi n'auraient-ils pas le sort des Polonais? Dès l'année 1777, Catherine, au mépris du traité de Kaïnardji, fit entrer des troupes en Crimée dont le khan lui vendit la souveraineté moyennant une pension qu'on ne lui paya pas. En 1783 elle en prit possession, et Potemkin y commença en 1786 Sébastopol ; elle s'empara aussi du pays du Kouban, et fit accepter son protectorat au roi de Géorgie, Héraclius : la domination russe franchissait le Caucase. La czarine portait ses vues plus loin encore ; elle donna au second de ses petits-fils le nom de Constantin ; elle fit frapper une médaille à son effigie portant au revers Constantinople avec les sept tours écrasées par la foudre, et annonça fastueusement ses projets par un voyage triomphal en Tauride (1787), durant lequel elle s'entendit avec Joseph II pour le partage de l'empire turc. A Kherson, un arc de triomphe portait une inscription grecque, que le ministre d'Angleterre traduisit un peu librement par ces mots : « *Chemin de Byzance.* » Le traducteur avait tort, mais l'ambassadeur avait raison. Catherine eut en effet, vers ce temps-là, avec le comte de Ségur, la conversation que son petit-fils, Nicolas, reprit en 1853, avec sir Hamilton Seymour : « Rien ne serait plus facile, disait-elle, que de rejeter les Turcs en Asie. La France aurait pour son lot Candie ou l'Egypte. »

Le Divan répondit à ces provocations par une déclaration de guerre (1787). Attaqués à la fois par les Russes et les Autrichiens, les Turcs ne furent secourus que par le roi de Suède, Gustave III, qui, après une pointe hardie en Finlande, trahi par sa noblesse, menacé par le Danemark, signa la paix de Varéla (1790). Cependant les Turcs tinrent d'abord bravement tête aux assaillants : les Autrichiens furent rejetés derrière la Save, Joseph II battu à Temeswar, et les Russes vaincus dans une bataille navale en vue de Sébastopol (1788). Mais Choczim et Oczakoff furent pris ; l'année suivante les Russes étaient vainqueurs à Fokschani, les Autrichiens prenaient Belgrade, Potemkin s'emparait de Bender, et Souwaroff entrait dans Ismaïl après un affreux carnage. Heureusement la défiance de la Prusse s'éveilla ; elle conclut une alliance avec la Porte. La Hollande, l'Angleterre, s'unirent à elle et, aux conférences de Reichenbach, obligèrent Léopold, successeur de Joseph II, mort en 1790, à accorder au Divan la paix de Sistowa qui ne coûtait à la Turquie que Orsowa et un district de la Croatie sur la rive gauche de la haute Unna (1791). En même temps 80 000 Prussiens se réunissaient en vue des frontières russes. Catherine II, inquiète de ces dispositions hostiles, accepta les préliminaires de Galatz (1791). Le traité de Jassy donna le Dniester pour frontière aux deux empires. La Russie gardait, avec la forteresse d'Oczakoff, la Crimée et le Kouban (1792). Elle avait dépensé, dit-on, à ces conquêtes, plus d'un million d'hommes ; mais c'était une mise de fonds que la czarine ne regrettait pas.

11. Second partage de la Pologne (1793). — La Pologne paya pour la Turquie. Le premier démembrement avait ouvert les yeux, et tout le monde dans le royaume comprenait que le seul moyen de sauver le pays était de changer sa constitution anarchique. Le successeur de Frédéric II encourageait les réformateurs par crainte de la Russie, et promettait son alliance si l'on portait l'armée à 60 000 hommes bien organisés. La diète décréta que le *liberum veto* et la loi d'unanimité seraient abolis, le pouvoir législatif partagé entre le roi, le sénat et les nonces, le pouvoir exécutif confié à un roi héréditaire. Le plus vif enthousiasme éclata dans la nation (1791) ; mais on perdit du temps à décréter ces réformes : quand on voulut les exécuter, les dispositions de la Prusse étaient encore changées. Elle était rentrée dans l'alliance de l'Autriche, à cause des affaires de France, et comptant aller avec elle étouffer la révolution au milieu de Paris, elle ne pouvait plus en favoriser une autre à Varsovie. La Pologne abandonnée à elle-même, envoya vainement 8000 soldats lutter contre 20 000 Russes; elle fut de nouveau démembrée, sous prétexte que les patriotes polonais étaient des jacobins. Par deux traités signés le 13 juillet et le 25 septembre 1793, la Russie prit la moitié de la Lithuanie, la Podolie, le reste des palatinats de Polock, de Minsk, une portion de celui de Wilna et la moitié de ceux de Nowogrodek, de Brzesc et de Wolhynie. La Prusse obtint la meilleure partie de la grande Pologne, avec Thorn et Danzig, qu'elle convoitait depuis longtemps, plus Czenstokowa dans la petite Pologne. Il restait un lambeau de la Pologne : comme en 1773, une clause dérisoire garantit à la république l'intégrité des possessions qui lui étaient laissées.

Par une suprême dérision, on avait obligé les Polonais à ratifier eux-mêmes la spoliation. Une assemblée fut réunie à Grodno, cernée par des grenadiers russes. Un jour entier et une nuit (23 septembre) ses membres restèrent assis sur leurs bancs sans parler. Lorsqu'enfin, à trois heures du matin, Bielinski, le maréchal de la diète, demanda si les députés autorisaient leur délégation à signer le traité, personne encore ne répondit. Cependant une voix dit : « Le silence équivaut au consentement. » Tous se levèrent et sortirent en pleurant. Ils se soumettaient à la nécessité; du moins ils ne la ratifiaient ni du cœur ni des lèvres.

12. Troisième et dernier partage de la Pologne (1795). — Ce scandaleux marché amena un soulèvement. A la tête de 4000 Polonais mal armés, et comptant sur l'appui de l'Autriche, qui n'avait pas pris part au second démembrement, Kosziusko marcha à l'ennemi et battit 12 000 Russes à Raslawice, Varsovie chassa sa garnison, et l'insurrection se propagea rapidement (1794). Mais elle manquait de moyens matériels et elle était troublée par des divisions intérieures. L'accession de l'Autriche à la coalition de la Prusse et de la Russie fut pour les Polonais le coup mortel. Kosziusko, vaincu à Maciejowice le 10 octobre, par Souwaroff, tomba percé de coups en s'écriant : *Finis Poloniæ !* Il fut pris avec son ami le poëte Niewceviez et emmené en Russie, où il fut retenu captif jusqu'à la mort de Catherine. Souwaroff marcha aussitôt sur Varsovie, s'en empara après l'assaut de Praga, qui rappela celui d'Ismaïl. Poniatowski abdiqua pour une pension de 200 000 ducats, qu'il ne toucha pas longtemps, étant mort à Saint-Pétersbourg le 11 février 1797, et le partage définitif du pays fut conclu entre les trois puissances. L'Autriche eut la plus grande partie du palatinat de Cracovie, ceux de Sandomir et de Lublin, et s'étendit jusqu'au cours supérieur du Bug; la Prusse obtint les districts entre le Niemen, jusqu'à Grodno, et le Bug avec Bialystok et Plock. La Russie garda tout le reste (1795). Ainsi fut consommée cette honteuse violation du droit des nations qui retrancha de l'Europe la patrie de Sobieski : iniquité doublement fatale et par ce qu'elle fit et par ce qu'elle autorisa à faire. Si, dans les traités qui suivirent les grandes guerres de la coalition, les peuples furent partagés comme des troupeaux, les pays comme des fermes, à la convenance des vainqueurs du jour, ce fut l'application des exemples donnés par les auteurs de cette spoliation.

13. Mort de Catherine II (1796). — Catherine mourut l'année suivante (9 novembre 1796) d'une attaque d'apoplexie foudroyante. Les Russes l'appellent « la Grande », les moralistes lui donnent un autre nom, et tous ont raison; car, en bien comme en mal, elle a dépassé la commune mesure : c'est le second Pierre le Grand de la Russie. Elle faisait exécuter par Pallas, Falks et Billings, des voyages de découvertes ou d'explorations scientifiques, et elle flattait la civilisation occidentale dans ses principaux représentants. Elle réunissait solennellement les députés de toutes ses provinces pour leur faire écrire un code des lois de l'empire, qui ne s'écrivit pas. Elle laissait agiter la question de l'abolition du servage, au sujet duquel Montesquieu venait de dire : « Celui qui a des esclaves s'accoutume insensiblement à manquer à toutes les vertus morales et devient fier, prompt, dur, colère, voluptueux et cruel; » mais pas un serf n'était affranchi. Elle appelait les étrangers en Russie, mais laissait bien peu de Russes visiter les pays étrangers. Enfin le gouverneur de Moscou se plaignant que les écoles restassent vides, elle lui répondait, assure-t-on : « Mon cher prince, ne vous plaignez pas de ce que les Russes n'ont pas le désir de s'instruire; si j'institue des écoles, ce n'est pas pour nous, c'est pour l'Europe où il faut maintenir notre rang dans l'opinion. Mais du jour où nos paysans voudraient s'éclairer, ni vous ni moi nous ne resterions à nos places[1]. »

14. Révolution opérée en Suède par Gustave III, en 1772. — La Suède était menacée du même sort que la Pologne, parce qu'elle était divisée aussi par les factions, le parti français ou des chapeaux et le parti russe ou des bonnets, et qu'à Stockholm, comme à Varsovie, la royauté était sans force. En 1741 les *chapeaux* firent déclarer la guerre à la Russie pour déchirer le traité de Nystad; cette guerre tourna mal, et, sans l'assistance de l'Angleterre qui interposa sa médiation, la Suède eût perdu la Finlande; elle n'en céda, par le traité d'Abo (1743), que quelques districts. De ce jour l'influence de la Russie devint prépondérante en Suède, et l'argent, les promesses de l'étranger, entretinrent les factions qui empêchaient la réorganisation de ce pays. Le roi Adolphe-Frédéric (1751-1771) songea bien à faire la révolution que son fils Gustave III accomplit; mais il recula devant les menaces de ses deux puissants voisins. On se souvient du traité de 1764 qui servit de point de départ au démembrement de la Pologne; une convention semblable, qui n'a été

---

[1]. Si cette lettre est authentique, Catherine II s'y calomnie elle-même, ce qui arrive parfois aux gens d'esprit, et elle en avait beaucoup. Napoléon admira, à Moscou, l'ancienne maison d'éducation qu'elle y avait fondée.

connue qu'en 1847, fut conclue entre la Prusse et la Russie pour le maintien de la constitution, c'est-à-dire de l'anarchie en Suède. La décision de Gustave III en prévint les effets. Son coup d'Etat du 19 août 1772, complété par l'acte constitutionnel de 1789, réussit. L'aristocratie, qui livrait le pays à l'étranger, dut restituer au roi ses prérogatives nécessaires, et la guerre que Gustave III déclara aux Russes en 1788 eût peut-être dédommagé la Suède de quelques-unes de ses pertes, si le roi n'avait été trahi par ses officiers nobles. L'avantage qu'il remporta à la bataille navale de Swenska-Sund (1790) lui permit au moins de conclure honorablement la paix de Werela, qui fut peu brillante, puisqu'elle ne lui rendait pas un pouce de terre et l'obligeait à abandonner la Turquie. Deux ans après, les nobles l'assassinèrent (16 mars 1792). Un roi fou, Gustave IV, un prince faible, Charles XIII, et l'élection, comme héritier présomptif, du maréchal Bernadotte, qui oublia la France pour se jeter dans les bras de la Russie, firent retomber la Suède, à l'égard des czars, dans une sorte de vassalité d'où elle n'est sortie que depuis la guerre de Crimée (1855).

CHAPITRE XXIII.

L'ANGLETERRE AU DIX-HUITIÈME SIÈCLE;
GOUVERNEMENT PARLEMENTAIRE; LA PRESSE,
LA TRIBUNE, LES LETTRES.

1. Retour sur l'histoire intérieure de l'Angleterre depuis 1688. Guillaume III et Marie II (1688-1702). — 2. Anne Stuart (1702-1714). — 3. Maison de Brunswick-Hanovre : George Ier (1714-1727) et Walpole. — 4. George II (1727-1760). — 5. Expédition du prétendant (1745-1756). — 6. William Pitt. — 7. George III (1760-1820). — 8. Gouvernement parlementaire. — 9. La presse, la tribune, les lettres.

1. Retour sur l'histoire intérieure de l'Angleterre depuis 1688. Guillaume III et Marie II (1688-1702.)
— La révolution de 1688 avait eu pour résultats, au dedans, de faire revivre les libertés nationales, soit politiques, soit religieuses; au dehors, de substituer à la Hollande épuisée l'Angleterre, comme adversaire de la France et de Louis XIV. La guerre de la ligue d'Augsbourg et celle de la succession d'Espagne ruinèrent la marine de la France et permirent à sa rivale de saisir le sceptre des mers. La guerre n'est pas d'ordinaire favorable aux libertés publiques; cependant l'Angleterre affermit les siennes durant cette grande lutte. Guillaume III ne trouvait à l'intérieur que gêne et contrariété : on le contraignit à renvoyer sa garde hollandaise; son revenu lui était parcimonieusement mesuré par les Chambres, et il n'obtenait de subsides qu'en faisant des concessions aux dépens de la prérogative royale. Aussi le voyait-on plus souvent à La Haye qu'à Londres, et l'on disait qu'il n'était que stathouder en Angleterre, mais qu'il était roi en Hollande. Il mourut

d'une chute de cheval le 16 mars 1702. Sa femme, la reine Marie, l'avait précédé de sept ans au tombeau, et comme il ne laissait pas d'enfants, la seconde fille de Jacques II lui succéda. En 1696, il avait fait commencer un hôpital des invalides de la marine à Greenwich, lieu déjà célèbre par l'observatoire que Charles II y avait fondé.

2. Anne Stuart (1702-1714). — La *bonne reine Anne*, zélée protestante, avait épousé le prince de Danemark, frère de Christian V, qui mourut en 1703. Elle eut pour favorite, jusqu'en 1710, lady Churchill, duchesse de Marlborough, femme du général de ce nom et que son caractère orgueilleux et hautain fit disgracier. L'événement le plus important de ce règne, à l'intérieur, fut la réunion de l'Angleterre et de l'Ecosse en un seul Etat sous le nom de royaume de la Grande-Bretagne. Il n'y eut plus qu'un parlement; l'Ecosse y fut représentée par seize pairs à la Chambre haute et quarante-cinq députés à la Chambre des communes (1ᵉʳ mai 1707). Mais, au dehors, l'amiral Rooke prenait Gibraltar (1704), et Marlborough gagnait les victoires d'Hœchstædt (1705), de Ramillies (1706), d'Oudenarde (1708) et de Malplaquet (1709) : sa disgrâce, méritée par ses rapines, et la révolution parlementaire de 1710, qui appela les tories au pouvoir à la place des whigs, représentants de la révolution de 1688 et par conséquent fort animés à la guerre contre la France, amenèrent le traité d'Utrecht (1713). On a vu (p. 256) les avantages considérables qu'il faisait à l'Angleterre. Un autre traité, conclu en 1703 par sir Methuen avec la cour de Lisbonne, eut d'importantes conséquences. Les Portugais s'engageaient à prendre les produits manufacturés de l'Angleterre; la Grande-Bretagne, à acheter les vins du Portugal, pour lesquels il y avait à l'entrée un droit plus faible des deux tiers que celui qui frappait les vins de France. Le Portugal devint alors un marché britannique; tout l'or du Brésil passa aux ouvriers de Manchester et de Leeds, tandis que les im-

La reine Anne.

portations anglaises arrêtaient sur les bords du Tage et du Douro le développement du travail national.

3. Maison de Brunswick-Hanovre : George Ier (1714-1727) et Walpole. — Il y avait entre les fils de Jacques II, héritier légitime de la couronne, suivant les droits de la naissance, et le prince qu'un acte du parlement appelait au trône, George de Brunswick-Lunebourg, arrière petit-fils de Jacques Ier, par la princesse Sophie, sa mère, électrice douairière de Hanovre, cinquante-sept personnes dont les droits étaient supérieurs à ceux de l'électeur. George, protestant et violent ennemi de Louis XIV et de la France, avait aux yeux des Anglais un titre suffisant. Il était étranger; mais l'Angleterre n'a jamais eu, depuis la conquête normande, des souverains de son sang, et elle ne s'en est pas trouvée plus mal. Enfin il ne savait pas un mot d'anglais ni un article de la constitution qu'il jura d'observer; il en fut quitte pour laisser gouverner Robert Walpole, chef du parti whig, qu'il rappela au pouvoir. Ce revirement subit et la condamnation de deux chefs des tories, d'Ormond et Bolingbroke, persuadèrent au prétendant Stuart, le chevalier de Saint-George, que le moment était venu de tenter une restauration. Un mouvement eut lieu en Écosse (1715). Il y débarqua au commencement de l'année suivante; mais la bataille de Sheriffmuir, dans le comté de Perth, fit tomber ses espérances, et il fut réduit à se sauver sous un déguisement. Deux lords furent décapités, d'autres insurgés pendus ou écartelés, mille déportés aux colonies. Ce succès profita à la royauté; Walpole, voulant accroître un pouvoir dont il était le dépositaire, fit déclarer le parlement septennal. Il avait ainsi à renouveler moins souvent ses marchés avec les députés [1].

---

[1]. Macaulay représente ces marchés honteux comme une nécessité du temps, ce qui est peut être une excuse pour Walpole, mais n'est pas l'éloge des mœurs politiques de l'Angleterre : « Walpole eut recours à la corruption pour gouverner, parce que, au temps où il vécut, il était impossible de s'en passer. Dans le siècle qui suivit la restauration, la Chambre des communes ne pouvait être gouvernée qu'ainsi, ou eût été absolument ingouvernable. Elle n'était tenue en crainte ni, comme au seizième siècle, par la royauté ni, comme aujourd'hui, par

George, menacé par le prétendant, et le régent de France, qui l'était par Philippe V, se rapprochèrent. On a vu (p 357) les effets de cette alliance. Walpole, tombé du pouvoir en 1717, mais qui y revint quatre ans plus

George Ier.

tard, pour n'en plus sortir qu'en 1742, se proposa d'éviter les agitations de l'intérieur et du dehors. Afin de couper court aux premières, il s'efforça, de concert avec les ministres de France, surtout avec Fleury, de conser-

l'opinion publique. Sa constitution était tout oligarchique, ses délibérations secrètes, son pouvoir immense. »

ver l'Europe en paix, et il y réussit, sauf une courte guerre contre l'Espagne, au sujet d'une compagnie des Indes fondée par l'Autriche à Ostende. La majorité dans le parlement lui étant acquise, le pays se calma et cette double paix au dedans et au dehors ouvrit au commerce anglais les voies vers une étonnante prospérité.

4. George II (1727-1760). — Lorsque George Ier mourut en 1727, son fils George II lui succéda sans difficulté. Ils avaient fort mal vécu ensemble. Il semblait que le nouveau roi allait tout changer dans le gouvernement; il ne changea rien, car il garda Walpole. Des désordres financiers, de scandaleuses dilapidations étalées au grand jour par des procès, résultat inévitable du système corrupteur du premier ministre, signalèrent le commencement de ce règne. Des satires de tout genre attaquèrent Walpole. Il bâillonna la presse et astreignit le théâtre à une censure rigoureuse. L'opposition tonna contre lui, le peuple le brûla en effigie; il paya un peu plus cher les votes ministériels et garda sa majorité. Cependant l'esprit public s'éveillait, et la force même que le ministre avait développée, l'esprit de négoce, le renversa. En 1739, la nation arracha à Walpole la guerre contre l'Espagne, qui refusait d'ouvrir ses colonies au commerce anglais. Cette guerre se fondit en 1742 dans la guerre générale. Walpole ne pouvait plus diriger cette politique nouvelle; il tomba. On l'a appelé le maquignon des consciences, et il se vantait de savoir le tarif de chaque homme. Mais, s'il faussa par la corruption les institutions de son pays, il ne les détruisit point, et, comme, sous le fils, aussi bien que sous le père, il fut le roi véritable, le pays s'accoutuma très-volontiers à la formule constitutionnelle : « Le roi règne et ne gouverne pas. »

Cette guerre générale qui renversait Walpole était celle de la succession d'Autriche. L'Angleterre ne pouvait laisser succomber son ancienne alliée sur le continent. Le successeur de Walpole, lord Carteret, envoya une armée en Allemagne. Le roi voulut la commander lui-même. Il prenait le plus grand intérêt aux affaires d'Allemagne à cause de son électorat de Hanovre, qui était inutile à l'Angleterre et gêna souvent sa politique. On a vu que l'expédition faillit tourner mal, et que

George II.

George ne se tira d'un fort mauvais pas, à Dettingen, que par la faute d'un de nos généraux. L'Angleterre ne donnait à la guerre continentale qu'une attention distraite; mais l'amiral Mathews ayant laissé indécise la bataille navale de Toulon, l'opinion publique exigea sa destitution; on n'admettait déjà plus, de l'autre côté du détroit, que l'Angleterre pût ne pas être partout victorieuse sur les mers. La défaite du duc de Cumberland, fils de George II, à Fontenoy, le 11 mai 1745, ouvrit les Pays-Bas aux Français, et, la même année, une tentative faite par le prétendant Charles-Édouard, petit-fils de Jacques II, porta le péril au cœur même de la Grande-Bretagne.

5. Expédition du prétendant (1745-1746). — Ce prince avait enfin obtenu de la France, après quatre ans d'attente, quelques vaisseaux et des soldats pour renverser la maison de Hanovre. Débarqué en Écosse en 1745, il réunit autour de lui beaucoup de chefs des Highlanders ou montagnards écossais des hautes terres, entra dans Édimbourg, battit à Preston le général Cope et pénétra jusqu'à Derby, à 175 kilomètres de Londres. Forcé de rétrograder par l'indiscipline de ses soldats et l'abandon où le laissèrent les jacobites anglais, il vainquit encore le 28 janvier, à Falkirk, mais fut complétement battu par le duc de Cumberland à Culloden (27 avril). Les représailles furent sanglantes. Cinq lords et plus de deux cents personnes furent exécutés. Charles-Édouard, dont la tête avait été mise à prix (30 000 livres sterling), erra pendant cinq mois de retraite en retraite au milieu des plus grands périls. Il revint en France treize mois après son départ (1746). L'Écosse paya des derniers restes de sa nationalité cette malheureuse expédition : le système des clans ou tribus fut aboli, ainsi que la juridiction héréditaire, dernier vestige du régime féodal, et l'usage de porter le costume montagnard ou plaid, dont les carreaux variaient selon les clans.

Pendant que ce drame s'accomplissait, les victoires du maréchal de Saxe aux Pays-Bas rendaient inutiles les succès des Anglais en Amérique. Quand le traité d'Aix-la-Chapelle fut signé (1748), ils se trouvèrent n'avoir gagné à cette guerre qu'une augmentation de la dette nationale, qui fut portée de 50 à 80 millions de livres sterling.

6. William Pitt. — Walpole était mort en 1745,

trois ans après sa disgrâce. L'année suivante (1746) lord Newcastle remplaça lord Carteret. Sous ce ministre, le commerce fut favorisé, la pêche maritime encouragée par des primes, l'exportation des machines et métiers défendue, l'intérêt de la dette publique ramené de 4 à 3 1/2 pour 100, l'armée diminuée, la ville d'Halifax fondée par des vétérans dans l'Acadie ou Nouvelle-Écosse, province de l'Amérique du Nord cédée par la France en 1713, et un autre établissement formé sur la côte des Mosquitos, dans le golfe du Mexique. Mais en 1754 un membre du ministère, désapprouvant la politique de lord Newcastle, qui risquait de jeter l'Angleterre dans une guerre dispendieuse par suite des alliances contractées avec les princes d'Allemagne, pour la défense du Hanovre que menaçait le roi de Prusse, donna sa démission. C'était le fils d'un simple *squire*, jouissant à peine d'un revenu de 200 livres sterling, que le bourg pourri d'Old-Sarum avait envoyé au parlement à l'âge de vingt-sept ans, et que ses contemporains ont nommé le *grand député* des Communes, William Pitt. Tant que Walpole fut ministre, Pitt siéga sur les bancs de l'opposition. Nommé en 1746 vice-trésorier d'Irlande, conseiller privé et payeur général des troupes anglaises, il se distingua dans ces fonctions par sa sagesse réformatrice, son intégrité et son désintéressement. En 1756, à la chute du duc de Newcastle, Pitt rentra aux affaires; mais ce ne fut qu'en 1757 qu'il les dirigea véritablement. A la première audience qu'il eut du roi : « Sire, dit-il à George II, accordez-moi votre confiance : je la mériterai. — Méritez-la, répondit George, et vous l'obtiendrez. » Pitt tint parole : seulement il fut le ministre national de l'Angleterre et non le courtisan du prince de Hanovre. La France n'éprouva que trop ses talents et sa haine pendant la guerre de Sept ans, à laquelle il imprima, de 1757 à 1761, une énergie qui fut fatale à notre marine et à nos colonies. (Voy. p. 411-417.) Aussi les Communes, fières de ces succès utiles, ne refusaient rien à l'heureux ministre.

Sur sa demande, l'armée fut portée à 175 000 hommes, et il obtint tous les subsides qu'il sollicita.

7. George III (1760-1820). — La mort de George II, en 1760 fit arriver au trône son petit-fils George III. Ce jeune prince de vingt-deux ans, pieux, économe, de mœurs irréprochables, mais d'une raison faible, qui fut troublée à plusieurs reprises depuis 1766 et pendant de longues années, montra, contrairement à ses deux prédécesseurs, une prédilection marquée et constante pour les tories. Pitt voulait à la fois la grandeur et la liberté de l'Angleterre; il ne put céder aux préférences du roi et sortit du ministère en 1761 à la suite d'un échec parlementaire que lui fit éprouver le premier ministre, lord Bute, au sujet de la déclaration de guerre à l'Espagne. Cette retraite du grand ministre n'arrêta pas les succès de l'Angleterre, et c'est à lui que revint en réalité l'honneur d'avoir imposé à la France le traité de Paris (voy. p. 414), qui porta si haut la puissance coloniale de l'Angleterre et que pourtant il reprocha aux ministres d'avoir signé, ne trouvant pas que la France fût mise assez bas. On verra plus loin la dernière grande guerre que l'Angleterre soutint au XVIIIe siècle, avant 1789, la guerre avec ses colonies américaines.

8. Gouvernement parlementaire. — Protégée contre les invasions par son grand fossé de la Manche, n'ayant pas besoin d'une armée de terre, qui, ailleurs, servit tant au pouvoir absolu des princes[1], et suffisant à tous ses besoins de défense avec une flotte qui ne pouvait faire voter le parlement sous la menace de ses canons, l'Angleterre avait de bonne heure conquis des libertés que les Tudors et les Stuarts supprimèrent et que la révolution de 1688 rétablit. Guillaume III ne fut reconnu roi qu'après avoir accepté une *déclaration* où se trouvaient les articles suivants :

« Le pouvoir de suspendre l'exécution des lois est radicalement nul.

---

[1]. Au temps de Walpole, l'armée anglaise était de 12 000 hommes, et il y eut grande discussion au parlement pour la porter à 18 000.

« Toute levée d'impôts sans le concours du parlement est illégale.

« Tout Anglais a le droit d'adresser des pétitions au roi et ne peut être poursuivi pour l'avoir exercé.

George III.

« Le roi ne peut lever une armée sans le consentement du parlement.

« Tout Anglais protestant a le droit d'avoir des armes pour sa défense.

« Les élections des membres du parlement doivent être libres.

« Aucun membre du parlement ne peut être accusé ni poursuivi pour les discours qu'il a prononcés ou pour les votes qu'il a émis.

« Il est nécessaire de convoquer souvent le parlement, pour trouver remède aux griefs exposés, corriger les abus, fortifier les lois et les maintenir.

« Toute concession faite à un tiers d'amendes ou de biens confisqués, avant la condamnation de l'accusé, est nulle de plein droit. »

Ainsi tout se rapporte au parlement ; le roi, désarmé, est tenu en lisière par la nécessité d'obtenir annuellement le vote de l'impôt, qu'il ne peut remplacer, comme l'avaient fait les Tudors et les Stuarts, par des amendes et confiscations. Le glorieux Guillaume III fut obligé de respecter ces libertés ; elles s'affermirent sous les rois de la maison de Hanovre, qui, étrangers au pays, furent contraints de s'abandonner à leurs ministres anglais.

Mais qu'était-ce que ce parlement si puissant ? Il se composait de deux Chambres : celle des *Lords*, où siégeaient les évêques et les pairs héréditaires ou électifs[1], qui étaient les aînés des grandes familles ; celle des *Communes*, où les cadets de ces maisons se faisaient élire, en payant eux-mêmes l'élection ou en la faisant payer soit par un protecteur ou un parti, soit par un ministre.

Le peuple n'avait point d'action sérieuse sur les élections, parce que le corps électoral, très-restreint, était sous l'influence et la direction des propriétaires fonciers, les *landlords*. De grandes cités industrielles et commerçantes n'avaient point de représentants, mais d'anciennes villes déchues, de simples hameaux, *bourgs pourris*, nommaient le député que le seigneur de la

---

2. La Chambre des Lords se composait des princes du sang, des nobles qui y entraient par droit de naissance, de seize pairs d'Écosse élus pour chaque parlement, de vingt-huit pairs d'Irlande élus à vie, des membres ecclésiastiques dont nous parlerons plus loin, de ceux enfin que le roi appelait à la pairie. En vertu de cette prérogative de la couronne, qui était exercée par les ministres, ceux-ci faisaient parfois des fournées de pairs pour déplacer la majorité.

terre désignait, quelquefois un plébéien de talent dont le landlord payait l'élection pour assurer à lui-même ou à son parti un avocat dans la Chambre des communes. Ainsi Burke, le puissant orateur, devint, par la grâce du premier lord de la Trésorerie, le marquis de Rockingham, l'élu du bourg de Wendover. Old-Sarum, ancienne cité romaine, puis évêché, était, au dix-huitième siècle, réduit à une ferme dont le tenancier continuait à nommer les deux députés attribués à ce bourg cinq siècles auparavant. Cette bizarrerie nous choque, mais elle montre un des grands côtés du caractère anglais, le respect du passé, qui doit être un des éléments de la vie sociale.

Le pouvoir politique était donc aux mains de l'aristocratie terrienne, qui possédait tout le sol de l'Angleterre[1]. A la différence de notre noblesse, qui vécut en mangeant son bien, l'aristocratie anglaise sut accroître le sien. A sa richesse immobilière, elle ajouta la richesse mobilière, en engageant ses capitaux dans l'industrie et le commerce. Le duc de Bridgewater avait dans son immense domaine de Worsley de très-riches houillères qu'il ne pouvait exploiter faute de moyens de transport. Il creusa, en 1758, un canal qui passa au travers d'une montagne et à 40 pieds au-dessus de la rivière d'Irwell, mais qui aboutissait à la Mersey, c'est-à-dire à la mer. Sa fortune en fut doublée et celle de l'Angleterre s'en augmenta, car la houille, « ce pain de l'industrie », fit la prospérité de Manchester et de Liverpool, où put alors arriver le charbon de Worsley.

Cette aristocratie si riche, que le droit d'aînesse et le système des *substitutions* empêchaient de se ruiner, avait dans le pays une bien grande influence, et elle s'en était assuré la conservation par une organisation

---

1. L'aristocratie anglaise se composait de la *nobility*, les lords ou pairs d'Angleterre qui portaient un des titres suivants : duc, marquis, comte, vicomte ou baron, et de la *gentry* comprenant les fils cadets des pairs, les plus riches propriétaires, les baronnets et autres personnes vivant *noblement*. Au-dessous de la *gentry* étaient les professions industrielles.

du suffrage politique qui autorisait les élections achetées ou imposées.

L'aristocratie anglaise aurait pesé sur le peuple d'un poids écrasant, si elle fût restée unie. Heureusement, elle se divisait en deux partis : les *wighs* ou libéraux et les *tories* ou conservateurs. Ni les uns ni les autres ne se proposaient de changer la constitution ; ils se disputaient l'influence dans le pays, les places au ministère, et chacun de ces deux partis remplissait dans l'Etat une fonction utile : celui-là poussant aux réformes ; celui-ci empêchant qu'on s'y précipitât. Dans leurs mains, le gouvernement était une machine qui avait la force d'impulsion et les freins d'arrêt. Aussi, depuis bientôt deux siècles, l'Angleterre a fait une multitude de réformes et pas une révolution.

Cette aristocratie laïque était doublée d'une aristocratie ecclésiastique, la haute Eglise, investie de grands priviléges et dotée, dans l'Angleterre seule et le pays de Galles, d'un revenu de plus de 10 millions de livres sterling. Un certain nombre des cadets des familles nobles, n'ayant pas acheté un grade dans l'armée ou un siége au parlement, trouvaient dans les bénéfices ecclésiastiques une compensation au sort que le droit d'aînesse leur faisait. Cependant, comme il fallait faire la part, dans les fonctions sacerdotales, à la science et au talent de parole, des parvenus arrivaient aux grandes dignités de l'Eglise, qui leur ouvraient la Chambre des lords. Les deux archevêques de Canterbury et d'York, et vingt-cinq évêques d'Angleterre, un archevêque et trois évêques d'Irlande, allaient discuter les affaires publiques avec les plus nobles seigneurs d'Angleterre, et surtout défendre la législation rigoureuse établie contre les catholiques et les *dissenters*, qui ne pouvaient prétendre à aucun emploi public.

Le roi était le chef de ces deux aristocraties, sans être plus le maître de l'une que de l'autre, car si le parlement le tenait en tutelle pour les affaires politiques, il ne pouvait trancher par lui-même aucune question ecclésiastique. Il avait une liste civile que les Communes lui accordaient après des discussions parfois blessantes, une grande représentation, le cérémonial des grandes cours du continent et des formules à son usage qui faisaient illusion sur les limites de son pouvoir. En penchant vers l'un ou l'autre des deux partis qui viennent d'être nommés, il pouvait déplacer des voix au parlement et constituer un ministère selon ses vues. Mais sa sphère d'action était étroite : il régnait et ne gouvernait pas ; même il put être, durant de longues années, privé de raison, comme George III, ou de popularité, comme George IV, sans que la machine gouvernementale, montée et conduite par d'autres, se dérangeât.

9. La presse, la tribune[1] et les lettres. — On a vu la *déclaration* des droits établir la liberté absolue de la parole dans les deux Chambres. Longtemps l'obligation, qui subsiste encore, pour l'orateur, de s'adresser au *speaker*, ou président, et non pas à ses collègues ou à l'adversaire qu'il combat, alanguit l'éloquence anglaise, qu'alourdissait aussi la nature des intérêts habituellement discutés : taxes, tarifs, affaires de commerce, etc. Puis, ces discours prononcés devant un auditoire peu nombreux, ne pouvaient être reproduits par les journaux ; l'orateur manquait donc du stimulant que donne la publicité ; et Hume a pu dire que la Chambre des communes ressemblait plus à un greffe qu'à un sénat antique. Mais viennent les grandes affaires, et les émotions profondes susciteront les orateurs éloquents qui sauront trouver le moyen de parler à l'Angleterre entière et au monde. Tels furent, dans la seconde moitié du dix-huitième siècle, à la Chambre haute : Chatham, célèbre, avant son élévation à la pairie, sous le nom de William Pitt, *the Great Commoner*, et les ministres Grenville et North ; à la Chambre basse : le second

---

[1]. Par le mot tribune, il faut entendre l'éloquence parlementaire, car il n'y a pas de tribune dans les Chambres anglaises ; chaque député parle de sa place.

Pitt et Fox, les deux rivaux qui se livrèrent tant de brillants combats, l'un pour le pouvoir, l'autre pour les libertés; Burke, qui parla pour la première fois aux Communes le jour où Chatham y prononça son der-

William Pitt (fils de lord Chatham).

nier discours : « Splendide couchant, s'écrie Macaulay, et splendide aurore ! » Sheridan enfin, qui gagna si grande renommée comme accusateur de Warren Hastings. Dans cet âge héroïque de l'éloquence parlementaire, les Chambres anglaises retentirent d'accents dignes de l'antiquité, et la parole reconquit, pour le gouvernement des peuples, l'autorité qu'elle avait eue à Athènes et à Rome.

La loi qui défendait la reproduction des débats parlementaires, était, comme beaucoup d'autres lois anglaises, une épée habituellement tenue au fourreau. On écoutait aux portes ; des mémoires fidèles rapportaient les argumentations les plus pressantes et les passages les plus éloquents. Malgré le peu de sincérité des élections populaires et de la représentation nationale, il y avait, en dehors des classes privilégiées, des citoyens qui s'intéressaient aux affaires du gouvernement, une opinion publique qui, quelquefois, parlait très-haut et dont les *journaux* et les *recueils périodiques* étaient l'organe. C'est par eux que Burke commença et se fit connaître. Leurs articles étaient déjà lus avec avidité. Dans ce pays, qui avait l'*égalité devant la loi*, la *liberté individuelle* (*habeas corpus*) et le *jury* : garanties civiles[1] ; le *droit de pétition* et de *réunion* : garanties politiques ; et la liberté de la *presse*, puissant instrument de propagande, les citoyens possédaient de nombreuses armes pour se défendre contre des actes illégaux, pour absoudre un accusé populaire, porter en haut lieu leurs réclamations, après avoir librement discuté leurs griefs, et réunir enfin, par la double action des *journaux* et des *discours publics*, beaucoup de volontés individuelles, dans un même effort vers un but commun. Sur certaines questions, on provoquait des *meetings* où des orateurs en plein vent enflammaient l'esprit de multitudes infinies qui s'en allaient ensuite présenter au parlement des pétitions couvertes de 120 000 signatures[2]. En avant des grands journaux qui, par leur polémique sérieuse et quotidienne, étaient l'armée régulière des partis escarmoucheurs, les *caricaturistes*, dont les traits légers faisaient parfois de douloureuses blessures, et les *libelles* qui éclataient de

---

1. Il faut pour une condamnation que le jury soit unanime.
2. Par exemple, le 2 juin 1780, quand l'*association protestante* demanda le rappel d'une loi favorable aux catholiques.

temps à autre, comme ceux de Wilkes ou les *Lettres de Junius* [1].

Toutes les forces vives se portant vers la politique, les lettres proprement dites déclinaient. L'Angleterre avait un grand versificateur, Pope, elle n'avait plus de grands poëtes : c'était le règne de la prose. Cependant Young venait d'écrire avec éclat pour les âmes assombries par le malheur ses *Pensées nocturnes*, et Tompson, dans ses *Saisons*, chantait l'éternelle poésie de la nature. Il commençait l'école descriptive qui nous a valu tant de détails vrais et charmants, mais aussi tant d'ennuyeuses longueurs. Les *essaystes* sont des écrivains d'un souffle court et intermittent, qui écrivent, en des recueils périodiques, de petits traités de morale bourgeoise. Le *Spectator* d'Addison est le chef-d'œuvre de cette littérature qui n'ébranle ni l'imagination ni les nerfs, avec sa morale indulgente, ses accents spirituels et tranquilles. D'autres composent en de trop longs ouvrages des romans du coin du feu, très-honnêtes, très-véridiques comme peinture du *home* anglais, mais sans élévation ni idéal. De l'autre côté de la Manche, Richardson et Goldsmith ont encore des lecteurs avec *Clarisse Harlowe* et le *Pasteur de Wakefield*; mais on lit partout le *Robinson Crusoé* de Daniel de Foe, le *Gulliver* de Swift, le *Tristram Shandy* de Sterne et les grandes histoires de Robertson et de Gibbon.

Pour être complet, même en n'écrivant qu'une table de noms propres, il faut citer encore Adam Smith, le grand économiste qui a montré que la richesse est dans l'intelligence, c'est-à-dire dans la force productive de l'esprit, et que par conséquent le travail n'est pas seulement le moyen de s'assurer du bien-être matériel, mais qu'il est aussi pour l'homme le plus sûr garant de son amélioration morale. Adam Smith est encore un des chefs de l'école philosophique, dite écossaise, qui

---

[1]. Lettres anonymes, très-violentes contre le ministère North, publiées de 1769 à 1772.

combattit le scepticisme de Hume et de Berkeley et avec un froid bon sens voulut rappeler la philosophie des témérités métaphysiques, où souvent elle se perd, à l'observation patiente des faits psychologiques.

Nommons encore Reynold, le premier des peintres anglais, et, un peu plus tard, le sculpteur Flaxman. Malgré ces deux grands artistes, l'art resta la partie inférieure de cette civilisation; tout comme, malgré les accents virils de l'éloquence parlementaire, la littérature anglaise du dix-huitième siècle demeura bien pâle à côté de celle des deux époques qui se résument dans les noms de Shakespeare et de Byron.

CHAPITRE XXIV.

CONQUÊTES DES ANGLAIS DANS L'INDE;
RÉGIME COLONIAL; VOYAGES ET DÉCOUVERTES;
SCIENCES ET INDUSTRIE.

1. Grandeur maritime de l'Angleterre. — 2. La banque d'Angleterre. — 3. La Compagnie anglaise des Indes orientales. — 4. Rivalité des Compagnies anglaises et des Compagnies françaises des Indes orientales. — 5. La Bourdonnais et Dupleix. — 6. Lord Clive et Lally. — 7. Hayder-Ali et Tippou-Sahib. — 8. Régime colonial. — 9. Voyages et découvertes. — 10. Sciences et industrie.

1. Grandeur maritime de l'Angleterre. — L'Angleterre est un bloc de houille et de fer, au milieu de l'Océan, et toute son histoire est dans ces trois mots. Cette position insulaire a fait d'elle le pays le plus libre de l'Europe; le fer lui a donné le principal instrument du travail industriel, et la houille la force qui met en mouvement les machines. Cependant l'Angleterre ne fut pas, dès le principe, une puissance maritime et coloniale.

Les circonstances historiques avaient donné ce rang, dans le moyen âge, alors que le grand commerce passait par Alexandrie et la Baltique, aux cités italiennes et à la Hanse teutonique; après Vasco de Gama et Christophe Colomb, au Portugal et à l'Espagne; à la Hollande, quand les ambitieux projets de Philippe II eurent ruiné ces deux royaumes; plus tard enfin, à l'Angleterre devenue, par sa situation géographique, le centre naturel du commerce entre l'ancien et le nouveau monde.

Sous Henri VII, le Vénitien Gabotto, au service de ce prince, avait longé le nord de l'Amérique sans y fonder aucun établissement. La marine s'était développée sous Elisabeth, avec Drake, Hawkins, Frobisher, Cavendish. Mais ce n'est qu'au commencement du dix-septième siècle que l'esprit de colonisation se montra en Angleterre, quand les troubles chassèrent de la métropole un grand nombre de ses enfants ; c'est au milieu du même siècle que l'*acte de navigation* força l'Angleterre à devenir une grande puissance marchande ; c'est à la fin que l'affaiblissement de la Hollande et la ruine de la marine française donnèrent aux Anglais l'empire des mers.

2. La Banque d'Angleterre. — La politique et la guerre lui avaient livré cet empire ; trois choses lui en assurèrent la possession : la science, par ses applications utiles ; l'industrie, par le développement de ses produits ; la marine, par l'extension du commerce, que favorisa l'excellence de ports préparés par la nature, soit au pied des falaises de la côte, soit en des fleuves sans barre à leur embouchure et où la marée monte de plus de 20 pieds. Toutes ces causes réunies produisirent une masse énorme de capitaux, et l'abondance du numéraire fit baisser le prix du loyer de l'argent, de sorte que l'Etat pour ses guerres, les particuliers pour leur industrie ou leur négoce, purent emprunter à un taux deux ou trois fois moindre que sur le continent, à 3 1/2 ou à 4 pour 100. Une grande institution de crédit multiplia encore les transactions. La Banque d'Angleterre, fondée le 25 avril 1694, au capital de 1 200 000 livres sterling (30 millions de francs), qui fut successivement porté à une somme décuple, reçut du parlement le droit d'émettre des billets payables à vue. On les accepta de confiance, parce qu'ils étaient remboursés à présentation et garantis par l'*encaisse métallique* de la Banque et par son *portefeuille*, c'est-à-dire par les effets de commerce à échéance de deux, trois ou quatre mois, qu'elle escompta aux négociants. L'usage fit reconnaître que la circulation des billets pouvait, sans danger, être portée au triple de l'encaisse. Il en résulta que le capital des négociants qui recoururent à la Banque fut comme doublé ou triplé, puisque, en souscrivant des effets escomptables à ses bureaux, ils retrouvaient immédiatement, moyennant la petite somme prise par l'escompte, la libre disposition de l'argent qu'ils avaient engagé dans une affaire pour trois ou quatre mois. Un industriel, par exemple, avec un fond de roulement de 100 000 francs, eut, grâce à ce papier de crédit, le moyen de travailler comme s'il en avait deux ou trois fois autant, par conséquent d'entreprendre deux ou trois fois plus d'affaires et d'en tirer un bénéfice double ou triple. A cette combinaison, la Banque, le commerce, le public, gagnaient, et il n'y avait de perte pour personne.

Une autre institution contribua plus encore à la prospérité commerciale de l'Angleterre et à sa grandeur politique, je veux parler de la Compagnie des Indes. Elle ressembla d'abord à toutes les compagnies créées par d'autres États, mais le sens pratique des Anglais en fit un puissant instrument de domination, puisque cette entreprise de commerce a fini par leur donner un empire.

3. La Compagnie anglaise des Indes orientales. — L'Inde, qui égale en étendue la moitié de l'Europe, était par son sol et son climat le plus riche pays de la terre. Depuis la haute antiquité, les métaux précieux y affluaient, donnés par les marchands de l'Occident en échange de ses produits. Au commencement du seizième siècle, un descendant de Tamerlan, Babour, y avait conquis Dehli, Agra (1505), et fondé un empire qui compta trois grands princes, à la fois généraux et lettrés : Babour lui-même, puis Akbar, mort en 1605, qui a laissé une description de l'Inde, et Aureng-Zeyb (1659-1707), le conquérant du Tibet et du Dekhân. Mais, à cette époque, les héritiers du Grand Mogol étaient arrivés dans l'Inde. Dès l'année 1600 les Anglais avaient fondé la Compagnie des Indes. Son capital, formé par des actions de 50 livres sterling, était de

747 000 livres sterling (18 675 000 francs). Elle établit quelques comptoirs à Bantam, dans l'île de Java, à Surate, sur le golfe de Cambaye, et à Madras, sur la côte de Coromandel. Les Hollandais, alors maîtres absolus des mers, chassèrent les Anglais de ces faibles positions, et la Compagnie fut près de se dissoudre. Elle se maintint cependant, obtint, en 1650, du Grand Mogol le droit de trafiquer au Bengale, et acquit, en 1688, de la couronne l'île de Bombay, sur la côte de Malabar, que Charles II avait reçue comme dot de sa femme Catherine de Portugal. En 1683, nouvelle péripétie : les Hollandais lui enlèvent Bantam ; et les brigandages commis par John Child dans l'Hindoustân attirent les représailles d'Aureng-Zeyb. La colonie de Bombay fut en péril : heureusement le monarque indien pardonna aux marchands anglais (1689).

Sortie de ce mauvais pas, la Compagnie obtint des terres sur les bords de l'Hougly, un des bras du Gange, moyennant un tribut annuel de 750 000 francs, et y fonda Calcutta (1690) ; elle avait acquis, quelques années plus tôt, Bencoulen dans l'île de Sumatra. Elle essuya des pertes énormes dans la guerre de Guillaume III contre Louis XIV : on estima que les Français firent perdre alors au commerce de la Grande-Bretagne une valeur de 675 millions de francs. Une nouvelle société qui s'était formée était une autre entrave. Finissant par mieux comprendre leurs intérêts, les deux Compagnies cessèrent de se faire une guerre ruineuse : elles réunirent leurs fonds en 1701 ; la fusion s'acheva sept ans après, par l'établissement d'une administration centrale et unique pour la direction des affaires. Ainsi fut définitivement constituée cette association de marchands qui entretiendra des armées, qui possédera un territoire immense, qui gouvernera des peuples innombrables et aura des rois pour tributaires.

Mais, avant d'en arriver là, elle eut bien des luttes à soutenir. La guerre de la succession d'Espagne fut fatale à son commerce : les corsaires français continuèrent contre elle le système qui leur avait si bien réussi pendant les précédentes hostilités. La mort d'Aureng-Zeyb (1707) arriva à propos pour elle, car l'empire du Grand Mogol ne tarda guère à se démembrer. Les Rohillas ou mercenaires afghans se rendirent indépendants entre le Gange et le Gogra; les Mahrattes, sortis des monts Vindhya, où une partie de leurs tribus avaient sauvé leur indépendance, conquirent le nord-ouest du Dekhân et s'emparèrent un moment de Dehli; dans le reste des provinces, les gouverneurs se rendaient indépendants. Cette anarchie permit aux Anglais de s'étendre et de s'enrichir.

En 1726, la Compagnie fut autorisée à établir des cours de justice à Bombay, Madras et Calcutta, pour juger toutes les causes civiles et criminelles, à l'exception des cas de haute trahison. Son titre officiel était : *Compagnie unie des négociants anglais faisant le commerce dans les Indes orientales.*

4. Rivalité des Compagnies anglaises et françaises des Indes orientales. — Une puissance éclipsait alors l'Angleterre dans les Indes, et cette puissance, c'était la France. Dès le règne de François Ier, des négociants de Rouen avaient hasardé une expédition, qui n'était pas allée plus loin que le cap de Bonne-Espérance. Après les guerres de religion, sous Henri IV (1601), il s'établit en Bretagne une Compagnie des Indes orientales; elle ne put se soutenir. Richelieu en fonda une seconde, Colbert une troisième (1664), qui, plus heureuse, c'est-à-dire mieux conduite, dura plus longtemps. Elle créa un comptoir à Surate en 1675, un autre en 1676 à Chandernagor; douze ans après, elle acheta cette dernière ville à Aureng-Zeyb. Pondichéry était le point le plus important qu'elle occupât : elle l'avait acquis du roi de Bidjapour en 1679. Les Hollandais jaloux s'emparèrent de la place en 1693: ils la fortifièrent, mais pour leurs ennemis : le traité de Ryswick rendit Pondichéry à la France. Ce bel établissement, qui cependant manquait d'un grand port, eût pu devenir le centre d'une vaste domination : malheureusement la Compagnie fut abandonnée; on travailla même à sa ruine, en défendant d'importer les produits industriels de l'Inde. La guerre de la succession d'Espagne augmenta sa détresse ; la paix d'Utrecht ne s'occupa pas de l'Inde, où les intérêts de l'Angleterre et de la France n'étaient pas encore parvenus à un développement voisin de l'antagonisme. Law, avec ses projets chimériques à force d'être gigantesques, réunit les compagnies d'Occident, de la Chine, de l'Afrique et des Indes orientales en un seul et même corps, sous le nom de *Compagnie perpétuelle des Indes* (1719). La société perpétuelle tomba avec le système deux ans après; mais elle se releva en 1723 et parvint à une nouvelle prospérité. Pondichéry trouva dans Dumas, envoyé comme gouverneur général en 1735, un homme habile et actif, qui obtint du Grand Mogol le droit de battre monnaie, et acheta pour une faible somme, à un prétendant indien du royaume de Tandjaouar, la ville et le territoire de Karikal.

5. La Bourdonnais et Dupleix. — La Compagnie française s'étendit alors avec rapidité : elle eut des comptoirs à Calassor dans l'Orissa, à Chandernagor, à Dakka dans le Bengale, à Patna sur le Gange, et de plus, sur la côte de Malabar, à Calicut, à Mahé, à Surate. L'empire du Grand Mogol était divisé en neuf grandes provinces, gouvernées par des *soubabs* (vice-rois); ces provinces, à leur tour, étaient subdivisées en districts administrés par des *nababs*. Après la mort d'Aureng-Zeyb, tous ces princes se rendirent ou cherchèrent à se rendre indépendants. La Compagnie française profita, comme l'anglaise, de ces rivalités pour consolider ses établissements, et elle chargea du soin de ses intérêts dans ces régions lointaines deux hommes remarquables : la Bourdonnais, gouverneur général des îles de France et de Bourbon, où il créa tout, et Dupleix, qui, nommé en 1742 gouverneur de Pondichéry et directeur général des comptoirs français dans l'Inde, projeta ce que les

Anglais ont depuis réalisé, en essayant de faire une puissance territoriale de la Compagnie qui n'avait jusqu'alors été que commerçante.

Quand la guerre de la succession d'Autriche éclata, les hostilités, malgré les propositions du cabinet de Versailles, et sur le refus du cabinet de Saint-

Madras.

James, eurent aussi les colonies pour théâtre. La Bourdonnais quitta les îles de France et de Bourbon pour opérer sur les côtes du continent indien, de concert avec Dupleix; malheureusement la jalousie éclata entre ces deux hommes supérieurs, la discorde paralysa leurs forces et rendit leurs exploits inutiles. Ainsi la Bourdonnais, ayant écarté une escadre anglaise qui avait refusé le combat, met le siége devant Madras et en quelques jours l'oblige à capituler. Dupleix arrive, casse la capitulation (1746), et fait même destituer son rival de son commandement à l'Ile de France. La Bourdonnais, de retour en France, trouva les esprits prévenus par les accusations de Dupleix; il fut enfermé à la Bastille, et y resta trois années sans pouvoir justifier sa conduite. Pendant ce temps, les Anglais rentraient dans Madras et assiégeaient Pondichéry : Dupleix, par une belle défense, les força à la retraite ; quelque temps après, la paix d'Aix-la-Chapelle mit fin aux hostilités (1748).

Débarrassé de la guerre avec les Anglais, Dupleix reprit ses projets de conquête. Il fit triompher un prétendant à la soubabie du Dekhân, et en obtint Masulipatam, avec un accroissement de territoire pour Pondichéry et Karikal. Il commanda alors, de la rivière Krishnâ jusqu'au cap Comorin, 200 lieues de côtes sur 50 à 60 de profondeur, et étendit son influence à un territoire cinq ou six fois plus vaste ; il gouvernait trente millions d'hommes avec un pouvoir absolu, et en tirait un revenu de 14 millions. Combattu par Lawrence et Clive, officiers anglais, que soutenaient de bonnes troupes, ainsi que les Mahrattes et les princes de Tandjaouar et de Mysore, il ne put faire triompher son candidat à la nababie du Karnate. Ces expéditions coûtaient beaucoup ; les marchands, dont Dupleix était l'agent, ne demandaient pas de la gloire et des conquêtes, mais des dividendes, et le gouvernement de Louis XV, qui eût dû voir ce que valait un pareil homme, mais que toute activité effrayait, ne le soutint pas et laissa signer, au honteux traité de Madras, l'abandon par les deux Compagnies de toutes leurs conquêtes : égalité apparente qui était ruineuse pour nous. Dupleix fut rappelé (1754). Il quitta en pleurant cette terre de l'Inde où il avait fait de grandes choses et mourut en France dans la misère (1763). Les Anglais ont dit de lui que, s'il avait été soutenu par son gouvernement, l'Inde serait à la France. C'est en pratiquant sa politique, qu'ils ont conquis un empire de deux cent cinquante millions d'âmes; leur armée indigène n'est qu'une copie de la petite armée que Dupleix avait organisée, comme la condition qu'ils ont faite aux princes indiens est celle qu'il avait commencé à leur imposer.

6. Lord Clive et Lally. — L'Angleterre ne perdit pas de temps à se mettre en possession de ce bel héritage que la France laissait tomber en déshérence et où le pavillon anglais ne couvrait encore qu'un petit nombre de forts.

Depuis quelques années était arrivé dans l'Inde un homme qui avait peu de naissance et encore moins de fortune, mais qui était bien résolu à se faire jour avec de l'audace, en se jetant au milieu des plus périlleuses aventures. Il avait obtenu la très-modeste fonction d'écrivain au service de la Compagnie; ne la remplissant pas au gré de ses chefs, ceux-ci pensaient à le renvoyer; il allait donc se trouver, avec de grosses dettes, fort mal en point. Il voulut sortir d'embarras par le suicide; deux fois le pistolet rata; il l'examina, reconnut que rien n'y manquait, et le jeta en disant : « C'est bien, il faut vivre; il paraît que j'ai quelque chose à faire en ce monde. » Les grands ambitieux, qui se croient si aisément nécessaires, ont souvent de ces petites superstitions. Clive laissa la plume et prit l'épée; il se signala bien vite par un courage téméraire que guidait cependant une habileté supérieure. En 1751, avec 300 cipayes et 200 Anglais, il enleva la ville d'Arcot, la défendit ensuite contre une armée et en battit une autre qui voulait lui reprendre sa conquête : l'obscur commis devenait un général renommé.

Lorsque la guerre de Sept ans éclata en Europe, les deux Compagnies française et anglaise stipulèrent la neutralité. Mais le nabab, ou vice-roi du Bengale, Sourâdja-Dowiah surprit le fort William et fit périr ses prisonniers anglais. Clive vengea ses compatriotes par la victoire de Plassey (1757), et remplaça le nabab renversé par un autre chef qui régna pour le compte des Anglais. Cette seule affaire valut à Clive 7 à 8 millions et trois fois autant à la Compagnie. Sourâdja-Dowiah avait été l'ami des Français, les Anglais rompirent la trêve en détruisant Chandernagor (1757), et la guerre entre les deux Compagnies recommença.

Le marquis de Bussy, ancien lieutenant de Dupleix, maintenait encore l'influence française. On le remplaça par le comte de Lally, Irlandais au service de la France. C'était un officier de talent et un homme de grand courage : il avait pour les Anglais une haine irlandaise ; mais il était emporté, violent, et se rendit odieux aux agents de la Compagnie, plus encore, il est vrai, par sa probité que par ses vices. Il s'était figuré que Pondichéry était bien pourvue, et qu'il serait parfaitement secondé de la Compagnie et des troupes. Il fut vite détrompé. Point d'argent dans les caisses, peu de munitions dans les forts, des noirs et des cipayes pour armée, des particuliers riches et la colonie pauvre ; nulle subordination. Cette déception alluma en lui une humeur qui sied mal à un chef et nuit toujours aux affaires. Il s'empara pourtant de Gondelour avec rapidité, mais il échoua devant Madras (1758). Après avoir défendu longtemps Pondichéry, il fut obligé de capituler, et la ville se trouva ruinée (1761). De retour en France, Lally fut accusé de haute trahison et odieusement mis à mort. On lui ferma la bouche avec un bâillon pour l'empêcher de parler au peuple, et il fut ainsi conduit à la Grève dans un tombereau (1766). Sa mémoire fut réhabilitée en 1778, à la sollicitation de son fils, Lally-Tollendal. Nos colonies de l'Inde orientale étaient perdues. La paix de 1763 rendit à la France Pondichéry, Karikal et Chandernagor, mais dépouillés de leurs territoires et de leurs fortifications. Lord Clive fut presque aussi malheureux que Lally. Renvoyé en 1764 dans l'Hindoustân avec de pleins pouvoirs, il força le Grand Mogol à abandonner à la Compagnie la perception des revenus du Bihâr du Bengale et de l'Orissa, sauf un tribut annuel de 750 000 francs. Mais, accusé plus tard dans les Communes de concussions, il ne voulut pas, quoique le rapport de la commission d'enquête, en parlant de ses fautes, eût parlé aussi de ses services, survivre à ce qu'il regardait comme une injustice, et il se tua (1774).

7. Hayder-Ali et Tippou-Sahib. — Les Anglais n'avaient plus aux Indes de concurrents européens; mais ils trouvèrent un adversaire redoutable dans Hayder-Ali, souverain de Mysore[1]. En 1769 ils firent avec lui une paix désavantageuse qui leur permit pourtant d'achever, en 1773, la conquête du Bengale. La Compagnie était alors sur le point de faire banqueroute; le gouvernement la secourut, à condition qu'il aurait le droit d'exercer une surveillance rigoureuse sur les affaires politiques.

Le règlement connu sous le nom d'*Act of regulation* (1773-1774) décida que les actionnaires dont les actions représentaient un capital de 1000 livres sterling et au-dessus seraient seuls admis à l'assemblée générale où étaient nommés les directeurs de la Compagnie, qui, de Londres, gouvernaient son empire indien. Le gouverneur du Bengale fut promu gouverneur général de toutes les possessions anglaises, avec autorité sur les chefs des trois autres présidences, Madras, Bombay et Agra. Un conseil suprême, investi de pouvoirs coercitifs, fut établi près de lui, et il ne put faire la paix ou la guerre, ni conclure un traité avec un prince indigène, que d'accord avec ce conseil. On créa une cour souveraine de justice, dont les membres furent nommés par la couronne, et la correspondance sur les affaires civiles et militaires dut être toujours communiquée à un des ministres anglais. Un bill de 1784 augmenta encore les droits de surveillance de l'Etat par l'institution d'un *board of control*, ou commission du gouver-

---

[1]. Le royaume de Mysore, dans le Dekhân, au nord-est du Malabar, entre les Ghattes orientales et les Ghattes occidentales; plus de trois millions d'habitants. capitale : Seringapatam dans une île du Kaveri, aujourd'hui dans la présidence de Madras.

nement, qui connut de toutes les affaires, reçut communication des dépêches écrites par le directeur et put en changer le contenu. Le soin des affaires commerciales resta seul aux actionnaires.

Cependant, Hayder-Ali, chassé du Bengale, avait fait alliance avec les Mahrattes[1] et le nizam du Dekhân[2] contre les Anglais. Cette coalition, formée au moment où la guerre venait d'éclater en Amérique, paraissait mettre les Anglais en péril (1778); mais nous n'avions plus de forces sérieuses aux Indes, et nous perdîmes promptement Chandernagor, Karikal et Pondichéry. Deux victoires d'Hayder-Ali furent inutiles (1780); et il subit, l'an d'après, une grande défaite. La France alors envoya à son secours le bailli de Suffren, un de ses meilleurs amiraux, qui battit les Anglais autant de fois qu'il les rencontra. Mais Hayder-Ali mourut la même année (1782); il laissait un digne successeur dans son fils, Tippou-Sahib, qu'on appela le Frédéric II de l'Orient : il fut du moins le représentant énergique de la nationalité indienne et un des hommes les plus remarquables de l'Asie moderne. Tippou-Sahib continua la guerre ; mais il perdit l'alliance française lorsque le traité de Versailles, réconciliant l'Angleterre et la France, rendit à cette puissance Pondichéry, Karikal, Chandernagor, et, à la Hollande, ses anciennes possessions, sauf Nagapatam (1783). Il signa alors le traité de Mangalore (1784).

En 1792 Tippou-Sahib recommença une guerre qu'il aurait rendue bien dangereuse pour les Anglais, si Bonaparte, qu'il appela de l'Egypte dans l'Inde, avait pu

---

1. Les Mahrattes au nord-ouest du Dekhân, dans les monts Vindhya et les Ghattes occidentales, assujettirent, vers le milieu du dix-huitième siècle, la plus grande partie de l'Inde moyenne et s'étendirent dans le nord du Dekhân d'une mer à l'autre. Leurs divers États formaient une confédération, dont les principales villes étaient Nâgapour et Pouna.

2. Nizam, c'est-à-dire *ordonnateur*, c'était le nom donné au gouverneur du Dekhân ou du Sud, sous le Grand Mogol. Il s'était rendu indépendant au centre de la presqu'île, entre les Mahrattes au nord et le Mysore au sud. — La Compagnie des Indes a été abolie en 1858, et ses domaines, égaux en étendue à l'Europe moins la Russie, ont été réunis à ceux de la couronne d'Angleterre.

percer jusqu'à lui. Il périt en 1799 sur la brèche de sa capitale Seringapatam. A partir de ce moment, les Anglais furent les véritables maîtres de l'Inde.

Les actionnaires de la Compagnie y firent fortune en exportant les produits et les denrées de ce pays (coton, sucre, etc.), mais la Compagnie y fit de mauvaises affaires, parce que l'entretien de l'administration et de l'armée lui coûta la meilleure partie des revenus qu'elle tirait de ses possessions territoriales, de ses douanes et du monopole du sel, plus tard de l'opium. Le gouvernement métropolitain fut obligé de lui venir plusieurs fois en aide ; en 1858, il se substituera à la société, que les Hindous, ne comprenant pas un tel mécanisme, appelaient *la vieille dame de Londres*. Depuis ce jour, les Anglais ont possédé dans cette vaste et riche contrée 250 millions de sujets.

Les premiers gouverneurs de la Compagnie avaient exploité ces malheureux avec une impitoyable cruauté. Clive avait beaucoup pillé ; un de ses successeurs, Warren Hastings, le surpassa et a mérité d'être appelé le Verrès moderne. Ses exactions donnèrent lieu à un procès fameux dont l'Angleterre retentit pendant sept années (1788-1795).

Cette grandeur de l'Angleterre, l'héroïsme sans doute l'a fondée, mais combien aussi y voit-on de rapacité mercantile, combien de perfidies et de sang ! Du moins les Anglais rachètent aujourd'hui ces commencements honteux de leur puissance dans l'Inde par les grands travaux qu'ils y exécutent : routes, canaux, chemins de fer, et par les bienfaits d'une administration prévoyante. La civilisation est comme le char du dieu Indra, elle avance en faisant d'innombrables victimes.

8. Régime colonial. — Au dix-septième siècle, on pensait que les colonies étaient fondées dans l'intérêt exclusif de leur métropole ; qu'elles devaient lui vendre tous leurs produits et lui acheter tous les objets dont elles avaient besoin. Les tenir dans la plus étroite dépendance, était la règle du régime colonial de ce temps, ou de ce qu'on appelait le système mercantile[1]. Maintenant, au contraire, la politique coloniale, consiste à laisser aux colons une grande liberté, même une liberté complète, comme l'Angleterre le fait au Canada et dans l'Australie. Le dix-septième siècle se tint à mi-chemin de l'une et de l'autre solution. Les métropoles n'abandonnèrent pas le principe du système mercantile; mais la prospérité croissante de leurs colonies les obligea de fermer les yeux sur le commerce de contrebande que les colonies firent d'abord entre elles et ensuite avec les colonies étrangères. Comme il est arrivé souvent, le contrebandier qui violait la loi établie, préparait cependant, par son intervention illégale et mauvaise, l'avénement d'une loi meilleure. L'Angleterre fut la première à reconnaître qu'il est de l'intérêt du gouvernement de laisser le plus libre essor au développement des forces individuelles, par conséquent de débarrasser l'industrie et le commerce de leurs entraves. Cette politique eut bientôt sa récompense; le pays qui l'inaugura devint le plus riche du monde, tandis qu'une politique contraire faisait de l'Espagne le plus pauvre État de l'Europe.

9. Voyages et découvertes. — La marine anglaise couvrit alors toutes les mers; elle se donna la mission de chercher les terres encore inconnues et d'aller scruter les coins les plus reculés de l'Océan, afin d'achever, après deux siècles, l'œuvre de Christophe Colomb et de Magellan.

Le premier en date, pour l'époque qui nous occupe, des navigateurs anglais qui cherchèrent des terres nouvelles, fut Dampier. C'était un de ces marins moitié marchands, moitié flibustiers qui, à la fin du dix-septième siècle et au commencement du dix-huitième, couraient le monde, en profitant des guerres entre les puissances européennes pour piller tantôt celle-ci et

---

[1]. Ce régime ne s'appliquait pas à l'Inde anglaise, qui était la propriété de la Compagnie et non pas une colonie de commerce.

tantôt celle-là. Après une vie vagabonde et nombre d'aventures, qu'il raconta dans un livre où se trouvaient de précieux renseignements sur la navigation dans le Grand Océan, l'amirauté lui confia un navire de douze canons, avec lequel il fit un voyage de découvertes, le long des côtes de l'Australie et de la Nouvelle-Guinée. Il reconnut la Nouvelle-Bretagne, la Nouvelle-Irlande, et un archipel de la Papouasie porte son nom.

Lord Anson fit le tour du monde de 1740 à 1743, plus en vue de la guerre que dans l'intérêt de la science. Il y gagna beaucoup pour sa fortune, par des prises heureuses, et pour sa gloire par de brillants combats, mais il ne fit gagner que fort peu de chose à la géographie : au contraire, le commodore Byron eut une mission scientifique ; il partit en 1764, avec deux vaisseaux pour chercher les terres qui pouvaient se trouver entre le cap de Bonne-Espérance et l'extrémité méridionale de l'Amérique. Il visita les îles Malouines (Falkland), découvrit les îles du Roi-George dans la mer du Sud et, au bout de deux ans, rentra en Angleterre : voyage peu utile par ses résultats, mais qui commença la longue et glorieuse liste des voyages entrepris dans le but d'accroître nos connaissances. A peine, en effet, était-il débarqué, que l'amirauté anglaise faisait partir, avec les mêmes instructions, Wallis, qui eut sous ses ordres trois navires, dont l'un, le *Swallow*, était commandé par Carteret. Wallis resta quatre mois dans le détroit de Magellan pour en lever la carte : « Région sauvage, dit-il, où au milieu de l'été le temps est froid et orageux ; où, presque partout, les vallées sont sans verdure, les montagnes sans bois ; enfin où la terre ressemble plutôt aux ruines d'un monde qu'à l'habitation d'êtres animés. » Sorti du détroit, il trouva les îles de la Pentecôte, d'Egmont, de Glocester, de Guillaume-Henri, et, le 19 juin 1767, un an avant Bougainville, il arrivait en vue de Taïti, « la reine de l'Océanie.» Il eut d'abord à en combattre les indigènes, et ensuite à se défendre des charmes de la « Nouvelle-Cythère. » De son côté Carteret, séparé de Wallis par un coup de vent, avait fait de nombreuses découvertes au sud de l'archipel des îles de la Société, dans celui de la Reine-Charlotte et les îles Gover et Carteret dans le nord-est de l'archipel *Salomon*.

L'amirauté ne se lassait pas. Carteret n'était pas encore de retour que, à la sollicitation de la Société royale de Londres, un navire, l'*Endeavour*, fut armé pour conduire à Taïti des astronomes qui y feraient l'observation du passage de Vénus sur le disque du Soleil[1]. Cook, qui avait débuté comme matelot, mais qui venait d'attirer sur lui l'attention par ses belles cartes du Saint-Laurent et de Terre-Neuve, en eut le commandement. Le docteur Solander, sir Joseph Banks, l'astronome Green, s'embarquèrent avec lui; la Société royale avait donné de minutieuses instructions. L'*Endeavour*, sorti de la Tamise le 13 août 1768, mouilla devant Taïti durant trois mois. Cette première partie de sa mission remplie, Cook se mit à la recherche du continent austral dont l'existence supposée préoccupait les esprits. Il acheva d'abord la reconnaissance des îles de la Société, puis employa six mois à relever la côte orientale de la Nouvelle-Zélande, dont Tasman avait vu la côte opposée. Il constata que le détroit, auquel les Anglais ont donné son nom et que Tasman avait pris pour un golfe, était un bras de mer partageant la Nouvelle-Zélande en deux îles. Il découvrit ensuite l'entrée du canal qui sépare la Terre de Van-Diemen de la Nouvelle-Hollande; il longea la côte orientale de cette grande île et faillit périr sur un écueil de corail qui troua son navire. Heureusement la pointe du rocher qui avait fait la blessure y était restée; Cook eut le temps de jeter son navire à terre et d'en fermer la plaie. Il passa ensuite entre le continent australien et la Nouvelle-

---

1. L'observation du passage de Vénus est d'une très-grande importance pour donner la mesure de la distance de la Terre au Soleil, mesure à laquelle toutes les autres mesures astronomiques se rapportent.

Guinée, au milieu des récifs de cette mer dangereuse, et rentra en Angleterre le 21 juin 1771.

Cette fois la moisson était abondante. Le public, le gouvernement, s'intéressaient à ces recherches, et, le 13 juillet 1772, Cook partait avec deux vaisseaux : la *Resolution* et l'*Adventure*, noms qu'il faut conserver comme on garde ceux des vaillants régiments qui se sont signalés dans les batailles. D'après ses nouvelles instructions, il devait consacrer tous ses efforts à pénétrer aussi loin qu'il lui serait possible dans le sud, où l'on s'obstinait à chercher un continent qui fît équilibre à la masse des terres arctiques. Durant trois années il se lança avec une indomptable persévérance au milieu des montagnes de glace et des brumes épaisses de l'Océan antarctique ; toujours la banquise, attachée aux flancs du continent mystérieux, ou flottant sur la surface des eaux, l'arrêtait ; il ne put dépasser que de quelques milles le 71e degré de latitude sud. Ses successeurs, plus heureux, sont arrivées jusqu'au 79e, et sur beaucoup de points, ont constaté l'existence de terres australes [1]. Cook n'en garde pas moins l'honneur d'avoir montré la route, révélé les précautions à prendre pour naviguer dans ces mers dangereuses et conserver la santé des équipages. Quand arrivaient les longues nuits du pôle, il remontait au nord, revoyait la Nouvelle-Zélande, les îles de la Société et, chemin faisant, découvrait quelque terre encore inconnue, comme la Nouvelle-Calédonie et les îles des Amis, où il recueillait une grande quantité d'observations de physique, d'histoire naturelle et d'anthropologie. A son retour, 3 juillet 1775, la Société royale de Londres, organe de l'admiration publique, l'admit à l'unanimité parmi ses membres, et le roi le nomma capitaine de vaisseau.

Le troisième voyage de Cook eut pour objet la recherche tant de fois tentée du passage du nord-ouest ;

[1] L'Anglais James Ross a vu, par 79e latitude sud, la terre *Victoria* et le volcan *Erebus*.

c'est-à-dire le passage de l'Atlantique dans le Pacifique, en tournant par le nord soit l'Asie, soit l'Amérique. Davis, au seizième siècle (1585-1605), Hudson, au commencement du dix-septième (1610), avaient pris par les mers du Groënland et y avaient été arrêtés. Cook attaqua le problème par le côté opposé, par le détroit de Behring. Il partit le 12 juillet 1776, sur la *Resolution*, revit la Nouvelle-Zélande, les îles de la Société et découvrit les îles Sandwich dont les naturels, à son grand étonnement, parlaient la même langue que les habitants des îles de la Société. Mettant le cap au nord-ouest, il toucha la côte d'Amérique non loin de l'Orégon, passa, sans les voir, devant les îles Vancouver, longea la presqu'île d'Alaska, les premières îles Aléoutiennes, et dépassa le détroit de Behring jusqu'au cap des Glaces, qu'il ne put franchir. Revenu hiverner aux Sandwich, il y fut tué par un indigène d'Owhihée au milieu d'une querelle qu'il voulait apaiser (15 févr. 1779). Cette fois encore le grand navigateur n'avait pas résolu le problème; c'est d'hier seulement que Nordenskjöld en a trouvé la solution; mais il rapportait encore des cartes du Grand Océan et du détroit de Behring qui sont d'une si parfaite exactitude, que les marins n'ont eu à y faire que fort peu de rectifications [1].

10. Sciences et Industrie. — On a vu, au chapitre XX, le mouvement scientifique de l'Europe au dix-huitième siècle. L'Angleterre y est représentée avec honneur, au commencement, par Newton; à la fin, par Herschell; au milieu, par l'astronome Halley, qui calcula la marche de la comète à laquelle on a donné son nom, et Bradley, qui découvrit l'aberration de la lumière; par les chimistes Cavendish et Priestley, qui se sont fait une place parmi les plus grands noms de la science, à côté de Lavoisier; par les médecins Jenner, qui découvrit la vaccine, et Cheselden, qui fit la première opération de la cataracte sur un aveugle-né. L'Angleterre eut de plus

[1]. Pour les navigateurs français, voyez chap. XL p. 254 et suiv.

un certain nombre d'ouvriers de génie qui firent une révolution dans la mécanique industrielle. Un simple tisserand, Arkwright, inventa la *Mull-Jenny*, ou métier à filer le coton ; Newcomen construisit la première machine à vapeur qui put être utilisée industriellement, et Watt en fit la machine moderne ; enfin on était sur le point de trouver le chemin de fer, les mineurs ayant déjà l'habitude de faire rouler leurs chariots sur des bandes de bois placées parallèlement et recouvertes d'une bande de fer. Nommons encore deux réformateurs de l'agriculture anglaise : l'économiste Arthur Young par ses livres, Bakewell, simple fermier à Dishley, qui a fondé la science du croisement des animaux et transformé tout le bétail de l'Angleterre.

Aidée par toutes ces découvertes, l'industrie anglaise devenait la première du monde, et le commerce trouvait dans les produits des manufactures et des usines de quoi charger ses innombrables navires. Le coton, la laine, la soie, les dentelles, le fer ouvré, étaient les principaux objets d'exportation. Les produits agricoles donnaient une telle valeur aux terres qu'un domaine rapportant, sous le règne de Henri VIII, 8 livres sterling était en 1780 affermé 160 livres sterling, ou vingt fois la rente primitive.

CHAPITRE XXV.

PROGRÈS ET SOULÈVEMENT DES COLONIES D'AMÉRIQUE;
GUERRE DE L'INDÉPENDANCE DES ÉTATS-UNIS;
TRAITÉ DE VERSAILLES;
CONSTITUTION AMÉRICAINE DE 1787.

1. Origine des colonies anglaises d'Amérique. — 2. Gouvernement des colonies anglaises d'Amérique. — 3. Causes de l'insurrection des colonies. — 4. Guerre d'Amérique (1775-1783). — 5. Combat de Lexington (1775); Washington. — 6. Déclaration d'indépendance (1776). — 7. Les Anglais prennent New-York et Philadelphie (1777). — 8. Secours indirects de la France. — 9. Alliance des Américains avec la France (1778). — 10. Le bill conciliatoire. — 11. Bataille navale d'Ouessant (1778). — 12. Succès balancés (1778). — 13. L'Espagne se réunit à la coalition contre l'Angleterre (1779). — 14. Prise de Charlestown par les Anglais (1780). — 15. La neutralité armée. — 16. Succès du comte de Grasse et du bailli de Suffren. — 17. Bataille des Saintes. — 18. Siège de Gibraltar. — 19. Traité de Versailles (1783). — 20. Constitution américaine de 1787.

1. Origine des colonies anglaises d'Amérique. — Les Anglais n'avaient pas compté sur l'Hindoustân, et l'Hindoustân est pour eux une mine féconde de richesses. Ils avaient compté sur des colonies moins opulentes, il est vrai, mais plus rapprochées, et il se trouve aujourd'hui que ces colonies sont libres, qu'elles se sont enrichies pour leur propre compte, qu'elles forment une puissance considérable et qu'elles disputent à leur mère patrie la supériorité commerciale et maritime.

Au seizième siècle, les Anglais firent plusieurs voyages de découvertes sur le littoral de l'Amérique du Nord et, au dix-septième, quelques tentatives de colonisation, principalement sous Walter Raleigh dans la province

---

1. *Vie de Washington et fondation de la république des États-Unis*, par M. Guizot; *Mémoires de la Fayette*; Bancroft, *History of the United States*.

qu'il nomma la Virginie en l'honneur de la reine Élisabeth. On croyait trouver sur ce littoral des mines d'or et d'argent, comme au Mexique, et en 1606 deux compagnies dites *de Londres* et *de Plymouth* se formèrent pour les exploiter. Jacques leur partagea les contrées situées entre le 34° et le 45° degré de latitude. La première eut la Virginie, où elle fonda Jamestown, la seconde, la Nouvelle-Angleterre. On ne découvrit point de métaux précieux; mais la pêche de la baleine sur les côtes du Groënland, celle de la morue à Terre-Neuve, firent prendre à la marine anglaise l'habitude de pratiquer ces parages, et les riches terres de la Virginie, où la culture du tabac prit rapidement de l'importance, attirèrent des colons; l'intolérance du gouvernement en donna aux terres du Nord. En 1618 des puritains fuyant la vieille Angleterre où ils étaient persécutés s'établirent au pied du cap Cod, non loin du lieu où Boston s'éleva quelques années après. En même temps les Bermudes et une partie des Antilles furent occupées; en 1627 la colonie du *Massachusetts* fut organisée; puis vinrent celles du *New-Hampshire* et du *Maine* (1630, réuni au Massachusetts en 1677), du *Maryland*, cédé en 1632 à un Irlandais, lord Baltimore, qui y établit deux cents gentilshommes catholiques, du *Connecticut* (1635), de *Rhode-Island* (1636). Sous Cromwell, les Anglais enlevèrent aux Espagnols la Jamaïque, et, un peu plus tard, aux Hollandais, la Nouvelle-Belgique, dont ils firent trois provinces : *New-York*, *New-Jersey* et *Delaware* (1667). Charles II encouragea par politique les mouvements d'émigration que son père avait provoqué par ses violences. Il donna la *Caroline*, qui fut partagée plus tard en deux provinces, à huit lords anglais et fit une pareille donation à William Penn, qui appela *Pennsylvanie* le pays où il s'établit (1682). Par le traité d'Utrecht l'Angleterre acquit l'Acadie ou *Nouvelle-Écosse*, Terre-Neuve et la baie d'Hudson (1713). La *Géorgie* ne fut occupée qu'en 1733.

2. Gouvernement des colonies anglaises d'Amérique. — Toutes ces colonies, fondées aux frais des particuliers, et n'étant pas tenues comme les nôtres à la lisière par le gouvernement métropolitain, se développèrent rapidement. Les colons anglais qui n'étaient que quatre mille en 1630, formaient en 1660 une population de deux cent mille âmes ; le Canada, colonisé beaucoup plus tôt, n'avait atteint à la même époque que le chiffre de onze à douze mille âmes. C'est qu'au berceau des colonies anglaises s'est fixée la liberté religieuse, civile et commerciale, tandis que le monopole et la plus étroite dépendance enlacèrent le Canada. Elles s'ouvraient à tous venants, et il n'y avait pas de parti vaincu dans les révolutions de la métropole qui ne trouvât en Amérique un asile prêt à le recevoir : la Nouvelle-Angleterre, dont le code s'appelait *the bodies of liberties*, pour les têtes-rondes et les républicains ; la Virginie pour les cavaliers, le Maryland pour les catholiques.

Il y avait trois sortes de gouvernements, les gouvernements à charte, les gouvernements royaux, les gouvernements de propriétaires. Dans les premiers (Massachusetts, Connecticut et Rhode-Island), les colons exerçaient par leurs agents ou leurs représentants les pouvoirs législatif, exécutif et judiciaire. Dans les seconds (Virginie, New-York, les Carolines, la Géorgie, le New-Hampshire et New-Jersey), le gouverneur et tous les fonctionnaires étaient nommés par le roi, mais les assemblées législatives étaient électives. Dans les troisièmes (Maryland, Delaware, Pennsylvanie), les propriétaires avaient le pouvoir législatif et le pouvoir exécutif. Là aussi cependant existaient des assemblées législatives, nommées en partie par les propriétaires, en partie par le peuple ; de sorte que, développé ou restreint, le système représentatif existait partout dans les colonies anglaises, tandis que les Français du Canada n'avaient pu même obtenir de nommer à Québec un syndic ou maire, « n'étant pas bon, écrivait Colbert, que personne parle pour tous. » L'imprimerie, qui ne fut introduite dans notre colonie qu'en 1764, après que nous l'eûmes perdue, existait dès 1638 dans le Massachusetts; une loi de cette province exigeait sous peine d'amende qu'il y eût une école primaire par chaque réunion de cinquante feux et une école de grammaire dans chaque bourg de cent. Un collège pour les hautes études fut fondé en 1638 « afin, disaient-ils, que les lumières de nos pères ne soient pas ensevelies avec eux dans leurs tombeaux[1]. »

Les colonies avaient eu d'abord pleine liberté commerciale. Cromwell la leur retira ; mais elles ne se conformèrent jamais que très-imparfaitement à ces lois restrictives, surtout la plus florissante de toutes, le Massachusetts, qui répondait aux ministres de Charles II : « Le roi peut étendre nos libertés, mais n'a pas pouvoir de les restreindre. » Les Stuarts faisaient à ce moment les plus sérieux efforts pour relever en Angleterre le pouvoir absolu ; ils l'établirent aux colonies. Le Massachusetts perdit sa charte ; la révolution de 1688 la lui rendit.

3. Causes de l'insurrection des colonies. — En 1739 on avait insinué à Walpole l'idée de taxer les colonies : « J'ai déjà contre moi toute la vieille Angleterre, avait-il répondu, voulez-vous que je fasse encore de la jeune mon ennemie ? » Mais la guerre de Sept ans, si favorable politiquement à l'Angleterre, avait porté sa dette à 2 milliards et demi qui exigeaient un intérêt annuel de 88 millions de francs. Après la guerre de Sept ans, sous le ministère de lord Grenville, beau-frère du premier Pitt, le parlement établit pour les colonies d'Amérique l'impôt du *timbre*, qui les forçait à employer dans les actes un papier timbré à Londres et vendu fort cher (1765) ; l'opposition que souleva cet impôt obligea le ministère de le révoquer l'année suivante.

---

[1]. Les autres provinces suivirent l'exemple du Massachusetts, excepté la Virginie, dont le gouverneur disait au ministre de Charles II : « Dieu merci, il n'y a dans la colonie ni école libre ni imprimerie, et j'espère bien que nous n'en aurons d'ici à trois siècles, car les connaissances ont légué au monde la rébellion, l'hérésie avec toutes les sectes, et l'imprimerie les a répandues ! »

On le remplaça par un impôt sur le verre, sur le papier, sur le thé (1767). Les colons, alléguant le grand principe de la constitution anglaise que nul citoyen n'est tenu de se soumettre aux impôts qui n'ont pas été votés par ses représentants, refusèrent de payer ces droits, et quatre-vingt-seize villes formèrent la convention de Boston dont les membres s'engagèrent à n'acheter aucune marchandise anglaise tant qu'il ne serait pas fait droit à leurs plaintes. Dans la seule année 1769, les exportations anglaises pour l'Amérique diminuèrent de plus de 15 millions. Lord North, ministre d'Angleterre, voyant le commerce baisser, proposa la révocation des nouvelles taxes, excepté de l'impôt sur le thé. Cette demi-concession ne satisfit personne : les habitants de Boston jetèrent à la mer trois cargaisons de thé venues de Londres (18 déc. 1773), et le ministre frappa la ville d'interdit. Un congrès général des colonies s'ouvrit alors à Philadelphie (5 sept. 1774), on adressa au roi une requête qui fut inutile; et, malgré l'éloquente opposition de William Pitt, qui voulait à la fois la liberté américaine et l'intégrité de l'empire britannique, les colons furent déclarés rebelles.

4. Guerre d'Amérique (1775-1783). — La guerre se fit sur trois points : dans le Nord-Est, aux environs des importantes places de Boston, de New-York et de Philadelphie; dans le Nord-Ouest, vers le Canada, que les Américains essayèrent d'attirer dans leur mouvement, et d'où les Anglais partirent pour prendre à revers les colonies, qu'ils menaçaient de front du côté de l'Atlantique; enfin dans le Sud, autour de Charlestown, dans la Caroline méridionale, où les Anglais, avec leur flotte, avaient toute facilité de porter la guerre, ce qui obligeait les Américains à diviser leurs forces et à faire parcourir à leurs troupes d'énormes distances. Quand la France prit part à la lutte, elle s'étendit à toutes les mers.

5. Combat de Lexington (1775); Washington. — L'ouverture des hostilités fut marquée par un succès qui éleva le cœur des insurgents : les milices américaines battirent, à Lexington, près de Boston, un détachement anglais (1775), et 30 000 hommes assiégèrent le général Gage dans cette ville. C'était une multitude, et non pas une armée. Pour l'organiser, le Congrès nomma généralissime un riche planteur de la Virginie, qui s'était distingué dans la guerre de Sept ans, contre les Français du Canada, George Washington. Pendant qu'il y mettait la discipline et qu'il en soutenait l'ardeur, les colons de l'Ouest envahissaient le Canada et prenaient Montréal ; mais leur chef, Montgomery, fut tué au siège de Québec. Carleton les repoussa de cette ville et les chassa de la province. La prise de Boston par Washington (17 mars 1776) n'était pas une compensation suffisante.

6. Déclaration d'indépendance (1776). — Cependant le congrès de Philadelphie ne craignit pas de rompre irrévocablement avec l'Angleterre en proclamant l'indépendance des treize colonies, qui se réunirent en une confédération, où chaque État conserva toutefois sa liberté religieuse et politique (4 juillet 1776). Dans cette déclaration se remarquaient les principes suivants, qui semblaient sortir du sein de la philosophie française : « Tous les hommes ont été créés égaux ; ils ont été doués, par le Créateur, de certains droits inaliénables ; pour s'assurer la jouissance de ces droits, les hommes ont établi parmi eux des gouvernements dont la juste autorité émane du consentement des gouvernés ; toutes les fois qu'une forme de gouvernement quelconque devient destructive des fins pour lesquelles elle a été établie, le peuple a le droit de la changer et de l'abolir. »

7. Les Anglais prennent New-York et Philadelphie (1777). — Le ministère anglais avait acheté aux princes allemands 17 000 mercenaires. Les volontaires américains, sans magasins, sans ressources, ne purent d'abord tenir tête aux vieux régiments, bien munis et bien payés, qu'on dirigeait contre eux. Howe prit New-

York, Rhode-Island, et fit essuyer à Washington, près de la rivière Brandywine, un échec qui découvrit Philadelphie. Le découragement se mit dans l'armée de Washington; on vit les rares partisans que conservait l'Angleterre, les royalistes, s'agiter, et quelques États chanceler dans leur fidélité nouvelle pour l'Amérique. Le Congrès abandonna même Philadelphie, où Howe entra le 11 septembre, et se retira à Baltimore, dans le Maryland. Mais le général américain savait conserver, au milieu des plus rudes épreuves, l'audace tempérée qu'exigeait une pareille guerre. Dès le 30 octobre, il avait repris l'offensive à Germantown, et, s'il n'avait pas été vainqueur, il n'avait pas non plus éprouvé de défaite. Cette constance sauva son pays; car en retenant ainsi Howe autour de la baie de la Chesapeak, il l'empêcha de tendre la main à Burgoyne qui descendait avec une belle armée du Canada. Les milices de l'Ouest auxquelles Washington avait joint quelques-unes de ses meilleurs troupes, arrêtèrent Burgoyne à Saratoga, le 19 septembre, l'enveloppèrent, et l'obligèrent, le 17 octobre, à mettre bas les armes.

8. Secours indirects de la France. — La France avait accueilli avec enthousiasme une révolution où elle se reconnaissait. Elle recevait dans ses ports les corsaires américains, et la Hollande leur vendait des munitions. Pour déterminer la France à changer cette assistance indirecte en alliance, les États-Unis lui envoyèrent une députation à la tête de laquelle était l'illustre Franklin, et qui, pendant son séjour à Paris, fut l'objet d'une ovation perpétuelle. La jeune noblesse, exaltée par les idées philosophiques et toute au désir d'effacer la honte de la guerre de Sept ans, de combattre l'odieuse rivale, demandait à partir en foule pour l'Amérique. Le marquis de la Fayette, à peine âgé de vingt ans, quitta sa jeune femme enceinte, et fréta lui-même un vaisseau qu'il chargea d'armes. Mais le gouvernement redoutait une rupture avec l'Angleterre. Turgot avait demandé qu'on restât neutre, prévoyant bien que l'Angleterre gagnerait plus à reconnaître l'indépendance de ses colonies qu'à les tenir frémissantes sous le joug. De Vergennes, d'accord avec le cabinet de Madrid, se contenta d'envoyer d'abord des secours indirects : il avança secrètement à Beaumarchais l'argent nécessaire pour qu'il expédiât aux colons les armes et les munitions qui leur manquaient.

9. Alliance des Américains avec la France (1778). — La défaite de Saratoga détermina Louis XVI à céder aux instances de Franklin et de ses ministres. Le 6 février 1778 Vergennes signa avec les États-Unis un traité de commerce, corroboré d'une alliance offensive et défensive, si l'Angleterre déclarait la guerre à la France. L'ambassadeur anglais fut aussitôt rappelé.

10. Le bill conciliatoire. — Lord North, pour conjurer le péril, offrit aux colonies, par le bill conciliatoire, plus qu'elles n'avaient demandé au début de la guerre : il était trop tard. Les Américains rejetèrent toute concession qui n'allait pas jusqu'à la reconnaissance de leur indépendance, et la guerre continua.

11. Bataille navale d'Ouessant (1778). — La France heureusement avait passé par les mains de Choiseul, qui avait relevé sa marine. Une flotte de douze vaisseaux et de quatre frégates partit de Toulon pour l'Amérique (1778) sous le comte d'Estaing; une autre se forma à Brest pour combattre dans les mers d'Europe; enfin une armée se prépara à faire une descente en Angleterre. Le combat de la frégate *la Belle-Poule*, qui démâta une frégate anglaise, ouvrit glorieusement les hostilités; et le comte d'Orvilliers, sorti de Brest avec trente-deux vaisseaux, tint la fortune indécise, dans la bataille d'Ouessant, contre l'amiral Keppel (27 juillet). L'Angleterre fut effrayée de voir la France reparaître sur mer à armes égales, et traduisit son amiral devant un conseil de guerre. N'avoir pas saisi la victoire, c'était pour elle avoir été vaincue.

12. Succès balancés (1778). — En Amérique, Clinton, menacé d'être enveloppé dans Philadelphie par l'armée de Washington et par la flotte française du comte d'Estaing, se replia sur New-York, où il ne rentra qu'après un échec essuyé à Monmouth. Pour diviser les forces qui le poursuivaient, il envoya le colonel Campbell dans la Géorgie, et la guerre s'étendit alors aux colonies du Sud. Elle atteignit les Antilles; le marquis de Bouillé y prit la Dominique, mais les Anglais s'emparèrent de Sainte-Lucie que d'Estaing ne put retrouver. Aux Indes, nous perdîmes Pondichéry.

13. L'Espagne se réunit à la coalition contre l'Angleterre (1779). — On recueillit alors les fruits de la politique du duc de Choiseul, qui avait renoué l'alliance de la France avec l'Espagne. Cette puissance offrit sa médiation, que l'Angleterre rejeta. Poussée par le comte de Vergennes qui lui montrait Gibraltar, Minorque et les Florides, à reconquérir, elle déclara la guerre à l'Angleterre et réunit sa marine à celle de la France (1779). Le comte d'Orvilliers, avec soixante-six vaisseaux de ligne, cingla sur Plymouth; une tempête, qui dispersa sa flotte, épargna à l'Angleterre quelque désastre. La France se consola d'avoir perdu le fruit de ce grand armement par la prise de la Grenade, que d'Estaing, après une victoire sur l'amiral Byron, enleva, en sautant le premier dans les retranchements ennemis.

Cet événement eut à Paris un retentissement considérable. L'amiral Rodney s'y trouvait alors, retenu pour des dettes qu'il ne pouvait solder. Un jour qu'il dînait chez le maréchal de Biron il traita avec dédain les succès des marins français, disant que, s'il était libre, il en aurait bientôt raison. Le maréchal paya aussitôt ses dettes : « Partez, monsieur, lui dit-il; allez essayer de remplir vos promesses; les Français ne veulent pas se prévaloir des obstacles qui vous empêchent de les accomplir. »

Cette générosité chevaleresque nous coûta cher; Rodney faillit tenir parole. Il battit une flotte espagnole, ravitailla Gibraltar, qu'une armée franco-espagnole assiégeait, et alla aux Antilles livrer, l'année suivante (1780), trois combats au comte de Guichen. Mais le comte retint la victoire indécise et enleva, à son retour en Europe, un convoi anglais de soixante bâtiments, avec un butin de 50 millions.

14. Prise de Charlestown par les Anglais (1780). — L'année 1780 fut favorable aux armes anglaises. La diversion tentée par Clinton dans le Sud avait réussi : la Géorgie était occupée. Ce succès l'enhardit à tenter une autre entreprise. Il voyait les Américains, déjà lassés de la guerre, se reposer sur la France et l'Espagne du soin de les sauver, et Washington réduit à l'inaction par la misère de son armée. Il quitta New-York avec une partie de ses forces, emporta Charlestown, dans la Caroline du Sud, où il fit 5000 Américains prisonniers, et y laissa Cornwallis, qui battit tous ceux que le Congrès chargea de recouvrer cette province.

15. La neutralité armée. — Un échec du comte d'Estaing devant Savannah, dont il voulut s'emparer avant que la brèche fût ouverte, compromit un moment la cause américaine. Mais une vaste coalition se formait contre le despotisme maritime de l'Angleterre. Pour empêcher la France et l'Espagne de recevoir des régions du Nord les munitions navales nécessaires à leurs arsenaux, les Anglais arrêtaient et visitaient les bâtiments neutres. De là mille vexations, des abus et la ruine du commerce des neutres. Catherine II, la première, proclama (août 1780) la franchise des pavillons, à la condition qu'ils ne couvriraient pas la contrebande de guerre, poudre, boulets, canons, etc. ; et, pour soutenir ce principe, elle proposa un plan de neutralité armée qui fut successivement accepté par la Suède et le Danemark, la Prusse et l'Autriche, le Portugal, les Deux-Siciles et la Hollande [1]. L'Angleterre déclara aussitôt la guerre à

---

[1]. La ligue se proposait de défendre les principes dont la France a obtenu la reconnaissance par l'Angleterre (1854) : le pavillon couvre la marchandise, par conséquent, liberté absolue du commerce des neutres, excepté pour la contrebande de guerre qui servirait à l'ennemi ; le neutre peut aller partout, excepté dans les ports bloqués par une force effective ; le neutre doit subir la visite, s'il n'est pas convoyé par un bâtiment de guerre ; mais le visiteur doit se tenir à portée de canon et n'envoyer qu'un canot monté par trois hommes.

la Hollande, la plus faible et la plus vulnérable des puissances neutres. Rodney se jeta sur Saint-Eustache, une de ses colonies, où il fit une prise de 16 millions, que le brave Lamotte-Piquet ravit en vue des côtes d'Angleterre.

16. Succès du comte de Grasse et du bailli de Suffren. — L'Angleterre plia sous le faix. La France ayant envoyé aux Américains une armée sous Rochambeau et de l'argent, les alliés eurent une suite de victoires (1781). Les Espagnols prirent Pensacola, dans la Floride, et le comte de Grasse désola les Antilles anglaises. « Il a 6 pieds, disaient de lui nos marins, et 6 pieds 1 pouce les jours de bataille. » Ses victoires contribuèrent à celles que Washington, Rochambeau et la Fayette remportèrent sur le continent américain. Le 11 octobre 1781, ils forcèrent le général Cornwallis à capituler dans Yorktown, avec 7000 hommes, six vaisseaux de guerre et cinquante bâtiments marchands. C'était la seconde armée anglaise qui, dans cette guerre, était faite prisonnière. Ce fait d'armes fut décisif pour l'indépendance américaine. Les Anglais, qui occupaient encore New-York, Savannah, Charlestown, ne firent plus que s'y défendre. En même temps le marquis de Bouillé leur enlevait Saint-Eustache ; le duc de Crillon, Minorque, et Suffren, un de nos plus grands hommes de mer, envoyé aux Indes orientales pour sauver les colonies hollandaises, y gagnait quatre victoires navales (fév.-sept. 1782). Déjà il formait, avec Hayder-Ali, sultan de Mysore, de vastes plans pour la destruction de la domination anglaise sur ce continent, quand la paix vint l'arrêter.

17. Bataille des Saintes. — Dans les Antilles, les Anglais ne conservaient d'autre ville importante que la Jamaïque. De Grasse voulut la leur enlever en 1782 ; mais, attaqué par des forces supérieures, sous Rodney, il fut battu et pris : à son bord il n'y avait que trois hommes qui ne fussent point blessés. Cette bataille des Saintes, qui fut sans résultats fâcheux, eut une grande importance dans l'opinion. On oublia que c'était la première, dans cette guerre, que nous perdions.

18. Siège de Gibraltar. — L'habile défense de Gibraltar contre les forces réunies de la France et de l'Espagne, fut un autre échec. Ce siège avait soulevé une attente universelle. Un frère de Louis XVI, le comte d'Artois, avait obtenu du roi la permission de s'y rendre. 20 000 hommes et quarante vaisseaux bloquaient la place; deux cents bouches à feu, du côté de la terre, et dix batteries flottantes, ouvrirent, le 13 septembre, un feu épouvantable contre ce rocher que défendaient sa redoutable position et le courage du gouverneur anglais Elliot[1]. La place, attaquée comme nulle autre ne l'avait encore été, se trouva bientôt aux abois. Elle avait vainement lancé six cents boulets rouges contre les batteries flottantes, lorsqu'un de ces derniers projectiles entra sans qu'on s'en aperçût dans le bordage de *la Tailla Pedra*, où toutes les précautions recommandées par l'inventeur n'avaient pas été prises, y chemina silencieusement, arriva aux poudres et la fit sauter. L'incendie gagna les batteries voisines, et les Espagnols, sous prétexte d'empêcher les Anglais de s'emparer des autres, y mirent le feu. 12 000 hommes périrent à ce siège, et Gibraltar resta aux Anglais.

19. Traité de Versailles (1783). — Cependant l'Angleterre avait perdu son renom d'invincible sur les mers, prodigieusement souffert dans son commerce, accru sa dette de 2 milliards et demi. Lord North, chef du parti de la guerre, quitta le ministère et fut remplacé par les whigs (1782), qui firent porter au cabinet de Versailles des propositions de paix. La France, de son côté, avait dépensé 1400 millions; au moins avait-elle obtenu un

---

1. Ces batteries, inventées par le colonel d'Arçon, étaient formées par des vaisseaux rasés, recouverts d'un triple toit à l'épreuve de la bombe et garnis d'un bordage épais. Une humidité suffisante constamment entretenue prévenait le danger des projectiles incendiaires. Mais le prince de Nassau négligea, sur *la Tailla Pedra*, les précautions recommandées par d'Arçon. L'idée du colonel d'Arçon a été reprise de nos jours et avec succès; seulement le développement de notre industrie a permis de substituer le fer au bois, c'est-à-dire de rendre ces terribles machines vraiment invulnérables.

grand et noble résultat : l'indépendance des États-Unis. La paix fut signée le 3 septembre 1783. Elle était honorable pour la France, qui faisait effacer le honteux article du traité d'Utrecht relatif à Dunkerque ; obtenait pour l'Espagne Minorque, pour elle-même Chandernagor, Pondichéry, Karikal, Mahé et Surate, aux Indes ; Tabago et Sainte-Lucie, aux Antilles ; les îlots de Saint-Pierre et Miquelon, avec le droit de pêche à Terre-Neuve ; enfin Gorée et le Sénégal, en Afrique. Cette guerre fut le dernier triomphe de l'ancienne monarchie.

La paix ne termina pas les travaux de Washington ; il eut à apaiser les murmures de ses soldats, qui se crurent oubliés du moment qu'ils n'étaient plus utiles. Leur sort réglé, il donna sa démission, et, simple particulier sur les bords du Potomac, à l'ombre de sa vigne et de son figuier, il vécut tranquille dans sa maison de Mount-Vernon, en Virginie, avec la gloire d'avoir fondé l'indépendance de sa patrie, et conquis le nom le plus pur des temps modernes.

L'Angleterre perdait par l'affranchissement des États-Unis une grande partie de ses colonies en Amérique ; mais elle y conservait la Nouvelle-Bretagne et les Antilles ; elle avait des comptoirs à la côte occidentale d'Afrique ; elle s'ouvrait un monde nouveau dans l'Océan Pacifique, où elle établit, en 1787, à Botany-Bay, un lieu de déportation ; enfin elle continuait de s'agrandir aux Indes ; de sorte que, malgré ses défaites, elle restait la première puissance maritime et coloniale du monde. D'ailleurs, si elle a perdu par cette guerre un immense territoire, elle y a aussi gagné un immense marché pour le placement de ses produits et l'achat des matières premières que son industrie met en œuvre. Ses anciennes colonies sont aujourd'hui la seconde puissance marchande du monde, et leurs relations les plus étendues sont avec l'Angleterre.

20. Constitution américaine de 1787. — Avant l'indépendance, les États de l'Union n'avaient d'autre lien entre eux que la souveraineté de l'Angleterre, et ils se gouvernaient chacun d'après la charte que la Couronne leur avait octroyée au moment de leur établissement. La confédération qui se forma pour la guerre limita, sans la détruire, l'indépendance des États : ils conservèrent leur législation et leur administration particulières. La paix faite, on voulut sortir du provisoire. Une *convention*, réunie à Philadelphie, le 25 mai 1787, sous la présidence de Washington, arrêta une constitution que, le 17 septembre, elle envoya au *Congrès* pour être communiquée par lui aux divers États. Dix sur treize l'avaient déjà acceptée en 1788; le 4 mars de l'année suivante elle fut mise en pratique.

Le nouveau gouvernement fédéral se composa d'un président élu pour quatre années et de deux Chambres. Il eut dans ses attributions la paix, la guerre, la diplomatie, les traités, la monnaie, la police, les postes et la conciliation des différends d'État à État. Il devait « de temps en temps » présenter au Congrès un rapport sur l'état de l'Union et appeler son attention sur les mesures qui lui paraissaient nécessaires.

Pour l'élection du président, chaque État nomme des électeurs en nombre égal au chiffre des députés et des sénateurs qui le représentent au Congrès. Ces électeurs votent le même jour dans tous les États par bulletin portant deux noms de candidats. Les votes sont envoyés, sous pli cacheté, au président du Sénat qui, en présence des deux Chambres, proclame celui qui a obtenu le plus de voix. Lorsque aucun des candidats n'a réuni la majorité, la Chambre des représentants choisit le président parmi les trois candidats ayant obtenu le plus de voix. Si le président meurt avant la fin des quatre années de son pouvoir, il est remplacé par le vice-président, jusqu'à l'expiration du terme fixé par la constitution.

Le président et le Sénat nomment tous les fonctionnaires fédéraux, y compris les juges du tribunal suprême. Ceux qui occupent des emplois du gouvernement ne peuvent siéger dans les Chambres.

La Chambre des représentants est élue pour deux ans à raison d'un député pour trente mille âmes au moins[1], par les citoyens ayant soit un revenu de 65 à 100 francs, soit une propriété de 700 à 1200 francs, payant une taxe à l'État ou servant dans la milice[2]. Sont exclus du vote, les mendiants, les hommes poursuivis criminellement et les hommes de couleur. Pour être député, il faut avoir 25 ans au moins et être citoyen américain depuis sept années. La Chambre a seule le pouvoir de mettre en accusation les fonctionnaires publics, mais c'est le Sénat qui prononce sur ces accusations.

Le Sénat est élu pour six ans par les assemblées législatives des différents États à raison de deux membres par État. Il participe au pouvoir exécutif par la surveillance qu'il exerce sur le gouvernement et par l'assentiment qu'il doit donner aux traités, etc. Les sénateurs auront au moins 30 ans et devront avoir joui depuis neuf ans des droits de citoyens. Les membres du Congrès reçoivent une indemnité et sont inviolables durant la session, à moins d'un crime de haute trahison; ils ne pourront être poursuivis pour les discours prononcés dans les Chambres. Il leur est interdit d'accepter un emploi pendant la durée de leur mandat. Les *bills* de finances sont votés par la Chambre basse, mais le Sénat peut les modifier par des amendements. Pour qu'un bill ait force de loi, après le vote des deux Chambres, il faut qu'il soit accepté par le président. S'il le repousse, il ne peut devenir exécutoire qu'après avoir réuni les 2/3 des voix dans les deux Chambres.

La liberté de conscience, de la presse et de l'enseignement fut absolument garantie et il n'y eut pas de culte

---

[1]. Ce minimum s'est successivement accru. Aujourd'hui, il y a un représentant pour 131 425 habitants.
[2]. Les conditions requises pour l'électorat variaient d'État à État, et ont été à présent, remplacées par le suffrage universel.

salarié. Malgré cette égalité, la race noire continua à être tenue en dehors de la société civile, et l'esclavage se conserva dans les États du Sud jusqu'à la guerre de sécession (18 décembre 1865, abolition de l'esclavage dans les États-Unis).

Une clause importante de la constitution est celle qui tout en la déclarant revisable contient la réserve suivante : « Aucun État ne sera privé sans son consentement de l'égalité de suffrages dans le Sénat. »

CHAPITRE XXVI.

LOUIS XVI; TURGOT ET MALESHERBES; RÉFORMES;
POLITIQUE EXTÉRIEURE; VERGENNES;
CALONNE ET BRIENNE; NECKER; ASSEMBLÉE
DES NOTABLES; CONVOCATION DES ÉTATS GÉNÉRAUX[1].

1. Louis XVI. — 2. Vergennes, Malesherbes et Turgot (1774-1776). — 3. Réformes de Turgot, opposition des privilégiés. — 4. Faiblesse du roi. — 5. Renvoi de Turgot (1776); suppression de ses réformes. — 6. Necker (1776-1781). — 7. Affaires extérieures. — 8. Progrès des sciences. — 9. Mort de Voltaire et de Rousseau (1778). — 10. Découverte des aérostats (1783). — 11. Le magnétisme. — 12. L'illuminisme. — 13. Francs-Maçons. — 14. La reine Marie-Antoinette. — 15. Calonne (1783-1787). — 16. Les notables (1787). — 17. Ministère de Brienne (1787-1788). — 18. Second ministère de Necker (1788-1789). — 19. Convocation des états généraux.

1. Louis XVI. — Le nouveau roi, petit-fils de Louis XV, n'était âgé que de vingt ans. C'était un prince de mœurs pures, d'un esprit peu étendu, d'une timidité extrême de caractère et de parole; aimant le bien, le voulant; malheureusement trop faible pour savoir imposer sa volonté à son entourage. Lorsqu'il était encore dauphin, il avait dit un jour aux courtisans qui lui reprochaient son humeur morose, au milieu de la folle cour de son aïeul : « Je veux être appelé Louis le Sévère. » Et l'histoire, lui cherchant un surnom, ne trouverait que celui qu'elle a donné au fils de Charlemagne.

2. Vergennes, Malesherbes et Turgot. — D'abord il remit au peuple le don de joyeux avènement; il ré-

---

[1] Droz, *Histoire du règne de Louis XVI pendant les années où l'on pouvait prévenir ou diriger la révolution française*; Lacretelle, *Histoire du dix-huitième siècle*; Paul Boiteau, *État de la France en 1789*; de Tocqueville, *L'Ancien régime et la Révolution*.

forma la loi qui rendait les taillables solidaires du payement de l'impôt, et, pour donner une première satisfaction à l'opinion publique, il rappela le parlement. S'il laissa paraître sa faiblesse en faisant rentrer au ministère le vieux et futile Maurepas, il montra son amour du bien en éloignant Maupeou et Terray, qu'il remplaça par Malesherbes et Turgot. Plus tard il donna le ministère de la guerre à un autre honnête homme, le comte de Saint-Germain, qui voulait réorganiser l'armée, comme ses collègues entendaient réorganiser les finances et l'administration, mais qui, touchant à la hâte à beaucoup de choses, avec de bonnes idées et une mauvaise exécution, nuisit en somme à la cause générale de la réforme. Le portefeuille des affaires étrangères fut donné au comte de Vergennes qui avait rempli avec distinction plusieurs ambassades et dont la politique fut de ménager l'Autriche en la contenant, de protéger la Turquie et de saisir toute occasion de nuire à l'Angleterre. C'était un homme laborieux et bien au courant des affaires de son administration, mais à qui manquait la fermeté de caractère qui eût été d'autant plus nécessaire au ministre qu'elle manquait à son souverain. Lamoignon de Malesherbes, un des plus grands hommes de bien du dix-huitième siècle, était depuis 1750 président de la cour des aides et directeur de la librairie. Dans la première de ces places, il n'avait jamais perdu une occasion de rappeler que le gouvernement devait au pays une gestion économe de la fortune publique ; dans la seconde, il favorisa l'esprit de réforme et d'innovation dont toute la littérature était animée. Cette conduite lui avait valu une grande popularité parmi les gens de lettres, lorsque le roi l'appela au poste de ministre de sa maison, auquel la police du royaume était attachée. Dès le commencement de 1771 il avait demandé la convocation des états généraux ; longtemps après, en 1787, il fit rendre aux protestants leur état civil.

Turgot, esprit supérieur, avait autant de vertu que

de science. Intendant de Limoges depuis 1761, il avait supprimé les corvées, ouvert des routes, popularisé l'usage de la pomme de terre; et, par de sages et généreuses mesures, création d'ateliers de charité, vente libre de grains, sacrifice de sa propre fortune, il avait empêché cette pauvre province de s'apercevoir d'une disette. Dès son entrée au ministère (20 juillet 1774) il repoussa les conseils funestes que les consciences sans scrupules donnaient au roi, et lui dit : « Point de banqueroute, point d'augmentation d'impôt, point d'emprunt. » Et, en effet, sans recourir à ces expédients fort usités, il trouva moyen, en vingt mois, de rembourser plus de 190 millions de dettes. Pour aider et éclairer le gouvernement, il voulait faire élire, parmi les propriétaires des villes et des provinces rurales, des municipalités chargées de répartir l'impôt, de pourvoir aux travaux publics de la communauté, à la subsistance de ses pauvres, et de transmettre aux ministres ses désirs sur tous les intérêts locaux. Au-dessus de ces municipalités de commune, il eût bientôt érigé des municipalités d'arrondissement tirées des premières par l'élection, et enfin, plus tard, quand la nation eût été habituée, dans une petite sphère, à administrer ses propres intérêts, il eût créé des municipalités de province et une municipalité du royaume.

C'étaient là de bien grandes nouveautés; Turgot en projetait d'autres plus redoutables : abolition des corvées qui pesaient sur le pauvre; établissement sur la noblesse et le clergé d'un impôt territorial; mais amélioration du sort des curés et des vicaires, qui n'avaient que la plus petite portion des revenus de l'Église, et suppression de la plupart des monastères : égale répartition de l'impôt par la création d'un cadastre; liberté de conscience et rappel des protestants; rachat des rentes féodales; un seul code; un même système de poids et mesures pour tout le royaume; suppression des jurandes et maîtrises, qui enchaînaient l'industrie; la pensée aussi libre que l'industrie et le commerce; enfin, comme Turgot s'occupait des besoins moraux aussi bien que des besoins matériels, un vaste plan d'instruction publique pour répandre partout les lumières.

3. Réformes de Turgot ; opposition des privilégiés. — Ces réformes n'étaient rien moins qu'une révolution : aussi les intérêts menacés firent-ils une rude guerre au ministre ; il ne put procéder que lentement et partiellement. Il alla d'abord au plus pressé. Les grains ne sortaient pas de la province où ils avaient été récoltés, et même, dans l'intérieur de chaque province, ce commerce était chargé d'entraves. Turgot détruisit les monopoles désastreux en autorisant la libre circulation des grains et farines par tout le royaume. Ses ennemis se hâtèrent de dire que l'exportation allait être permise ; quelques-uns, qu'elle l'était déjà. On émut le peuple, en lui montrant les blés passant à l'étranger, on lui fit craindre la famine : c'est le plus sûr moyen de la produire. Des soulèvements eurent lieu dans les campagnes ; des troupes de brigands, qu'on croit avoir été soudoyés, mais sans savoir qui payait, osèrent se présenter même à Versailles, et pillèrent, à Paris, des boutiques de boulangers. Il fallut user de la force (mai 1775).

Une explosion plus violente eut lieu contre Turgot, lorsqu'il eut fait adopter au roi le projet de remplacer la corvée par un impôt que payeraient les propriétaires. L'édit atteignait les magistrats ; l'intérêt leur fit oublier la justice, et le parlement, qui avait tant de fois parlé du bien public, entra en lutte, pour la défense d'un abus odieux, contre le ministre réformateur. Il n'enregistra l'édit qu'en un lit de justice, après avoir soutenu que « le peuple est taillable et corvéable à volonté », et que « c'est une partie de la constitution que le roi est dans l'impuissance de changer ». Les nobles disaient : « Si le roi peut nous obliger à contribuer pour la corvée, il peut donc aussi la rétablir en nature et nous forcer à travailler sur les grandes routes ! » et le roi : « Je vois bien qu'il n'y a que M. Turgot et moi qui aimions le peuple » (mars 1776). L'abolition des jurandes et maîtrises, c'est-à-dire la liberté entrant dans l'industrie, comme il avait voulu la mettre dans le commerce, accrut encore le nombre de ses ennemis.

4. Faiblesse du roi. — Le principal ministre, Maurepas, minait sourdement son crédit auprès du roi; la reine attaquait un contrôleur général qui ne parlait que d'économies; Louis XVI, malgré ses excellentes intentions, commençait à se lasser des rudes épreuves auxquelles Turgot mettait son esprit par l'exposé de vastes desseins qui en dépassaient la portée. Un jour le ministre entrant dans son cabinet : « Voyez, lui dit-il, je travaille aussi. » Il composait un mémoire pour la destruction des lapins dans les campagnes voisines des capitaineries. Aux autres moments, il faisait de la serrurerie, dessinait des cartes de géographie, ou passait des jours entiers à la chasse. C'étaient là les occupations du roi de France à la veille de la révolution ! Lorsqu'en 1777 l'empereur Joseph II vint en France, où il étudia de si près, et non sans une secrète envie, notre industrie et nos arts, il apprit avec stupeur que son beau-frère, loin d'avoir visité ses villes et ses provinces, n'avait même jamais vu ni les Invalides ni l'École militaire. Henri IV était le plus brave soldat de son armée; son fils se battait encore bien ; Louis XIV et Louis XV assistèrent à des actions de guerre : leur successeur fut toujours inconnu de l'armée. Ainsi cette royauté s'était peu à peu retirée du milieu de la vie nationale et s'étiolait dans la solennelle oisiveté de Versailles.

5. Renvoi de Turgot (1776); suppression de ses réformes. — L'intègre Malesherbes, l'ami, le collègue de Turgot, et, comme lui, poursuivi par la colère des privilégiés, faiblit le premier ; il donna sa démission ; Turgot, d'une trempe plus forte, attendit la sienne ; il ne voulut point abandonner le poste où il pouvait faire le bien qu'il n'en eût été chassé. Le 12 mai 1776, il reçut l'ordre de quitter le ministère et écrivit au roi: « Tout mon désir est que vous puissiez toujours écrire que j'avais mal vu, et que je vous montrais des dangers chimériques. Je souhaite que le temps ne me justifie pas et que votre règne soit aussi heureux, aussi tranquille, que vos peuples se le sont promis, d'après vos principes de justice et de bienfaisance. » Il n'y eut que ceux dont l'œil exercé voyait venir la révolution qui s'affligèrent de la chute de Turgot. Voltaire lui adressa l'*Épître à un homme*, et André Chénier le célébra dans son *Hymne à la France*.

Quatre mois étaient à peine écoulés, que le roi cédait aux privilégiés le rétablissement de la corvée et celui des maîtrises. A Turgot, à Malesherbes succédèrent des hommes nuls : Amelot, Clugny, Taboureau des Réaux. Le vieux Maurepas, vieillard frivole de soixante-quinze ans, qui gouvernait avec des épigrammes, redoutait les hommes qui troublaient sa quiétude, en lui montrant l'abîme et en voulant le combler. « Du moins ne m'accusera-t-on pas, disait-il, en appelant Amelot au ministère, d'avoir choisi celui-là pour son esprit. »

6. Necker (1776-1781). — Cependant la guerre d'Amérique allait commencer. Une ordonnance du 10 juin 1776 prescrivit l'armement de vingt vaisseaux de ligne. Pour faire face aux dépenses nouvelles, avec un budget en déficit, il fallait un habile homme. On recourut à un banquier genevois, Necker, qui avait une grande réputation comme financier. Ses opérations de banque étaient déjà considérables sous Louis XV, et plus d'une fois alors il avait reçu du contrôle général des billets conçus en ce style de débiteur aux abois : « Nous vous supplions de nous secourir dans la journée... Nous avons recours à votre amour pour la réputation du trésor royal. » Il fut appelé à administrer ce trésor, dont le désordre lui avait été ainsi révélé. Comme il était protestant et étranger, il n'eut que le titre de directeur des finances (octobre 1776). Son esprit n'avait pas l'étendue et la force de celui de Turgot ; il projetait aussi une organisation d'assemblées provinciales, mais dans un simple but d'administration financière ; il n'en

faisait pas une grande conception politique. En certaines
choses, il manquait de lumières et d'opinions arrêtées ;
il croyait qu'on pouvait guérir le mal dont se mourait
la France par des expédients et quelques réformes partielles. Du reste les plus généreux sentiments l'ani-
maient ; il voulait fermement le bien public et souhaitait d'arriver par ce chemin à la gloire. Pendant cinq
années, il se tira avec honneur d'une situation que rendaient bien difficile le caractère mesquin et jaloux de
Maurepas, l'indolence du roi, l'avidité des courtisans.
Il lui fallait diminuer le déficit que Turgot n'avait eu
ni le temps ni les moyens de faire disparaître, pourvoir
aux frais de la guerre d'Amérique et aux dépenses énormes d'une cour encombrée d'un peuple d'officiers de tout
nom, et de valets de toutes sortes. Il y réussit sans augmenter les impôts, sans économiser beaucoup sur la cour,
mais par une réduction dans les frais de perception, par
mille petites réformes utiles et par 490 millions d'emprunts
qui furent constitués, pour la plupart, en rentes viagères.
C'était bien d'en appeler au crédit public, mais emprunter à titre onéreux, c'est reculer la difficulté, non la résoudre, et, sous cette administration honnête d'un habile
banquier, non d'un grand ministre, le gouffre continuait à se creuser. Necker, pour le combler, comptait
sur la paix, sur l'avenir ; mais qui est le maître de
l'avenir ?

Necker tomba deux ans avant la conclusion de la paix.
L'occasion de sa chute fut son fameux *Compte rendu de
l'état des finances*, publié en 1781, qui fit tant de bruit et
qui était pourtant fort incomplet, car il ne montrait que
les recettes et les dépenses normales. On n'y parlait ni
des emprunts ni des dépenses pour la guerre. La recette
y apparaissait supérieure de 10 millions à la dépense.
Le public, charmé qu'on levât à ses yeux, ne fût-ce qu'un
coin du voile épais qui cachait les finances, reçut cette
publication avec d'immenses applaudissements. Les capitalistes prêtèrent au ministre 236 millions ; mais la cour
s'irrita de cet appel à l'esprit public. Si le jour entrait

dans l'administration financière, que deviendraient les pensions et tout le pillage habituel? Maurepas donna le signal des attaques. Le *Compte rendu* avait paru broché avec une couverture bleue : « Avez-vous lu le conte bleu? » demanda-t-il à quelqu'un; le mot fit fortune, et la guerre qui avait si bien réussi contre Turgot recommença contre son successeur. Bientôt le parlement se cabra contre l'édit pour le rétablissement des assemblées provinciales; les courtisans jouèrent de la langue pour décrier le ministre qui les ruinait en mettant de l'ordre dans les finances, qui retranchait jusqu'à leurs petits bénéfices, qui supprimait dans la maison du roi les *coureurs de vin*, les *hâteurs de rôt*, les *galopins*, mille autres offices de ce genre qui étaient donnés aux gentilshommes, et que ceux-ci vendaient fort cher, parce que l'acheteur y trouvait l'occasion de maint profit secret. Devant ces clameurs de la cour, Louis XVI céda encore; et, quand Necker, à bout de patience, lui offrit sa démission, il l'accepta (21 mai 1781). Ce fut pour le vrai public comme une calamité : il n'était question partout que de la retraite de Necker; on saisissait au théâtre toutes les allusions à sa disgrâce; les plus grands seigneurs l'allèrent voir dans sa terre de Saint-Ouen. Joseph II et l'impératrice de Russie lui écrivirent. Outre ses réformes financières, quelques actes honorables avaient signalé son administration : il avait fait affranchir les serfs du domaine royal, détruit le *droit de suite*, qui livrait au seigneur tous les biens acquis en pays étranger par son serf fugitif, et abolir la *question préparatoire*. Quelques seigneurs, qui avaient encore des serfs, suivirent l'exemple du roi; le chapitre de Saint-Claude exigea, pour affranchir les siens, une indemnité de 25 000 écus.

7. Affaires extérieures. — Nos intérêts, au dehors, étaient mieux défendus. On a vu plus haut la part glorieuse prise par la France à la guerre d'Amérique, et la convention qui nous rendit, à la paix, une partie des colonies perdues en 1763. Le traité de Versailles annon-

RÈGNE DE LOUIS XVI JUSQU'A LA RÉVOLUTION. 577

çait, sous deux ans, un traité de commerce entre la France et l'Angleterre. Il fut signé en 1786 et substitua à la prohibition qui existait un droit proportionnel à la valeur des objets sur les marchandises communes aux deux pays. Le traité était le premier pas fait par l'Angleterre dans la voie d'une politique commerciale nouvelle, celle qui a définitivement substitué le régime de la liberté à celui de la prohibition. Un autre traité de commerce avec la Russie, en 1787, nous ouvrit ce pays que jusqu'alors les marchands hollandais et anglais avaient seuls exploité.

La France venait d'aider un peuple nouveau à monter au rang des nations; ses subsides à la Suède, sa volonté hautement déclarée de soutenir Gustave III, tenait en bride l'ambition éhontée de la Prusse, et elle contribua à sauver la Bavière des attaques de l'Autriche, l'Empire d'une guerre entre les deux grandes puissances allemandes, en faisant accepter sa médiation et celle de la Russie à l'Autriche et à la Prusse (traité de Teschen, 1779). Sa diplomatie était donc aussi heureuse que ses armes : c'était encore Vergennes qui la dirigeait. Le traité avec la Russie fut le dernier de ses travaux.

8. Progrès des sciences. — Cependant le mouvement qui emportait le siècle continuait son cours. Les travaux publics étaient remarquables : le canal de Bourgogne, entre la Seine et la Saône, celui du Centre, entre la Saône et la Loire, et la digue de Cherbourg, étaient commencés. Les esprits étaient à la fois et plus graves et plus enthousiastes. Des sciences étaient créées; toutes se développaient et cherchaient à devenir populaires. (Voyez p. 475.)

9. Mort de Voltaire et de Rousseau (1778). — La presse devenait plus active et plus audacieuse. Un ami de Turgot écrivit un ouvrage sur les *Inconvénients des droits féodaux*, que le parlement fit brûler; le 1er janvier 1777 parut le premier numéro du *Journal de Paris*, qui se fit quotidien pour répondre à l'inquiète curiosité de l'opinion publique. Enfin ceux qui représentaient la pensée du siècle recevaient de derniers et enthousiastes hommages. Voltaire, alors âgé de quatre-vingt-quatre ans, rentra à Paris et descendit dans l'hôtel du marquis de Villette, au coin de la rue de Beaune et du quai des Théatins, qui depuis s'est appelé *quai Voltaire*. Sous les fenêtres, dans les salons, se pressait une foule immense. L'illustre Franklin lui amena son petit-fils pour le bénir, le patriarche de Ferney étendit les mains sur la tête de l'enfant : « Dieu et liberté, dit-il, voilà la seule bénédiction qui convienne au petit-fils de M. Franklin. » Il se rendit à l'Académie française, qui vint au-devant de lui, ce qu'elle ne faisait pas même pour les souverains, puis il alla à la Comédie-Française, « presque porté dans les bras de la France entière. » Quand il parut dans la loge des gentilshommes de la chambre, toute la salle éclata en applaudissements; lui, se penchant hors de sa loge, s'écriait : « Français, vous me ferez mourir de plaisir! » On lui plaça sur la tête une couronne, qu'il ôta d'abord pour la donner à Mme de Villette, mais que le prince de Beauvau replaça sur sa tête. On eut peine à commencer la pièce. C'était la sixième représentation d'*Irène*. Cette pièce finie, la toile se releva : on vit le buste de Voltaire au milieu du théâtre, et tous les comédiens alentour, une couronne à la main. Le buste fut couvert de fleurs et demeura ainsi pendant toute la pièce suivante, qui était encore de lui (*Nanine*, la meilleure de ses comédies). Voltaire ne vécut que deux mois après ce triomphe : il mourut le 30 mai 1778. Son corps fut enseveli d'abord à l'abbaye de Sellières et, en 1791, transporté au Panthéon.

Rousseau, son émule en gloire et en influence, le suivit de près (4 juillet) et mourut solitaire, comme il avait vécu, dans la retraite que le marquis de Girardin lui avait fait accepter à Ermenonville. Une petite île reçut sa tombe modeste, entourée de peupliers, et devint comme un lieu de pèlerinage pour tous ceux qui admiraient son génie. Montesquieu était mort en 1755. Des quatre grands écrivains du siècle, Buffon survivait seul; il ne s'éteindra qu'en 1788, à quatre-vingt-un ans; il venait de donner encore (1778) un magnifique ouvrage, ses *Époques de la nature*, un des livres qui ont le plus frappé l'imagination des hommes de ce temps. Voltaire et Rousseau avaient cependant chacun un héritier d'une

Tombeau de Rousseau à Ermenonville.

partie de leur génie. Beaumarchais, l'auteur du *Mariage de Figaro* (1784), continuait la guerre aux préjugés de naissance, et Bernardin de Saint-Pierre, dans ses *Études* (1784), surtout dans *Paul et Virginie*, essayait de réunir, pour peindre la nature, le style de Fénelon à celui de Rousseau.

10. Découverte des aérostats (1783). — L'ardeur de

connaître et de se frayer une route nouvelle était si grande, qu'il semblait que l'horizon des sciences humaines n'eût plus de bornes. Si Franklin avait « arraché le tonnerre aux nuages, » Pilâtre du Rosier et d'Arlande faisaient, au château de la Muette, l'année même du traité de Versailles (1783), la première ascension dans une montgolfière. Ainsi l'homme, déjà maître de la terre et de l'Océan, voulait prendre aussi possession de l'air, de cet air que Lavoisier venait récemment de décomposer, par l'oxydation du mercure, en des gaz distincts. Charles et Robert de Montgolfier renouvelèrent l'expérience le 1er décembre, aux Tuileries, au milieu d'un concours immense, et, deux ans après, Blanchard passait en ballon de Douvres à Calais ; mais Pilâtre du Rosier et Romain, qui voulurent faire la même traversée, avec un nouveau système, furent précipités sur les rochers de la côte.

11. Le magnétisme. — A côté des aérostats, les mystères, les mensonges du magnétisme, Cagliostro et Mesmer ; l'un, aventurier italien qui se disait comte, vivait dans l'opulence et prétendait tenir les véritables secrets de la chimie, tels que les avaient découverts les prêtres de l'Egypte et de l'Inde ; l'autre, aventurier allemand qui, ayant échoué à Vienne, vint à Paris donner ses fameuses séances (1779). Dans un appartement riche, embaumé de parfums, faiblement éclairé, plein de douces harmonies musicales, disposé enfin pour agir sur l'imagination et les sens, les malades ou les curieux se réunissaient autour du *baquet magnétique* ; quelques-uns, bientôt, tombaient en convulsions, la contagion gagnait les autres. C'était le remède de tous les maux. « Il n'y a, disait-il, qu'une nature, une maladie, un remède. » Une commission, nommée par le gouvernement et composée de Lavoisier, Franklin et Bailly, fut chargée d'examiner les expériences magnétiques : elle déclara que les magnétiseurs opéraient des effets singuliers, non, il est vrai, par un fluide, comme ils le prétendaient, mais par la surexcitation de l'imagination. Un magistrat fameux, d'Éprémesnil, prit chaudement la défense de Cagliostro et de Mesmer.

12. L'illuminisme. — Certains esprits perdaient terre en quelque sorte. Saint-Martin publiait les incompréhensibles rêveries du *Philosophe inconnu*; on

Beaumarchais (Pierre-Augustin Caron de).

traduisait, on dévorait le livre étrange de Swedenborg intitulé *les Merveilles du ciel et de l'enfer, et des terres planétaires et australes, d'après le témoignage de ses yeux et de ses oreilles.*

13. Francs-maçons. — Au-dessous de la politique et de la science, dans l'ombre et le silence, travaillaient les francs-maçons, vaste et vieille association d'hommes de tout rang et de tout pays qui, parmi ses initiés, comptait des princes, et qui, sous des rites bizarres et quelque peu puériles, cachait et propageait des idées libérales.

14. La reine Marie-Antoinette. — En présence de toutes ces choses merveilleuses qui attestaient la force, quelquefois aussi le délire de la raison, l'opinion devenait la reine du monde, et les puissances les plus respectées devaient maintenant compter avec elle. Jadis la cour donnait le ton et la mesure à la société française; ce n'était pas Louis XVI qui pouvait continuer la tradition de Louis XIV, et la belle, la gracieuse Marie-Antoinette s'était fait de nombreux ennemis, à la cour, par ses amitiés trop exclusives; dans le public, par un dédain trop grand des règles de l'étiquette et des convenances royales. Elle délaissait Versailles pour Trianon, et croyait qu'une reine de France pouvait alors vivre pour elle-même. C'étaient les habitudes de la maison de Habsbourg, mais ce n'étaient pas celles de la maison de Bourbon. Un soir, son carrosse s'étant brisé, elle se rendit dans un fiacre au bal de l'Opéra; le lendemain tout Paris commentait cette imprudence. Ainsi commençaient les médisances qui plus tard se changeront en colère et éclateront d'une si terrible manière contre celle que l'on n'appellera plus que l'Autrichienne.

Un événement malheureux montra dès l'année 1784 les dispositions du public à son égard. Le cardinal de Rohan était alors le scandale de l'Eglise. Ambassadeur à Vienne, il y avait compromis son caractère de prêtre et de représentant de la France par une conduite légère et d'effroyables dépenses. Il disait qu'il était impossible à un gentilhomme de vivre avec 1 200 000 livres de rente. Son parent, le prince de Rohan-Guéméné, ayant fait une banqueroute de 30 millions qui ruina une foule de gens, le cardinal en était tout fier : « Il n'y a, disait-il, qu'un souverain ou un Rohan qui puisse faire une pareille banqueroute. » Méprisé du roi, surtout de la reine, il était en complète disgrâce. Une intrigante, la comtesse de Lamotte, lui fit croire qu'elle était la confidente de Marie-Antoinette et que cette princesse était disposée à lui rendre sa faveur; elle appuyait ses insinuations par de fausses lettres où l'écriture de la

Marie-Antoinette d'Autriche (Josèphe-Jeanne).

reine était imitée à s'y méprendre. Elle alla jusqu'à lui promettre une entrevue, le soir, dans les jardins de Versailles, avec sa souveraine. Une fille qui ressemblait beaucoup à la reine joua le rôle que la comtesse lui avait appris, et le cardinal crut que rien ne serait plus refusé à son ambition. Or, quelque temps auparavant, deux joailliers avaient proposé à Marie-Antoinette un collier d'une valeur de 1 600 000 livres, qu'elle avait refusé, en ajoutant, avec le roi, que deux vaisseaux de guerre étaient plus utiles à la France qu'un joyau. La comtesse persuada au cardinal que la reine avait grande envie du collier et qu'elle le chargeait de l'acheter secrètement pour elle. Il alla trouver les joailliers, leur montra les lettres et reçut d'eux le bijou, dont la comtesse fit aussitôt son profit. A quelque temps de là, les marchands, inquiets de n'être pas payés, écrivirent à la reine. Aussitôt tout se découvre. Le cardinal, arrêté à Versailles même, dans ses habits pontificaux, est envoyé à la Bastille, et le parlement, saisi de l'affaire, rend un arrêt qui le délivre, comme simple dupe, en condamnant la comtesse à la marque et à la réclusion. Cette affaire fit grand bruit, et, quoique la reine y fût complétement étrangère, sa réputation souffrit d'avoir été mêlée à ce scandale.

Louis XVI ne lui avait d'abord montré qu'une extrême froideur. Plus tard elle prit sur lui un très-grand empire. Ce fut après la retraite de Necker qu'elle commença à se mêler activement du gouvernement. N'ayant pas le génie administratif de sa mère Marie-Thérèse, elle voulait bien de l'influence, elle ne voulait pas du souci des affaires ; et, comme elle ne prêtait à celles-ci qu'une attention distraite, elle ne pouvait donner à son influence une direction éclairée. Ce fut elle qui fit appeler de Calonne, en 1783, au contrôle général.

15. Calonne (1783-1787). — Calonne avait des connaissances en administration, une grande facilité de travail, mais c'était un dissipateur. A peine nommé, il vint trouver le roi : « Sire, j'ai 220 000 livres de dettes ; un autre vous le cacherait et prendrait sur les fonds de son ministère ; j'aime mieux vous le déclarer. » Le roi, étonné, va à son secrétaire, sans mot dire, et lui donne la somme en actions d'une compagnie ; Calonne garda les actions, ses dettes se payèrent autre-

Village suisse du Petit-Trianon.

ment. Ses principes financiers étaient ceux-ci : un homme qui veut emprunter a besoin de paraître riche, et pour paraître riche, il faut éblouir par ses dépenses. L'économie est doublement funeste : elle avertit les capitalistes de ne pas prêter au trésor obéré et elle fait languir les arts, que la prodigalité vivifie : théorie agréable à tous ceux pour qui les approches du trésor sont faciles. Les courtisans, les femmes, étaient enchantés de ce ministre aimable qui ne portait pas sur son front, comme Turgot et Necker, les soucis du pouvoir consciencieusement exercé, et qui prévenait une demande de la reine en lui disant : « Si c'est possible, Madame, c'est fait ; si cela n'est pas possible, cela se fera. » Un prince racontait plus tard : « Quand je vis que tout le monde tendait la main, je tendis mon chapeau. » Le roi, dans son indolence, s'accommodait d'un personnage que rien n'embarrassait. Ces beaux dehors cachèrent 500 millions d'emprunts en trois ans et en temps de paix.

Le moment vint cependant de tout dévoiler au roi. Alors le prodigue se fit réformateur : Calonne imagina un plan où se mêlaient les idées de tous ses devanciers. Soumettre les privilégiés à l'impôt et à une subvention territoriale ; établir des assemblées provinciales ; diminuer la taille ; décréter la liberté du commerce des grains, etc. « Mais, c'est du Necker que vous me donnez là ! s'écria le roi ; c'est du Necker tout pur ! — Sire, répondit l'ennemi de Necker, dans l'état des choses, on ne peut rien vous offrir de mieux. »

16. Les notables (1787). — Ainsi le mot fatal revenait toujours, *les privilèges ! les abus !* Le gouvernement, n'ayant pas l'appui du parlement, avait besoin pour ses réformes de recourir à la nation ; mais les états généraux effrayaient : on n'osa pas aller plus loin qu'une assemblée de notables. Bien des gens encore s'en alarmèrent : « Le roi donne sa démission, » dit le vicomte de Ségur ; et le vieux maréchal de Richelieu demanda quelle peine Louis XIV eût infligée au ministre qui lui eût proposé pareille chose. Les notables se réunirent le 22 février 1787. Ils comptaient cent quarante-quatre membres, dont vingt-sept étaient censés représenter le tiers état; en réalité il n'y avait que six ou sept roturiers. Calonne y développa ses plans, qui furent accueillis avec une bonne volonté assez générale. Plusieurs commissions voulaient même que le tiers eût, dans les assemblées provinciales, autant de membres à lui seul que les deux autres ordres. Les notables furent moins faciles à l'égard de la subvention territoriale. Ils demandèrent l'état des recettes et des dépenses. Calonne présenta des comptes si obscurs, qu'on ne put rien vérifier. Les uns y trouvaient 100 millions de déficit, les autres 200[1]. Mais les notables étaient moins occupés de voir clair dans les finances que d'éviter la subvention territoriale. La querelle se ralluma et devint fort vive. Calonne se fâcha; le roi fit de même; il fut ordonné aux notables de délibérer sur la forme et non sur le fond de l'impôt. Sur quoi ce pamphlet d'un cuisinier parlant à des poulets : « A quelle sauce voulez-vous qu'on vous mange ? — Mais nous ne voulons pas qu'on nous mange ! — Vous changez l'état de la question ; on vous demande à quelle sauce vous voulez être mangés ? » Les ennemis de Calonne l'emportèrent enfin, et peu de jours après que Louis XVI avait dit très-haut : « Je veux que tout le monde sache que je suis content de mon contrôleur général, » il l'exila en Lorraine.

17. Ministère de Brienne (1787-1788). — Un des

---

[1]. Bailly, qui a retrouvé aux archives du ministère des finances, l'*État au vrai* de l'exercice 1786, estime (t. II, p. 294) que le déficit pour 1787 était d'environ 200 millions de livres. Quant au chiffre de la dette publique, il est impossible de le déterminer en capital. D'après Bailly, sur les 510 millions de livres perçus par le trésor au nom du roi, il y avait à prélever pour rentes, gages, intérêts de cautionnements et autres créances privilégiées, 224 millions, 27 pour les pensions et 76 pour les frais de recouvrement, de sorte qu'il ne restait pas à l'État, pour toutes ses dépenses, 200 millions, sur lesquels la liste civile prenait 40 millions, les acquits de comptant 136. On n'arrivait donc à couvrir le déficit que par des *emprunts* que la ruine du crédit de l'État rendait bien difficiles et très-onéreux à 10 pour 100 au plus bas taux, ou par des anticipations qui ne faisaient que reculer la difficulté et la rendre plus grave. En 1790, à l'Assemblée constituante, on évalua la dette constituée au capital de 2 milliards 500 millions, sans compter la dette non constituée ou flottante.

plus actifs contre Calonne avait été Brienne, archevêque de Toulouse, brillant ambitieux, mais prélat sans mœurs et peut-être sans croyances, que le pieux Louis XVI repoussa longtemps du ministère. Il l'y appela enfin ; Brienne se mit en crédit auprès des notables par des plans d'économie. Cette assemblée, du reste, ne tarda pas à se dissoudre (25 mai). Les gentilshommes s'y annuyaient ; le comte d'Artois, le duc d'Orléans, le prince de Conti partaient au milieu des séances pour la chasse. Les notables ne firent rien; mais dans leur sein avait été prononcé le mot d'*états généraux*, même d'*assemblée nationale*. « Il faut, avait dit La Fayette, une assemblée nationale. — Vous voulez dire des états généraux, reprit le comte d'Artois. — Oui, Monseigneur, et même quelque chose de mieux, si c'est possible. ».

Brienne, débarrassé des notables, se trouva en face du parlement, plus difficile encore à aborder. L'édit qui concernait les assemblées provinciales fut enregistré sans difficulté, mais la lutte s'engagea vivement à propos de l'impôt du timbre et de la subvention territoriale. Le roi tint un lit de justice et fit enregistrer les deux derniers édits. Le parlement protesta ; les meneurs étaient Duport, Robert de Saint-Vincent, Fréteau de Saint-Just, surtout d'Eprémesnil, dont l'ardente éloquence dominait alors cette assemblée, et que la foule, au sortir des séances, portait en triomphe jusqu'à sa voiture. Le roi exila le parlement à Troyes.

Il y eut peu d'hommes plus impopulaires alors que Brienne : d'abord on le savait soutenu par la reine, à laquelle il devait sa place et son crédit sur le roi ; et Marie-Antoinette n'avait pas retrouvé, depuis l'affaire du collier, la faveur publique. Elle représentait une alliance qui était odieuse, celle de l'Autriche, et on l'accusait de protéger tous les ennemis des réformes, Brienne, après Calonne. Les pamphlets ne respectaient déjà plus sa double couronne de reine et de mère. Ils lui imputaient les profusions du trésor; ils l'appelaient *Madame Déficit*. Elle fut insultée dans le parc de Saint-Cloud, et, à la prière du lieutenant de police, le roi l'engagea à ne se point montrer dans Paris. Brienne n'avait pas même l'appui de son ordre. L'assemblée du clergé lui refusa un misérable subside de 1 800 000 livres. Tout le monde mettait alors des bâtons dans les roues, et quand, dans trois ans le char se brisera, ils crieront à la violence populaire.

Au dehors le ministère n'était pas plus heureux. Il laissait en Hollande les intrigues de l'Angleterre et les armes du roi de Prusse renverser le gouvernement républicain de ce pays qui nous tendait les bras, disant qu'au milieu de l'effervescence intérieure, il était dangereux de soutenir la liberté au dehors. C'était marcher au rebours de tous les sentiments de l'époque[1].

Cependant un rapprochement se fit entre le gouvernement et le parlement. L'ordre d'exil fut rapporté. La compagnie rentra au milieu de l'ivresse générale: le mannequin de *Calonne* fut brûlé sur la place Dauphine, et l'audace croissait si vite, qu'on voulait brûler aussi l'effigie d'une personne auguste.

Pourquoi le parlement était-il si populaire, lui qui défendait la cause des privilégiés? C'est qu'il soutenait contre la cour le principe que les états généraux ont seuls le droit de changer la base de l'impôt. Brienne travailla sourdement à gagner des parlementaires et quand il crut tenir la majorité, il lui apporta un édit pour un emprunt de 420 millions à réaliser en cinq ans. Il voulait d'un seul coup se pourvoir pour longtemps et n'avoir plus à marchander des emprunts partiels. Il promettait, en échange, la convocation des états généraux avant la fin de cette période, bien résolu d'avance à ne pas tenir sa promesse. Il y eut d'énergiques protestations : « Si un fils de famille faisait de semblables

---

[1]. En 1785 la France s'était interposée comme médiatrice entre la Hollande et l'Empereur. Celui-ci exigeant une indemnité de 9 500 000 florins, et la Hollande ne voulant payer que 5 millions, la France donna la différence, et en même temps signa un traité d'alliance avec la Hollande. On accusa la reine d'avoir fait sacrifier les trésors de la France aux intérêts de l'Autriche.

actes, dit Robert de Saint-Vincent, en parlant du taux usuraire des emprunts, il n'y a pas un tribunal qui hésitât à les annuler. » Louis XVI fit enregistrer l'édit d'autorité. Sabatier et Fréteau, qui avaient été très-vifs, furent arrêtés. Le duc d'Orléans, qui avait prononcé le mot d'illégalité, fut exilé à Villers-Cotterets. « *C'est légal*, avait répondu le roi, *c'est légal parce que je le veux.* »

Le parlement, qui sentait surtout les abus dont il souffrait, s'émut de l'atteinte portée, en deux de ses membres, à la liberté individuelle. D'Eprémesnil rédigea, au nom du parlement, un acte qui résumait ce que l'on appela les lois fondamentales de la monarchie, et un jeune conseiller, Goislard de Montsabert, proposa de mettre obstacle à la perception de l'impôt des vingtièmes : ordre du roi de les saisir tous deux. Le parlement était en permanence. Le marquis d'Agoult, aide-major des gardes-françaises, s'y présente de nuit et demande qu'on remette entre ses mains les deux magistrats ; les conseillers des requêtes se lèvent : « Nous sommes tous, s'écrient-ils, d'Eprémesnil et Montsabert. » Ceux-ci pourtant se livrèrent en protestant, et furent envoyés, l'un à Pierre-Encise, l'autre à l'île Sainte-Marguerite.

Le gouvernement profita de ce coup, et le parlement, mandé à Versailles, le 8 mai, dut vérifier plusieurs édits qui lui enlevaient l'enregistrement pour le transférer à une *cour plénière*, sorte de conseil d'Etat composé à la dévotion du roi, et qui prescrivaient l'érection de quarante-sept bailliages pour juger les procès civils de moins de 20 000 livres. Ainsi Brienne livrait un nouveau combat, comme Maupeou, à la puissance des parlements.

La résistance s'organisa à Paris et dans les provinces. Des mouvements eurent lieu en Bretagne, dans le Béarn, en dix autres provinces ; une insurrection à Grenoble. « J'ai tout prévu, disait le ministre d'un air profond, même la guerre civile. » Il avait seulement oublié que le trésor était vide. Pour trouver quelques ressources, il s'empara de la caisse des invalides et du produit de plusieurs loteries de bienfaisance. Ces honteux moyens le firent vivre quelques jours ; mais le 16 août 1788 il fut obligé de déclarer, par un arrêt du conseil, que les payements de l'Etat auraient lieu partie en argent, partie en billets du trésor.

Tout le monde fut saisi d'effroi, croyant voir revenir le papier-monnaie, la banqueroute. Ce fut le coup fatal pour Brienne ; il implora le secours de Necker, qui répondit : « L'année précédente, j'étais prêt à partager ses travaux ; je ne veux pas partager maintenant son discrédit. » Il fallut céder la place à l'homme qui réunissait à l'habileté financière la plus grande popularité (25 août).

18. Second ministère de Necker (1788-1789). — Le retour de Necker fut salué par des acclamations de joie ; le départ de Brienne, par des scènes de désordre qui malheureusement furent sanglantes. Des attroupements brûlèrent son effigie et persistèrent avec assez d'opiniâtreté pour que la troupe tirât sur eux. Ce premier sang versé dans Paris fit grande impression ; le parlement procéda. Cependant la confiance renaquit, grâce à Necker : en un jour les effets publics gagnèrent 30 pour 100. Mais il n'avait trouvé dans le trésor que 500 000 livres : les besoins étaient urgents et considérables. « Que ne m'a-t-on donné, disait Necker, ces quinze mois de l'archevêque de Sens ! A présent il est trop tard. » Il était trop tard en effet pour sauver le pays avec de petits moyens. Les choses ne pouvaient plus marcher, à moins d'en appeler à la nation. Brienne, dans un moment d'exaspération, avait jeté la promesse de convoquer les états généraux en 1789 ; Necker reprit cette promesse.

19. Convocation des états généraux. — La réunion des états devint l'unique pensée de la France. En quelle forme se réuniraient-ils? Le tiers y occuperait-il le même rang qu'en 1614, lorsqu'il fut tant humilié, ou au contraire y serait-il rendu dominant? Depuis deux siècles les choses avaient bien marché. Le tiers état était devenu un ordre considérable, par sa richesse, son savoir, son activité et les hautes fonctions que ses chefs remplissaient dans le gouvernement et l'administration du pays. Le respect pour la noblesse était singulièrement ébranlé, et tout le monde, même les nobles, avaient applaudi sur la scène en 1784 les hardies épigrammes du Figaro de Beaumarchais : « Parce que vous êtes un grand seigneur vous vous croyez un grand génie !... Vous vous êtes donné la peine de naître, rien de plus. » Or, pour que le tiers état occupât la place qu'il méritait, il fallait au moins doubler le nombre de ses membres et établir le vote par tête au lieu du vote par ordre. Ce parti était soutenu par Necker et par tous les hommes libéraux. Mais la noblesse résistait; celle de Bretagne surtout se montra si obstinée, qu'il y eut à Rennes plusieurs combats sanglants entre les jeunes bourgeois et les gentilshommes. Necker voulut faire résoudre la question par une assemblée de notables, qui refusa tout changement à l'ancienne forme. Il se décida à trancher lui-même une partie de la difficulté, et fit rendre un arrêt du conseil qui établissait la double représentation, sans rien décider quant au vote par tête, et qui convoquait les états à Versailles pour le 1ᵉʳ mai 1789.

CHAPITRE XXVII.

SITUATION POLITIQUE DE L'EUROPE EN 1789.

1. France. — 2. Grande-Bretagne. — 3. Espagne. — 4. Portugal. — 5. États italiens. — 6. Empire. — 7. Autriche. — 8. Prusse. — 9. Saxe. — 10. États secondaires. — 11. Hollande. — 12. Suisse. — 13. Russie. — 14. Turquie. — 15. Pologne. — 16. Suède. — 17. Danemark. — 18. Résumé : essais de réformes intérieures. — 19. Nouvelle répartition de la puissance.

1. France. — Grâce aux conquêtes de Louis XIV et à l'acquisition de la Lorraine sous Louis XV, la *France* atteignait au Midi et dans une partie de l'Est ses frontières naturelles. Mais elle n'avait au nord et au sud-est que des frontières artificielles. Ses limites étaient celles qu'elle a gardées jusqu'à la fatale année 1870, avec quelques enclaves en plus : Philippeville, Marienbourg, Bouillon, Sarrelouis, Landau, et quatre petites provinces en moins : Montbéliard, le comtat Venaissin, la Savoie et Nice. Hors d'Europe, la France possédait en Amérique : trois îlots, Saint-Pierre et les deux Miquelon, au banc de Terre-Neuve ; la partie occidentale de Saint-Domingue, la Martinique, la Guadeloupe, Marie-Galande, les Saintes, la Désirade, Saint-Martin, Tabago, Sainte-Lucie, une partie de la Guyane ; — en Afrique : des comptoirs à Bone et à la Calle, sur la Méditerranée, pour la pêche du corail ; Saint-Louis sur le Sénégal, et Gorée, autre îlot sur la côte de Sénégambie, Bourbon, l'Ile-de-France et les Seychelles ; — en Asie : Chandernagor, au Bengale, Yanaon, Karikal, Pondichéry, Mahé. On a vu que la France avait retrouvé, par ses idées et sa littérature, un empire que ses armes ne lui donnaient plus et que dans son sein s'agitaient mille pensées de réformes que Malesherbes, Turgot et Necker avaient désiré faire, que la cour les avait empêchés d'accomplir. Le temps où la révolution pouvait être prévenue était passé, mais cette révolution, qui maintenant arrivait, pouvait encore être dirigée. En aura-t-on la force et la volonté?

2. Grande-Bretagne. — Les deux royaumes d'Ecosse et d'Angleterre avaient, en 1707, consommé leur union politique; il n'y avait plus dans la *Grande-Bretagne* qu'un seul parlement. L'Irlande restait toujours une annexe qu'on traitait en pays conquis. Outre leurs possessions aux Indes, où ils n'avaient plus d'adversaires sérieux que les Mahrattes et Tippou-Sahib, roi de Mysore, les Anglais occupaient, en Amérique, la Nouvelle-Bretagne, Terre-Neuve, les Bermudes, les Lucayes, plusieurs des petites Antilles, la Jamaïque, Balise ; à la côte d'Afrique, des comptoirs sur la Gambie, Sierra Leone, cap Corse à la Côte-d'Or, Sainte-Hélène, l'Ascension. Ils campaient sur le sol allemand depuis l'adjonction du Hanovre, et sur le territoire espagnol depuis la prise de Gibraltar. Ils venaient de fonder Sydney (1788) dans la Nouvelle-Hollande. Ils trouvaient dans leur gouvernement aristocratique plus de force encore que dans leurs vastes domaines, parce que les mesures nécessaires, sagement délibérées, étaient exécutées avec promptitude et énergie.

3. Espagne. — L'*Espagne*, qui s'est vu enlever par l'Autriche les Pays-Bas et le Milanais, a recouvré le royaume des Deux-Siciles pour un de ses infants, le duché de Parme et Plaisance pour un autre; elle garde les îles Baléares, et, en Afrique, Ceuta, Oran, les Canaries, Fernando-Po et Annobon; aux Indes et dans l'Océanie, les Philippines, les Mariannes; en Amérique, Buénos-Ayres, le Chili, le Pérou, la Nouvelle-Grenade, Caracas, Guatémala, le Mexique, la Louisiane, qu'elle abandonnera en 1792, la Floride, Cuba, Porto-Rico et la partie orientale de Saint-Domingue. Si l'on mesurait la puissance à l'étendue des possessions, l'Espagne aurait été alors le premier État de l'Europe, mais elle n'avait plus de grand que ses souvenirs. On a vu qu'elle s'était quelque peu ranimée sous sa nouvelle dynastie, surtout sous Charles III.

4. Portugal. — Le *Portugal* conservait son indépendance et ses limites. Il occupait, à la gauche de la Guadiana, Olivença, qu'il a perdu en 1801. De son magnifique empire colonial, il ne gardait que Goa et Diu, aux Indes, Macao, en Chine, et une partie de Timor, dans l'Océanie; tout autour de l'Afrique, le Mozambique, l'Angola, le Congo, les îles Saint-Thomas, du Prince, du Cap-Vert, Madère, les Açores; enfin, en Amérique, le Brésil. Ce royaume, énergiquement remué par Pombal, était retombé après lui dans son ancienne faiblesse.

5. États italiens. — En Italie, l'État le plus important était le royaume de *Sardaigne*, qui s'étendait du lac de Genève et du Rhône au Tessin et au lac Majeur: il comprenait en outre l'île de Sardaigne. A l'est des États sardes, les duchés de *Milan* et de *Mantoue*, avec la principauté de *Castiglione*, appartenaient à l'Autriche. Plus loin, à l'est de l'Adda, était la république de *Venise*, depuis longtemps en pleine décadence; elle gardait cependant une partie de la Dalmatie et les îles Ioniennes. Un Bourbon régnait à *Parme*, *Plaisance* et *Guastalla*; un autre, à *Naples*. *Modène* avait son duc, *Monaco*, son prince; *Lucques* et *Gênes* étaient libres. Au centre de la péninsule, la *Toscane* appartenait à la maison de Lorraine-Autriche depuis 1737, et les *États de l'Église* s'étendaient entre les deux mers, du Pô au Garigliano, enveloppant la petite république de *Saint-Marin*. Le pape possédait en France le comtat Venaissin avec Avignon, et, dans le royaume de Naples, le duché de Bénévent. Un faible lien de dépendance rattachait au royaume des *Deux-Siciles* l'île de *Malte*, occupée par l'ordre religieux de Saint-Jean qui avait perdu, lui aussi, sa discipline et son esprit militaire. Les *Présides* de Toscane (Orbitello, Porto Ercole, etc.), appartenaient au roi de Naples. Piombino formait, avec une partie de l'île d'Elbe, un petit État indépendant.

« Annibal et Brennus, dit Voltaire (*Lettre de décembre* 1759), ont passé les Alpes moins difficilement que ne le font les livres. » Cependant, malgré sa torpeur deux ou trois fois séculaire, l'Italie, au moins sur certains points, s'était réveillée au bruit des idées qui couraient le monde. Tanucci à Naples, Léopold en Toscane, Charles-Emmanuel en Sardaigne avaient fait d'utiles réformes.

6. Empire. — L'*Empire* n'existait plus que de nom, l'autorité impériale étant à peu près nulle. Le titre d'empereur d'Allemagne semblait fixé dans la maison d'Autriche.

7. Autriche. — L'*Autriche*, qui s'était agrandie aux dépens de l'Espagne en Italie (Milanais et Mantoue) et dans les Pays-Bas (Belgique), était couverte, à l'est, par son royaume de Hongrie, dont les dépendances étaient la Transylvanie, l'Esclavonie, la Croatie, la Bukowine et le bannat de Temeswar. Elle avait compensé, par le démembrement de la Pologne (royaume de Galicie et de Lodomérie), la perte de la Silésie, que la Prusse lui avait enlevée, et elle conservait la Moravie, la Bohême, une petite portion de la Silésie, la Styrie, la Carinthie, la Carniole, le Frioul (Aquilée, Trieste), le Littoral hongrois (Fiume), le Tyrol, le Vorarlberg, le comté de Bregenz et la Souabe autrichienne (Hohenberg, Ravensbourg, le Brisgau, Fribourg, Vieux-Brisach, Laufenbourg, Rheinfelden, Seckingen, Waldshut).

8. Prusse. — La *Prusse* (duché de Prusse avec Kœnigsberg, Poméranie ultérieure avec Colberg, Marche de Brandebourg avec Berlin, diverses possessions en Saxe, comme Magdebourg, en Westphalie, comme Minden et Mark, sur le Rhin, comme Clèves) s'était accrue, au dix-huitième siècle de la haute Gueldre (1713), de l'Ost-Frise (1744), de la haute et basse Silésie avec la principauté de Glatz (1745), de Stettin et de la Pomé-

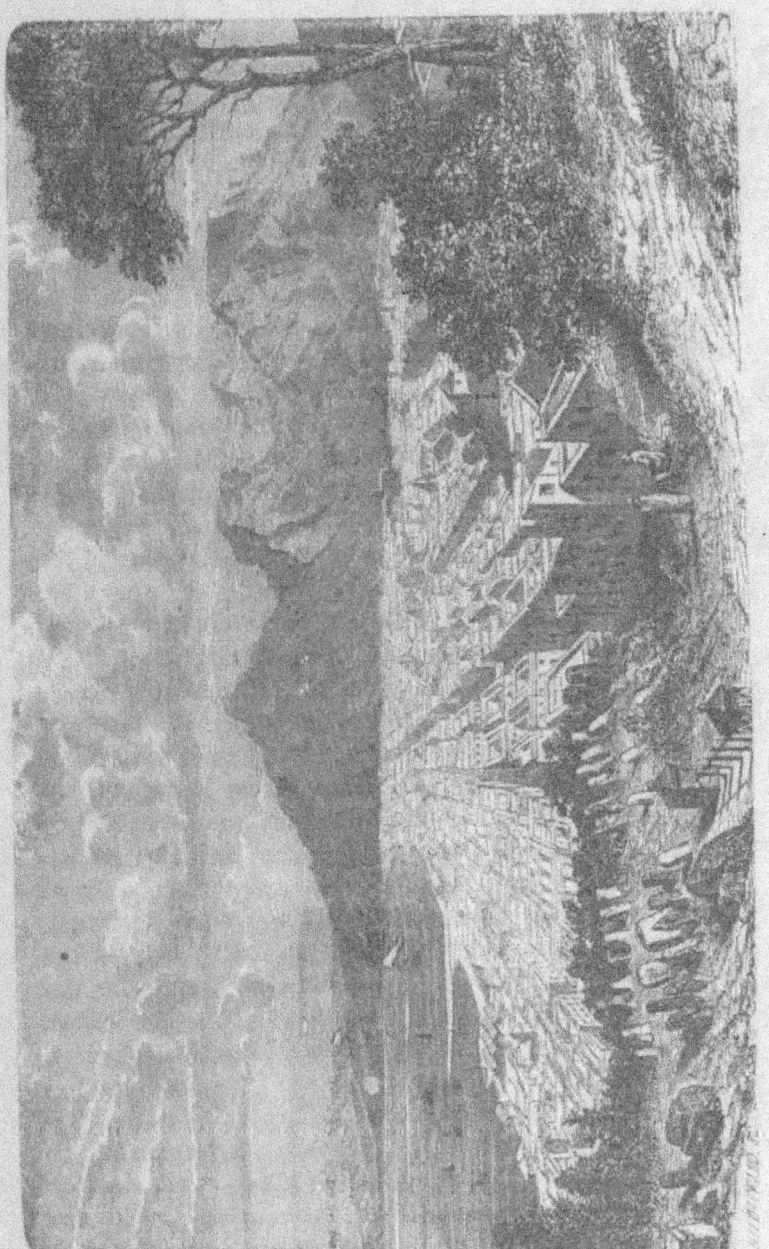

Cap de Bonne-Espérance.

ranie jusqu'à la Peene, enlevés à la Suède (1713); de la Prusse royale ou polonaise, prise à la Pologne (1773). Elle s'étendait donc, en 1789, sauf quelques interruptions qu'elle a récemment fait disparaître, depuis la Meuse jusqu'au delà de la Vistule.

9. Saxe. — La maison de *Saxe* était partagée en deux lignes: la ligne albertine ou électorale, qui deviendra royale en 1806, possédait la Lusace, la Misnie, une partie de la Thuringe, Mersebourg, etc.; la ligne ernestine ou ducale se divisait en branche de Weimar et branche de Gotha, celle-ci subdivisée encore en quatre rameaux.

10. États secondaires. — La principauté d'Anhalt était partagée entre quatre princes; le Mecklenbourg, le Brunswick, Lippe, Waldeck, n'avaient chacun que deux maisons régnantes, mais la Hesse en avait cinq. Le bas Palatinat venait d'être réuni à la Bavière (1779); l'électorat de Hanovre appartenait au roi d'Angleterre; le duc de Würtemberg et le margrave de Bade avaient opéré aussi d'utiles réunions, ce qui les mettait déjà à part dans cette foule de cinq à six cents princes ou États que l'Allemagne comptait encore en 1789.

11. Hollande. — Les *sept Provinces unies* qui avaient rétabli le stathoudérat en 1747, après Fontenoy, venaient d'essayer de le détruire. Une ligue de la Prusse et de l'Angleterre l'avait maintenu; mais les soldats de Pichegru y trouveront un parti nombreux pour les accueillir. Leur commerce était toujours florissant, grâce à leurs nombreuses colonies (la Guyane, les îles de Curaçao et de Saint-Eustache, en Amérique; des comptoirs à la Côte-d'Or et le cap de Bonne-Espérance, en Afrique; Cochin, sur la côte de Malabar; Madras, sur celle de Coromandel; Ceylan, Malacca; les îles de la Sonde: Sumatra, Java, Bornéo, Célèbes, Timor; les Moluques et un comptoir à Nagasaki, au Japon). Le traité de Versailles (1783) venait de leur enlever le bel établissement de Nagapatam, cédé aux Anglais.

12. Suisse. — Les *treize Cantons suisses*, avec leurs alliés et dépendances, se tenaient à l'écart des affaires européennes.

13. Russie. — La *Russie* prenait déjà des proportions gigantesques. Par le traité de Nystad (1721), elle avait reçu de la Suède la Livonie, l'Esthonie et la Carélie, et s'était ouvert la Baltique; par le traité d'Abo (1743), elle acquit la moitié de la Finlande avec les villes de Willmanstrand et de Fredrikshamm. Au nord-ouest elle touchait à la Laponie danoise, et ainsi enveloppait de ce côté les possessions de la Suède. En 1773 elle pousse ses envahissements en Pologne jusqu'à la Düna et au Dnieper qu'elle dépasse même sur plusieurs points. En 1774, par le traité de Kaïnardji, elle obtient les deux Kabardies que le Terek arrose, et elle s'ouvre la mer Noire par l'acquisition d'Azof, de Kertch, de Iénikalé, dans la Crimée, et par celle du pays entre le Bug et le Dnieper où elle fonde Kherson en 1778. En 1784 elle asservit les Tartares de la Crimée et du Kouban. En 1792 elle arrivera jusqu'au Dniester. Au sud du Caucase, la Géorgie s'est placée sous sa protection (1783), et au delà de l'Oural s'étend la Sibérie, son immense province asiatique, avec les îles Kouriles, au nord du Japon, et les îles Aléoutiennes, qui rattachent la Sibérie à l'Amérique russe.

14. Turquie. — La *Turquie*, entamée par l'Autriche, recule devant la puissance envahissante de la Russie, en lui abandonnant les rivages de la mer Noire. Elle a pour limites, du côté de la Pologne, le Dniester; du côté de l'Autriche, les monts de Transylvanie, le Danube, la Save et en partie l'Unna; à l'ouest, en Dalmatie, les possessions vénitiennes, Raguse qui ne restait indépendante qu'en lui payant tribut, et la mer Ionienne; au sud, la mer de Candie; à l'est, l'Archipel; mais elle avait toute l'Asie occidentale jusqu'au golfe Persique, l'Egypte, Tripoli, Tunis et Alger. L'esprit de réforme n'entrait pas encore en Turquie cependant il se glissait dans les provinces roumaines, où l'hospodar Constantin Mavrocordato abolissait la juridiction féodale des boyards.

15. Pologne. — La *Pologne*, réduite par la Prusse, qui s'avance jusque sous les murs de Danzig et de Thorn, par l'Autriche, qui lui a pris la Galicie jusqu'à la haute Vistule, par la Russie, qui s'est établie sur la Düna et le Dnieper, est sur le point d'être anéantie. Un premier partage invite au second : les affaires d'Occident le favoriseront. Il aura lieu en 1793, et en 1795 la Pologne sera effacée de la liste des nations, pour n'avoir pas voulu ou avoir voulu trop tard réformer sa constitution vicieuse.

16. Suède. — La *Suède* possédait toute la péninsule scandinave, moins la Norvége et la Laponie danoise, et s'étendait en Finlande jusqu'au Kymmene avec les îles d'Aland. Elle occupait encore les îles de Gottland et d'Œland, et, en Allemagne, l'île de Rügen avec la Poméranie citérieure depuis Stralsund jusqu'à la Peene, Wismar, plusieurs cantons du Mecklenbourg et une seule colonie, la petite île de Saint-Barthélemy, dans les Antilles, achetée à la France en 1784.

17. Danemark. — Le *Danemark* possédait, outre le Jutland, le Sleswig et une partie du Holstein, les îles de Fionie, Seeland, Langeland, Laaland, Falster, Mœen et Bornholm, la Norvége, la Laponie septentrionale, les îles Fœroë, l'Islande, le Groënland, et avait acquis les comptoirs de Tranquebar dans l'Inde et de Christianborg à la Côte-d'Or en Afrique et, dans les Antilles, les îles de Saint-Thomas, Saint-Jean et Sainte-Croix.

Tel était l'état de l'Europe au moment où le volcan de la révolution française allait, en éclatant, bouleverser les frontières des Etats et le système des alliances : car une guerre de principes prendra pendant vingt ans la place des guerres d'intérêt.

18. Résumé : Essais de réformes intérieures. — Ainsi, dans la seconde moitié du dix-huitième siècle, tous les gouvernements, réveillés, excités par les idées françaises, reconnurent la nécessité d'opérer de nombreuses réformes. Rois et ministres se mirent à l'œuvre. Ils réformèrent les lois, détruisirent des priviléges, des abus, exigèrent de la noblesse, du clergé, d'importants sacrifices, tout en augmentant leur pouvoir personnel. Ils creusèrent des canaux, multiplièrent les routes, encouragèrent l'industrie, le commerce, l'agriculture; ils cherchèrent et quelques-uns réussirent à augmenter la richesse nationale, le bien-être de leurs peuples, pour accroître leurs propres revenus. Partout même on parla de justice, de tolérance; et la philanthropie devint une mode, ce qui n'empêchait pas au besoin de recourir à la diplomatie la plus machiavélique, comme le partage de la Pologne, comme celui de la Suède, que la Prusse et la Russie méditaient, comme celui de la Turquie, sur lequel la czarine et l'empereur Joseph cherchaient à s'entendre. Les gouvernements, en un mot, faisaient des réformes, mais aucun ne songeait à se réformer lui-même. Ils voulaient bien achever la destruction du moyen âge, mais à leur profit, et aucun prince ne pensait que l'heure fût arrivée, ni même qu'elle dût jamais venir, où les peuples seraient assez éclairés pour avoir le droit d'être consultés sur leurs intérêts. L'exemple de l'Angleterre n'avait pas encore fait comprendre aux souverains l'opportunité, pour quelques-uns d'entre eux au moins, d'accorder à leurs sujets une part d'influence dans la gestion des affaires publiques.

Aussi ces princes réformateurs, arrivés au pouvoir absolu et fortifiés par leurs réformes mêmes dans ce pouvoir, allaient s'unir contre la révolution française, qui révéla aux peuples des principes nouveaux. L'Angleterre se joindra elle-même à la coalition contre cette liberté naissante pour prendre sa revanche du traité de Versailles et arrêter une grandeur qui l'effrayera.

19. Nouvelle répartition de la puissance. — Une autre remarque à faire, c'est le changement qui s'était opéré dans la répartition de la puissance. Au dix-septième siècle, la France domine; au dix-huitième, elle baisse.

et l'Angleterre monte. De tous les États européens celui-ci est le plus commerçant, le plus industriel et le plus riche. Elle a assez de capitaux pour solder les armées de l'Europe, assez de flottes pour couvrir l'Océan de son pavillon. La Hollande, qui était la plus grande puissance navale au temps de la guerre de Trente ans, est tombée, faute de territoire et de population, à la condition d'un État de troisième ordre. Au midi, l'Espagne, l'Italie, ne sont que des ruines, le Portugal qu'une colonie anglaise.

Au centre du continent, le vieil antagonisme de l'Allemagne du Nord et de l'Allemagne du Sud, de l'Allemagne protestante et de l'Allemagne catholique est maintenant représenté par deux grandes puissances, la Prusse et l'Autriche. Mais ces deux États ont chacun leurs embarras et des causes de faiblesse : l'un est mal fait, ayant sa tête à Kœnigsberg, les pieds sur la Meuse, corps mince et long que la Hesse, le Hanovre et le Brunswick coupent dans l'Ouest, Thorn et Danzig dans l'Est; l'autre, formé d'éléments hétérogènes, n'a de bonnes frontières qu'au nord et est aisément vulnérable à Bruxelles et à Milan. Leur complicité dans le partage de la Pologne les rapproche, et la crainte de la France les unira; mais ils auront dans l'Allemagne, où ils se disputeront l'influence, un champ de bataille longtemps ouvert à leur diplomatie et en 1866 à leurs armes.

Dans le Nord et l'Est, trois États, la Suède, la Pologne et la Turquie, déclinent ou s'écroulent, livrant toute la largeur du continent, du fond du golfe de Bothnie jusqu'aux bouches du Danube, à la convoitise de leurs voisins.

La première avait été tuée par la géographie. Son empire autour de la Baltique n'avait pu durer qu'autant qu'elle n'avait trouvé derrière le mince ruban dont elle enveloppait cette mer que faiblesse et anarchie. Du jour où il y avait eu de la force chez les Russes et les Prussiens, les Suédois avaient été rejetés, par les uns, dans le golfe de Finlande et par les autres hors des terres d'Allemagne. La Pologne était morte d'un mal intérieur, de l'anarchie. On a vu comment la Russie, l'Autriche et la Prusse avaient fait régner l'ordre dans Varsovie. C'était pour s'être endormis dans la mollesse que les Turcs avaient eu le terrible réveil de Tchesmé et d'Ismaïl. Pendant deux siècles, ils n'avaient rien appris et avaient tout oublié.

FIN DU VOLUME

LISTES CHRONOLOGIQUES

DES PAPES, DES EMPEREURS ET DES PRINCES

QUI ONT RÉGNÉ DANS LES PRINCIPAUX ÉTATS DE L'EUROPE DEPUIS 1610 JUSQU'A 1789.

Empereurs d'Allemagne et d'Autriche.

Rodolphe II.............. 1576	Charles VI.............. 1711
Mathias................. 1612	Charles VII (de Bavière).... 1742
Ferdinand II............ 1619	François Ier (de Lorraine-Autriche).................. 1745
Ferdinand III........... 1637	
Léopold Ier............. 1658	Joseph II............... 1765
Joseph Ier.............. 1705	Mort................... 1790

Danemark

Christian IV............ 1588	Christian VI............ 1730
Frédéric III............ 1648	Frédéric V.............. 1746
Christian V............. 1670	Christian VII........... 1766
Frédéric IV............. 1699	

Espagne.

Philippe III............ 1598	Louis Ier............... 1724
Philippe IV............. 1621	Philippe V (pour la seconde fois).................. 1724
Charles II.............. 1665	
Maison de Bourbon :	Ferdinand VI............ 1746
Philippe V.............. 1700	Charles III............. 1759
Abdique................. 1724	Charles IV.............. 1788

France.

Louis XIII.............. 1610	Louis XV............... 1715
Louis XIV............... 1643	Louis XVI.............. 1774

Grande-Bretagne.

JACQUES Ier................ 1603	JACQUES II................ 1685
CHARLES Ier................ 1625	GUILLAUME III d'Orange...... 1689
République de 1649 à 1660; protectorat d'Olivier Cromwell, 1653-1658; de son fils Richard Cromwell............ 1658-1659	ANNE STUART............... 1702
	Maison de Hanovre :
	GEORGE Ier................ 1714
	GEORGE II................. 1727
CHARLES II................. 1660	GEORGE III................ 1760

Hollande.

MAURICE D'ORANGE, stathouder 1584	Et roi d'Angleterre en...... 1689
FRÉDÉRIC-HENRI, stathouder.. 1625	Pas de stathouder......... 1702-1707
GUILLAUME II, stathouder 1647-1650	HEINSIUS, grand pensionnaire.................. 1689-1720
Pas de stathouder........ 1650-1672	
JEAN DE WITT, grand pensionn^{re} 1653	GUILLAUME IV, stathouder héréditaire................. 1747
GUILLAUME III, fils de Guillaume II, stathouder........... 1672	GUILLAUME V................ 1751

Modène, Ferrare et Reggio.

CÉSAR D'ESTE................ 1597	FRANÇOIS II................ 1662
ALPHONSE III................ 1528	RENAUD.................... 1694
FRANÇOIS Ier................ 1629	FRANÇOIS III................ 1737
ALPHONSE IV................ 1658	HERCULE III RENAUD......... 1780

Naples.

Gouverné par les rois d'Espagne de................. 1504 à 1707	CHARLES VI................. 1735
Par les Autrichiens de.. 1707 à 1735	FERDINAND III, ou Ier comme roi des Deux-Siciles............ 1759

Parme et Plaisance.

RANUCE I................... 1592	
ODOARD.................... 1622	Bourbons d'Espagne :
RANUCE II.................. 1646	DON CARLOS................ 1731
FRANÇOIS................... 1694	DON PHILIPPE, son frère...... 1748
ANTOINE.................... 1727	FERDINAND............. 1765-1801

Pologne.

SIGISMOND III, de Suède...... 1587	JEAN CASIMIR............... 1648
WLADISLAS VII, son fils...... 1632	Abdique................... 1668

DES PAPES, EMPEREURS ET ROIS.

MICHEL WISNIOVIECKI....... 1668
JEAN SOBIESKI............. 1674
AUGUSTE II, électeur de Saxe.. 1697
STANISLAS LECZINSKI......... 1704
AUGUSTE II (2ᵉ fois).......... 1709

STANISLAS (de nouveau), roi nominal................ 1733-1736
AUGUSTE III, de Saxe, son rival. 1733
STANISLAS PONIATOWSKI..... 1764
1ᵉʳ partage de la Pologne.... 1772

Portugal.

Les rois d'Espagne de 1580 à 1640
   Maison de Bragance :
JEAN IV..................... 1640
ALPHONSE VI................. 1656
PIERRE II, régent depuis....... 1667
Roi à la mort d'Alphonse VI... 1683

JEAN V..................... 1706
JOSEPH..................... 1750
MARIE Iʳᵉ, fille de Joseph..... 1777
Avec son époux, PIERRE III, qui
   meurt.................. 1786

Prusse.

JEAN SIGISMOND............. 1608
   Réunit le duché de Prusse en 1618
GEORGES-GUILLAUME......... 1619
FRÉDÉRIC-GUILLAUME, duc.... 1640
FRÉDÉRIC III................ 1688

   Rois :
FRÉDÉRIC III (1ᵉʳ comme roi)... 1701
FRÉDÉRIC-GUILLAUME Iᵉʳ..... 1713
FRÉDÉRIC II (LE GRAND)...... 1740
FRÉDÉRIC-GUILLAUME II...... 1786

Rome.

PAUL V..................... 1605
GRÉGOIRE XV................ 1621
URBAIN VIII................. 1623
INNOCENT X.................. 1644
ALEXANDRE VII............... 1655
CLÉMENT IX.................. 1667
CLÉMENT X................... 1670
INNOCENT XI................. 1676
ALEXANDRE VIII.............. 1689

INNOCENT XII................ 1691
CLÉMENT XI.................. 1700
INNOCENT XIII............... 1721
BENOÎT XIII................. 1724
CLÉMENT XII................. 1730
BENOÎT XIV.................. 1740
CLÉMENT XIII................ 1758
CLÉMENT XIV................. 1769
PIE VI...................... 1775

Russie.

WLADISLAS de Pologne, usurpateur...................... 1610
   Maison de Romanoff :
MICHEL..................... 1613
ALEXIS..................... 1645
FÉDOR II.................... 1676
PIERRE LE GRAND et YVAN.... 1682
Leur sœur SOPHIE, corégente.. 1686
PIERRE LE GRAND, seul depuis 1689

CATHERINE Iʳᵉ............... 1725
PIERRE II ALEXIOWITZ........ 1727
ANNE IVANOWNA............. 1730
IVAN VI..................... 1740
ÉLISABETH PETRÔWNA........ 1741
   Branche de Holstein-Gottorp :
PIERRE III.................. 1762
CATHERINE II, princesse d'Anhalt-Zerbst, sa femme....... 1762

Sardaigne

Charles-Emmanuel Ier (le Grand)................ 1580	Acquisition du Montferrat en... 1706
Victor-Amédée Ier........... 1630	Roi avec la Sicile en........... 1713
François-Hyacinthe......... 1637	Avec la Sardaigne, depuis... 1720
Charles-Emmanuel II...... 1638	Victor-Amédée II, qui abdique 1730
Victor-Amédée II........... 1675	Charles-Emmanuel III...... 1730
	Victor-Amédée III........... 1773

Suède

Dynastie de Wasa :	Ulrique-Éléonore........... 1719
Charles IX................... 1604	Abdique en................ 1720
Gustave II, Adolphe........ 1611	Branche de Holstein
Christine.................... 1632	
Charles X, Gustave, son cousin 1654	Frédéric Ier, mari d'Ulrique.. 1720
Charles XI................... 1660	Alphonse-Frédéric......... 1751
Charles XII.................. 1697	Gustave III................. 1771

Toscane

Médicis.	Maison impériale de Lorraine-Autriche
Cosme II..................... 1609	
Ferdinand II................ 1621	
Cosme III.................... 1670	François II................. 1735
Jean Gaston................. 1723	Léopold Ier................ 1765

Turquie

Achmet Ier................... 1603	Achmet II................... 1691
Mustapha Ier................ 1617	Mustapha II................ 1695
Othman II................... 1618	Achmet III.................. 1703
Mustapha Ier, rétabli....... 1622	Mahmoud Ier............... 1730
Amurath IV.................. 1623	Othman III.................. 1754
Ibrahim...................... 1639	Mustapha III................ 1757
Mahomet IV.................. 1649	Abdul-Hamed............... 1774
Soliman III.................. 1687	Selim III..................... 1789

FIN DES LISTES CHRONOLOGIQUES.

TABLE DES MATIÈRES.

Chapitres.		Pages
	Programme officiel......................................	VII
	Gravures et cartes......................................	IX
	Révision de l'histoire de France, antérieure à 1610..	1
I.	Louis XII; troubles de la Régence; états généraux....	1
II.	Louis XIII et Richelieu; lutte contre les protestants; intrigues et complots dans la noblesse et la famille royale; accroissement de l'autorité monarchique; marine et colonies...	18
III.	Guerre de Trente ans; paix de Westphalie............	40
IV.	Situation politique de l'Europe en 1648; progrès de la Hollande et de la Suède; traité d'Oliva.............	63
V.	Les Stuarts en Angleterre; révolution de 1648; Olivier Cromwell; l'acte de navigation; restauration des Stuarts..	74
VI.	Minorité de Louis XIV; la Fronde parlementaire; la Chambre de Saint-Louis; la Fronde des princes; guerre contre l'Espagne; traité des Pyrénées; toute-puissance de Mazarin.................................	108
VII.	Gouvernement personnel de Louis XIV; procès de Fouquet; les Conseils; les Secrétaires d'État, organisation financière; agriculture; commerce; industrie; marine; colonies; réformes et travaux de Colbert; institutions et fondations; les ordonnances; organisation militaire; réformes de Le Tellier et de Louvois; Vauban; politique extérieure; Lionne et Pomponne...	130
VIII.	Guerre de dévolution et guerre de Hollande, paix de Nimègue; chambres de réunion; Strasbourg; trêve de Ratisbonne...	165
IX.	Affaires religieuses; déclaration de 1682; révocation de l'Édit de Nantes; le Jansénisme.....................	191
X.	Révolution de 1688 en Angleterre; Guillaume III; déclaration des droits; guerre de la ligue d'Augsbourg; traité de Ryswick.....................................	214
XI.	Guerre de la succession d'Espagne; traités d'Utrecht et de Rastadt; fin du règne de Louis XIV; testament et mort du roi...	236

Chapitres.		Pages.
XII.	Gouvernement de Louis XIV; mémoires dressés par les intendants; détresse financière......................	260
XIII.	Tableau des lettres, des sciences et des arts, sous Richelieu et sous Louis XIV	285
XIV.	Lutte de la Suède et de la Russie; Charles XII et Pierre le Grand; état de l'Europe orientale après les traités de Carlowitz, de Passarowitz et de Nystad..........	323
XV.	Louis XV; régence du duc d'Orléans; système de Law; ministère du cardinal de Fleury; guerre de la succession de Pologne..................................	354
XVI.	Progrès de l'État prussien; Frédéric II; guerre de la succession d'Autriche; Marie-Thérèse...........	379
XVII.	Guerre de Sept ans; rivalité maritime et coloniale de la France et de l'Angleterre; traité de Paris; perte des colonies françaises..................................	400
XVIII.	Gouvernement de Louis XV; la cour, le parlement, le clergé; le comte d'Argenson et Machault; Choiseul; le triumvirat; réforme judiciaire du chancelier Maupeou..	418
XIX.	État de la France à la fin du règne de Louis XV	444
XX.	Tableau des lettres, des sciences et des arts au dix-huitième siècle; économistes et philosophes; influence des idées françaises en Europe............	463
XXI.	Mouvement de réforme en Europe; Charles III d'Espagne; Pombal en Portugal; Joseph II en Autriche; Frédéric II en Prusse; Gustave III en Suède; Beccaria; Léopold de Toscane.................................	479
XXII.	La Russie au dix-huitième siècle; Catherine II; démembrement de la Pologne; guerres de la Russie contre la Suède et la Turquie............................	501
XXIII.	L'Angleterre au dix-huitième siècle; gouvernement parlementaire; la presse, la tribune, les lettres.....	515
XXIV.	Conquêtes des Anglais dans l'Inde; régime colonial; voyages et découvertes; sciences et industrie.......	534
XXV.	Progrès et soulèvement des colonies d'Amérique; guerre de l'indépendance des États-Unis; traité de Versailles; constitution américaine de 1787.....................	553
XXVI.	Louis XVI; Turgot et Malesherbes; réformes; politique extérieure; Vergennes; Calonne et Brienne; assemblée des notables; convocation des états généraux..	569
XXVII.	Situation politique de l'Europe en 1789................	593
	Listes chronologiques............................	603

FIN DE LA TABLE DES MATIÈRES

PARIS. — IMPRIMERIE A. LAHURE
9, rue de Fleurus, 9

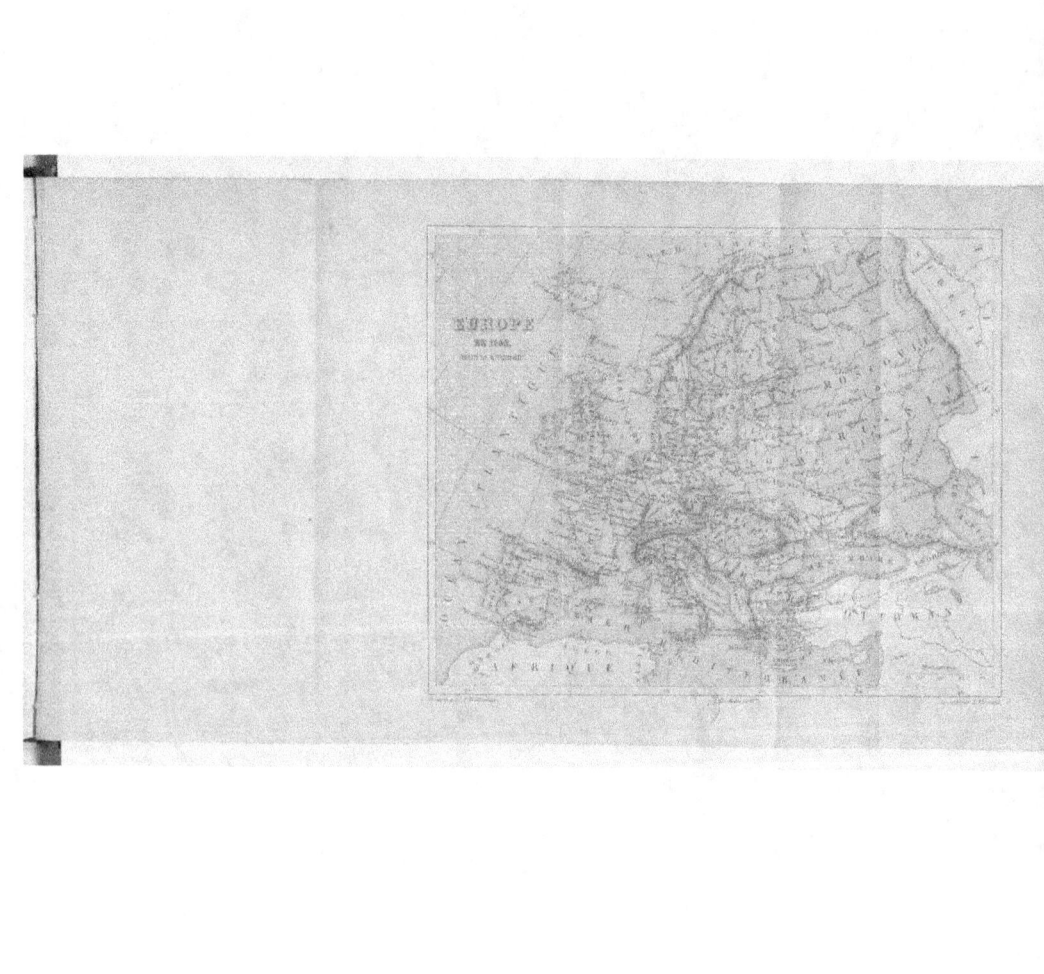

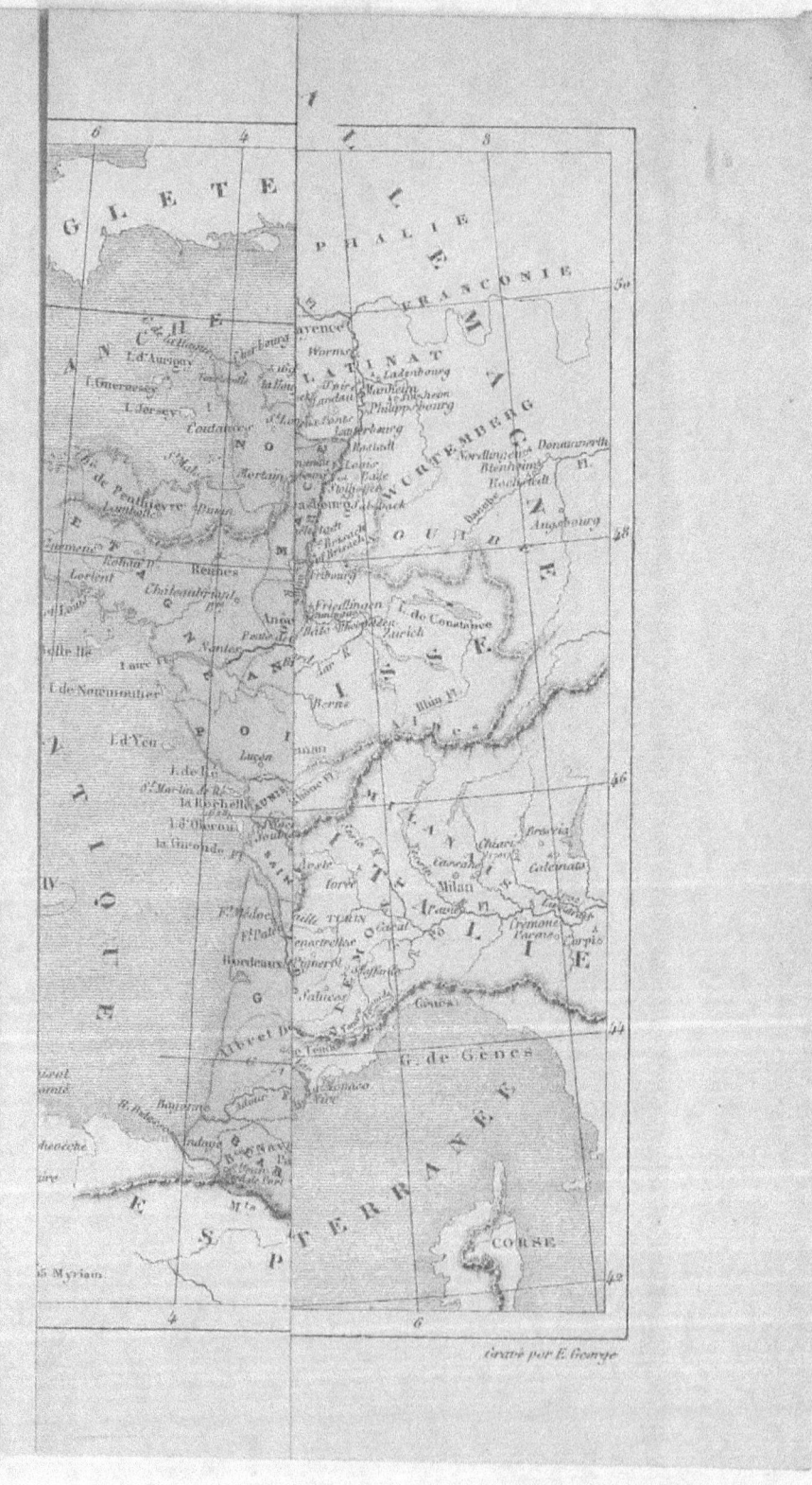

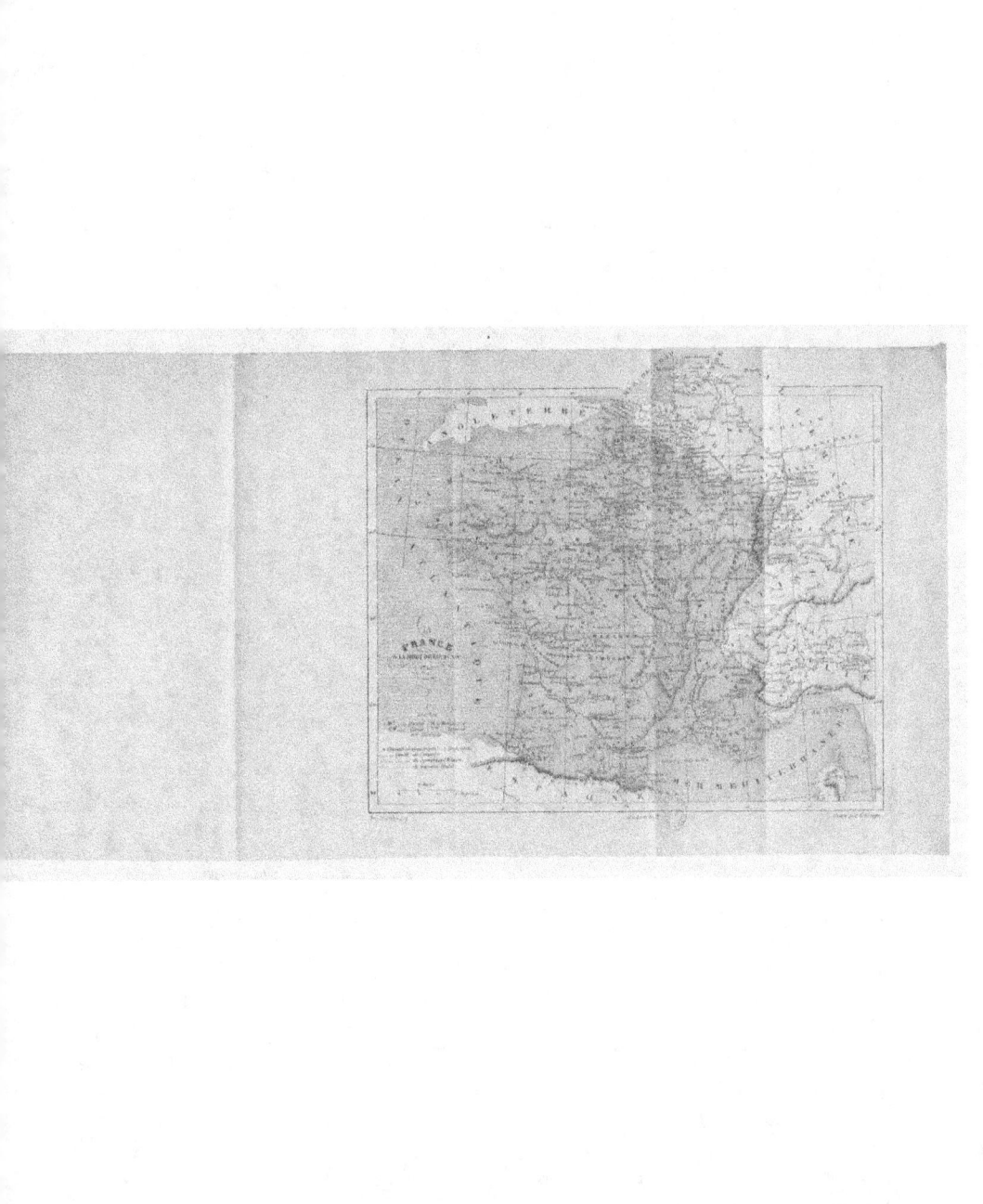

E DE 1635 À 1763.

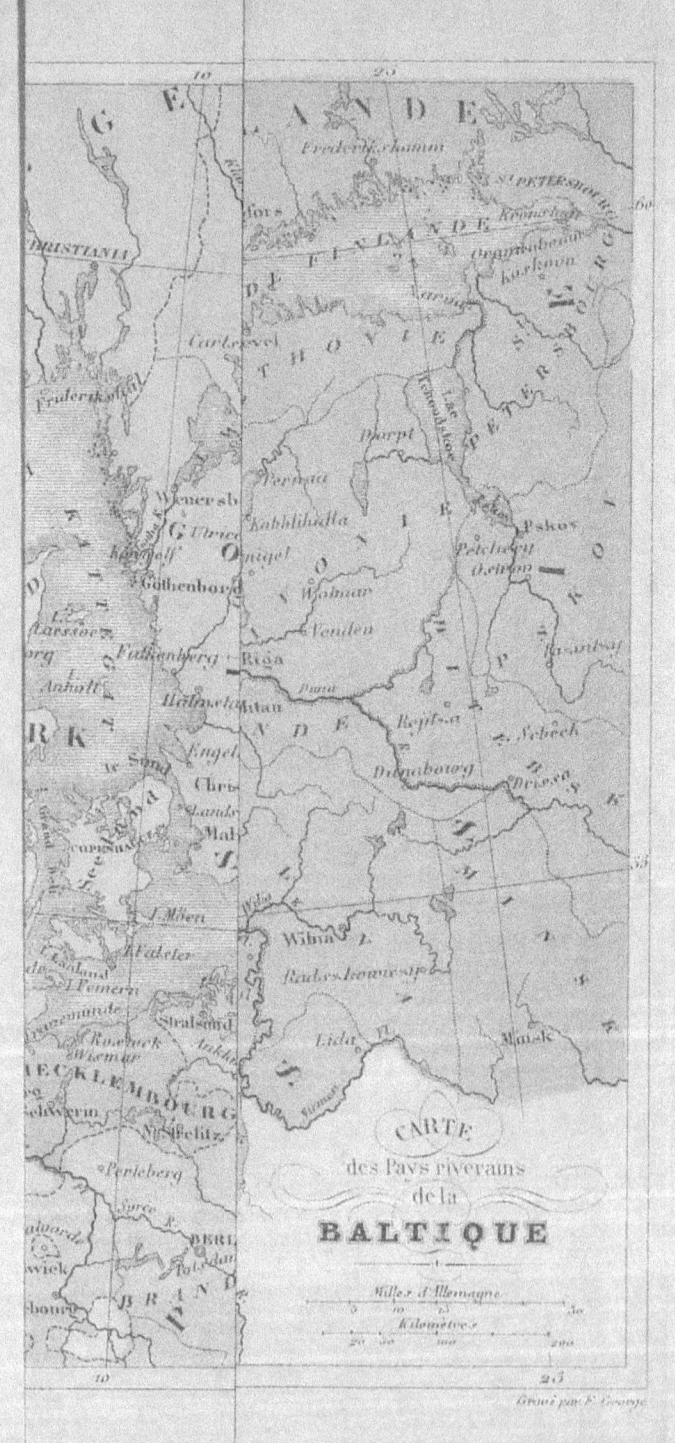

L'INDE

L.Thuillier del.

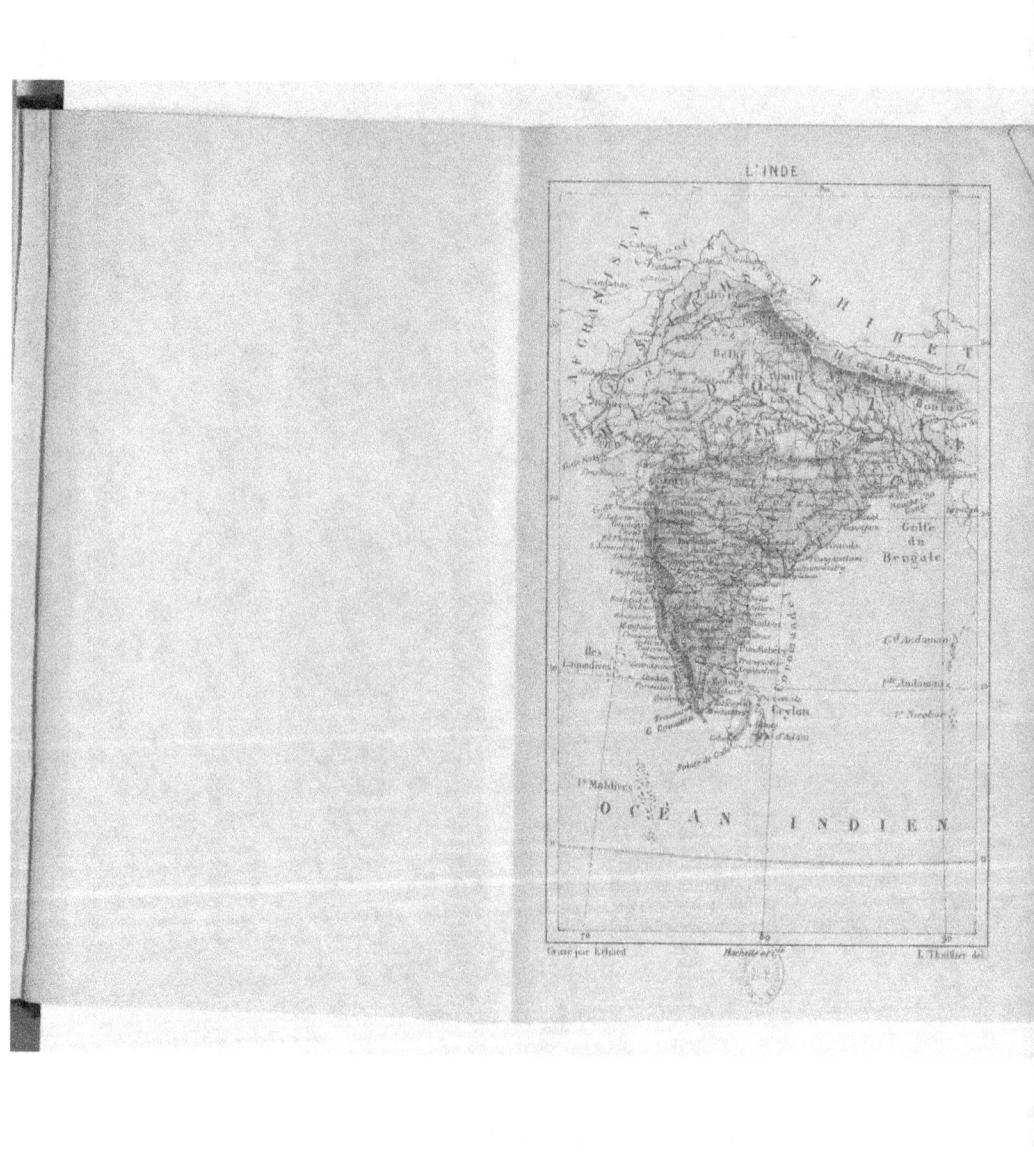

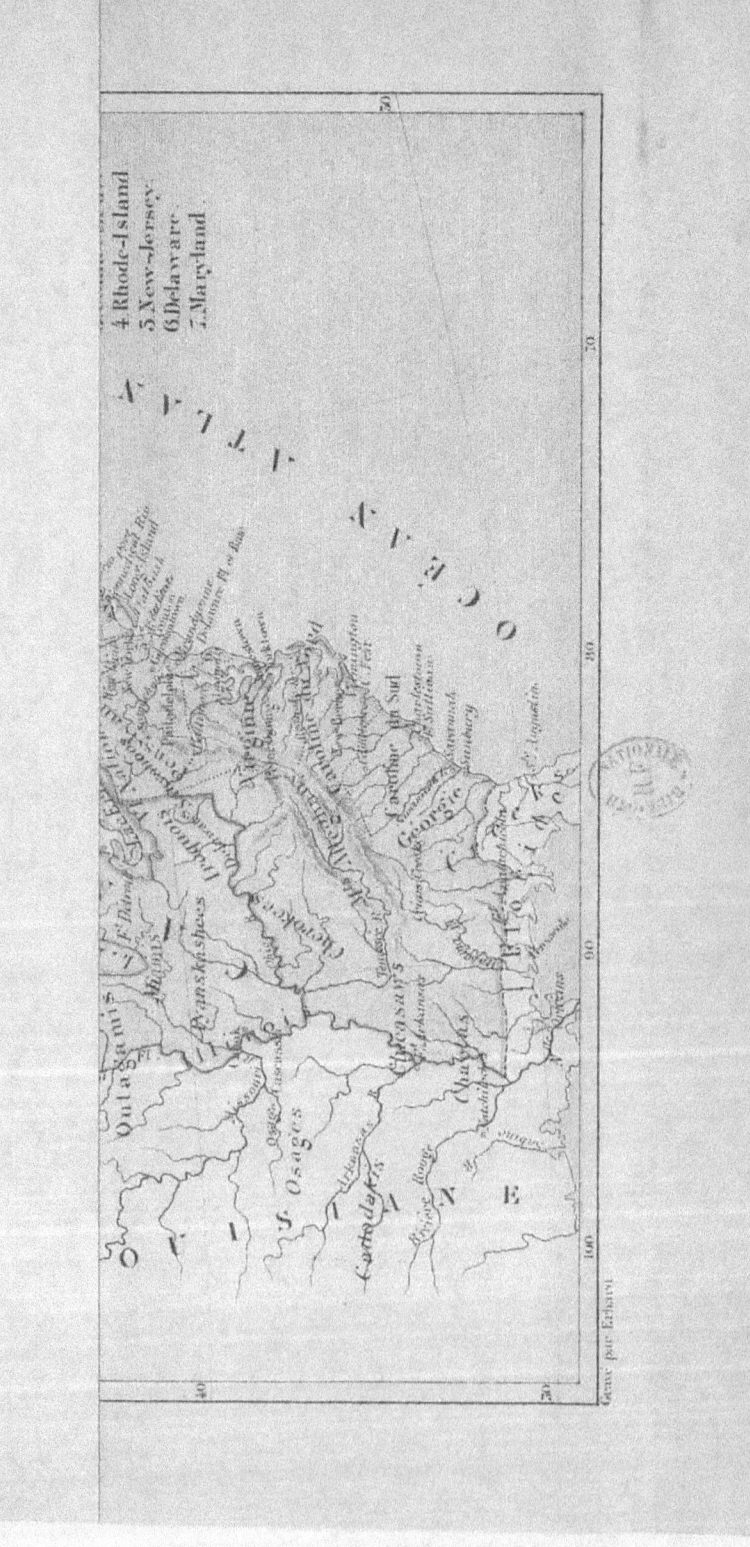

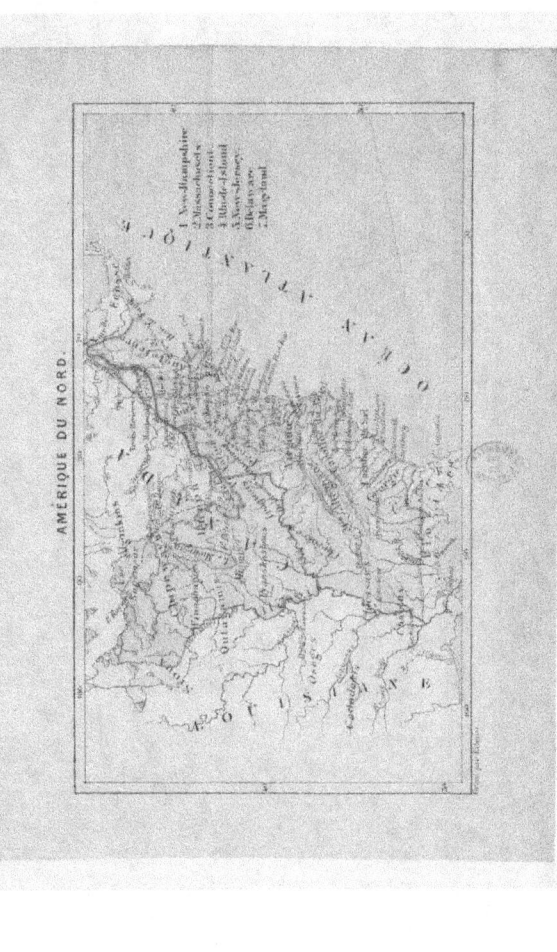

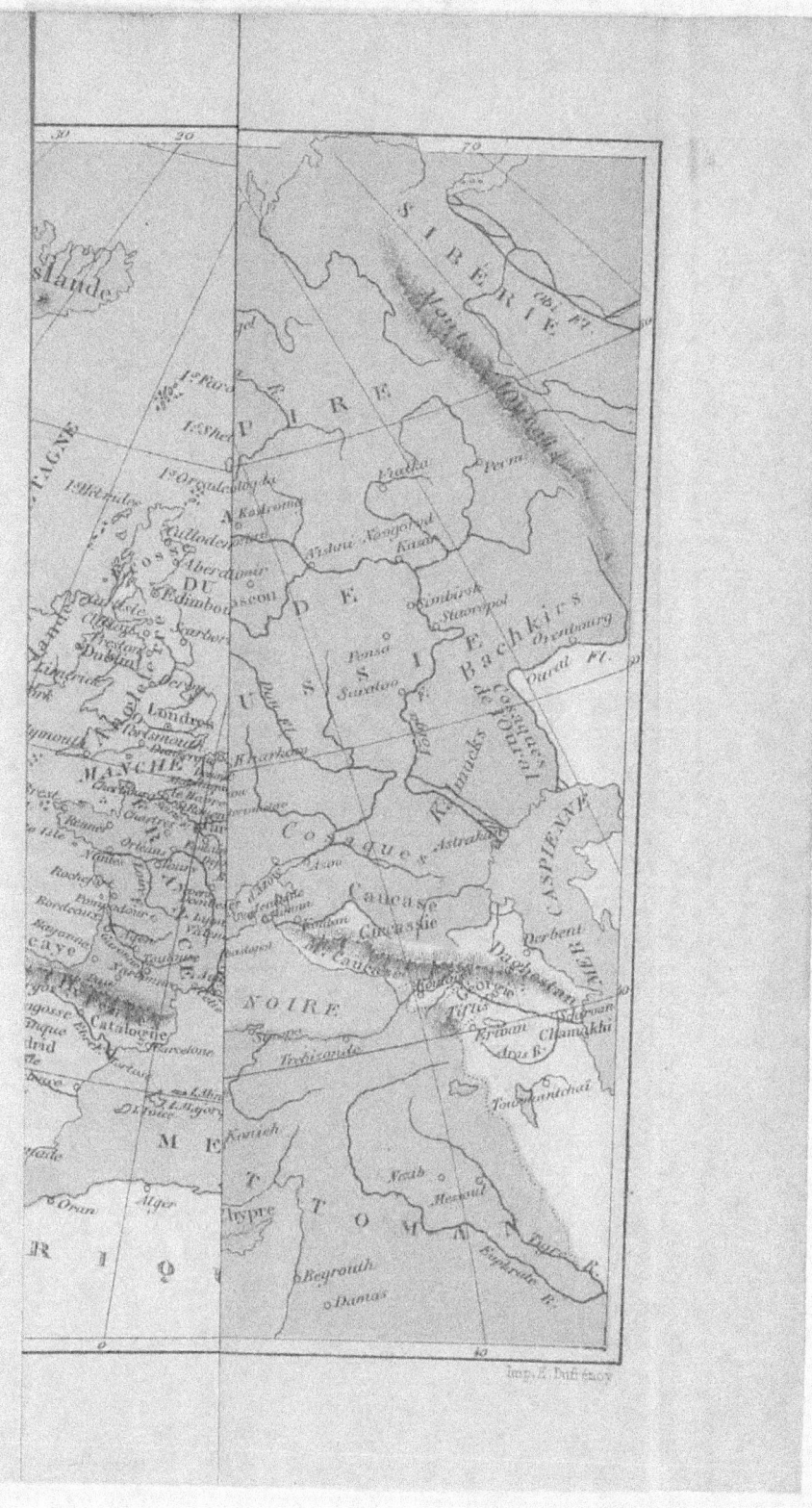

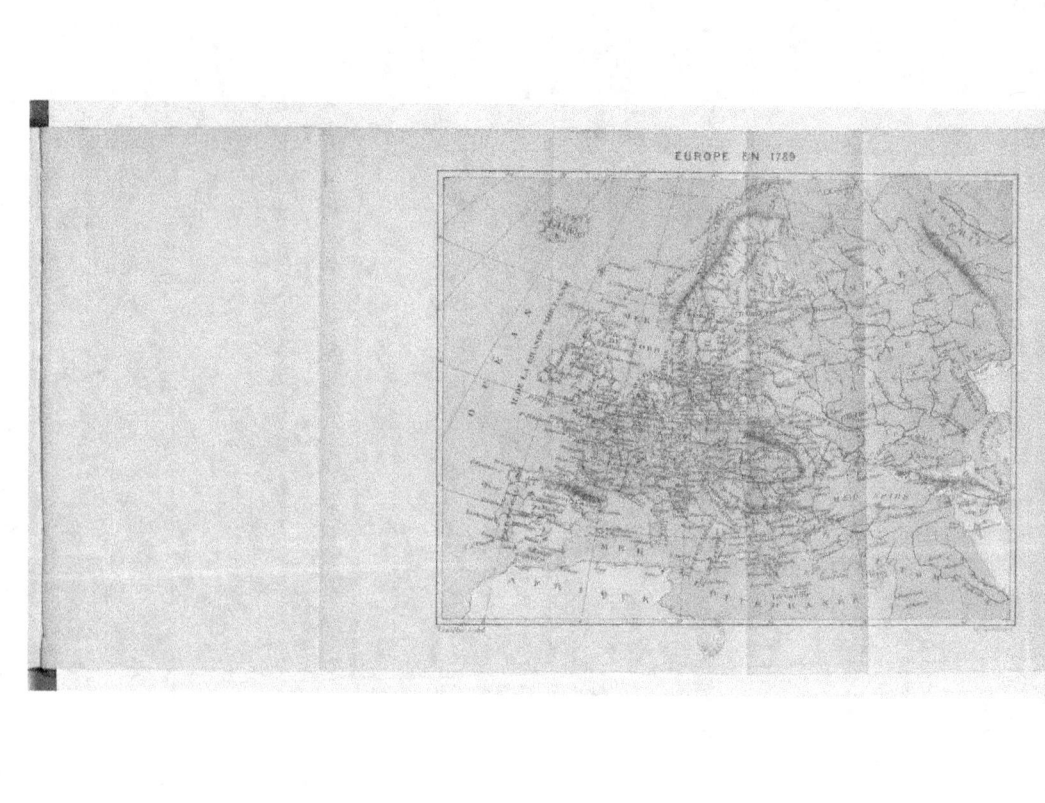

POSSE

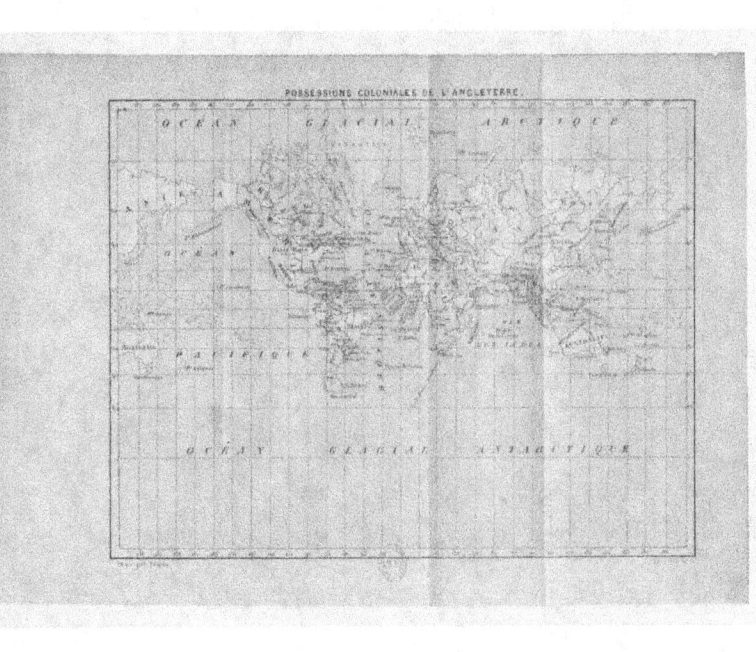

COURS COMPLET D'HISTOIRE ET DE GÉOGRAPHIE

A L'USAGE DES LYCÉES ET DES COLLÈGES

contenant les matières indiquées par les programmes du 22 janvier 1885

Classe Préparatoire

BIOGRAPHIES D'HOMMES CÉLÈBRES des temps anciens et modernes, par M. George Duruy, professeur d'histoire au lycée Henri IV. 1 vol. in-16, cartonné. . 1 25
NOTIONS ÉLÉMENTAIRES DE GÉOGRAPHIE GÉNÉRALE ET NOTIONS SUR LA GÉOGRAPHIE PHYSIQUE DE LA FRANCE, par M. E. Cortambert. 1 vol. in-16, cart. » 80

Classe de Huitième

HISTOIRE SOMMAIRE DE LA FRANCE JUSQU'A L'AVÉNEMENT DE LOUIS XI, par M. George Duruy. 1 vol. in-16, cartonné. 1 25
GÉOGRAPHIE ÉLÉMENTAIRE DES CINQ PARTIES DU MONDE, par M. E. Cortambert. 1 vol. in-16, cartonné. . . . . » 80
  Atlas correspondant (21 cartes). Grand in-8° cartonné. . . . . . . 3 »

Classe de Septième

HISTOIRE SOMMAIRE DE LA FRANCE DEPUIS L'AVÉNEMENT DE LOUIS XI JUSQU'A 1815, par M. George Duruy. 1 vol. in-16, cartonné. 1 25
GÉOGRAPHIE ÉLÉMENTAIRE DE LA FRANCE, par M. E. Cortambert. In-16. 1 25
  Atlas correspondant (14 cartes). Grand in-8° cartonné. 2 50

Classe de Sixième

HISTOIRE ANCIENNE DES PEUPLES DE L'ORIENT, par V. Duruy. In-16 cart. 3 »
GÉOGRAPHIE GÉNÉRALE DE L'EUROPE ET DU BASSIN DE LA MÉDITERRANÉE, par M. E. Cortambert. 1 vol. in-16, cartonné 1 50
  Atlas correspondant (35 cartes). Grand in-8° cartonné. 4 50

Classe de Cinquième

HISTOIRE DE LA GRÈCE ANCIENNE, par M. V. Duruy. In-16 cartonné. . . . 3 »
GÉOGRAPHIE DE L'ASIE, DE L'AFRIQUE, DE L'AMÉRIQUE ET DE L'OCÉANIE, par M. E. Cortambert. 1 vol. in-16, cartonné. 1 50
  Atlas correspondant (51 cartes). Grand in-8° cartonné. . . . . . 6 »

Classe de Quatrième

HISTOIRE ROMAINE, par M. V. Duruy. 1 vol. in-16, cartonné. 3 50
GÉOGRAPHIE DE LA FRANCE, par M. E. Cortambert. In-16 cartonné. . . . 1 50
  Atlas correspondant (25 cartes). Grand in-8° cartonné. . . . . . 4 »

Classe de Troisième

HISTOIRE DE L'EUROPE ET PARTICULIÈREMENT DE LA FRANCE, DE 395 A 1270, par M. V. Duruy. 1 vol. in-16, cartonné. . . . . 4 »
GÉOGRAPHIE PHYSIQUE, POLITIQUE ET ÉCONOMIQUE DE L'EUROPE, par M. E. Cortambert. 1 vol. in-16, cartonné. . . . . 2 »
  Atlas correspondant (32 cartes). Grand in-8° cartonné. 4 50

Classe de Seconde

HISTOIRE DE L'EUROPE ET PARTICULIÈREMENT DE LA FRANCE, DE 1270 A 1610, par M. V. Duruy. 1 vol. in-16, cartonné. 4 50
GÉOGRAPHIE PHYSIQUE, POLITIQUE ET ÉCONOMIQUE DE L'ASIE, DE L'AFRIQUE, DE L'AMÉRIQUE ET DE L'OCÉANIE, par M. E. Cortambert. 1 vol. in-16, cart. 3 »
  Atlas correspondant (39 cartes). Grand in-8° cartonné. 5 50

Classe de Rhétorique

HISTOIRE DE L'EUROPE ET PARTICULIÈREMENT DE LA FRANCE, DE 1610 A 1789, par M. V. Duruy. 1 vol. in-16, cartonné. 4 50
GÉOGRAPHIE PHYSIQUE, POLITIQUE, ADMINISTRATIVE ET ÉCONOMIQUE DE LA FRANCE ET DE SES POSSESSIONS COLONIALES, par M. E. Cortambert. 1 volume in-16, cartonné. . . . . 2 »
  Atlas correspondant (18 cartes). Grand in-8° cartonné. . . . . . 3 »

Classe de Philosophie

HISTOIRE DE FRANCE ET HISTOIRE CONTEMPORAINE, DE 1789 A LA CONSTITUTION DE 1875, par M. G. Ducoudray. 1 vol. in-16, cartonné. . . . . 6 »

12428. — Imprimerie A. Lahure, rue de Fleurus, 9, à Paris.

www.ingramcontent.com/pod-product-compliance
Lightning Source LLC
Chambersburg PA
CBHW052335230426
43664CB00041B/1387